PETER SCHANTZ

Die zivilrechtliche Verantwortlichkeit von Ratingagenturen gegenüber Investoren

D1996977

Schriften zum Bürgerlichen Recht

Band 442

Die zivilrechtliche Verantwortlichkeit von Ratingagenturen gegenüber Investoren

Von

Peter Schantz

Duncker & Humblot · Berlin

Die Juristische Fakultät der Humboldt-Universität zu Berlin
hat diese Arbeit im Jahre 2013 als Dissertation angenommen.

Bibliografische Information der Deutschen Nationalbibliothek

Die Deutsche Nationalbibliothek verzeichnet diese Publikation in der Deutschen Nationalbibliografie; detaillierte bibliografische Daten sind im Internet über http://dnb.d-nb.de abrufbar.

Alle Rechte vorbehalten
© 2015 Duncker & Humblot GmbH, Berlin
Fremddatenübernahme: L101 Mediengestaltung, Berlin
Druck: buchbücher.de gmbh, Birkach
Printed in Germany

ISSN 0720-7387
ISBN 978-3-428-14151-7 (Print)
ISBN 978-3-428-54151-5 (E-Book)
ISBN 978-3-428-84151-6 (Print & E-Book)

Gedruckt auf alterungsbeständigem (säurefreiem) Papier
entsprechend ISO 9706 ♾

Internet: http://www.duncker-humblot.de

Vorwort

Die vorliegende Arbeit wurde von der Juristischen Fakulät der Humboldt-Universtität zu Berlin im Wintersemester 2012/2013 als Dissertation angenommen. Vor Drucklegung konnten insbesondere die zweite Novelle der Verordnung über Ratingagenturen durch die Verordnung (EU) Nr. 462/2013 sowie aktuelle Literatur und Rechtsprechung bis Juni 2014 berücksichtigt werden.

Mein besonderer Dank gilt meinem Doktorvater Herrn Professor Dr. Hans-Peter Schwintowski. Er hat nicht nur meine Arbeit beispielhaft betreut, sondern mir auch die Gelegenheit gegeben, an seinem Lehrstuhl in freundschaftlicher und familiärer Atmosphäre zu lehren und zu forschen.

Ebenfalls sehr herzlich danke ich Herrn Professor Dr. Dr. Stefan Grundmann, LL.M., für die schnelle Erstellung seines Zweitgutachtens und seine wertvollen weiterführenden Hinweise.

Herzlich danken möchte ich auch Patrick Arora, Dr. Fabian Scheffczyk und Dr. Christoph Jeremias; sie haben nicht nur die Arbeit gelesen, sondern auch durch ihre Ratschläge, Diskussionsbereitschaft und freundschaftliche Unterstützung zum Gelingen dieses Projekts beigetragen.

Der größte Dank gilt meiner Familie. Mein Sohn Richard hat unfassbar viel zusätzliches Glück und Freude in mein Leben gebracht. Ohne meine Frau Ilka aber hätte ich dieses Buch nicht fertigstellen können. Mit ihrer Liebe, Freundschaft und Geduld, ihrem Zuspruch und ihrem Rat hat sie mich während der Erstellung dieser Dissertation durch alle Höhen und Tiefen begeleitet. Ihr widme ich diese Arbeit.

Berlin, im August 2014 *Peter Schantz*

Inhaltsübersicht

Inhaltsverzeichnis

Kapitel 2

Die Regulierung von Ratingagenturen 109

Verzeichnis wichtiger Abkürzungen

ABS	Asset-Backed Securities
BaFin	Bundesanstalt für Finanzdienstleistungsaufsicht
CDO	Collateralized Debt Obligation
CEBS	Committee of European Banking Supervisors
CESR	Committee of European Securities Regulators
C.F.R.	Code of Federal Regulations
CRA Reform Act	Credit Rating Agency Reform Act of 2006
ESMA	European Securities and Markets Authority
Fed. Reg.	Federal Register
IAA	Investment Adviser Act of 1940
IOSCO	International Organization of Securities Commissions
MBS	Mortgage-Backed Securities
NRSRO	Nationally Recognized Statistical Rating Organization
Publ. L.	Public Laws
RatingVO	Verordnung (EG) Nr. 1060/2009 über Ratingagenturen, zuletzt geändert durch die Verordnung (EU) Nr. 462/2013
RMBS	Residential Mortgage-Backed Securities
S&P	Standard and Poor's
SA	Securities Act of 1933
SEA	Securities Exchange Act of 1934
SEC	Securites and Exchange Commission
Stat.	Statutes (Sammlung der Bundesgesetze)
Supp.	Supplement
U.S.C.	United States Code

Hinsichtlich der weiteren Abkürzungen wird auf *Kirchner*, Abkürzungsverzeichnis der Rechtssprache, 6. Aufl. (2008) und – für die US-amerikanische Literatur – auf das *Bluebook*: *A Uniform System of Citation* verwiesen.

§ 1 Einleitung

I. Problemstellung

Ratingagenturen gehören zu den wichtigsten und einflussreichsten Akteuren auf dem Kapitalmarkt. Geht mit ihrem Einfluss aber auch eine entsprechende zivilrechtliche Verantwortlichkeit gegenüber den anderen Kapitalmarktteilnehmern einher? Ihre Tätigkeit besteht darin, die Bonität von Schuldnern und Emittenten zu bewerten. Ohne das Rating von mindestens zwei anerkannten Ratingagenturen ist es nur unter erheblichen Mehrkosten möglich, Fremdkapital durch die Emission einer Anleihe aufzunehmen oder eine Verbriefungstransaktion durchzuführen. Die Bonitätsbeurteilungen der großen Ratingagenturen – Standard & Poor's, Moody's und Fitch – entscheiden mit ihren in Buchstabenkombinationen (z.B. AAA oder BBB+) zusammengefassten Bewertungen über den Zugang zu diesen Segmenten des Kapitalmarktes. Ihre Ratings haben daher erhebliche Auswirkungen auf Unternehmen und Staaten. Spätestens durch die Staatsschuldenkrise in der Europäischen Währungsunion sind Ratingagenturen daher auch in den Blickpunkt der breiteren Öffentlichkeit gerückt. Vielfach entstand der Eindruck, Ratingagenturen könnten „durch das Senken ihres Daumens" das Schicksal eines von der Zahlungsunfähigkeit bedrohten Mitgliedsstaates besiegeln oder politisch mühsam ausgehandelte Rettungsmaßnahmen zur Makulatur werden lassen. Um ihre faktische Autorität und Machtstellung auf dem Kapitalmarkt zu beschreiben, wurden schon früher gerne Superlative bemüht, welche die Ratingagenturen dadurch geradezu mystifiziert haben. So bezeichnete sie der ehemalige Präsident der BaFin, *Jochen Sanio*, als „größte ungeregelte Machtstruktur im Weltfinanzsystem"[1] oder der Pulitzer-Preisträger *Thomas Friedman* – wenn auch zugespitzt – bereits im Jahr 1996 als einzige verbliebene Supermacht neben den Vereinigten Staaten von Amerika[2].

Ratingagenturen sind privatwirtschaftliche und gewinnorientierte Unternehmen, deren Tätigkeit zwischen der Arbeit von Finanzanalysten und Wirt-

---

[1] Finanzausschuss des Deutschen Bundestages, 15. WP, Protokoll Nr. 20 (4. Juni 2003), 29.

[2] „There are two superpowers in the world today in my opinion. There's the United States and there's Moody's Bond Rating Service. The United States can destroy you by dropping bombs, and Moody's can destroy you by downgrading your bonds. And believe me, it's not clear sometimes who's more powerful." (PBS, „NewsHour with Jim Lehrer", 13. Februar 1996).

schaftsprüfern anzusiedeln ist.[3] Worauf aber gründen sich ihre Autorität und ihr Einfluss? Die Ratingagenturen, aber auch Vertreter aus der Wissenschaft würden antworten, ihr Erfolg basiere auf ihrer Reputation, ihrer Unabhängigkeit und dem Vertrauen des Kapitalmarktes in ihre Bewertungen. Dies ist jedoch nur die halbe Wahrheit. Ratings sind heute aus dem „Code" des internationalen Finanzsystems nicht mehr wegzudenken. Sie sind mit seinen Strukturen fest verwoben und Teil der Investmentkultur. Ratingagenturen haben daher – wie bestimmte Finanzinstitute – systemische Bedeutung für das Finanzsystem.[4] Hieran hat auch die Finanzkrise seit 2007 im Kern nichts geändert. Staatliche Regulierungen nahmen (vor allem in den USA) und nehmen noch immer direkt auf Ratings staatlich anerkannter Agenturen Bezug; auf internationaler Ebene erlauben die Eigenkapitalregeln für Banken seit der Basel II-Übereinkunft die Risikobemessung nach den Bonitätsnoten anerkannter Ratingagenturen. Daran anschließend wird an Ratings auch in privatrechtlichen Verträgen oder den Anlagerichtlinien institutioneller Investoren angeknüpft. Aber eine Auf- oder Abwertung eines Unternehmens hat nicht nur Einfluss auf die Fremdfinanzierungskosten eines Unternehmens, sondern gilt auch als Indikator für die Qualität der Unternehmensleitung. Unternehmensleitungen streben daher ein „gutes Rating" als Managementziel an. Schließlich haben sich informelle Regeln herausgebildet, dass eine Emission von mindestens zwei der großen Ratingagenturen bewertet sein muss. Schon im Vorfeld werden Transaktionen daher nach den Vorgaben der Agenturen oder in Absprache mit ihnen strukturiert.

Nicht zuletzt sind Ratings eine leicht verständliche und standardisierte Bonitätsbewertung und damit ein wichtiges Instrument, um auf dem globalisierten Finanzmarkt die Komplexität und Unsicherheiten einer Investitionsentscheidung zu verringern. Ratingagenturen erbringen als neutrale Experten für Bonitätsprognosen eine Dienstleistung, ähnlich einem Gutachter, der den Wert eines Kunstwerkes oder eines Hauses beurteilt. Sie verringern die Informationsasymmetrie zwischen Investoren und Emittenten und leisten damit einen wichtigen Beitrag für das Funktionieren der Finanzmärkte. Der frühere Präsident der BaFin, *Jochen Sanio*, resümierte daher: „Wenn es sie nicht gäbe, müsste man sie erfinden."[5]

Angesichts ihrer großen Bedeutung verwundert es, dass die Ratingagenturen noch bis vor wenigen Jahren keiner staatlichen Regulierung unterlagen. Dies änderte sich in den USA erst, nachdem die Ratingagenturen den

---

[3] Ebenso der US-amerikanische Gesetzgeber im Dodd-Frank Act, Sec. 931(2), H.R. 4173. Für wichtiger hält sie sogar *Großfeld*, ZVglRWiss 101 (2002) 387.

[4] *Deipenbrock*, RIW 2010, 612, 613.

[5] Zitiert nach *Handelsblatt*, Wie die EU die Rating-Riesen zähmen will, 11. November 2011.

Zusammenbruch der US-amerikanischen Unternehmen Enron und WorldCom in den Jahren 2001 und 2002 nicht prognostisiert hatten, durch Erlass des Credit Rating Agency Reform Act im Jahr 2006. Die Europäische Union erließ erst als Reaktion auf die Subprime-Krise 2007/2008 im Jahr 2009 die RatingVO, die inzwischen innerhalb von vier Jahren zweimal novelliert worden ist.

II. Gegenstand der Untersuchung

Die vorliegende Arbeit behandelt die Frage, ob Ratingagenturen gegenüber Anlegern auch ohne einen Vertrag haften, wenn diese – als Adressaten des Ratings – im Vertrauen darauf eine Investitionsentscheidung treffen. Unstreitig haften Ratingagenturen nach § 826 BGB, wenn sie Investoren vorsätzlich sittenwidrig geschädigt haben.[6] Haben Investoren mit einer Ratingagentur einen Vertrag über den Bezug eines Ratings vereinbart, steht Ihnen bereits aufgrund dieser vertraglichen Vereinbarung ein Anspruch aus § 280 Abs. 1 S. 1 BGB zu, auch wenn umstritten ist, ob das zugrundeliegende Schuldverhältnis der Bezugsvertrag oder ein Beratungsvertrag ist.[7] Die folgende Untersuchung konzentriert sich auf die Fälle der fahrlässigen Dritthaftung von Ratingagenturen gegenüber Investoren, in denen es eine unmittelbare vertragliche Verbindung zwischen Ratingagentur und Investor gerade nicht gibt. Ob Ratingagenturen auch in dieser Konstellation haften, ist nach dem deutschen Recht bisher nicht abschließend beantwortet.[8] Urteile deutscher Gerichte liegen bis heute nicht vor, sondern nur zur Frage der internationalen Zuständigkeit für die Klage eines Anlegers gegen eine US-amerikanische Ratingagentur.[9]

In den Vereinigten Staaten wird eine Haftung von Ratingagenturen gegenüber Investoren – häufig mit Verweis auf die Meinungsfreiheit[10] – weitgehend abgelehnt.[11] Ausnahmen finden sich nur vereinzelt; in der Regel handel-

---

[6] Vgl. zur Auslegung von § 826 BGB im Rahmen der Kapitalmarktinformationshaftung BGHZ 160, 134, 147f.

[7] Für einen Beratungsvertrag noch der BGH in seiner Börsendienst-Entscheidung (BGHZ 71, 358, 358ff.; zustimmend *Ebenroth/Daum*, WM 1992, Beil. 5, 12; *Vetter*, WM 2004, 1701, 1708); für eine kaufrechtliche Lösung auf der Grundlage des erweiterten Mangelbegriffs des § 434 BGB n.F. *Hennrichs*, in: FS Hadding (2004), 885; *Habersack*, ZHR 169 (2005) 185, 205f.; Ansprüche gänzlich ablehnend *Wagner*, in: FS Blaurock (2013), 475f.

[8] *Habersack*, ZHR 169 (2005) 185, 206.

[9] BGH NJW 2013, 386.

[10] Ausführlich S. 186ff.

[11] Auswahl: *In re Enron Corp. Securites, Derivaties and „ERISA" Litigation*, 511 F.Supp.2d 742 (S.D. Texas 2005); *County of Orange v. McGraw Hill Companies*,

te es sich um Ratings, welche die Ratingagenturen im Rahmen einer Privatplatzierung für einen begrenzten Kreis potentieller Investoren erstellt hatten.[12] Rechtskräftige Urteile, in denen Ratingagenturen zur Zahlung von Schadensersatz an Investoren verurteilt worden sind, haben die Ratingagenturen durch die Zahlung einer Vergleichssume bisher vermieden.[13] Weltweite Beachtung erfuhr daher ein australisches Gericht, als es – wenn auch in einem speziell gelagerten Sachverhalt – eine Haftung von S&P gegenüber dreizehn Kommunen des Bundesstaates New South Wales annahm.[14] Im Juni

---

Inc., 245 B.R. 151, 154 (C.D. Cal 1999); *Jefferson County School District No. R-1 v. Moody's Investor's Services, Inc.*, 988 F.Supp. 1341 (D.Colo 1997); 175 F.3d 848 (C.A.10 (Colo) 1999); *Quinn v. McGraw-Hill Companies, Inc.*, 168 F.3d 331 (C.A.7 (Ill.) 1999); *First Equity Corporation of Florida v. Standard & Poor's Corp.*, 869 F.2d 175 (2d Cir. 1989); *Freidus v. ING Groep N.V.*, 2010 WL 3554097 (S.D.N.Y.); *Tsereteli v. Residential Asset Securitization Trust 2006-A8*, 692 F.Supp.2d 387 (S.D.N.Y. 2010); *In re Lehman Brothers Securities and ERISA Litig.*, 684 F.Supp.2d 485 (S.D.N.Y. 2010); *Federal Home Loan Bank of Pittsburgh v. J. P. Morgan Securities LLC*, 2010 WL 7928643 (Pa.Com.Pl.); *Space Coast Credit Union v. Merill Lynch, Pierce, Fenner & Smith, Inc.*, 295 F.R.D. 540 (S.D.Fla 2013) und 2014 WL 1230719 (S.D.Fla.); *Anschutz Corp. v. Merrill Lynch & Co., Inc.*, 2012 WL 3518537, 12 (C.A.2 (N.Y.)); *Ohio Police & Fire Pension Fund v. Standard & Poor's Financial Services LLC*, 700 F.3d 829 (C.A.6 (Ohio) 2012).

12 *In re National Century Financial Enterprises, Inc., Investment Litigation*, 580 F.Supp.2d. 630 (S.D. Ohio 2008); *LaSalle National Bank v. Duff & Phelps Credit Rating Co.*, 951 F.Supp. 1071 (S.D.N.Y. 1996); *Commercial Financial Services Arthur Andersen LLP*, 94 P.3d 106, 110 (CA (OK) 2004) (Ansprüche des Auftraggebers eines Ratings); *Abu Dhabi Commercial Bank v. Morgan Stanley & Co.*, Inc., 2009 WL 2828018 (S.D.N.Y.); *Abu Dhabi Commercial Bank v. Morgan Stanley & Co.*, Inc., 2012 WL 3584278 (S.D.N.Y.); *King County v. IKB Deutsche Industriebank AG*, 708 F.Supp.2d 334 (S.D.N.Y. 2010); *King County v. IKB Deutsche Industriebank* AG, 2012 WL 2160285 (S.D.N.Y.); *King County v. IKB Deutsche Industriebank AG*, 2012 WL 1592193 (S.D.N.Y.). Alle Verfahren wurden – soweit ersichtlich – außergerichtlich beigelegt (vgl. *Financial Times*, Standard & Poor's and Moodys's settle US subprime lawsuits, 27. April 2013); noch laufend: *California Public Employees' Retirement System v. Moody's Corp.*, 2010 WL 2286924 (Cal. Superior), bestätigt durch *California Public Employees' Retirement System v. Moody's Corp.*, 226 Call.App.4th 643 (Cal.App. 1 Dist).

13 Die Verfahren *Abu Dhabi Commercial Bank v. Morgan Stanley & Co* und *King County v. IKB Deutsche Industriebank AG* wurden etwa durch die Zahlung einer Vergleichssumme vom insgesamt US$ 225 Mio. durch S&P und Moody's beigelegt (*Financial Times*, Standard & Poor's and Moodys's settle US subprime lawsuits, 27. April 2013).

14 *Bathurst Regional Council v. Local Government Financial Services Pty Ltd (No. 5)*, [2012] FCA 1200; hierzu *Haar*, DB 2013, 2489, 2491 f.; *Lehmann*, Civil Liability of Rating Agencies: An Insipid Sprout from Brussels, LSE Law, Society and Economy Working Papers 15/2014, 13 ff.; *Harding-Farrenberg/Donovan*, 14 Bus. L. Int'l 185 ff. (2013). Zu beachten ist allerdings, dass sich das australische Bundesgericht bemühte, den zu entscheidenden Fall gerade von einer möglichen Haftung gegenüber dem allgemeinen Investorenpublikum abzugrenzen. Maßgeblich

2014 bestätigte das australische Bundesgericht die Entscheidung.[15] Große politische Bedeutung hat zudem eine Klage der US-amerikanischen Regierung gegen S&P auf Zahlung eine Strafe von US$ 5 Milliarden wegen Betrugs im Zusammenhang mit der Bewertung von strukturierten Finanzinstrumenten im Vorfeld der Finanzkrise 2007/2008.[16]

Die deutsche Rechtswissenschaft begegnet einer Dritthaftung von Ratingagenturen bisher überwiegend skeptisch, obwohl es sich strukturell um einen Fall der Expertenhaftung handelt, ähnlich der Haftung von Gutachtern, Wirtschaftsprüfern oder Anwälten für Third Party Legal Opinions. Ursache dieser Skepsis ist die Befürchtung einer „uferlosen" oder „übermäßigen" Haftung von Ratingagenturen. Es wird gezeigt werden, dass diese Besorgnis unbegründet ist. Das Haftungsrisiko von Ratingagenturen ist nicht „uferlos", sondern durchaus kalkulierbar, wenn auch im Ergebnis sehr hoch. Eine zivilrechtliche Haftung gegenüber Investoren ist auch nicht „übermäßig", sondern rechtspolitisch sinnvoll. Die zivilrechtliche Verantwortlichkeit ist ein notwendiges Regulierungsinstrument, um die Qualität und Zuverlässigkeit von Ratings zu gewährleisten. Der Ratingmarkt ist ein enges Oligopol; daher müssen die etablierten Ratingagenturen weder den Verlust von Reputation noch den Wettbewerb in der Schärfe fürchten, wie er üblicherweise in einer Marktwirtschaft besteht. Zumal ein schärferer Wettbewerb die Qualität der Ratings aller Voraussicht nach sogar verschlechtern würde, weil die Emittenten als Auftraggeber dann leichter drohen könnten, eine andere Ratingagentur zu beauftragen. Die Dritthaftung muss daher den Ausfall der Selbstregulierungskräfte des Marktes kompensieren.

Diese Erkenntnis verbreitet sich weltweit unter den Gesetzgebern: In den USA sind durch den Dodd-Frank Act im Jahr 2010 Regelungen erlassen worden, welche eine Haftung von Ratingagenturen nach den allgemeinen kapitalmarktrechtlichen Vorschriften ermöglichen oder erleichtern. Im Jahr 2010 führte auch Frankreich eine quasi-deliktische Haftung gegenüber Investoren ein.[17] Auf der europäischen Ebene hatte der Gesetzgeber in der RatingVO von 2009 die Entscheidung über eine zivilrechtliche Verantwortlichkeit von Ratingagenturen noch ausdrücklich den Mitgliedsstaaten überlassen.[18] Möglicherweise aufgrund der Kritik an dem Einfluss der Rating-

---

war, dass S&P den avisierten Investorenkreis kannte; insoweit besteht also auch hier eine gewisse Parallele zu Privatplazierungen.

[15] *ABN AMRO Bank NV v. Bathurst Regional Council* [2014] FCAFC 65.

[16] Vgl. hierzu die Ablehnung des Antrags auf *summary judgement* von S&P in *U.S. v. McGraw-Hill Comp., Inc.*, 2013 WL 3762259 (C.D.Cal.).

[17] Loi n°2010-1249 vom 22. Oktober 2010, art. 10 (V).

[18] Erwägungsgrund 69 VO (EG) Nr. 1060/2009.

agenturen in der Staatsschuldenkrise und den Reformen in den USA bröckelte der Widerstand gegen eine Haftung der Ratingagenturen. Als die Kommission im November 2011 im Rahmen der zweiten Novelle der RatingVO vorschlug, dass Ratingagenturen gegenüber Emittenten und Investoren für grob fahrlässige Verstöße die RatingVO haften sollen (Art. 35a RatingVO), konzentrierte sich die Beratung auf die Details der Regelung; die politische Entscheidung für eine Haftung von Ratingagenturen auch gegenüber Investoren wurde in der Diskussion kaum in Frage gestellt. Schließlich trat die zweite Novelle der RatingVO am 20. Juni 2013 in Kraft.[19] Neben dem nationalen Recht existiert nunmehr in Art. 35a RatingVO eine eigenständige Anspruchsgrundlage neben dem nationalen Recht. Das nationale Recht bleibt allerdings weiterhin von großer Bedeutung: Der neue Haftungstatbestand ist auf vorsätzliche und grob fahrlässige Verstöße gegen die Anhang III aufgeführten Zuwiderhandlungen beschränkt und richtet sich lediglich an in der EU registrierte Ratingagenturen.

Eine zivilrechtliche Verantwortlichkeit von Ratingagenturen kann sich auch gegenüber den bewerteten Unternehmen ergeben. Auf diese Frage wird nur am Rande eingegangen werden. Ob und inwieweit eine Ratingagentur einem bewerteten Unternehmen zu Schadensersatz verpflichtet ist, weil sie ihm eine zu geringe Bonität attestiert hat, ist eine äußerungsrechtliche oder – im Falle des Auftragsratings – vertragsrechtliche Frage. Ihr Schwerpunkt liegt daher auf der Abwägung der Meinungsfreiheit der Ratingagenturen mit dem Recht am eingerichteten und ausgeübten Gewerbebetrieb des Unternehmens und der Frage, inwieweit ein Rating eine Tatsache im Sinne des § 824 Abs. 1 BGB sein kann.[20]

III. Vorgehensweise

In einem ersten Schritt wird ein Überblick über den Verlauf der rechtspolitischen Diskussion über die Regulierung von Ratingagenturen gegeben. Entscheidend hierfür ist das Verständnis zweier Fälle, in denen den Ratingagenturen Versagen vorgeworfen ist und welche die rechtspolitische Diskussion stark geprägt haben: der Zusammenbruch des Energiekonzern *Enron* sowie die sog. Subprime-Krise (§ 2). Nach diesem Überblick wird die Tätigkeit der Ratingagenturen näher beschrieben und definiert (§ 3). Charakteristisch für

[19] VO (EU) Nr. 462/2013 zur Änderung der VO (EG) Nr. 1060/2009, Abl. EU Nr. L 146 vom 31. Mai 2013, 1.

[20] Hierzu bereits ausführlich *Gomille*, Standardisierte Leistungsbewertungen (2009); *Eisen*, Haftung und Regulierung von internationalen Rating-Agenturen (2007), 273 ff.; *Peters*, Die Haftung und die Regulierung von Rating-Agenturen (2001), 48 ff.

Ratingagenturen ist ihre enorme Bedeutung für den Markt für Fremdkapital, die auf dem Zusammenspiel verschiedener Faktoren beruht (§ 4).

Vor der dogmatischen Diskussion der Dritthaftung von Ratingagenturen wird das zugrundeliegende Regelungsproblem analysiert. Hierfür gibt es zwei Gründe: Aus einer rechtsvergleichenden Perspektive erlaubt eine Kenntnis der Regelungsprobleme, die nationalen Antworten in einen gemeinsamen Kontext zu setzen.[21] Wichtiger aber ist, dass auch eine zivilrechtliche Frage wie die Dritthaftung einer Ratingagentur zwar dogmatisch diskutiert und im Rahmen der juristischen Methoden entschieden wird. Die rechtsdogmatische und rechtspolitische Diskussion lassen sich aber nicht voneinander trennen.[22] Gerade wenn eine Frage – wie die Informationsdritthaftung – stark von den Wertungen des Rechtsanwenders abhängt, ist seine Entscheidung von seinem Vorverständnis geprägt.[23] Wesentlich für das Vorverständnis sind aber die Regelungsprobleme und möglichen Folgen einer bestimmten juristischen Wertentscheidung. Viele rechtspolitische Erwägungen fließen daher verdeckt als Wertungen und Argumente in die rechtsdogmatische Diskussion ein. Vorzugswürdig erscheint es aber, sie offenzulegen und losgelöst von der dogmatischen Diskussion zu erörtern. Hierzu werden zunächst die Regelungsprobleme (§ 5) und möglichen Lösungsansätze (§ 6) diskutiert. Da sowohl Wettbewerb und Reputation als auch Offenlegungspflichten und aufsichtsrechtliche Maßnahmen nicht geeignet sind, die Qualität und Unabhängigkeit von Ratings zu gewährleisten, wird komplementär eine Haftung der Ratingagenturen gegenüber Investoren vorgeschlagen. Die Vor- und Nachteile einer solchen Haftung sowie ihre Grenzen werden in der Folge ausführlich erörtern (§ 7).

Daran schließt sich die rechtsdogmatische Untersuchung an, wie sich eine solche – rechtspolitisch sinnvolle – Dritthaftung der Ratingagenturen auf der Basis des geltenden nationalen (§ 8 bis § 15) und des europäischen Rechts (§ 16 und § 17) begründen lässt. Hierzu wird zunächst auf den verfassungsrechtlichen Rahmen (§ 8) eingegangen. In diesem Zusammenhang wird auch auf den Schutz der Ratingagenturen durch die Meinungsfreiheit in den USA eingegangen, der dort lange Zeit einen undurchdringlichen Schild gegenüber Schadensersatzansprüchen von Investoren bot, nun aber möglicherweise erste Risse zeigt. Die Haftung von Ratingagenturen wird danach zunächst in das System kapitalmarktrechtlicher Haftungstatbestände

---

21 Vgl. die ähnliche Begründung bei *Hopt*, Die Verantwortlichkeit der Banken bei Emissionen (1991), 30 f.

22 *Auer*, Materialisierung, Flexibilisierung, Richterfreiheit (2005), 81 ff. mit ausführlichen Nachweisen.

23 Vgl. *Esser*, Vorverständnis und Methodenwahl in der Rechtfindung (1972), 116 ff.

eingeordnet (§ 9). Da Ratingagenturen insbesondere nicht der Prospekthaftung unterfallen, wird ausführlich die Haftung auf Basis des allgemeinen Zivilrechts erörtert. Im Rahmen der dogmatischen Diskussion der Expertenhaftung, wird sich zeigen, dass der Gesetzgeber für diese Konstellationen mit § 311 Abs. 3 S. 2 BGB eine überzeugende Lösung zur Verfügung gestellt hat, die zudem an die Grundsätze der Vertrauenshaftung anschließen kann. Da Ratings meist von den lokalen Tochtergesellschaften der Agenturen erstellt werden, wird untersucht, ob sie trotzdem der Muttergesellschaft zuzurechnen sind, und diese dafür haftet. (§ 10).

Im Anschluss werden die Pflichten der Ratingagenturen gegenüber den Investoren näher entwickelt und die Frage des Verschuldensmaßstabs erörtert. Dabei wird ein besonderer Schwerpunkt auf die Frage gelegt, ob die Haftung auf Fälle grober Fahrlässigkeit zu beschränken ist (§ 11). Die Ratingagenturen versuchen, ihre Haftung durch ausführliche Hinweise zu verhindern. Es wird gezeigt, dass diese Praxis nicht zulässig ist und ihnen generell nur geringe Spielräume für eine Modifikation ihrer zivilrechtlichen Verantwortlichkeit zur Verfügung stehen (§ 12). Im Rahmen der Kapitalmarktinformationshaftung und damit auch für die Haftung von Ratingagenturen sind die Fragen der Transaktionskausalität und des Schadensumfangs hoch umstritten. Es wird untersucht, wie verhindert werden kann, dass Investoren durch eine Rückabwicklung ihrer Transaktion das gesamte Marktrisiko abwälzen, das sie auch bei zutreffender Information häufig selbst getragen hätten. Auf der anderen Seite wird aber auch nach einer Lösung gesucht, wie Anleger realistischerweise nachweisen können, dass sie aufgrund eines Ratings ihre Investitionsentscheidung getroffen haben; an diesem Punkt scheitern in der Praxis viele Klagen wegen fehlerhafter Kapitalmarktinformationen (§ 13). Neben Ratingagenturen können auch andere Kapitalmarktakteure haften (z.B. der Emittent oder Wirtschaftsprüfer); es ist daher zu untersuchen, wie das Verhältnis der einzelnen Haftpflichtigen zueinander ist und insbesondere ob sie als Gesamtschuldner haften (§ 14). Da Standard & Poor's, Fitch und Moody's ihren Sitz nicht in Deutschland haben, kommt der Frage eine besondere Bedeutung zu, nach welchem Recht die Frage ihrer Dritthaftung zu beurteilen ist. Es wird vorgeschlagen, das Recht des Marktortes anzuwenden, auf dem die Schuldverschreibung erworben worden ist; alle anderen Anknüpfungspunkte sind zufällig und für die Beteiligten kaum voraussehbar (§ 15).

Danach wird der im Jahr 2013 neu eingeführte Haftungstatbestand in Art. 35a RatingVO im Detail analysiert, der neben das nationale Haftungsrecht tritt. Hierzu wird zunächst auf einzelne Grundfragen (§ 16) wie die dogmatische Struktur des Haftungstatbestands, seinen Anwendungsbereich und sein Verhältnis zum nationalen Recht eingegangen sowie abschließend auf die einzelnen Haftungsvoraussetzungen (§ 17).

Kapitel 1

Grundlagen

§ 2 Rechtliche Rahmenbedingungen

Trotz ihrer Bedeutung für das Funktionieren der Kapitalmärkte, waren Ratingagenturen in den USA, auf Ebene der EU und in Deutschland lange Zeit unreguliert. Es gab ein großes Vertrauen, die Sorge der Ratingagenturen um ihre Reputation gewährleiste eine ausreichende Selbstregulierung des Ratingmarktes. Auf internationaler Ebene beschloss die International Organiation of Securities Commissions (IOSCO) im Jahr 2004 einen Verhaltenskodex (Code of Conduct Fundamentals) für Ratingagenturen, der aber nicht rechtlich bindend war.[1] Obwohl der Anekdotenschatz über Versäumnisse der Ratingagenturen reichhaltig ist, haben zwei Fälle die rechtspolitische Diskussion nachhaltig beeinflusst und hatten für die Regulierung von Ratingagenturen durch den Gesetzgeber eine geradezu katalytische Wirkung: Im Jahr 2006 erließ der US-amerikanische Gesetzgeber den Credit Rating Agency Reform Act. Dies war eine – wenn auch späte – Reaktion auf die Rolle der Ratingagenturen beim Zusammenbruch des Energiekonzerns Enron vier Jahre zuvor. Zu einer Regulierung von Ratingagenturen in der EU kam es erst als Folge der Finanzkrise 2007/2008 durch die Rating-VO im Jahr 2009. Die Finanzkrise führte auch zu einer weiteren Verschärfung der Regulierung in den USA durch den Dodd-Frank Act von 2010. Es wird daher zunächst die Rolle eingegangen werden, welche die Ratingagenturen beim Zusammenbruch von Enron und in der Finanzkrise 2007/2008 spielten (I.). Danach wird ein Überblick über die Entwicklung der Regulierung und rechtspolitischen Diskussion hierüber in den USA und der EU gegeben (II.).

I. Versagen der Ratingagenturen

1. Enron

Der Zusammenbruch der beiden Unternehmen Enron und WorldCom in den Jahren 2001 und 2002 führte zu den bis dahin größten Unternehmensin-

[1] Überblick bei *Deipenbrock*, WM 2005, 261, 264 ff.

solvenzen in der US-amerikanischen Wirtschaftsgeschichte.[2] Insbesondere der Zusammenbruch von Enron hat in den USA eine intensive Diskussion über Corporate Governance entfacht und hierbei auch den Blick auf die Ratingagenturen als Teil der externen Corporate Governance gelenkt. Diese hatten das Unternehmen noch vier Tage vor seiner Zahlungsunfähigkeit als „investment grade" eingestuft. Der Name Enron steht daher paradigmatisch für die Krise der US-amerikanischen Unternehmensverfassung wie das Unternehmen Parmalat – wenn auch in geringerem Maße – für die europäische Diskussion.[3]

Dem Zusammenbruch von Enron gingen betrügerische Handlungen des Vorstandes voraus, der den Zustand des Unternehmens mittels eines komplizierten Geflechts von Scheingesellschaften falsch dargestellt hatte. Der schlechte Zustand des Unternehmens trat vollständig zutage, als ein potentieller Kandidat für eine Verschmelzung mit Enron eine Due Diligence durchführte. Wieso aber hatten die sog. *Gatekeeper*, deren Aufgabe es doch war, die Tätigkeit der Unternehmensleitung zu überwachen, den wahren Zustand des Unternehmens nicht aufgedeckt? Neben Anwälten, Finanzanalysten und vor allem Wirtschaftsprüfern wurden auch die Ratingagenturen mit diesem Vorwurf konfrontiert. In späteren Untersuchungen wurde ihr langes Festhalten an der Bonitätsnote von Enron auf eine Mischung aus Oberflächlichkeit und Leichtgläubigkeit im Umgang mit den zur Verfügung gestellten Informationen zurückgeführt. Selbst Unstimmigkeiten in öffentlich zugänglichen Veröffentlichungen von Enron hatten sie nicht bemerkt. Diese hätten die Ratingagenturen misstrauisch machen und zu weiteren Nachfragen veranlassen müssen. Zudem konzentrierten sich die Ratingagenturen nicht – wie sie immer vorgaben – auf die langfristige Unternehmensentwicklung, sondern betonten übermäßig die Bedeutung von Finanzkennzahlen, die lediglich für die kurzfristige Entwicklung entscheidend waren.[4] Als tiefere Ursachen wurden der fehlende Wettbewerb zwischen den großen Ratingagenturen[5] sowie ein Mangel an Regulierung und zivilrechtlicher Verantwortlichkeit identifiziert.[6]

---

[2] Vgl. die ausführliche Darstellung bei *Coffee*, Gatekeepers (2006), 18 ff. und 36 ff. sowie die rechtliche Analyse der Folgen bei *v. Hein*, Die Rezeption US-amerikanischen Gesellschaftsrechts in Deutschland (2008), 650–772.

[3] Vgl. *Ferrarini/Giudici*, Financial Scandals and the Role of Private Enforcement: The Parmalat Case, ECGI Law Working Papers 40/2005 (2005), passim.

[4] Zum Ganzen *Senate Committee on Governmental Affairs*, Report of Staff, Financial Oversight over Enron: The SEC and Private Sector Watchdogs, 115 ff.; *Hill*, 35 Conn. L. Rev. 1145, 1148 ff. (2003).

[5] Diesen Punkt betont *Coffee*, Gatekeepers (2006), 35.

[6] Zum Ganzen *Senate Committee on Governmental Affairs*, Report of Staff, Financial Oversight over Enron: The SEC and Private Sector Watchdogs (2003), 122 ff.

Der Fall Enron erlaubt es aber auch, den Blick auf eine Facette der Problematik der rechtzeitigen Anpassung von Ratings zu richten: Die Insolvenz von Enron wurde dadurch beschleunigt, dass in den Verträgen von Enron mit seinen Geschäftspartnern sog. Rating-Trigger enthalten waren. Diese Vertragsklauseln sehen im Falle einer Abwertung ein Kündigungsrecht, einen Anspruch auf einen Risikozuschlag oder die Stellung zusätzlicher Sicherheiten vor. Infolgedessen kann eine Abwertung eine Kettenreaktion in Gang setzen, an deren Ende die Insolvenz des bewerteten Unternehmens steht.[7] Ratingagenturen sind daher im Verhältnis zu den bewerteten Unternehmen sozusagen „too big to downgrade".[8] Diese potentiellen Folgen erklären teilweise, warum die großen Ratingagenturen so zurückhaltend sind, eine Abwertung vorzunehmen.[9]

2. Finanzkrise

Das zweite prägende Ereignis für die Diskussion über die Regulierung von Ratingagenturen war die Finanzkrise, die durch den Zusammenbruch des US-amerikanischen Hypothekenmarkts 2007 des Marktes für verbriefte Forderungen ausgelöst und durch den Verlust des allgemeinen Vertrauens zwischen den Kapitalmarktakteuren zu einer globalen Finanzkrise wurde. Den Ratingagenturen wurde an der Verursachung dieser Krise eine erhebliche Mitschuld gegeben.[10] Um diesen Vorwurf nachvollziehen zu können, ist es notwendig, die strukturellen Probleme der Ratingindustrie nachzuzeichnen, die sich in der Finanzkrise offenbart haben.[11]

a) Ursprung der Krise auf dem US-Hypothekenmarkt

Im Jahr 2007 kam es zu einer Krise des US-amerikanischen Marktes für Hypothekenverbriefungen, nachdem die Häuserpreise im Laufe des Jahres

[7] *Hill*, 82 Wash. U L. Q. 43, 67 f. (2004).

[8] *Darbellay*, Regulating Ratings (2011), 181 f.

[9] *Macey*, 89 Cornell L. Rev. 394, 405 f. („a rating downgrade effectively functions like a corporate nuclear bomb").

[10] Vgl. etwa *Europäische Kommission*, COM (2008) 704, 58; *Financial Stability Forum*, Report of the Financial Stability Forum on Enhancing Market and Institutional Resilience (April 2008), 32 ff.; *Senate Permanent Subcommittee on Investigations*, Wall Street and the Financial Crisis: Anatomy of a Financial Collapse (2011), 243 ff. Skeptischer ist *Rudolph*, ZGR 2010, 1, 41, da die Fehlerhaftigkeit der Ratings nach den von den Agenturen kommunizierten Maßstäben noch nicht erwiesen sei. Die Ratingagenturen treffe durch ihre massenhafte Abwertung aber eine Schuld an der Liquiditätskrise.

[11] Hervorragende Darstellung in *Bank für internationalen Zahlungsausgleich*, 79. Jahresbericht (2009), 4 ff. sowie bei *Rudolph*, zfbf 60 (2008), 713 ff.

2006 zu sinken begonnen hatten. Hypothekenbanken hatten zuvor in der Erwartung weiter steigender Häuserpreise in großem Maßstab Kredite vergeben, die zwar grundpfandrechtlich abgesichert waren, deren Kreditnehmer aber nicht über nennenswertes Eigenkapital verfügten (sog. Subprime-Segment). Dementsprechend hohe Bedeutung kam dem Wert der Sicherheiten zu.[12] Da die Häuserpreise in den USA in den vorherigen Jahren stetig gestiegen waren, ging man davon aus, dass sich dieser Trend fortsetzen würde. Begünstigt wurde diese Entwicklung von weiteren Faktoren, wie niedrigen Kapitalmarktzinsen, einigen Besonderheiten des US-amerikanischen Darlehens- und Zwangsvollstreckungsrechts[13] sowie einer laxen Kreditvergabepraxis. da Hypothekenbanken bei der Kreditvergabe nicht davon ausgehen mussten, selbst das Kreditrisiko dauerhaft übernehmen zu müssen.[14]

Die Hypothekenbanken hatten nur geringe Anreize, die Bonität der Darlehensnehmer und den Wert ihrer Sicherheiten kritisch zu überprüfen. Sie konnten davon ausgehen, das Kreditrisiko nicht dauerhaft selbst übernehmen zu müssen, sondern es mittels Verbriefung der grundpfandrechtlich gesicherten Darlehensforderungen (sog. *Residential Mortgage Backed Securities* (RMBS)) an Dritte weitergeben zu können.[15] Die Darlehen wurden hierzu in Pools zusammengefasst und auf Zweckgesellschaften übertragen, die strukturierte Wertpapiere emittierten und diese – häufig im außerbörslichen Handel im Rahmen von Privatplatzierungen – an institutionelle Investoren verkauften. Die Technik der Verbriefung sollte es nicht nur dem Kreditgeber erlauben, sich des Kreditrisikos zu entledigen, sondern auch den Investoren, maßgeschneiderte Risiken einzugehen und zugleich ihr Portfolio zu diversifizieren. Im Grundsatz tragen Verbriefungen daher dazu bei, die Effizienz des Kapitalmarktes zu erhöhen.[16] Verbriefungen stießen im Markt zudem auf hohe Resonanz, weil sie scheinbar erlaubten, das relativ hohe Risiko der Einzelforderungen bei vergleichsweise hohen Erträgen

---

[12] Dieser Umstand wurde durch zwangsvollstreckungsrechtliche Besonderheiten in einigen US-Bundesstaaten begünstigt, die eine Vollstreckung lediglich in das gesicherte Haus erlauben, vgl. *Rudolph*, ZGR 2010, 1, 7.

[13] Für eine Analyse des Zusammenspiels von Verbraucherkreditrecht, Verbriefung und Ratingagenturen siehe *Reiss*, 33 Fla. St. U. L. Rev. 985, 1029 ff. (2006).

[14] Ökonomisch gesehen ein Fall des *moral hazard*, vgl. *Coffee*, 6 U. St. Thomas L. J. 403. 406 (2009). Zu den zahlreichen Friktionen im Rahmen der Wertschöpfungskette einer Verbriefung siehe *Ashcraft/Schuermann*, Understanding the Securitization of Subprime Mortgage Credit, Federal Reserve Bank of New York, Staff Report No. 318 (2008), passim.

[15] Vgl. zur Struktur von Verbriefungstransaktionen die anschauliche Darstellung bei *Ricken*, Verbriefung von Krediten und Forderungen in Deutschland (2008), passim. Konzise Darstellung auch in *IOSCO*, Consultation Report – The Role of Credit Rating Agencies in Structured Finance Markets (März 2008), 6 ff.

[16] *Rudolph*, zfbf 60 (2008) 713, 719; *Schwarcz*, 2004 U. Ill. L. Rev. 1, 4.

durch Diversifikation zu verringern, indem man viele derartige Forderungen in einem Pool bündelt.[17] Voraussetzung hierfür ist jedoch, dass die Investoren das Risiko der verbrieften Forderungen richtig einschätzen können.

b) Rolle der Ratingagenturen

An dieser Stelle treten die Ratingagenturen auf den Plan und übernehmen eine so entscheidende Rolle, dass der gesamte Verbriefungsmarkt auch als „*rating-driven*"[18] beschrieben worden ist. Bereits die Informationsasymmetrien bei einem gewöhnlichen Forderungskauf hinsichtlich der Bonität des Schuldners und der Werthaltigkeit von Sicherheiten führen zu so hohen Risikoaufschlägen oder Informationskosten, dass die meisten Transaktionen daran scheitern würden. Die Struktur einer Verbriefung ist noch komplexer und erhöht die Informationsasymmetrien der Investoren erheblich:[19] Erstens liegt einer Verbriefung ein Pool zugrunde, der eine Vielzahl verschiedenster Forderungen enthalten kann. Zweitens emittiert die Zweckgesellschaft häufig Wertpapiere verschiedener Risikoklassen (Tranchen oder *slices* genannt). Danach erfolgt eine Zinszahlung an eine niedrigere Tranche erst, nachdem die höheren Tranchen vollständig bedient worden sind (sog. Wasserfallprinzip). Drittens erfordert die reibungslose Abwicklung die Mitwirkung von Dritten, welche die Forderungen verwalten oder die Liquidität garantieren; deren Bonität und Zuverlässigkeit ist damit ein weiterer relevanter Faktor.[20] Viertens wurden auch Verbriefungstransaktionen „höherer Ordnung" durchgeführt, indem strukturierte Wertpapiere wiederum zusammengefasst und in sog. *Collateralized Debt Obligations* (CDO) verbrieft wurden. Zumeist wurde diese Technik genutzt, um die nachrangigen Tranchen durch die Zusammenfassung verschiedener Wertpapiere noch zu vermarkten. Wurde eine größere Anzahl von niedrigeren Tranchen, die für sich lediglich eine mittelmäßige Bewertung – etwa BBB – erhalten hatten, in einem CDO zusammengefasst, konnte dieser bei einem hohen Grad an Diversifikation und einem entsprechenden Puffer an Forderungsausfällen dennoch ein Spitzenrating erhalten. So gelang es, auch höhere Risiken weiterzugeben. Eine Kette von Verbriefungen erstreckte sich daher leicht über vier oder mehr Stufen.

Aufgrund der Komplexität strukturierter Wertpapiere ist es sogar institutionellen Investoren nicht mehr möglich, die zugrundeliegenden Risiken bei

---

17 *Rudolph*, ZGR 2010, 1, 25.

18 *Kettering*, 29 Cardozo L. Rev. 1553, 1673 (2008).

19 Zum Folgenden *Köhler*, Die Zulässigkeit derivativer Finanzinstrumente in Unternehmen, Banken und Kommunen (2012), 122 ff., der plastisch von „Informationsvernichtung" durch Pooling spricht.

20 *Fender/Mitchell*, BIZ Quartalsbericht Juni 2005, 77, 82 f.; *Committee on the Global Financial System*, CGFS Papers No. 32 (July 2008), 7.

betriebswirtschaftlich vertretbaren Kosten selbst einzuschätzen.[21] Dementsprechend groß war der Einfluss des Ratings auf die Preisbildung strukturierter Wertpapiere (und ist es noch heute).[22] Ob ein Wertpapier marktfähig war, hing allein davon ab, ob es die Ratingagenturen mit einem ausreichend hohen Rating versahen. Nach anfänglicher Skepsis gegenüber Verbriefungen erkannten die Ratingagenturen einen lukrativen Markt. Weil ihr Urteil für die Marktgängigkeit eines Wertpapiers entscheidend war, wurden die Ratingagenturen bereits in die Strukturierung der Wertpapiere einbezogen und berieten – gegen zusätzliches Entgelt – die Investmentbanken, welche die Verbriefung arrangierten, wie eine Transaktion strukturiert sein muss, um das gewünschte Rating zu erhalten.

c) Ursachen des Versagens der Ratingagenturen

Die Bonitätsbeurteilungen der Ratingagenturen spiegelten jedoch nicht das wahre Risiko wider und sind von den Agenturen auch nicht ausreichend schnell an die sich verschlechternden Marktbedingungen angepasst worden:[23] Ihre Bewertungspraxis änderten die Ratingagenturen nicht, als Ende 2006 Ausfälle von Immobilienkrediten stark zunahmen.[24] Zu Beginn der Finanzkrise bewerteten die großen drei Ratingagenturen 80 % der strukturierten Wertpapiere, welche mit Subprime-Darlehensforderungen unterlegt waren, noch immer mit der höchsten Bonitätsnote („AAA"). Erst im Juli des Jahres 2007 kam es zu einer massiven Abwertung strukturierter Wertpapiere.[25] Nach einer Schätzung sind bis Juni 2008 36 % aller CDOs, die auf US-amerikanischen Asset-Backed-Securities basierten, ausgefallen.[26] Es handelte sich also nicht nur wie beim Zusammenbruch Enrons um ein Versagen im Einzelfall; vielmehr belegt die Breite der Ausfälle strukturelle Ursachen. Für die Überbewertung von strukturierten Wertpapieren werden mehrere Ursachen angeführt:

aa) Gewinnorientierung und Wettbewerbsdruck

Der boomende Markt für strukturierte Finanzprodukte entwickelte sich zum wichtigsten Geschäftsfeld für Ratingagenturen. Gleichzeitig dominierte eine sehr kleine Zahl von Investmentbanken als Arrangeure diesen Markt.

---

21 *Rudolph*, zfbf 60 (2008) 713, 720.

22 *Fender/Mitchell*, BIZ Quartalsbericht Juni 2005, 77, 84 m. w. N.

23 Zu diesem Aspekt *Manns*, 87 N. C. L. Rev. 1011, 1046 (2009).

24 *Senate Permanent Subcommittee on Investigations*, Wall Street and the Financial Crisis: Anatomy of a Financial Collapse (2011), 243 und 263 ff.

25 *Europäische Kommission*, COM (2008) 704, 7 f.

26 *Coffee*, 1 Harv. Bus. L. Rev. 231, 232 (2011); *Hunt*, 2009 Colum. Bus. L. Rev. 109, 123.

Anders als bei der Bewertung von Unternehmensanleihen waren die Ratingagenturen nicht von den einzelnen Emittenten unabhängig, sondern ein großer Teil ihrer Einnahmen hing von einer kleinen Anzahl von Auftraggebern ab. Dies erhöhte den Wettbewerbsdruck zwischen den Ratingagenturen, zumal die Investmentbanken drohten, bei einem zu negativen Rating zukünftig jeweils die beiden anderen großen Ratingagenturen zu beauftragen. Wichtigstes Ziel der Ratingagenturen war es daher, ihre Marktanteile zu halten, auch indem sie günstigere Ratings abgaben als angebracht. Hierin zeigte sich ein Wandel in der Unternehmenskultur der Ratingagenturen, der seit der Jahrtausendwende stattgefunden hatte: Waren die Ratingagenturen vorher eher akademisch orientiert, standen nunmehr die Profitabilität und die Steigerung des Marktanteils im Mittelpunkt.[27]

bb) Interessenkonflikte durch Beratungsleistungen

Der Markt für Verbriefungen war für Ratingagenturen auch deshalb so interessant, weil bereits die Strukturierung der Produkte in Absprache mit den Ratingagenturen erfolgte. Für ihre Beratung (*rating advisory*) erhielten sie eine zusätzliche Vergütung. Damit war es ihnen nicht mehr möglich, diese Produkte unvoreingenommen zu bewerten.[28]

cc) Fehler der Ratingmethodik

Bei der Beurteilung strukturierter Wertpapiere verließen sich die Ratingagenturen fast ausschließlich auf quantitative Methoden.[29] In ihren Modellen wurden systemische Risiken nicht berücksichtigt. Systemische Risiken, die sich in der Finanzkrise verwirklicht haben, waren etwa der Wegfall der Refinanzierungsmöglichkeiten durch den allgemeinen Vertrauensverlust auf dem Kapitalmarkt[30] oder der bis dahin ungekannte landesweite Rückgang der Immobilienpreise in den USA nach dem Platzen der „Blase".[31] Die

---

[27] *Senate Permanent Subcommittee on Investigations*, Wall Street and the Financial Crisis: Anatomy of a Financial Collapse (201), 273 ff. und 278 ff. mit ausführlichen Zitaten von Angestellten der Ratingagenturen.

[28] Vgl. hierzu *SEC*, Summary Report of Issues Identified in the Commision Staff's Examinations of Select Credit Rating Agencies (Juli 2008), 23 ff.; *Europäische Kommission*, COM (2008) 704, 15–17.

[29] Zu den Schwächen dieser auf der Gauß'schen Normalverteilung basierenden Modelle siehe *Albert*, 32 Oct L.A. Law. 38, 43 f. (2009) m.w.N.

[30] *Committee on the Global Financial System*, CGFS Papers No. 32 (Juli 2008), 24; *Europäische Kommission*, COM (2008) 704, 17 f. *Hellwig*, Gutachten für den 68. DJT (2010), E 24.

[31] *Committee on the Global Financial System*, CGFS Papers No. 32 (July 2008), 4 f. und 14; *Financial Stability Forum*, Report of the Financial Stability Forum on

Ratingagenturen konnten zudem nicht auf belastbare historische Daten zurückgreifen. Einerseits hatte es einen so starken Anstieg der Immobilienpreise in den USA früher nicht gegeben; andererseits waren die Ausfallraten nicht vergleichbar, weil früher Kredite nur an bonitätsstärkere Schuldner vergeben wurden.[32] Schließlich blieben sowohl fremde als auch eigene Warnungen über Fehlentwicklungen im US-Immobilienmarkt unberücksichtigt.[33]

Auch wenn die Ratingagenturen mit einer globalen Ratingskala arbeiten, so dass eine Bonitätsnote für ein strukturiertes Wertpapier wie für eine einfache Anleihe die gleiche Ausfallwahrscheinlichkeit bedeuten soll, konnten sie diesen Anspruch nicht durchhalten konnten.[34] Zu berücksichtigen ist in diesem Zusammenhang auch, dass es aufgrund der Komplexität der Strukturierungen und insbesondere der Tranchierung schwierig ist, das Ausfallrisiko jeder Tranche im Rahmen von Stresstests korrekt zu bestimmen.[35] Neuere Studien zeigen, dass bereits geringe Abweichungen der Grundannahmen die Ausfallwahrscheinlichkeiten der einzelnen Tranchen erheblich verändern können – insbesondere im Falle einer Veränderung der makroökonomischen Rahmenbedingungen.[36] Dies erklärt auch, warum die Ratingagenturen viele Wertpapiere nach dem Ausbruch der Krise so drastisch, um mehrere Ratingstufen, abwerten mussten.[37]

Vielfach erfolgte die Beurteilung durch die Ratingagenturen auf einer mangelhaften oder unrichtigen Tatsachenbasis. Teilweise enthielten die zur Verfügung gestellten Daten über die einzelnen Kreditverhältnisse falsche Angaben.[38] Teilweise fehlte eine Dokumentation der zugrundeliegenden Darlehensverhältnisse.[39] Unabhängig von der Frage, ob die Ratingagenturen eine Sorgfaltspflicht traf, Informationen des Auftraggebers zu überprüfen,[40]

Enhancing Market and Institutional Resilience (April 2008), 33; *Darbellay*, Regulating Ratings (2011), 130 ff.

32 *Senate Permanent Subcommittee on Investigations*, Wall Street and the Financial Crisis: Anatomy of a Financial Collapse (2011), 288 ff.

33 Vgl. *Bank für internationalen Zahlungsausgleich*, 79. Jahresbericht (2009), 12 ff.; *Senate Permanent Subcommittee on Investigations*, Wall Street and the Financial Crisis: Anatomy of a Financial Collapse (2011), 268 ff. jeweils m. w. N.

34 *Financial Stability Forum*, Report of the Financial Stability Forum on Enhancing Market and Institutional Resilience (April 2008), 34.

35 *Rudolph*, zfbf 60 (2008) 713, 720; *Fender/Mitchell*, BIZ Quartalsbericht Juni 2005, 77, 87 ff.; ausführlich *Köhler*, Die Zulässigkeit derivativer Finanzinstrumente in Unternehmen, Banken und Kommunen (2012), 125 ff. m. w. N.

36 *Rudolph*, ZGR 2010, 1 12 m. w. N.

37 *Möllers*, JZ 2009, 861, 867 m. w. N.

38 Siehe die empirischen Daten in *Europäische Kommission*, COM (2008) 704, 19.

39 *Coffee*, 1 Harv. Bus. L. Rev. 231, 236 f. (2011) m. w. N.

40 Ablehnend etwa *SEC*, Summary Report of Issues Identified in the Commision Staff's Examinations of Select Credit Rating Agencies (Juli 2008), 21 f.

hätten sie zumindest in Betracht ziehen müssen, dass die Informationsgrundlage, auf der sie arbeiteten, falsch gewesen sein könnte; Hinweise hierauf gab es.[41]

dd) Ungenügende Ressourcen

Die Ratingagenturen verfügten nicht über genügend ausreichend ausgebildetes Personal und waren daher mit der Menge der Aufträge überfordert.[42] Diese Schwäche machte sich insbesondere im Rahmen der Überwachung der Ratings bemerkbar.[43] Die Ratingagenturen unterließen es, bereits veröffentlichte Ratings an eine neue, verbesserte Ratingmethodik anzupassen.[44]

ee) Übermäßiges Vertrauen der Anleger in Ratings

Es wird beklagt, institutionelle Investoren hätten übermäßig auf das Rating als Maßstab ihrer Investitionsentscheidungen und Risikobewertung vertraut.[45] Vielfach sei das Rating nicht als Einschätzung des Bonitätsrisikos interpretiert worden, sondern auch als Prognose über die Liquidität und Marktpreisstabilität, so dass auf weitere Analysen dieser Risiken verzichtet wurde.[46] Darüber hinaus seien die Bewertungen der Ratingagenturen mechanisch übernommen worden, ohne die eigenen Möglichkeiten auszuschöpfen, eine Due Diligence durchzuführen oder die Prämissen des Ratings zu überprüfen.[47]

---

[41] *Senate Permanent Subcommittee on Investigations*, Wall Street and the Financial Crisis: Anatomy of a Financial Collapse (2011), 310 ff.

[42] Vgl. hierzu die Nachweise aus internen Kommunikationen in *SEC*, Summary Report of Issues Identified in the Commision Staff's Examinations of Select Credit Rating Agencies (Juli 2008), 12; *Senate Permanent Subcommittee on Investigations*, Wall Street and the Financial Crisis: Anatomy of a Financial Collapse (2011), 304 ff. („high speed ratings").

[43] *Europäische Kommission*, COM (2008) 704, 18; *SEC*, Summary Report of Issues Identified in the Commision Staff's Examinations of Select Credit Rating Agencies (Juli 2008), 21 f.

[44] *Senate Permanent Subcommittee on Investigations*, Wall Street and the Financial Crisis: Anatomy of a Financial Collapse (2011), 297 ff.

[45] *Committee on the Global Financial System*, CGFS Papers No. 32 (July 2008), 1; *Financial Stability Forum*, Report of the Financial Stability Forum on Enhancing Market and Institutional Resilience (April 2008), 37.

[46] *Rudolph*, ZGR 2010, 1, 14.

[47] Ausführlich *Financial Stability Board*, Principles for Reducing Reliance on CRA Ratings, 27. Oktober 2010.

II. Entwicklung der Regulierung in den USA und der EU

Die Regulierung von Ratingagenturen und die rechtspolitische Diskussion hierüber lassen sich in drei verschiedene Phasen gliedern. In der ersten Phase war das Vertrauen in die Selbstregulierung durch Wettbewerb und Reputation noch so groß, dass eine spezielle Regulierung von Ratingagenturen nicht für notwendig erachtet wurde (1.). Nachdem dieses Vertrauen durch eine Krise – in den USA der Zusammenbruch von Enron, in Europa die Finanzkrise – erschüttert worden war, wurden Ratingagenturen erstmals gezielt reguliert. Ihr Kern waren – ähnlich der Regulierung von Wirtschaftsprüfern oder Finanzanalysten – Offenlegungs- und Verhaltensvorschriften zur Verbesserung der Unabhängigkeit, Qualität und Transparenz des Ratings sowie eine Formalisierung des Zulassungsverfahrens (2.). In der dritten Phase, die noch immer andauert, werden radikalere Reformen diskutiert. Hierzu gehört die Haftung von Ratingagenturen für fehlerhafte Ratings, ein Aufbrechen des Oligopols der großen drei Ratingagenturen sowie eine Reform des Vergütungssystems (3.).

1. Vertrauen in die Selbstregulierung des Ratingmarktes

Sowohl in den USA als auch in Europa war lange Zeit das Vertrauen in die Selbstregulierung des Ratingmarktes sehr hoch, weil man annahm, die Ratingagenturen würden – wie andere *Gatekeeper* (z.B. Wirtschaftsprüfer) – ihre Reputation als Grundlage ihres Geschäftsmodells nicht für kurzfristige Gewinne aufs Spiel setzen. Die Gesetzgeber auf beiden Seiten des Atlantiks sahen daher von einer spezifischen Regulierung und Aufsicht über Ratingagenturen ab. Gegenüber der EU hatten sich die führenden Ratingagenturen freiwillig zur Einhaltung der Verhaltensregeln des IOSCO Code of Conduct Fundamentals for Credit Rating Agencies aus dem Jahr 2004 verpflichtet.[48] Noch im Jahr 2006 stellte die EU-Kommission daher klar, sie halte Ratingagenturen nicht für regulierungsbedürftig.[49] Der einzige Regulierungsansatz fand sich in der Umsetzung der Eigenkapitalvorschriften für Kreditinstitute nach dem Basel II-Akkord. Ratings konnten danach für die Bemessung des Kreditrisikos herangezogen werden. Die Zulassung von Ratingagenturen erfolgte im deutschen Recht – ohne die Festlegung weiterer Verhaltensvorschriften für die Ratingagenturen – in den §§ 54 ff. SolvV

---

48 Ausführlich *Blaurock*, ZGR 2007, 603, 639 m.w.N.

49 Mitteilung der Kommission über Ratingagenturen vom 11. März 2006, Abl. Nr. C 59/02, 6.

a. F. Das neue, europarechtlich vereinheitlichte Eigenkapitalrecht verknüpft die Zulässigkeit des Rückgriffs auf das Rating einer bestimmten Agentur für die Eigenkapitalberechnung mit ihrer Zulassung nach der RatingVO (Art. 135 Abs. 1 VO (EU) Nr. 575/2013).[50]

Das Fehlen jeglicher Regulierung und Aufsicht überrascht insbesondere in den USA. Dort erfüllen Ratings schon seit den 1930er Jahren eine quasi-regulatorische Funktion, indem in vielen aufsichtsrechtlichen Vorschriften auf sie verwiesen wird.[51] 1975 führte die SEC im Rahmen der Eigenkapitalvorschriften von Wertpapierhändlern (broker-dealer) den Status einer Nationally Recognized Statistical Rating Organization (NRSRO) ein.[52] Statt eines formalen Genehmigungsverfahrens stellte die SEC lediglich einen sog. „no-action letter" aus, in dem sie zusicherte, keine Einwände gegen die regulatorische Verwendung eines Ratings dieser Agentur zu erheben.[53] Eine weitergehende Regulierung oder Aufsicht über die NRSRO durch die SEC war damit aber nicht verbunden. Wichtigstes Kriterium war die landesweite Anerkennung einer Ratingagentur, wodurch vor allem neuen Ratingagenturen der Marktzugang erheblich erschwert wurde. Als NRSRO wurden auf diesem Wege nur neun Ratingagenturen anerkannt, von denen vier in der Ratingagentur Fitch aufgingen.[54] Weitere Vorstöße der SEC, den Status und das Zulassungsverfahren der NRSRO zu formalisieren, scheiterten an der Befürchtung, hierdurch könnte der Marktzugang noch weiter verengt werden.[55]

---

[50] Ausführlich S. 84 ff.

[51] Vgl. hierzu ausführlich *Partnoy*, 77 Wash. U. L. Q. (1999) 619, 687 ff.

[52] Adoption of Amendments to Rule 15c3-1 and Adoption of Alternative Net Capital Requirements for Certain Brokers and Dealers, Release 11497 (26. Juni 1976), 40 Fed. Reg. 29795 (16. Juli 1975). Vgl. hierzu *Hunt*, Credit Rating Agencies and the ‚Worldwide Crisis' (2008), 19 f. sowie zum Folgenden *Senate Committee on Governmental Affairs*, Report of Staff, Financial Oversight over Enron: The SEC and Private-Sector Watchdogs (2002), 101 ff.

[53] *SEC*, Report on the Role and Function of Credit Rating Agencies in the Operation of the Securities Markets (2003), 9 f.

[54] Vgl. hierzu *Eisen*, Haftung und Regulierung internationaler Rating-Agenturen (2007), 169.

[55] Siehe ausführlich zu dem Entwurf und den Reaktionen *Senate Committee on Governmental Affairs*, Report of Staff, Financial Oversight over Enron: The SEC and Private-Sector Watchdogs (2002), 104; *SEC*, Report on the Role and Function of Credit Rating Agencies in the Operation of the Securities Markets (2003), 12 ff. m. w. N.

2. Erste Regulierungsansätze

a) Credit Rating Agency Reform Act (2006)

Die erste US-amerikanische Regulierung von Ratingagenturen war eine – wenn auch verzögerte – Reaktion auf den Zusammenbruch von Enron und WorldCom, der die Ratingagenturen in den Fokus der Politik gerückt hatte.[56] Als wesentliche Ursache für das Versagen der Ratingagenturen war der fehlende Wettbewerb identifiziert worden. Ziel des CRA Reform Act,[57] der am 29. September 2006 in Kraft trat, war neben dem Anlegerschutz und der Schaffung einer gesetzlichen Grundlage für die Aufsicht durch die SEC, den Wettbewerb unter den Ratingagenturen im öffentlichen Interesse zu erhöhen (Sec. 2 (5) CRA Reform Act). Der Entwurf aus den Reihen des Kongresses trug daher noch den markanten Titel „Credit Rating Agency Duopoly Relief Act".[58] Der CRA Reform Act regelte nur NRSROs und sah keine allgemeine Registrierungspflicht für Ratingagenturen vor (Sec. 15E(a)(1)(A) SEA). Insbesondere wurden die Voraussetzungen für eine Zulassung als NRSRO merklich gesenkt.[59] Ratingagenturen müssen ihre Marktakzeptanz nur noch durch Bestätigungsschreiben von zehn institutionellen Investoren (*qualified institutional buyer*) und eine dreijährige Tätigkeit am Markt nachweisen (Sec. 3(a)(62)(B) und Sec. 15E(a)(1)(B) (ix), (C) und (D) SEA).

Die NRSROs werden ausschließlich durch die SEC überwacht (Sec. 15E(c) SEA). Ihr obliegt es auch, mittels Durchführungsbestimmungen und Verordnungen vor allem die organisatorischen Anforderungen an NRSROs zu konkretisieren. Sie hat hierzu insbesondere Regeln zur Vermeidung und Offenlegung von Interessenkonflikten (Rule 17g-5) erlassen.[60] Die SEC ist allerdings nicht berechtigt, die Ratingmethoden und das Ratingverfahren selbst zu regeln (Sec. 15E(c)(2) SEA). Eine Regelung zur Haftung von Ratingagenturen enthielt der CRA Reform Act nicht.

---

[56] Ausführlich zur Vorgeschichte *Deipenbrock*, WM 2007, 2217, 2219.

[57] Pub. L. 109-291, 120 Stat. 1327 (2006); 15 U.S.C. 78o-7 (2006).

[58] House of Representatives, Report 109-546.

[59] So auch *Deipenbrock*, WM 2007, 2217, 2220 f.; *Seibt*, in: Bachmann/Caspar/Schäfer/Veil, Steuerungsfunktionen des Haftungsrechts im Gesellschafts- und Kapitalmarktrecht (2007), 198; *Eisen*, Haftung und Regulierung internationaler Rating-Agenturen (2007), 172.

[60] 17 C.F.R. 240.17g-5.

b) *Verordnung (EG) Nr. 1060/2009 über Ratingagenturen*

Der Beitrag der Ratingagenturen zur Verursachung der Finanzkrise ab 2007 veranlasste die EU, von ihrer abwartenden Haltung Abschied zu nehmen. Am 16. September 2009 wurde die Verordnung (EG) Nr. 1060/2009 über Ratingagenturen (RatingVO) erlassen. Sowohl vom Regelungsansatz als auch vom Inhalt her lehnt sich die RatingVO stark an den Verhaltenskodex der IOSCO an.[61] Anders als in den USA spielte die Förderung des Wettbewerbs auf dem Ratingmarkt keine größere Rolle. Die RatingVO konzentrierte sich vielmehr darauf, die Qualität des Ratings zu steigern (Art. 1 RatingVO). Sie folgt einem input-orientierten Ansatz, indem sie Organisations-, Verfahrens- und Verhaltensanforderungen an Ratingagenturen aufstellt, deren Einhaltung zu einem besseren Rating führen soll. Einen hohen Stellenwert nehmen Offenlegungsvorschriften ein, insbesondere zur Vermeidung von Interessenkonflikten (Art. 11 und 12 RatingVO).[62] Hierin zeigt sich, dass der europäische Gesetzgeber grundsätzlich weiterhin auf die Selbstregulierung durch Reputation und Wettbewerb vertraute.[63]

Eine generelle Zulassungspflicht für Ratingagenturen wird nach überwiegender Ansicht[64] – ähnlich dem CRA Reform Act – nicht eingeführt, aber die Verwendung eines Ratings in bestimmten regulatorischen Zusammenhängen (vgl. Art. 4 Abs. 1, Art. 2 Abs. 3 RatingVO) von einer Zulassung abhängig gemacht. Zudem sollen die Regelungen der RatingVO nur für registrierte Ratingagenturen gelten. Allerdings knüpft die Registrierungspflicht in Art. 14 Abs. 1 RatingVO nur an Art. 2 Abs. 1 RatingVO an, der den Geltungsbereich der RatingVO auf die gewerbliche Veröffentlichung von Ratings oder deren Weitergabe an Abonnenten erstreckt; eine Beschränkung auf die regulatorische Verwendung von Ratings findet sich nicht und wäre auch mit der allgemein gehaltenen Zielsetzung der RatingVO nicht vereinbar.[65]

Die Ratingagenturen unterliegen nunmehr der Aufsicht durch die neu geschaffene europäische Aufsichtsbehörde ESMA,[66] nachdem die RatingVO die Aufsicht und Zulassung in einem komplizierten Abstimmungsverfahren

---

[61] Detailierte Darstellung etwa bei *Stemper*, Die rechtlichen Rahmenbedingungen des Ratings (2011), passim; *Deipenbrock*, RIW 2010, 612 ff.; *Gomille*, GPR 2011, 186 ff.; *Oster*, 17 MJ 353 ff. (2010); *Schneider*, in: FS Hellwig (2010), 329 ff.; *Möllers*, JZ 2009, 861, 864 ff.

[62] *Deipenbrock*, RIW 2010, 612, 614 ff.

[63] *Tönnignsen*, ZBB 2011, 460, 465.

[64] Etwa *Gomille*, GPR 2011, 186, 188; *Schneider*, in: FS Hellwig (2010), 334 f.

[65] Für unvereinbar mit der Meinungsfreiheit (Art. 11 GRC) hält *Gomille*, GPR 2011, 186, 191 eine allgemeine Registrierungspflicht.

[66] Verordnung (EU) Nr. 513/2011, Abl. Nr. L 145/30 vom 31. Mai 2011; hierzu *Möllers*, NZG 2010, 285 ff.; *Deipenbrock*, WM 2011, 1829 ff.

zunächst den nationalen Aufsichtsbehörden zugewiesen hatte. Wie auch die SEC ist die ESMA nicht befugt, Vorgaben zur Ratingmethodik zu machen. Die Frage einer Haftung von Ratingagenturen wurde ausdrücklich den Mitgliedsstaaten überlassen.[67]

3. Strukturelle Eingriffe

a) Dodd-Frank Act (2010)

Veranlasst durch die Finanzkrise nahm der US-amerikanische Gesetzgeber von seiner Haltung des *benign neglect* der Kapitalmarktregulierung Abstand.[68] Am 27. Juli 2010 wurde der *Dodd-Frank Wall Street Reform and Consumer Protection Act* (kurz: Dodd-Frank Act) verabschiedet.[69] Im Rahmen dieses ausgesprochen umfangreichen und ambitionierten Gesetzesvorhabens[70] wurde auch die Regulierung der NRSROs gegenüber dem CRA Reform Act erheblich verschärft.[71]

Die Aufsicht nimmt nunmehr das *Office of Credit Ratings*, eine spezielle Abteilung der SEC, wahr (Sec. 932(a)(8) Dodd-Frank Act). Ferner wurden die Anforderungen an das Ratingverfahren und die internen Compliance-Strukturen der Ratingagenturen erheblich erweitert (Sec. 932 Dodd-Frank Act). Insoweit wurde eine Konvergenz der Regulierung in den USA und der EU erreicht.[72] Mittelbare Folge dieses Gleichlaufs mit der RatingVO war, dass die Regulierung in den USA nach Erlass des Dodd-Frank Acts als gleichwertig gegenüber dem Standard der RatingVO anerkannt wurde (vgl. Art. 5 Abs. 3 RatingVO).[73]

Durch den Dodd-Frank Act wurden neben diesen vergleichsweise üblichen kapitalmarktrechtlichen Anforderungen auch strukturelle Änderungen beschlossen, welche eine Abkehr von der bisherigen Regulierungsstrategie bedeuten:

---

[67] Vgl. 69. Erwägungsgrund RatingVO; ausführlich S. 353.

[68] *Mildner/Knothe*, Abschied vom Benign Neglect?, SWP-Studie (August 2009), 5.

[69] Pub. L. 111-203.

[70] Überblick bei *Spindler/Brandt/Raapke*, RIW 2010, 746 ff.

[71] Kritisch zu den verschiedenen, nicht aufeinanderabgestimmten Regulierungsansätzen *Manns*, 81 Geo. Wash. L. Rev. 749, 762 ff. (2013).

[72] So bereits für die frühere Rechtslage *Coffee*, 1 Harv. Bus. L. Rev. 231, 250 (2011); a.A. CESR, Technical Advice to the European Commission on the Equivalence between the US Regulatory and Supervisory Framework and the EU Regulatory Regime for Credit Rating Agencies, CESR/10-332 (21. März 2010).

[73] ESMA, Final report – Technical advice on CRA regulatory equivalence – US, Canada and Australia, ESMA/2010/225 (18. April 2012), 7 ff.; zu den vorher bestehenden Bedenken *Deipenbrock*, RIW 2010, 612, 615.

Erstens wird die privilegierte Stellung der NRSROs erheblich relativiert. Ratingagenturen waren von den US-amerikanischen Insiderregeln, der Fair Disclosure Regulation, ausgenommen,[74] sofern das Rating später veröffentlicht wird. Es war daher erlaubt, Insiderinformationen an sie weiterzugeben. Nach Sec. 939B des Dodd-Frank Act war diese Ausnahme binnen 90 Tagen aufzuheben. Ob diese Gesetzesänderung praktische Auswirkungen haben wird, ist noch nicht abzusehen. Im US-amerikanischen Recht ist – anders in Deutschland und der EU[75] – eine Weitergabe von Insiderinformationen zulässig, wenn sich der Rezipient zur Vertraulichkeit verpflichtet hat.[76] Eine Verschwiegenheitspflicht kann im Rahmen des Ratingvertrages vereinbart werden.

Zweitens fand eine Kehrtwende bei der regulatorischen Inanspruchnahme von Ratings statt; einige Verweisungen auf Ratings von NRSROs wurden direkt gestrichen, alle weiteren sollte die SEC überprüfen (Sec. 939 und 939A Dodd-Frank Act).[77]

Drittens wurde die SEC ermächtigt, ein eigenes Modell für die Auswahl der Ratingagenturen bei der Bewertung von Verbriefungen vorzusehen, um die Interessenkonflikte des Auftragsratings zu vermeiden (Sec. 939F(d) Dodd-Frank Act). Die SEC legte hierzu im Dezember 2012 eine Studie vor, beschränkte sich jedoch darauf, die Vor- und Nachteile verschiedener Modelle zu diskutieren.[78]

Viertens, und am Wichtigsten für das Thema dieser Untersuchung, hat sich der US-amerikanische Gesetzgeber klar zu einer Haftung von Ratingagenturen gegenüber Investoren bekannt. Bereits einleitend stellt er fest, dass Ratingagenturen als „*gatekeeper*" den gleichen Haftungsstandards unterliegen sollen wie Wirtschaftsprüfer, Finanzanalysten und Investmentbanken (Sec. 931(3) Dodd-Frank Act). Zur Umsetzung dieses Ziels wurde zum einen die Ausnahmeregelung (Rule 436(g)) gestrichen, welche die Ratingagentur vor einer Prospekthaftung als Experten nach Sec. 11(a)(4) SA schützte (Sec. 939G Dodd-Frank Act). Andere Tatbestände der Prospekthaftung (*underwriter*[79] nach Sec. 11(a)(5) SA oder *control persons* gemäß

---

[74] 17 C.F.R. § 243.100(b)(2)(iii); ausführlich *Reidenbach*, Finanzanalysten und Ratingagenturen (2006), 351.

[75] Ausführlich *Assmann*, in: Assmann/Schneider, WpHG, 6. Aufl. (2012), § 14, Rn. 75 ff.; *Sethe*, ZBB 2006, 243, 250; *Mennicke*, in: Fuchs, WpHG (2009), § 14, Rn. 212; *Eisen*, Regulierung und Haftung internationaler Rating-Agenturen (2008), 140; a. A. *Rodewald/Tüxen*, BB 2004, 2249, 2252; *Krämer*, in: Bankrechtstag 2004, 17.

[76] 17 C.F.R. § 243.100(b)(2)(ii).

[77] Ausführlich S. 83 f.

[78] SEC, Report to Congress on Assigned Credit Ratings, Dezember 2012.

[79] *In re Lehman Brothers Mortgage-Backed-Securities Litigation*, 2011 WL 1778726 (C.A.2 (N.Y.)), 5–14; *In re Wells Fargo Mortgage-Backed Certificates*

Sec. 15 SA[80]) hatten Gerichte – auch wegen dieser ausdrücklichen Privilegierung – nicht für anwendbar gehalten. Bei der Expertenhaftung nach Sec. 11(a)(4) handelt es sich um eine Haftung für vermutetes Verschulden; der Experte kann sich exkulpieren, wenn er aufgrund angemessener Nachforschungen keinen vernünftigen Anlass hatte, an der Richtigkeit seiner Aussage zu zweifeln (Sec. 11(b)(3) und (c) SA).[81]

Kurzfristig wird diese Änderung allerdings keine Auswirkungen haben. Die Haftung tritt nämlich nur ein, wenn der Experte der Aufnahme seiner Aussage in den Prospekt zugestimmt hat (Sec. 11(a)(4) i.V.m. Sec. 7(a) SA). Die Ratingagenturen verweigerten nach Erlass des Dodd-Frank Act ihre Zustimmung zur Aufnahme des Ratings in den Prospekt oder versuchten, sich vertraglich von den Folgen einer Haftung freistellen zu lassen.[82] Gerade für Emissionen von Asset-Backed-Securities ist die Aufnahme von Ratings von NRSROs in den Prospekt aber aufsichtsrechtlich vorgeschrieben.[83] Das Ergebnis war eine „Schockstarre"[84] auf dem Markt für ABS-Verbriefungen. Auf Bitte einer Tochtergesellschaft des Ford-Konzerns setzte die SEC daher die Pflicht zur Aufnahme von Ratings bei ABS-Verbriefungen auf unbestimmte Zeit aus.[85] Aus den Reihen des Kongresses wurde daher

Litigation, 712 F.Supp.2d 958, 968f. (N.D. Cal., 2010); *In re Lehman Brothers Securities & ERISA Litig.*, 681 F.Supp.2d 495, 499 (S.D.N.Y. 2010); *Public Employees' Retirement System of Mississippi*, 2010 WL 2175875 (S.D.N.Y. 2010), 4; *Federal Home Loan Bank of Pittburgh v. J. P. Morgan Securities LLC*, 2010 WL 5472006 (Pa.Com.Pl.), 4f. Aus der Literatur hierfür *Uzzi*, 70 St. John's L. Rev. 779, 795ff. (1996). Zusammenfassend *Calamari/Schantz*, DAJV Newsletter 2010, 131, 133.

80 *In re Lehman Brothers Mortgage-Backed-Securities Litigation*, 2011 WL 1778726 (C.A.2 (N.Y.)), 15; *In re Wells Fargo Martgage-Backed Certificates Litigation*, 712 F.Supp.2d 958, 970. (N.D. Cal., 2010); *Boilermaker National Annuity Trust Fund v. WaMu Mortgage Pass Through Certificates, Series AR1*, 2010 WL 3815796 (W.D. Wash.), 10. In Richtung eines derart formalen Verständnisses weist auch die Entscheidung des Obersten Gerichtshofes im Fall *Janus Capital Group, Inc. v. First Derivative Traders*, 564 U.S. ______ (2011), 131 S. Ct. 2296. Entscheidend kommt es nach der Meinung des Gerichts daher bereits für die Primärverletzung im Rahmen des Sec. 10(b) SEA darauf an, wer über die Veröffentlichung letztlich entscheide, sofern – trotz eines großen Einflusses im Einzelfall – die „corporate formalities" gewahrt seien. Dieses Kriterium begründete es auch mit der Abgrenzung zur Haftung von „control persons" nach Sec. 20(a) SEA (aaO, 9f.), deren Voraussetzungen sonst unterlaufen würden. Für eine Haftung von Ratingagenturen nach Sec. 20(a) SEA *Freeman*, 33 Vt. L. Rev. 585, 615ff. (2009).

81 Konkretisierung des Standards in *Escott v. BarChris Constr. Corp.*, 283 F.Supp. 643, 703 (S.D.N.Y. 1968); zusammenfassend *Gerner-Beuerle*, 23 Temple Int'l & Comp. L. J. 317, 334f. (2010).

82 *Brownlow*, 15 N. C. Banking Inst. 111, 130 (2011).

83 Regulation AB, Item 1103(a)(g) und Item 1120.

84 *Spindler/Brandt/Raapke*, RIW 2010, 746, 751.

vorgeschlagen, die Ratingagenturen wieder von der Prospekthaftung nach Sec. 11(a)(4) SA auszunehmen.[86]

Daneben wurde die Geltendmachung von Ansprüchen auf Basis der allgemeinen Kapitalmarktinformationshaftung nach Sec. 10(b) SEA i. V. m. Rule 10b-5 erleichtert (Sec. 933 Dodd-Frank Act): Es ist nunmehr klargestellt, dass auf Ratings die Privilegierung von Prognosen (*forward-looking statements*) nach Sec. 21E SEA nicht anwendbar ist.[87] Die größte Hürde für Kläger im Rahmen des Sec. 10(b) SEA i. V. m. Rule 10b-5 ist der Nachweis, dass eine Äußerung wissentlich (*scienter*) falsch oder irreführend getätigt worden ist. Die Instanzgerichte fassen hierunter mehrheitlich auch ein erhebliches Abweichen von den Sorgfaltspflichten oder ein bewusstes Verschließen vor Tatsachen, aufgrund derer sich die Fehlerhaftigkeit der Aussage aufdrängen musste.[88] Der Kläger muss den subjektiven Tatbestand nach Sec. 21D(b)(2) SEA so detailliert nachweisen, dass seine Behauptung so zwingend ist wie die gegenteilige Annahme.[89] Erst wenn diese Hürde genommen ist, wird ein *discovery*-Verfahren eröffnet, das dem Kläger den Zugang zu Informationen aus der Sphäre des Beklagten ermöglicht.[90] Im Falle einer Klage gegen Ratingagenturen soll es nun ausreichen, wenn dargelegt wird, die Ratingagentur habe es wissentlich oder leichtfertig („*knowingly or recklessy*") unterlassen, die Informationsgrundlage ausreichend selbst zu überprüfen oder dies durch einen fachkundigen, vom Emittenten unabhängigen Dritten tun zu lassen (Sec. 21D(b)(2)(B) SEA). Fehler einer Ratingagentur, die nicht auf einer mangelhaften Auswertung der zugrundliegenden Informationen beruhen, werden von dieser Beweiserleichterung allerdings nicht erfasst.[91]

---

85 No-Action-Letter der SEC vom 22. Juli 2010 und 23. November 2010. Zu den verschiedenen Vermeidungsstrategien *Carbone*, 24 Insights, Number 9, September 2010, 4.

86 H.R. 1539: Asset-Backed Market Stabilization Act of 2011, 112th Congress 2011–2012, ferner Report 112–196.

87 Bereits zuvor zweifelnd für Ratingagenturen *McGuiness/Brewer*, 241 N.Y.L.J., 6 (5. Januar 2009).

88 Ausführlich *Hazen*, The Law of Securities Regulation, 5. Aufl. (2006), 492–494 m. w. N. Zuletzt offen lassend der Oberste Gerichtshof in *Tellabs, Inc. v. Makor Issues & Rights, Ltd.*, 551 U.S. 308, 315, Fn. 3 (2007). Ablehnend für Ratingagenturen aber *In re National Life Insurance Company*, 387 F.Supp 902, 905 f. (S.D.N.Y. 1975).

89 Vgl. Sec. 21D(b)(2) SEA: „(…) state with particularity facts giving rise to a strong inference that the defendant acted with the required state of mind." Siehe hierzu auch die Auslegung durch den Obersten Gerichtshof *Tellabs, Inc. v. Makor Issues & Rights, Ltd.*, 551 U.S. 308, 316 (2007).

90 *Coffee*, 89 Cornell L. Rev. 272, 289, Fn. 93 (2004) beschreibt dies prägnant als „Catch 22-Dilemma". Zweck der Regelung ist die Verhinderung missbräuchlicher Klagen (*Lenenbach*, WM 1993, 1393).

91 Kritisch daher *Manns*, 81 Geo. Wash. L. Rev. 749, 775 (2013).

b) Zweite Novelle der RatingVO

Der bisher letzte Vorstoß zur Regulierung von Ratingagenturen ist die zweite Novelle der RatingVO durch die VO (EU) Nr. 462/2013 vom 21. Mai 2013.[92] Die Novelle führt erstmals eine Haftung von Ratingagenturen gegenüber Investoren und Emittenten ein, wenn eine Ratingagentur grob fahrlässig oder vorsätzlichgegen einen der in Anhang III aufgeführten Bußgeldtatbestände verstößt (Art. 35a RatingVO). Diese Haftung soll ausdrücklich nicht die Haftung nach dem nationalen Recht der Mitgliedsstaaten ersetzten (Art. 35a Abs. 5 RatingVO, Erwägungsgrund 35 S. 2).

Ein Schwerpunkt der Novelle ist es, das übermäßige Vertrauen von professionellen Anlegern in Ratings sowie die Bedeutung des Ratings durch regulatorische Inanspruchnahme zu verringern. Kreditinstitute, Versicherungen, Investmentfonds und andere institutionelle Investoren dürfen ihre Bonitätsbewertung danach nicht mehr ausschließlich oder automatisch auf Ratings stützen, sondern müssen eine eigene Kreditrisikoprüfung durchführen (Art. 5a Abs. 1 RatingVO). Die europäischen Aufsichtsbehörden EBA, EIOPA und ESMA sollen dieses Ziel unterstützen, indem sie in ihren Standards, Leitlinien und Empfehlungen nicht mehr auf Ratings Bezug nehmen dürfen, wenn dies Anlass für ein übermäßiges Vertrauen darauf sein könnte (Art. 5b Abs. 1 RatingVO). Daneben ergeht an die Kommission der Auftrag, jede Bezugnahme im Unionsrecht auf Ratings zu überprüfen, ob sie zu einer Vernachlässigung der eigenen Bonitätseinschätzung durch diese institutionellen Investoren oder andere Finanzmarktakteure führen könnte. Hierzu sollen bis 2020 alle aufsichtsrechtlichen Regelungen, die eine Nutzung von Ratings erfordern oder erlauben, gestrichen werden, sofern es Alternativen zur Bemessung des Ausfallrisikos gibt und diese umgesetzt worden sind (Art. 5c RatingVO).

Unter dem Eindruck der Rolle der Ratingagenturen in der Staatsschuldenkrise im Euro-Raum wurden Ratingausblicke aufgrund ihrer Wirkung auf den Markt Ratings weitgehend gleichgestellt (Art. 3 Abs. 1 lit. w i. V. m. z. B. Art. 8 Abs. 2 und Art. 10 RatingVO) und erstmals Regelungen für Länderratings getroffen (Art. 8a RatingVO). Länderratings dürfen danach nur noch an drei zu Beginn des Jahres festzulegenden Zeitpunkten, die auf einen Freitag fallen müssen, veröffentlicht werden (Art. 8a Abs. 3 RatingVO); eine Abweichung von diesen Zeitplan ist nur zur Erfüllung anderer Pflichten nach der RatingVO zulässig und bedarf einer detaillierten Begrün-

---

[92] Abl. EU L 146/1 vom 31. Mai 2013; zusammenfassend *Deipenbrock*, WM 2013, 2289; *Bauer*, BB 2013, 363; *Arntz*, ZBB/JBB 2013, 318; *Blaurock*, EuZW 2013, 608.

dung (Art. 8a Abs. 4 RatingVO).[93] Länderratings sind allerdings zumindest alle sechs Monate zu überprüfen (Art. 8 Abs. 5a RatingVO) und zusammen mit einem ausführlichen Prüfbericht zu veröffentlichen, der allerdings keine Empfehlungen, Auflagen oder Leitlinien für den bewerteten Staat enthalten darf (Art. 10 Abs. 2 RatingVO i.V.m. Anhang I Abschnitt D Teil III).

Wichtigstes Ziel des Entwurfs der Kommission war es, die Öffnung des Ratingmarktes für neue Akteure zu erzwingen. Kernstück war eine Rotationspflicht, also eine zeitliche Begrenzung der Laufzeit eines Ratingvertrages zwischen Emittent und Ratingagentur.[94] Eine solche Rotationspflicht ist nun nur noch für Widerverbriefungen vorgesehen (Art. 6b RatingVO). Im Bereich strukturierter Finanzprodukte ist zudem, wenn ein Rating in Auftrag gegeben wird, ein zweites Rating obligatorisch (Art. 8c Abs. 1 RatingVO). Bei der Beauftragung eines zweiten Ratings sollen die Emittenten prüfen, ob sie damit eine Ratingagentur mit einem Marktanteil von weniger als 10% beauftragen (Art. 8d Abs. 1 RatingVO); eine Pflicht zur Vergabe des Ratings an eine solche „kleine" Ratingagentur ist damit aber nicht verbunden.[95] Daneben werden die Emittenten, Originatoren und Sponsoren einer Verbriefungstransaktion verpflichtet, die Informationen aufbereitet öffentlich zur Verfügung zu stellen, die notwendig sind, um die Emission zu bewerten. Hierdurch soll die Erstellung auftragsloser Ratings gefördert werden (Art. 8b RatingVO-E). Bis zum 31. Dezember 2016 soll die Kommission einen Bericht zu einer möglichen Errichtung einer „Europäischen Ratingagentur" veröffentlichen (Art. 39b Abs. 2 UAbs. 2 RatingVO).

Im Übrigen verstärkt die Novelle noch einmal die Transparenz von Ratings. Ratings müssen nicht nur – mit Ausnahme von Abonnementratings – auf einer europäischen Ratingplattform veröffentlicht werden (Art. 11a RatingVO). Ratingagenturen werden auch verpflichtet, Änderungen ihrer Methodik öffentlich vorzustellen, damit andere Marktteilnehmer hierzu Stellung nehmen können, sowie Fehler ihrer Methodik öffentlich zu machen (Art. 8 Abs. 5a und Abs. 7 RatingVO). Abgesehen wurde von dem Vorschlag der Kommission, dass eine Änderung der Ratingmethodik zunächst von der ESMA genehmigt werden muss.[96] Die Ratingmethodik bleibt damit weiterhin von unmittelbarer staatlicher Einflussnahme frei (vgl. Art. 23 RatingVO).

Auch wenn nicht alle Vorschläge der Kommission Eingang in die Endfassung gefunden haben, belegt bereits die Einführung eines ausdrücklichen

---

93 Zu weitergehenden Vorschlägen in der Diskussion, die bis zu einem Verbot von Länderratings reichten, siehe *A. Witte*, WM 2011, 2253.

94 Kritik im Detail S. 144ff.

95 Kritisch daher *Arntz*, ZBB/JBB 2013, 318, 327.

96 Art. 22a Abs. 3 des Entwurfs der Kommission, KOM (2011) 747; kritisch gegenüber dem Vorschlag *Deipenbrock*, WM 2013, 2289, 2294 m.w.N.

Haftungstatbestands, dass man auch in Europa zunehmend bereit ist, schwerwiegendere aufsichtsrechtliche Maßnahmen zu ergreifen als bisher. Mittelfristiges Ziel scheint es zu sein, auf die ein oder andere Art und Weise die Dominanz der großen drei Ratingagenturen brechen zu wollen. Erklärlich wird die Vehemenz, mit der die europäische Diskussion teilweise geführt worden ist, durch die Rolle, die den Ratingagenturen in der Staatsschuldenkrise im europäischen Währungsraum als sprichwörtlicher Bote schlechter Nachrichten zukam. Durch ihre Bewertungen fällt ihnen ungewollt erheblicher politischer Einfluss auch dann zu, wenn sie im Interesse der Investoren tätig werden.

§ 3 Die Tätigkeit von Ratingagenturen

I. Begriffe und Abgrenzungen

1. Credit Rating

Gegenstand dieser Arbeit ist die Haftung für *Credit Ratings* bzw. Bonitätsratings. Das Credit Rating ist eine Aussage über die Kreditwürdigkeit eines Schuldners oder eines Emittenten eines Kapitalmarktproduktes, d. h. über seine Fähigkeit und Bereitschaft, seine finanziellen Verpflichtungen termingerecht und vollständig zu erfüllen.[97] Teilweise wird diese Definition dadurch ergänzt, dass die Aussage standardisiert[98] oder nach einem „festgelegten und definierten Einstufungsverfahrens für Ratingkategorien" (Art. 3 Abs. 1 lit. a RatingVO) erfolgen muss. Diese Präzisierungen erfassen die Praxis der Ratingagenturen, ihre Beurteilungen in einer Bonitätsnote zusammenzufassen, die durch einen Buchstaben oder eine Buchstabenkombination ausgedrückt wird.

Ein Rating kann sich auf ein bestimmtes Kapitalmarktprodukt wie eine Unternehmensanleihe beziehen oder auf die Bonität eines Emittenten als Schuldner im Allgemeinen. Schuldner können nicht nur Unternehmen, sondern auch öffentliche Körperschaften und Staaten sein. Ist Gegenstand des Ratings der Schuldner selbst, spricht man von einem Emittentenrating, *issuer rating* oder *borrower rating*. Bezieht sich das Rating auf ein konkretes Kapitalmarktprodukt, bezeichnet man das Rating als Emissionsrating oder *issue rating*.

---

[97] Vgl. z.B. Art. 3 Abs. 1 lit. a RatingVO; Sec. 3(a)(60) SEA (eingefügt durch den Credit Rating Agency Reform Act 2006).

[98] *Blaurock*, ZGR 2007, 603, 603 f.; *Seibt*, in: Bachmann et al., Steuerungsfunktionen des Haftungsrechts im Gesellschafts- und Kapitalmarktrecht (2007), 193; *Eisen*, Haftung und Regulierung internationaler Rating-Agenturen (2007), 53 m. w. N.

Emittenten- und Emissionsrating müssen nicht deckungsgleich sein. Zwar beeinflusst ein Emittentenrating ein Emissionsrating des gleichen Schuldners, weil es grundsätzlich die Obergrenze des Ratings für dessen einzelnen Kapitalmarktproduktes ist; bei der Beurteilung des Kapitalmarktproduktes wird aber auch dessen konkrete Ausgestaltung berücksichtigt, z.B. ob eine Unternehmensanleihe nachrangig ausgestaltet ist.[99]

Die Erfüllung festgelegter Zahlungsverbindlichkeiten und die feste Laufzeit sind Charakteristika des Marktes für Fremdkapital. Ratingagenturen wenden sich daher primär an Fremdkapitalgeber. Ihr funktionales Äquivalent auf dem Markt für Eigenkapital (z.B. Aktien und aktienverwandte Produkte) sind Finanzanalysten,[100] deren Empfehlungen sich auf die Kurs- und Unternehmensentwicklung insgesamt beziehen statt lediglich auf die Bonität.

Ratingagenturen geben externe Ratings ab; diese unterscheiden sich von internen Ratings, welche Banken selbst durchführen, sei es im Rahmen der internen Bonitätseinschätzung ihrer Kunden oder aber im Rahmen des IRB-Ansatzes (Internal Rating Based-Ansatz)[101] bei der Berechnung des regulatorischen Eigenkapitals. Interne Ratings dienen allein den Interessen der Bank als Gläubiger; ihrer Veröffentlichung steht grundsätzlich bereits das Bankgeheimnis entgegen (Ziffer 2 Abs. 1 AGB-Banken).[102]

Eine Differenzierung, auf die im weiteren Verlauf der Untersuchung noch zurückzukommen sein wird, ist die Unterscheidung zwischen Auftragsratings (*solicited ratings*), die eine Ratingagentur auf Initiative eines Emittenten oder Schuldners durchführt, und auftragslosen Ratings (*unsolicited ratings*), die eine Ratingagentur ohne eine vertragliche Verpflichtung gegenüber dem Emittenten oder bewerteten Schuldner aus eigener Initiative erarbeitet.

2. Abgrenzungen

a) Produktrating

Das Credit Rating ist von anderen Formen des Ratings abzugrenzen, insbesondere von Produktratings, wie sie z.B. die Stiftung Warentest durchführt.

---

[99] Zum Emittenten- und Emissionsrating siehe auch *Eisen*, Haftung und Regulierung internationaler Rating-Agenturen (2007), 55ff. m.w.N.

[100] *Coffee*, Testimony before the United States Committee on Banking, Housing and Urban Affairs, 22. April 2008, 15.

[101] Hierzu *Wittig*, ZHR 169 (2005) 212ff.; zur Haftung wegen fehlerhaften internen Ratings siehe *Rohe/Lischek*, WM 2006, 1933ff.

[102] Vgl. *Wittig*, ZHR 169 (2005) 212, 238.

Auch für Versicherungen und Finanzmarktprodukte wie Investmentfonds, Aktien oder Zertifikate werden verstärkt Ratings angeboten, um Investoren eine Orientierung zu geben. Während bei Versicherungsratings,[103] ähnlich dem Credit Rating die Finanzkraft und damit die Bonität von Versicherungsunternehmen im Vordergrund steht, fließen in das Rating von Finanzmarkt- und Versicherungsprodukten auch andere Kriterien ein, z. B. das Risikoprofil eines Produktes, seine Transparenz, seine Kostenstruktur oder die in der Vergangenheit im Vergleich zu ähnlichen Produkten erwirtschaftete Rendite. Die Bewertung beschränkt sich daher nicht nur auf das Bonitätsrisiko.[104]

Diese Ratings sind nicht Gegenstand dieser Arbeit. Die Ergebnisse dieser Arbeit lassen sich auch nur mit großer Vorsicht auf diese Arten des Ratings übertragen.[105] Sie unterliegen anderen regulatorischen Rahmenbedingungen und haben für den Zugang zum Kapitalmarkt nicht die gleiche Bedeutung wie ein Credit Rating. Die zugrundeliegende Interessenlage und die gesetzlichen Wertungszusammenhänge sind daher sehr unterschiedlich.[106]

b) Finanzanalysten

Die Bewertungen von Ratingagenturen weisen starke Parallelen zu den Empfehlungen von bestimmten Finanzanalysten auf. Sowohl Ratingagenturen als auch *sellside*-Finanzanalysten[107] beurteilen abstrakt ein Finanzprodukt und veröffentlichen das Ergebnis, ohne sich zur Eignung des Produktes für einen bestimmten Investor zu äußern. Der Unterschied zwischen Finanzanalysten und Ratingagenturen besteht darin, dass Finanzanalysten eine Empfehlung abgeben, ein Finanzprodukt zu kaufen, oder aber dies indirekt tun, indem sie das Erreichen eines Kurszieles prognostizieren (vgl. § 34b Abs. 1 S. 1 WpHG). Eine Ratingagentur hingegen äußert sich lediglich zur Bonität des Emittenten oder des Finanzproduktes. Eine eindeutige Abgrenzung ist jedoch schwierig, da in der Praxis die Bewertung einer Ratingagentur wie eine Anlageempfehlung wirken kann, weil absehbar ist,

103 Hierzu *Fiala/Kohrs/Leuschner*, VersR 2005, 742 ff.

104 Auch Ratingagenturen vergeben solche Beurteilungen und unterscheiden diese streng von ihren Bonitätsbeurteilungen, vgl. *Moody's Investors Service*, Moody's Ratingsymbole und -definitionen, März 2007, 38 ff. gegenüber 30 ff.

105 Anders die Einschätzung von *Peters*, Die Haftung und Regulierung von Rating-Agenturen (2001), 22.

106 Vorsichtig daher selbst für das Rating von Versicherungsunternehmen *Fiala/Kohrs/Leuschner*, VersR 2005, 742, 742.

107 *Buyside*-Analysten geben als Angestellte oder Berater eines meist institutionellen Investors diesem gegenüber konkrete Anlageempfehlungen ab, statt sich an ein anonymes Anlegerpublikum zu wenden wie Sellside-Analysten. Zur Abgrenzung *Seibt*, ZGR 2006, 501, 504.

dass eine große Zahl von Anlegern aufgrund ihrer Einschätzungen bestimmte Anlageentscheidungen treffen werden.[108] Sowohl Finanzanalysten als auch Ratingagenturen haben daher auf die Preisbildung an den Kapitalmärkten und auf das Anlegerverhalten großen Einfluss. Der europäische Gesetzgeber unterscheidet allerdings Finanzanalysten klar von Ratingagenturen, weil es sich hierbei um allgemeine Empfehlungen und keine Bonitätsbeurteilungen handelt. Dies ergibt sich nun eindeutig aus Art. 3 Abs. lit. b RatingVO und zuvor bereits aus dem 2. Erwägungsgrund der Durchführungsrichtlinie zur Marktmissbrauchsrichtlinie (2003/125/EG).[109]

c) *Kreditauskunfteien*

Von Ratings sind ferner Kreditauskunfteien zu abzugrenzen, die auf Scoringsystemen oder vergleichbaren Methoden beruhen (z.B. die SCHUFA oder Creditreform). Ihre Bewertungen beziehen sich nicht auf Kapitalmarktprodukte, sondern auf die Fähigkeit eines Schuldners, seine Verpflichtungen im Geschäftsverkehr zu erfüllen (vgl. Art. 2 Abs. 2 lit. b RatingVO).

3. Inhaltliche Bedeutung des Ratings

Ein Rating ist eine Aussage über die relative Ausfallwahrscheinlichkeit. Eine Ratingstufe ist daher nicht durch einen bestimmten Wahrscheinlichkeitswert definiert, sondern gibt lediglich an, dass ein Emittent mit einem höheren Rating eine geringere Ausfallwahrscheinlichkeit besitzt als ein Emittent, der mit einer niedrigeren Ratingstufe beurteilt wird.[110] Auch wenn die Ratingagenturen anstreben, dass die Ausfallwahrscheinlichkeit einer bestimmten Ratingklasse konstant bleibt[111], kann sie im Zeitablauf variieren,

---

[108] *Seibt*, in: Bachmann et al., Steuerungsfunktionen des Haftungsrechts im Gesellschafts- und Kapitalmarktrecht (2007), 196; *Vetter*, WM 2004, 1701, 1702; *Witte/Hrubesch*, ZIP 2004, 1346, 1347; *Bürgers*, BKR 2004, 424, 430; *Spindler*, NJW 2004, 3449, 3451.

[109] So i.E. auch *Möllers*, in: Kölner Kommentar zum WpHG, 2. Aufl. (2014), § 34b, Rn. 104; *Eisen*, Haftung und Regulierung internationaler Rating-Agenturen (2007), 159 ff.; a.A. *Schmidtke*, Die kapitalmarktrechtliche Regulierung von Finanzanalyse und Rating-Urteil durch das Wertpapierhandelsgesetz (2010), 270 ff. Vor Erlass der RatingVO für eine Anwendung von § 34b WpHG *Bürgers*, BKR 2004, 424, 430; *Holzborn/Israel*, WM 2004, 3449, 3451; differenzierend *Spindler*, NJW 2004, 3449, 3451.

[110] Vgl. z.B. *Standard & Poor's*, The Fundamentals of Structured Finance Ratings, 23. August 2007, 9.

[111] Vgl. zu dem Zielkonflikt der Konstanz der Ausfallquoten einerseits und der Vermeidung einer Ratingveränderung auf breiter Front, *Moody's Investors Service*, Die wachsende Bedeutung der Anleihe-Ratings von Moody's (2001), 7 f.

ohne dass es zu einer Anpassung des Ratings des Unternehmens kommt.[112] So kann die Ausfallwahrscheinlichkeit der Emittenten im Falle einer Rezession zunehmen. Das Rating muss allerdings dann häufig nicht angepasst werden, weil die Bonität aller Emittenten unter der konjunkturellen Lage leidet. Aus diesem Charakteristikum des Ratings ergibt sich ein Vorteil für die Finanzmarktregulierung: Es ist weitgehend unabhängig von den Wirtschaftszyklen (*through the cycle*) und bleibt über die Laufzeit eines Finanzinstrumentes stabil.[113] Nach der Finanzkrise hat die Ratingagentur Standard & Poor's einen Vorstoß unternommen, Ratings auch unter den Bedingungen einer Krise stabil zu halten (*through the crisis*), indem sie die einzelnen Ratingstufen nur nach dem Bestehen bestimmter Stresstests vergibt.[114]

Die einzelnen Ratingagenturen definieren die Ausfallwahrscheinlichkeit geringfügig unterschiedlich. Während einige Agenturen lediglich allgemein auf den Eintritt einer Zahlungsstörung abstellen („Probablitity of Default"), berücksichtigen andere auch die Schwere der Zahlungsstörung und des möglichen Ausfalls („Expected Loss").[115]

4. Ratingskala

Ratingagenturen fassen ihre Bewertungen in Ratingsymbolen zusammen. Diese Buchstabenkombinationen geben Investoren einen schnellen Überblick über die Bewertung eines Emittenten oder eines Finanzinstruments. Damit ist es nicht notwendig, die detaillierte Analyse der Ratingagentur zu lesen, die häufig zumindest zeitweise und in Teilen öffentlich zugänglich ist. Der eigentliche Nutzen der Ratingsysmbole liegt jedoch in der Möglichkeit, verschiedene Finanzinstrumente über Branchen- und Gebietsgrenzen hinweg miteinander zu vergleichen. Dies erlaubt die weitgehende Verwendung eines einheitlichen Ratingsystems und einer einheitlichen Ratingskala für alle Ratingobjekte.[116] So benutzte Moody's lange eine globale Ratingskala, die für alle Verbindlichkeiten von Unternehmen, strukturierte Produkte und öffentliche Schuldner außerhalb der Vereinigten Staaten Anwendung fand. Ein eigenes Ratingsystem existierte nur für Verbindlichkeiten US-

---

[112] Vgl. *Berlinger*, in: Büschgen/Everling, Handbuch Rating, 1. Aufl. (1996), 35; *Reidenbach*, Aktienanalysten und Ratingagenturen (2006), 330 f. mit ausführlicher Diskussion der Wirklichkeit dieses Anspruchs der Ratingagenturen.

[113] *Cantor/Packer*, FRBNY Quarterly Rev. (Fall/Summer 1994), 1, 11.

[114] *IMF*, Global Stability Report 2010, 91.

[115] Vgl. für strukturierte Produkte *Morkötter/Westerfeld*, ZfgKredW 2008, 393, 393.

[116] *Standard & Poor's*, The Fundamentals of Structured Finance Ratings, 23. August 2007, 10.

amerikanischer Gebietskörperschaften.[117] Die Ratingagenturen benutzen allerdings schon lange abweichende Skalen für kurzfristige Verbindlichkeiten, worunter insbesondere kurzfristige Schuldverschreibungen – sog. *commercial papers* – fallen.

Die Ratingkategorien der Ratingskala werden durch Buchstabenkombinationen bezeichnet, die letztlich auf US-amerikanische Schulnoten zurückgehen. Die Ratings reichen bei langfristigen bei Moody's von Aaa bis C, bei Standard & Poor's von AAA bis D und bei kurzfristigen Verbindlichkeiten von P-1 bis NP. In der Anlagepraxis von hoher Bedeutung ist die Unterscheidung zwischen Verbindlichkeiten als *investment grade* und *speculative grade*.[118] An diese Schwelle ist nicht nur von Beginn an im Rahmen der regulatorischen Verwendung des Ratings angeknüpft worden,[119] sondern sie ist auf dem Kapitalmarkt weithin akzeptiert. So ist institutionellen Investoren häufig – unabhängig von aufsichtsrechtlichen Regelungen – aufgrund ihrer verbandsinternen Anlagerichtlinien nur erlaubt, Anlagen mit einem investment grade-Rating zu erwerben oder zu halten.[120]

Nach der Finanzkrise war es umstritten, ob die Ratingagenturen für strukturierte Produkte – als Ausnahme von der globalen Ratingskala – eigene Ratingsymbole verwenden sollten (etwa AAA_{SF}), da die Ausfallwahrscheinlichkeiten von strukturierten Wertpapieren und Unternehmensanleihen der gleichen Ratingklasse erheblich voneinander abwichen.[121] Die IOSCO empfahl eine klare Unterscheidung, vorzugsweise durch eigene Ratingsymbole.[122] Die Europäische Union ist dieser Empfehlung im Gegensatz zu den Vereinigten Staaten gefolgt (Art. 10 Abs. 3 RatingVO).[123]

---

[117] Daneben bieten Ratingagenturen auch zusätzliche Bewertungsmaßstäbe an, die etwa eine bessere Vergleichbarkeit von Emittenten eines bestimmten Landes ermöglichen, vgl. zu nationalen Bonitätsvergleichsratings, *Moody's Investors Service*, Moody's Ratingsymbole und -definitionen, März 2007, 31 ff.

[118] Nach der Ratingskala von Moody's z.B. liegt diese Grenze zwischen Baa3 und Ba1 zw. P3 und NP, bei Standard & Poor's beginnt die Spekulationsklasse bei BB- bzw. B für kurzfristige Verbindlichkeiten.

[119] Vgl. *Cantor/Packer*, FRBNY Quarterly Rev. (Fall/Summer 1994), 1, 5. Spätere Regelungen knüpfen auch andere Ratingstufen Rechtsfolgen.

[120] *Schnabel*, in: Büschgen/Everling, Handbuch Rating, 1. Aufl. (1996), 308.

[121] Vgl. *Cofffee*, Testimony Before the United States Senate Committee on Banking, Housing and Urban Affairs (22. April 2008), 5 nennt 2,2% zu 24% Ausfallwahrscheinlichkeit einer Unternehmensanleihe mit „Baa" gegenüber einem CDO.

[122] IOSCO Code of Conduct Fundamentals for Credit Rating Agencies (Mai 2008), Ziff. 3.5 lit. b.

[123] Vgl. zur Diskussion um diesen Punkt mit ausführlicher Darstellung der Argumente bei *Möllers*, JZ 2009, 861, 866ff.

5. Fehlerhaftes Rating

Das Thema dieser Arbeit ist die zivilrechtliche Verantwortlichkeit der Ratingagenturen für fehlerhafte Ratings. Wann ein Rating fehlerhaft ist, soll im Folgenden kurz als Arbeitshypothese umrissen und später als Frage der Pflichtverletzung konkretisiert werden: Ein Rating ist nicht bereits falsch, weil ein Emittent zahlungsunfähig wird. Eine Haftung von Ratingagenturen wäre daher keine Garantiehaftung für die Bonität des beurteilten Schuldners und würde den Investor nicht von dem wirtschaftlichen Risiko der Anlage (*performance risk*) befreien.[124] Dies würde auch nicht dem Aussagegehalt des Ratings – einer Prognose über die relative Ausfallwahrscheinlichkeit – entsprechen. Der Rechtsverkehr erwartet, dass ein Rating mit der üblichen Sorgfalt einer Ratingagentur erstellt worden ist; die Einhaltung dieser Sorgfaltsregeln wird von der Ratingagentur implizit miterklärt.[125] Parallelen bestehen zu den Anforderungen an andere Prognosen, die im Rahmen von Prospekten oder anderen Kapitalmarktinformationen abgegeben werden. Wie in diesen Fällen muss die Prognose auf einer angemessenen Tatsachengrundlage und einer anerkannten Prognosemethode beruhen sowie die wirkliche Einschätzung der Agentur wiedergeben; denn nur dann hat eine Ratingagentur die Möglichkeiten der Vorhersage der zukünftigen Entwicklung der Bonität ausgeschöpft.[126] Sofern ein Rating Tatsachenbehauptungen enthält, können sich diese als objektiv falsch erweisen, und ein Rating auch aus diesem Grund fehlerhaft sein.

II. Der Markt für Ratings

1. Geschäftsmodell der Ratingagenturen

a) Bonitätsbeurteilungen

Unabhängig von ihrer Bedeutung und der regulatorischen Inanspruchnahme ihrer Bewertungen sind Ratingagenturen in erster Linie privatwirtschaftliche, gewinnorientierte Unternehmen. Ihre Wurzeln liegen in der Beurteilung der Kreditwürdigkeit von Kaufleuten im 19. Jahrhundert. Erst im Jahr 1909 begann John Moody nicht nur die Anleihen von US-Eisenbahnunternehmen zu analysieren, sondern das Ergebnis in einer Bonitätsnote zusam-

---

[124] So bereits die Befürchtungen in BGHZ 70, 356, 362 zu Börsendiensten. Aus der US-amerikanischen Diskussion *Siciliano*, 86 Mich. L. Rev. 1929, 1962 (1988).

[125] *Hellgardt*, Kapitalmarktdeliktsrecht (2008), 54.

[126] *Hellgardt*, Kapitalmarktdeliktsrecht (2008), 54 und 309. Siehe auch BGH NJW 1982, 2823, 2826 („ausreichend auf Tatsachen gestützt und kaufmännisch vertretbar") im Kontext der börsenrechtlichen Prospekthaftung.

menzufassen. Eisenbahnunternehmen hatten zwar einen hohen Kapitalbedarf, waren aber für Investoren aufgrund ihres Pioniercharakters und der räumlichen Entfernung als Anlage sehr spekulativ.[127] Moody's Publikation „Analyses of Railroad Investments" gilt als erstes Rating eines Unternehmens im heutigen Sinne.[128] Auch die anderen großen Ratingagenturen haben ihre Wurzeln in dieser Zeit.[129]

Seit ihrer Gründung hatten sich die Ratingagenturen vor allem durch Abonnements ihrer Publikationen geändert, in denen sie ihre Beurteilungen zusammenfassten. Dieses Geschäftsmodell der großen Ratingagenturen änderte sich seit Mitte der 1970er Jahre grundlegend: Die stärkere Verbreitung von Photokopierern machte es immer leichter, ihre Publikationen zu verbreiten. Ökonomisch ausgedrückt nahm durch Reduktion der Transaktionskosten die Möglichkeit ab, andere Nutzer von der Nutzung auszuschließen, und rückte Ratings in die Nähe eines öffentlichen Gutes.[130] Zudem begünstigte ein Anstieg der Nachfrage nach Ratings aufseiten der Emittenten wie der Investoren die Umstellung des Vergütungsmodells. Insbesondere Fondsgesellschaften benötigten eine möglichst flächendeckende Beurteilung der Anlagemöglichkeiten; die Kosten hierfür konnten aber über Abonnementeinnahmen nicht mehr erbracht werden.[131] Als Katalysator dieser Entwicklung wirkte die Zahlungsunfähigkeit der US-amerikanischen Eisenbahngesellschaft PennCentral, welche die von ihr begebenen Commercial Papers nicht zurückzahlen konnte; dies führte zu einem allgemeinen Vertrauensverlust am Kapitalmarkt, den die anderen Emittenten durch ein anerkanntes Rating ihrer Schuldverschreibungen zu kompensieren versuchten.[132] Zur selben Zeit nahm die regulatorische Inanspruchnahme von Ratings in den USA zu[133] und verstärkte die Nachfrage nach Ratings aufseiten der Emittenten. Diese Entwicklung versprach den Ratingagenturen zudem zusätzliche Einnahmen.[134] Im Ergebnis bedeutet die Umstellung des Vergütungsme-

---

127 *Strulik*, Nichtwissen und Vertrauen in der Wissensökonomie (2004), 98.

128 *Cantor/Packer*, FRBNY Quarterly Rev. (Summer/Fall 1994), 1, 1 ff.; *Horsch*, Rating und Regulierung (2009), 183.

129 Poor's veröffentlicht seit 1916 Ratings, Standard's seit 1922 und Fitch seit 1924. Ausführlich zu den Ursprüngen und der Entwicklung der Ratingindustrie *Horsch*, Rating und Regulierung (2009), 177 ff.; *Sylla*, in: Levich/Majnoni/Reinhart, Ratings, Rating Agencies and the Global Financial System (2002), 19 ff. und *Partnoy*, 70 Wash. U. L. Q. 619, 636 ff. (1999) jeweils m. w. N.

130 Vgl. *Horsch*, Rating und Regulierung (2009), 249 f.

131 *Dittrich*, The Credit Rating Industry (2007), 19.

132 *Cervone*, EBLR 2008, 821, 833 (Fn. 55); *Pinto*, 54 Am.J.Comp.L. Suppl. 341, 347 (2006); *Cantor/Packer*, FRBNY Quarterly Rev. (Fall/Summer 1994), 1, 4.

133 *Cantor/Packer*, FRBNY Quarterly Rev. (Fall/Summer 1994), 1, 4; *Cervone*, EBLR 2008, 821, 829.

134 *Zimmer*, in: FS Hopt (2010), 2693 f.

chanismus, dass die Anleger die Kosten des Ratings anteilig, entsprechend ihrer Investitionssumme tragen, da die Emittenten Ratinggebühren in die Kosten der Emission einfließen lassen.[135]

Die großen Ratingagenturen veröffentlichen seit dieser Zeit ihre Ratings in Pressemitteilungen unter Beifügung einer Begründung. Der Zugang zu tiefergehenden Analysen und Studien oder sogar die Möglichkeit, Rücksprache mit den zuständigen Analysten zu halten, werden von den Agenturen als entgeltliche Zusatzdienstleistungen angeboten. Die Einnahmen aus Abonnementverträgen sanken jedoch bis Mitte der 1990er Jahre auf ein Zehntel der Einnahmen aus dem Ratinggeschäft, während 90% der Einnahmen aus den Vergütungen für Auftragsratings stammten.[136] Anders verlief die Geschäftsentwicklung kleinerer Ratingagenturen; sie erzielen noch immer einen großen Teil ihrer Einnahmen aus Abonnementgebühren.

Die Vergütung der Ratingagenturen durch ihren Auftraggeber erfolgt in der Regel abhängig vom Volumen der beurteilten Verbindlichkeiten und ihrer Komplexität. Während für eine Unternehmensanleihe z. B. von Standard & Poor's 4,25 Basispunkte, d. h. 0,00425% des Emissionsvolumens, berechnet werden, können dies bei strukturierten Finanzprodukten bis zu zwölf Basispunkte sein; bei komplexeren Transaktionen wird eine höhere Vergütung vereinbart.[137] Für die Bewertung der einzelnen Tranchen einer RMBS berechnete Standard & Poor's z. B. zwischen $ 40.000 und $ 135.000, für die Bewertung eines CDO zwischen $ 30.000 und $ 750.000. Die weitere Überwachung durch die Ratingagenturen kostete noch einmal $ 5.000 bis $ 50.000.[138] Insgesamt ist die Tätigkeit der Ratingagenturen ist äußerst profitabel. So war es Moody's zwischen 2000 und 2006 möglich, Gewinnmargen von mehr als 50% zu erwirtschaften.[139]

---

[135] *Dittrich*, The Credit Rating Industry (2007), 19; *Partnoy*, 70 Wash. U. L. Q. 619, 654 (1999).

[136] *Kübler*, in: Bankrechtstag 1996, 121; *Partnoy*, in: Yasuyuki/Litan, Financial Gatekeepers (2006), 69.

[137] *Standard & Poor's*, US Ratings Fee Disclosure, Stand: 11. Januar 2008. Zu einer industrieökonomischen Analyse der Vergutungsstruktur siehe *White*, in: Levich/Majnoni/Reinhart, Ratings, Rating Agencies and the Global Financial System (2002), 47 f.

[138] *Senate Permanent Subcommittee on Investigations*, Wall Street and the Financial Crisis: Anatomy of a Financial Collapse (2011), 256.

[139] Siehe zu den Umsatzrenditen der anderen Ratingagenturen auch *The Economist*, Who rates the raters?, 23. März 2005. Ausführlich *Partnoy*, in: Yasuyuki/Litan, Financial Gatekeepers (2006), 62 ff.

b) Beratung (rating advisory)

Neben der Vergütung für die Beurteilung von Finanzinstrumenten sind Ratingagenturen bereits im Vorfeld des Ratingprozesses beratend tätig (*rating advisory*). Eine solche Beratung kann beispielsweise von einem Unternehmen im Vorfeld eines Unternehmenszusammenschlusses gesucht werden, um dessen Auswirkungen auf sein Rating besser abschätzen zu können.[140] Besonders im Rahmen von Verbriefungen und strukturierten Produkten zogen Investmentbanken Ratingagenturen bereits bei der Konstruktion der Transaktion zurate. Hierdurch sieg di wirtschaftliche Bedeutung des „rating advisory" für die Agenturen.[141] Im Gegensatz zum Markt für Unternehmensanleihen war die Rolle der Ratingagenturen damit nicht nur rein passiv bewertend; sie waren vielmehr bereits in der Phase der Strukturierung des Wertpapiers aktiv beratend tätig. Sie selbst betonen zwar ihre Unabhängigkeit und sehen sich als „advocate for the investor".[142] Nach der Finanzkrise ist jedoch versucht worden, eine Beratung und Bewertung weitgehend voneinander zu treffen, um die daraus folgenden Interessenkonflikte zu vermeiden.[143] Darüber hinaus unterhalten die großen Ratingagenturen auch Beratungsabteilungen, die Unternehmen unterstützen, ein ratingoptimiertes Finanzmanagement oder interne Ratingsysteme aufzubauen.[144]

2. Marktverhältnisse

Obwohl es weltweit mehr als einhundert Ratingagenturen gibt,[145] teilen drei Agenturen den Ratingmarkt weitgehend unter sich auf: Die beiden US-amerikanischen Ratingagenturen Standard & Poor's – ein Unternehmen des Medienkonglomerates McGrawHill Companies – und Moody's Investors Service haben jeweils einen Marktanteil von ca. 40%. Beide Agenturen haben ihren Stammsitz zwar in den Vereinigten Staaten, sind aber über Niederlassungen oder Tochtergesellschaften inzwischen weltweit aktiv. Die Agentur Fitch Ratings, ein Unternehmen der französischen Firmengruppe Firmalac, erreicht als nächstgrößerer Konkurrent einen Marktanteil von 10–15% und ist ebenfalls weltweit tätig.[146] Mit deutlichem Ab-

---

[140] Vgl. *Europäische Kommission*, COM (2008) 704, 15.

[141] *Seibt*, in: Bachmann et al., Steuerungsfunktionen des Haftungsrechts im Gesellschafts- und Kapitalmarktrecht (2007), 197 m. w. N.

[142] Vgl. hierzu *Uzzi*, 70 St. John's L. Rev. 779 (1996) m. w. N.

[143] Siehe S. 132.

[144] *Emmenegger*, SZW/RSDA 2006, 32, 35 f.

[145] *Blaurock*, ZGR 2007, 601, 606; *Cervone*, EBLR 2008, 821, 827.

[146] *Seibt*, in: Bachmann et al., Steuerungsfunktionen des Haftungsrechts im Gesellschafts- und Kapitalmarktrecht (2007), S. 197.

stand folgen A.M. Best Company, Inc., und Dominion Bond Rating Services (DBRS).

Den Rest teilen sich kleinere Agenturen, die sich meist entweder nur auf ihren Heimatmarkt konzentrieren oder auf bestimmte Branchen oder Kapitalmarktprodukte spezialisiert sind.[147] Die meisten kleineren Agenturen, die in den 1980er Jahren gegründet worden waren, wurden von den großen Ratingagenturen während einer Konsolidierungsphase erworben. Insbesondere Fitch steigerte seinen Marktanteil auf diese Weise.[148] In wettbewerbstheoretischer Terminologie handelt es sich daher bei dem Markt für Ratings um ein Oligopol[149] oder sogar ein Duopol.[150] In dieser Hinsicht bestehen strukturelle Ähnlichkeiten zur hohen Marktkonzentration der großen Wirtschaftsprüfungsgesellschaften.[151]

3. Rating und Structured Finance

Das Kapitalmarktsegment structured finance wurde für die Ratingagenturen seit der Jahrtausendwende immer wichtiger; so erzielte Moody's im Jahre 2006 etwa die Hälfte seines Umsatzes durch die Bewertung strukturierter Produkte sowie damit zusammenhängender Beratungsdienstleistungen und erwirtschaftete dabei eine operative Marge von 61,8%.[152]

Die Bewertung von strukturierten Wertpapieren war für Ratingagenturen äußerst attraktiv, nicht nur wegen der hohen Zahl von Emissionen und ihrem gewaltigen Volumen. Ratingagenturen konnten – wie erwähnt – neben ihrer Bewertung auch Beratungsleistungen im Rahmen der Strukturierung anbieten. Dabei arbeiteten sie sehr viel intensiver mit ihren Auftraggebern zusammen als bei der Bewertung von Unternehmensanleihen.[153] Teilweise

---

[147] *Habersack*, ZHR 169 (2005) 185, 187; *Hennrichs*, FS Hadding (2004), 875 f.; *Vetter*, WM 2004, 1701, 1703; *Blaurock*, ZGR 2007, 603, 606; *Pinto*, 54 Am. J. Comp. L. Suppl., 341, 343 (2006); *Cervone*, EBLR 2008, 821, 827 ff.; zu diesen Wettbewerbern und ihrem Verhältnis zu den Marktführern im Detail *Everling*, in: ders./Büschgen, Handbuch Rating, 2. Auflage (2007), 99 ff.

[148] Zur Marktentwicklung *Eisen*, Haftung und Regulierung internationaler Rating-Agenturen (2007), 92 f.

[149] *Vetter*, WM 2004, 1701, 1703; *Ackermann/Jäckle*, BB 2006, 878, 879; *Everling*, in: ders./Büschgen, Handbuch Rating, 2. Auflage (2007), 98.

[150] Ähnlich *Eisen*, Haftung und Regulierung internationaler Rating-Agenturen (2007), 83 („duales Monopol"). *Horsch*, Rating und Regulierung (2009), 234 spricht aufgrund kleiner spezialisierter Ratingagenturen von einem „Teiloligopol".

[151] Zu Wirtschaftsprüfern *Coffee*, 89 Cornell L. Rev. 269, 300 (2004).

[152] Siehe *In re Moody's Coporation Securities Litigation*, 599 F.Supp.2d 293, 300 (S.D.N.Y. 2009): 54% des Umsatzes. Andere Quellen gehen von 44% aus, vgl. *Neue Zürcher Zeitung* vom 08. Februar 2008.

[153] *Coffee*, 6 U. St. Thomas L. J. 403, 409 ff. (2009).

sahen bestimmte Transaktionsmodelle auch vor, dass die Verwaltung der Zweckgesellschaft, welche die Wertpapiere emittierte, die zugrundeliegenden Vermögensgüter mit der Zeit verändern konnte. Dann verliert das ursprüngliche Rating schnell seine Aussagekraft, weshalb mit den Ratingagenturen eine kontinuierliche Überwachung und teilweise auch Beratung vereinbart wird.[154]

Anders als in ihrem früheren Kerngeschäft, der Bewertung von Anleihen von Unternehmen und öffentlichen Körperschaften, sahen sich die Ratingagenturen in diesem Geschäftsfeld nur noch einer geringen Zahl von Investmentbanken als Auftraggebern gegenüber, die als Konsortialführer einen Großteil der Emissionen strukturierter Produkte betreuten. Damit stand den Ratingagenturen in diesem Marksegment eine erhebliche Marktmacht gegenüber.[155] Diese wurde auch genutzt: Ratingagenturen, die sich zunächst gegenüber bestimmten strukturierten Wertpapieren kritisch waren, verloren Marktanteile.[156] Denn zugleich nahm der Wettbewerb zwischen den Ratingagenturen zu, weil Ratingagentur Fitch versuchte, in diesem neuen Marktsegment zu Standard & Poor's und Moody's aufzuschließen.[157] Prinzipiell sollte ein zunehmender Wettbewerb zwischen den Agenturen die Qualität der Ratings verbessern. Empirische Untersuchungen legen jedoch nahe, dass übermäßig positive Bewertungen genutzt worden sind, um den eigenen Marktanteil zu steigern.[158]

III. Formen des Ratings und ihre Erstellung

1. Auftragsrating

Die Beauftragung eines Ratings durch einen Emittenten oder eine Investmentbank als Originator einer Verbriefung ist heute der Regelfall.[159] Rechtlich handelt es sich – ähnlich wie der Auftrag zur Erstellung eines Gutachtens – um einen Werkvertrag oder einen typengemischten Vertrag mit überwiegend werkvertraglichen Elementen.[160]

---

154 Vgl. *Albert*, 32 Oct L.A. Law. 38, 40 (2009).

155 *Haar*, ZBB 2009, 177, 182; *Coffee*, 6 U. St. Thomas L. J. 403, 409 ff. (2009).

156 IOSCO, Technical Committee, The Role of Credit Rating Agencies in Structured Finance Markets (Mai 2008), 14.

157 *Coffee*, 6 U. St. Thomas L. J. 403, 411 (2009).

158 Hierzu ausführlich S. 126 ff.

159 *Deipenbrock*, BB 2003, 1849, 1849. Siehe auch *The Economist*, Who rates the raters?, 23. März 2005, wonach der Anteil der unsolicited ratings von S&P weniger als ein Prozent und bei Fitch bis zu fünf Prozent aller Ratings betrage.

160 *Witte/Hrubesch*, ZIP 2004, 1346, 1349; *Habersack*, ZHR 169 (2005) 185, 203; *Vetter*, WM 1701, 1705; *Deipenbrock*, BB 2003, 1849, 1851; *Krämer*, in:

Das Rating einer Unternehmensanleihe erfolgt typischerweise in einem mehrstufigen Kommunikationsprozess zwischen der Agentur und ihrem Auftraggeber, der sich über einen Zeitraum von zwei bis vier Monaten erstreckt:[161] Nach einem Einführungsgespräch stellt der Auftraggeber der Ratingagentur Hintergrundinformationen zur Verfügung. Auf deren Basis sowie durch Auswertung öffentlich zugänglicher Informationen erstellt ein Analystenteam eine vorläufige Beurteilung. Diese wird in Gesprächen mit der Geschäftsleitung des Auftraggebers diskutiert. Üblicherweise erhält die Ratingagentur im Rahmen dieser Gespräche auch vertrauliche Informationen, die bisher noch nicht öffentlich geworden sind.[162] Inwieweit die Ratingagentur die ihr überlassenen Informationen selbst überprüfen muss, ist eine rechtliche Frage, auf die im Laufe der Arbeit zurückzukommen ist.[163] Wenn das Analystenteam seine Beurteilung fertig gestellt hat, wird sie an das Ratingkommittee der jeweiligen Agentur weitergeleitet. Die endgültige Entscheidung über das Rating trifft ein mehrköpfiges Ratingkommittee – häufig in langen und kontroversen Diskussionen. Da das Ratingkommittee unabhängig entscheiden soll, gehören ihm keine Personen an, die bei der Erstellung der Analyse oder der Aushandlung des Ratingvertrages beteiligt waren (vgl. Art. 7 Abs. 2 RatingVO).[164] Der Auftraggeber wird über die Entscheidung des Ratingkommittees informiert und – je nach Ausgestaltung des Ratingvertrages – um seine Zustimmung zur Veröffentlichung des Ratings gebeten. Ist der Auftraggeber mit dem vorgesehenen Rating nicht zufrieden, wird ihm von der Ratingagentur die Möglichkeit eingeräumt, sein Rating zu verbessern, z. B. indem er der Agentur zusätzliche Informationen bereitstellt.

Bei der Bewertung strukturierter Wertpapiere verläuft dieser Prozess gleichsam in umgekehrter Richtung:[165] Der Emittent bzw. Originator avisiert zu Beginn des Prozesses bereits das gewünschte Rating und nimmt mit der Ratingagentur Kontakt auf, wie die Emission zu strukturieren ist, damit er dieses Rating erhält.[166]

Bankrechtstag 2004, 12; *Göres*, in: Habersack/Mülbert/Schlitt, Handbuch der Kapitalmarktinformation (2008), § 31, Rn. 44; *Hennrichs*, FS Hadding (2004), 879 f.; a. A. *v. Schweinitz*, WM 2008, 963, 956 (Geschäftsbesorgungsvertrag); *Ebenroth/Daum*, WM 1992 (Beilage Nr. 5), 1, 7 (atypischer Vertrag).

[161] Vgl. z. B. *Vetter*, WM 2004, 1701, 1702.

[162] *Meyer-Parpart*, in: Büschgen/Everling, Handbuch Rating, 1. Aufl. (1996), 117 f.

[163] Siehe S. 286 ff.

[164] Siehe aber CESR's Second Report zu the European Commission on the compliance of credit rating agenices with the IOSCO Code and the role of credit rating agencies in structured finance, CESR/08-277 (Mai 2008), Rn. 100 zu Fällen, in denen Ratinganalysten in die Vergütungsverhandlung einbezogen waren, um den Arbeitsaufwand abzuschätzen.

[165] So *IOSCO*, Consultation Report – The Role of Credit Rating Agencies in Structured Finance Markets (März 2008), 7.

2. Auftragsloses Rating

Anders als beim Auftragsrating basiert das auftragslose Rating (*unsolicited rating*) nur auf der Analyse öffentlich zugänglicher Informationen. Auftragslose Ratings sind als solche zu kennzeichnen,[167] die Informationsgrundlagen und die Grundsätze, nach denen unsolicited ratings erstellt werden, offenzulegen (Art. 10 Abs. 4 und 5 RatingVO). Den Interessen der bewerteten Unternehmen wird Rechnung getragen, indem sie mindestens zwölf Stunden vor der Veröffentlichung informiert werden müssen, damit sie ausreichend Zeit für eine Stellungnahme haben (Art. 10 Abs. 2 i.V.m. Anhang I Abschnitt D II.3 RatingVO).

Da eine erfolgreiche Emission einer Schuldverschreibung heute in der Regel zumindest die Beurteilung durch zwei Ratingagenturen erfordert,[168] stellt das unsolicited rating die Ausnahme dar. Umso interessanter ist daher: Wieso beurteilen Ratingagenturen, die sich vornehmlich durch Vergütungen im Rahmen des Auftragsratings finanzieren, aus eigener Initiative eine Emission oder einen Schuldner? Immerhin haben Moody's und Standard & Poor's – zumindest in den USA – den Anspruch, alle öffentlichen Emissionen flächendeckend zu bewerten. Als Motivation für ein auftragsloses Rating lassen sich mehrere miteinander verflochtene Motive ausmachen: Zum einen gewinnt das eigene Rating und damit auch die Marktstellung einer Agentur umso mehr Aussagekraft und Gewicht, je größer die Zahl der beurteilten Schuldner und Emissionen ist. Ursache ist der Netzwerkeffekt, der mit der Verbreitung des Ratings einer Agentur zunimmt, da immer mehr Anlagen miteinander vergleichbar werden.[169] Aus Sicht einer neuen Ratingagentur kann es zudem notwendig sein, auftraglose Ratings durchzuführen. Denn ein neuer Marktteilnehmer muss mangels erfolgreicher Bewertungen in der Vergangenheit (*track record*) seine Reputation erst aufbauen und für die Verbreitung der eigenen Einschätzungen sorgen. Fitch hat seine Marktstellung durch auftragslose Ratings gezielt vergrößert.[170]

---

166 *Kettering*, 29 Cardozo L. Rev. 1553, 1681 f. (2008).

167 Dies entspricht wohl auch der früheren Praxis der Ratingagenturen, siehe *Blaurock*, ZGR 2007, 603, 606. Standard & Poor's nennt seine Ratings mit einem Hinweis auf ihre Grundlage (public information) „pi-Ratings". *Bertschinger*, in: Nobel, Aktuelle Rechtsprobleme des Finanz- und Börsenplatzes Schweiz 1998 (1999), 105 meint, ein Investor konnte den Unterschied nicht erkennen.

168 *Hill*, 82 Wash U.L.Q. 48, 60 (2004); *Ramos Muñoz*, The Law of Transnational Securitization (2010), 6.

169 *Krämer*, in: Bankrechtstag 2004, 5 f.; *v. Randow*, ZBB 1996, 85, 92 f.

170 *Seibt*, in: Bachmann et al., Steuerungsfunktionen des Haftungsrechts im Gesellschafts- und Kapitalmarktrecht (2007), 197; *Horsch*, Rating und Regulierung (2009), 206 f.

Schließlich wird den Ratingagenturen vorgeworfen, auftragslose Ratings zum aggressiven Ausbau ihrer Marktstellung genutzt zu haben.[171] Sie sollen durch die Vergabe zu negativer Ratings versucht haben, Emittenten dazu zu veranlassen, ihnen einen entsprechenden Ratingauftrag zu erteilen.[172] Indiz hierfür ist, dass auftragslose Ratings tendenziell schlechter ausfallen als Auftragsratings.[173] Auftragslose Ratings erhöhen daher den Druck auf Emittenten, sich selbst durch eine Ratingagenturen bewerten zu lassen.[174] Die Ratingagenturen rechtfertigen die Differenz zwischen Auftragsratings und auftragslosen Rating mit der schlechteren Informationsgrundlage, die einen „Sicherheitsabschlag" notwendig mache.[175] Eine weitere Erklärung ist, dass Schuldner mit hoher Bonität in der Regel ohnehin ein Rating in Auftrag geben, während „schlechte Schuldner" eine Bewertung scheuen; infolgedessen würden im Rahmen auftragsloser Ratings überproportional Emittenten mit schlechterer Bonität bewertet.[176]

3. Monitoring und Aktualisierung des Ratings

Nach Veröffentlichung eines Ratings können sich Bewertungsfaktoren verändern. Handelt es sich daher nicht um ein *point in time rating*, wird ein Rating mindestens einmal im Jahr überprüft (Art. 9 Abs. 5 RatingVO). Sobald eine kurzfristige Kontrolle der Bonitätseinschätzung notwendig wird, zeigt die Ratingagentur dies an, indem sie das Rating auf eine *watchlist* setzt. Mit der Aufnahme in die *watchlist* ist in der Regel auch ein Hinweis

---

171 Vgl. *Pinto*, 54 Am. J. Comp. L. Suppl. 341, 344 f. (2006); *v. Randow*, ZBB 1996, 85, 89 f.; *Göres*, in: Habersack/Mülbert/Schlitt, Handbuch der Kapitalmarktinformation (2008), § 25, Rn. 17; *Emmenegger*, SZW/RSDA 2006, 32, 36.

172 Vgl. hierzu den Fall *Jefferson County School District No. R-1 v. Moody's Investors Services, Inc.*, 175 F.3d 848 (10th Cir. 1999), in dem ein Schulbezirk Moody's beschuldigte, ein zu schlechtes Rating abgegeben zu haben, nachdem der Schulkreis Moody's im Gegensatz zu früheren Emissionen nicht mehr mit einem Rating beauftragt hatte. Siehe auch die Beispiele bei *Bottini*, 30 San Diego L. Rev. 579, 598 ff. (1993) sowie die Auseinandersetzung der deutschen Versicherungswirtschaft mit Fitch (*Handelsblatt* vom 16. Juni 2006 „Ratingagentur Fitch knickt ein" sowie vom 10. März 2005 „Strittige Fitch-Ratings fallen moderat aus"); a.A. *M. Richter*, Die Verwendung von Ratings zur Regulierung des Kapitalmarktes (2008), 78 f., der unbeauftragte Rating generell für unproblematisch hält.

173 Vgl. hierzu *Horsch*, Rating und Regulierung (2009), 207 f.

174 *Manns*, 87 N. C. L. Rev. 1011, 1054 (2009); *Dittrich*, The Credit Rating Industry (2007), 110 f.

175 Vgl. hierzu *Eisen*, Die Haftung und Regulierung internationaler Rating-Agenturen (2007), 107.

176 *Dittrich*, The Credit Rating Industry (2007), 111 m.w.N.

verbunden, ob die Überprüfung im Hinblick auf eine potentielle Herab- oder eine Heraufstufung geschieht. Daneben gibt die Ratingagentur aber auch mittelfristige Ausblicke, wie sich die Bonität eines Schuldners angesichts der auf ihn einwirkenden Einflüsse entwickeln könnte.

Die Überprüfung des Ratings erfolgt teilweise entgeltlich, teilweise aber auch auftragslos durch die Agenturen selbst. Da ihre Reputation grundsätzlich davon abhängt, dass das einmal veröffentlichte Rating auch weiterhin zutreffend das Ausfallrisiko widerspiegelt, liegt es in ihrem Interesse, eigene Beurteilungen, wenn notwendig, anzupassen.[177] Dementsprechend ist auch in den Vertragsbedingungen der Ratingagenturen festgehalten, dass die Anpassung eines Ratings keiner Zustimmung des Auftraggebers bedarf.[178] Wenn eine Ratingagentur die Bonitätsnote eines Emittenten nicht mehr aufrechterhalten, aber auch nicht modifizieren möchte, zieht sie das Rating durch eine entsprechende Mitteilung zurück.[179]

In einem gewissen Widerspruch zu ihrer Interessenlage steht die Zurückhaltung der Ratingagenturen, eine Bewertung zu aktualisieren. Die Agenturen verändern ein Rating nur, wenn sich die Bonität eines bewerteten Unternehmens dauerhaft verschlechtert hat. Ab- und Aufwertung geschehen in der Regel in kleinen Schritten und nicht über mehrere Ratingstufen hinweg. Diese Praxis der Ratingagenturen führt zu erheblichen Abstrichen hinsichtlich der Aktualität des Ratings und ist daher ein ständiger Kritikpunkt an der Arbeit der Ratingagenturen.[180] Häufig hat der Kapitalmarkt eine Bonitätsverschlechterung schon im Preis durch einen Abschlag berücksichtigt, wenn die Ratingagentur ihr früheres positives Urteil revidiert. Die Vorsicht der Ratingagenturen hat allerdings einen nachvollziehbaren Ausgangspunkt: Aufgrund der hohen Bedeutung des Ratings für die Anlageentscheidungen von Investoren und die vielfältigen Verweise auf Ratings in aufsichtsrechtlichen Normen und Verträgen kann eine Abwertung zu einer schwer kalkulierbaren Kettenreaktion führen.[181] Eine Abwertung einer gesamten Klasse von Wertpapieren – wie in der Finanzkrise 2007/2008 – kann sogar syste-

---

177 *Oehler/Voit*, ÖBA 1999, 968, 972 sehen daher die Ratingagentur im Verhältnis zum Emittenten als Prinzipal, weil das Unternehmen die Reputation der Agentur schädigen kann, wenn er sich im Gegensatz zu erteilten Rating verhält.

178 Vgl. hierzu *Eisen*, Die Haftung und Regulierung internationaler Rating-Agenturen (2007), 106 m.w.N.

179 Vgl. *Moody's Investors Service*, Moody's Ratingsymbole und -definitionen, März 2007, 49 (Zusatz: „WR").

180 Vgl. *Cervone*, EBLR 2008, 821, 837.

181 *Macey*, 89 Cornell L. Rev 394, 406 (2004); *Ebenroth/Daum*, WM 1992 (Beilage Nr. 5), 1, 22; siehe hierzu unter Berücksichtigung empirischer und verhaltenswissenschaftlicher Erkenntnisse *Horsch*, Rating und Regulierung (2009), 196 ff.

mische[182] oder zumindest prozyklische[183] Auswirkungen auf das Finanzsystem als Ganzes haben.

4. Bewertungsmethoden und -faktoren

a) Unternehmensrating

Das Rating ist in der Regel das Ergebnis einer Kombination von qualitativen und quantitativen Faktoren, die allerdings je nach Ratingobjekt variieren. Zu den Faktoren, die in die Bonitätseinschätzung eines Unternehmens einfließen, zählen etwa[184] das Länderrisiko, die Beurteilung der Branche, die Analyse der Unternehmensdaten und Kennziffern, aber auch „weiche Kriterien“ wie die Managementqualität, Wettbewerbsposition, Technologie und Bilanzierungspraxis eines Unternehmens. Die Ratingagenturen folgen bei der Bewertung der Bonität eines Emittenten einem sog. „Top-down-Ansatz“; dies bedeutet, dass das Rating des Sitzstaates des Emittenten grundsätzlich die Obergrenze des möglichen Ratings eines Emittenten bildet (*sovereign ceiling*). Ebenso begrenzt die Bonität einer Konzernobergesellschaft die Ratings ihrer Tochtergesellschaften.[185] Gleiches gilt für Anleihen eines Emittenten, wenn sie nicht mit zusätzlichen Sicherheiten unterlegt sind.

b) Unternehmensanleihen und Verbriefungstransaktionen

Handelt es sich um ein Emissionsrating, ist zwischen strukturierten Wertpapieren und Unternehmensanleihen zu unterscheiden.[186] Die Bewertung einer Unternehmensanleihe basiert auf ähnlichen Kriterien wie das Rating eines Emittenten; zusätzlich ist jedoch die rechtliche Ausgestaltung der Anleihe – etwa ihre Nachrangigkeit – zu berücksichtigen. Die Bewertung strukturierter Wertpapiere beruht in sehr viel stärkerem Umfang auf quanti-

---

182 Hierzu *Sy*, IMF Working Papers WP/09/129 (Juni 2009), 14. Zu den systemischen Folgen einer Abwertung von Anleihenversicherern („Monoliner“) siehe *Neue Zürcher Zeitung* vom 09. Februar 2008 sowie *Committee on the Global Financial System*, CGFS Papers No. 32 (July 2008), 6.

183 *Reidenbach*, Aktienanalysten und Ratingagenturen (2006), 329.

184 Ausführlich *Meyer-Parpart*, in: Büschgen/Everling, Handbuch Rating, 1. Aufl. (1996), 120 ff.; zur Ratingmethodologie anhand von Automobilzulieferern siehe *Frey*, in: Büschgen/Everling, Handbuch Rating, 2. Aufl. (2007), 119 ff.

185 *Ebenroth/Daum*, WM 1992 (Beilage Nr. 5), 1, 4; *Meyer-Parpart*, in: Büschgen/Everling, Handbuch Rating, 1. Aufl. (1996), 146–148.

186 Ausführliche Gegenüberstellung der Unterschiede bei *ESME*, The Role of Credit Rating Agencies (Juni 2008), 4 f.

tativen Modellen als auf subjektiven Faktoren; dafür müssen die Ratingagenturen die Anlage sehr viel umfassender prüfen.

Die Bonität hängt insbesondere bei Verbriefungen nämlich nicht von der weiteren Zahlungsfähigkeit eines Unternehmens ab, sondern von kontinuierlichen Einnahmen aus den zugrundeliegenden Sicherheiten. Sie sind maßgeblich dafür, ob der Emittent, eine Zweckgesellschaft, über ausreichende Bonität für Zinszahlungen und die Auszahlung der Investoren am Ende der Laufzeit verfügt. Wichtigste Faktoren sind die Zusammensetzung des Forderungspools und der dazugehörigen Sicherheiten sowie deren Anfälligkeit für exogene Risiken. Zusätzliche Risikofaktoren können – je nach Konstruktion – die Bonität und Qualität von Dritten sein, die den Pool an Forderungen verwalten, die Liquidität garantieren oder aber eine Ausfallgarantie übernommen haben. Schließlich ist eine mögliche Aufteilung der Emission in verschiedene Tranchen zu berücksichtigen. Hinzu kommt auch eine rechtliche Analyse der Transaktion.[187] Zunächst werden die Zahlungsströme analysiert und unter Berücksichtigung der konkreten Ausgestaltung des Produktes die Ausfallwahrscheinlichkeiten berechnet.[188] Hierbei werden statistische Methoden angewandt und Stresstests durchgeführt, die auf ökonometrischen Modellen und historischen Zeitreihen basieren. Diese Modelle beruhen auf Annahmen, die sich als fehlerhaft herausstellen können oder aber bestimmte reale Entwicklungen ausklammern.[189] So wurde bei der Bewertung von RMBS, die mit Kreditforderungen aus dem US-Immobilienmarkt unterlegt waren, nicht ausreichend das Risiko eines landesweiten Verfalls der Immobilienpreise berücksichtigt; man hielt den Häusermarkt in den Vereinigten Staaten für stärker regional abgegrenzt und meinte daher, das Risiko durch eine regionale Diversifikation verringern zu können.[190]

---

[187] Siehe zu den Kriterien *Reiss*, 33 Fla. St. U. L. Rev. 985, 1014–1016 (2006) und *Kettering*, 29 Cardozo L. Rev. 1553, 1677 ff. (2008), der besonders den Standardisierungseffekt betont, der von der Akzeptanz bestimmter Verbriefungsmodelle durch die Ratingagenturen ausgeht.

[188] Bei strukturierten Produkten spielt die Tranchierung in Risikoklassen eine besondere Rolle. Zur Schwierigkeit der Erfassung der Ausfallwahrscheinlichkeiten siehe *Fender/Mitchell*, BIZ-Quartalsbericht Juni 2005, 77, 80 f. sowie allgemein zur Tranchierung *Ricken*, Verbriefung von Krediten und Forderungen in Deutschland (2008), 32 ff.

[189] *Morkötter/Westerfeld*, ZfgKredW 2008, 393, 393.

[190] *Committee on the Global Financial System*, CGFS Papers No. 32 (Juli 2008), 4 f. und 22 ff.

c) Staaten und öffentliche Körperschaften

Das Rating von Staaten und öffentlichen Körperschaften beruht sehr viel stärker auf subjektiven Kriterien.[191] Da es für Staaten kein Insolvenzverfahren gibt, hängt die Bedienung der Zins- und Rückzahlungsforderungen von Anleihegläubigern nicht nur von der Fähigkeit eines Staates ab, sich auf dem Kapitalmarkt zu refinanzieren, sondern auch von seiner Zahlungswilligkeit. Ein Staat kann sich entscheiden, seine Schulden nicht mehr zu bedienen, wenn die sozialen und politischen Kosten die Folgen einer Zahlungsverweigerung aufwiegen. Das Rating von Staaten muss auch komplexe makroökonomische und politische Entwicklungen einbeziehen. Hierzu gehört etwa die Einschätzung, ob es einer Regierung gelingt, die Konsolidierung des Staatshaushaltes innenpolitisch durchzusetzen, oder ob – wie in den jüngsten Fällen im Euroraum – mit einer Unterstützung durch andere Staaten zu rechnen ist.

§ 4 Bedeutung und Funktion von Ratingagenturen

Die Ratingagenturen kontrollieren faktisch den Zugang zu den internationalen Märkten für Fremdkapital.[192] Im Folgenden sollen die Quellen ihrer Autorität und Bedeutung für den internationalen Kapitalmarkt ausführlich dargestellt werden. Ratings haben zunächst einen ökonomischen Wert, weil sie Informationsasymmetrien überbrücken und Transaktionskosten senken. So tragen sie zu einem effizienten Funktionieren der Kapitalmärkte bei (I.). Hierin erschöpft sich aber die Bedeutung von Ratings noch nicht, denn die Ratings anerkannter Agenturen sind durch staatliche Verweisungen selbst Teil der Kapitalmarktregulierung geworden (II.). Daneben tritt die schwerer zu fassende faktische Bedeutung des Ratings (III.)

I. Ökonomische Grundlagen des Ratings

Anlageentscheidungen auf dem globalisierten Kapitalmarkt sind für Investoren hochkomplex – nicht nur aufgrund der kaum überschaubaren und nicht leicht vergleichbaren Anlagemöglichkeiten. Zum einen bestehen aus Sicht eines Investors erhebliche Unsicherheiten über die Qualität eines Kapitalmarktproduktes. Diese informationelle Unterlegenheit wird als Informa-

---

[191] Vgl. zum Folgenden *IMF*, Global Stability Report 2010, 97 ff. mit einer umfassenden Auflistung der Kriterien der einzelnen Agenturen.

[192] *Schwarcz*, 9 U. Ill. L. Rev. 1, 9 (2002).

tionsasymmetrie bezeichnet. Zum anderen sind Kapitalmarktprodukte Vertrauensgüter,[193] d.h. ihre Qualität kann ein Investor nicht durch Untersuchung vor dem Erweb erkennen; auch danach zeigt sich die Qualität des Gutes nicht ohne Weiteres, denn Kapitalmarktprodukte sind vielfältigen Einflüssen ausgesetzt und beinhalten keine Erfolgsgarantie, sondern verbriefen lediglich Erwartungen. Ein späterer Kursverlust kann, aber muss nicht auf die Qualität der Anlage zurückzuführen sein. Ratingagenturen bieten als sog. Informationsintermediäre – zumindest für bestimmte Anlageformen – die notwendige Expertise, mit diesen Problemen umzugehen, indem sie die Informationsasymmetrie des Investors gegenüber dem Emittenten senken, die ihm zur Verfügung gestellten Informationen verifizieren, hierfür mit ihrer Reputation bürgen und – im Falle von Ratingagenturen – die Vergleichbarkeit verschiedener Anlagemöglichkeiten erheblich erleichtern. Hierdurch erhöhen sie die allokative Effizienz des Kapitalmarkts. Nach einer Begriffsbestimmung, was ein Informationsintermediär ist, soll diese Leistung der Ratingagenturen ausführlicher dargestellt werden.

1. Ratingagenturen als Informationsintermediäre

Ratingagenturen gehören als Kapitalmarktakteure zur Gruppe der Intermediäre. Intermediäre sind in der ökonomischen Terminologie solche Personen und Institutionen, die dazu dienen, Angebot und Nachfrage aufeinander abzustimmen.[194] Ratingagenturen vermitteln Angebot und Nachfrage zwischen Kapitalgebern und Kapitalnehmern auf dem Kapitalmarkt; sie werden daher als Finanzmarktintermediäre beizeichnet.[195] Sie lassen sich von anderen Intermediären in zweierlei Hinsicht weiter abgrenzen: Sie gehören zu den Informationsintermediären, weil ihre Vermittlungsleistung auf der Verarbeitung von Informationen beruht und nicht auf der Bereitstellung des konkreten Gutes wie im Falle von Güterintermediären.[196] Auf der anderen Seite richtet sich die Arbeit von Ratingagenturen an das gesamte Kapitalmarktpublikum. Ratingagenturen sind deshalb ebenso wie Finanzanalysten, emissionsbegleitende Banken oder Abschlussprüfer Marktintermediäre. Diese zeichnen sich dadurch aus, dass sie im Gegensatz zu Anlegerintermediären wie Banken, Anlageberatern und Anlagevermittlern, Brokern oder Vermögensverwaltern keiner konkreten Person gegenüber eine Empfehlung aussprechen, sondern sich mit ihren Informationen an den gesamten Kapitalmarkt oder bestimmte

[193] *Fleischer*, Gutachten zum 64. DJT (2002), F 23.

[194] *Horsch*, Rating und Regulierung (2009), 80 sowie 84 ff. zu den verschiedenen Systematisierungsansätzen.

[195] Statt vieler *Leyens*, Stichwort „Rating-Agenturen", in: Basedow/Hopt/Zimmermann, Handbuch des Europäischen Privatrechts (2009).

[196] *Horsch*, Rating und Regulierung (2009), 90.

Kunden wenden, ohne speziell die Eignung eines Produktes für einen bestimmten Anleger zu überprüfen.[197]

2. Informationsfunktion des Ratings

a) *Informationseffizienz des Kapitalmarktes*

Vom Blickwinkel der neoklassischen Kapitalmarkttheorie aus betrachtet ist es zweifelhaft, ob die Ratingagenturen und andere Finanzmarktintermediäre überhaupt eine ökonomisch wertvolle Tätigkeit erbringen.[198] Denn Kernpunkt dieser – früher vorherrschenden Theorie – ist das Paradigma der Informationseffizienz.[199] Danach verarbeiten Kapitalmärkte alle Informationen selbst, so dass der Marktpreis bereits alle Informationen enthält. Der Theorie liegt die Annahme zugrunde, Informations- und Allokationseffizienz würden miteinander einhergehen.[200] Die Kapitalmarkteffizienzthese wird in verschiedenen Ausprägungen vertreten; diese unterscheiden sich in der Annahme, welche Informationen ein informationseffizienter Markt im Rahmen der Preisbildung zugrundelegt. Ihre schwache Version zielt nur auf vergangenheitsbezogene Informationen, die in den Marktpreis eingeflossen sind und daher keine Aussage über die zukünftige Entwicklung zulassen. In der halbstrengen (*semi strong*) Ausprägung dieser These reflektiert der Börsenkurs alle öffentlich zugänglichen Informationen, während in ihrer strengen Ausprägung neben öffentlich auch nichtöffentlich verfügbare Informationen (z.B. Firmengeheimnisse und andere Insiderinformationen) in die Preisbildung eingeflossen sind. Dem Rating – wie auch anderen Kapitalmarktintermediären – kommt im Modell der strengen Informationseffizienz kein zusätzlicher Informationswert zu; ja es wäre sogar wohlfahrtsverringernd, Ressourcen einzusetzen, um ein Rating zu erstellen. Auch Anleger wären an einem Rating nicht interessiert, da sich das Bonitätsrisiko bereits im Marktpreis niedergeschlagen hätte. Größere Bedeutung können Ratingagenturen im Rahmen der schwachen und halbstrengen Variante der Informationseffizienzhypothese gewinnen: So kann eine Ratingagentur beim Auftragsrating

---

[197] Diese Differenzierung stammt von *Hellgardt*, Kapitalmarktdeliktsrecht (2008), 295 f.

[198] *Henke/Steiner*, in: Büschgen/Everling, Handbuch Rating, 2. Aufl. (2007), 659 (Rating und neoklassische Kapitalmarkt bzw. Finanzierungstheorie seien „kategorial unvereinbar"); *Horsch*, Rating und Regulierung (2009), 94 ff.

[199] Zusammenfassend zu diesem Konzept *Bak/Bigus*, ZBB 2006, 430, 432 ff. Grundlegend *Fama*, 25 J. Finance 383 ff. (1970).

[200] *Fleischer/Zimmer*, in: dies., Effizienz als Regelungsziel im Handels- und Wirtschaftsrecht (2008), 20; *Köndgen*, in: Fleischer/Zimmer, Effizienz als Regelungsziel im Handels- und Wirtschaftsrecht (2008), 106.

auch nichtöffentliche Informationen analysieren, die noch nicht in die Preisbildung eingeflossen sind. Nach der heute überwiegend vertretenen halbstrengen Informationseffizienzhypothese[201] produziert das Rating daher aus Sicht des Anlegers und des Kapitalmarktes zusätzliche Informationen. Dies gilt erst recht für die schwache Ausprägung der Hypothese.

b) Kritik an der Informationseffizienzhypothese

Die Informationseffizienzhypothese sowie die neoklassische Kapitalmarkt- und Finanzierungstheorie sind noch immer ein mächtiges und weitverbreitetes Theoriegebäude. dessen Fundamente jedoch erschüttert werden.[202] Deutlich wurde die fortdauernde wirtschaftswissenschaftliche Diskussion bei der Verleihung des Wirtschaftsnobelpreises im Jahr 2013: Einerseits erhielt der Begründer der Theorie informationseffizienter Kapitalmärkte, *Eugene Fama*, den Preis, andererseits *Robert Shiller*, ein prominenter Kritiker dieses Ansatzes.

Die Theorie effizienter Kapitalmärkte zeichnet zwar im Grundsatz ein zutreffendes Bild von der Informationsverarbeitungskapazität des Kapitalmarktes, blendet aber die Voraussetzungen der Informationseffizienz aus und übersieht, dass aufgrund des gelegentlich irrationalen Verhaltens der Anleger Informationseffizienz nicht immer zu Allokationseffizienz führen muss.[203] Im Einzelnen werden typischerweise drei Gegensargumente vorgebracht.

Erstens: Die Informationseffizienzhypothese geht von sehr anspruchsvollen Voraussetzungen aus, die sich in der Realität in dieser Form häufig nicht finden lassen. Hierzu gehören etwa eine ausreichende Zahl von Marktteilnehmern und eine ausreichende Liquidität des Marktes. Gerade im Markt für strukturierte Finanzprodukte, die teilweise nicht am regulierten Kapitalmarkt gehandelt werden oder aber ein sehr hohes Maß an Komplexität aufweisen,[204] sind diese Voraussetzungen aber nicht gegeben.

Zweitens: Auch wenn die Annahmen der halbstrengen Informationseffizienzhypothese auf entwickelten Kapitalmärkten empirisch im Grundsatz bestätigt worden sind, hat der Forschungszweig der Verhaltensökonomik auf

---

[201] Vgl. *Köndgen*, in: Fleischer/Zimmer, Effizienz als Regelungsziel im Handels- und Wirtschaftsrecht (2008), 103; Nachweise zur empirischen Bestätigung der halbstrengen Variante in begrenzten Marktsegmenten liefern *Bak/Bigus*, ZBB 2006, 430, 433 ff.

[202] Vgl. hierzu *Sester*, ZGR 2009, 310, 323 ff.

[203] Vgl. *Fleischer/Zimmer*, in: dies., Effizienz als Regelungsziel im Handels- und Wirtschaftsrecht (2008), 20.

[204] *Schwarcz*, 2004 U. Ill. L. Rev. 1, 18 f.

der Grundlage von kognitions- und sozialpsychologischen Forschungsergebnissen gezeigt, dass sich Kapitalmarktteilnehmer nach dem Maßstab der Informationseffizienzhypothese irrational verhalten und die Preisbildung sich daher nicht in jeder Marktphase erklären lässt.[205] Dies gilt etwa für die durch Herdenverhalten ausgelöste Bildung von Spekulationsblasen.[206] Die Vertreter der Informationseffizienzhypothese versuchten, diese Gegenargumente zu entkräften. Das irrationale Verhalten einzelner Marktteilnehmer (*noise trader*) sei für die Preisbildung unerheblich, weil professionelle Akteure die irrationale Stimmung nutzen würden, um einen Arbitragegewinn zu erzielen; im Ergebnis herrsche daher wieder Informationseffizienz. Hiergegen spricht nicht nur, dass auch der Korrektur durch professionelle Anleger faktische Grenzen gesetzt sind,[207] sondern auch, dass sich professionelle Anleger das irrationale Verhalten anderer Kapitalmarktteilnehmer in der Realität gezielt zunutze machen.[208]

Drittens: Die Informationseffizienzhypothese geht von der gleichmäßigen Verteilung von Informationen aus und blendet die Kosten der Informationsbeschaffung und -verfikation ebenso wie andere Transaktionskosten aus. Diese Punkte haben insbesondere Vertreter der Neuen Institutionenökonomik zum Gegenstand ihrer Forschung gemacht. Ihre Erkenntnisse sind von besonderer Bedeutung, um die Rolle von Ratingagenturen auf den Kapitalmärkten zu verstehen. Sie sind von *Gilson* und *Kraakman* aufgenommen worden, die eine Theorie relativer Informationseffizienz entwickelt haben. Aus ihrer Sicht hängt der Grad der Informationseffizienz eines Marktes entscheidend von den Informationskosten ab, die sie mit Mitteln der Informationsökonomik und Neuen Institutionenökonomik analysieren und so beide Ansätze zusammenführen.[209]

---

205 Ausführlich *Klöhn*, Kapitalmarkt, Spekulation und Behavioral Finance (2006), 90ff. sowie *v. Hein*, Die Rezeption des US-amerikanischen Gesellschaftsrechts in Deutschland (2008), 649f. m.w.N.

206 Vgl. hierzu *Rudolph*, Unternehmensfinanzierung und Kapitalmarkt (2006), 156 sowie *Klöhn*, Kapitalmarkt, Spekulation und Behavioral Finance (2006), 123ff.

207 *Klöhn*, Kapitalmarkt, Spekulation und Behavioral Finance (2006), 126ff.

208 *Hein*, Die Rezeption des US-amerikanischen Gesellschaftsrechts in Deutschland (2008), 647ff.; *Hellgardt*, Kapitalmarktdeliktsrecht (2008), 132f. Siehe auch *Gilson/Kraakman*, Regulation (Winter 2004–2005), 64, 67ff., die darauf hinweisen, dass professionelle Arbitrageure aufsichtsrechtlichen oder vereinbarten Anlagerestriktionen unterliegen können, bereit sein müssen, zusätzliche Risken auf sich zu nehmen, und durch die gleichen psychologischen Effekte wie *noise trader* beeeinflusst sein können.

209 *Gilson/Kraakman*, 70 Va. L. Rev. 549, 592ff. (1984). Instruktiv ihre eigene Bewertung ihres Ansatzes nach zwanzig Jahren im Lichte neuer wissenschaftlicher Erkenntnisse *Gilson/Kraakman*, 28 J. Corp. L. 715 (2003), in der sie auch die Erkenntnisse der Verhaltensökonomik würdigen.

c) Neue Institutionenökonomik

Im Gegensatz zu neoklassischen Ansätzen berücksichtigt die Neue Institutionenökonomik bzw. neoinstitutionalistische Finanzierungs- und Kapitalmarkttheorie, dass auf einem Markt Informationen nicht gleichmäßig zwischen den Marktteilnehmern verteilt sind, Unsicherheit durch die Möglichkeit des opportunistischen Handelns anderer Marktteilnehmer besteht und jede Transaktion mit Kosten verbunden ist.[210] Diese Faktoren behindern das reibungslose Funktionieren des Kapitalmarktes. Vor diesem theoretischen Hintergrund wird erst die besondere Bedeutung der Ratingagenturen für den Kapitalmarkt deutlich. Sie lässt sich vielleicht am Besten veranschaulichen, indem man sich vorstellt, welche Schwierigkeiten ein Investor bewältigen müsste, wenn es keine Ratingagenturen gäbe.[211]

d) Informationsasymmetrie

Ein Fremdkapitalgeber sieht sich gegenüber dem Emittenten einer Schuldverschreibung ebenso wie jeder andere Kreditgeber mit einem Mangel an Informationen über den Kapitalnehmer konfrontiert. Denn der Emittent und Kapitalnehmer kennt den Zustand seines Unternehmens und seine eigene Bonität (sog. *hidden charateristics* bzw. *hidden information*) besser als die Fremdkapitalgeber auf dem Kapitalmarkt. Zwischen ihnen besteht daher eine asymmetrische Informationsverteilung. Diese Informationsasymmetrie bedeutet für den Fremdkapitalgeber eine Unsicherheit, die er beseitigen muss, indem er diese Unsicherheit in seine Kalkulation einbezieht oder aber sich – mit entsprechenden Kosten – die fehlenden Informationen beschafft, z.B. durch eine Due Diligence.

Kalkuliert er die fehlenden Informationen als zusätzliches Risiko ein, muss er einen höheren Zins fordern, damit Risiko und Ertrag in einem angemessenen Verhältnis stehen. Dieser Aufschlag kann sich aber mangels spezifischer Informationen über den konkreten Emittenten nur an dem durchschnittlich zu erwartenden Risiko orientieren. Bereits dies führt schon dazu, dass Fremdkapitalgeber und -nehmer nicht entsprechend ihren Präferenzen zusammenfinden können und die Allokationseffizienz beeinträchtigt ist. Zudem kommt es zu einem Phänomen, das der US-amerikanische Nobelpreisträger *Akerlof* anhand des Gebrauchtwagenmarktes anschaulich als *market for lemons* bezeichnet hat. *Lemons* sind im US-amerikanischen

---

[210] *Kirchner*, Ökonomische Theorie des Rechts (1997), passim; *Richter/Furubotn*, Neue Institutionenökonomik, 3. Aufl. (2003), 39 ff.

[211] Ich entlehne diesen „Kunstgriff" *Husisian*, 75 Cornell L. Rev. 410, 417 (1990).

Sprachgebrauch minderwertige Gebrauchtwagen; sie werden weiterhin angeboten, während die „guten“ Gebrauchtwagen (*peaches*) aus dem Markt gedrängt werden, weil ihre hohe Qualität ihnen keinen Vorteil bietet, wenn die Käufer alle angebotenen Wagen gleich misstrauisch behandeln.

Nicht anders ist die Situation auf dem Kapitalmarkt: Es bleiben nur die Emittenten mit geringer Bonität im Markt, während Emittenten mit hoher Bonität den Markt verlassen. Sie müssen im Verhältnis zu ihrer Bonität zu hohe Zinsen zahlen, weil die Investoren auch in ihrem Fall von einer durchschnittlich hohen Ausfallwahrscheinlichkeit ausgehen. Wenn die Emittenten mit hoher Bonität nicht bereit sind, diesen Risikozuschlag der Investoren durch höhere Zinsen zu bezahlen, müssen sie den Markt für Fremdkapital verlassen. In der Folge verschlechtert sich das durchschnittliche Risikoniveau auf dem Markt für Fremdkapital insgesamt und verstärkt den Rückzug von Emittenten mit hoher Bonität, bis sich die Bonität der verbleibenden Schuldner sich derart verschlechtert, dass der Markt vollständig zusammenbricht. Durch das Ausscheiden der Emittenten mit einer hohen Bonität kommt es zu einer sog. *adversen Selektion* der Kreditrisiken und zu einem informationsbedingten Marktversagen.[212]

e) Signalling und Screening

Ratings ermöglichen es, die Emittenten bei verhältnismäßig geringen Transaktionskosten nach ihrem Bonitätsrisiko zu unterscheiden, und verhindern so eine adverse Selektion und ein informationsbedingtes Marktversagen. Zum einen kann ein Emittent seine hohe Bonität dem Fremdkapitalgeber dadurch mitteilen, dass er sich von einer Ratingagentur beurteilen lässt und von dieser eine hohe Bonitätsnote erhält (*signalling*).[213] Das Signalling entspricht dem heute weitverbreiteten Auftragsrating. Auch der Fremdkapitalgeber kann versuchen, sich über die Bonität des Emittenten besser zu informieren, indem er ihn „durchleuchtet“ (*screening*) und hierzu ein Rating heranzieht.[214] Beide Mechanismen funktionieren jedoch nur, wenn das Rating aus Sicht der Investoren glaubwürdig ist. Reputation und Unabhängigkeit der Ratingagenturen sind daher für ihre ökonomische Funktion essenti-

---

[212] Vgl. *Henke/Steiner*, in: Büschgen/Everling, Handbuch Rating, 2. Aufl. (2007), 685; *Kamp/Ricke*, BKR 2003, 527, 529; klassisch für den Kreditmarkt *Stiglitz/Weiss*, 71 Am. J. Econ. 393 ff. (1981) und bereits zuvor für den Gebrauchtwagenmarkt („market for lemons“) *Akerlof*, 84 Q. J. Econ. 485 ff. (1970).

[213] Grundlegend *Spence*, 78 Q. J. Econ. 355 ff. (1978). Vgl. zum Signalling durch die Expertise von Dritten auch *Assmann*, Prospekthaftung (1985), 283.

[214] *Henke/Steiner*, in: Büschgen/Everling, Handbuch Rating, 2. Aufl. (2007), 689 f.; *Kamp/Ricke*, BKR 2003, 527, 529, die das Rating nur als Fall des Screenings einstufen.

ell; dieser Punkt wird daher noch ausführlicher analysiert werden.[215] Das Rating ist als Instrument des Signalling besonders effektiv, weil es dem Emittenten erlaubt, mit dem Fremdkapitalgeber mittels eines glaubwürdigen Intermediärs zu kommunizieren und dabei insbesondere auch nichtöffentliche Informationen weiterzugeben.[216] Positiv wirkt sich zudem aus, dass die Ratingagentur im Rahmen der Bonitätsbewertung den Emittenten sehr umfassend beurteilt. Dies macht das Rating gegenüber anderen Signalling-Instrumenten wie einer hohen Dividende überlegen.[217]

f) Spezialisierung und Netzwerkeffekte

Demgegenüber ist es für einen Fremdkapitalgeber keine Alternative, sich selbst über den Emittenten zu informieren. Kapitalmarktprodukte sind Vertrauensgüter, d.h. ihre Qualität lässt sich weder durch vorherige Überprüfung noch durch Erfahrung bzw. Konsum verifizieren.[218] Der Selbstinformation sind daher Grenzen gesetzt.[219] Schon deshalb sind Anleger verstärkt auf zuverlässige Informationen Dritter oder des Emittenten angewiesen.[220] Selbst wenn der Emittent durch sanktionsbewehrte Publizitätsmechanismen veranlasst werden würde, alle bonitätsrelevanten Informationen – etwa in einem Prospekt – offenzulegen, blieben Unsicherheiten und erhebliche Kosten, die ein Investor aufwenden müsste, um die meist sehr umfangreichen Angebotsunterlagen zu prüfen und zu vergleichen.

Im Vergleich zu Investoren kann eine Ratingagentur nicht nur auf nichtöffentliche Informationen zurückgreifen, welche die einzelnen Investoren wegen der insiderrechtlichen Restriktionen gar nicht kennen dürfen; sie verfügt auch über erhebliche Spezialisierungsvorteile (*economies of scale and scope*) bei der Einschätzung und Bewertung von Risiken.[221] Aus volks-

---

215 Siehe S. 113ff.

216 *Husisian*, 75 Cornell L. Rev. 410, 419f. (1990). *Coffee*, Gatekeepers (2006), 287f. Zur kapitalmarktrechtlichen Zulässigkeit der Weitergabe von Insiderinformationen an Ratingagenturen siehe S. 95

217 *Henke/Steiner*, in: Büschgen/Everling, Handbuch Rating, 2. Aufl. (2007), 690.

218 *Fleischer*, Gutachten zum 64. DJT (2002), F 22. Zu den einzelnen Güterkategorien grundlegend *Nelson*, 78 J. Pol. Econ. 311ff. (1970), der zwischen Such- und Erfahrungsgütern unterschied; *Darby/Karny*, 16 J. L. & Econ. 67, 68ff. (1973) fügten als dritte Kategorie Vertrauensgüter hinzu.

219 *Fleischer*, Informationsasymmetrie im Vertragsrecht (2001), 120f.

220 *Kraakman*, 2 J. L. Econ. & Org. 53, 94 (1986).

221 *v. Randow*, ZBB 1995, 140, 143 und 144; *White*, in: Levich/Majnoni/Reinhart, Ratings, Rating Agencies and the Global Financial System (2002), 19–40; allgemein für Informationsintermediäre *Gilson/Kraakman*, 70 Va. L. Rev. 549, 600 (1984). Es handelt sich hierbei im Gegensatz zu den sonstigen Vorteilen des Ratings

wirtschaftlicher Sicht wird zudem eine nicht wünschenswerte Überproduktion von Wissen vermieden, die entstehen würde, wenn jeder interessierte Investor die Bonität des Emittenten selbst ermitteln würde.[222] Bereits diese Vorteile wiegen die Kosten des Ratings auf.[223]

Die Vorteile des Ratings gehen aber über die Überwindung der Informationsasymmetrie zwischen Fremdkapitalgeber und Emittenten sowie die Erzielung von Skaleneffekten hinaus: Der Netzwerkeffekt des Ratings erlaubt dem Fremdkapitalgeber, die verschiedenen Emittenten und Investitionsmöglichkeiten in geraffter und standardisierter Form miteinander zu vergleichen.[224] Dies reduziert bereits die Suchkosten[225] des Fremdkapitalgebers nach einer Anlage, die seinen Präferenzen entspricht.[226] Darüber hinaus erleichtert das Rating die Diversifikation eines Portfolios, indem es die einzelnen Emittenten vergleichbar macht und die Fixkosten senkt, die mit der Überprüfung der Bonität eines Emittenten vor dem Aufbau einer weiteren Position im Portfolio verbunden sind.[227]

g) Verbesserung der Effizienz des Kapitalmarktes

Ratingagenturen senken durch ihre Bewertungen die Transaktionskosten und die durch Informationsasymmetrien verursachten Risikoaufschläge. Damit verbessern sie die relative Informationseffizienz des Kapitalmarktes sowie der Allokationsfähigkeit[228] und senken die Kosten der Fremdkapital-

---

nicht um einen Aspekt der Allokations-, sondern der Produktionseffizienz, vgl. *Schwalbe*, in: Fleischer/Zimmer, Effizienz als Regelungsziel im Handels- und Wirtschaftsrecht (2008), 48 f.

[222] *Coffee*, 70 Va. L. Rev. 717, 734 (1984); *Partnoy*, 70 Wash. U. L. Q. 619, 630 f. (1999); *Choi/Fisch*, 113 Yale L. J. 269, 278 (2003). *Dittrich*, The Credit Rating Industry (2007), 11.

[223] *Horsch*, Rating und Regulierung (2009), 123; *Schwarcz*, 93 Minn. L. Rev. 109 f. und 132 (2008).

[224] *v. Randow*, ZBB 1995, 140, 142; *Krämer*, in: Bankrechtstag 2004, 5 f.; *Gilson/Kraakman*, 70 Va. L. Rev. 549, 594 f. (1984).

[225] Vgl. *Richter/Furubotn*, Neue Institutionenökonomik, 2. Aufl. (1996) 51 f. sowie die Darstellung der ökonomischen Forschung bei *Fleischer*, Informationsasymmetrie im Vertragsrecht (2001), 117 f.

[226] Ähnlich mit Verweis auf die aufzuwendende Zeit *Hill*, 82 Wash. U. L. Q. 43, 72 (2004).

[227] Ähnlich *Merkt*, Unternehmenspublizität (2001), 420. Siehe zur Diversifikation *Hellgardt*, Kapitalmarktdeliktsrecht (2008), 121 m. w. N. Nach der modernen Portfoliotheorie erlaubt die Diversifikation von Risken nicht nur deren Streuung, sondern auch deren Verringerung.

[228] *Gilson/Kraakman*, 70 Va. L. Rev. 549, 594 f. (1984); *Vetter*, WM 2004, 1701, 1701.

aufnahme über den Kapitalmarkt.[229] Die Verringerung der Transaktionskosten eröffnet zusätzlichen Investoren die Möglichkeit, als Fremdkapitalgeber aufzutreten. Es ist nun nicht erforderlich, die Bonität aller in Betracht kommenden Emittenten selbst fachmännisch zu analysieren und zu vergleichen.

3. Monitoringfunktion

Die Unsicherheit der Fremdkapitalgeber hört nicht mit dem Erwerb auf, sondern setzt sich während der Laufzeit der Anleihe fort.[230] Der Emittent ist frei darin, sein Unternehmen zu führen und Entscheidungen zu treffen, welche das Vermögen des Fremdkapitalgebers beeinträchtigen, ohne ihn selbst unmittelbar zu treffen. Zu denken ist hier etwa an eine Benachteiligung der Fremdkapitalgeber zugunsten der Eigenkapitalgeber, die das Management des Emittenten über ihre gesellschaftsrechtlichen Mitwirkungsrechte besser kontrollieren können als die Inhaber von Schuldverschreibungen. Es droht eine Ausweitung des unternehmerischen Risikos und damit eine Verschiebung des Insolvenzrisikos von den Eigen- zu den Fremdkapitalgebern. Während die Eigenkapitalgeber voll von den Chancen des zusätzlichen Risikos profitieren, bleibt der Zinssatz der Fremdkapitalgeber über die Laufzeit unverändert und ist im Verhältnis zum gestiegenen Risiko nicht mehr angemessen.[231]

Ein Fremdkapitalgeber weiß nicht, wie sich der Emittent verhalten wird, und kann dies auch nicht ohne weitere Kosten beobachten oder beeinflussen; man spricht daher auch von *hidden actions* und *hidden intentions* des Emittenten. Der Anleger muss daher hohe Kosten aufwenden, um das Verhalten des Emittenten zu überwachen (*monitoring costs*). Auf Kapitalmärkten ist es nicht unüblich, dass Kleinanleger auf eine Kontrolle wegen der Überwachungskosten im Vergleich zum Volumen ihrer Anlage ganz verzichten (rationale Kontrollapathie).[232] Stattdessen muss er ex-post-opportunistisches Verhalten des Emittenten – auch *moral hazard* genannt – einkalkulieren. Eine Konstellation, in der durch Informationsasymmetrie und der Möglichkeit des moral hazard Unsicherheit über das Verhalten einer Person

---

229 *Henke/Steiner*, in: Büschgen/Everling, Handbuch Rating, 2. Aufl. (2007), 692 ff.; *Fleischer*, Gutachten zum 64. DJT (2002), F 133; *Pinto*, 54 Am. J. Comp. L. Suppl. 341 (2006).

230 Vgl. zu den Arten ex-post-opportunistischen Verhaltens allgemein bei Darlehensverträgen *Richter/Furubotn*, Neue Institutionenökonomik, 3. Auf. (2003), 162.

231 Sog. *risk shifting*, ein Unterfall der *Bondholder Wealth Expropriation Hypothesis*, vgl. *Kamp/Ricke*, BKR 2003, 527, 530; *Henke/Steiner*, in: Büschgen/Everling, Handbuch Rating, 2. Aufl. (2007), 685.

232 *Choi/Fisch*, 113 Yale L. J. 269, 279 (2003).

besteht, bezeichnet man als Prinzipal-Agent-Beziehung. Die Unsicherheit des Anlegers (*agent*), wie sich der Emittent (*principal*) verhalten wird, lässt sich aber durch eine fortlaufende Beobachtung der Geschäftspolitik des Emittenten durch eine Ratingagentur senken. Zumal ein Emittent selbst ein Interesse hat, mit einer Ratingagentur zu kooperieren, um eine Abwertung oder einen Widerruf des Ratings zu vermeiden.[233]

4. Verifikationsfunktion: Ratingagenturen als Reputational Gatekeeper

a) Glaubwürdigkeit des Emittenten

Die Funktion der Ratingagenturen für den Kapitalmarkt hängt ganz wesentlich von ihrer Glaubwürdigkeit ab.[234] Ratingagenturen tragen nicht nur Informationen zusammen, analysieren diese oder stellen ihre Beurteilung den Anlegern in standardisierter Form zur Verfügung. Neben der Informationssammlung und -verarbeitung verifizieren sie auch die von den Emittenten stammenden Informationen und erhöhen dadurch ihre Glaubwürdigkeit.[235] Hierin liegt ein entscheidender Vorteil gegenüber einer Information durch den Emittenten selbst. Informiert der Emittent selbst die Investoren über seine Bonität, ist nicht gewährleistet, dass diese Informationen auch der Wahrheit entsprechen oder ein vollständiges Bild aller wesentlichen Umstände zeichnen.

Man könnte zwar annehmen, dass einem Emittenten im Wettbewerb um Fremdkapital daran gelegen wäre, selbst die erforderliche Glaubwürdigkeit aufzubauen, um den Fremdkapitalgeber von der Richtigkeit seiner Informationen zu überzeugen. Aus mehreren Gründen ist dies jedoch nicht ausreichend, um Zweifel an seiner Glaubwürdigkeit und die Befürchtung ex-post opportunistischen Verhaltens auszuräumen. Erstens kann dem Emittent die Zeit oder das Kapital fehlen, um eine ausreichende Reputation aufzubauen, ein Umstand, der besonders deutlich wird, wenn sich ein Unternehmen zum ersten Mal an den Kapitalmarkt begibt.[236] Da sich Unternehmen durch Anleiheemissionen relativ selten an den Kapitalmarkt wenden, dauert der Aufbau von Reputation häufig längere Zeit.[237]

---

[233] *Henke/Steiner*, in: Büschgen/Everling, Handbuch Rating, 2. Aufl. (2007), 691.

[234] Treffend *Dittrich*, The Credit Rating Industry (2007), 11: „(…) the reputation itself is the rating agencies' product."

[235] Vgl. *Gilson/Kraakman*, 70 Va. L. Rev. 549, 605 und 619–621 (1984).

[236] *Gilson/Kraakman*, 70 Va. L. Rev. 549, 620 (1984).

[237] *Brellochs*, Publizität und Haftung von Aktiengesellschaften im System des Europäischen Kapitalmarktrechts (2005), 175.

Zweitens hat die Spieltheorie Situationen identifiziert, in denen es für den Emittenten lohnenswert sein kann, sich ex-post opportunistisch zu verhalten. Dies ist zum einen dann der Fall, wenn er sich nur einmalig für die Aufnahme von Fremdkapital an den Kapitalmarkt wendet.[238] Zum anderen können gerade in kritischen Situationen – spieltheoretisch: Endspiele – Anreize bestehen, die Lage des eigenen Unternehmens zu rosig darzustellen, da im Falle der Zahlungsunfähigkeit die Reputation des Emittenten ohnehin keine Bedeutung mehr hätte.[239] Gerade diese Situationen sind es, die ein Fremdkapitalgeber fürchten muss, weil sie den Totalverlust des eingesetzten Kapitals bedeuten. Wie die verhaltenswissenschaftliche Kapitalmarktforschung gezeigt hat, neigen Geschäftsleitungen dazu, die Geschäftsentwicklung des eigenen Unternehmens als zu positiv darzustellen (*overconfidence bias*).[240] Zudem verfolgen auch die Entscheidungsträger eines Emittenten ihre eigenen Interessen und können z. B. aufgrund von Vergütungsvereinbarungen einen starken Anreiz haben, die Situation eines Unternehmens besser darzustellen, als sie ist.[241]

Alle diese Faktoren beeinträchtigen die Glaubwürdigkeit der Aussagen des Emittenten. Aus Sicht der Fremdkapitalgeber ist es daher notwendig, die Informationen des Emittenten zu überprüfen. Dies verursacht zusätzliche Transaktionskosten in Form von Verifikationskosten.[242] Diese kann er wiederum aufbringen, was nur bei sehr großen Investitionen lohnenswert sein dürfte, oder aber einen entsprechenden Risikoaufschlag verlangen. Flächendeckend würde dies – wie oben am „market for lemons“ erläutert – zu einer adversen Selektion führen und ehrliche Emittenten aus dem Markt treiben. Diese Überlegungen gelten für den Primärmarkt wie den Sekundärmarkt. Während auf dem Primärmarkt die Informationsasymmetrie zwischen Investor und Emittent durch die Prospektpflicht abgemildert wird, sind die Pub-

---

238 *Gilson/Kraakman*, 70 Va. L. Rev. 549, 620 (1984).

239 *Leyens*, in: FS H.-B. Schäfer (2008), 162. Ähnlich schon *Gilson/Kraakman*, 70 Va. L. Rev. 549, 620 (1984); *Kraakman*, 93 Yale L. J. 857, 866, Fn. 25 (1984); *Parades*, 81 Wash. U. L. Q. 417, 422 (2003). Im Zusammenhang mit der Diskussion um eine Organhaftung für fehlerhafte Kapitalmarktinformationen *Fleischer*, Gutachten zum 64. DJT (2002), F 102 f.; *Hellgardt*, Kapitalmarktdeliktsrecht (2008), 288 f. m. w. N.

240 Zum *overconfidence bias* siehe *Klöhn*, Kapitalmarkt, Spekulation und Behavioral Finance (2006), 116, zur Rolle von Intermediären im Umgang mit übertrieben optimistischen Zukunftseinschätzungen *Fleischer*, Gutachten zum 64. DJT (2002), F 115. In der Sache hierzu bereits *Hopt*, Die Verantwortlichkeit der Banken bei Emissionen (1991), Rn. 70.

241 Zu den Prinzipal-Agent-Problemen innerhalb des Emittenten im Zusammenhang in diesem Zusammenhang *Merkt*, Unternehmenspublizität (2001), 212 f.

242 *Gilson/Kraakman*, 70 Va. L. Rev. 549, 594 (1984). Siehe auch *Hopt*, Die Verantwortlichkeit der Banken bei Emissionen (1991), Rn. 74 f.

lizitätspflichten auf dem Sekundärmarkt weniger strikt ausgeprägt. Erhält ein Rating durch regelmäßige Überprüfung auch einen dynamischen Informationswert, kann es diese Lücke zumindest teilweise füllen.[243]

b) Reputationsintermediäre/Gatekeeper

Das Glaubwürdigkeitsproblem kann überwunden werden, indem ein glaubwürdigerer Akteur dem Emittenten seine Reputation „leiht".[244] *Max Weber* beschrieb dies – gemünzt auf Emissionsbanken – als einen „Emissionskredit", der dem Emittenten gewährt wird.[245] Nichts anderes meint auch der BGH, wenn er z.B. im Rahmen der Prospekthaftung betont, Emissionsbanken würden dafür haften, dass sie mit ihrem Ansehen bei den Anlegern für eine Emission werben,[246] und Wirtschaftsprüfer einer Angabe größere Glaubwürdigkeit verleihen würden.[247]

In der US-amerikanischen Literatur werden solche Akteure als *reputational intermediaries* oder auch *reputational gatekeepers* bezeichnet. Beide Begriffe werden hier im Kontext des Kapitalmarktes synomyn benutzt. Der Begriff Gatekeeper weist dabei auf ihre Fähigkeit hin, den Zugang zum Kapitalmarkt zu kontrollieren oder zumindest insoweit zu beeinflussen, dass sich ohne die Mitwirkung des Gatekeepers die Kosten des Emittenten erheblich erhöhen.[248] Zur Gruppe der Gatekeeper[249] zählen neben Ratingagenturen Finanzanalysten, Wirtschaftsprüfer, Rechtsanwälte[250] und emissionsbe-

---

243 *Stemper*, Rechtliche Rahmenbedingungen des Ratings (2010), 87; *Fleischer*, Gutachten zum 64. DJT 2002, F 133; *Kalss*, ÖBA 2000, 641, 654.

244 *Gilson/Kraakman*, 70 Va. L. Rev. 549, 620 (1984).

245 *Weber*, ZHR 45 (1896) 69, 82.

246 BGHZ 139, 225, 230 für die börsenrechtliche Prospekthaftung.

247 BGHZ 139, 225, 230; BGH ZIP 2004, 1810, 1812 für die bürgerlich-rechtliche Prospekthaftung.

248 Vgl. *Leyens*, in: FS H.-B. Schäfer (2008), 160. Dementsprechend stellt die klassische Definition von *Kraakman* darauf ab, dass ein Gatekeeper durch seinen Widerspruch oder seine Weigerung zur Kooperation, den Überwachten von einer falschen Handlung abhalten kann (*Kraakman*, 2 J. L. Econ. & Org. 53, 62 (1986); ebenso *Hamdani*, 77 S. Cal. L. Rev. 53, 58 (2003)). Er nähert sich dem Phänomen auf einer sehr viel breiteren Basis – so analysiert er auch Apotheker und Türsteher –, so dass es nicht entscheidend auf den Reputationsmechanismus für seine Untersuchung ankommt.

249 Überblick bei *Coffee*, Gatekeepers (2006), passim.

250 Rechtsanwälte geben im internationalen Rechtsverkehr häufig sog. *Third Party Legal Opinions* ab. Darin äußern sie sich häufig zu dem Bestehen eines Rechtsverhältnisses (z.B. dem Bestehen einer Gesellschaft oder der Wirksamkeit eines Vertrages). Hierzu ausführlich *Adolff*, Die zivilrechtliche Verantwortlichkeit deutscher Anwälte bei der Abgabe von Third Party Legal Opinions (1997), 10ff.

gleitende Banken.[251] Grundlage ihrer Tätigkeit ist ihre Glaubwürdigkeit.[252] Da diese Gatekeeper üblicherweise durch den Emittenten bezahlt werden, stellt sich umso mehr die Frage, wieso der Fremdkapitalgeber ihnen mehr trauen sollte als dem Emittenten. Ebenso wie zwischen ihm und dem Emittenten besteht eine Prinzipal-Agent-Beziehung,[253] da der Investor nicht weiß, ob die Ratingagentur in seinem Interesse unabhängig und sachgerecht die Bonität des Emittenten prüfen wird. Diese Unsicherheit lässt sich jedoch sehr viel besser vermindern als im Rahmen der Prinzipal-Agent-Beziehung zwischen Fremdkapitalgeber und Emittenten. Denn Gatekeeper stellen – in der Terminologie der Neuen Institutionenökonomik – eine Geisel:[254] ihre Glaubwürdigkeit. Es wäre für eine Ratingagentur – wie auch für jeden anderen Gatekeeper – irrational, für einen kurzfristigen Gewinn die eigene Reputation und den langfristigen geschäftlichen Erfolg zu gefährden.[255] In der Theorie hat der Gatekeeper eine Vielzahl von Auftraggebern, so dass der Ertrag aus einem einzelnen Auftragsverhältnis im Vergleich zu seinen Gesamterträgen gering ist. Ein opportunistisches Verhalten – etwa eine Gefälligkeitsbeurteilung – würde ihn daher sehr viel mehr kosten, als es ihm einbringen würde. Dies gilt umso mehr, als Gatekeeper ihre Reputation über einen langen Zeitraum aufbauen und erhalten müssen. Spieltheoretisch sind sie daher *repeat player*.[256] Im Vergleich zum Emittenten ist auch der mögliche kurzfristige Gewinn durch einen Betrug sehr gering.[257] Infolgedessen lassen sich Gatekeeper sehr viel leichter als der Emittent und dessen Management von einem Fehlverhalten abschrecken. Ein Punkt sei schon vorweggenommen: Das theoretische Idealbild des Reputationsmechanismus funktioniert in der Realität für Ratingagenturen nicht reibungslos. Es wird daher in einem der folgenden Abschnitte diskutiert werden, worin die Störungen liegen und ob sie durch gesetzliche Regelungen behoben werden können.[258]

---

[251] Vgl. hierzu *Hopt*, Die Verantwortlichkeit der Banken bei Emissionen (1991), 30 ff.; *Gerner-Beuerle*, Die Haftung von Emissionskonsortien (2009), 527 ff.

[252] Ebenso zu „Vertrauensintermediären“ aus soziologischer Sicht, *Strulik*, Nichtwissen und Vertrauen in der Wissensökonomie (2004), 109 ff. und *Korth*, Dritthaftung von Ratingagenturen (2010), 40 ff.

[253] *Morkötter/Westerfeld*, ZfgKredW 2008, 393, 394.

[254] Vgl. zu diesem Gedanken *Coffee*, Gatekeepers (2006), 4 f. Allgemein zum Instrument der Geisel (*hostage*) im Rahmen von Vertragsbeziehungen siehe *Williamson*, 73 Am. Econ. Rev. 519, 522 (1983).

[255] So auch *DiLeo v. Ernst & Young*, 901 F.2d 624, 629 (7th Cir.).

[256] *Black*, 48 UCLA L. Rev. 781, 787 (2001).

[257] *Coffee*, Gatekeepers (2006), 5.

[258] Ausführlich S. 119 ff.

5. Verstärkende Rahmenbedingungen

Die Bedeutung von Ratingagenturen als globale Akteure auf den Kapitalmärkten liegt nicht nur in den ökonomischen Vorteilen des Ratings und seiner staatlichen Inanspruchnahme. Einen katalysatorischen Effekt hatten verschiedene Entwicklungen, die zum einen die Kapitalmarktorientierung der Finanzierung von Unternehmungen verstärkten und zum anderen die Investitionsmöglichkeiten von Investoren verbreitert haben.

a) Disintermediation und Securitization

Während früher die Finanzierung von Unternehmungen meist durch Hausbanken als Finanzintermediäre vermittelt wurde, erfolgt die Fremdkapitalaufnahme nunmehr verstärkt über den Kapitalmarkt.[259] Dieser Vorgang wird als Disintermediation bezeichnet und verweist damit auf den Wegfall der Banken als Vermittler von Fremdkapital.[260] Im angloamerikanischen Raum spielt die Aufnahme von Fremdkapital durch die Begebung von Schuldverschreibungen traditionell eine sehr viel größere Rolle als in Deutschland. Die Finanzierung über den Kapitalmarkt ist vielfach günstiger und flexibler als ein Darlehen einer Banken.[261] Mit dem Verzicht auf die Banken als Mittler von Fremdkapital geht auch die Risikotransformation durch Kreditinstitute verloren. Das Bonitätsrisiko wird vielmehr direkt auf den einzelnen Investor übertragen; infolgedessen steigt dessen Interesse an unabhängigen Informationen über die Zahlungsfähigkeit des Emittenten.[262] Als weitere Triebfeder wird die Erwartung genannt, dass die Vorgaben von Basel II die Zinskosten bei der Kreditvergabe durch Banken steigern und hierdurch den direkten Weg an den Kapitalmarkt attraktiver erscheinen lassen werden.[263] Der Weg an den Kapitalmarkt – sei es zur Aufnahme von Fremdkapital oder eigenkapitalverwandter Mezzanine-Finanzierungen – erfordert die Einschaltung von Ratingagenturen.[264]

---

259 Vgl. zu dieser Entwicklung auch *Hellwig*, Gutachten für den 68. DJT (2010), E 17 sowie *Merkt*, Unternehmenspublizität (2001), 419f.

260 *Schwarcz*, 93 Minn. L. Rev. 101, 102 (2008); teilweise wird mit dem Begriff „Disintermediation" auch der Wegfall der beratenden Anlegerintermediäre beschrieben, wenn sich die Investoren direkt an den Kapitalmarkt wenden und aufgrund der öffentlich zugänglichen Informationen ihre Anlageentscheidungen treffen (vgl. *Brellochs*, Publizität und Haftung von Aktiengesellschaften im System des Europäischen Kapitalmarktrechts (2005), 231).

261 *Merkt*, Unternehmenspublizität (2001), 420.

262 *Lemke*, Haftungsrechtliche Fragen des Ratingwesens – ein Regelungsproblem? (2000), 16f.; *Merkt*, Unternehmenspublizität (2001), 420.

263 *Haar*, JZ 2008, 964, 971.

Die Bedeutung von Ratings hat ferner durch den Trend zur Verbriefung (*securitization*) als Instrument zur Refinanzierung, Bilanzbereinigung und zum Risikotransfer stark zugenommen. Hierbei handelt es sich um Schuldverschreibungen, deren Wert nicht mehr maßgeblich von der Bonität des Emittenten abhängt, sondern von den konkreten als Sicherheit bestellten Vermögensgegenständen (daher *Asset-Backed-Securities (ABS)*), da die Emission über Zweckgesellschaften erfolgt. Die zugrundeliegenden rechtlichen und betriebeswirtschaftlichen Konstruktionen sind hochkomplex, so dass das Risiko für den Investor nur schwer abschätzbar ist. Dies gilt umso mehr, als strukturierten Schuldverschreibungen zu Zwecken der Risikodiversifikation ein Pool an Forderungen zugrunde liegt.[265] Die Informationsasymmetrie wird auch nicht durch fortlaufende Publizitätspflichten gemildert, weil derartige Verbriefungstransaktionen zumeist außerhalb der regulierten Kapitalmärkte gehandelt werden.[266] Umso größer ist der Wert eines fortlaufenden Ratings für den Anleger.[267] Infolgedessen muss sich der Anleger fast vollständig auf das Rating verlassen.[268] Dementsprechend ist es in der Praxis nahezu unmöglich, ABS ohne eine Beurteilung durch zwei anerkannte Ratingagenturen zu platzieren.[269] Die Novelle der RatingVO von 2013 schreibt ein Rating durch zwei Agenturen sogar ausdrücklich vor (Art. 8c Abs. 1 RatingVO).

b) Globalisierung und Internationalisierung der Kapitalmärkte

Die Globalisierung der Finanzmärkte ermöglicht es den Investoren, heute nahezu weltweit Investitionen zu tätigen. Mit der Internationalisierung vervielfachen sich aber nicht nur die Anlagemöglichkeiten, sondern entstehen auch neue Unsicherheiten.[270] Eine Investition außerhalb des Heimatmarktes findet unter anderen rechtlichen Rahmenbedingungen statt; so können etwa

---

264 *Seibt*, in: Bachmann et al., Steuerungsfunktionen des Haftungsrechts im Gesellschafts- und Kapitalmarktrecht, 196; zum Bedeutungszuwachs durch Disintermediation auch *Fleischer*, Gutachten zum 64. DJT (2002), F 35.

265 Vgl. *Rudolph*, zfbf 60 (2008) 713, 719, der treffend feststellt, der Diversifikationseffekt gehe für den Anleger mit einer Informationsvernichtung einher.

266 *Ebenroth/Daum*, WM 1992 (Beilage Nr. 5), 1, 5; vgl. auch *Zeising*, BKR 2007, 311, 316 zu den herabgesetzten Prospektpflichten nach § 3 Abs. 2 WpPG, welche in der Regel einschlägig sind.

267 *v. Schweinitz*, WM 2008, 953, 953; *Witte/Hrubesch*, ZIP 2004, 1346, 1347.

268 *Ricken*, Verbriefung von Krediten und Forderungen in Deutschland (2008), 117; *Rudolph*, zfbf 60 (2008) 713, 720.

269 *Zeising*, BKR 2007, 311, 314; *Ramos Muñoz*, The Law of Transnational Securitization (2010), 6.

270 *Kübler*, in: Bankrechtstag 1996, 120; *Bertschinger*, in: Nobel, Aktuelle Rechtsprobleme des Finanz- und Börsenplatzes Schweiz 1998 (1999), 94.

andere Rechnungslegungs- oder Publizitätsvorschriften anwendbar sein oder der Zugang zu näheren Informationen an Sprachbarrieren scheitern. Da Ratings mit dem Anspruch eines einheitlichen Maßstabs erstellt werden, schaffen sie zwischen den verschiedenen Anlageformen Vergleichbarkeit und steigern damit die Markttransparenz.[271]

II. Regulatorische Inanspruchnahme der Ratingagenturen

Im Rahmen der Finanzmarktregulierung spielten Ratingagenturen eine immer größer werdende Rolle, weil auf ihre Ratings in aufsichtsrechtlichen Vorschriften Bezug genommen wurde.[272] Hierbei handelt es sich um eine Form staatlicher Inanspruchnahme privater Ressourcen für die Normdurchsetzung[273] oder – je nach Betrachtungsweise – um eine Privatisierung administrativer Aufgaben.[274] Im Finanz- und Kapitalmarktaufsichtsrecht wird das Rating zumeist dazu eingesetzt, um festzulegen, ob in bestimmte Finanztitel sie investiert werden darf. Insbesondere in den Vereinigten Staaten knüpfen bereits seit langer Zeit aufsichtsrechtliche Regelungen an Ratings an (hierzu 1.). Vielfach wird auch lediglich auf das Rating im Rahmen von Verwaltungsvorschriften Bezug genommen, so dass bestimmte institutionelle Anleger wie Pensionsfonds, Investmentfonds oder Geldmarktfonds nur Wertpapiere halten dürfen, die eine entsprechende Bonität aufweisen. Eine Abwertung führt dann zur Verpflichtung, diese Papiere zu verkaufen. Aus Sicht eines Emittenten bedeutet dies aber auch, dass sich der Kreis seiner Investoren bereits aufgrund der regulatorischen Bedeutung des Ratings erheblich vergrößert oder verkleinert. Demgegenüber sind der deutsche und europäische Gesetzgeber sowie die Aufsichtsbehörden bisher vergleichsweise zurückhaltend, die Risikobewertung an die Ratingagenturen durch Verweis auf ihre Beurteilungen zu delegieren.[275] Prominentestes und wichtigstes Beispiel ist die Einbeziehung des Ratings im Rahmen der Eigenkapitalanforderungen von Banken seit Basel II (hierzu 2.). Die regulatorische Inanspruchnahme von Ratings wird als ein wesentlicher Faktor für die Bedeu-

---

271 *Habersack*, ZHR 169 (2005), 185, 186.

272 Noch weitergehend ist der Ansatz von *Bauer*, Ein Organisationsmodell zur Regulierung von Ratingagenturen (2009), 70 ff., welche die Erstellung von Ratings generel als öffentliche Aufgabe einstuft, da das Rating ein öffentliches Gut sei, das den Zwecken des Kapitalmarktrechtes (Anlegerschutz, Abbau von Informationsasymmetrien, etc.) diene. Ratingagenturen seien daher „privat-öffentliche Intermediäre" (aaO, 82). In der Folge leitet sie basierend auf der Schutzpflichtenlehre eine Gewährleistungsverantwortung des Staates ab (aaO, 128–131).

273 *Becker*, ZG 2009, 123, 135.

274 *Köndgen*, AcP 206 (2006) 477, 504.

275 Vgl. *Blaurock*, ZGR 2007, 603, 622.

tung der Ratingagenturen angesehen. Als Reaktion auf die Finanzkrise fand auf beiden Seiten des Atlantiks eine gewisse Neuorientierung statt. Daher soll auch auf die Argumente, die dieser Kritik zugrundeliegen, sowie auf mögliche Alternativen zu einer Anknüpfung an Ratings im Kapitalmarktrecht eingegangen (hierzu 3. und 4.) werden.

1. Regulatorische Verwendung von Ratings in den USA

Den Pfad der Regulierung durch Ratingagenturen haben die Vereinigten Staaten nach der Weltwirtschaftskrise zu Beginn der 1930er Jahre eingeschlagen. Als Reaktion auf Skandale und Krisen am Kapitalmarkt ist die Inanspruchnahme von Ratings zu regulatorischen Zwecken bis vor Kurzem immer weiter ausgedehnt worden. Zugrunde gelegt werden dürfen nur Beurteilungen einer NRSRO. Ratings fungieren z. B. als Instrument zur Portfoliorestriktion, des Wertpapierhandels und der Zulassungsvoraussetzungen von Kapitalmarktprodukten.[276] Allerdings geht die Verwendung von Ratings als Regelungsinstrument teilweise weit über die Regulierung des Kapitalmarktes hinaus. So wird es etwa auch als Kriterium bei der Vergabe staatlicher Zuschüsse zu Projekten eingesetzt. Insgesamt finden sich in den Einzelstaaten sowie auf Bundesebene mehr als einhundert ratingbezogene Regelungen.[277]

Als Reaktion auf die Finanzkrise kam es jedoch zu einer Kehrtwendung: Der Dodd-Frank-Act beseitigt eine Reihe von Verweisungen (Sec. 939) und ordnet an, alle weiteren gesetzlichen Verweisungen auf Ratings zu überprüfen (Sec. 939A). Dabei stehen auch die wichtigsten Verweisungen auf dem Prüfstand: Hierzu gehören etwa die Portfoliorestriktionen in den Eigenkapitalvorschriften für *broker dealer* (Rule 15c3-1), wonach ein Risikoabschlag auf den Marktwert eines Wertpapiers u. a. in Abhängigkeit von der Bonität und dem Rating zweier NRSROs stattfindet,[278] und in den Anlageregeln für Geldmarktfonds (Rule 2a-7).[279] Eine Bewertung im Investmentbereich eröffnet zudem eine erleichterte Zulassung von Asset-Backed Securities (Rule

---

[276] Eine kritische und detaillierte Analyse des US-amerikanischen Aufsichtsrechts unternimmt *M. Richter*, Die Verwendung von Ratings zur Regulierung des Kapitalmarkts (2008), 142 ff. Ausführliche Darstellung auch bei *Partnoy*, 77 Wash. U. L. Q. 619, 686 ff. (1999); *SEC*, Report on the Role and Function of Credit Rating Agencies in the Operation of the Securities Markets (2003), 6 ff.

[277] Vgl. hierzu *Senate Committee on Governmental Affairs*, Report of Staff, Financial Oversight over Enron: The SEC and Private-Sector Watchdogs (2002), 102 m. w. N.

[278] 17 C.F.R. § 240.15c3-1(c)(2).

[279] 17 C.F.R. § 270.2a-7(a)(11). Zur Diskussion um die Änderung dieser Regelung siehe *Coffee*, 241 N.Y.L.J. 5 (15. Januar 2009).

3a-7),[280] ohne dass die strengen Vorraussetzungen des Investment Company Act 1940 gewahrt werden müssen. Die SEC hat diese Verweisungen zur Disposition gestellt und ihre Streichung vorgeschlagen.[281] Beseitigt worden ist bereits die Möglichkeit einer Vorratszulassung von zukünftigen Wertpapieremissionen (Rule 415, *shelf registration*), wenn der Emittent seine hohe Bonität durch ein Rating einer NRSRO nachweisen kann.[282]

2. Regulierung durch Ratings in Deutschland und Europa

a) Eigenkapitalregeln für Kreditinstitute

Die Regelungen der Baseler Eigenkapitalvereinbarung (Basel II) sahen bereits vor der Finanzkrise eine individuelle Risikogewichtung bei der Berechnung der Eigenkapitalunterlegung vor; auch ihre Überarbeitung im Rahmen von Basel III, auf die sogleich eingegangen wird, ließ die Rolle der Ratingagenturen im Grundsatz unverändert. Die Umsetzung von Basel II erfolgte durch die Solvabilitätsverordnung (SolvV), welche auf § 10 Abs. 1 S. 9 KWG beruhte und wiederum europäischen Vorgaben folgte (Richtlinie 2006/48/EG). Das Kreditinstitut konnte drei verschiedene Ansätze wählen, um die Risikogewichtung der einzelnen Forderungen und Darlehen nach der Bonität der Schuldner zu gewichten. Zwei dieser Ansätze beruhten auf einem internen Rating des Kreditinstitutes, die sog. IRB-Ansätze (Internal Rating Based Approaches);[283] stattdessen konnte ein Kreditinstitut für die Bemessung des Kreditrisikos von Forderungen und Darlehen gegenüber Staaten, Banken und Unternehmen auch auf einen dritten Ansatz, das externe Rating aufsichtsbehördlich anerkannter Bonitätsbeurteilungsagenturen (External Credit Assessment Institution, ECAI), zurückgreifen (§§ 41 ff. bzw. §§ 235 f. SolvV a. F.).[284] Die Risikogewichtung der einzelnen Forderung im Rahmen dieses sog. (Kapital-)Standardansatzes (KSA) variierte je nach dem Rating und der Kategorie des Schuldners von 0 % bis zu 150 %

---

280 17 C.F.R. § 270.3a-7(a)(1) und (2).

281 *SEC*, References to Credit Ratings in Certain Investment Company Act Rules and Forms, Rel. No. 33-9193 (8. März 2011), 6 ff.; *SEC*, Removal of Certain References to Credit Ratings Under the Securities Exchange Act 1934, Rel. No. 34-64352 (27. April 2011), 8 ff.; *SEC*, Treatment of Asset-Backed Issuers under the Investment Company Act, Rel. No.IC-27229 (31. August 2011). Die Vorschläge sind zum großen Teil noch nicht umgesetzt (vgl. SEC, Annual Report on Nationally Recognized Statistical Rating Organizations, December 2013, 3–5.

282 *SEC*, Securities Ratings, Rel. No. 33-9245; 34-64975 (27. Juli 2011).

283 Hierzu allgemein *Wittig*, ZHR 169 (2005) 212, 221 ff.

284 Europarechtliche Grundlage sind die Art. 81 Abs. 1 und Art. 97 Abs. 1 der Richtlinie 2006/48/EG.

bzw. im Falle von Verbriefungen von 20% bis zu 1.250%. Die Zulassung von Ratingagenturen als ECAI erfolgte durch die BaFin jeweils für bestimmte Marktsegemente. Ein Kriterium war die Anerkennung der Ratingagentur im Markt (§ 53 S. 1 Nr. 7, § 235 S. 2 SolV a. F.); dahinter stand der Gedanke, dass die Verbreitung von Ratings einer Agentur ihre Qualität garantiere.[285] Den einzelnen Ratingstufen einer Agenturen wurden dann von der BaFin eine entsprechende Risikokategorie im Rahmen des Standardansatzes zugeordnet (sog. mapping, § 54 SolvV a. F.).

Nach der Vereinheitlichung der Eigenkapitalanforderungen in der EU im Jahr 2013 im Zuge der Umsetzung von Basel III sind alle nach der Rating-VO zugelassenen Ratingagenturen zugleich ECAI, so dass ihre Bewertungen für die Risikobewertung herangezogen werden dürfen (Art. 135 Abs. 1 i. V. m. Art. 4 Abs. 9 VO (EU) Nr. 575/2013). Auch auf die Verbreitung eines Ratings wird nun nicht mehr nicht abgestellt; dies entspricht der Intention des Unionsgesetzgebers, einer weiteren Abschottung des Oligopols auf dem Ratingmarkt durch die Zulassung zusätzlicher Ratingagenturen entgegenzutreten (Erwägungsgrund 98 VO (EU) Nr. 575/2013). Das *mapping* nehmen nun EBA, EIOPA und ESMA vor (Art. 136 VO (EU) Nr. 575/2013). Die Benennung einer Ratingagentur als ECAI erfolgt durch das Kreditinstitut, das die Bewertungen der Ratingagentur einheitlich und durchgängig für eine gesamte Forderungsklasse heranziehen muss (Art. 138 VO (EU) Nr. 575/2013). Dies setzt voraus, dass eine Ratingagentur sämtliche Forderungen einer Klasse auch tatsächlich bewertet; dies dürfte die großen drei Ratingagenturen bevorzugen. Im Ergebnis ist die Position der Ratingagenturen im Rahmen der Eigenkapitalermittlung von Kreditinstituten durch die Umsetzung von Basel III weitgehend unangetastet geblieben. Allerdings hebt Art. 77 Abs. 2 Richtlinie 2013/36/EU hervor, dass sich Kreditinstitute im Rahmen der Berechnungen der Eigenkapitalanforderungen nicht ausschließlich oder automatisch auf externe Bonitätsbeurteilungen stützen dürfen. Diese apodiktische Aussage wird allerdings sogleich unter den Vorbehalt gestellt, dass sie nur „unter Berücksichtigung der Art, des Umfangs und der Komplexität der Geschäfte eines Insituts" gelte. Es bleibt daher abzuwarten, welche Auswirkungen sich für die Bedeutung von Ratings aus dieser Änderung ergeben.

b) Ausblick

Die zweite Novelle der RatingVO im Jahr 2013 zeigt deutlich den politischen Willen, die Bedeutung von Ratings im Rahmen der Regulierung

---

[285] *Blaurock*, ZGR 2007, 603, 620 und 622.

deutlich zurückzufahren. Daher sieht Art. 5b Abs. 1 RatingVO nunmehr vor, dass EBA, EIOPA und ESMA in ihre Leitlinien und Empfehlungen keine Bezugnahmen auf Ratings mehr aufnehmen. Ebenso soll der Europäische Ausschuss für Systemrisiken in seinen Warnungen und Empfehlungen nicht mehr auf Ratings Bezug nehmen, wenn er hierdurch einen Anlass bieten könnte, sich ausschließlich oder automatisch auf Ratings zu stützen (Art. 5b Abs. 2 RatingVO). Schließlich soll die Kommission das Unionsrecht überprüfen, ob es für die Aufsichtsbehörden oder insitutionelle Investoren einen Anlass bietet, sich ausschließlich oder automatisch auf Ratings zu verlassen. Zielvorgabe ist es, bis zum 1. Januar 2020 alle Verweisungen auf Ratings oder Anforderungen, die Ratings voraussetzen, zu streichen, sofern geeignete Alternative zur Bemessung des Kreditrisikos gefunden und umgesetzt sind (Art. 5c RatingVO).

3. Kritik der regulatorischen Inanspruchnahme von Ratings

Die regulatorische Inanspruchnahme von Ratings ist vielfach kritisiert worden. Problematisch ist insbesondere die extensive Anwendung von Ratings im US-amerikanischen Kapitalmarktrecht. Ein Rating im Investmentbereich wird hier als Substitut für anlegerschützende Veröffentlichungs- und Registrierungspflichten eingesetzt, obwohl das Rating nur Auskunft über das Bonitätsrisiko gibt. Indem die Aufsichtsbehörden alleine auf das Rating einer Anlage abstellen, bleiben Liquiditätsrisiken, Volatilität oder andere Risikofaktoren unterbelichtet.[286] Soweit das Rating zur Konkretisierung von Anlage- und Eigenkapitalvorschriften eingesetzt wird, macht sich zudem der prozyklische Charakter des Ratings negativ bemerkbar.[287] Dies bedeutet, dass eine Abwertung dann – aufgrund regulatorischer Vorgaben – von den Marktteilnehmern, die dieser Regelung unterfallen, nachvollzogen werden muss, indem sie die abgewerteten Wertpapiere verkaufen. Hierdurch aber wird die von der Abwertung beschriebene Entwicklung noch einmal verstärkt. Als ein weiterer Kritikpunkt wird vor allem von den Vertretern der „regulatory license"-Hypothese hervorgehoben, eine regulatorische Verwendung erhöhe zwangsläufig die Marktzutrittshürden für Ratingagenturen und beschränke dadurch den Wettbewerb zwischen den Ratingagenturen.[288]

---

[286] Vgl. *Financial Stability Forum*, Report of the Financial Stability Forum on Enhancing Market and Institutional Resilience (April 2008), 38.

[287] Vgl. *Weber/Darbellay*, 10 J. of Banking Regulation 1, 9 (2008); *Trigg Trinade/Senn*, in: Swiss Reports Presented at the XVIIth International Congress of Comparative Law (2006), 138 m. w. N. in Fn. 6; hierauf weist auch *Fleischer*, Gutachten zum 64. DJT (2002), F 137 f. hin, der für Ausstiegsklauseln plädiert.

[288] *Partnoy*, 77 Wash. U. L. Q. 619, 682 ff. (1999; siehe auch *Horsch*, Rating und Regulierung (2009), 237 („regulation-induced oligopoly").

Vergleicht man die regulatorische Inanspruchnahme von Ratings jedoch mit alternativen Regelungsoptionen,[289] erscheint sie immer noch in vielen Fällen als bessere Alternative.[290] Eine Bewertung des Risikos durch die Aufsichtsbehörden selbst erscheint allein aufgrund der Vielgestaltigkeit der Investments und der Innovationskraft der Kapitalmärkte ein kaum durchzuführendes Unterfangen.[291] Jede Katalogisierung würde diese Dynamik bremsen und zu Wettbewerbsverzerrungen zwischen den Produkten führen.[292] Dies ist prägnant als „regulatorischer Stress" für Aufsichtsbehörden sowie Regulierte beschrieben worden.[293] Interne Ratings – wie sie die Eigenkapitalregeln auch erlauben – bergen die Gefahr von Interessenkonflikten und erfordern einen hohen Überwachungsaufwand durch die Aufsichtsbehörden.[294] Dies gilt erst recht für die Rückverlagerung der Bonitätsbewertung auf die Aufsichtsbehörden, denn gegenüber diesen genießen die Ratingagenturen erhebliche komparative Kostenvorteile.[295]

Gelegentlich vorgeschlagen wird als Alternative eine marktorientierte Bemessung des Kreditrisikos anhand von Credit Spreads.[296] Als Credit Spreads werden die Renditeaufschläge bezeichnet, die der Markt als Risikoaufschlag gegenüber einer laufzeitkongruenten, risikolosen Anlage verlangt.[297] Voraussetzung hierfür ist also zunächst, dass sich ein Credit Spread ermitteln lässt; dies ist bei strukturierten Produkten nicht der Fall, zumal sie nicht an einem regulierten Kapitalmarkt, sondern häufig als Privatplatzierung – over-the-counter (OTC) – gehandelt werden.[298] Als Argument wird darauf verwiesen, dass Ratingagenturen zu langsam arbeiten würden und

---

289 Idealtypische Darstellung bei *Becker*, ZG 2009, 123, 133 f.

290 Hierzu und zu den folgenden Ausführungen *Hunt*, 2009 Colum. Bus. L. Rev. 109, 148 ff.; *Manns*, 81 Geo. Wash. L. Rev. 749, 769 ff. (2013).

291 Ähnlich auch *M. Richter*, Die Verwendung von Ratings zur Regulierung des Kapitalmarktes (2008), 94–96; *Fleischer*, Gutachten zum 64. DJT (2002), F 137; vgl. auch allgemein *Köndgen*, AcP 206 (2006) 477, 512.

292 *v. Randow*, ZBB 1995, 140, 154.

293 *Bertschinger*, in: Nobel, Aktuelle Rechtsprobleme des Finanz- und Börsenplatzes Schweiz 1998 (1999), 126. Dasselbe Regelungsproblem zeigt sich auch in der Diskussion um eine regel- oder prinzipenorientierte Kapitalmarktregulierung, z. B. im Bereich der Meldepflichten und des Übernahmerechts, *U. H. Schneider/Anzinger*, ZIP 2009, 1, 7 ff.

294 *Arntz*, ZBB/JBB 2013, 319, 321.

295 Allgemein zu den Vorteilen des Rückgriffs auf *private governance* siehe *Köndgen*, AcP 206 (2006) 477, 512.

296 *Partnoy*, 77 Wash. U. L. Q. 619, 704 ff. (1999); *Weber/Darbellay*, 10 J. of Banking Regulation 1, 10 (2008). Ausführlich *Dilly/Mählmann*, ZBB 2010, 487 ff.

297 Hierzu *M. Richter*, WM 2008, 960 (962); *ders.*, Die Verwendung von Ratings zur Regulierung des Kapitalmarkts (2008), 98 ff.

298 *Listokin/Taibleson*, 27 Yale J. on. Reg. 91, 104 (2010).

lediglich die Veränderungen der Credit Spreads nachvollziehen würden. In theoretischer Hinsicht basiert dieser Ansatz auf der Informationseffizienzhypothese. Die empirischen Untersuchungen dieser Frage belegen diese These nicht, sondern legen eher nahe, dass dem Rating ein zusätzlicher Informationsgehalt vom Kapitalmarkt beigemessen wird.[299] Dieser Informationsgehalt hat durch die Privilegierung von Ratingagenturen im Rahmen der Insiderregelungen weiter zugenommen. Zudem geben Credit Spreads nur auf sehr entwickelten und liquiden Kapitalmärkten einen Anhaltspunkt für das Bonitätsrisiko[300] und spiegeln nur die – mehr oder minder rationale[301] – Risikoeinschätzung der Anleger wider. Auch hier zeigen sich die von der verhaltenswissenschaftlichen Kapitalmarktforschung identifizierten Mängel der These informationseffizienter Kapitalmärkte,[302] insbesondere die Tendenz zur Überbewertung kurzfristiger Einflüsse und dadurch bedingter Überreaktionen.[303] Daher unterliegen Credit Spreads starken Schwankungen; dies macht häufige und kostenintensive Anpassungen des Risikomanagements und der Portfoliozusammensetzung der Regulierten an die veränderten Credit Spreads notwendig, obwohl sie möglicherweise nur auf kurzfristige Veränderungen reagieren.[304] Schließlich sind Credit Spreads einer Vielzahl von weiteren Faktoren wie Angebot und Nachfrage, Liquidität und Risikoaversion ausgesetzt.[305] Gerade letzterer Punkt hat sich im Rahmen der Finanzkrise gezeigt, als ein allgemeiner Vertrauensverlust zu einer Flucht der Investoren aus ganzen Marktsegmenten führte.[306] Eine Orientierung der Aufsicht an Credit Spreads hätte diese Bewegung noch einmal verstärkt.[307] Dies kann dazu führen, dass sich ein Marktpreis und damit ein Credit Spread in Krisenzeiten gar nicht ermitteln lässt.[308] Damit

---

299 Vgl. hierzu *M. Richter*, WM 2008, 960, 963 m.w.N. zu den Reaktionen des Kapitalmarktes auf Ratingveränderungen. Da der Kapitalmarkt auf Ratingveränderungen reagiert, spricht dies dafür, dass das Rating einen über das ohnehin auf dem Kapitalmarkt verfügbare Wissen hinausgehenden Informationsgehalt hat.

300 Vgl. *Black*, 48 UCLA L. Rev. 781, 802 (2001).

301 Zur Kritik an der Theorie effizienter Kapitalmärkte S. 69.

302 *M. Richter*, WM 2008, 960, 964 und 966.

303 *Manns*, 81 Geo. Wash. L. Rev. 749, 769 (2013).

304 Vgl. *M.Richter*, Die Verwendung von Ratings zur Regulierung des Kapitalmarkts (2008), 103.

305 *Hunt*, 60 S. C. L. Rev. 750, 772 (2009).

306 *Hellwig*, Gutachten zum 68. DJT (2010), E 28f.; *Hunt*, 60 S. C. L. Rev. 750, 773 (2009).

307 Der Vollständigkeit halber soll darauf hingewiesen weden, dass während der Finanzkrise im August zugleich ein allgemeiner Vertrauensverlust in Ratings auftrat, der zu einem ähnlichen Effekt führte (*Hellwig*, Gutachten zum 68. DJT (2010), E 28). Zu diesem systemischen Risiko des Ratings S. 117ff.

308 *Hunt*, 2009 Colum. Bus. L. Rev. 109, 150.

würden aufsichtsrechtliche Regeln aber gerade dann versagen, wenn sie am Dringendsten gefordert sind. Nicht auszuschließen ist jedoch, auf marktimplizite Ratings, d.h. statistisch geglättete Credit Spreads, als Frühwarnsignale im Rahmen einer staatlichen Regulierung zurückzugreifen.[309]

Eine staatstheoretische Frage, die weit über die eben diskutierten Argumente hinausgeht, ist es jedoch, inwieweit der Staat die abschließende Beurteilung eines Sachverhalts von so wichtiger gesamtwirtschaftlicher Bedeutung in die Hände Privater legen darf. Es sollte zumidenst die Möglichkeit bestehen, im Einzelfall korrigierend einzugreifen.[310]

4. Regulatory License

Anknüpfend an die regulatorische Inanspruchnahme von Ratings wird teilweise ein alternatives Erklärungsmodell für die Bedeutung von Ratingagenturen vertreten. Vertreter dieser Sichtweise sehen den Kern des Geschäftsmodells der Ratingagenturen nicht in ihrer Glaubwürdigkeit; ihre Bedeutung liege vielmehr in ihrer Möglichkeit, Investments zu zertifizieren und mit einer *regulatory license* zu versehen.[311] Als Folge eines Ratings im Investmentbereich sei der Erwerb dieser Anlagen attraktiver. Zum einen seien mit dieser Beurteilung aufgrund der regulatorischen Inanspruchnahme des Ratings kostensenkende aufsichtsrechtliche Folgen verbunden; zum anderen reduziere sich für treuhänderisch handelnde Personen wie Investmentfondsmanager oder Vermögensverwalter das Haftungsrisiko, wenn sie auf ein entsprechendes Rating verweisen können.[312] Da das Rating selbst keinen eigenständigen Informationsgehalt aufweise, sei für Investoren die aufsichtsrechtliche Privilegierung der maßgebliche Aspekt. Für eine Ratingagentur sei es daher nicht entscheidend, ihre Reputation zu schützen, solange sie weiterhin diese *regulatory license* vergeben könne. Als Beleg wird angeführt, auch institutionelle Investoren, die selbst über die Fähigkeit verfügen, die Bonität des Emittenten zu beurteilen, zögen das Rating als Entscheidungskriterium heran.[313]

Die *regulatory license*-Hypothese wird von ihren Vertretern als ein Gegenentwurf zum Reputationsmechanismus verstanden. Dieser Antagonismus wird an mehreren Stellen dieser Arbeit eine Rolle spielen. Dabei treffen

---

[309] *Dilly/Mählmann*, ZBB 2010, 487, 504.

[310] Zur Diskussion anhand von Ratingagenturen *Becker*, ZG 2009, 123, 135 ff.

[311] *Partnoy*, 77 Wash. U. L. Q. 619, 682 ff. (1999); *Reiss*, 33 Fla. St. U. L. Rev. 985, 1017 (2006); unklar *Dittrich*, The Credit Rating Industry (2007), 71 und 72 f.

[312] Letztlich so auch *Coffee*, Gatekeepers (2006), 300.

[313] *Coffee*, Gatekeepers (2006), 300.

ihre Vertreter einen wichtigen Punkt, indem sie die regulatorische und haftungsrechtliche Bedeutung des Ratings hervorheben. Dieser Aspekt hat eine große Bedeutung für die Frage der Regulierungsbedürftigkeit der Ratingindustrie und der Marktzutrittsschranken zum Ratingmarkt.[314] Dennoch ist die *regulatory license*-Hypothese nicht geeignet, die Bedeutung der Reputation für Ratingagenturen grundsätzlich in Frage zu stellen. Die Hypothese beruht auf der Annahme, Ratings enthielten selbst keinen Informationsgehalt, ihre hohe Bedeutung sei daher ein Paradoxon.[315] Die Bedeutung von Ratingagenturen für den Kapitalmarkt ist empirisch nachgewiesen.[316] So lassen sich insbesondere bei Herabstufungen von Unternehmen Kursreaktionen nachweisen.[317] Diese Reaktionen sind besonders stark, wenn das Unternehmen nicht im Fokus der Beobachtung von Analysten steht, oder die Informationslage Unsicherheiten aufweist.[318]

Würde es nur auf die Erlangung der *regulatory license* ankommen, wäre es irrational, dass der Kapitalmarkt weiterhin die Beurteilung von zwei Ratingagenturen verlangt, obwohl dies aufsichtsrechtlich nicht erforderlich ist.[319] Auch empirisch senkt ein zweites Rating die Finanzierungskosten.[320] Da ein zweites Rating in der Regel keine zusätzlichen Informationen enthält, kann die Ursache nur in der Verringerung der Verifikationskosten liegen. Diese sinken, weil nun auch ein zweiter *Gatekeeper* dem Leistungsversprechen des Emittenten Glaubwürdigkeit verleiht. Die Bedeutung der Reputation einer Agentur wird dadurch unterstrichen, dass empirische Studien zeigen, dass die Marktteilnehmer den Beurteilungen der verschiedenen anerkannten Agenturen einen unterschiedlichen Wert beimessen.[321] Ebenfalls unerklärt bliebe, weshalb Unternehmen, deren Bonität nicht im Investmentbereich liegt, ein Rating beauftragen; denn diese Entscheidung senkt die

---

314 Siehe S. 122.

315 *Partnoy*, in: Yasuyuki/Litan, Financial Gatekeepers (2006), 61; *ders.*, 70 Wash. U. L. Q. 619, 654 ff. (1999).

316 *Cervone*, EBLR 2008, 821, 826 f. Skeptischer *Kettering*, 29 Cardozo L. Rev. 1553, 1698 (2008), der die Ergebnisse für widersprüchlich hält.

317 Vgl. die Auswertung empirischer Studien durch *Henke/Steiner*, in: Büschgen/Everling, Handbuch Rating, 2. Aufl. (2007), 661 ff. sowie *M. Richter*, WM 2008, 960, 963.

318 *Rudolph*, Unternehmensfinanzierung und Kapitalmarkt (2006), 414.

319 So auch *Coffee*, Gatekeepers (2006), 292. Frühere Regulierungsmaßnahmen hatten noch auf zwei Ratings anerkannter Agenturen abgestellt; die US-amerikanischen Aufsichtsbehörden haben hierauf zunehmend verzichtet (vgl. *M. Richter*, Die Verwendung von Ratings zur Regulierung des Kapitalmarktes (2008), 128 f.; *Cantor/Packer*, FRBNY Quarterly Rev. (Fall/Summer 1994) 1, 6).

320 *Partnoy*, 70 Wash. U. L. Q. 619, 631 f. (1999) m. w. N., der diesen Befund jedoch als Beleg für eine „regulatory license" deutet.

321 *Hill*, 82 Wash. U. L. Q. 43, 66 (2004).

Regulierungskosten nicht, aber die Kosten der Fremdkapitalaufnahme.[322] Nichtsdestotrotz betonen beide Ansätze wichtige Aspekte der Bedeutung von Ratingagenturen und haben daher nebeneinander ihre Berechtigung.[323]

III. Faktische Autorität des Ratings

Die regulatorische Inanspruchnahme von Ratings und die ökonomischen Vorteile der Tätigkeit von Ratingagenturen erklären die Bedeutung der Ratingagenturen auf den Kapitalmärkten nicht vollständig. Hinzu kommt eine faktische Autorität der Ratingagenturen, die Ratings im Zusammenspiel mit ihrer ökonomischen und regulatorischen Bedeutung zu einem integralen Bestandteil der Investmentkultur macht. Dieses Phänomen ist allerdings schwieriger zu fassen, weil mehrere Faktoren hierfür verantwortlich sind, die miteinander in Wechselwirkung stehen.

1. Rating als Marktzutrittsschranke

Die faktische Autorität der Ratingagenturen macht besonders die *two rating norm*[324] deutlich. Hierbei handelt es sich um eine informelle Regel, die sich auf den Kapitalmärkten herausgebildet hat: Jeder Emittent muss in bestimmten Marktsegmenten – etwa dem Markt für Unternehmensanleihen – die Bewertung von zwei anerkannten Ratingagenturen – bestenfalls S&P und Moody's – vorweisen. Erfüllt er diesen Standard nicht, kann eine Schuldverschreibung sehr viel schlechter und nur zu höheren Fremdkapitalkosten des Emittenten platziert werden.[325] Teilweise bleibt es aber nicht nur bei einer Marktusance: Börsenbetreiber machen in ihren Zulassungsbedingungen für den Handel eines Wertpapiers den Nachweis eines Ratings zu einer Voraussetzung.[326] Indirekt hat auch der europäische Gesetzgeber die two rating norm anerkannt, indem er seit 2013 für strukturierte Finanz-

---

322 Ähnlich *M. Richter*, Die Verwendung von Ratings zur Regulierung des Kapitalmarktes (2008), 140.

323 Ähnlich *Kettering*, 29 Cardozo L. Rev. 1553, 1695 ff. und insb. 1696 (2008).

324 Hierzu etwa *Dittrich*, The Credit Rating Industry (2007), 74 ff.; *Cervone*, EBLR 2008, 821, 827; *Hill*, 82 Wash. U. L. Q. 43, 61 (2004).

325 *Dittrich*, The Credit Rating Industry (2007), 75.

326 Euronext Rule Book – Book I: Harmonised Rules vom 23. Juni 2009, Rn. 6703/3: „The Relevant Euronext Market Undertaking may as a condition to admission to listing require that the relevant corporate Bonds be rated by a rating agency or require that a guarantee for the principal amount and interest be issued by a parent company or by a third party as agreed with the Relevant Euronext Market Undertaking." Hierzu auch *Leyens*, Stichwort „Rating-Agenturen", in: Basedow/Hopt/Zimmermann, Handbuch des Europäischen Privatrechts (2009).

instrumente zwei Ratings verlangt, wenn überhaupt eine Bewertung durch eine Ratingagentur erfolgt (Art. 8c Abs. 1 RatingVO).

2. Verbreitung privatautonomer Anknüpfung an Ratings

a) Rating-Trigger in Verträgen

Nicht nur im Rahmen staatlicher Regulierung wird auf Ratings zurückgegriffen. Auch Verträge und andere privatrechtliche Regelwerke – wie etwa die Rahmenverträge für OTC-Derivate[327] – knüpfen häufig an bestimmte Ratingstufen Rechtsfolgen wie Rücktrittsrechte, auflösende Bedingungen, einen höheren Zinssatz oder die Bestellung zusätzlicher Sicherheiten.[328] Diese Klauseln nennt man *rating trigger.* Attraktiv ist eine solche „privatautonome Indienstnahme“[329] des Ratings aus zwei Gründen: Erstens erlaubt sie einem Gläubiger, sich vor einem ex-post-opportunistischen Verhalten eines Schuldners zu schützen,[330] ähnlich wie im Verhältnis zwischen Anleger und Emittent einer Schuldverschreibung. Zweitens erlaubt es Banken, den Zinssatz eines Kredits mit ihren Eigenkapitalanforderungen für das Kreditrisiko zu verknüpfen.[331] Muss sie wegen eines Bonitätsverlusts des Schuldners das Risiko mit mehr Eigenkapital unterlegen, kann sie diese Mehrkosten an den Kreditnehmer weitergeben. Wie solche Zinsanpassungsklauseln auszugestalten sind, um insbesondere den AGB-rechtlichen Anforderungen zu genügen, ist Gegenstand intensiver Diskussion.[332] Da eine Ratingagentur ein neutraler Dritter ist, darf an ihre Einschätzung angeknüpft werden.[333] Zulässig wird allerdings nur eine Klausel sein, die auch eine Bonitätsverbesserung mit einer Zinssenkung verknüpft und damit dem Prinzip der Anpassungssymmetrie[334]

---

[327] Zum ISDA-Rahmenvertrag *Jahn*, BKR 2009, 25 ff.

[328] *Blaurock*, ZGR 2007, 603, 611; *Habersack*, ZHR 169 (2005) 185, 189. Zur Verbreitung dieser Klauseln in den USA und Europa, vgl. CESR's technical advice to the European Commission on possible measures concerning credit rating agencies, CESR/04-612b, Rn. 48 ff. sowie die Zusammenstellung der Studien in Annex E; siehe auch *Buth/Hermanns*, Restrukturierung, Sanierung, Insolvenz, 3. Aufl. (2009), § 3, Rn. 90 f.; zur Verwendung in Credit Swaps *Partnoy*, 70 Wash. U. L. Q. 619, 678 f. (1999).

[329] *Habersack*, ZHR 169 (2005) 185, 189.

[330] *v. Randow*, ZBB 1995, 140, 142 treffend: „Information und Intervention“.

[331] *Blaurock*, ZGR 2007, 603, 611.

[332] Hierzu nur *Voges/Rehberg*, WM 2004, 1605, 1608 ff.; *Kersting*, ZIP 2007, 56 ff.; *Mülbert*, WM 2004 ff., 1205; *Langenbucher*, in: Bankrechtstag 2004, 63 ff.; *Wittig*, ZHR 169 (2005) 212, 231 ff.

[333] Vgl. BGHZ 81, 229, 236; *Rieble*, in: Staudinger, 13. Aufl. (2004), BGB, § 317, Rn. 48.

[334] *Berger*, in: Münchener Kommentar, BGB, 6. Auf. (2012), § 488, Rn. 175 m. w. N.

entspricht.[335] Was aber, wenn sich ein Rating als unbillig erweist, z.B. weil eine Ratingagentur mit einer fälligen Abwertung zu lange zögert? In diesen Fällen erscheint es interessengerecht, analog § 319 Abs. 1 BGB eine Leistungsbestimmung durch ein Gericht zu erlauben.[336]

Die Verbreitung dieser Vertragsklauseln kann für ein Unternehmen im Falle einer Abwertung dramatische Auswirkungen haben und seinen Zusammenbruch – wie in den Fällen von Enron, PG&E oder AIG – beschleunigen.[337] Im Fall der American International Group (AIG), die zum Zeitpunkt des Ausbruchs der Finanzkrise auf dem US-Hypothekenmarkt der größte Kreditausfallversicherer war, führte eine Abwertung dazu, dass AIG erhebliche zusätzliche Sicherheiten aufgrund von Rating-Triggern stellen musste.[338] In diesem Zusammenhang wird eine Veröffentlichungspflicht für Rating-Trigger diskutiert, für die es in Europa bisher nur Ansätze im Rahmen von Wertpapierprospekten gibt.[339] Allerdings spricht Vieles dafür, dass ein Prospekt einer Unternehmensanleihe unvollständig wäre, wenn er verschweigen würde, dass eine Abwertung zu so weitreichenden Folgen führen kann. Zumindest werden Ratingagenturen im Rahmen der Prognoseerstellung die Auswirkungen einer möglichen Abwertung auf die Verträge des bewerteten Unternehmens zu berücksichtigen haben;[340] dies ist im Falle von Enron unterblieben.[341]

b) Verwendung in Anlagevorschriften

Über die regulatorischen Vorgaben hinaus greifen Fonds häufig auf Ratings von einer oder mehrerer der drei großen Agenturen zurück, um – aus Gründen des Anlegerschutzes – die Investmententscheidungen und das Risiko ihres Managements zu lenken.[342] Verliert ein Emittent etwa seinen Bonitätsstatus als *investment grade*, können institutionelle Investoren aufgrund ihrer internen Vorgaben gezwungen sein, sich von den Anleihen

---

335 Vgl. *Wand*, WM 2005, 1969, 1970f.

336 *Habersack*, ZHR 169 (2005) 185, 208f.; *Rieble*, in: Staudinger, 13. Aufl. (2004), BGB, § 317, Rn. 25; *Gottwald*, in: Münchener Kommentar, BGB, 5. Aufl. (2007), § 317, Rn. 47.

337 Hierzu *SEC*, Report on the Role and Function of Credit Rating Agencies in the Operation of the Securities Markets (2003), 29 und 30f.

338 *DER SPIEGEL*, Die gefährlichste Firma der Welt, Heft 29/2009, 56.

339 Siehe Anhang IV, Ziff. 4 und 13 PropektVO (809/2004/EG).

340 *Hill*, 35 Conn. L. Rev. 1145, 1151 (2003); *Reidenbach*, Finanzanalysten und Ratingagenturen (2006), 209.

341 *Senate Committee on Governmental Affairs*, Report of Staff, Financial Oversight over Enron: The SEC and Private-Sector Watchdogs, 114f.

342 *Bruner*, 30 Mich. J. Int'l L. 125, 140 (2008) zum weltweiten größten Pensionsfonds, dem *California Public Employees, Retirement System (CalPers).*

dieses Schuldners zu trennen. Eine solche Anknüpfung an Ratings macht allerdings nur dann Sinn, wenn nahezu alle in Frage kommenden Investments von Ratingagenturen bewertet worden sind; anderenfalls würden Investitionschancen ungenutzt bleiben.

Es ist jedoch fraglich, ob eine Abwertung in Zukunft automatisch zu einem Verkauf führen darf. Der europäische Gesetzgeber hat im Erwägungsgrund 9 der VO Nr. 462/2013 zwar zu erkennen gegeben, dass insitutionelle Investoren im Sinne des Art. 4 Abs. 1 RatingVO davon absehen sollen, Kauf- oder Verkaufsentscheidungen von Ratings abhängig zu machen. In Art. 5a Abs. 1 RatingVO wird diese Praxis nicht adressiert, aber verboten, sich bei der Bewertung der Bonität eines Finanzinstruments automatisch auf Ratings zu stützen.

3. Standardisierung durch Ratings

Die Wirkung der Tätigkeit von Ratingagenturen geht über die Beurteilung von Bonitäten hinaus. Durch ihre Einschätzungen prägen sie die Modelle der Unternehmensfinanzierung sowie von Kapitalmarkttransaktionen[343] und definieren so ein „allgemein akzeptiertes Verständnis von Kreditwürdigkeit“[344]. Prominentes Beispiel hierfür ist der Aufstieg von Hybridanleihen.[345] Der Erfolg dieser Finanzierungsform wurde ganz wesentlich durch die Meinung der Ratingagenturen befördert, Hybridanleihen seien aufgrund ihrer nachrangigen Ausgestaltung als Eigenkapital einzustufen, so dass ihre Ausgabe keine negativen Auswirkungen auf die Bonität eines Unternehmens habe. Auf dem Verbriefungsmarkt prägten die Einschätzungen der Ratingagenturen die Transaktionsstrukturen maßgeblich. Noch weitergehend sind daher die Einschätzungen, Ratingagenturen würden durch ihre Beurteilungen de facto Recht setzen, wenn Ratingagenturen auch rechtliche Konstruktionen bewerten müssten, z.B. die Frage der insolvenzfesten Trennung eines Originators und der Zweckgesellschaft.[346] Sei eine Konstruktion von den Ratingagenturen gebilligt, setze sie sich unter Umständen soweit im Markt durch, dass es unmöglich sei, eine andere rechtliche Bewertung vorzunehmen, ohne systemische Risiken für das Finanzsystem insgesamt in Kauf zu nehmen.[347]

---

[343] Zur Standardisierung durch die Ratingagenturen vor allem in den USA *Stürner*, AcP 210 (2010) 105, 125.

[344] *Becker*, ZG 2009, 123, 133.

[345] *Blaurock*, ZGR 2007, 603, 610.

[346] Zur anfänglichen Skepsis, ob im Rahmen von Verbriefungsgeschäften eine insolvenzfeste Übertragung vom Originator („true sale“) vorliegt, siehe *Schwarcz*, 8 U. Ill. L. Rev. 1, 18f. (2002) m.w.N.

[347] *Kettering*, 29 Cardozo L. Rev. (2008), 1553, 1676ff., der in Anlehnung an die systemischen Risiken durch den Ausfall eines großen Finanzunternehmens von „too

Die Ratingagenturen sind teilweise auch Kritik ausgesetzt gewesen, weil sie weltweit mit einheitlichen Maßstäben arbeiten. Hierbei würden lokale Besonderheiten unberücksichtigt bleiben und ein erheblicher Anpassungsdruck bei den bewerteten Unternehmen und öffentlichen Körperschaften entstehen.[348] Hiergegen spricht allerdings, dass zumindest die großen Ratingagenturen über lokale Büros verfügen; der Vorwurf, sie ignorierten die lokalen Besonderheiten, greift daher nicht. Im Kern geht es um einen anderen Kritikpunkt: Ratingagenturen würden – illegitimen – politischen Einfluss ausüben. In der Staatsschuldenkrise, die sich an die Finanzkrise 2007/2008 angeschlossen hat, ist dies offensichtlich geworden. Als die Vereinigten Staaten ihre Bestnote AAA einbüßten, beherrschte dies die Schlagzeilen. Entscheidendes Kriterium für eine erfolgreiche Entschuldung Griechenlands war, ob die Ratingagenturen dies als Zahlungsausfall werten würden; dies hätte wiederum Rating-Trigger im Rahmen von Kreditausfallversicherungen (Credit Default Swaps) ausgelöst – mit unabsehbaren Folgen. Beim Rating von Staatsanleihen sind Ratingagenturen zudem stärker angreifbar, weil subjektive Kriterien – wie die Einschätzung der Zahlungswilligkeit eines Staates – eine größere Rolle spielen.[349] Dies gipfelte in dem Versuch des zuständigen EU-Kommissars Barnier, das Rating von Staaten zeitweise zu verbieten.[350] Sofern ein Rating fehlerfrei erstellt worden ist, d.h. unabhängig und neutral, überzeugen diese Vorwürfe nicht. Es wäre schließlich keine Alternative, wenn die Ratingagenturen ihre Einschätzungen aus politischer Rücksichtnahme zurückhalten oder korrigieren würden; dann würden sie ihre Rolle als „Agent der Investoren" vernachlässigen. Das Hauptproblem scheint vielmehr darin zu liegen, dass sich Staaten desto stärker den Gesetzen des Kapitalmarkts unterwerfen, je mehr sie sich verschulden. Viele Vorwürfe gegen Ratingagenturen richten sich daher eher gegen den Überbringer einer schlechten Nachricht.

4. Privilegierter Informationszugang im Rahmen des Insiderrechts

Ratingagenturen erhalten vor allem im Rahmen des Auftragsratings Insiderinformationen, d.h. Informationen mit Kursbeeinflussungspotential, die

big to fail dynamic" spricht (1677), wenn sich eine Konstruktion, sobald sie die Ratingagenturen positiv bewertet hätten, im Markt erst einmal durchgesetzt hat.

348 *Becker*, ZG 2009, 123, 133. Hierin wurzelten auch die gescheiterten Pläne, eine europäische Ratingagentur zu gründen. Vgl. hierzu *Eisen*, Haftung und Regulierung internationaler Ratingagenturen (2007), 95–97.

349 *Europäische Kommission*, Public Consultation on Credit Rating Agencies, 5. November 2010, 14.

350 *Handelsblatt* vom 15. November 2011, S. 22 („EU attackiert die Ratingagenturen"); rechtliche Bewertung durch *Witte*, WM 2011, 2253 ff.

einen Emittenten unmittelbar betreffen (§ 13 Abs. 1 WpHG). Dies ist auch grundsätzlich zu begrüßen, steigert es doch die Aussagekraft eines Ratings und damit die Allokationseffizienz des Kapitalmarkts. Für Investoren ist es daher rational, Ratings als Entscheidungsgrundlage heranzuziehen, weil sie auf einer breiteren Informationsbasis beruhen als ihre eigene Einschätzung oder Prognosen von Analysten. Allerdings könnten Spekulationen darüber, ob ein Rating auf Insiderinformationen beruht, vermieden werden, wenn die Ratingagenturen dies deutlich machen müssten.

Je weiter der Kreis der Personen gezogen wird, die Kenntnis von Insiderinformationen erhalten, desto schwerer ist er zu kontrollieren und desto größer wird das Risiko, dass eine Person diesen Informationsvorsprung ausnutzt.[351] Dementsprechend eng sind nach der Interpretation des EuGH daher die Fälle zu interpretieren, in denen eine Informationsweitergabe nicht „unbefugt" im Sinne von Art. 3 lit. a Marktmißbrauchsrichtlinie (2003/6/EG) ist. § 14 Abs. 1 Nr. 2 WpHG setzt diese Regelung in deutsches Recht um. Art. 3 lit. a Marktmißbrauchsrichtlinie sieht zwar eine Ausnahme vor, wenn die Weitergabe „im normalen Rahmen der Ausübung ihrer Arbeit oder der Erfüllung ihrer Aufgabe geschieht". Dies legt der EuGH so aus, dass die Weitergabe für diese Zwecke unerlässlich und verhältnismäßig sein muss. Ferner berücksichtigt er die Sensibilität der Information.[352] Diese enge Sichtweise lässt daran zweifeln, ob die Praxis, Ratingagenturen Einblicke in Insiderinformationen zu gewähren, zulässig ist.[353] Die überwiegende Meinung stützt diese Praxis zumindest für Auftragsratings.[354] Diese Ansicht ist

---

[351] Vgl. zum Zweck des Verbotes des Insiderhandels *Mennicke*, in: Fuchs, WpHG (2009), Vor § 12 bis § 14, Rn. 113 ff., insb. Rn. 116 f.

[352] EuGH vom 22.11.2006, Rs. C-384/05, Slg. 2005, I-09939 – *Knud Grøngaard, Allan Bang*, Rn. 27, 34 und 38.

[353] Ausführlich *Sethe*, ZBB 2006, 243, 250; *Mennicke*, in: Fuchs, WpHG (2009), § 14, Rn. 212; *Eisen*, Regulierung und Haftung internationaler Rating-Agenturen (2008), 140; a.A. *Rodewald/Tüxen*, BB 2004, 2249, 2252; *Krämer*, in: Bankrechtstag 2004, 17.

[354] Vgl. *Bundesanstalt für Finanzdienstleistungsaufsicht*, Emittentenleitfaden 2009, 41; *Stemper*, Rechtliche Rahmenbedingungen des Ratings (2010), 120 f.; *Eisen*, Regulierung und Haftung internationaler Rating-Agenturen (2008), 139 f.; *Pfüller*, in: Fuchs, WpHG (2009), § 15, Rn. 301; *J. Fischer*, Insiderrecht und Kapitalmarktkommunikation (2006), 41; wohl auch *Schwark/Kruse*, in: Schwark/Zimmer Kapitalmarktrechts-Kommentar, 4. Aufl. (2010), § 14, Rn. 62 sowie *Fleischer*, ZGR 2009, 505, 512 (beide für den übertragbaren Fall der Sell-side-Analysten) jeweils m.w.N. zur herrschenden Ansicht; differenzierend danach, ob ein Rating dem allgemeinem Kapitalmarktpublikum zugänglich gemacht wird, *Klöhn*, in: Kölner Kommentar, WpHG, 2. Aufl. (2014), § 34b, § 14, Rn. 441 ff.; unklar *S. H. Schneider*, NZG 2005, 702, 706; a.A. *Mennicke*, in: Fuchs, WpHG (2009), § 14, Rn. 265; *Lampe*, Die Regulierung von Ratingagenturen (2010), 61 ff. *Hopt*, in: Schimansky/Bunte/Lwowski, Bankrechts-Handbuch, 4. Aufl. (2011), § 107, Rn. 60, Fn. 11

zutreffend, wie sich aus der Gesetzgebungsgeschichte ergibt:[355] Der Kommissionsentwurf der Marktmißbrauchsrichtlinie sah noch eine spezielle Ausnahme für Ratingagenturen vor.[356] Diese Ausnahme ist im weiteren Gesetzgebungsverfahren in Art. 6 Abs. 3 UAbs. 1 Marktmißbrauchsrichtlinie aufgegangen, weil man der Ausnahme für Ratingagenturen zwar in der Sache zustimmte, die Richtlinie aber keine speziellen Regelungen für bestimmte Berufe enthalten sollte.[357] Auch die RatingVO knüpft an diese Entscheidung stillschweigend an, wenn sie in Anhang I Abschnitt B Abs. 7 lit. e RatingVO die Agenturen zur Aufbewahrung nichtöffentlicher Informationen verpflichtet, die sie bei ihrer Bewertung verwendet haben.

5. Ratingagenturen als Teil der externen Corporate Governance

Ratingagenturen dienen nicht nur den Interessen von Fremdkapitalgebern, sondern auch den Anteilseignern eines Unternehmens.[358] Ähnlich wie Finanzanalysten und Abschlussprüfer bewerten sie unabhängig die Leistungen des Managements – wenn auch primär aus der Sicht von Fremdkapitalgebern.[359] Vorstände haben ein Interesse an einem guten Rating und postulieren als Ziel ihrer Geschäftspolitik teilweise, eine bestimmte Ratingstufe zu halten oder zu erreichen. Eine Verschlechterung des Ratings wirkt sich zudem direkt auf das Unternehmensergebnis aus, weil durch höhere Kosten für Fremdkapital und die Verwendung von Rating-Triggern das Unternehmensergebnis geschmälert wird.[360] Da Ratingagenturen die über ein Unternehmen verfügbaren Angaben bewerten, erhalten sowohl die Fremdkapitalgeber als auch die Anteilseigner durch die Einschätzungen der Ratingagen-

---

lässt eine Weitergabe bei jeder Form des Ratings zu, da sich ein Unternehmen dem Rating faktisch nicht entziehen könne.

355 Zum Folgenden *Pfüller*, in: Fuchs, WpHG (2009), § 15, Rn. 301.

356 Kommissionsentwurf für eine Marktmissbrauchsrichtlinie, KOM (2001), 281, Abl. EU C 240 E/265, Art. 6 Abs. 2 UAbs. 2 lit. b.

357 Bericht des Ausschusses für Wirtschaft und Währung über den Vorschlag der Marktmissbrauchsrichtlinie, A5-0069/2002, 31 f. Siehe dort die Änderungsantrag 38 und die Begründung zu Änderungsantrag 37.

358 *Horsch*, Rating und Regulierung (2009), 213; *Seibt*, in: Bachmann et al., Steuerungsfunktionen des Haftungsrechts im Gesellschafts- und Kapitalmarktrecht, 196. Primär aus Sicht der Fremdkapitalgeber und des Einflusses der Agenturen auf das Verhalten der Unternehmensführung *Reidenbach*, Aktienanalysten und Ratingagenturen (2006), 285 ff.

359 *Leyens*, JZ 2007, 1061, 1071.

360 Vgl. *Lynch*, 59 Case W. Res. L. Rev. 227, 247 (2009). Zur Kontrollfunktion von Ratingagenturen gegenüber dem Emittenten auch *Bout/Milbourn/Schmeits*, 19 Rev. Fin. Stud. 81, 91 (2006).

turen eine zusätzliche Information über die Situation eines Unternehmens und die Leistung seiner Geschäftsführung.[361] So stellt eine Abwertung oder eine Veränderung des Ratingausblicks auch für einen Eigenkapitalgeber ein ernstes Warnsignal dar, dass sich die Lage des Unternehmens verschlechtert hat. Damit tragen Ratingagenturen zur Verringerung der agency-Kosten im Prinzipal-Agent-Verhältnis zwischen Eigenkapitalgeber und Management bei.[362] Unternehmensführungen werden wichtige Entscheidungen wie Übernahmen daher auch unter dem Blickwinkel der Veränderung ihres Ratings treffen und gegebenenfalls im Vorfeld mit den Agenturen abstimmen.

6. Rechtliche Relevanz des Ratings

In verschiedenen rechtlichen Zusammenhängen erlaubt das Vorliegen eines Ratings, die eigene Verantwortlichkeit etwas zurückzunehmen.[363] Zugleich verpflichten Sorgfaltspflichten aber auch zu einer Berücksichtigung von Ratings. Indem die Rechtsordnung einen Rückgriff auf die Beurteilungen von Ratingagenturen verlangt oder privilegiert, stärkt sie indirekt deren einflussreiche Position.[364] Der typische Kontext hierfür sind Interessenwahrungsverhältnisse;[365] dies sind Konstellationen, in denen eine Person im Interesse einer anderen Person eine Empfehlung abgeben muss, z. B. ein Anlageberater oder ein Finanzanalyst, oder – unter Zurückstellung seiner eigenen Interessen – eine Entscheidung treuhänderisch über fremdes Vermögen treffen muss. Zu letzterer Fallgruppe gehören etwa Geschäftsleiter und Manager von Investmentfonds. Es wundert daher nicht, dass auch eine starke Nachfrage nach Ratings besteht.[366] Zugleich zeigt sich aber auch eine Ausprägung des allgemeinen Vertrauensgrundsatzes, ohne den es in einer ausdifferenzierten Gesellschaft nicht möglich ist, die Vorteile der Arbeitsteilung zur Geltung zu bringen.[367] Inwieweit es möglich ist, die eigenen

---

[361] Vgl. auch *Seibt*, in: Bachmann et al., Steuerungsfunktionen des Haftungsrechts im Gesellschafts- und Kapitalmarktrecht (2008), 196, der das Rating mit der Jahresabschlussprüfung vergleicht; *Ackermann/Jäckle*, BB 2006, 878, 879.

[362] Mittelbar kann eine Veränderung des Ratings auch zu einer Anpassung der erwarteten Eigenkapitalrendite führen, vgl. *Horsch*, Rating und Regulierung (2008), 213.

[363] Siehe zu diesem Aspekt als typisches Merkmal von Vertrauensintermediären aus Sicht der Soziologie *Strulik*, Nichtwissen und Vertrauen in der Wissensökonomie (2004), 83.

[364] *Gomille*, Standardisierte Leistungsbewertungen (2009), 63 und 159.

[365] Grundlegend hierzu *Hopt*, ZGR 2004, 1 ff.

[366] *Barnett*, 31 J. Corp. L. 95, 139 f. (2007).

[367] Ähnlich im Kontext der Produkthaftung *Fuchs*, JZ 1994, 533, 535. Zur strafrechtlichen Perspektive *Duttge*, in: Münchener Kommentar, StGB (2003), § 15, Rn. 139 ff.

Sorgfaltspflichten durch Vertrauen auf Ratings zu reduzieren, soll im Folgenden beispielhaft anhand der Anlageberatung und der Haftung von Geschäftsleitern näher analysiert werden. Hierbei stellen sich immer die gleichen Fragen: Darf sich ein Geschäftsleiter oder Anlageberater auf ein Rating verlassen? Ist ein Rating eine ausreichende Informationsgrundlage? Wann müssen Zweifel an der Richtigkeit eines Ratings aufkommen? Ist es zulässig, ein Rating unbeachtet zu lassen?

a) Anlageberatung

Ein Anlageberater ist zur anleger- und objektgerechten Beratung verpflichtet.[368] Im Rahmen der anlegergerechten Beratung, d.h. der Frage, ob ein Investment für einen bestimmten Kunden nach seinem Risikoprofil geeignet ist, kann das Rating ein Anhaltspunkt sein.[369] Eine wichtigere Rolle spielt das Rating im Rahmen der objektgerechten Beratung. Ein Anlageberater muss sich, bevor er ein Finanzprodukt empfiehlt, selbst ein Bild über die Anlage machen und diese – unabhängig von der Eignung für den konkreten Kunden – für gut befinden.[370] Dabei muss er sich – auch ohne einen konkreten Anlass[371] – über das Rating eines Emittenten sowie dessen Veränderungen und Überprüfung durch die Agenturen informieren.[372] Ist eine Schuldverschreibung oder ein Emittent eines Zertifikats nicht durch etablierte Ratingagenturen bewertet, ist bereits dies ein so bemerkenswerter Umstand, dass der Anlageberater den Kunden hierauf aufmerksam machen und gegebenenfalls weitere Recherchen durchführen muss.[373] Ebenso ist er verpflichtet, auf ein Rating hinzuweisen, das eine Anlage als „spekulativ" einstuft,[374] sofern es sich um das Rating einer der drei großen Agentu-

---

[368] BGHZ 123, 126, 128f.

[369] Z.B. OLG Frankfurt, Urteil vom 15. Dezember 2004 – Az. 23 U 281/03 – BeckRS 2005 00035; OLG Hamm, Urteil vom 08. Oktober 2003 – Az. 31 U 117/03 – juris Rn. 28ff. Ausführlich *Arendts*, in: Achleitner/Everling, Rechtsfragen im Rating (2005), 291.

[370] BGHZ 123, 126, 131.

[371] OLG Nürnberg BKR 2002, 738, 740.

[372] Vgl. nur *Hopt*, in: Baumbach/Hopt, HGB, 36. Auflage (2014), § 347, Rn. 27. In früheren Zeiten wurde dem Rating nur eine untergeordnete Bedeutung beigemessen, vgl. hierzu OLG Schleswig WM 1996, 1487; OLG Schleswig Urteil vom 20. September 2007 – Az. 5 U 44/07 – Rn. 74. Dies ergibt sich auch implizit aus der Bond-Entscheidung des BGH (BGHZ 123, 126, 131). Hierzu *van Look*, in: Büschgen/Everling, Handbuch Rating, 1. Aufl. (1996), 529.

[373] OLG Karlsruhe, Urteil vom 04. Juli 2001 – Az. 7 U 68/98 – Beck RS 2004 09635; a.A. *Fuchs*, in: ders., WpHG (2009), § 31, Rn. 160.

[374] Vgl. OLG Schleswig, Urteil vom 20. September 2007 – Az.: 5 U 44/07 – BeckRS 2008, 21725; *Roth*, in: Assmann/Schütze, Handbuch des Kapitalanlage-

ren[375] oder einer besonders spezialisierten Ratingagentur handelt.[376] Im Gegensatz dazu muss er eine negative Berichterstattung in der Wirtschaftspresse nur erwähnen, wenn sie gehäuft auftritt.[377]

Auf der anderen Seite wird ein Rating von der Rechsprechung – zuletzt auch vom BGH in einem Urteil zur Zahlungsunfähigkeit von Lehman Brothers[378] – als starker Anhaltspunkt dafür gewertet, dass die Bonität des Emittenten außer Zweifel steht und auf eine besondere Aufklärung verzichtet werden kann.[379] Was aber, wenn dieses Vertrauen trügerisch ist, weil das Rating fehlerhaft ist? Dies führt nicht zwangsläufig zu einem Beratungsfehler.[380] Müsste der Anlageberater die Verantwortung für die Richtigkeit eines Ratings übernehmen, müsste er das Rating nicht nur auf seine Plausibilität und die Reputation der Agentur hin untersuchen, sondern inhaltlich vollständig nachvollziehen.[381] Eine solche Pflicht wäre von einem Anlageberater auch nicht wirtschaftlich sinnvoll zu erfüllen und würde die ökonomischen Vorteile von Informationsintermediären durch ihre Spezialisierung weitgehend zunichte machen. Auch der Anleger erwartet von einem Anlageberater nur die typischen Fähigkeiten seiner Profession, nicht einer Ratingagentur oder gar die Übernahme des Risikos von deren Fehlern.[382] Ein Rating setzt

---

rechts, 3. Aufl. (2007), § 11, Rn. 71; *Zetzsche*, WM 2009, 1020, 1025 f., der Ratings einordnet wie professionell erstellte Finanzanalysen (§ 34b WpHG).

375 *Köndgen*, WuB I G 4. – 4.93, S. 47.

376 Insoweit ist der Gedanke des OLG Frankfurt NJW-RR 1994, 946, 948 im Rahmen der Prospekthaftung übertragbar.

377 Vgl. hierzu jüngst BGH JZ 2009, 263, 265; *Zetzsche*, WM 2009, 1020, 1024.

378 BGH WM 2011, 2268, 2270; zuvor etwa HansOLG HansOLG, Urteil vom 23. April 2010 – Az. 13 U 118/09 – Rn. 81; zur Kapitalmarktinformationshaftung nach § 826 OLG Düsseldorf, WM 2009, 1655 Rn. 27.

379 Die Bedeutung dieses Punktes nimmt möglichweise ab, seitdem der BGH (WM 2011, 2268, 2270) auch die Auflärung über das abstrakte Emittentenrisiko verlangt. A. A. OLG Düsseldorf, Urteil vom 04. Oktober 2010 – Az. I-9 U 13/10 – Rn. 20; OLG München WM 2010, 2115, 2118; OLG Brandenburg, Urteil vom 20. April 2011 – Az. 4 U 48/10 – Rn. 67 ff.; i. E. auch HansOLG, Urteil vom 23. April 2010 – Az. 13 U 118/09 – Rn. 70 ff.

380 So aber *Eisen*, Die Haftung und Regulierung internationaler Rating-Agenturen (2007), 153 f. und 356; für Finanzanalysen *Vogler*, Schadensersatzhaftung des Wertpapierdienstleistungsunternehmens für fehlherhafte Aktienanalysen (2005), 262.

381 Vgl. BGH WM 1987, 495, 497 zur Überprüfung von Angaben eines Wirtschaftsprüfers in einem Prospekt durch einen Anlageberater.

382 Vgl. zum schweizerischen Recht mit gleichem Ergebnis *Bertschinger*, in: Nobel, Aktuelle Rechtsprobleme des Finanz- und Börsenplatzes Schweiz 1998 (1999), 109 f. Vgl. zum objektiv-typisierenden Sorgfaltsmaßstab *Grundmann*, in: Münchener Kommentar, BGB, 6. Aufl. (2012), § 276, Rn. 55 f.; *Stadler*, in: Jauernig, BGB, 15. Aufl. (2014), § 276, Rn. 29; *Kötz/Wagner*, Deliktsrecht, 11. Aufl. (2010), Rn. 113 ff.

die Nachforschungspflichten eines Anlageberaters über die Bonität des Emittenten erheblich herab, solange es keine Warnsignale gibt, das Rating könnte überholt oder fehlerhaft sein. Solche Warnsignale können eine kürzlich vorgenommene Abwertung – insbesondere im unteren Bereich der *investment grades* – oder andere Äußerungen einer Ratingagentur wie ein negativer Ausblick oder eine Ankündigung einer Überprüfung sein.[383] Der Anlageberater muss zudem mit einer zeitlichen Verzögerung bei der Anpassung des Ratings rechnen. Das Vertrauen in die Aussagekraft eines Ratings kann aber auch durch andere Faktoren wie die allgemeine wirtschaftliche Entwicklung, branchen-, unternehmens- oder länderspezifische Informationen, generelle Zweifel an der Qualität des Ratings bestimmter Produkte oder gehäufte Einschätzungen anderer Informationsintermediäre wie Wirtschaftsjournalisten oder Finanzanalysten erschüttert werden.[384]

b) Organhaftung

Im Gesellschaftsrecht kann ein Rating in einer Vielzahl von Situationen Bedeutung erlangen. Zu denken ist hierbei etwa an die Beurteilung der Werthaltigkeit eines Rückzahlungsanspruchs aus einer Cash-Pool-Vereinbarung[385] oder eine Pflicht zur Beauftragung eines Ratings, um die Finanzierungskosten zu senken.[386] Die folgenden Überlegungen konzentrieren sich auf die Frage des ordnungsgemäßen Handelns der Geschäftsleitung i. S. d. § 93 Abs. 2 S. 1 AktG und § 43 Abs. 1 GmbHG. Die Organhaftung ist im Zuge der Aufarbeitung der Finanzkrise von besonderer Aktualität, und auch die Bewertung des Vertrauens auf Ratings ist Gegenstand intensiver Diskussion.[387] Dabei stehen auch hier die oben skizzierten Fragen im Mittelpunkt: Ist ein Rating eine vertrauenswürdige Grundlage für ein Engagement in Verbriefungstransaktionen? Muss daneben eine Due Diligence durchgeführt werden oder ist ein Rating als Informationsgrundlage ausreichend?

---

383 Vgl. *Arendts*, Die Haftung für fehlerhafte Anlageberatung (1998), 39; *ders.*, in: Achleitner/Everling, Rechtsfragen im Rating (2005), 293; OLG Schleswig vom 20. September 2007 – Az.: 5 U 44/07 – BeckRS 2008 21725.

384 Anders für die Insolvenz von Lehman Brothers *Witte/Mehrbrey*, ZIP 2009, 744, 747, die ein gerechtfertigtes Vertrauen trotz anderslautender Presseartikel über die drohende Insolvenz des Unternehmens annehmen, allgemein *Arendts*, WM 1993, 229, 236; *van Look*, in: Büschgen/Everling, Handbuch Rating, 1. Aufl. (1996), 531.

385 OLG München BB 2011, 690.

386 Hierzu *Hennrichs*, ZGR 2006, 563, 565.

387 Vgl. nur *Lutter*, ZIP 2009, 197 ff.

aa) Rating als vertrauenswürdige Expertise

Auf sein unternehmerisches Ermessen kann sich ein Vorstand gemäß § 93 Abs. 2 S. 2 AktG nur berufen, wenn er auf Basis einer angemessenen Informationsgrundlage handelt.[388] Nur dann wird vermutet, dass er die Sorgfalt eines ordentlichen und gewissenhaften Geschäftsmannes angewandt hat. Nach der Rechtsprechung des BGH ist es grundsätzlich zulässig und sogar geboten, zur Erfüllung seiner Geschäftsführungspflichten auf eine externe Expertise zurückzugreifen und sich auf diese zu verlassen, falls der Geschäftsleiter selbst nicht über die notwendigen Fähigkeiten verfügt.[389] *Fleischer* hat im Rückgriff auf andere Rechtsordnungen vorgeschlagen, diese Konstellationen dogmatisch durch einen kapitalgesellschaftsrechtlichen Vertrauensgrundsatz zu konkretisieren.[390] Um Gefälligkeitsgutachten zu vermeiden, muss der Experte neben seiner besonderen Fachkunde[391] persönlich zuverlässig sein. Die Geschäftsleitung kann sich dann grundsätzlich auf eine Plausibilitätskontrolle beschränken.[392] Das Vertrauen in die Zuverlässigkeit des Experten wird jedoch zerstört, wenn die Geschäftsleitung Anhaltspunkte für einen konkreten Interessenkonflikt des Experten hat.[393] Schon aufgrund der Pflicht zu einer Plausibilitätsprüfung muss sich die Geschäftsleitung mit den Grundzügen, Wirkungsweisen und Risiken der Finanzinstrumente,[394] aber auch den Grenzen und Grundannahmen von Ratings[395] auseinandersetzen.

Zu kurz greift jedoch die Argumentation, dass einem Vorstand bereits deshalb Zweifel an einem Rating hätten kommen müssen, weil das Rating eines strukturierten Produkts höher lag als das Rating des einzelnen Emittenten.[396] Eine Abkoppelung eines Wertpapiers von der Bonität eines Emittenten durch Unterlegung mit bestimmten Sicherheiten ist gerade Zweck von Verbriefungstransaktionen. Zweifelhaft ist allerdings, ob die strukturellen Interessenkonflikte der Ratingindustrie – insbesondere die Vergütung durch den Emittenten – ihre persönliche Zuverlässigkeit in Frage stellte, wie

---

[388] Auf die GmbH werden diese Regeln analog angewandt, vgl. BGH NZG 2007, 434, 435.

[389] BGH NJW 2007, 2118, 2220.

[390] *Fleischer*, ZIP 2009, 1397, insb. 1403 f.

[391] Hierzu ausführlicher *Binder*, AG 2008, 274, 284 ff.

[392] *Fleischer*, ZIP 2009, 1397, 1403. Aus der Rechtsprechung BGH NJW 2007, 2119, 2120 und BGH NZG 2007, 434, 436.

[393] Vgl. hierzu BGH NZG 2007, 434, 436.

[394] *Fleischer*, NJW 2009, 2337, 2342.

[395] *Florstedt*, AG 2010, 315, 318; ausführlich *Terwedow/Klavina*, Der Konzern 2012, 535, 541 ff.

[396] In diese Richtung *Leyens*, AnwBl. 2010, 584, 586.

das OLG Düsseldorf meinte.[397] Dem scheint ein typischer Rückschaufehler zugrundezuliegen.[398] Es handelt sich hierbei um einen abstrakten Interessenkonflikt, weil solche – auch von Wirtschaftsprüfern und Anwälten bekannten – Interessenkonflikte die Vertrauenswürdigkeit noch nicht *per se* in Frage stellen.[399] Eine Orientierung an Ratings war vielmehr marktüblich[400] und wurde auch von staatlicher Seite nicht als Regelungsproblem angesehen, weil explizit auf hoheitliche Eingriffe verzichtet worden war. Aus damaliger – und wohl auch heutiger Sicht – wäre es fahrlässig gewesen, diese leicht verfügbare und von den meisten Marktteilnehmern herangezogene Informationsquelle zu ignorieren.[401]

Während für die Bewertung von Unternehmensanleihen die Expertise von Ratingagenturen kaum in Zweifel gezogen wird, wird ihre fachliche Eignung – mangels ausreichender Erfahrung – insbesondere für Verbriefungen von Immobilienkrediten und anderen Forderungen kritisiert.[402] Dabei werden zwei Punkte übersehen: Zum einen waren Ratingagenturen bereits seit Mitte der 90er Jahre mit der Bewertung von Verbriefungstransaktionen befasst; im Laufe der Zeit haben sich lediglich die Komplexität und die zugrundeliegenden Forderungen und Sicherheiten verändert. Zum anderen hatten die etablierten Ratingagenturen seit mehreren Jahrzehnten eine hohe Reputation auf dem Kapitalmarkt aufgebaut. Selbst wenn es sich daher um vollständig neuartige Produkte gehandelt hätte, wären Ratingagenturen – auch in den Augen eines verantwortungsvollen Managements – aufgrund ihrer Erfahrung mit anderen Kapitalmarktprodukten prä-

---

397 OLG Düsseldorf ZIP 2010, 28, 32; *Lutter*, ZIP 2009, 197, 199; *Jobst/Kapoor*, WM 2013, 680, 682 f.; offenlassend *Fleischer*, NJW 2009, 2337, 2342.

398 Vgl. auch *Samson*/Brüning, ZIP 2009, 1089, 1092; *Florstedt*, AG 2010, 315, 317; *Rieder/Holzmann*, AG 2011, 265, 266 f.; differenzierend nach Rolle der Ratingagentur *Halbe/Köster*, BB 2011, 265, 266 f. Zu weitgehend *Fiala/Kohrs/Leuschner*, VersR 2005, 742, 744, die eine Prüfung der Bonität bzw. Haftpflichtversicherung der Ratingagentur vor Verwendung ihrer Bewertungen fordern.

399 Ausführlich hierzu *Coffee*, Gatekeepers (2006), passim. Im Ergebnis auch *Spindler*, NZG 2010, 281, 284. Differenzierend danach, ob *rating advisory* bekannt war, *Halbe/Köster*, BB 2011, 265, 266 f.

400 OLG Düsseldorf AG 2011, 31, 35; OLG Düsseldorf WM 2009, 1655, 1656; OLG Frankfurt 2011, 755, 756. Vgl. zum Kriterium „Geschäftsüblichkeit“ BGH NZG 2007, 434, 435 bzw. zur „Banküblichkeit“ BGH NZG 2007, 231, 232. Zu den Grenzen dieses Kriteriums und der Kritik daran siehe *Böttcher*, NZG 2009, 1047, 1052, der sich selbst für eine Orientierung an den aufsichtsrechtlichen Vorgaben ausspricht.

401 *Redecke*, NZG 2009, 496, 496 f.

402 OLG Düsseldorf ZIP 2010, 28, 32; *Spindler*, NZG 2010, 281, 284; *Lutter*, ZIP 2009, 197, 198; ihm folgend auch *Wildmoser/Schiffer/Langoth*, RIW 2009, 657, 661.

destiniert gewesen, die Bonität dieser neuartigen Produkte einzustufen.[403] Bis zur Finanzkrise 2007/2008 gab es daher grundsätzlich keinen konkreten Anlass, an ihrer Arbeit zu zweifeln,[404] zumal der Staat Ratings durch regulatorische Verweise ebenfalls ein hohes Vertrauen entgegenbrachte.[405] Infolgedessen war es rational, grundsätzlich auf die Zuverlässigkeit eines Ratings zu vertrauen.

bb) Rating als ausreichende Informationsgrundlage

Eine andere Frage ist es jedoch, inwieweit sich eine Geschäftsleitung darauf beschränken durfte, eine Entscheidung allein auf der Grundlage des Ratings zu fällen. Klarheit bringt hier der 2013 eingeführte Art. 5a Abs. 1 RatingVO, der es Kreditinstituten, Versicherungen sowie anderen institutionellen Investoren im Sinne des Art. 4 Abs. 1 RatingVO untersagt, die Bewertung der Bonität eines Unternehmens oder Finanzinstruments ausschließlich auf ein Rating zu stützen. Die bankaufsichtsrechtlichen Vorschriften sehen aber schon seit 2009 vor, dass sich ein Kreditinstitut im Rahmen eines ordnungsgemäßen Risikomanagements des Kreditgeschäfts (§ 25a Abs. 1 KWG) ein eigenes Urteil über das Ausfallrisiko bilden und dabei auch eigene Informationen und Erkenntnisse einfließen lassen muss.[406]

Daraus lässt sich als allgemeine Regel ableiten, dass in einer Plausibilitätsprüfung eines Ratings auch auf Sonderwissen sowie die eigenen Erkenntnismöglichkeiten zurückzugreifen ist. Ein Kreditinstitut etwa kann die Plausibilität eines Ratings in einem anderen Umfang prüfen als ein Indus-

---

403 *Florstedt*, AG 2010, 315, 318 weist darauf hin, dass bekannt war, dass die Bewertungen strukturierter Produkte weniger zuverlässig gewesen seien als von Anleihen und Versicherungen.

404 *Florstedt*, AG 2010, 315, 319; *Terwedow/Klavina*, Der Konzern 2012, 535, 540. Ähnlich auch *Brünning/Samson*, ZIP 2009, 1089, 1092. Ebenso das OLG Düsseldorf WM 2009, 1655, 1656 im Kontext der Haftung für fehlerhafte Pressemitteilungen. Aus wirtschaftswissenschaftlicher Perspektive i. E. ebenso *Michler/Thieme*, ORDO 60 (2009) 185, 217.

405 Vgl. *Florstedt*, AG 2010, 315, 318; *Balthasar/Hamelmann*, WM 2010, 589, 592; *Köhler*, Die Zulässigkeit derivativer Finanzinstrumente in Unternehmen, Banken und Kommunen (2012), 269.

406 *Bundesanstalt für Finanzdienstleistungsaufsicht*, Rundschreiben 10/2012 (Mindestanforderungen für das Risikomanagement – MaRisk) vom 14. Dezember 2012, BTO 1.2, Ziff. 4; ebenso das vorhergehende Rundschreiben 10/2009 vom 14. August 2009. Das frühere Rundschreiben 5/2007 vom 30.11.2007 war dieser Punkt noch nicht enthalten. Zur haftungsrechtlichen Relevanz siehe OLG Frankfurt, Urteil vom 12. Dezember 2007 – Az.: 17 U 111/07 – Rn. 81. Diese Vorgabe ist inzwischen auch europarechtlich in Art. 79 lit. b der Eigenkapitalrichtlinie 2013/36/EU verankert.

trieunternehmen, weil ihm ohne größere zusätzliche Kosten hierfür Personal, Know-how und möglicherweise Sonderwissen über die Marktverhältnisse zur Verfügung stehen. Zweifelhaft ist aber, ob darüber hinaus eine Due Diligence stattfinden muss, also etwa im Rahmen der Verbriefung die zugrundeliegenden Sicherheiten und Forderungen im Detail geprüft werden müssen. Auch wenn der BGH in einem Beschluss die Berücksichtigung *aller* verfügbaren Informationen verlangt hat,[407] ist es überzeugender, lediglich eine Aufklärung des Sachverhalts in geschäftsüblicher, sorgfältiger Weise zu verlangen,[408] und auch dies nur mit zumutbarem Aufwand.[409] Dies entspricht auch dem Wortlaut des § 93 Abs. 2 S. 2 AktG, der eine angemessene Informationsgrundlage voraussetzt.[410] Eine vollständige Informationsbeschaffung wird vielfach nicht möglich oder im Verhältnis zu Risiko und Ertrag betriebswirtschaftlich nicht sinnvoll sein.[411] Ob über das Rating und eine Plausibilitätsprüfung hinausgegangen werden muss, hängt danach von den Kosten des Unternehmens sowie der Höhe und Komplexität des eingegangenen Risikos ab.[412] Dementsprechend hat der BGH für den Erwerb eines insolvenzgefährdeten Unternehmens eine Pflicht zur Due Diligence angenommen;[413] demgegenüber wären an eine Anlage freien Vermögens auf dem Kapitalmarkt geringere Anforderungen zu stellen. Handelt es sich um ein Engagement, das – wie im Rahmen vieler Landesbanken oder der IKB – im Ergebnis zu einer Bedrohung der Existenz eines Unternehmens führen kann, sind die Grenzen unternehmerischen Ermessens freilich erreicht.[414]

---

407 BGH ZIP 2007, 1675 Rn. 11; auf eine angemessene Informationsgrundlage abstellend jüngst BGH ZIP 2011, 766 Rn. 19.

408 BGH NZG 2007, 434, 435.

409 BGH NZG 2007, 434, 437.

410 *Fleischer*, NJW 2009, 2337, 2339; *Redecke*, NZG 2009, 496, 497; *Binder*, AG 2008, 274, 281. Zur Gesetzgebungsgeschichte siehe Bundestagsdrucksache 15/5092, 11 f.

411 Vgl. mit Verweisen auf betriebswirtschaftliche Studien zur Qualität von Unternehmensentscheidungen *Redecke*, NZG 2009, 496, 497.

412 Vgl. OLG Frankfurt AG 2011, 755, 756 für Verbriefungsgeschäfte; ähnlich *Florstedt*, AG 2010, 315, 318 und *Koch*, in: Hüffer, AktG, 11. Aufl. (2014), § 93, Rn. 22, die auf das Volumen hinweisen.

413 BGH NZG 2007, 434, 436.

414 *Brünning/Samson*, ZIP 2009, 1089, 1092; *Koch*, in: Hüffer, AktG, 11. Aufl. (2014), § 93, Rn. 27 m.w.N.

7. Bedeutung für die Investitionsentscheidung der einzelnen Kapitalmarktteilnehmer

Bisher wurden aus einer rationalistischen Perspektive die ökonomischen Vorteile des Ratings sowie seine Verbreitung in verschiedenen Zusammenhängen aufgezeigt. Voll erfassen kann man die Bedeutung des Ratings nur, wenn man auch die Perspektive des einzelnen Anlegers einnimmt.

a) Rezeption des Ratings durch das Anlegerpublikum

Ratings haben eine entscheidende Bedeutung für den Kurs einer Schuldverschreibung und die Investitionsentscheidung des einzelnen Anlegers. Psychologische Erkenntnisse legen den Schluss nahe, dass die komprimierte Form des Ratings seine Rezeption durch Investoren erheblich erleichtert. In der Folge wird einem Rating bei Anlageentscheidungen eine größere Bedeutung als anderen Informationen zugemessen. Es fehlt hierzu noch an empirischen Untersuchungen, die diese Modelle auf Finanzmarktintermediäre anwenden.[415] Von einem theoretischen Ausgangspunkt sind einige Verhaltensmuster jedoch sehr passend, um die Bedeutung der Ratingagenturen mit Blick auf das Entscheidungsverhalten der Anleger zu erklären.

Erster Ansatzpunkt ist das Phänomen der Verfügbarkeitsheuristik.[416] Dies beschreibt die Beobachtung, dass Menschen nicht alle verfügbaren Informationen in einer Situation gleichermaßen für ihre Entscheidung heranziehen.[417] Angesichts des am Kapitalmarkt tendenziell bestehenden Informationsüberflusses ist dies eine verständliche Reaktion. Die Anleger konzentrieren sich auf die Informationen, die ihnen leicht zugänglich und einfach zu verstehen sind. Dabei wird – wie bei einer Daumenregel – in Kauf genommen, dass die Information nicht völlige Sicherheit bietet und nicht alle Informationen widerspiegelt, sondern nur in der Regel zutrifft (*fast and frugal heuristics*).[418] Die in einer Buchstabenkombination komprimierte Bewertung der Bonität eines Emittenten erfüllt diese Voraussetzungen mustergültig.[419]

---

[415] Dies merken auch speziell für Ratingagenturen *Amtenbrink/Heine*, DQ March 2013, 2, 4 sowie *Teigelack*, Finanzanalysen und Behavioral Finance (2009), 109 für Finanzanalysten an.

[416] *Strulik*, Nichtwissen und Vertrauen in der Wissensökonomie (2004), 103; für Finanzanalysten *Flaig*, Wirtschaftsjournalismus und Markt (2009), 51 f.

[417] Allgemein *Sunstein*, Gesetze der Angst (2007), 54 ff.; *Kahnemann*, Schnelles Denken, langsames Denken (2012), 164 ff.

[418] *Gigerenzer*, Adaptive Thinking: Rationality in the Real World (2000), passim.

[419] Vgl. zur Kurzzusammenfassung von Finanzanalysen in Zeitungen *Teigelack*, Finanzanalysen und Behavioral Finance (2009), 129.

Sie erleichtert nicht nur dem einzelnen Investor die Entscheidungsfindung, sondern gibt ihm – angesichts des unübersehbaren Stroms von Informationen, denen ein Investor ausgesetzt ist – wie ein Leuchtturm einen Orientierungspunkt; er gibt ihm Sicherheit und erlaubt ihm, seine Entscheidung vor sich selbst und anderen zu rationalisieren.[420]

Ferner ist zu beobachten, dass Menschen von der Vergangenheit auf zukünftige Ereignisse schließen (Repräsentativheuristik). Dies kann dazu führen, dass der Empfehlung eines Finanzanalysten alleine aufgrund seines Rufes eine stärkere Bedeutung beigemessen wird, als es die Zuverlässigkeit seiner Empfehlung rechtfertigen würde.[421] Berücksichtigt man die allgemeine Bedeutung, die Ratings auf dem Kapitalmarkt zugebilligt und durch Berichterstattung über ihre Tätigkeit täglich aufs Neue bestätigt wird, kann dieses Phänomen einen Beitrag dazu leisten, das viel beklagte „blinde Vertrauen" auf Ratings zu erklären.[422]

b) Koordinationseffekt des Ratings

Wesentlicher Gesichtspunkt für die Bedeutung des Ratings im Kalkül des einzelnen Anlegers ist die Erwartung, dass sich auch die anderen Marktteilnehmer nach dem Rating richten werden. *Sinclair* hat dies plastisch mit dem von *Keynes* geprägten Beispiel eines „Schönheitswettbewerbs" erklärt. Ziel dieses Wettbewerbs war es nicht, die Schönheit der Kandidatinnen zu beurteilen, sondern den Geschmack der Mehrheit.[423] Das Rating erlaubt dem Anleger abzuschätzen, wie sich die Mehrheit der anderen Anleger verhalten wird[424] und teilweise aufgrund der regulatorischen und privatrechtlichen Anlagerestriktionen verhalten muss.[425] Damit bestätigen die einzelnen Marktteilnehmer den Inhalt eines Ratings selbst und verstärken ihn sogar. So erhält ein Rating die Qualität einer selbsterfüllenden Prophezeiung (*selffullfilling prophecy)*.[426]

---

420 Siehe auch zur Psychologie des Ratschlags einschließlich seiner neurowissenschaftlichen Bestätigung *Amtenbrink/Heine*, DQ March 2013, 2, 4 ff.

421 *Teigelack*, Finanzanalysen und Behavioral Finance (2009), 139.

422 *Amtenbrink/Heine*, DQ March 2013, 2, 4 m.w.N. die positiven Erfahrungen mit Ratings in der Vergangenheit als Faktor hervorhebend.

423 *Sinclair*, The New Masters of Capital (2005), 52 f.

424 *Coffee*, Gatekeepers (2006), 294; *ders.* 69 Cornell L. Rev. 269, 300 (2004). Ähnlich auch das Fazit bei *Korth*, Dritthaftung von Ratingagenturen (2010), 42 f.; *Strulik*, Wissen und Vertrauen in der Wissensökonomie (2004), 108 aufgrund soziologischer Beobachtungen.

425 *Bout/Milbourn/Schmeits*, 19 Rev. Fin. Stud. 81, 83 (2006); *Amtenbrink/Heine*, DQ March 2013, No. 1, 2, 5.

426 *Horsch*, Rating und Regulierung (2008), 272.

Die Beurteilungen von Ratingagenturen haben daher – wie Äußerungen anderer einflussreicher Kapitalmarktakteure – das Potential, die Bildung von Übertreibungen auf dem Kapitalmarkt zu befördern.[427] „Blasen" auf dem Kapitalmarkt gefährden nicht nur die Marktstabilität, die Allokationseffizienz des Kapitalmarkts und das investierte Kapital, sondern führen nach ihrem Platzen zu einem Vertrauensverlust in die Leistungsfähigkeit der Finanzmärkte insgesamt und zu einer Abwendung von Investoren. Punktuell kann es aufgrund der Verbreitung von Ratings auch zu systemischen Krisen kommen, wie im Rahmen der Finanzkrise im Sommer 2008 zu beobachten war. In der Vermeidung systemischer Risiken und der Gewährleistung von Marktstabilität liegt daher auch eine besondere regulatorische Herausforderung.[428]

[427] *Coffee*, 69 Cornell L. Rev. 269, 300 (2004); *Amtenbrink/Heine*, DQ March 2013, 2, 5.

[428] Hierzu ausführlich S. 117 ff.

Kapitel 2

Die Regulierung von Ratingagenturen

Ausgehend von den Regelungsproblemen der Ratingindustrie (§ 5) wird untersucht werden, wie bisher durch aufsichtsrechtliche Regelungen auf sie in Europa aber auch den USA reagiert worden ist (§ 6). Die Effektivität aufsichtsrechtlicher Regelungen hängt maßgeblich von ihrer Durchsetzung ab. Publizitätspflichten und staatliche Aufsichtsmaßnahmen können dieses Ziel nur teilweise gewährleisten. Auch grundlegende Reformen, wie eine Umgestaltung der Vergütungsstruktur oder eine staatliche Ratingagentur, lösen die aufgezeigten Regelungsprobleme nicht. Eine Haftung von Ratingagenturen gegenüber Investoren könnte allerdings erhebliche disziplinierende Wirkung auf sie ausüben und dadurch ein wirksames Regelungsinstrument sein (§ 7).

§ 5 Regelungsprobleme

Warum und zu welchen Zwecken ist eine Regulierung von Ratingagenturen überhaupt notwendig? Ausgangspunkt ist dabei die verfassungsrechtliche Grundannahme, dass jede staatliche Regulierung einer Rechtfertigung bedarf. Eine Selbstregulierung darf – als milderes Mittel – nicht in Betracht kommen.[1] Im folgenden Abschnitt wird daher ausführlich analysiert, aus welchen Gründen Wettbewerb und Reputation als typische Instrumente der Selbstregulierung des Marktes in der Ratingindustrie versagen. Analytisch ist dies aber erst der zweite Schritt; zunächst sind die Ziele einer kapitalmarktrechtlichen Regulierung und die spezifischen Regelungsprobleme der Ratingindustrie zu identifizieren. Wie schon für die Beschreibung der ökonomischen Funktion soll hierzu auf die Terminologie und das Analyseinstrumentarium der Neuen Institutionenökonomik zurückgegriffen werden.

---

[1] *Basedow*, in: FS Immenga (2004), 4 und 7 f.

I. Ziele einer Regulierung von Ratingagenturen

1. Kapitalmarkteffizienz und Anlegerschutz als allgemeine Ziele des Kapitalmarktrechts

Das Kapitalmarktrecht folgt einer dualistischen Zielkonzeption: Einerseits soll es die Funktionsfähigkeit des Kapitalmarkts und damit vor allem die Kapitalmarkteffizienz gewährleisten, andererseits den Schutz der (einzelnen) Anleger. Das Verhältnis von Anleger- und Funktionenschutz ist Gegenstand intensiver rechtspolitischer Diskussionen und setzt sich insbesondere in der Diskussion der Schutzgesetzeigenschaft einzelner kapitalmarktrechtlicher Normen rechtsdogmatisch fort. Zweierlei lässt sich aber festhalten: Erstens orientieren sich der europäische und der deutsche Gesetzgeber im Kapitalmarktrecht konsequent an beiden Zielen.[2] So soll die Regulierung von Ratingagenturen nach Art. 1 RatingVO sowohl „zu einem reibungslosen Funktionieren des Binnenmarktes" beitragen, als auch „ein hohes Maß an Verbraucher- und Anlegerschutz gewährleisten". Zweitens hat sich zu Recht die Ansicht durchgesetzt, dass zwischen Individual- und Funktionenschutz eine Interdependenz und in weiten Teilen sogar Konvergenz besteht.[3] *Hopt* spricht plastisch von „zwei Seiten derselben Medaille[4]". Dieser Zusammenhang soll kurz erläutert werden.

Ein funktionierender Kapitalmarkt hängt von drei verschiedenen Effizienzbedingungen ab:[5] Unter der *institutionellen* Effizienz des Kapitalmarkts versteht man die Gewährleistung der Grundvoraussetzungen eines funktionierenden Marktes wie einen ungehinderten Marktzutritt, ein ausreichendes Angebot an Anlagemöglichkeiten und Marktteilnehmern und die Stabilität des Kapitalmarkts. Die *operationale* Funktionsfähigkeit des Kapitalmarkts beschreibt die Höhe der Kosten einer Kapitalanlage für den einzelnen Anleger. Dritte und – wohl wichtigste – Voraussetzung eines funktionierenden Kapitalmarktes ist dessen *Allokationseffizienz*, also die Fähigkeit des Kapitalmarkts, Kapital dorthin zu leiten, wo es entsprechend den Risikovorstellungen und Präferenzen von Kapitalanlegern und Nachfragern benötigt wird.

---

[2] Beispiele bei *Möllers*, AcP 208 (2008) 1, 9 und *Fleischer/Zimmer*, in: dies., Effizienz als Regelungsziel im Handels- und Wirtschaftsrecht (2009), 18 f.

[3] Etwa *Zimmer*, Internationales Gesellschaftsrecht (1996), 40 ff.; *Merkt*, Unternehmenspublizität (2001) 297 ff.; *Hirte/Heinrich*, in: Kölner Kommentar, WpHG, 2. Aufl. (2014), Einl., Rn. 11 ff.; kritisch *Ekkenga*, ZIP 2004, 781, 784 ff. Den Funktionenschutz als reinen Reflex des Anlegerschutzes sieht *Köndgen*, in: FS Druey (2002), 799, während *Assmann*, ZBB 1989, 49, 52 den Anlegerschutz allein als Folge der Allokationseffizienz begründet.

[4] *Hopt*, ZHR 159 (1995) 135, 159.

[5] Zum Folgenden *Merkt*, Unternehmenspublizität (2001), 300 f.

Eine enge Verbindung besteht zwischen allokativer Effizienz und Informationseffizienz, da – bei allen bereits oben geschilderten Vorbehalten gegen das Modell informationseffizienter Kapitalmärkte – zunächst alle Informationen in den Marktpreis einfließen.[6] Informationseffizienz, also die Fähigkeiten alle wertbildenden Informationen unverfälscht zu verarbeiten, ist daher eine wesentliche Voraussetzung für die Allokationseffizienz eines Marktes.

Weniger eindeutig ist das Verständnis von *Anlegerschutz*, weil es zum Teil sozialpolitisch aufgeladen ist.[7] Dabei zielt Anlegerschutz nicht auf den Schutz des wirtschaftlich Schwächeren oder eine verteilungspolitische Entscheidung, sondern auf den Ausgleich einer strukturellen informationellen Unterlegenheit, die alle Anleger gleichermaßen trifft.[8] In seinem unstreitigen Kern überträgt der Anlegerschutz nur die bekannten Ziele des Schutzes des Vermögens und der Gewährleistung der wirtschaftlichen Entscheidungsfreiheit der einzelnen Marktteilnehmer, wie sie auch sonst im Rechtsverkehr üblich sind (z. B. §§ 123, 241 Abs. 2, 311 Abs. 2 und 3 BGB), auf den Kapitalmarkt.[9] Die zivilrechtliche Diskussion rückt stärker den Individualschutz in den Vordergrund, auch wenn sich auch dort Überlegungen zum Zusammenspiel zwischen Individual- und Funktionenschutz finden, z. B. in der Diskussion der Zielrichtung der *culpa in contrahendo*.[10]. Ursache mag sein, dass dort die Beteiligten klarer individualisiert sind, während im Kapitalmarktrecht – schon seinem Namen nach – der Markt und sein Funktionieren im Mittelpunkt steht.

Investieren Anleger aufgrund einer unzutreffenden Informationsbasis, werden ihre wirtschaftliche Entscheidungsfreiheit und ihr Vermögen beeinträchtigt. Zu Auswirkungen auf das Funktionieren des Kapitalmarkts kommt es, falls Anleger damit rechnen müssen, dass ein Emittent die unvermeidbare Informationsasymmetrie zwischen sich und dem Anleger ausnutzt oder sich durch riskante oder eigennützige Entscheidungen opportunistisch verhält.

---

6 *Möllers*, AcP 208 (2008) 1, 7; *Köndgen*, in: Fleischer/Zimmer, Effizienz als Regelungsziel im Handels- und Wirtschaftsrecht (2008), 102 ff.

7 Zur Diskussion *Merkt*, Unternehmenspublizität (2001), 302 ff.; *Hellgardt*, Kapitalmarktdeliktsrecht (2008), 166 ff.

8 Eine Ausnahme besteht freilich für das Verhältnis zwischen Anlegern und Anlegerintermediären wie Anlageberatern oder -vermittlern, das durchaus verbraucherrechtliche Züge trägt. Auch die §§ 31 ff. WpHG tragen der unterschiedlichen Schutzbedürftigkeit der Anleger Rechnung.

9 Ausführlich hierzu S. 246.

10 Vgl. *Fleischer*, Informationsasymmetrie im Vertragsrecht (2001), 422 ff.; *Leenen*, in: Behrends/Dießelhorst/Dreier, Rechtsdogmatik und praktische Vernunft (1990), 111 ff.; *Loges*, Die Begründung neuer Erklärungspflichten und der Gedanke des Vertrauensschutzes (1991), 130 und 136 f. und speziell zu § 311 Abs. 3 BGB *Kersting*, Die Dritthafung für Informationen im Bürgerlichen Recht (2007), 185 ff.

Anleger werden dann aufgrund dieser Möglichkeit Maßnahmen zur Schadensvermeidung treffen.[11] Dies können eine verstärkte Verifikation der Informationen des Emittenten, dessen Überwachung oder die Absicherung gegen bestimmte Risiken sein, z.B. gegen das Bonitätsrisiko durch eine Kreditausfallversicherung in Form eines Credit Default Swaps (CDS). Hierdurch entstehen zusätzliche Transaktionskosten, welche die operationale Funktionsfähigkeit des Kapitalmarkts belasten.[12] Zugleich kommt es zu Marktverzerrungen und damit einer Beeinträchtigung der Allokationseffizienz des Kapitalmarkts. Denn zum einen veranlassen diese zusätzlichen Kosten einige Anleger, Investitionen nicht mehr zu tätigen, die ohne diese Kosten für sie lohnenswert gewesen wären.[13] Zum anderen kommt es zu dem bereits beschriebenen Prozess der adversen Selektion aufseiten der Emittenten, wie ihn *Akerlof* anhand des *market for lemons* beschrieben hat.[14]

Aber nicht nur vertrauenswürdige und bonitätsstarke Emittenten können sich dann vom Kapitalmarkt abwenden, sondern auch Investoren. Sie müssen dazu selbst gar keinen Schaden erlitten haben; es reicht aus, wenn sie aufgrund spektakulärer Skandalfälle das Vertrauen in den Kapitalmarkt verloren haben.[15] So leidet nicht nur ihr Vertrauen in den einzelnen Emittenten oder Intermediär, sondern in den Kapitalmarkt und die im System des Kapitalmarkts vorgesehenen Kontrollmechanismen insgesamt.[16] Der Rückzug von Investoren und Emittenten beeinträchtigt – mit erheblichen volkswirtschaftlichen Folgekosten für Unternehmen, Altersvorsorge und Vermögensbildung[17] – die Allokationseffizienz, aber auch die institutionelle Effizienz des Kapitalmarkts, weil er an Marktbreite und Markttiefe einbüßt. Ein Beispiel für einen solchen Vertrauensverlust zeigte sich, als sich viele deutsche Anleger nach dem Zusammenbruch des Neuen Marktes von der Direktanlage in Kapitalmarktprodukte abwandten.[18]

---

[11] *Möllers*, AcP 208 (2008) 1, 8.

[12] Zu Wirtschaftsprüfern *Halbleib*, Die Haftung des Wirtschaftsprüfers gegenüber Anlegern am Kapitalmarkt (2010), 44.

[13] Vgl. *Hirte/Heinrich*, in: Kölner Kommentar, WpHG, 2. Aufl. (2014), Einl., Rn. 17.

[14] *Merkt*, Unternehmenspublizität (2001), 306.

[15] *Möllers*, AcP 208 (2008) 1, 8f.; *Baums*, ZHR 167 (2003) 139, 144; *Köndgen*, in: Fleischer/Zimmer, Effizienz als Regelungsziel im Handels- und Wirtschaftsrecht (2008), 110; *Fleischer*, Gutachten zm 64. DJT (2002), F 25 („Vertrauenskollektivschutz").

[16] *Kalss*, in: Jahrbuch Junge Zivilrechtswissenschaftler 2010, 13 und 15; vgl. auch *Kersting*, Die Dritthaftung für Informationen im Bürgerlichen Recht (2007), 172 und 190f. sowie grundlegend zum „Systemvertrauen" *Luhmann*, Vertrauen, 4. Aufl. (2000), 60ff. und insbesondere 77.

[17] Hierauf weist *Möllers*, AcP 208 (2008) 1, 9 zu Recht hin.

[18] *Gerner-Beuerle*, 23 Temp. Int'l & Comp. L. J. 317, 332 (2009).

Auf der anderen Seite ist „Marktschutz durch Marktteilnehmerschutz“[19] nicht ohne Kosten möglich; diese Kosten können im Extremfall ein gewünschtes Verhalten so unattraktiv machen, dass es unterbleibt.[20] Es wird daher zu diskutieren sein, ob die Kosten einer Haftung für Ratingagenturen eine derart abschreckende Wirkung entfalten.

2. Vertrauen in die Qualität und Unabhängigkeit der Ratingagenturen

a) Informationsasymmetrie und Prinzipal-Agent-Beziehung zwischen Investor und Ratingagentur

Wie bereits ausführlicher dargestellt, helfen Ratingagenturen, das durch Informations- und Verhaltensunsicherheiten verursachte Marktversagen abzumildern. Dies tun sie, indem sie die Transaktionskosten der Anleger senken und dem bewerteten Emittenten durch das Vertrauen, das die Anleger in sie setzen, eine größere Glaubwürdigkeit verleihen. Das Prinzipal-Agent-Verhältnis zwischen Gläubiger und Emittent verliert hierdurch etwas an Bedeutung. Dafür entsteht ein weiteres Prinzipal-Agent-Verhältnis zwischen Ratingagentur und Investor, denn der Anleger muss sich auf die fortlaufende Überwachung und Aktualisierung der Bonität des Emittenten durch die Ratingagentur verlassen.[21] Er muss nun nicht mehr in erster Linie unzutreffende Angaben des Emittenten oder dessen opportunistisches Verhalten fürchten. Seine Unsicherheit konzentriert sich nun auf die Ratingagentur, weil der Anleger die Beurteilung der Bonität des Emittenten auf die Ratingagentur delegiert.[22]

Wie auch die Kapitalanlage ist ein Rating ein Vertrauensgut, d. h. seine Qualität lässt sich nicht durch eine vorherige Untersuchung oder durch späteren Gebrauch zu angemessenen Kosten verifizieren. Wenn ein Anleger herausfinden möchte, ob er zu Recht auf die Qualität eines Ratings vertraut hat, kann er dies nur zu erheblichen Kosten.[23] Dementsprechend groß ist die Unsicherheit über die Qualität und Neutralität des Ratings (*hidden charate-*

---

[19] *Hellgardt*, Kapitalmarktdeliktsrecht (2008), 179.

[20] *Zimmer*, Internationales Gesellschaftsrecht (1996), 44.

[21] *Leyens*, in: Perspektiven des Wirtschaftsrechts (2008), 425; *Morkötter/Westerfeld*, ZfgKredW 2008, 393, 394 f.; zu Informationsasymmetrien generell bei Informationsintermediären *Hirte/Heinrich*, in: Kölner Kommentar, WpHG, 2. Aufl. (2014), Einl., Rn. 30; *Black*, UCLA L. Rev. 781, 788 (2001).

[22] *Morkötter/Westerfeld*, ZfgKredW 2008, 393, 394.

[23] *v. Randow*, ZBB 1995, 140, 147; *Horsch*, Rating und Regulierung (2008), 151 ff. mit ausführlicher Darstellung der wirtschaftswissenschaftlichen Hintergründe. A.A. *Haar*, ZBB 2008, 177, 178, die von einem Erfahrungsgut ausgeht.

ristics[24]). Der Anleger kann nur schwerlich beurteilen, ob das Rating mit ausreichenden Ressourcen erstellt worden ist, und ob sich die Ratingagentur nur von den Interessen der Anleger leiten sich, als deren „Agent“[25] sie sich geriert. Auch das Problem ex-post-opportunistischen Verhaltens des Emittenten kann nur dann überwunden werden, wenn der Anleger sich darauf verlassen kann, dass die Ratingagentur ausreichend Personal und Ressourcen einsetzt, um den Emittenten zu überwachen und ihr Rating zu überprüfen; er muss daher ausschließen können, dass sich die Ratingagentur selbst opportunistisch verhält (*hidden intentions*), indem sie diese Kosten einspart oder ihre Ressourcen lukrativer für das Rating von neuen Emissionen einsetzt.

b) Verstärkung der Unsicherheit durch Interessenkonflikte

Die Unsicherheit der Investoren wird durch Interessenkonflikte[26] der Ratingagenturen verstärkt. Die Ratingagentur kann ihre Rolle als Informationsintermediär nur glaubwürdig ausfüllen, wenn sie den Interessen der Investoren Vorrang vor den eigenen Interessen und denen ihrer Auftraggeber einräumt.[27] Ähnlich einem Handelsmakler (§ 98 HGB)[28] ist sie daher – unabhängig von vertraglichen Verpflichtungen – in zwei Prinzipal-Agent-Verhältnisse eingebunden.[29] Als bedeutendster Interessenkonflikt und ein Ansatzpunkt für die Regulierung von Ratingagenturen ist das Issuer-pays-Modell ausgemacht worden.[30] Ihr wirtschaftlicher Erfolg scheint von der Gunst desjenigen abzuhängen, gegen dessen Eigeninteressen sie die Investoren eigentlich absichern sollen. Dieser Vorbehalt gegen das bisherige Vergütungssystem wird später überprüft werden.[31]

---

[24] Zur Terminologie *Kamp/Ricke*, BKR 2003, 527, 528.

[25] *Findeisen*, DAJV Newsletter 2008, 64, 65.

[26] Zu den Schwierigkeiten der Definition des Begriffs *Leyens/Kumpan*, ECFR 2008, 72, 75 ff.

[27] Ähnlich *Leyens*, in: Baum et al., Perspektiven des Wirtschaftsrechts (2008), 425; allgemein für Interessenwahrungsverhältnisse *Hopt*, ZGR 2004, 1, 2.

[28] Zu den Interessenwahrungspflichten aus Maklerauftrag einerseits und gesetzlichem Schuldverhältnis aus Auftreten am Markt andererseits siehe *Roth*, in: Baumbach/Hopt, HGB, 36. Aufl. (2014), § 93, Rn. 24.

[29] *Oehler/Voit*, ÖBA 1999, 968, 971 f.; *Morkötter/Westerfeld*, ZfgKredW 2008, 393, 394 f.

[30] Vgl. nur *Kumpan*, in: FS Hopt (2010), 2161; *Zimmer*, in: FS Hopt (2010), 2701 ff.; *Abu Dhabi Commercial Bank v. Morgan Stanley & Co., Inc.*, 651 F.Supp.2d 155, 176 (S.D.N.Y. 2009). Auch der 68. DJT sprach sich 2010 für ein Investor-Pays-Modell aus (Beschluss Nr. 23 a) der Abteilung Öffentliches und Privates Wirtschaftsrecht).

[31] Siehe zur Reform des Vergütungsmodells S. 145 ff.

Aus Sicht der Investoren nähren unabhängig davon zwei weitere Aspekte die Befürchtung, die Ratingagentur könnte die Interessen der Emittenten vorrangig behandeln: Zum einen nimmt das wirtschaftliche Interesse der Ratingagenturen an einem guten Verhältnis zu ihren Auftraggebern zu, wenn zwischen beiden auch Verträge über weitere Dienstleistungen bestehen. Hierzu gehören insbesondere Beratungsleistungen einer Ratingagentur, wie sie bei der Strukturierung von Derivaten und Verbriefungen im Vorfeld der Finanzkrise eine große Rolle gespielt haben. Dies gilt aber auch für Folgeaufträge, wie sie bei Investmentbanken zu erwarten sind, die häufig als Arrangeure einer Emission auftreten. Zum anderen haftet die Ratingagentur gegenüber dem Emittenten im Falle einer zu schlechten Bewertung aufgrund des Ratingvertrags oder aus § 823 Abs. 1 BGB i. V. m. den Rahmenrechten am eingerichteten und ausgeübten Gewerbebetrieb und dem allgemeinen Persönlichkeitsrecht sowie möglicherweise aus § 824 BGB.[32] Die Wahrscheinlichkeit einer Inanspruchnahme der Ratingagentur durch den Emittenten ist tendenziell höher als durch eine Vielzahl von Anlegern, weil die Auswirkungen auf die Reputation und wirtschaftliche Lage eines Emittenten enorm sein können. Eine rechtliche Auseinandersetzung wird eine Ratingagentur daher im Vorfeld zu vermeiden zu suchen, sei es durch eine positivere Bewertung oder im Dialog mit dem Auftraggeber. Es besteht daher eine Tendenz zur Überbewertung.[33]

Eine weitere Quelle von Unsicherheit sind interne Interessenkonflikte innerhalb der Ratingagentur. Einzelne Angestellte können aufgrund von Vergütungsmechanismen einen Anreiz haben, die Reputation des gesamten Unternehmens für ihren persönlichen Erfolg zu riskieren.[34] Auch die Aussicht auf eine zukünftige Arbeit bei einem Auftraggeber kann das Vertrauen in die Neutralität eines Analysten trüben.[35] Die wirtschaftlichen Interessen der Eigentümer der Ratingagenturen haben demgegenüber – anders als etwa im Falle von Finanzanalysten – bisher zu keinen konkreten Konflikten geführt.[36]

---

[32] Ausführlich zur Haftung gegenüber Emittenten *Eisen*, Haftung und Regulierung internationaler Rating-Agenturen (2007), 174 ff.; *Peters*, Die Haftung und die Regulierung von Rating-Agenturen (2001), 48 ff.

[33] *Leyens*, in: FS H.-B. Schäfer (2008), 165; ähnlich für Gutachter *H.-B. Schäfer*, AcP 202 (2002) 808, 829.

[34] *Dédeyan*, in: FS v. d. Crone (2007), 10 weist darauf hin, dass es sich um einen Fall der „Tragödie der Allmende“ (tragedy of the commons) handelt.

[35] Vgl. *Kraakman*, 93 Yale L. J. 857, 891 (1984).

[36] *Cantor/Packer*, FRBNY Quarterly Rev. (Fall/Summer 1994), 1, 2; zu möglichen Konflikten *Stemper*, Die rechtlichen Rahmenbedingungen des Ratings (2010), 237 ff.; zu Investmentbanken ausführlich *Findeisen*, Regulierung und Rechtsfolgen von Interessenkonflikten in der Aktienanalyse von Investmentbanken (2007), 98 ff.

c) Folgen der Unsicherheit der Anleger

Wie reagiert ein Investor auf diese Unsicherheit? Er würde diese Unsicherheit „einpreisen". Dieser Risikoaufschlag würde so auf das Verhältnis zwischen Investor und Emittent durchschlagen, weil das Marktversagen nicht vollständig durch die Ratingagentur abgemildert worden ist, und dort – wie oben ausgeführt[37] – zu einer adversen Selektion der Emittenten führt.[38] Zugleich kann es aber langfristig zu einem zweiten „Zitronen-Problem" durch adverse Selektion auf dem Markt für Ratingagenturen kommen: Die Tätigkeit besonders hochwertig arbeitender Agenturen würde durch den Markt nicht mehr angemessen vergütet werden, so dass sie sich entweder zurückziehen oder ihre Qualität senken würden – wiederum mit entsprechenden Folgen für den Markt für Fremdkapital.[39]

d) Förderung des Vertrauens in Ratings

Diese Folgen können nur vermieden werden, wenn die Anleger Vertrauen in die Qualität und Unabhängigkeit der Ratingagentur haben.[40] Die Bildung von Vertrauen kann durch verschiedene Instrumente und Mechanismen unterstützt werden, die ich im weiteren Fortgang der Untersuchung näher analysiert werde:

Vertrauen kann – so das bereits beschriebene Konzept der Reputationsintermediäre – durch Reputation ersetzt werden. Reputation baut nicht nur auf früheren Leistungen auf und extrapoliert diese in die Zukunft;[41] sie signalisiert dem Investor auch, dass eine Ratingagentur zu viel zu verlieren hätte, als dass es sich für sie lohnen würde, ihre Reputation und damit ihren langfristigen Erfolg für einen kurzfristigen Gewinn aufs Spiel zu setzen. Durch ihre Reputation signalisiert die Ratingagentur dem Investor ihre Glaubwürdigkeit.[42] Allerdings funktioniert der Reputationsmechanismus nur, wenn Wettbewerb zwischen den Ratingagenturen besteht, weil die Anleger nur dann die Chance haben, eine Ratingagentur durch den Wechsel zu einem Konkurrenten zu sanktionieren.

---

37 Siehe S. 71 ff.

38 *Duffhues/Weterings*, The quality of credit ratings and liability: The Dutch view, 14.

39 Allgemein für Finanzmarktintermediäre *Hirte/Heinrich*, in: Kölner Kommentar, WpHG, 2. Aufl. (2014), Einl., Rn. 31; *Barnett*, 33 J. Corp. L. 95, 101 (2007).

40 Für Wirtschaftsprüfer *Halbleib*, Die Haftung des Wirtschaftsprüfers gegenüber Anlegern am Kapitalmarkt (2010), 45.

41 *Schäfer/Ott*, Lehrbuch der ökonomischen Analyse des Zivilrechts, 4. Aufl. (2005), 507 f.

42 So bereits allgemein *Akerlof*, 84 Q. J. Econ. 488, 498 f. (1970).

Ist eine Selbstregulierung auf diesem Wege nicht möglich, können rechtliche Rahmenbedingungen helfen, die Unsicherheit zu verringern; der Anleger vertraut dann darauf, dass der Staat einen Vertrauensbruch sanktionieren wird und die Ratingagentur hierdurch zu normkonformem Verhalten anhält.[43] Instrumente zur Stärkung des Vertrauens in Ratingagenturen sind aufsichtsrechtliche Transparenz-, Qualitäts- und Compliance-Vorschriften, Verhaltensregelungen zur Vermeidung von Interessenkonflikten, aber auch zivilrechtliche Haftungsnormen.

3. Systemische Risiken

Aufgrund der Verbreitung von Ratings haben Fehlbewertungen nicht nur Auswirkungen auf die individuellen Anleger und das Funktionieren des Kapitalmarkts. Sie haben auch eine systemische Dimension, weil sie die Stabilität des Finanzsystems insgesamt bedrohen können (a). Ferner ist es Aufgabe einer Ratingagentur, der Bildung von Übertreibungen an den Finanzmärkten und damit der Entstehung von größeren Zusammenbrüchen beim „Platzen" dieser Blasen entgegenzuwirken (b).

a) Finanzmarktstabilität

Die bisherige Analyse konzentrierte sich auf das individuelle Verhältnis von Ratingagentur und Anleger und auf die Auswirkungen eines fehlerhaften Ratings auf die Effizienz des Kapitalmarkts. Enttäuscht eine Ratingagentur das in sie gesetzte Vertrauen, verringert dies aber auch das Vertrauen in Ratingagenturen und Kapitalmarktinformationen insgesamt.[44] Ebenso beschädigt beispielsweise ein Fehlverhalten einer großen Wirtschaftsprüfungsgesellschaft das Vertrauen in die Institution des Wirtschaftsprüfers.[45] Fehler von großen Ratingagenturen können schon deshalb sehr schnell systemische Auswirkungen haben, weil die Agenturen eine große Anzahl von Wertpapieren beurteilen. Wird eine fehlerhafte Prognose festgestellt, wirft dies zwangsläufig die Frage auf, ob die Bewertungen vergleichbarer Wertpapiere ebenfalls kompromittiert sind und korrigiert werden müssen.

---

43 Vgl. *Dieckmann*, in: Jahrbuch Junger Zivilrechtswissenschaftler 2010, 404.

44 Vgl. *Kalss*, in: Jahrbuch Junger Zivilrechtswissenschaftler 2010, 15; *Kersting*, Die Dritthaftung für Informationen im Bürgerlichen Recht (2007), 190f., die jeweils die „Vertrauensatmosphäre" betonen. Siehe auch 1. Erwägungsgrund der VO Nr. 1060/2009: „Damit wirken sich Ratings erheblich auf das Funktieren der Märkte sowie das Vertrauen von Anlegern und Verbrauchern aus."

45 *Halbleib*, Die Haftung des Wirtschaftsprüfers gegenüber Anlegern am Kapitalmarkt (2010), 85.

Im Sommer 2007 war genau dies auf dem Markt für Hypothekenverbriefungen zu beobachten: Nachdem die Ratingagenturen begonnen hatten, ihre Bewertung von Hypothekenverbriefungen und Derivaten zu korrigieren, stellten die Marktteilnehmer die Zuverlässigkeit der Ratings für diese Anlageklasse generell in Frage. In der Folge kam es zu einem Zusammenbruch dieses Marktsegments.[46]

Die großflächige Verbreitung des Ratings in Anlagevorschriften, aufsichtsrechtlichen Regelungen und Vertragswerken begründet zudem die Gefahr von Kettenreaktionen, wenn infolge eines systematischen Fehlers einer Ratingagentur Wertpapiere einer ganzen Klasse herabgestuft werden müssen.[47] Ein Verlust des Vertrauens in Ratings kann daher – ähnlich wie die Insolvenz eines großen Finanzinstituts wie Lehman Brothers oder ein *bank run* – erhebliche Auswirkungen auf die Stabilität von Märkten haben; sie sind „too big too downgrade".[48] Die Finanzmarktstabilität ist – wie die letzte Finanzkrise deutlich vor Augen geführt hat – ein öffentliches Gut von hoher volkswirtschaftlicher und politischer Bedeutung.[49]

b) Übertreibungen der Kapitalmärkte

Wie *Leyens* hervorgehoben hat, ist es auch die Aufgabe von Informationsintermediären, der Bildung von Marktblasen vorzubeugen.[50] Wie die Verhaltensökonomie und Wirtschaftsgeschichte zeigen, neigen Märkte immer wieder zu Übertreibungen. Solche Übertreibungen führen dazu, dass Kapital nicht dorthin fließt, wo es volkswirtschaftlich sinnvoll wäre. Spätestens die anschließende Korrektur führt zu einem allgemeinen Vertrauensverlust in die Leistungsfähigkeit und Fairness der Kapitalmärkte.[51] Aufgrund ihrer Distanz zum Marktgeschehen wäre es daher eine Aufgabe von Ratingagenturen, sich nicht vom Überschwang mitreißen zu lassen, sondern ihre einflussreiche, wenn nicht sogar einzigartige Stellung als *Gatekeeper* auf den Kapitalmärkten zu nutzen, um die Anleger frühzeitig durch realistische Bewertungen vor den Risiken einer Überbewertung zu warnen.[52] Genau dieser Aufgabe sind die Ratingagenturen im Vorfeld der Finanzkrise

---

46 *Hellwig*, Gutachten zum 68. DJT (2010), E 25.

47 *Gudzowski*, 2010 Colum. Bus. L. Rev. 245, 271; *Korth*, Die Dritthaftung von Ratingagenturen (2010), 37 ff.

48 *Darbellay*, Regulating Ratings (2011), 145 ff. und 181. Ebenso unter der neuen Perspektive der Contract Governance *Möslein*, JZ 2010, 72, 76.

49 *Becker*, DB 2010, 941, 942.

50 *Leyens*, in: Baum et al., Perspektiven des Wirtschaftsrechts (2008), 433.

51 Zu Marktanomalien *Hellgardt*, Kapitalmarktdeliktsrecht (2008), 184.

52 *Hill*, 71 U. Pitt. U. L. Rev. 1, 14 (2010).

2007/2008 nicht nachgekommen. Statt auf eine Blasenbildung auf dem US-amerikanischen Häusermarkt hinzuweisen, waren die Ratingagenturen intensiv in die Verbriefung von Immobiliendarlehen und Emission von Derivaten durch Beratungs- und Ratingaufträge eingebunden.[53] Ihre Bewertung und die vorgeschaltete Beratung hatten sich zu ihrem wichtigsten Geschäftsfeld entwickelt;[54] eine kritische Bewertung hätte dieses Geschäftsfeld gefährdet und damit ihren wirtschaftlichen Eigeninteressen – zumindest kurzfristig – erheblich geschadet.

II. Versagen von Reputation und Wettbewerb

Trotz der unbestritten hohen Bedeutung der Ratingagenturen für den Kapitalmarkt wurde lange diskutiert, ob die Ratingindustrie überhaupt regulierungsbedürftig ist. Eine Regulierung von Ratingagenturen wurde angesichts des disziplinierenden Reputationsmechanismus als überflüssig angesehen:[55] In den USA hat diese Argumentation eine so große Kraft entwickelt, dass auch Gerichte sie rezipiert und, gestützt auf diesen Gedanken, die Hürden einer Haftung von Reputationsintermediären erhöht haben.[56] Letztlich basiert dieses Argument auf dem Vertrauen in die regulative Kraft des Marktes und des Wettbewerbs. Denn ein Fehlverhalten einer Ratingagentur kann nur

---

53 Vgl. *Kettering*, 29 Cardozo L. Rev. 1553, 1680 f. (2008) sowie *Leyens*, in: Perspektiven des Wirtschaftsrechts (2008), 447, der darin einen Fall des Herdenverhaltens sieht. Dem ist grundsätzlich zuzustimmen, aber aus Sicht einer Ratingagentur kann es sich dabei genauso um ein streng rationales Verhalten handeln. *Rudolph*, Unternehmensfinanzierung und Kapitalmarkt (2006), 156 unterscheidet treffend zwischen rationalen und irrationalen Herdenverhalten. Ähnlich auch *Teigelack*, Finanzanalysen und Behavioral Finance (2009), 123 f.

54 *Cervone*, EBLR 2008, 821, 834; *Coffee*, 241 N.Y.L.J. 5 (15. Januar 2009); *Darcy*, 2009 Colum. Bus. L. Rev. 605, 639.

55 So *Hill*, 82 Wash. U. L. Q. 43, 75–78 (2004); *Schwarcz*, 1 U. Ill. L. Rev. 1, 5 (2002); *ders.*, in: Ferran/Goodhardt, Regulating Financial Services and Markets in the Twenty First Century (2001), 303; *Kübler*, in: Bankrechtstag 1996, 122; für Wirtschaftsprüfer *Goldberg*, 17 J. Legal Stud. 295, 312 (1988) und *Ebke*, in: Münchener Kommentar, HGB, 3. Aufl. (2013), § 323, Rn. 165; *Witte/Hrubesch*, ZIP 2004, 1346, 1348; *von Randow*, ZBB 1995, 140 150; *Lemke*, Haftungsrechtliche Fragen des Ratingwesens – ein Regelungsproblem? (2000), 115 ff.; a. A. *Habersack*, ZHR 169 (2005) 185, 191; *Krämer*, in: Bankrechtstag 2004, 37 ff.; *Partnoy*, 79 Wash. U. L. Q. 491, 499 ff. (2001); *Manns*, 87 N. C. L. Rev. 1011, 1048 ff. (2009); *v. Hein*, Die Rezeption US-amerikanischen Gesellschaftsrechts in Deutschland (2008), 671; *Leyens*, in: FS H.-B. Schäfer (2008), 163; *ders.*, in: Baum et. al, Perspektiven des Wirtschaftsrechts (2008), 449; *Blaurock*, ZGR 2007, 603, 641; *Deipenbrock*, WM 2005, 261, 263; *Haar*, ZBB 2009, 177, 182; *Coffee*, Gatekeepers (2006), 284 ff.

56 Vgl. *Manns*, 87 N. C. L. Rev. 1011, 1023 (2009) m. w. N. in Fn. 32.

dann ausreichend durch die anderen Marktteilnehmer sanktioniert werden, wenn sie ihr Nachfrageverhalten ändern können.[57]

1. Ursachen fehlenden Wettbewerbs

Wie bereits dargestellt ist der Ratingmarkt ein enges Oligopol aus zwei Hauptanbietern – Standard & Poor's und Moody's – und einem Verfolger, der Ratingagentur Fitch, das kleinen Ratingagenturen lediglich die Rolle von Nischenanbietern lässt. Der fehlende Wettbewerb ist daher insbesondere in der US-amerikanischen Diskussion als ein Hauptproblem der Ratingindustrie und als Ursache für viele Missstände identifiziert worden.[58] Auf den ersten Blick erscheint es bemerkenswert, dass es bisher trotz der zunehmenden Bedeutung des Ratings, der steigenden Geschäftsvolumina der etablierten Agenturen und ihrer regelmäßig zutage tretenden Mängel keine neue Ratingagentur geschafft hat, sich als gleichberechtigter Wettbewerber zu etablieren. Die Ursache hierfür liegt in den nur sehr schwer überwindbaren Markteintrittshürden. Die Vorteile von Ratingagenturen verkehren sich unter diesem Blickwinkel in Nachteile für den Wettbewerb. In der Summe führen sie dazu, dass sich die drei großen Ratringagenturen über ein natürliches Monopol bzw. Oligopol verfügen und der Reputationsmechanismus nur begrenzt wirken kann.[59] Hierbei handelt es sich um ein Phänomen vieler Märkte für unabhängige Intermediäre, das aber im Falle von Ratingagenturen besonders ausgeprägt ist.[60]

a) Reputation

Die erste Markteintrittshürde schafft der Reputationsmechanismus selbst. Reputation basiert auf einem erfolgreichen *track record* in der Vergangenheit.[61] Oligopolistische Tendenzen sind daher keine spezifische Eigenheit

---

57 *Haar*, JZ 2008, 964, 969. Ähnlich zu Wirtschaftsprüfern *Köndgen*, JZ 2010, 418, 420. Ökonomisch grundlegend *Shapiro*, 98 Q. J. Econ. 659 (1983).

58 Für mehr Wettbewerb etwa *Hill*, 82 Wash. U. L. Q. 43, 85 ff. (2004); *Coffee*, Gatekeepers (2006), 298 und 347; siehe auch Sec. 2(5) CRA Reform Act 2006, Pub. L. 109-291 und die Begründung der EU Kommission ihres Vorschlags zur Novelle der RatingVO, KOM(2011) 747 endgültig, 1 f.; a.A. *Lemke*, Haftungsrechtliche Fragen des Ratingwesens – ein Regelungsproblem? (2000), 122 f., der die Markteintrittshürden unbeachtet lässt.

59 *Coffee*, Gatekeepers (2006), 284 f.

60 Umfassend *Barnett*, Intermediaries Revisited: Is Efficient Certification Consistent with Profit Maximization, University of Southern California Law School – Law and Economics Paper Series, Paper 137 (2011).

61 *Blaurock*, ZGR 2007, 603, 607; *Pinto*, 54 Am. J. Comp. L. Suppl. 341, 343 f. (2006); *Dittrich*, The Credit Rating Industry (2007), 40; aus Emittentensicht *Acker-*

des Ratingmarktes, sondern treten auch bei anderen *Gatekeepern* auf.[62] Ein Unterschied besteht lediglich insoweit, als neue Akteure, die wie Wirtschaftsprüfer oder Rechtsanwälte berufsständisch organisiert sind, ihre Reputation nicht vollständig neu aufbauen müssen, sondern an dem Vertrauen teilhaben können, das ihrer Profession entgegengebracht wird.[63] Im Falle von Ratingagenturen gibt es diese Möglichkeit bisher nicht. Eine neue Ratingagentur steht daher vor einer paradoxen Situation:[64] Lediglich den etablierten Agenturen war es möglich, ihre Reputation auch auf neue Marktsegmente zu übertragen,[65] allerdings ohne dass eine schlechtere Leistung in diesem neuen Marktsegment ihrer Reputation in den angestammten Märkten etwas hätte anhaben können.[66] Um von Emittenten beauftragt zu werden, benötigt sie Reputation. Diese kann sie aber nur durch eben diese Aufträge erwerben. Zusammengefasst: „Reputation kommt von Reputation".[67] Ist die Markteintrittshürde erst einmal genommen, handelt es sich also um einen selbstverstärkenden Prozess, der die eigene Marktstellung sichert.

Die SEC hat versucht, für neue Ratingagenturen diese Schwierigkeit etwas zu mildern, indem sie die beauftragten Ratingagenturen im Bereich der Structured Finance verpflichtet hat, anderen Agenturen die verwandten Informationen vertraulich zur Verfügung zu stellen (Rule 17g-5). Eine ähnliche Regelung hat 2013 hat auch der europäische Gesetzgeber für strukturierte Finanzinstrumente erlassen; er verpflichtete die Emittenten, Sponsoren und Originatoren zur Offenlegung der bewertungsrelevanten Informationen gegenüber anderen Ratingagenturen auf einer Website (Art. 8d RatingVO). Es bleibt allerdings die hohe finanzielle Hürde, zunächst auf Basis dieser Informationen einen *track record* ohne entsprechende Vergütung aufzubauen. Diese Hürde ist gerade bei strukturierten Produkten besonders hoch, weil etwa bei ABS-Anleihen die zugrundeliegenden Sicherheiten sowie die gesamte Konstruktuion bewertet werden müssen.

---

mann/Jäckle, BB 2006, 878, 880. Siehe auch bereits *Assmann*, Prospekthaftung (1985), 289. Ähnlich *Choi*, 92 Nw. U L. Rev. 916, 959 und 961 (1998).

[62] *Coffee*, Gatekeeper (2006), 3; siehe auch bereits *Hopt*, Kapitalanlegerschutz im Recht der Banken (1975), 362 ff.

[63] Zum Trittbrettfahrereffekt *Black*, 48 UCLA L. Rev. 781, 788 (2001).

[64] In der englischsprachigen Literatur wird dies in Anlehnung an den gleichnamigen Roman von Joseph Heller ein „Catch-22" genannt (etwa *Hill*, 82 Wash. U. L. Q. 43, 55 (2004); *Coffee*, 1 Harv. Bus. L. Rev. 231, 234 (2011)).

[65] *Dittrich*, The Credit Rating Industry (2007), 33 ff.

[66] *Lerch*, BKR 2010, 402, 407 f.; *Hunt*, 2009 Colum. Bus. L. Rev. 109, 169 ff.

[67] *Dédeyan*, in: FS v. d. Crone (2007), 9.

b) Netzwerkeffekt

Erhöht wird diese Markteintrittshürde zusätzlich durch den Netzwerkeffekt.[68] Er macht einen wichtigen Teil des Wertes des Ratings aus, weil er Investoren erlaubt, die Bewertung zweier Anlagen miteinander in Relation zu setzen. Zugleich erhöht die Verbreitung eines Ratings einer etablierten Agentur seinen Nutzen, weil seine Bedeutung allen Marktteilnehmern bekannt ist und seine Bedeutung eingeordnet werden kann. In der Regel werden neue Ratingunternehmen nicht im ähnlichen Umfang Emissionen wie die etablierten Agenturen bewerten können; dies würde erhebliche Zeit in Anspruch nehmen und, mangels Aufträgen, hohe Investitionen ohne gleichwertige Einnahmen verursachen. Die etablierten Ratingagenturen bewerten demgegenüber in den Vereinigten Staaten nahezu alle emittierten Anleihen und sichern hierüber ihre Marktstellung.[69] Aus Sicht eines Emittenten ist ferner zu berücksichtigen, dass der Wechsel der Ratingagentur auch zusätzliche Kosten verursachen kann (*Lock-in-Effekt*). Ein Wechsel zu einer qualitativ besseren Ratingagentur kommt daher kaum in Betracht; die Investoren würden dann leicht argwöhnen, dass dem Emittenten ein zu schlechtes Rating in Aussicht gestellt worden sein könnte.[70]

c) Regulatorische Verwendung des Ratings

Auch die regulatorische Verwendung erschwert es neuen Ratingagenturen, Fuß zu fassen, da für regulatorische Zwecke nur auf das Rating anerkannter Ratingagenturen zurückgegriffen werden darf. Dies führt zu einem Wettbewerbsvorteil der etablierten Ratingagenturen, der ihrem Rating auch unabhängig von seiner inhaltlichen Qualität einen Wert einräumt, den auch eine inhaltlich überlegene Beurteilung einer neuen Ratingagentur nicht liefern könnte. Eine neue Ratingagentur steht daher vor der wichtigen Hürde, die Anerkennung durch die Aufsichtsbehörden für die regulatorische Verwendung ihrer Ratings zu erlangen. Aufsichtsbehörden und Gesetzgeber sind auf der anderen Seite aber an einem qualitativ hochwertigen Rating interessiert.

Als Nachweis der Qualität einer Ratingagentur wurde früher vielfach, etwa im Rahmen der Eigenkapitalvorschriften für Kreditinstitute (§ 53 Nr. 7,

---

68 *Dittrich*, The Credit Rating Industry (2007), 74; *Haar*, JZ 2008, 964, 970.

69 *Dittrich*, The Credit Rating Industry (2007), 94.

70 *Lerch*, BKR 2010, 402, 403; *Haar*, JZ 2008, 964, 970; ökonomisch *Dittrich*, The Credit Rating Industry (2007), 83 ff. Zur den ähnlichen Schwierigkeiten, die Wirtschaftsprüfungsgesellschaft zu wechseln, siehe *Coffee*, 57 Bus. Law. 1403, 1411 (2002).

§ 235 S. 2 SolvV a. F.), auf die Marktakzeptanz und den Marktanteil zurückgegriffen und somit letztlich auf den track record einer Agentur.[71] Dies setzt die Beauftragung durch Emittenten voraus, welche aber das Interesse an der regulatorischen Verwendbarkeit des Ratings haben – wiederum ein kaum aufzulösendes Dilemma. Dieser Schwierigkeit trug die Praxis der Zulassung Rechnung, da sie eine intensivere Prüfung der Methodik statt des Nachweises der Marktakzeptanz und eines track record erlaubt.[72] Einen anderen Ansatz hat nun die RatingVO gewählt, die rein input-orientiert ausgerichtet ist,[73] allerdings selbst nicht unmittelbar die aufsichtsrechtliche Verwendung regelt.

Im US-amerikanischen Recht verlangt der Status einer NRSRO den Nachweis einer ununterbrochenen Tätigkeit in den letzten drei Jahren sowie eine Bestätigung von zehn institutionellen Käufern wie Investment- oder Versicherungsgesellschaften, dass sie in den letzten drei Jahren die Ratings der Agentur benutzt haben (Sec. 3(a)(62)(B) und Sec. 15E(a)(1)(B)(ix) SEA). Vor Erlass des CRA Reform Act 2006 waren die Marktzutrittshürden noch höher. Es war eine landesweite Anerkennung notwendig, um in einem informellen Verfahren durch einen *no-action letter* der SEC den Status der NRSRO zu erlangen.

d) Two-Rating-Norm

Der Kapitalmarkt verlangt von einer Emission als informelle Regel das Rating zweier anerkannter Ratingagenturen (*two-rating*-Norm). Anderenfalls reagiert er mit Risikoaufschlägen, da vermutet wird, dass ein weiteres Rating nicht zu erlangen gewesen ist.[74] Ein Emittent ist daher geradezu gezwungen, zwei der drei etablierten Agenturen zu beauftragen, wobei selbst ein Rating der Agentur Fitch gegenüber den Bewertungen von S&P und Moody's als geringwertiger angesehen wird und hierfür Risikoaufschläge verlangt werden.[75] Im Zusammenspiel mit der regulatorischen Verwendung von Ratings und ihrer Verwendung in Anlagerichtlinien institutioneller In-

---

71 *Haar*, ZBB 2009, 177, 180 charakterisiert dies als output-orientierte Zugangsregulierung.

72 Zu §§ 54 ff. SolvV siehe S. 84.

73 Zu dieser Einstufung – allerdings gemünzt auf die IOSCO Code of Conduct Fundamentals und die §§ 52 f. SolvV – *Haar*, JZ 2008, 964, 970; *dies.*, ZBB 2009, 177, 180.

74 *SEC*, Report on the Role and Function of Credit Rating Agencies in the Operation of the Securities Markets (2003), 26. Dies gilt auch aus Sicht der Anteilseigner, vgl. *Hill*, 82 Wash. U. L. Q. 43, 61 (2004).

75 *Hill*, 82 Wash. U. L. Q. 43, 73 (2004); *Dittrich*, The Credit Rating Industry (2007), 76.

vestoren bewirkt die two-rating-Norm, dass die Nachfrage nach den Ratings der etablierten Agenturen weitgehend stabil bleibt.[76] Positiv zu bewerten ist daher die Ablehnung eines staatlichen Ratingobligatoriums (vgl. 4. Erwägungsgrund VO (EG) Nr. 1060/2009), da dies die Nachfrage nach Ratings noch weiter zementiert hätte.[77] Negativ auswirken könnte sich allerdings die Pflicht nach Art. 8c Abs. 1 RatingVO, dass strukturierte Finanzinstrumente von zwei Ratingagenturen bewertet werden müssen, wenn ein Rating in Auftrag gegeben wird.

e) Schwierige Überprüfbarkeit der Qualität des Ratings

Voraussetzung für einen wirksamen Wettbewerb ist eine funktionierender „feedback-Mechanismus", der es den Anlegern erlaubt, die Qualität von Ratings zu beurteilen.[78] Auch wenn Ratingagenturen ihre historischen Ausfallstatistiken offenlegen müssen (vgl. Art. 11 Abs. 2 RatingVO), ist es für Investoren schwierig und kostenaufwendig, hieraus Schlüsse auf die Qualität der Expertise der Ratingagentur zu ziehen.[79] Infolgedessen wird ein Rating – wie eine Kapitalanlage – als Vertrauensgut eingeordnet.[80] Der Prognosecharakter des Ratings verbietet es, aus dem Ausfall eines Schuldners die mangelnde Qualität des Ratings zu folgern. Der Investor muss vielmehr von der durch vielfältige Faktoren beeinflussten Kursentwicklung und wirtschaftlichen Lage des Emittenten auf die Leistung der Ratingagentur schließen.[81] Gerade im Segment der Emittenten mit hoher Bonität kommt es aber in der Regel kaum zu Zahlungsausfällen; damit ist eine Messung der Qualität von Ratings kaum möglich.[82] Notwendig wäre eine statistisch signifikante Zahl von Ausfällen von Schuldnern mit gutem Rating, was allenfalls strukturelle Mängel aufdecken würde, nicht aber punktuelle Versäumnisse.[83] Das tendenziell gleichförmige Verhalten der Rating-

---

76 Vgl. auch *Millon*, 60 Wash. & Lee L. Rev. 309, 324 (2003).

77 Ebenso bereits *Fleischer*, Gutachten zum 64. DJT (2002), F 138.

78 *Grundmann/Kerber*, in: dies./Weatherhill, Party Autonomy and the Role of Information in the Internal Market (2001), 278 ff. allgemein zu Informationsintermediären.

79 *Deipenbrock*, WM 2005, 261, 263; *Peters*, Die Haftung und Regulierung von Rating-Agenturen (2001), 157 f.; tendenziell auch *Großfeld*, ZVglRWiss 101 (2002) 387, 402; a.A. *Hill*, 82 Wash. U. L. Q. 43, 75 (2004).

80 *Haar*, ZBB 2009, 177, 178; *v. Randow*, ZBB 1995, 140, 147.

81 *Kraakman*, 2 J. L. Econ. & Org. 53, 97 (1986); *Grundmann/Kerber*, in: dies./Weatherhill, Party Autonomy and the Role of Information in the Internal Market (2001), 279.

82 *Issing et al.*, New Financial Order Recommendations by the Issing Committee Part I (October 2008), Center for Financial Studies White Paper No. 1, 9.

83 *Peters*, Die Haftung und Regulierung von Rating-Agenturen (2001), 157.

agenturen, auf das sogleich eingegangen werden wird, verdeckt das individuelle Versagen einer Ratingagentur zusätzlich. Näher liegt zumeist die Erklärung, es habe sich um eine – für alle – unvorhersehbare Entwicklung gehandelt.

2. Folgen fehlenden Wettbewerbs

Von einem wettbewerbstheoretischen Standpunkt aus gesehen kann ein enges Oligopol ein sehr kompetitives Umfeld sein.[84] Schaut man jedoch auf den etwas weniger konzentrierten Markt der großen Wirtschaftsprüfungsgesellschaften, ist eher mit einem Absinken des Sorgfaltsniveaus zu rechnen. Die Marktteilnehmer können nämlich das Sorgfaltsniveau einvernehmlich absenken, bis eine Aufdeckung ihre Existenz bedrohen würde.[85] Ihre Marktstellung würde nicht gefährdet werden, wenn ihr Fehlverhalten gleichmäßig verteilt ist. Für einen Investor würde es hohe Informationskosten mit sich bringen, wenn er herausfinden wollte, welche von ihnen weniger Skandale verursacht hat.[86]

Die Tendenz, das Sorgfaltsniveau abzusenken, besteht insbesondere dann, wenn die Nachfrage nach der Qualität des Ratings sinkt. Dies ist gerade in Boomphasen der Fall, da dann eine flächendeckende Überbewertung vorliegt und Fehlverhalten noch schwerer nachzuweisen ist. Eine geringere Qualität der Ratings und eine zu positive Bewertung kommen auch der Neigung vieler Anleger entgegen, in Phasen der Übertreibung gegenläufige Informationen zu vernachlässigen. Institutionelle Investoren tendieren zudem dazu, zu positive Bonitätsprognosen zu akzeptieren, die ihnen eine riskantere und damit potentiell lukrativere Investmentstrategie erlauben.[87]

Aufseiten der Intermediäre besteht ferner die Gefahr von Herdenverhalten, da es einfacher – und lukrativer – ist, die Aufwärtsbewegung bis zum Platzen der Blase mitzugehen, als vor Übertreibungen zu warnen.[88] Aufgrund ihrer schier unerschütterlichen Marktsstellung sollten Ratingagenturen eigentlich dazu prädestiniert sein, vor Übertreibungen zu warnen, da ihnen ihm Gegensatz zu Analysten oder anderen Intermediären aus dem Widerspruch zwischen ihren Einschätzungen und den Erwartungshaltungen der anderen Kapitalmarktteilnehmer keine Nachteile erwachsen sollten. Die Ratingagenturen wären aber durch ihr Verhalten Gefahr gelaufen, eine lukrative Einnahmequelle – etwa den Markt für CDOs und RMBS – zum

---

[84] So *Husisian*, 75 Cornell L. Rev. 411, 441 (1990).

[85] *Coffee*, 57 Bus. Law 1403, 1414 f. (2002).

[86] *Coffee*, 89 Cornell L. Rev. 269, 301 (2004).

[87] *Hosp*, 79 Miss. L. J. 531, 554 und 566 f. (2010).

[88] *Leyens*, in: FS H.-B. Schäfer (2008), 163; *Coffee*, Gatekeepers (2006), 67 ff.

Versiegen zu bringen. Die Kosten einer Reputationseinbuße waren geringer als der mögliche Profit, den sie im weiteren Verlauf der Boomphase erzielen konnten. Diese These wird durch empirische Erkenntnisse untermauert: Als ab dem Jahr 2005 die größte Zahl von ABS-Transaktionen emittiert wurde, nahm auch die Häufigkeit der Anpassung des Rating aufgrund der subjektiven Einschätzung der Analysten stark zu (und korreliert mit der Zahl späterer Abwertungen). Zugleich verschlechterte sich die Qualität der Ratings besonders riskanter verbriefter Kredite rapide. Dies geschah zu einem Zeitpunkt, als auch aufgrund des zunehmenden Marktvolumens der größte Anreiz bestand, zu günstige Ratings zu vergeben, um die Einnahmen aus diesem lukrativer werdenden Marktsegment nicht zu gefährden.[89]

Wettbewerb fördert Innovationen. Es verwundert daher nicht, dass Ratingagenturen sehr zögerlich sind, neue Kapitalmarktkonstruktionen zu akzeptieren.[90] Innovationen gingen daher fast immer von kleineren Ratingagenturen aus, denen es allerdings nicht gelangt, diesen Vorsprung gegenüber den etablierten Agenturen zu halten und ihren Marktanteil auszubauen.[91]

3. Regelungsprobleme des Wettbewerbs im Ratingmarkt

Wird auch der fehlende Wettbewerb auf dem Ratingmarkt weitgehend beklagt, ist nicht eindeutig, ob ein stärkerer Wettbewerb zwangsläufig zu einer höheren Qualität des Ratings und einer größeren Unabhängigkeit der Ratingagenturen von ihren Auftraggebern führen würde. Vielmehr gibt es starke Hinweise, dass genau das Gegenteil droht.[92]

a) Competition of laxity

Die erste Gefahr eines zunehmenden Wettbewerbs erschließt sich, wenn man sich vor Augen führt, wie es einer Ratingagentur gelingen könnte, sich im Wettbewerb von ihren Konkurrenten abzusetzen. Die Konkurrenz

---

89 *Coffee*, 1 Harv. Bus. L. Rev. 231, 243 (2011) m.w.N.

90 *Schwarcz*, 1 U. Ill L. Rev. 1, 8f. (2002); siehe auch *Dittrich*, The Credit Rating Industry (2007), 103, der dies darauf zurückführt, dass es aus Sicht einer etablierten Agentur nicht lohnenswert sei, ihre gesamte Reputation den Gefahren eines neuen, relativ kleinen Marktes auszusetzen, für dessen Produkte es noch keine zuverlässigen Ratingmethoden gibt.

91 *Dittrich*, The Credit Rating Industry (2007), 103; positiver für die zukünftige Entwicklung *Coffee*, Gatekeepers (2006), 300f.

92 Negativ gegenüber größerem Wettbewerb neben den folgenden Nachweisen *Hill*, 71 U. Pitt. L. Rev. 1, 21 (2010); *International Monetary Fund*, Global Financial Stability Report – Navigating the Financial Challenges Ahead (2009), 83.

zwischen den Marktteilnehmern kann aufgrund der relativ fixen Gebühren der Ratingagenturen nur in begrenztem Maße über den Preis ausgetragen werden.[93] Raum für Produktdifferenzierung besteht allenfalls über das Ratingverfahren, die Methodologie oder eine besondere geographische bzw. sektorale Spezialisierung.[94] Insbesondere eine Spezialisierung hat es einigen Agenturen erlaubt, ihren Marktanteil in Nischen zu erhöhen.[95] Allerdings gibt es keine Möglichkeit, über die Qualität des Ratings zu konkurrieren, da ein niedriges Qualitätssegment nicht mit den hohen Qualitätsanforderungen des Marktes sowie der aufsichtsrechtlichen und privatrechtlichen Inanspruchnahme des Ratings in Einklang zu bringen wäre.[96] Denkbar, aber bisher nicht verbreitet, wären auch Mechanismen, um eine höhere Qualität zu signalisieren. Hierzu gehört etwa die freiwillige Übernahme einer Haftung für fehlerhafte Ratings[97] oder die Umstellung auf eine Vergütung durch Abonnenten, um den strukturellen Interessenkonflikt des Issuer-pays-Modells zu beseitigen und die eigene Glaubwürdigkeit zu erhöhen.

Es bleibt die Option, die eigene Marktposition durch übermäßig großzügige Ratings auszubauen, was eine Verringerung der Qualitätsstandards zur Folge hätte (*competition of laxity* oder *race to the bottom*).[98] In der ökonomischen Literatur wird daher zunehmend ein Zusammenhang zwischen der Intensivierung des Wettbewerbs zwischen den Agenturen und der Abnahme der Qualität von Ratings angenommen.[99] Aufgrund der hohen spezifischen

---

93 Zu den Grenzen des Preiswettbewerbs aus ökonomischer Sicht auch *Dittrich*, The Credit Rating Industry (2007), 94 f.

94 *Ackermann/Jäckle*, BB 2006, 878, 880; *Haar*, JZ 2008, 964, 970; *Dittrich*, The Credit Rating Industry (2007), 90 f.

95 *Dittrich*, The Credit Rating Industry (2007), 89 ff.

96 *Haar*, ZBB 2009, 177, 179.

97 Siehe etwa die Ankündigung einer Ratingagentur, sie werde sich im Haftungfall nicht hinter dem Ersten Zusatzartikel verstecken (vgl. *Frankfurter Allgmeine Zeitung* vom 06. November 2009). Funktional handelt es sich um einen Signalling-Mechanismus ähnlich einer Garantie. Siehe hierzu allgemein *Fleischer*, Informationsasymmetrie im Vertragsrecht (2001), 126 sowie das Konzept der „self-tailored liability" bei *Choi*, 92 Nw. U L. Rev. 916, 951 ff. (1998) und *Partnoy*, 79 Wash. U. L. Q. 491.

98 *Leyens*, in: FS H.-B. Schäfer (2008), 163; *Hunt*, 2009 Colum. Bus. L. Rev. 109, 136 f. Zur Möglichkeit der Ratinginflation durch neue Unternehmen auch *Dittrich*, The Credit Rating Industry (2007), 127 f.; *International Monetary Fund*, Global Financial Stability Report – Navigating the Financial Challenges Ahead (2009), 83.

99 Etwa *Becker/Milbourn*, How did increased competition affect credit ratings?, Harv. Bus. School Fin. Working Papers No. 09-051 (2010), 4 m. w. N. zur Literatur (6 ff.); *Bolton/Freixas/Shapiro*, The Credit Ratings Game, Working Paper (2010), 3, die bereits ein Monopol gegenüber einem Duopol für so vorzugswürdig halten, dass es die Informationsvorteile einer Zweitbewertung aufwiegen würde.

Investitionen (*sunk costs*) der Ratingagenturen in ihren *track record* und ihre Reputation besteht die ernste Gefahr eines ruinösen Wettbewerbs.[100]

Anschauliches Beispiel hierfür ist der Markteintritt von Fitch. Die Ratingagentur Fitch hatte den Wettbewerbsdruck auf die beiden etablierten Agenturen erhöht, indem sie – insbesondere auf dem Verbriefungsmarkt – im Durchschnitt positivere Beurteilungen abgegeben hatte als diese.[101] Infolge des größer werdenden Marktanteils von Fitch passten auch S&P und Moody's ihre Ratings an.[102] Ähnliche Erkenntnisse liegen auch für Unternehmensanleihen vor; wurde eine dritte Agentur beauftragt, weil sich die beiden beauftragten Agenturen in ihrem Urteil unterschieden (sog. *split rating*), stützte die dritte Agentur überwiegend das vorteilhaftere Rating für den Emittenten.[103] Ein gewisser Selbstschutz des Kapitalmarktes gegen eine solche Strategie einer Ratingagentur ist die Aufrechterhaltung der two-rating-Norm,[104] deren Wirksamkeit allerdings aufgrund der nun zu erörternden Möglichkeit des *rating shoppings* mit einer größeren Zahl von Ratingagenturen abnehmen dürfte.

b) Rating Shopping

Schaffen es neue Ratingagenturen, sich zu etablieren, steigt die Gefahr des *rating shoppings*, bei dem die Ratingagentur vom Emittenten den Auftrag erhält, welche ihn am besten beurteilen wird.[105] Es finden sich Berichte, Ratingagenturen seien durch ihre Auftraggeber unter Druck gesetzt

---

[100] *Siekmann*, Die Verwaltung 43 (2010) 95, 106; zu dieser Form des Marktversagens allgemein *Basedow*, in: FS Immenga (2004), 10 f. Üblicherweise äußert sich ein ruinöser Wettbewerb allerdings in einem Preis-, keinem Qualitätsverfall.

[101] *Coffee*, 6 U. St. Thomas L. J. 403, 413 (2009); *ders.*, 1 Harv. Bus. L. Rev. 231, 239 (2011); *ders.*, Gatekeepers (2006), 300; *Cantor/Packer*, 12 Federal Reserve Bank of New York Staff Reports 27 (1996); *Becker/Milbourn*, How did increased competition affect credit ratings?, Harv. Bus. School Fin. Working Papers No. 09-051 (2010), 5.

[102] *Becker/Milbourn*, How did increased competition affect credit ratings?, Harv. Bus. School Fin. Working Papers No. 09-051 (2010), 4.

[103] *Cantor/Packer*, FRBNY Quarterly Rev. (Fall/Summer 1994), 1, 16.

[104] *Coffee*, Gatekeepers (2006), 300; *Lemke*, Haftungsrechtliche Fragen des Ratingwesens – ein Regelungsproblem? (2000), 124.

[105] *Hill*, 82 Wash. U. L. Q. 43, 75 (2004); *Leyens*, in: Perspektiven des Wirtschaftsrechts (2008), 447; insbesondere für das Rating strukturierter Wertpapiere *Coffee*, 241 N.Y.L.J. 5 (15. Januar 2009); *Listokin/Taibleson*, 27 Yale J. on. Reg. 91, 99 (2010); a.A. *Dittrich*, The Credit Rating Industry (2007), 76; *Lemke*, Haftungsrechtliche Fragen des Ratingwesens – ein Regelungsproblem? (2000), 124. Allgemein zu dieser Vermeidungsstrategie bereits *Kraakman*, 2 J. L. Econ. 53, 63 und 72 ff. (1986).

worden, indem ihnen gedroht wurde, man werde eine andere Agentur beauftragen, wenn ein Rating ungünstig ausfalle.[106] Die Erklärung kann in der Zunahme der Marktmacht einzelner Auftraggeber zu sehen sein, die – aufgrund ihres Auftragsvolumens – nunmehr über ein ausreichend abschreckendes Drohpotential verfügten.[107] Unabhängig von der aktuellen Situation ist jedoch davon auszugehen, dass das Regelungsproblem des *rating shoppings* mit einer Zunahme des Wettbewerbs zwischen den Ratingagenturen bedeutsamer werden wird, auch wenn der Wechsel einer Ratingagentur zwar möglich, aber – ähnlich dem Wechsel des Abschlussprüfers – gegenüber dem Kapitalmarkt erklärungsbedürftig bleibt.[108]

Ein Instrument gegen ein *rating shopping* ist die Verpflichtung, auch abgebrochene Ratingverfahren zu veröffentlichen (Art. 10 Abs. 1 Rating-VO). Die Information, dass ein Ratingverfahren abgebrochen worden ist, dürfte auf dem Kapitalmarkt bereits zu negativen Folgen für einen Emittenten führen. Ein weiterer Ansatz ist das Verbot kostenloser Vorprüfungen, mit denen sich Ratingagenturen um einen Auftrag bewerben könnten. Ob eine solche Maßnahme, auf die sich die großen Ratingagenturen mit dem Generalstaatsanwalt des Staates New York geeinigt haben,[109] *rating shopping* verhindert, ist wegen der Ertragschancen des angestrebten Auftrages im Verhältnis zur Gebühr für die Vorprüfung zweifelhaft.[110]

c) *Keine Verbesserung des Reputationsmechanismus*

Erhöht sich der Wettbewerb zwischen den Ratingagenturen, muss dies nicht zwangsläufig eine Verbesserung des Reputationsmechnismus bedeuten – eher im Gegenteil. Der Reputationsmechanismus funktioniert, so die Theorie, weil die Ratingagentur durch Gefälligkeitsratings viel zu verlieren, aber wenig zu gewinnen hätte. Sinkt der Marktanteil der Ratingagentur, steht für sie weniger auf dem Spiel; in der Terminologie der Neuen Institu-

---

[106] Vgl. *Europäische Kommission*, COM (2008) 704, 15; *Senate Permanent Subcommittee on Investigations*, Wall Street and the Financial Crisis: Anatomy of a Financial Collapse (2011) 287 f. und speziell zum Druck durch Investmentbanken 278 ff.

[107] *Becker/Milbourn*, How did increased competition affect credit ratings?, Harv. Bus. School Fin. Working Papers No. 09-051 (2010), 8; *Coffee*, 1 Harv. Bus. L. Rev. 231, 239 (2011).

[108] Vgl. hierzu etwa die Kündigung ihres Vertrages mit S&P durch die BayernLB (*Frankfurter Allgemeine Zeitung* vom 08. Oktober 2009, Seite 21), auf die *Zimmer*, in: FS Hopt (2010), 2702 hinweist.

[109] *Office of the New York State Attorney General*, Press Release vom 05. Juni 2008.

[110] So auch *Leyens*, in: Perspektiven des Wirtschaftsrechts (2008), 448.

tionenökonomik stellt sie eine geringwertigere Geisel. Ein hoher Marktanteil fördert daher prinzipiell die Unabhängigkeit von den Interessen der Emittenten.[111] Zugleich verringert Wettbewerb die Aussicht auf spätere Erträge, weshalb es für eine Ratingagentur interessanter wird, ihre Reputation für einen kurzfristigen Gewinn zu riskieren.[112]

Empirische Ergebnisse legen aber auch nahe, dass eine Zunahme der Marktmacht der Auftraggeber zu einem Versagen des Reputationsmechnismus führt. So lag die Emission von Verbriefungen und Derivaten in der Finanzkrise zu etwa 80% in den Händen von einem Dutzend Investmentbanken.[113] Aufgrund des Auftragsvolumens, über das sie jeweils entschieden, war es im Interesse der Ratingagenturen, ihre Gunst nicht durch Ratings aufs Spiel zu setzen, die nicht ihren Erwartungen entsprachen. Es überrascht daher nicht, dass die Bewertungen von Emissionen, an denen diese Investmentbanken beteiligt waren, in sehr viel größerem Ausmaß korrigiert werden mussten als Ratings im Auftrag kleinerer Emittenten.[114]

d) Zunahme der Zahl der Ratingagenturen

Schließlich ist nicht auszuschließen, dass ein Wettbewerb zwischen einer großen Zahl von Ratingagenturen den Netzwerkeffekt des Ratings beeinträchtigen würde. Es ist nicht davon auszugehen, dass Emittenten in der Summe eine sehr viel größere Anzahl von Ratings in Auftrag geben würden. Damit bleibt die Summe möglicher Erlöse insgesamt gleich, verteilt sich aber auf eine größere Zahl von Agenturen. Dies bedeutet aber auch, dass keine Agentur mehr in der Lage ist, nahezu alle Emissionen zu bewerten. Hierunter leiden die Vergleichbarkeit des Ratings und damit die Vorteile des Netzwerkeffekts.

Eine Zersplitterung des Ratingmarktes in eine Vielzahl von Anbietern würde für die einzelnen Investoren zudem eine Zunahme an Komplexität bedeuten. Sie müssten sich über die einzelnen Agenturen informieren und könnten nicht mehr davon ausgehen, dass ihre Bewertung auch von anderen Investo-

---

111 *Choi*, 92 Nw. U L. Rev. 916, 959f. und 961 (1998); *Partnoy*, 79 Wash. U. L. Q. 491, 542 (2001); ähnlich auch *Easterbrook/Fischel*, 70 Va. L. Rev. 669, 675 (1984) zur Bildung von Emissionskonsortien zur Steigerung der Reputationswirkung.

112 *Becker/Milbourn*, How did increased competition affect credit ratings?, Harv. Bus. School Fin. Working Papers No. 09-051 (2010), 10; *Camanho/Deb/Liu*, Rating and Competition, Working Paper (2010), 2f. („market-sharing effect).

113 *Coffee*, 1 Harv. Bus. L. Rev. 231, 237f. (2011).

114 *He/Qian/Strahan*, Credit Rating and the Evolution of the Mortgage-Backed Securities Marktet, Working Paper (2010), passim.

ren beachtet werden würde. Ein Rating wäre lediglich eine Prognose unter vielen, ähnlich wie Analysteneinschätzungen. Ob zugleich eine Qualitätssteigerung zu erwarten ist, ist zudem ungewiss, weil kleinere Ratingagenturen in nur sehr viel geringerem Maße auf Größenvorteile zurückgreifen können.

4. Ergebnis

Die Unsicherheit zwischen Investor und Ratingagentur kann nicht, oder zumindest nur sehr unvollständig, durch die Reputation der Ratingagentur überwunden werden. Der Reputationsmechanismus kann möglicherweise gravierende Pflichtverletzungen verhindern, die dazu führen würden, dass eine Agentur ihre Marktsstellung vollständig einbüßt. Als Instrument zur Selbstregulierung der Ratingindustrie ist er aber alleine nicht ausreichend, weil es zwischen den Ratingagenturen keinen Wettbewerb gibt und hohe Markteintrittshürden das Oligopol der drei etablierten Ratingagenturen zementieren. Das Fehlen von Wettbewerb kann zudem zu einem Absinken des Sorgfaltsniveaus führen, wenn die drei etablierten Agenturen ihr Sorgfaltsniveau stillschweigend reduzieren.

Im Ratingmarkt zeigt sich daher ein seltenes ökonomisches Phänomen, wie es für natürliche Monopole charakteristisch ist: Ein Markt mit einer Monopol- oder Oligopolstruktur führt zu besseren Ergebnissen als ein Markt mit vollständiger Konkurrenz.[115] Eine Zunahme des Wettbewerbsdrucks lässt eher ein *race to the bottom* erwarten, weil Ratingagenturen praktisch nur über ihre Qualität miteinander konkurrieren können. Sie büßen zudem ihre Unabhängigkeit von ihren Auftraggebern ein, wenn einzelne Emittenten an wirtschaftlicher Bedeutung für die Ratingagenturen gewinnen und sie mit der Drohung des *rating shoppings* unter Druck setzten können. Damit sinken Qualität, Vertrauenswürdigkeit und Informationswert des Ratings, wenn der Wettbewerbsdruck zwischen den Ratingagenturen steigt. Die Selbstregulierungsmechanismen Reputation und Wettbewerb sind daher alleine nicht geeignet, die Regelungsprobleme des Ratingmarktes zu lösen.

§ 6 Regulierungsansätze

Selbstregulierungsmechanismen wie Reputation und Wettbewerb sind nicht geeignet, das Vertrauen der Anleger in die Unabhängigkeit und Qualität des Ratings zu stärken und eine ausreichende Qualität ihrer Arbeit zu

---

[115] Ebenso der Ökonom *Jan Pieter Krahnen*, zitiert nach *Niehnhaus/Petersdorff*, Die Macht der Ratingagenturen, Frankfurter Allgemeine Sonntagszeitung vom 10. Juli 2011.

gewährleisten. Infolgedessen haben die Gesetzgeber auf beiden Seiten des Atlantiks die anfängliche Zurückhaltung, Ratingagenturen zu regulieren, abgelegt und aufsichtsrechtliche Regelungen erlassen; sie sollen einen Mindeststandard an Neutralität, Unabhängigkeit sowie Qualität und Transparenz des Ratings gewährleisten. Zunächst wird daher ein Überblick über diese Regelungsansätze mit Schwerpunkt auf dem europäischen Recht gegeben (hierzu I.). In einem zweiten Schritt wird betrachtet, wie diese Regelungen durchgesetzt werden. Dies geschieht bisher durch Publizitätspflichten und aufsichtsrechtliche Sanktionen (hierzu II.), die aber weder einzeln noch gemeinsam geeignet sind, die Regelungsprobleme des Ratings befriedigend zu lösen. Die rechtspolitische Diskussion fokussiert sich daher auf weitergehende Reformen, z. B. strukturelle Veränderungen des Vergütungsmodells oder – vor allem in Europa – der Einführung einer staatlichen oder staatlich finanzierten Ratingagentur (hierzu III.)

I. Bisherige Regulierung von Ratingagenturen

1. Interessenkonflikte

Die Regulierung von Interessenkonflikten ist ein klassisches Regelungsfeld des Kapitalmarktes, da Interessenkonflikte eine unvermeidliche Folge funktionaler Differenzierung sind.[116] Als übliche Regelungsstrategien haben sich Organisationspflichten, Transparenz durch Offenlegung des Interessenkonfliktes und die Pflicht, von dem interessenbelasteten Geschäft Abstand zu nehmen, herausgebildet;[117] sie alle finden sich in der RatingVO wieder.

a) Trennung von Rating und Beratungsleistungen

Die Grundstruktur des Vergütungsmodells wurde vom Gesetzgeber bisher nicht angetastet, auch wenn Ratingagenturen dazu verpflichtet werden, alle Interessenkonflikte zu vermeiden, welche das Rating beeinflussen könnten (Art. 6 Abs. 1 i. V. m. Anhang I Abschnitt B Ziff. 1 RatingVO). Stattdessen wurde mit einer Trennung von Rating und Rating Advisory geantwortet. So darf eine Ratingagentur keine Beratungsleistungen mehr für ein Unternehmen erbringen, wenn sie es bewertet; dies gilt insbesondere für die Konzeption strukturierter Produkte, an deren Erstellung sich die bewertenden Ratingagenturen gar nicht beteiligen dürfen.[118] Erlaubt bleiben lediglich Ne-

---

[116] *Fleischer*, Gutachten zum 64. DJT, F 23 f.

[117] So die Kategorisierung bei *Kumpan/Leyens*, ECFR 2008, 72, 85 ff.

[118] So bereits IOSCO Code of Conduct Fundamentals for Credit Rating Agencies (Mai 2008), Ziff. 1.14, die durch die Überarbeitung ergänzt wurde.

bendienstleistungen, die sich auf allgemeine Aspekte und nicht eine konkrete Emission oder einen konkreten Emittenten beziehen (vgl. Anhang I Abschnitt B Ziff. 4 bis 6 RatingVO). Damit ist auch die Beratung erfasst, wie sich eine Unternehmensentscheidung auf die Bonität auswirken würde (*rating assessment services*).[119] Darüber hinaus darf eine Ratingagentur im weitesten Sinne nicht mehr bei der Konzeption von strukturierten Finanzinstrumenten beraten, die sie später bewertet (Anhang I Abschnitt B Ziff. 5 RatingVO). Im Detail gelingt die Abgrenzung von Nebendienstleistungen und Beratungsleistungen nicht ganz trennscharf.[120] Die Aufsicht über diesen Punkt wird aber erleichtert, da gemäß Art. 11 Abs. 1 i.V.m. Anhang I Abschnitt E Ziff. I.2 jede Ratingagentur ein Verzeichnis ihrer Nebendienstleistungen veröffentlichen muss. Ferner ist sie verpflichtet, die für einen Emittenten erbrachten Nebendienstleistungen im Ratingbericht offenzulegen und zu gewährleisten, dass auch Nebendienstleistungen ihre Unabhängigkeit nicht gefährden (Anhang I Abschnitt B Ziff. 4 Abs. 3 RatingVO). Schwer zu ziehen ist die Trennlinie zwischen einer Begründung der Ratingentscheidung, insbesondere im direkten Gespräch mit dem Auftraggeber, und einer unzulässigen Beratung, weil darin häufig auch begründet werden muss, welche Punkte gegen eine höhere Bonitätsnote sprachen.[121]

b) Offenlegung von Interessenkonflikten

Möglichen Abhängigkeitsverhältnissen zwischen den Ratingagenturen und bestimmten Auftraggebern begegnet die Verordnung über Ratingagenturen mit Transparenz. Generell ist jede Ratingagentur verpflichtet, alle aktuellen und potentiellen Interessenkonflikte offenzulegen, die ein Rating beeinflussen könnten (Art. 11 Abs. 1 i.V.m. Anhang I Abschnitt E I.1 RatingVO). Zudem muss die Ratingagentur die Namen der Auftraggeber veröffentlichen, von denen sie mehr als 5% ihrer Jahreseinnahmen erhält (Anhang I Abschnitt B Abs. 2 RatingVO). Unabhängig von dieser Schwelle ist sie verpflichtet, im Rahmen regelmäßiger Berichte ihre zwanzig größten Kunden sowie die Kundenbeziehungen mit den stärksten Ertragszuwächsen (Art. 11 Abs. 3 i.V.m. Anhang I Abschnitt E Teil II RatingVO) gegenüber der Aufsichtsbehörde zu nennen.

---

[119] Zweifelnd aber *Stemper*, Die rechtlichen Rahmenbedingungen des Ratings (2010), 267 ff.

[120] Ähnliche Bewertung bei *Amtenbrink/de Haan*, 46 C. M. L. Rev. 1915, 1937 (2009); *Zimmer*, Gutachten zum 68. DJT (2010), F 73; *Gomille*, GPR 2011, 186, 188.

[121] *Möllers*, JZ 2009, 861, 865.

Inwieweit Offenlegungspflichten generell ein effektives Mittel zur Regulierung von Ratingagenturen sind, ist zweifelhaft.[122] Speziell im Hinblick auf die Entschärfung von Interessenkonflikten stimmen Erkenntnisse der Verhaltensökonomik kritisch: Es obliegt weiterhin der Ratingagentur zu entscheiden, ob sie einen Interessenkonflikt für so relevant für das Ergebnis eines Ratings hält, dass sie ihn offenlegt. Untersuchungen haben aber gezeigt, dass die Beteiligten Interessenkonflikte generell unterschätzen und übermäßig optimistisch sind, sie selbst regeln zu können.[123]

c) Governancemechanismen

Neben Transparenz versucht man die Unabhängigkeit durch interne Governancemechanismen sicherzustellen. Hierzu gehört eine strikte Trennung zwischen Ratinganalyse und Vergütungsverhandlungen (Art. 7 Abs. 2 RatingVO), aber auch die Entkoppelung der Vergütung der Mitglieder des internen Aufsichts- oder Kontrollorgans von der Geschäftsentwicklung (Anhang I Abschnitt A Abs. 2 RatingVO). Ferner ist jede Ratingagentur verpflichtet, einen internen Compliance-Mechanismus („Compliance-Funktion“) einzurichten (Anhang I Abschnitt A Abs. 5 und 6 RatingVO).

d) Eigeninteressen der Mitarbeiter der Ratingagenturen

Auch Ratingagenturen haben im Verhältnis zu ihren Mitarbeitern ein Prinzipal-Agent-Problem zu bewältigen. Während für die Anteilseigener einer Ratingagentur die Bewahrung ihres langfristigen Unternehmenserfolges Priorität hat, kann ein Mitarbeiter von einem anderen Zeithorizont ausgehen und eine abweichende Risikopräferenz verfolgen. Es besteht daher die Gefahr, dass ein Mitarbeiter die Reputation seines Arbeitgebers zugunsten seines eigenen, kurzfristigen Erfolges opfert.[124] Dieser kurzfristige Vorteil kann sich z. B. aus einem erfolgsbasierten Vergütungssystem ergeben.[125] Art. 7 Abs. 5 RatingVO verbietet daher eine Vergütung von Ratinganalysten in Abhängigkeit von den Einkünften der Agentur aus der Geschäftsverbindung mit einem Kunden sowie Zuwendungen durch den Kunden an ihn. Durch eine gestaffelte Rotation der am Ratingprozess Beteiligten soll bereits organisatorisch eine zu enge Bindung an einen Auftraggeber

---

122 Hierzu ausführlich S. 141 ff.

123 Vgl. zu diesem Phänomen *Kumpan/Leyens*, EFCR 2008, 72, 89.

124 Zum Myopia-Problem *Leyens*, in: FS H.-B. Schäfer (2008), 162 f. Ökonomisch gesehen handelt es sich auch hier um einen Fall des moral hazard.

125 Siehe zur Praxis der Wirtschaftsprüfer *v. Hein*, Die Rezeption US-amerikanischen Gesellschaftsrechts in Deutschland (2008), 652 f.

vermieden werden (vgl. Art. 7 Abs. 3 i.V.m. Anhang I Abschnitt C Abs. 8 RatingVO).[126] Ungeregelt bleibt allerdings, dass eine erfolgsorientierte Bezahlung einen Anreiz dafür bieten kann, die Erschließung eines neuen Geschäftsfeldes durch zu positive Ratings voranzutreiben, um das Ergebnis einer Abteilung oder der Ratingagenturen insgesamt kurzfristig auf Kosten der Qualität zu steigern.[127] Dieser Gefahr wirken lediglich organisatorische Vorkehrungen entgegen, etwa die Einrichtung einer Compliance-Abteilung (Anhang I, Abschnitt A Abs. 5 und 6 RatingVO) oder die Anforderung, dass ein Drittel der Verwaltungsratsmitglieder unabhängig sein müssen und nicht erfolgsabhängig vergütetet werden dürfen (Anhang I, Abschnitt A Abs. 2 RatingVO).

Weiterhin kann ein Analyst dadurch beeinflusst werden, dass sich für ihn die Möglichkeit bietet, von einer Ratingagentur zu einer – meist lukrativeren – Arbeitsstelle im Unternehmen eines Auftraggebers zu wechseln.[128] Dieser Weg ist erschwert worden, indem ein Analyst nach dem Wechsel für die Dauer von zwei Jahren bei seinem Arbeitgeber keine Schlüsselposition einnehmen darf, wenn er ihn zuvor beurteilt hat, und die Ratingagentur verpflichtet ist, seine Ratings der letzten zwei Jahre zu überprüfen (Anhang I Abschnitt C Abs. 6 und 7 RatingVO).

2. Qualität und Transparenz

Generell lassen sich zwei Ansätze der Regulierung von Ratingagenturen unterscheiden: Input-orientierte Ansätze, welche vor allem auf die Rahmenbedingung der Erstellung des Ratings zielen, und output-orientierte Ansätze, welche die Richtigkeit des Ratings daran messen, inwieweit das Rating als zuverlässig akzeptiert wird und die Prognosen der realen Entwicklung entsprechen.[129] Output-orientierte Lösungsansätze leiden jedoch an der Schwierigkeit, den Erfolg eines Ratings zu messen, und bergen die Gefahr, die Marktzutrittsbarrieren zu erhöhen, weil sie auf einem *track record* aufbauen. Dementsprechend hat sich insbesondere der europäische Gesetzgeber im Anschluss an die IOSCO auf input-orientierte Regelungen konzentriert und diese durch umfangreiche Transparenzpflichten flankiert. Aber auch input-orientierte Regelungsstrategien sind nicht unproblematisch: Sie geben ein

---

126 Kritisch hierzu *Möllers*, JZ 2009, 861, 865, weil durch die Rotation möglicherweise nicht ausreichend spezifisches Wissen über einen Emittenten aufgebaut werden könne.

127 *Kumpan*, in: FS Hopt (2010), 2163.

128 Zum „Going in-house“ bei Wirtschaftsprüfern *v. Hein*, Die Rezeption US-amerikanischen Gesellschaftsrechts in Deutschland (2008), 653.

129 Vgl. *Haar*, ZBB 2009, 177, 180f.

bestimmtes Mindestniveau vor, an dem sich Marktteilnehmer bei möglichst niedrigen Kosten ausrichten, ohne auf eine bessere Qualität oder innovative Ansätze zu setzen. Zudem ist es erheblich schwieriger, die Anforderungen einer input-orientierten Regulierung durchzusetzen.[130]

a) Methodik und Ressourcen

Einigkeit der Regelungsgeber besteht bisher darin, nicht in die Methodik der Ratingerstellung eingreifen zu wollen (Art. 23 Abs. 1 RatingVO; Sec. 15E(c)(B)(2) SEA). Eine solche Selbstbeschränkung des Staates ist begrüßenswert, da durch inhaltliche Vorgaben die Innovation in der Ratingmethodik und ihre Anpassungsfähigkeit an neue Entwicklungen begrenzt werden würden. Es ist daher positiv, dass sich der Vorschlag der Kommission nicht durchgesetzt hat; er sah vor, dass die Ratingagenturen eine Bewertungsmethode oder ihre Änderung erst der ESMA zur Genehmigung vorlegen müssen, um zu gewährleisten, dass die gesetzlichen Mindeststandards gewahrt sind.[131] Geblieben ist lediglich die Pflicht, Änderungen der Ratingmethodik in einem öffentlichen Konsultationsverfahren zur Diskussion zu stellen (Art. 8 Abs. 5a RatingVO).

Die gesetzlichen Mindestanforderungen an die Methodik der Ratingerstellung sind eine Reaktion auf die fehlerhaften Modellannahmen, welche die Ratingagenturen im Vorfeld der Finanzkrise ihren Bewertungen zugrundegelegt hatten. So ist nach Art. 8 Abs. 3 RatingVO eine Ratingmethodik notwendig, die streng, systematisch und beständig ist und auf historischen Erfahrungswerten, insbesondere Rückvergleichen, beruht. Gerade dies war bei der Bewertung strukturierter Portfolios von Immobiliendarlehen aus den USA nicht immer der Fall gewesen. Verfügt eine Ratingagentur nicht über ausreichend Daten über ein neues Finanzinstrument, muss sie auf eine Bewertung verzichten (Anhang I Abschnitt D I.4 Uabs. 2 RatingVO). Gemäß Art. 8 Abs. 1 RatingVO ist sie verpflichtet, ihre Modelle und Grundannahmen zu veröffentlichen. Zudem sind die Ratingagenturen angehalten, ausreichendes und fachlich qualifiziertes Personal einzusetzen (Art. 7 Abs. 1 RatingVO).

Darüber hinaus sind Ratingagenturen zu umfassender Transparenz hinsichtlich ihrer Methoden verpflichtet (vgl. im Einzelnen Art. 10 Abs. 2 i. V. m. Anhang I Abschnitt D RatingVO), besonders wenn sie ihre Methoden ändern (Art. 8 Abs. 6 RatingVO). Diese Transparenzpflichten beziehen

---

[130] *Haar*, ZBB 2010, 185, 192.

[131] Art. 22a Abs. 3 des Vorschlags der Kommission vom 15. November 2011, KOM(2011) 747 endgültig.

sich insbesondere auf die Bewertung strukturierter Produkte; hier sind etwa Cashflow-Analysen, Parameter und Grundannahmen der Bewertung, Unsicherheiten sowie durchgeführte Stresstests offenzulegen. Ratings dieser Produkte sind zudem mit einer geeigneten Risikowarnung zu veröffentlichen.[132]

Die umfassende Transparenz der verwendeteten Methoden ist nicht unproblematisch. Zum einen ermöglicht sie konkurrierenden Ratingagenturen zu beurteilen, wie die Ratingagentur ihre Bewertungsspielräume nutzt, und selbst ihre Bewertungsspielräume großzügiger auslegen oder sich einer großzügigeren Auslegung anpassen. Dies könnte zu einem qualitativen *race to the bottom* führen.[133] Zum anderen erlaubt eine detaillierte Kenntnis der Emittenten über die Bewertungsmethoden, ihre Produkte passgenau zu strukturieren oder sogar eine *rating arbitrage* zu generieren, indem Schwächen des Bewertungssystems ausgenutzt werden.[134] Diese Möglichkeit ist bereits im Vorfeld der Finanzkrise von den Investmentbanken genutzt worden.[135] So war ihnen bekannt, dass die Ratingagenturen die Bonität der einzelnen Schuldner (FICO score) nicht im Detail überprüften, sondern einen Durchschnittswert zugrundelegten. Die Kenntnis dieses Details gestattete es den Investmentbanken, ohne Verschlechterung des Ratings Darlehensforderungen gegen Schuldner mit einer unterdurchschnittlichen Bonität zu verbriefen.[136]

b) Informationsgrundlage

Ein neuralgischer Punkt der Regulierung und Sorgfaltspflichten von Ratingagenturen ist die Informationsgrundlage der Bewertung. Inwieweit muss eine Ratingagentur die zugrundeliegenden Informationen etwa einer MBS-Transaktion im Einzelnen überprüfen und inwieweit kann sie sich auf die Richtigkeit der ihr zur Verfügung gestellten Informationen verlassen? Hier stellt zunächst Anhang I Abschnitt D I.4 Uabs. 2 RatingVO die Regel auf, dass von einem Rating Abstand zu nehmen ist, wenn die Informationsgrundlage nicht zufriedenstellend ist oder ernsthafte Zweifel aufwirft, ob ein glaubwürdiges Rating erbracht werden kann. Darüber hinaus muss die Ratingagentur angeben, ob die Tatsachengrundlage des Ratings ausreichend

---

[132] Hierfür schon *Möllers*, JZ 2009, 861, 868 für strukturierte Produkte.

[133] *Haar*, ZBB 2009, 177, 182.

[134] *Manns*, 87 N. C. L. Rev. 1011, 1045 (2009); *Partnoy*, in: Fuchital/Litan, Financial Gatekeepers (2006), 77.

[135] *Morgenson/Story*, Rating Agency Data Aided Wall Street in Deals, New York Times vom 23. April 2010.

[136] *Darbellay*, Regulating Ratings (2011), 122.

gewesen ist und welche Informationen ihr das bewertete Unternehmen zur Verfügung gestellt hat (Anhang I Abschnitt D I.2 und I.4 Uabs. 1 RatingVO). Noch weitergehend muss sie bei der Bewertung strukturierter Produkte angeben, inwieweit sie die Basiswerte selbst bewertet hat, oder dies durch Dritte geschehen ist. Diese Informationen muss sie auch dann offenlegen, wenn es sich nur um eine Vorprüfung gehandelt hat.

Mitten zwischen diesen Offenlegungspflichten bleibt es weitgehend unklar, welche Prüfungspflichten hinsichtlich der Informationsgrundlage die Ratingagenturen treffen. Einen Anhaltspunkt hierfür gibt der 35. Erwägungsgrund der VO (EG) Nr. 1060/2009: Die Ratingagentur muss danach eine verlässliche Informationsgrundlage gewährleisten. Verlässlichkeit ist dann gegeben, wenn es sich um geprüfte Abschlüsse oder sonstige öffentlich bekannt gemachte Informationen handelt oder um Informationen, die ein seriöser Anbieter geprüft oder die Ratingagentur selbst stichprobenartig kontrolliert hat. Darüber hinaus sollen sich Ratingagenturen durch vertragliche Regelungen mit den bewerteten Unternehmen absichern und mit diesen für die Überlassung falscher Informationen eine Haftung vereinbaren. Dies bedeutet, dass eine Ratingagentur keine *Due Diligence* in Auftrag geben muss, wie dies in den Vereinigten Staaten diskutiert worden ist.[137] Dieser Gedanke des Gesetzgebers ist interessant, macht er doch nur Sinn, wenn die Ratingagentur selbst gegenüber einem Dritten haften würde; sonst würde es an einem Schaden fehlen.

c) Anpassung und Monitoring

Ein weiterer Kritikpunkt an der Arbeit der Ratingagenturen ist die schleppende Anpassung ihrer Bewertungen. Wie bereits erörtert, kann eine gewisse Vorsicht berechtigt sein, wenn man die Folgen einer Abwertung für das bewertete Unternehmen bedenkt. Auf der anderen Seite ist es für Ratingagenturen verlockend, ihre Ressourcen auf die Erstbewertung von Finanztiteln zu konzentrieren, da dieser Geschäftszweig ihnen im Verhältnis die größeren Erträge verspricht. Dies gilt selbst dann, wenn auch eine fortlaufende Bewertung vereinbart worden ist; denn der Auftraggeber hat an einer intensiven Beobachtung meist kein Interesse, weil sie für ihn eine Abwertung des Finanztitels bedeuten kann. Dass diese Form des *moral hazard* nicht nur theoretisch besteht, zeigte sich ebenfalls in der Finanzkrise 2007/2008. Dementsprechend verpflichtet Art. 8 Abs. 5 RatingVO die Ratingagenturen, mindestens einmal im Jahr (bei Länderratings alle sechs Monate), aber auch bei anderen wesentlichen Änderungen eine Überprüfung

---

137 Vgl. den Vorschlag von *Coffee*, 241 N.Y.L.J. 5 (15. Januar 2009).

des Ratings vorzunehmen und die entsprechenden organisatorischen Vorkehrungen für ein Monitoring einzurichten. Interessanterweise sehen Art. 8 Abs. 6 lit. b und c RatingVO vor, dass im Falle einer Änderung der Methodik innerhalb von sechs Monaten eine Neubewertung aller betroffenen Ratings stattfinden muss und diese in der Zwischenzeit unter Beobachtung gestellt werden müssen. Damit sichert der Gesetzgeber die Kohärenz und Vergleichbarkeit der Ratings.

II. Durchsetzungsmechanismen

1. Staatliche Aufsicht

Die Ratingagenturen sind im Zuge der Finanzkrise einer staatlichen Aufsicht unterstellt worden, die zunächst durch die Mitgliedsstaaten, ab dem 1. Juli 2011 vollständig von der Europäischen Wertpapier- und Marktaufsichtsbehörde EMSA übernommen worden ist (Art. 40a Abs. 1 RatingVO). Für die Verwendung von Ratings für aufsichtsrechtliche Zwecke bleiben die jeweiligen Fachbehörden zuständig (Art. 25a RatingVO). Der ESMA stehen verschiedene Aufsichtsmaßnahmen zur Verfügung sowie die Möglichkeit, Bußgelder als Sanktionen zu verhängen.

a) Aufsichtsmaßnahmen

Das Zulassungsverfahren (Art. 14 ff. RatingVO) für Ratingagenturen bietet über neue Marktteilnehmer eine gewisse Kontrolle. Daneben besteht auch eine laufende Aufsicht, die mit einem umfangreichen Instrumentarium an Ermittlungs- und Sanktionsinstrumenten ausgestattet worden ist. Insbesondere ist es möglich, einer Ratingagentur ihre Erlaubnis zu entziehen oder die Verwendung ihrer Ratings – zumindest zeitweilig – zu untersagen (Art. 24 Abs. 1 lit. a und b RatingVO). Gerade letzteres Mittel zeigt das Dilemma, in dem sich die ESMA befindet: Vor allem die Ratings der großen Agenturen sind für die Marktteilnehmer im Rahmen ihrer aufsichtsrechtlichen Zwecke alternativlos. Aus diesem Grund gewährt Art. 24 Abs. 4 RatingVO für den Fall der Untersagung der Verwendung von Ratings einer Agentur Übergangsfristen. Die ESMA hat daher nicht nur den Normverstoß der Ratingagentur zu berücksichtigen, sondern auch die Folgen für andere Regulierungsziele. Die Anleger haben eine andere Perspektive: Aufsichtsrechtlich mag es sich nur um einen punktuellen Verstoß handeln, der sie gleichwohl erheblich schädigen kann.[138]

---

[138] Vgl. *Rothenhöfer*, in: Baum et al., Perspektiven des Wirtschaftsrechts (2008), 57.

Aus Sicht eines Investors kann daher leicht die Befürchtung entstehen, die ESMA würde sich eher in Zurückhaltung üben. Hierfür besteht auch ein Anreiz, da sie sich bei einem Handeln gegenüber den Ratingagenturen haftbar machen würde, nicht aber bei einem Unterlassen gegenüber anderen Marktteilnehmern.

Zudem handelt es sich um einen so schweren Eingriff in die Berufsfreiheit der Ratingagentur, dass er aus Gründen der Verhältnismäßigkeit nur bei wiederholten, systematischen Verletzungen in Betracht kommt (vgl. Art. 24 Abs. 2 RatingVO).[139] Bei geringeren Verstößen wäre daher nur eine Aufforderung an die Ratingagentur möglich, den Verstoß zu beenden, die mit Zwangsgeldern von bis zu 3 % des durchschnittlichen Tagesumsatzes durchgesetzt werden kann (Art. 24 Abs. 1 lit. d i. V. m. Art. 36b Abs. 1 lit. a und Abs. 3 RatingVO). Die ESMA kann sich auch darauf beschränken, den Verstoß öffentlich bekannt zu machen (Art. 23 Abs. 1 lit. e RatingVO). Eine solche Sanktionierung durch *naming* und *shaming*[140] erleichtert – ebenso wie die Veröffentlichung von Bußgeldern (Art. 36d Abs. 1 RatingVO) – die Durchsetzung von Haftungsansprüchen.[141] Zur Ermittlung von Normverstößen kann die ESMA auf umfangreiche Informationserhebungsbefugnisse zurückgreifen (Art. 23a ff. RatingVO). Aufsichtsrechtliche Maßnahmen haben aus Sicht von Investoren zudem zwei weitere Nachteile: Erstens fehlt ihnen die kompensatorische Wirkung, d. h. sie gleichen den entstandenen Schaden der Investoren nicht aus.[142] Investoren müssen sich daher darauf verlassen, dass die Abschreckungswirkung der Ahndung früherer Pflichtverletzungen die Ratingagenturen zukünftig zu normkonformem Verhalten anhält. Zweitens sind die aufsichtsrechtlichen Verpflichtungen input-orientiert und damit nicht vollständig deckungsgleich mit dem Interesse des Kapitalmarktes an einem fehlerfreien Rating.

b) Bußgelder

Einzelne Verstöße können von der ESMA zudem durch Bußgelder sanktioniert werden (Art. 36a RatingVO i. V. m. Anhang III). Für die einzelnen Verstöße können – je nach Tatbestand – Bußgelder von EUR 10.000 bis zu EUR 450.000 verhängt werden, die mit schadensmindernden oder verschärfenden Koeffizienten (Art. 36a Abs. 3 RatingVO i. V. m. Anhang IV) multi-

---

[139] *Haar*, ZBB 2009, 177, 184; *Vogler*, Schadensersatzhaftung des Wertpapierdienstleistungsunternehmens für fehlerhafte Aktienanalyse (2005), 122 für Finanzanalysten.

[140] Hierzu *Möllers*, AcP 208 (2008) 1, 16 f.

[141] *Fleischer*, ZGR 2004, 437, 477; *Möllers*, AcP 208 (2008) 1, 17.

[142] *Möllers*, AcP 208 (2008) 1, 24.

pliziert werden und sich an der Größe der Agentur orientieren. In der Summe dürfen diese Bußgelder zwar 20% des Umsatzes des letzten Geschäftsjahres nicht überschreiten, sollen aber zumindest den Gewinn abschöpfen, den die Ratingagentur aus dem Verstoß einen Vorteil gezogen hat (Art. 36 Abs. 4 RatingVO).[143] Die Abschöpfung des Gewinns ist notwendig, damit die Ratingagentur keinen Anreiz hat, einen „kalkulierten Normbruch" zu begehen.[144] Da nicht alle Normverstöße entdeckt werden und für die Ratingagentur mit keinem Nachteil verbunden sind, sondern lediglich dem Verlust der Vorteile der Normverletzung, ist ein Bußgeld, das auf eine Gewinnabschöpfung beschränkt ist, kein ausreichender Anreiz zur Einhaltung der aufsichtsrechtlichen Regelungen.

2. Publizität

Wie auch der US-amerikanische Gesetzgeber folgt der europäische Gesetzgeber der *disclosure philosophy* und stützt die Regulierung von Ratingagenturen neben der häufig punktuellen staatlichen Durchsetzung entscheidend auf Publizitätspflichten. Publizitätspflichten sind eine indirekte Regulierung; sie vertraut darauf, dass die informierten Marktteilnehmer eigenverantwortlich aus den veröffentlichten Informationen ihre Schlüsse ziehen werden. Für Ratingagenturen würde dies etwa bedeuten, dass bei einer zu starken Abhängigkeit einer Ratingagentur von einem Emittenten ihr Rating von den Marktteilnehmern nicht mehr als glaubwürdig angesehen wird; die Anleger würden dann stattdessen das Rating einer anderen Agentur verlangen oder einen Emittenten mit einem entsprechenden Risikoaufschlag belegen. Ein vorausschauend handelnder Emittent würde diese Reaktion antizipieren, indem er eine Ratingagentur beauftragt, die keinem Interessenkonflikt unterliegt. Die Ratingagenturen werden sich daher, so die Idee, der Marktdisziplin beugen und versuchen, ihre Abhängigkeiten zu minimieren, um keine Aufträge zu verlieren.

Im Gegensatz zu vielen anderen staatlichen Regulierungsmaßnahmen besteht damit prinzipiell ein höheres Maß an Vereinbarkeit mit Prinzipien wie Wettbewerb, Marktwirtschaft und Privatautonomie. Häufig wird daher ein auf Offenlegungspflichten und Transparenz basierendes „Informations-

---

[143] Ähnlicher Vorschlag auch bei *Hunt*, 2009 Colum. Bus. L. Rev. 109, 182, der eine Gewinnabschöpfung fordert, wenn ein Fehler nicht offengelegt worden ist. Noch weitergehend *Haar*, ZBB 2009, 177, 185 ff., die eine Gewinnabschöpfung als Sanktion fordert und nicht auf den aus dem Verstoß gezogenen Gewinn beschränkt.

[144] Vgl. *Halbleib*, Die Haftung des Wirtschaftsprüfers gegenüber Anlegern am Kapitalmarkt (2010), 78 f. zur Schadensmessung.

modell" das mildere Mittel sein[145] und ist insbesondere mit den Grundprinzipen des Binnenmarktes und einer freiheitlichen Gesellschaft vereinbar.[146] Auch die Regulierung von Finanzanalysten, die in vielen Aspekten mit der vorliegenden Thematik verwandt ist, basiert auf Offenlegungspflichten und Transparenz, insbesondere im Hinblick auf mögliche Interessenkonflikte, welche die Neutralität der Analyse beeinträchtigen könnten (§ 34b Abs. 1 S. 2 WpHG i.V.m. § 5 FinAnV). Auch wenn Publizität ein marktbasiertes Steuerungsinstrument ist, darf nicht übersehen werden, dass die Offenlegungspflichten selbst durchgesetzt werden müssen. Dies geschieht entweder durch Aufsichts- oder Haftungsrecht. Im Falle von Ratingagenturen bestehen jedoch große Zweifel, ob eine Regulierung durch das Informationsmodell zum gewünschten Erfolg führt. Das Informationsmodell funktioniert nur unter zwei Voraussetzungen: der Fähigkeit der Marktteilnehmer, die Informationen entsprechend zu würdigen, und ihrer Entscheidungsfreiheit, um daraus die erforderlichen Konsequenzen ziehen zu können. Beide Voraussetzungen sind nicht gegeben.

Auf den ersten Blick sind umfangreiche Offenlegungspflichten ein paradoxes Regelungsinstrument für Ratings, die sich gerade durch die griffige Zusammenfassung einer Bewertung in einem Symbol auszeichnen. Auf einem informationseffizienten Markt wäre es allerdings gar nicht notwendig, dass jeder Investor die offengelegten Informationen zur Kenntnis nimmt; es wäre ausreichend, wenn nur diese Informationsintermediäre – z.B. Finanzanalysten – und institutionelle Investoren zur Kenntnis genommen werden und über sie in den Marktpreis Eingang finden.[147] Ein informationseffizienter Markt geht aber von anspruchsvollen Voraussetzungen aus, die angesichts der Vielzahl und Komplexität der Emissionen nicht immer gegeben sind.[148]

Denkbar erschiene eine Auswertung der Veröffentlichungen von Ratingagenturen durch einen weiteren Informationsintermediär,[149] der gewissermaßen ein „Rating der Vertrauenswürdigkeit des Ratings" abgibt. Dies würde zwar helfen, die Vertrauenswürdigkeit eines Ratings einzuschätzen, aber zugleich zu einer Verdoppelung der *agency costs* führen, weil auch die

---

[145] *Siepmann*, Selbstbehalt bei Verbriefungen (2011), 213 ff. Hierzu auch *Schön*, in: FS Canaris (2007), 1204 f.

[146] Hierzu *Riesenhuber*, in: Hopt/Kämmerer/Veil, Kapitalmarktgesetzgebung im Europäischen Binnenmarkt (2008), 24 ff., insb. 57 f.

[147] *Schwarcz*, 2004 U. Ill. L. Rev. 1, 8; *Paredes*, 81 Wash. U. L. Q. 417, 431 f. (2003).

[148] Vgl. *Schwarcz*, 2004 U. Ill. L. Rev. 1, 14 und 18 f.; *Darcy*, 2009 Colum. Bus. L. Rev. 605, 656.

[149] Zur mittelbaren Information durch Informationsintermediäre *Möllers/Kernchen*, ZGR 2011, 1, 15.

Arbeit dieses Informationsintermediärs finanziert und überwacht werden müste. Somit bleibt einem Investor nur, die Informationen selbst zu analysieren; dann läuft er aber Gefahr, Opfer einer Informationsüberflutung (*information overload*) zu werden. Hierauf reagiert ein Mensch, wie die Verhaltensökonomie festgestellt hat, mit einer selektiven Wahrnehmung von Informationen.[150] Häufig wird ein Investor daher die offengelegten Informationen ignorieren, was angesichts des Analyseaufwandes bei einem kleineren Investment rational sein kann.[151] Gerade in Boomphasen werden zudem störende Informationen ausgeblendet, obwohl Interessenkonflikte von einem Investor gerade in diesen Phasen wahrgenommen werden sollten.

Das Informationsmodell setzt ferner die Entscheidungsfreiheit des informierten Informationsrezipienten voraus. Er kann aber nur auf die Informationen reagieren, wenn ihm der Markt eine funktionierende Ausweichmöglichkeit bietet. Gerade dies ist auf dem Ratingmarkt nicht der Fall. Die oligopolistische Struktur verhindert einen Wechsel zu einer anderen Ratingagentur.[152] Zudem muss ein Emittent bedenken, dass ihm ein Wechsel der Ratingagentur von einigen Marktteilnehmern negativ ausgelegt werden könnte.

Insgesamt besteht durch Offenlegungspflichten das Risiko einer trügerischen Sicherheit, weil die Interessenkonflikte durch das Informationsmodell nicht beseitigt werden können.[153] Ferner können nur Konflikte offengelegt werden, die zwischen den Interessen der Investoren und gegenläufigen Interessen Dritter bestehen. Soweit die Interessen der Investoren durch das wirtschaftliche Eigeninteresse der Agentur selbst bedroht sind, etwa weil die Ratingagentur ein lukratives Geschäftsfeld nicht aufgeben oder Kosten sparen möchte, versagt dieses Regulierungsinstrument. Publizität kann daher nur ein Baustein der Regulierung von Ratingagenturen sein. Schließlich ist zu berücksichtigen, dass ein falsches Rating das Vertrauen der Anleger in die Arbeit von Ratingagenturen erschüttert. Dieses Vertrauen kann wohl kaum wieder dadurch hergestellt werden, dass die Anleger auf eine unüberschaubare Menge an vorab veröffentlichten Informationen verwiesen werden, die sie gegenüber den Ratings dieser Agenturen hätten misstrauisch stimmen müssen.

---

150 *Möllers/Kernchen*, ZGR 2011, 1, 10f. m.w.N.

151 *Choi/Fisch*, 113 Yale L. J. 269, 311 (2003).

152 *Siepmann*, Selbstbehalt bei Verbriefungen (2011), 179; ähnlich für Finanzanalysten *Vogler*, Schadensersatzhaftung des Wertpapierdienstleistungsunternehmens für fehlerhafte Finanzanalysen (2005), 120.

153 *Kumpan*, in: FS Hopt (2010), 2167.

III. Strukturelle Reformen

1. Rotationspflicht

Die Europäische Kommission hatte im Herbst 2011 für das Auftragsrating eine Rotationspflicht vorgeschlagen, die sich an die entsprechende Regelung für Abschlussprüfer in § 319a Abs. 1 S. 1 Nr. 4 HGB anlehnt (Art. 6b Rating-VO-E). Eine Ratingagentur sollte einen Emittenten höchstens drei Jahre hintereinander bewerten dürfen; wenn sie mehr als zehn Emissionen während eines Jahres bewertet, sogar nur ein Jahr lang. Werden zwei Ratingagenturen parallel beauftragt, sollte die dreijährige Rotationspflicht für eine der beiden gelten; die andere Ratingagentur hätte den Emittenten maximal sechs Jahre in Folge bewerten dürfen. Nach Ende der maximalen Vertragslaufzeit, wäre eine erneute Beauftragung innerhalb der nächsten vier Jahre ausgeschlossen gewesen. Hierdurch sollte verhindert werden, dass ein Emittent zwischen zwei Agenturen hin- und herwechselt.[154] Im Falle eines Wechsels hätte die abgelöste Ratingagentur die notwendigen Informationen zur Verfügung stellen müssen, um die Kontinuität des Ratings zu gewährleisten und wohl auch die Einarbeitungskosten zu senken. Die abgelöste Ratingagentur wäre nicht gehindert gewesen, unbeauftragte Ratings abzugeben. Der Unionsgesetzgeber hat diesen Vorschlag nur sehr begrenzt und in abgemilderter Form für Fälle der Wiederverbriefung übernommen (Art. 6b Abs. 3 UAbs. 1 RatingVO, siehe auch Erwägungsgrund 13 VO (EU) Nr. 462/2013).

Eine Rotationspflicht soll den Wettbewerb zwischen Ratingagenturen forcieren, indem die Lock-in-Effekte für den Emittenten überwunden und eine zu große Nähe zwischen den Beteiligten verhindert wird. Durch den Zwang zum Wechsel soll zudem ein Markt für neue Ratingagenturen geschaffen werden. Abgesehen von den generellen Zweifeln, ob mehr Wettbewerb die Qualität von Ratings verbessert, fordert der Vorschlag in mehrfacher Hinsicht zu Kritik heraus: Eine Orientierung am Emittenten als Auftraggeber übersieht, dass bei Verbriefungen das Abhängigkeitsverhältnis zwischen den Ratingagenturen und den beteiligten Investmentbanken besteht, während der Emittent nur eine Zweckgesellschaft ist. Investoren haben zudem während der gesamten Laufzeit einer Schuldverschreibung, welche die Höchstvertragsdauer häufig übersteigt, ein Interesse an einer fortdauernden Beobachtung der Bonität.[155] Würde dies eine neue Ratingagentur leisten müssen, wären die Einarbeitungskosten enorm, weil sie alle Schuldverschreibungen noch einmal analysieren müsste. Würde die abgelöste Ratingagentur das Monito-

[154] Erwägungsgrund 9 des Vorschlags der Europäischen Kommission vom 15. November 2011, KOM(2011) 747 endgültig.

[155] *Tönningsen*, ZBB 2011, 460, 471.

ring fortsetzen, würde sie implizit gleichzeitig die Bonität des Emittenten weiter bewerten. Generell lohnt es sich für die einzelnen Ratingagenturen aufgrund der Rotationspflicht weniger, emittentenspezifisches Wissen aufzubauen. Es ist wäre zu befürchten, dass die Ratings neu beauftragter Ratingagenturen – ähnlich der Erstprüfung bei Wirtschaftsprüfern – eine geringere Qualität aufweisen.[156] Insgesamt ist die Zurückhaltung des Unionsgesetzgebers gegenüber einer Rotationspflicht daher zu begrüßen.

2. Reform des Vergütungsmodells

Augenfälligster Einwand gegen die Unabhängigkeit von Ratingagenturen ist ihre Vergütung durch den Emittenten selbst oder einen anderen Beteiligten, der am Ergebnis des Ratings ein wirtschaftliches Interesse hat (*Issuer-pays*-Modell) – scheinbar ein struktureller Interessenkonflikt.[157] In der Reformdiskussion wird dieser Punkt überproportional betont, obwohl auch andere neutrale Intermediäre – etwa Wirtschaftsprüfer und Gutachter – gerade von den Personen ausgewählt und vergütet werden, deren Handeln sie überprüfen sollen.[158] Dieser Grundströmung folgend beauftragt der 73. Erwägungsgrund der RatingVO die Kommission mit der Bewertung von Alternativen zum Modell des „zahlenden Emittenten“. Die Diskussion alternativer Vergütungsmodelle befindet sich noch im Fluss. Die meisten Reformvorschläge setzen jedoch an einem oder mehreren von drei Punkten an: Durch wen wird die Ratingagentur vergütet? Wer wählt die Ratingagentur aus? Gibt es eine Möglichkeit, Vergütung und Qualität des Ratings miteinander zu koppeln?

a) Rückkehr zum Investor-pays-Rating

Der populärste Vorschlag ist die Rückkehr zum Abonnementrating (*investor-pays rating*).[159] Dabei wird häufig auf das erfolgreiche Geschäftsmodell der Ratingagentur Egan-Jones hingewiesen,[160] obwohl diese Agentur im

---

[156] So auch Erwägungsgrund 13 VO (EU) Nr. 462/2013; i. E. ebenfalls ablehnend *Tönningsen*, ZBB 2011, 460, 471. Zu Wirtschaftsprüfern *Kremer*, Die zivilrechtliche Verantwortlichkeit des Wirtschaftsprüfers gegenüber Kapitalanlegern (2007), 172.

[157] So aber *Lynch*, 59 Case W. Res. L. Rev. 227, 247 (2009); *Manns*, 87 N. C. L. Rev. 1011, 1052 (2009); *Coffee*, 70 Va. L. Rev. 717, 745 (1984).

[158] Vgl. *Lemke*, Haftungsrechtliche Fragen des Ratingwesens – ein Regelungsproblem? (2000), 114 f.

[159] *Zimmer*, in: FS Hopt (2010), 2703 ff.; *ders.*, Gutachen zum 68. DJT (2010), G 75; *Darbellay*, Regulating Ratings (2011), 203 ff.

[160] Etwa *Zimmer*, in: FS Hopt (2010), 2705; *Darbellay*, Regulating Ratings (2011), 206; *Möllers/Wecker*, ZRP 2012, 106, 107.

Jahr 2010 lediglich etwas mehr als tausend Ratings veröffentlicht hatte und fünf (!) Analysten beschäftigte;[161] ihre Abdeckung ist damit verschwindend gering. Mit dem Abonnementrating sind aber verschiedene Nachteile verbunden, die es weder möglich noch sinnvoll erscheinen lassen, „die Uhr zurückzudrehen". Kleinanleger werden durch dieses Modell benachteiligt,[162] weil die Kosten des Ratings nicht in die Kosten einer Emission einfließen und auf die einzelnen Anleger entsprechend der Höhe ihres Investments umgelegt werden können.[163] Abonnementratings sind daher häufig nur für institutionelle Anleger erschwinglich.

Zwar entschärft das Abonnementrating den Interessenkonflikt zwischen Emittent und Ratingagentur; zugleich sind aber neue, weniger eindeutige Abhängigkeiten der Agenturen von einzelnen Abonnenten und ihren Interessen möglich.[164] So sind institutionelle Investoren häufig wie Emittenten an einem „zu positiven" Rating einer Anlage interessiert, weil es ihnen erlaubt, höhere Risiken – zulasten wiederum ihrer Prinzipale (z.B. Fondsanlegern) – einzugehen.[165]

Erster prinzipieller Einwand ist – wieder – der fehlende Wettbewerb. Das Issuer-pays-Rating verknüpft nur dann den Erfolg einer Ratingagentur mit den Interessen der Investoren, wenn die Investoren die Möglichkeit haben, auf einen Konkurrenten auszuweichen. Zweitens aber scheitert ein Abonnementrating am Charakter des Ratings als öffentliches Gut. Es erscheint kaum möglich, die Verbreitung eines Ratings an Nichtabonnenten zu verhindern. Damit droht eine Unterversorgung mit Ratings, weil nicht alle Investoren, die ein Rating nutzen, bereit sein werden, für eine frei verfügbare Information zu bezahlen.[166] Da seit den 70er Jahren die Komplexität der bewerteten Anlagen und damit die Kosten eines Ratings stark zugenommen haben, erscheint es umso fraglicher, ob es gelingt, diese Kosten durch ein Abonnementmodell zu decken. Dies deckt sich mit der Beobachtung der SEC, dass zwei der drei NRSRO, die sich traditionell durch Abonnements finanziert hatten, im Bereich strukturierter Finanzprodukte auf das Issuer-pays-Modell umgestellt hätten.[167] Würde es gelingen, die Verbreitung eines

---

[161] *SEC*, 2011 Summary Report of Commission Staff's Examinations of Each Nationally Recognized Statistical Rating Organization (September 2011), 6 und 8.

[162] *Manns*, 87 N. C. L. Rev. 1011, 1032 (2009).

[163] *Darcy*, 2009 Colum. Bus. L. Rev. 605, 623; zur Weitergabe des Haftungsrisikos an Abonnenten und den Folgen *Husisian*, 75 Cornell L. Rev. 410, 436 (1990).

[164] Dies räumt auch *Zimmer*, in: FS Hopt (2010), 2704 ein.

[165] *Coffee*, 1 Harv. Bus. L. Rev. 231, 257 (2011).

[166] *Coffee*, Gatekeepers (2006), 295; *Darcy*, 2009 Colum. Bus. L. Rev. 605, 622 f; für Finanzanalysten *Choi/Fisch*, 113 Yale L. J. 269, 278 (2003).

[167] *SEC*, 2011 Summary Report of Commission Staff's Examinations of Each Nationally Recognized Statistical Rating Organization (September 2011), 9.

Ratings auf die Abonnenten zu begrenzen, gingen schließlich damit die Netzwerkeffekte eines frei verfügbaren Ratings verloren, auf das von staatlichen und privaten Stellen vielfältig Bezug genommen werden kann.[168] Zugleich würde die Allokationseffizienz des Kapitalmarkts leiden, weil das Rating nunmehr mit einem Preis belegt wäre und sein Informationswert damit langsamer in den Marktpreis einfließen würde.[169]

b) Entkoppelung der Vergütung von der Auftragsvergabe

Um diesen Bedenken Rechnung zu tragen, wird vorgeschlagen, die Ratingagentur aus einem Fonds zu bezahlen, in den die Anleger oder Emittenten verpflichtend Beiträge leisten. Damit verbunden ist die Frage, wer entscheidet, welche Ratingagentur vom Fonds beauftragt wird. Das gleiche Problem stellt sich, wenn man beim Issuer-pays-Modell bleibt, aber die Auswahl der Ratingagentur auf einen Dritten verlagert.[170]

Eine staatliche Stelle[171] verfügt nicht über ausreichende Sachnähe und wird bei Verwendung fremder Mittel wahrscheinlich nicht in der Lage sein, den bestmöglichen Vertrag mit den Ratingagenturen auszuhandeln.[172] Zumindest stände sie vor dem schwierigen Problem, die Qualität der Arbeit der Ratingagenturen bewerten zu müssen, um eine nachvollziehbare Auswahlentscheidung treffen zu können.[173] Fehlt es an überzeugenden Differenzierungsmöglichkeiten, würde die staatliche Stelle quasi die Marktanteile der einzelnen Agenturen festlegen. In Ergebnis würde es daher zu einer bedenklichen Konzentration von Nachfragemacht in staatlicher Hand kommen[174] und die Bewertung der Ratingagentur möglicherweise sogar wieder mit einem staatlichen „Gütesiegel" versehen werden.

---

[168] *Manns*, 87 N. C. L. Rev. 1011, 1059 ff. (2009).

[169] Vgl. *Gilson/Kraakman*, 70 Va. L. Rev. 549, 597 ff. (1984).

[170] Vgl. *Coffee*, 1 Harv. Bus. L. Rev. 231, 256 (2011) zum im Rahmen des Dodd-Frank-Act diskutierten Modells (sog. *Franken Amendment*), dass ein Credit Rating Agency Review Board die Agentur auswählt; geblieben ist der Auftrag an die SEC, eine Studie hierzu durchzuführen (Sec. 938F).

[171] Hierfür *Manns*, 87 N. C. L. Rev. 1011, 1061 ff. (2009); siehe auch *Möllers*, JZ 2009, 861, 866, der eine Beauftragung durch die Aufsichtsbehörde nach dem Muster der §§ 35, 36 WpHG vorschlägt.

[172] *Zimmer*, in: FS Hopt (2010), 2703; kritisch auch *Leyens*, in: Baum et al., Perspektiven des Wirtschaftsrechts (2008), 438.

[173] Ausführlich *Manns*, 81 Geo. Wash. L. Rev. 749, 790 f. (2013).

[174] *Tönningsen*, ZBB 2011, 460, 469; *Horsch/Kleinow/Traun*, ZBB 2013, 417, 430; *Schmid*, 2012 Col. Bus. L. Rev. 994, 1019, die befürchtet, eine Ratingagentur könnte als Revanche für ein schlechtes Rating der USA bei der Vergabe benachteiligt werden.

Denkbar wäre es auch, den Investoren die Auswahl einer Ratingagentur zu überlassen, indem ihnen Gutscheine zur Vergütung einer Ratingagentur in die Hand gegeben werden;[175] die Kosten hierfür würden dann auf alle Erwerber als Emissionskosten umgelegt werden. Problem dieser Lösung ist zum einen, dass das Rating bereits vor der Emission erstellt werden sollte, da es gerade den Ersterwerbern eine Orientierung geben soll.[176] Sollten die Investoren mit ihren Gutscheinen mehrere Ratingagenturen beauftragen, würden sich zudem die Kosten der Bewertung durch Doppelbewertungen vergrößern. Verteilen die Investoren die Gutscheine zu breit unter den Ratingagenturen, erhält wohlmöglich keine Ratingagentur eine ausreichend hohe Vergütung, um ein qualitativ hochwertiges Rating erstellen zu können. Schließlich haben auch Investoren ein Interesse an einem anerkannten Rating, weil dies ihre Verkaufsmöglichkeiten auf dem Sekundärmarkt verbessert. Viele würden sich daher wahrscheinlich für die Beauftragung einer der drei großen Ratingagenturen entscheiden, zumal es für einen Investor relativ schwierig ist, die Qualität einer Ratingagentur zu beurteilen.[177]

Unabhängig von den Umsetzungsproblemen dieser aufwändigen Vorschläge adressieren sie nicht den Konflikt zwischen dem wirtschaftlichen Eigeninteresse der Ratingagentur und dem Investor. Wie sich gerade in der Finanzkrise gezeigt hat, ist es nicht im Interesse einer Ratingagentur, zukünftige Aufträge durch das Aufzeigen einer Blasenbildung zu verhindern. Dieses Eigeninteresse legt sie nicht deshalb ab, weil sie von einem Dritten oder den Investoren ausgewählt wird; auch in dieser Konstellation ist das kurzfristige Interesse an Folgeaufträgen präsent.

c) Verknüpfung von Vergütung und Qualität des Ratings

Das Eigeninteresse der Ratingagentur könnte allerdings diszipliniert werden, wenn die Vergütung mit der Qualität des Ratings verknüpft wird. Teilweise wird ein Selbstbehalt der Ratingagentur an der bewerteten Schuldverschreibung vorgeschlagen;[178] Folge wäre aber, dass Ratingagenturen ein

---

[175] *Choi/Fisch*, 113 Yale L. J. 269, 314 ff. (2003); kritisch *Coffee*, Gatekeepers (2006), 343, weil er befürchtet, den Agenturen stände kein starker Prinzipal gegenüber; ähnlich aber das von ihm in 1 Harv. Bus. L. Rev. 231, 258 f. (2011) diskutierte Modell, institutionelle Investoren zur Beauftragung eines Ratings zu verpflichten.

[176] Vor diesem Problem steht auch der Vorschlag von *Schmid*, 2012 Col. Bus. L. Rev. 994, 1029 ff., eine Abstimmung unter ernsthaft interessierten Investoren durchzuführen, die kein Interesse an einer zu hohen oder zu niedrigen Bewertung haben.

[177] *Manns*, 81 Geo. Wash. L. Rev. 749, 788 (2013).

[178] *Listokin/Taibleson*, 27 Yale J. on. Reg. 91, 104 ff. (2010); *Issing et al.*, New Financial Order Recommendations by the Issing Committee Part I (October 2008), Center for Financial Studies White Paper No. 1, 10.

besonders schlechtes Rating vergeben würden, um die eigene Rendite zu erhöhen.[179] Alternativ könnte die Auszahlung der Vergütung an den Erfolg der Prognose geknüpft werden, also – zumindest teilweise – erst dann erfolgen, wenn sich ein Rating als richtig erwiesen hat.[180] Die Qualität eines Ratings als Prognose zu beurteilen, ist aufgrund der vielfältigen Einflussfaktoren, die über den Erfolg eines Unternehmens entscheiden, sehr schwierig. Ebenfalls wenig erfolgversprechend wäre es, die Arbeit der Ratingagenturen miteinander zu vergleichen, um ihre Qualität zu bewerten. Vergleichende Analysen begründen nur einen Anreiz für die Ratingagenturen zu parallelem Verhalten.[181] Die Qualität eines Ratings nachzuvollziehen, ist daher realistischerweise nur punktuell in einem aufsichtsrechtlichen Verfahren oder einem Haftungsprozess möglich, nicht aber als Regelverfahren für die Finanzierung jedes Ratings.

d) Zwischenergebnis

Als Fazit bleibt festzuhalten: Ob im Vergütungsmodell der Schlüssel zur Lösung aller Regelungsprobleme des Ratings liegt, ist eher zweifelhaft. Trotz vielfacher Kritik am „Modell des zahlenden Emittenten“ ist eine überzeugende Alternative nicht in Sicht. Möglicherweise handelt es sich beim Issuer-pays-Modell lediglich um eine vermeintliche Anomalie, auf die sich die Diskussion konzentriert, weil sie sich leicht beschreiben und diskutieren lässt, während die eigentlichen Probleme weniger offensichtlich sind. Dies bestätigen die empirischen Erfahrungen auf dem Ratingmarkt für Unternehmensanleihen, die keine bemerkenswerten Abhängigkeiten der Ratingagenturen von einzelnen Emittenten zeigen.[182] Dieses Phänomen lässt sich erst durch die Konzentration von Nachfragemacht in den Händen einzelner Investmentbanken als Arrangeure von Verbriefungstransaktionen im Vorfeld der Finanzkrise feststellen.

3. Staatliche Ratingagentur?

Die Bedeutung der Ratingagenturen für regulatorische Zwecke und die Stabilität der Finanzmärkte, das Versagen disziplinierender Selbstregulierung durch Wettbewerb und Reputation sowie ihr offensichtlich von Eigennutz getriebenes Verhalten in der Finanzkrise – all diese Faktoren scheinen die Forderung nach einer staatlichen Ratingagentur als Ausweg zu stüt-

---

179 *Siepmann*, Selbstbehalt bei Verbriefungen (2011), 179.

180 *Kumpan*, in: FS Hopt (2010), 2170 ff.

181 *Manns*, 81 Geo. Wash. L. Rev. 749, 790 f. und 793 ff. (2013).

182 *Hill*, 71 U. Pitt. L. Rev. 1, 11 (2010).

zen.[183] Als Reaktion auf die Abwertung von Staaten der Eurozone wurde zudem die Einrichtung einer „europäischen Ratingagentur" gefordert. In der Folge wurde die Kommission durch die Novelle der Ratingagentur in 2013 verpflichtet, bis Ende 2016 einen Bericht vorzulegen, ob die Einrichtung einer Europäischen Ratingagentur erforderlich und durchführbar ist (Art. 39b Abs. 2 RatingVO). Gerade der Anlass dieses Vorschlags nährt aber die Befürchtung, dass eine staatliche Ratingagentur nicht frei von politischer Rücksichtnahme agieren kann. Dies gilt nicht nur bei der Bewertung „nationaler Champions", sondern auch von Staaten oder ausländischen Emittenten.[184] Die Reputation einer staatlichen Ratingagentur wäre daher mit einer „Hypothek" belastet,[185] die den Blick der Kapitalmärkte schnell wieder zu den etablierten Ratingagenturen lenken würde. Unabhängig davon, ob man von einem ordnungspolitischen Standpunkt eine staatliche Ratingagentur für wünschenswert hält,[186] hilft sie nicht, die aufgeworfenen Regelungsprobleme zu lösen.

Denkbar wäre selbstverständlich eine radikalere Lösung, indem etwa nur das Rating einer staatlichen Agentur für aufsichtsrechtliche Zwecke verwendet werden dürfte oder eine Bewertung durch private Ratingagenturen verboten werden würde; Letzteres wäre eine unverhältnismäßige Einschränkung der Meinungs- und Berufsfreiheit.[187] Zudem würde eine staatliche Stelle erheblichen Einfluss auf die Kapitalmärkte gewinnen, ohne dass sie den Marktteilnehmern verantwortlich oder eine effektive Kontrolle durch Parlament oder Öffentlichkeit zu erwarten wäre.[188] Diskutiert wird daher eine Ratingagentur als Stiftung, die zwar staatlich oder durch Marktteilnehmer finanziert ist, aber unabhängig von staatlicher und privater Einflussnahme ohne Gewinnorientierung arbeitet.[189] Modell soll die Stiftung Warentest

---

[183] Hierfür etwa *Gudzowski*, 2010 Colum. Bus. L. Rev. 245, 269 ff.

[184] *Coffee*, 1 Harv. Bus. L. Rev. 231, 261 (2011); *Oechsler*, ZRP 2011, 191; *Tönningsen*, ZBB 2011, 460, 470; *Manns*, 81 Geo. Wash. L. Rev. 749, 800 (2013).

[185] *Horsch/Kleinow/Traun*, ZBB 2013, 417, 424; i. E. auch *Manns*, 81 Geo. Wash. L. Rev. 749, 788 f. (2013).

[186] *Zimmer*, in: FS Hopt (2010), 2703 hält selbst eine Auswahl oder Bezahlung privater Ratingagenturen durch staatliche Akteure für „in einer marktwirtschaftlich geprägten Wirtschaftsordnung systemfremd".

[187] Großzügiger im Hinblick auf ein Verbot der Bewertung von Staatsanleihen *A. Witte*, WM 2011, 2253, 2256.

[188] Vgl. *Hopt*, Der Kapitalanlegerschutz im Recht der Banken (1975), 216 zum Machtzuwachs des Staates durch Verstaatlichung von Banken. Ähnliche Zweifel auch bei *Bussani*, 10 Global Jurist 1, Article 1, 13 (2010).

[189] Für Organisationen ohne Gewinnorientierung spricht sich auch *Barnett*, Intermediaries Revisited: Ist Efficient Certification Consistent with Profit Maximization?, University of Southern California Law School, Law and Economics Working Paper 137, 44 ff. aus.

sein.[190] Unabhängig davon, wie man ein solches Vorhaben bewertet, handelt es sich hierbei nur um einen Konkurrenten der etablierten Ratingagenturen. Ihr Einfluss würde zumindest in großen Teilen bestehen bleiben und damit auch die mit ihnen verbundenen Regelungsprobleme.

IV. Ergebnis

Die bisher ergriffenen und diskutierten Regelungen und Reformen allein sind nicht geeignet, das Vertrauen in die Qualität und Unabhängigkeit von Ratings zu gewährleisten. Wie auch sonst im Kapitalmarktrecht können aufsichtsrechtliche Maßnahmen nur punktuell Abhilfe schaffen. Eine marktorientierte Durchsetzung durch Publizitätspflichten erweist sich schon aufgrund der oligopolistischen Struktur des Ratingmarktes als wenig erfolgversprechend. Strukturelle Reformen wie die Umstellung der Finanzierung auf das „Modell des zahlenden Emittenten" oder die Übernahme der Aufgaben der Ratingagenturen durch eine staatliche Einheit sind entweder nicht praxistauglich oder aber bringen neue Regelungsprobleme.

§ 7 Haftung als Regelungsinstrument

Weder markt- noch aufsichtsbasierte Durchsetzungsmechanismen reichen alleine aus, um das Vertrauen in die Qualität von Ratings zu gewährleisten. Es bestätigt sich daher der allgemeine Konsens in der kapitalmarktrechtlichen Diskussion, dass die Lösung in einer „optimalen Anreizmischung"[191] durch die Kombination der verschiedenen Durchsetzungsmechanismen zu suchen ist.[192] In diesem Abschnitt soll daher auf einer rechtspolitischen Ebene untersucht werden, welche Wirkungen ein Schadensersatzanspruch von Investoren gegen Ratingagenturen hätte und mit welchen Vor- und Nachteilen er verbunden wäre. Dabei werden auch Leitlinien für die anschließende rechtsdogmatische Diskussion gewonnen werden.

---

190 *Frankfurter Allgemeine Zeitung*, Westerwelle dringt auf eine Stiftung für Ratings, vom 17. Januar 2012. Die Unternehmensberatung *Roland Berger* plante für das Jahr 2012 die Gründung einer als Stiftung organisierten Ratingagentur; gab seine Pläne aber mangels Resonanz wieder auf. Auch dasModell der *Bertelsmann Stiftung* („Blueprint for INCRA – An International Non-Profit Rating Agency") vom 17. April 2012 wurde bisher nicht umgesetzt. Zu den einzelnen Vorschlägen ausführlich *Horsch/Kleinow/Traun*, ZBB 2013, 417, 425 ff.

191 *Kalss*, ÖBA 2000, 641, 644.

192 *Baums*, ZHR 167 (2003) 139, 145; *Möllers*, AcP 208 (2008) 1, 40; *Hellgardt*, Kapitalmarktdeliktsrecht (2008), 177 und 202; *Brellochs*, Die Publizität und Haftung der Aktiengesellschaft in System des Europäischen Kapitalmarktrechts (2005), 177 ff. mit Verweis auf empirische Studien.

In einem ersten Schritt ist die Frage zu beantworten, inwieweit eine Inanspruchnahme des Haftungsrechts als Regelungsinstrument mit dem traditionellen Verständnis des Haftungsrechts vereinbar ist (hierzu I.). Danach wird erörtert, welche Wirkungen ein Schadensersatzanspruch von Investoren gegen Ratingagenturen auf das Handeln der Beteiligten hat (hierzu II.). In einem nächsten Schritt wird auf Bedenken eingegangen, die immer wieder gegen die Haftung von Ratingagenturen vorgebracht werden (hierzu III.). Abschließend stellt sich die Frage, ob statt eines gesetzlichen Schadensersatzanspruchs privatautonom vereinbarte Haftungsregeln vorzuziehen sind (hierzu IV.).

I. Funktionaler Ansatz des Haftungsrechts

Die traditionelle Sichtweise des Haftungsrechts betont vor allem dessen Kompensationsfunktion, d. h. den Ausgleich von entstandenen Schäden als Ausdruck der *iustitia distributiva*. Weitere Ziele wie etwa die Beeinflussung der Schadensstreuung, Schadensvermeidung oder generell der Prävention haben danach nur den Rang eines Nebeneffekts.[193] Dahinter steht letztlich die Grundauffassung, das Privatrecht sei unpolitisch, diene nur der Verwirklichung der Privatautonomie und sei daher von solchen von außen herangetragenen Überlegungen freizuhalten. Die hier gewählte Perspektive, Haftungsrecht als ein Instrument zur Regulierung von Ratingagenturen zu betrachten, ist diesem Ansatz eher fremd.

Eine im Vordringen befindliche Auffassung sieht demgegenüber auch in der Steuerungswirkung des Haftungsrechts einen wesentlichen Legitimationsgrund.[194] Die Kompensationsfunktion des Haftungsrechts selbst könne noch keine Begründung dafür liefern, warum bestimmte Schäden eine Schadensersatzpflicht nach sich ziehen und ausgeglichen werden, während in anderen Fällen die Rechtsordnung den Geschädigten ohne Anspruch zurücklässt.[195] Mit anderen Worten: Eine rein auf den Ausgleich fokussierte Sicht des Haftungsrechts bleibt die Antwort schuldig, wo im Kontinuum zwischen den Prinzipen des *neminem laedere* und des *casum sentit dominus* im konkreten Einzelfall die Grenzlinie zu ziehen ist. Außerdem darf nicht übersehen werden, dass zwar gerne die Autonomie des Zivilrechts betont wird, aber im Bürgerlichen Recht Gedanken der Ver-

---

[193] Z. B. *Larenz/Canaris*, SchuldR BT II/2, 13. Aufl. (1994), § 75 I 2 i), 354; *Lange/Schiemann*, Schadensersatzrecht, 3. Aufl. 2003, 11 f.

[194] Etwa *Wagner*, AcP 206 (2006) 352, 451 ff.; *Kötz*, in: FS Steindorff (1990), 643 ff.; *Schäfer/Ott*, Lehrbuch der ökonomische Analyse des Zivilrechts, 4. Aufl. (2005), 125 ff.; *Deutsch*, Allgemeines Haftungsrecht, 2. Aufl. (1996), Rn. 17 ff.

[195] *Kötz*, in: FS Steindorff (1990), 644.

haltenssteuerung bereits an den unterschiedlichsten Stellen Eingang gefunden haben.[196]

Aber auch über das Zivilrecht hinaus gilt: Jede rechtliche Entscheidung entfaltet eine Steuerungswirkung, nicht nur die Auferlegung der Haftung, sondern auch die Versagung eines Schadensersatzanspruchs. Wird ein Schaden nicht ersetzt, führt auch dies zu einer Verhaltensänderung der potentiell Betroffenen, z.B. in Form erhöhter Vorsorgeaufwendungen aufseiten potentiell Geschädigter oder dem Ausnutzen der gewonnenen Spielräume aufseiten des Schädigers.[197] Zugespitzt: Ebenso wenig wie ein Mensch *nicht* nicht kommunizieren kann,[198] kann das Recht *nicht* nicht das Verhalten der Menschen steuern. So bedarf auch die rechtspolitische Entscheidung einer Begründung, nicht in die gesellschaftlichen Prozesse einzugreifen. Dies gilt insbesondere dann, wenn diese Entscheidung einen Bereich betrifft, der – wie das Kapitalmarktrecht – bereits eine hohe Regelungsdichte aufweist. Dabei wird nicht übersehen, dass in einer freiheitlichen Gesellschaftsordnung zunächst eine Vermutung gegen einen hoheitlichen Eingriff besteht.

Beeinflusst ist diese Auffassung durch das US-amerikanische Recht,[199] das dem Schadensersatzrecht traditionell eine über das Verhältnis von Geschädigtem und Schädiger hinausgehende gesellschaftspolitische Bedeutung zumisst und Schadensersatzansprüche als Teil der Regulierung betrachtet („regulation through litigation“[200]). Hierfür gibt es im deutschen Recht freilich kein Äquivalent; eine funktionale Sichtweise des Rechts – unter Aufhebung der hergebrachten Unterscheidung zwischen Zivilrecht und Öffentlichem Recht – findet sich jedoch bei den Vertretern des *Wirtschaftsrechts*, welche den Markt insgesamt und nicht nur einzelne Rechtsbeziehungen in den Blick nehmen.[201] Auch im EU-Recht wird dem Haftungsrecht und der Durchsetzung durch den einzelnen eine größere Rolle als im deutschen Recht eingeräumt.[202] Einen starken Einfluss übt zudem die ebenfalls aus den Vereinigten Staaten kommende Verknüpfung von Ökonomie und Recht aus, nicht zuletzt weil sie ein Instrumentarium und Argumente an die Hand

---

196 Vgl. die Zusammenstellung bei *Wagner*, AcP 206 (2006) 352, 364 ff.

197 Ähnlich mit weiteren Beispielen *Wagner*, AcP 206 (2006) 352, 424 f.

198 So das vom Kommunikationswissenschaftler und Psychologen *Paul Watzlawick* entwicklte metakommunikative Axiom, wonach jedes Verhalten kommunikativen Charakter hat.

199 *Hellgardt*, Kapitalmarktdeliktsrecht (2008), 366.

200 *Lehmann*, IPrax 2012, 399, 400 m.w.N.

201 Vgl. *Möslein*, JZ 2010, 72, 77 Fn. 75 m.w.N.; mit etwas anderer Konnotation *Kübler*, in: FS Steindorff (1990), 693.

202 *Wagner*, Gutachten zum 64. DJT (2006), A 17 ff.

gibt, um die Steuerungswirkungen abzuschätzen und die Entscheidung für oder gegen eine Haftung zu begründen. Zusammenfassend lässt sich daher feststellen: Trifft das bürgerlich-rechtliche Haftungsrecht auf einen wirtschaftsrechtlich geprägten Sachverhalt, reguliert es diesen zwangsläufig, wird so selbst zum Wirtschaftsrecht,[203] muss dessen Wertungen aufnehmen und sich an seinen Zielen messen lassen.

II. Wirkungen einer Dritthaftung von Ratingagenturen

Wie wirkt die Haftung von Ratingagenturen auf den Kapitalmarkt sowie die Handlungen und Erwartungen der Beteiligten? Ist eine Dritthaftung von Ratingagenturen überhaupt wünschenswert? Diesen Fragen soll in diesem und dem nächsten Abschnitt nachgegangen werden, wiederum unter Einsatz eines ökonomischen Analyseinstrumentariums. Spätestens die rechtspolitische Bewertung setzt aber einen normativen Rahmen voraus, der zunächst abgesteckt werden soll (1.), bevor die Präventionswirkung einer Dritthaftung von Ratingagenturen näher untersucht wird (2.). Da Ratingagenturen als Gatekeeper auch im Verhältnis zu Emittenten über eine besondere Marktposition verfügen, werden im Anschluss die Folgen einer Gatekeeperhaftung von Ratingagenturen näher betrachtet (3.).

1. Normativer Rahmen

a) Ökonomische Argumente in der rechtspolitischen und rechtsdogmatischen Diskussion

Als normativer Rahmen bietet sich eine ökonomisch informierte Perspektive an. Die Möglichkeiten und Grenzen der Anwendung ökonomischer Methoden in der Rechtswissenschaft sind noch nicht bis ins Letzte geklärt. Viel von ihrer Brisanz büßt die Frage ein, wenn man zwischen positiver und normativer Analyse unterscheidet. Die positive Analyse wirtschaftlicher Sachverhalte kann helfen, deren Eigengesetzlichkeiten zu verstehen, die Folgen einer Entscheidung oder eines Gesetzes abzuschätzen oder Blankettnormen auszulegen.[204] Gerade zur Beschreibung der Funktion und Regelungsprobleme von Ratingagenturen sind in diesem Sinne ökonomische Ansätze genutzt worden.

---

203 Treffend *Engels*, JZ 1995, 213 („Zivilrecht als Fortsetzung des Wirtschaftsrechts mit anderen Mitteln").

204 *Fleischer*, Informationsasymmetrie im Vertragsrecht (2001), 225 f.

Problematischer ist die normative Analyse. So ist bereits die Aussage, ein Zustand sei gegenüber einem anderen effizient (und damit vorzugswürdig), eine wertende und konkretisierungsbedüftige Äußerung, da es in der Ökonomie keinen einheitlichen Begriff der Effizienz gibt.[205] Wohlfahrtsökonomische Effizienzbegriffe wie das Kaldor-Hicks-Kriterium[206] sind im Kern utilitaristische Argumente. Somit stehen dahinter Wertungen, derer man sich bewusst sein muss. Natürlich können ökonomische Argumente Eingang in die rechtspolitische Diskussion finden, da der demokratische Gesetzgeber im Rahmen der verfassungsmäßigen Ordnung frei ist, welche Wertungen er einem Gesetz zugrundelegt.[207] Auch eine rechtspolitische Diskussion knüpft aber zumeist an die bestehende gesetzliche Systematik und die zugrundeliegenden Wertungen, die „Politik des Gesetzes", an – insbesondere wenn es nur um die Wahl des richtigen Durchsetzungsinstruments geht. Insoweit besteht eine Parallele zur Rolle ökonomischer Argumente in der Rechtsanwendung.[208] Unstrittig kann in der Rechtsanwendung nur auf sie zurückgegriffen werden, wenn der „Politik des Gesetzes" eine ökonomisch erfassbare Zielsetzung zugrundeliegt, welche die Verwendung ökonomischer Argumente legitimiert.[209]

Ob das allgemeine Zivilrecht einer Effizienzorientierung folgt, ist umstritten.[210] Im Kapitalmarktrecht ist der Stellenwert ökonomischer Argumente

---

[205] *Schwalbe*, in: Fleischer/Zimmer, Effizienz als Regelungsziel im Handels- und Wirtschaftsrecht (2009), 43 ff.; *Eidenmüller*, Effizienz als Rechtsprinzip, 3. Aufl. (2005), 41 ff.

[206] Eine Situation ist danach einer anderen vorzuziehen, wenn die Vorteile des einen die Nachteile des anderen übersteigen und ausreichen, um die Nachteile zu kompensieren (ausführlich *Schäfer/Ott*, Lehrbuch der ökonomischen Analyse des Zivilrechts, 3. Aufl. (2005), 31 ff.).

[207] Für eine am Kosten/Nutzen-Kalkül ausgerichtete Gesetzesfolgenabschützung besonders im Kapitalmarktrecht *Fleischer*, ZGR 2008, 185, 192. Insbesondere können ökonomische Überlegungen Anstöße für internationale Regelungsmodelle geben, vgl. *Hopt*, Die Verantwortlichkeit der Banken bei Emissionen (1991), 30 f.

[208] Zum Streitstand *Möllers*, AcP 208 (2008) 1, 6 m. w. N. zum Meinungsstand in den Fn. 25 bis 29 und *Fleischer/Zimmer*, in: dies., Effizienz als Regelungsziel im Handels- und Wirtschaftsrecht (2009), 10–12.

[209] So *Eidenmüller*, Effizienz als Rechtsprinzip, 3. Aufl. (2005), 452; ähnlich *Fleischer*, Informationsasymmetrie im Vertragsrecht (2001), 226 f.; *Taupitz*, AcP 195 (1995) 114, 127 f. Weitergehend z. B. *Kersting*, Die Dritthaftung für Informationen im Bürgerlichen Recht (2007), 13, der dies bereits dann zulassen will, wenn sich aus dem Gesetz nichts Gegenteiliges ergibt. Für eine Anwendung im Falle des Schweigens des Gesetzgebers auch.

[210] Vgl. *Eidenmüller*, Effizienz als Rechtsprinzip, 3. Aufl. (2005), 461 ff.; siehe hierzu auch *Kersting*, Die Dritthaftung für Informationen im Bürgerlichen Recht (2007), 13, Fn. 54, der darauf verweist, dass Effizienzgedanken in die Entwürfe des BGB eingeflossen seien.

demgegenüber weithin anerkannt.[211] Der (juristische)[212] Begriff der Kapitalmarkteffizienz findet sich in vielen Gesetzeswerken der EU und in den Begründungen des nationalen Gesetzgebers. Der Rekurs auf ökonomische Argumente wird zudem dadurch erleichtert, dass sich viele Ziele, die auf den ersten Blick keine ökonomische Zielrichtung aufweisen (z. B. Anlegerschutz), in ökonomische Erwägungen „übersetzen" lassen.[213]

b) Ökonomische Analyse des Haftungsrechts

Die Ökonomische Analyse des Rechts beurteilt einen Schadensersatzanspruch nach den Maßstäben der Wohlfahrtsökonomie. Klassisches Kriterium hierfür ist das Pareto-Kriterium: Im Sinne dieses Kriteriums ist jede Veränderung eine Verbesserung, die jemanden besser stellt, ohne eine andere Person schlechter zu stellen.[214] Belastende Maßnahmen können dieses Kriterium nie erfüllen, weshalb es für die Analyse der meisten staatlichen Eingriffe ungeeignet ist. Daher wird auf das Kaldor-Hicks-Kriterium zurückgegriffen: Dessen Grundgedanke ist, dass auch belastende Maßnahmen ergriffen werden sollten, wenn die Vorteile der Begünstigten ausreichen, um die Belastungen der anderen hypothetisch auszugleichen. Ob dieser Ausgleich stattfindet, ist unerheblich.[215]

Ausgehend von dem Paradigma knapper Ressourcen und dem Ziel der Optimierung der gesamtgesellschaftlichen Wohlfahrt[216] ist daher nach einem optimalen Aktivitäts- oder Sorgfaltsniveau zu suchen, auf dem die gesamtgesellschaftlichen Vorteile einer Handlung, der Gesamtnettonutzen, ihre Kosten übersteigen.[217] Der erste Schritt einer solchen Analyse ist die Berücksichtigung aller Vor- und Nachteile, die eine bestimmte Aktivität bei Dritten auslöst (sog. externe positive bzw. negative Effekte). Ein Schadensersatzanspruch sollte diese externen Effekte *internalisieren*, damit der Handelnde alle Kosten seiner Aktivitäten einkalkuliert.[218] Oder, wie der Ordoli-

---

211 *Assmann*, Prospekthaftung (1985), 275; *Fleischer*, Informationsasymmetrie im Vertragsrecht (2001), 192; *ders.*, Gutachten zum 64. DJT (2002), F 31; *Möllers*, AcP 208 (2008) 1, 7 ff.

212 Hierauf weisen zu Recht *Fleischer/Zimmer*, in: dies., Effizienz als Regelungsziel im Handels- und Wirtschaftsrecht (2009), 13 hin.

213 Ausführlich *Köndgen*, in: Fleischer/Zimmer, Effizienz als Regelungsziel im Handels- und Wirtschaftsrecht (2009), 107 ff.

214 *Mathis*, Effizienz statt Gerechtigkeit?, 1. Aufl. (2004), 44.

215 Ausführlich *Mathis*, Effizienz statt Gerechtigkeit?, 1. Aufl. (2004), 51 ff.

216 Hierzu *Schäfer/Ott*, Lehrbuch der ökonomischen Analyse des Zivilrechts, 4. Aufl. (2004), 23 ff.

217 *Schäfer/Ott*, Lehrbuch der ökonomischen Analyse des Zivilrechts, 4. Aufl. (2004), 133.

berale *Walter Eucken* formulierte: „Wer den Nutzen hat, muss auch den Schaden tragen."[219] Schulbeispiel hierfür sind Fälle der Haftung für Umweltverschmutzung. Die Internalisierung von Schäden als negativen externen Effekten fügt sich nahtlos in die Ziele des Haftungsrechts ein, handelt es sich hierbei doch um nichts anderes als um eine ökonomische Begründung des Kompensationsprinzips.[220]

Wohlfahrtsökonomisch ist diese Betrachtung unvollständig, weil wesentliche Folgen einer Haftung ausgeklammert blieben. Einerseits kann eine Handlung auch zu gesellschaftlichen Vorteilen führen, die gegebenenfalls sogar eine Haftungsbegrenzung – quasi als eine Art „Subvention" – rechtfertigen können.[221] Andererseits verursacht ein Schadensfall und seine Abwicklung verschiedene Arten von Kosten, die der US-amerikanische Rechtswissenschaftler *Guido Calabresi* in primäre, sekundäre und tertiäre Kosten unterteilte: Die primären Kosten sind die Schäden der Opfer einer Handlung. Als sekundäre Kosten stuft er sämtliche Kosten der Schadensverteilung ein; hierunter fallen insbesondere Aspekte der Schadensstreuung, z.B. durch Versicherungslösungen. Tertiäre Kosten werden durch die Durchsetzung eines Schadensersatzanspruchs verursacht.[222]

Neben den grundsätzlichen Kritikpunkten, die es gegen eine wohlfahrtsökonomische Bewertung gibt,[223] stellen sich vor allem praktische Probleme: In der Summe wäre eine Vielzahl von Faktoren in einer umfassenden Kosten-Nutzen-Analyse zu berücksichtigen. Diese Faktoren sind aber gar nicht oder nur schwer quantifizierbar.[224] Damit ist eine abschließende wohlfahrtsökonomische Bewertung gar nicht möglich. Die einzelnen Faktoren

218 *Eucken*, Grundsätze der Wirtschaftspolitik, 6. Aufl. (1990), 279 ff.; *Schäfer/Ott*, Lehrbuch der ökonomischen Analyse des Zivilrecht, 4. Aufl. (2005), 110; *Bishop*, 96 L. Q. R. 360, 365; *Siciliano*, 86 Mich. L. Rev. 1929, 1965 (1988); *Spindler*, AcP 208 (2008) 283, 297; ausführlich auch *Taupitz*, AcP 195 (1995) 114, 146 f. m. w. N.

219 *Eucken*, Grundsätze der Wirtschaftspolitik, 6. Aufl. (1990), 279.

220 Vgl. *Wagner*, Gutachten zum 64. DJT (2006), A 21 f. für die Gefährdungshaftung.

221 So ist die Begrenzung der Haftung der Eisenbahn in den USA im 19. Jahrhundert treffend als eine „subsidization of economic growth through the legal system" charakterisiert worden, vgl. *Kötz/Wagner*, Deliktsrecht, 11. Aufl. (2011), Rn. 28 m. w. N.

222 *Calabresi*, The Costs of Accidents, 3. Aufl. (1972), 68 ff.; ausführlich *Schäfer/Ott*, Lehrbuch der ökonomischen Analyse des Zivilrecht, 4. Aufl. (2005), 128 und 129 ff.

223 Vgl. *Eidenmüller*, Effizienz als Rechtsprinzip, 3. Aufl. (2005), 134 ff.; *Mathis*, Effizienz statt Gerechtigkeit?, 1. Aufl. (2004), 56 ff.

224 Ähnlich das Fazit bei *Brellochs*, Publizität und Haftung von Aktiengesellschaften im System des Europäischen Kapitalmarktrechts (2005), 188 f.; *Günther*, Produkthaftung für Informationsgüter (2001), 96.

haben im Ergebnis daher eher einen heuristischen Wert,[225] weil sie helfen, Argumente zu identifizieren und einzuordnen.

Im Folgenden wird daher ein etwas „bescheidenerer“ Ansatz gewählt: Es soll mit den Mitteln der Neuen Institutionenökonomik und Informationsökonomik untersucht werden, ob eine Dritthaftung von Ratingagenturen den Regelungszielen der Kapitalmarktrechts dient und welche Argumente dafür und dagegen sprechen.

2. Abbau von Unsicherheit und Senkung der Transaktionskosten im Verhältnis zwischen Anleger und Ratingagentur

Zunächst wird die Wirkung einer Dritthaftung von Ratingagenturen gegenüber Investoren auf deren Verhältnis zueinander in den Blick genommen (a). Ob eine Haftung Ratingagenturen zu einer sorgfältigen Bewertung veranlasst, hängt wesentlich davon ab, wie hoch ihr Haftungsrisiko ist (b) und inwieweit die Ratingagentur ihr Haftungsrisiko weiterreichen kann (c).

a) Signalling durch Haftung

Haftung kann dazu beitragen, die Unsicherheit zwischen Ratingagenturen und Investoren zu verringern. Die Informationsasymmetrie und die Prinzipal-Agent-Beziehung zwischen Ratingagenturen und Investoren verlieren an Bedeutung, wenn ein opportunistisches Verhalten der Ratingagentur aus Sicht der Investoren weniger wahrscheinlich ist.[226] Eine Haftung signalisiert den Investoren (sog. *Signalling*) daher, ähnlich wie eine Garantie, die Qualität eines Produkts.[227] Die Investoren können daher zum einen damit rechnen, dass die Ratingagentur einen Anreiz hat, eine Haftung zu vermeiden, die Haftung also präventiv wirkt. Dieser Punkt hat im Falle von Ratingagenturen eine besondere Bedeutung, weil ohne einen Schadensersatzanspruch der Invesotren die Ratingagenturen nur gegenüber ihren Auftraggebern und den bewerteten Unternehmen haften würden. In diesem Fall würde eine „haftungsrechtliche Schieflage“[228] drohen und damit ein Anreiz,

---

[225] *Fleischer*, Informationsasymmetrie im Vertragsrecht (2001), 228; ähnlich *Kübler*, in: FS Steindorff (1990) 696f.

[226] So zum Einlagensicherungsfonds der privaten Banken *Klöhn*, ZIP 2011, 109, 114.

[227] *Fleischer*, Informationsasymmetrie im Vertragsrecht (2001), 124f. und 126; zur Kapitalmarkthaftung *Brellochs*, Publizität und Haftung von Aktiengesellschaften im System des Europäischen Kapitalmarktrechts (2005), 181. Grundlegend zum signaling *Spence*, 87 Q. J. Econ. 355, 356f. (1973) anhand des Arbeitsmarktes.

[228] *H.-B. Schäfer*, AcP 202 (2002) 808, 829. Ähnlich für Wirtschaftsprüfer *Heukamp*, ZHR 169 (2005) 471, 486.

die Interessen der Investoren denen der Auftraggeber und Emittenten unterzuordnen. Zum anderen gewährt ein Schadensersatzanspruch im Falle eines schuldhaft fehlerhaften Ratings Kompensation. Anleger sind zwar primär an einem Erfolg ihres Investments interessiert und nur sekundär an einem Schadensersatzanspruch zum Schutz ihres Integritätsinteresses. Die Aussicht auf einen Schadensersatzanspruch erlaubt ihnen aber, die Absicherung gegen ein fehlerhaftes Rating gering zu halten.[229]

b) Höhe des Haftungsrisikos

Lässt man Überlegungen wie einen Strafschadensersatz außen vor, ist das Haftungsrisiko grundsätzlich durch das Volumen der Emission, die Transaktionskosten der Investoren bei Erwerb der Wertpapiere und den entgangenen Gewinn einer alternativen Anlage mit einem ähnlichen Risikoprofil begrenzt. Ist es aber notwendig, eine Ratingagentur diesem vollen Haftungsrisiko auszusetzen?

Um ihre Transaktionskosten zu verringern und damit die Allokationseffizienz des Kapitalmarkts durch den Abbau von Unsicherheiten zu erhöhen, ist eine vollständige Kompensation der Schäden der Anleger möglicherweise nicht notwendig. Es könnte ausreichend sein, wenn es sich für eine Ratingagentur nicht lohnt, die Qualität ihrer Ratings, z. B. durch Kosteneinsparungen beim Monitoring, zu vernachlässigen oder „Gefälligkeitsratings" abzugeben. Auch wenn diese Entscheidungen von Individuen getroffen werden, entfaltet sich die Präventionswirkung. Die Ratingagenturen werden Überwachungs- und Compliance-Maßnahmen ergreifen, um ein Fehlverhalten ihrer Angestellten zu verhindern.[230] Erreicht wird dieser Präventionseffekt streng genommen bereits dann, wenn der Haftungsanspruch – multipliziert mit seiner Durchsetzungswahrscheinlichkeit – die Vorteile eines opportunistischen Verhaltens übersteigt.[231] Dieser Betrag ist aber schwer zu berechnen, zumal aufsichtsrechtliche Sanktionen oder ein Reputationsverlust ebenfalls einkalkuliert werden müssten.

Zu berücksichtigen sind drei weitere Aspekte, die gegen eine Ausrichtung der Haftung an diesem Marginalbetrag sprechen: Erstens bleiben in dieser Betrachtung weitere externe Effekte – z. B. die Verringerung des Vertrauens

---

[229] Vgl. *Kremer*, Die zivilrechtliche Verantwortlichkeit des Wirtschaftsprüfers gegenüber Kapitalanlegern (2007), 137 f.; *Kalss*, ÖBA 2000, 641, 644 f.

[230] Vgl. zur parallelen Diskussion um die persönliche Haftung von Vorstandsmitgliedern *Zimmer*, WM 2004, 9, 10; *Fleischer*, Gutachten zum 64. DJT (2002), F 99; *Kraakman*, 93 Yale L. J. 857, 858 ff. (1984).

[231] Vgl. *Kraakman*, 2 J. L. Econ. & Org. 53, 78 f. (1986); *Weichert*, Der Anlegerschaden bei fehlerhafter Kapitalmarktpublizität (2008), 247.

in Ratings insgesamt, Wohlfahrtsverluste durch Beeinträchtigung der Allokationseffizienz des Kapitalmarkts oder systemische Risiken – außen vor. Damit würde sich der Sorgfaltsaufwand einer Agentur an einem sehr viel geringeren Haftungsrisiko ausrichten als den durch ein fehlerhaftes Rating verursachten Schäden; das Sorgfaltsniveau wäre tendenziell zu niedrig. Ähnlich würde, zweitens, hierdurch die Kompensationswirkung abnehmen; Investoren würden wegen des Verlusts ihrer „Versicherung gegen fehlerhafte Ratings" verstärkt Schadensvorsorge betreiben. Schließlich würde der Anreiz für Investoren abnehmen, ihren Schadensersatzanspruch gerichtlich zu verfolgen, wenn er in Verhältnis zum erlittenen Verlust zu gering wäre. Damit würde ein wesentlicher Vorteil eines Schadensersatzanspruchs als Durchsetzungsmechanismus entfallen. Ein vollständiger Verzicht auf kompensatorische Erwägungen bei der Bemessung des Schadensersatzanspruchs ist daher nicht möglich.

c) Schadensprävention trotz Risikoweitergabe an Emittenten und Investoren?

Allerdings könnte man an der Wirksamkeit eines Schadensersatzanspruchs zweifeln, wenn die Folgen einer Haftung die Ratingagentur letztlich gar nicht treffen. Bei Wirtschaftsprüfern stellt sich diese Frage im Zusammenhang mit ihrer Haftpflichtversicherung.[232] Wenn die Versicherung unvollkommen ist und lediglich Einheitstarife festlegt, gibt es keinen Anreiz für den Wirtschaftprüfer, Ressourcen zur Verbesserung der Qualität seiner Leistungen aufzuwenden. Es droht eine Form des *moral hazard* gegenüber der Versicherung und dem Versichertenkollektiv. Zu einer Präventionswirkung kommt es nur, wenn die Versicherung nach dem Sorgfaltsniveau des einzelnen Prüfers differenzieren kann.[233]

Im Fall von Ratingagenturen stellt sich die Problematik etwas anders dar: Das maximale Haftungsrisiko lässt sich anhand des Emissionsvolumens ziemlich genau bestimmen. Hinzu kommen Transaktionskosten entgangener Gewinn und Kosten von Rechtsstreitigkeiten, die sich ebenfalls aufgrund von Erfahrungswerten voraussagen lassen. Das konkrete Haftungsrisiko einer Ratingagentur hängt freilich von ihrer Einschätzung der Wahrscheinlichkeit eines Ausfalls (und damit eines Schadensfalls) einerseits und ihren Aufwendungen zur Vermeidung einer Pflichtverletzung andererseits ab.

[232] Hierzu *Ekkenga*, WM 1996, Beil. Nr. 3, 1, 10; *Ebke*, Wirtschaftsprüfung und Dritthaftung (1983), 277; *Halbleib*, Die Haftung des Wirtschaftsprüfers gegenüber Anlegern am Kapitalmarkt (2010), 100 ff.

[233] Allgemein hierzu *Schäfer/Ott*, Lehrbuch der ökonomischen Analyse des Zivilrecht, 4. Aufl. (2005), 215 ff.

Diese Kosten werden Teil des Entgelts, das der Auftraggeber an die Ratingagentur zahlt; er selbst legt das Entgelt als Kosten der Emission auf die Investoren nach dem auf sie entfallenden Haftungsvolumen um. Somit hätte lediglich eine Schadensstreuung stattgefunden.[234] Die Anleger würden sich selbst gegen das Risiko eines falschen Ratings versichern.[235]

Eine Präventionswirkung könnte dennoch davon ausgehen, dass Ratingagenturen, die in einer größeren Zahl fehlerhafte Ratings abgeben, auch ein höheres Haftungsrisiko an die Investoren weitergeben. Somit erhöhen sich die Kosten der von diesen Ratingagenturen bewerteten Emissionen. In einem Wettbewerbsmarkt würde dies Emittenten veranlassen, zu einer qualitativ besseren Ratingagentur zu wechseln, um die Emissionskosten zu senken und hierdurch die eigene Position im Wettbewerb um Fremdkapital zu verbessern.[236] Aufgrund der oligopolistischen Struktur des Ratingmarktes ist dies aber schwierig, weil eine Ausweichmöglichkeit kaum besteht. Werden die weitergegebenen Haftungskosten so hoch, dass sie die Vorteile der Investoren durch ein Rating übersteigen, wäre ein Rating aus Sicht der Investoren überflüssig. Sie wären daher nicht mehr bereit, die Kosten eines Ratings als Emissionskosten zu zahlen.[237] Ein Emittent wäre dann lediglich an einem Rating wegen seiner regulatorischen Wirkungen interessiert.

Darüber hinaus droht ein weiterer Effekt, wenn die Ratingagentur das Haftungsrisiko einheitlich auf die Investoren umlegt, ohne nach dem Haftungsrisiko der einzelnen Emission zu differenzieren.[238] Auch auf qualitativ hochwertige Emittenten, deren Ausfallrisiko gering ist, würde ein überdurchschnittlich hohes Haftungsrisiko abgewälzt werden. Ihre Qualität würde sich nicht in einem geringeren Haftungsrisiko widerspiegeln und könnte sich daher nicht am Markt durchsetzen. Es käme zu ihrem Ausscheiden aus dem Markt und damit – eine weitere Variante des *market for lemons*-Problems – zu adverser Selektion und schließlich möglicherweise sogar dem Zusammenbruch des Marktes.

Dies kann lediglich dann verhindert werden, wenn die Ratingagentur zwischen dem Haftungsrisiko der einzelnen Emittenten differenziert. Prinzipiell ist eine solche Vorgehensweise auch für sie vorteilhaft, vermeidet sie doch, dass „gute" Emittenten aus dem Markt ausscheiden und sie damit Auftraggeber verliert. Ähnlich einem Monopolisten, der seine Preise nach

---

[234] *Kalss*, ÖBA 2000, 641, 644.

[235] *Leyens*, in: FS H.-B. Schäfer (2008), 166.

[236] Vgl. *Husisian*, 75 Cornell L. Rev. 410, 433 (1990).

[237] Vgl. *Michler/Thieme*, ORDO 60 (2009) 185, 216 zu den Grenzen der Umlegbarkeit als Grenze volkswirtschaftlich wünschenswerter Aktivität.

[238] Zum Folgenden *Hamdani*, 77 S. Cal. L. Rev. 53, 72 ff. (2003); ähnlich auch *Coffee*, in: Hopt et al., Corporate Governance in Context (2005), 646.

der Zahlungsbereitschaft seiner Kunden ausrichten kann (perfekte Preisdiskriminierung), könnte eine Ratingagentur ihren Profit vergrößern, indem sie das Risiko jeder Emission und Bewertung einzeln ermittelt. Damit könnte sie es vermeiden, „gute" Emittenten zu verlieren, die sonst abwandern würden, und gleichzeitig das Haftungsrisiko passgenau abwälzen. Bei der Durchsetzung dieser Preisdifferenzierung käme ihr ihre Marktposition als Gatekeeper zugute.

Zwar verursacht auch diese Preis- und Risikodifferenzierung Kosten. Die Tätigkeit der Ratingagentur besteht aber gerade darin, das Risiko einer Anlage zu beurteilen. Vom Rating zur Kalkulation des Haftungsrisikos ist es aber nur ein kleiner Schritt; die zusätzlichen Kosten einer Preisdifferenzierung werden daher sehr gering sein. Sie werden aber vor allem geringer sein als die Kosten, die ein Investor aufwenden müsste, um das Risiko eines Emittenten einzusätzen. Der Investor steht vor einer ähnlichen Aufgabe[239] wie die Ratingagentur: Auch er muss sich entscheiden, ob sich die Informationskosten lohnen, die er investieren muss, um das individuelle Risiko eines Emittenten einzuschätzen. Gewissermaßen konkurrieren daher Investor und Ratingagentur darum, wer zu geringeren Kosten das Risiko einer Emission besser beurteilen kann.[240] Aufgrund ihrer Spezialisierung und des besseren Informationszugangs ist die Ratingagentur den meisten Anlegern in diesem Punkt weit überlegen.[241] Ökonomisch ist sie im Verhältnis zu den Investoren der *cheapest cost avoider*.[242] Die Investoren würden eine Überwalzung dieser Kosten daher akzeptieren. Denn würden Ratingagentur und Investor unter Marktbedingungen über die Kostentragung verhandeln, wäre davon auszugehen, dass sie diese Aufgabe der Ratingagentur zuweisen würden.[243]

Nach diesen Überlegungen wäre das überraschende Ergebnis, dass von einem Haftungsanspruch unmittelbar keine disziplinierenden Auswirkungen auf eine Ratingagentur ausgehen. Sie würde lediglich versuchen, das Risiko einer Emission ex-ante im eigenen Interesse zu erkennen. Hierdurch wird

---

239 Die Ratingagentur muss zusätzlich berücksichtigen, wie hoch das Risiko eines fahrlässigen Sorgfaltspflichtverstoßes ist, da sie nur dann haftet.

240 Vgl. *Ekkenga*, WM 1996, Beil. Nr. 3, 1, 10f.

241 *Husisian*, 75 Cornell L. Rev. 410, 430f. (1990); generell für die Expertenhaftung *Eidenmüller*, ARSP Beiheft Nr. 74 (2000), 134; *Schäfer/Ott*, Lehrbuch der ökonomischen Analyse des Zivilrechts, 4. Aufl. (2005), 545; *Hirte*, Berufshaftung (1996), 323; *Jost*, Vertragslose Auskunfts- und Beratungshaftung (1991), 226.

242 Für Wirtschaftsprüfer *Heukamp*, ZHR 169 (2005) 471, 490; für eine Selbstversicherung der Investoren *Goldberg*, 17 J. Legal Stud. 295, 300 (1988).

243 Zur Simulierung des hypothetischen Verhandlungsergebnisses (*mimic the market*) und der Zuweisung an den cheapest cost avoider *Eidenmüller*, Effizienz als Rechtsprinzip, 3. Aufl. (2005), 65.

allerdings auch schon ein Anreiz zu einer gewissen Sorgfalt gesetzt und auch die Qualität des Ratings verbessert. Die Präventionswirkung wird aber auch durch eine perfekte Weitergabe des Haftungsrisikos nicht vollständig ausgeschaltet: Die hohen Haftungssummen bedeuten für die Ratingagenturen eine existentielle Bedrohung. Insbesondere ein systematischer Fehler, der eine Vielzahl von Emissionen betrifft, kann leicht die Insolvenz einer Ratingagentur verursachen. Ebenso kann es für die handelnden Personen einer Ratingagentur – möglicherweise verstärkt durch eine erfolgsabhängige Vergütung – sehr einschneidende berufliche Folgen haben, wenn sich das weitergegebene Haftungsrisiko realisiert oder gar ein systematischer Bewertungsfehler vorliegt. Dies spricht dafür, dass die Beteiligten durch einen kürzeren Zeithorizont und die psychologische Wirkung eines Haftungsfalls doch veranlasst werden, ein höheres Sorgfaltsniveau einzuhalten. Kritiker könnten einwenden, hierbei handle es sich um eine psychologisch verzerrte Entscheidung, die eher zu hohen als zu niedrigen Sorgfaltsaufwendungen führe. Letztlich ist dieser Anreiz aber nur das Gegengewicht zum sonst drohenden kurzfristigen Gewinnstreben dergleichen Personen.

3. Haftung als Gatekeeper

Wenn eine Ratingagentur das Haftungsrisiko auf die Emittenten differenziert nach ihrer Qualität abwälzen kann, beeinflusst dies auch das Handeln der Emittenten. Dies ist auch die Idee des Gatekeeper-Ansatzes. Diese von *Reinier H. Kraakman* entwickelte Regulierungsstrategie[244] macht sich die Position von Dritten zunutze, die durch ihr Handeln oder die Versagung ihrer Kooperation eine Ausnutzung von Informationsasymmetrien oder ein opportunistisches Verhalten durch den Emittenten und die für ihn handelnden Personen verhindern zu können. Der Gatekeeper-Ansatz ist dabei nicht auf den Kapitalmarkt beschränkt. So lassen sich Apotheken als Gatekeeper des Zugangs zu bestimmten Arzneimitteln begreifen. Die Gatekeeper-Stellung kann – wie im Falle von Apotheken – durch eine staatliche Regulierung geschaffen werden oder aber auf marktwirtschaftlichen Anreizen beruhen. So kann die Weigerung eines Reputationsintermediärs zu kooperieren die Kosten der Kapitalaufnahme zu erhöhen,[245] entweder durch Verweigerung des Marktzugangs, eines Zertifikats oder durch eine Warnung der an-

---

[244] *Kraakman*, 2 J. L. Econ. & Org. 53 (1986); *ders.*, 93 Yale L. J. 857, 888 (1984). Rezeption in Deutschland durch *Hopt*, Die Verantwortlichkeit der Banken bei Emissionen (1991), Rn. 65 ff.; *Leyens*, in: FS H.-B. Schäfer (2008), 159 ff.; *ders.*, in: Baum et al., Perspektiven des Wirtschaftsrechts (2008), 421 ff.; *Gerner-Beuerle*, Die Haftung von Emissionskonsortien (2009), 522 ff.

[245] *Kraakman*, 93 Yale L. J. 857, 891 (1984); *Hopt*, Die Verantwortlichkeit der Banken bei Emissionen (1991), Rn. 72.

deren Marktteilnehmer. Die einflussreiche Position von Ratingagenturen beruht – wie bereits dargelegt – sowohl auf marktwirtschaftlichen als auch staatlichen Einflüssen.

Es bedarf allerdings einer Rechtfertigung, warum es nicht möglich ist, das gleiche Ziel gegenüber dem Primärverantwortlichen durchzusetzen, sondern nur durch Inanspruchnahme eines Dritten.[246] Mit anderen Worten: Warum reicht eine Haftung des Emittenten nicht aus? Die Haftung des Emittenten besitzt in vielen Krisensituationen nur ein begrenztes Abschreckungspotential.[247] So kann sich für die Verantwortlichen in diesen Situationen ein Vabanquespiel lohnen, zumal sie verhaltensökonomisch gesehen dazu neigen, ihre Chancen zu positiv einzuschätzen. Auch D&O-Versicherungen können die Risikobereitschaft eines Managements steigern.[248] Gerade im Verbriefungsbereich scheitert eine Abschreckung des Emittenten sowie der anderen wirtschaftlich Begünstigten zudem, wenn es sich um eine Zweckgesellschaft mit begrenzter Kapitalausstattung handelt.[249]

Abgesehen von den Schwächen der Emittentenhaftung hat eine Haftung von Ratingagenturen als Gatekeeper mehrere Vorteile: Wenn eine Ratingagentur ihr Verhalten nach dem Haftungsrisiko der Emission ausrichtet, werden Emittenten versuchen, ihr die Qualität ihrer Emission und das geringe Haftungsrisiko zu signalisieren,[250] indem sie ihr Verhalten an die Erwartungen des Gatekeepers anpassen.[251] Qualitativ schlechte Emittenten müssten demgegenüber einen höheren Preis zum Ausgleich des höheren Risikos zahlen oder würden gar abgewiesen werden.[252] Im Rahmen einer Verbriefungstransaktion könnte der Emittent durch eine Due Diligence der Sicherheiten durch ein renommiertes Drittunternehmen der Ratingagentur – und damit letztlich auch den Anlegern – ein geringes Haftungsrisiko sig-

---

[246] *Kraakman*, 2 J. L. Econ. & Org. 53, 61 (1986) sieht eine Gatekeeper-Haftung unter folgenden Bedingungen als adäquat an: „(1) serious misconduct that practicable penalties cannot deter; (2) mssing or inadequate private gatekeeping incentives; (3) gatekeepers who can and will prevent misconduct reliably, regardless of the preferences and market alternatives of wrongdoers; and (4) gatekeepers whom legal rules can induce to detect misconduct at reasonable costs."

[247] Zu den Grenzen der Abschreckung des Primärverantwortlichen *Kraakman*, 2 J. L. Econ. & Org. 53, 57 ff. (1986). Siehe schon S. 76.

[248] *Gerner-Beuerle*, Die Haftung von Emissionskonsortien (2009), 528.

[249] Im Primärmarkt schließt die Prospekthaftung der Emissionshelfer und „Hintermänner" teilweise diese Lücke; sie bleibt aber auf dem Sekundärmarkt. Zum „*death of liability*" u.a. durch Verbriefungsstrukturen *LoPucki*, 106 Yale L. J. 1, 23 ff. (1996).

[250] Vgl. *Hamdani*, 77 S. Cal. L. Rev. 53, 94 ff. (2003).

[251] *Kraakman*, 93 Yale L. J. 857, 892 (1984); *Hopt*, Die Verantwortlichkeit der Banken bei Emissionen (1991), Rn. 68.

[252] Vgl. *Kraakman*, 2 J. L. Econ. & Org. 53, 77 (1986).

nalisieren. Im Vergleich zu Emittenten sind Gatekeeper wie Ratingagenturen auch relativ leicht abzuschrecken, weil das Haftungsrisiko im Verhältnis zu ihrem Gewinn aus einem Fehlverhalten sehr hoch ist.[253] Wie allerdings schon der Verbriefungsmarkt vor der Finanzkrise gezeigt hat, kann sich dieses Verhältnis verändern, wenn auf einmal ein gesamtes Geschäftsfeld auf dem Spiel steht.

Ein weiterer Vorteil einer Haftung von Ratingagenturen sowie von Gatekeepern generell ist, dass neben dem Vermögen des Emittenten ein weiterer Haftungspool zur Verfügung steht.[254] Eine Haftung eines Emittenten ist nämlich kaum geeignet, eine Fehlinformation über die Werthaltigkeit seines Vermögens zu kompensieren, wenn sie nur den Zugriff auf eben dieses Vermögen erlaubt. Beim Ausfall einer Schuldverschreibung wird der Emittent zumeist insolvent sein. Dann erlaubt nur eine Haftung von Gatekeepern und anderen Dritten, die an einer Emission mitgewirkt, noch eine Kompensation der Anleger.[255] Schließlich ist es nur angemessen, demjenigen, der von einer Emission profitiert, eine entsprechende Haftung aufzuerlegen.[256] Dieser Gleichlauf von Vorteilen und Verantwortlichkeit liegt letztlich auch der Prospekthaftung zugrunde.

III. Rechtspolitische Bedenken

Gegen eine Haftung von Ratingagenturen werden verschiedene Arten von Bedenken vorgebracht. Sehr grundsätzlich setzt eine allgemeine Kritik an der Kompensation primärer Vermögensschäden an.

1. Skepsis gegenüber der Kompensation reiner Vermögensschäden

Die Haftung von Ratingagenturen ist bis vor kurzer Zeit ausgesprochen kritisch gesehen worden: Für die Veröffentlichung eines falschen Buchstabens, der lediglich eine Meinung ausdrückt, scheint eine ruinöse Haftung

---

[253] *Kraakman*, 93 Yale L. J. 857, 891 (1984); *Coffee*, Gatekeepers (2006), 5; *Manns*, 87 N. C. L. Rev. 1011, 1024 (2009).

[254] Normalerweise zehrt eine Emittentenhaftung an dessen Haftungsmasse und geht damit zulasten anderer Gläubiger und Kapitalgeber, vgl. *Fleischer*, Gutachten zum 64. DJT (2002), F 98. Ein ähnliches Problem stellt sich im Rahmen der Kollision zwischen Eigenkapitalerhaltung und Kapitalmarktinformationshaftung des Emittenten gegenüber Aktionären.

[255] *Gerner-Beuerle*, Die Haftung von Emissionskonsortien (2009), 535.

[256] *Gerner-Beuerle*, Die Haftung von Emissionskonsortien (2009), 535; ähnlich auch *Kraakman*, 2 J. L. Econ. & Org. 53, 98 (1986) („linking with losses of investors").

gegenüber einer schier unüberschaubaren Zahl von Investoren zu drohen.[257] Man meint, der bekannte US-amerikanische Richter Benjamin Cardozo hätte genau eine solche Konstellation vor Augen gehabt, als er in der Entscheidung *Ultramares Corporation v. Touche* im Jahr 1931 wirkmächtig und prägnant dieses „Albtraum-Szenario“[258] zeichnete:

> „If liability for negligence exists, a thoughtless slip or blunder, the failure to detect a theft or forgery beneath the cover or deceptive entries, may expose accountants to a liability to an indeterminate amount for an indeterminate time to an indeterminate class.“[259]

Diese Befürchtung ist ein wesentliches Argument für die Beschränkung des Ersatzes reiner Vermögensschäden im Rahmen der Informationsdritthaftung. Ob diese Sorge im Falle der Haftung von Ratingagenturen begründet ist, soll im Folgenden überprüft werden.

Die deutsche Rechtsordnung ist – wie auch die englische und US-amerikanische – sehr zurückhaltend, reine Vermögensschäden zu ersetzen. Dieser Grundgedanke, so die These, zeige sich auch in den drei deliktischen Generalklauseln des geltenden Rechts (§ 823 Abs. 1, § 823 Abs. 2 und § 826 BGB), die einen Vermögensschutz wie § 823 Abs. 1 BGB gar nicht oder – wie §§ 823 Abs. 2 und § 826 BGB – nur unter engen Voraussetzungen vorsehen.[260] Ob diese Feststellung angesichts der Kodifizierung der culpa in contrahendo, der Entwicklung des Rechts am eingerichteten und ausgeübten Gewerbebetrieb sowie den Tatbeständen des § 824 BGB und § 311 Abs. 3 BGB so noch zutreffend ist, ist zweifelhaft und soll hier nicht weiter ergründet werden.[261] Interessanter sind die zugrundeliegenden Wertungen. Denn wie lässt sich diese Einschränkung des Grundsatzes des *neminem laedere* begründen? Wäre es nicht aus Gründen der ausgleichenden Gerechtigkeit oder der Schadensprävention angezeigt, Vermögensschäden ebenso wie die Schädigung anderer Rechtsgüter zu behandeln? Es lassen sich vier verschiedene Argumentationsstränge ausmachen, die im Folgenden diskutiert werden sollen.[262]

---

257 Etwa *Eisen*, Die Haftung und Regulierung internationaler Rating-Agenturen (2007), 355; *Habersack*, 169 (2005) 185, 209 („eine Art Produkthaftung“); *Lemke*, Haftungsrechtliche Fragen des Ratings – Ein Regelungsproblem? (2000), 106.

258 *Bussani*, 10 Global Jurist 1, 10, Fn. 27 (2010).

259 *Ultramares Corporation v. Touche & Co.*, 174 N.E. 441, 444 (1931).

260 *Canaris*, VersR 2005, 577, 581; *Grigoleit*, Vorvertagliche Informationspflichten (1997), 16 ff.; im kapitalmarktrechtlichen Kontext *Ekkenga*, ZIP 2004, 781, 787 f.

261 Vgl. *Brüggemeier*, Haftungsrecht (2006), 15, der einen Wandel „von einem enumerativen Rechtsgüterschutz zu einem erweiterten Interessensschutz“ konstatiert.

262 Zum Folgenden zusammenfassend *Feinman*, Economic Negligence (1996), 13 ff.; *Wagner*, in: Münchener Kommentar, BGB, 6. Aufl. (2013), § 826, Rn. 12 ff.; *Bussani/Palmer/Parisi*, 51 Am. J. Comp. L. 113, 123 ff. (2003) aus rechtsvergleichender Perspektive.

a) Unterschiedliche Wertigkeit der Rechtsgüter

Teilweise scheint reinen Vermögensschäden ein geringerer Wert beigemessen zu werden als der Verletzung von absoluten Rechtsgütern wie Körper, Gesundheit oder Eigentum.[263] Ob sich die verschiedenen Rechtsgüter derart hierarchisch ordnen lassen, kann bezweifelt werden. Ein reiner Vermögensschaden kann einen Menschen vollständig ruinieren, während ein kleiner Kratzer in kurzer Zeit wieder heilt. Hier zeigt sich auch die Inkonsistenz dieses Arguments. Ist der Vermögensschaden nämlich eine Folge dieses Kratzers, weichen die Zweifel an seiner Ersatzfähigkeit schnell. Maßgeblich dürfte daher eher sein, dass die Verletzung absoluter Rechtsgüter aufgrund ihrer Stofflichkeit leichter voraussehbar – „sozialtypisch offenkundig“[264] – ist. Diesem Einwand lässt sich jedoch durch ein ausreichend starkes Moment der Zurechnung einer Vermögensschädigung zur Handlung des Schädigers Rechnung tragen.

b) Dammbruch-Argument und Freiheitsschutz

Daran knüpft ein zweiter Argumentationsstrang an, der davor warnt, die *floodgates* der Haftung für Vermögensschäden zu öffnen. Damit verbunden sind mehrere Befürchtungen: Eine „uferlose Haftung“ gegenüber einer großen Zahl von Personen. Dies könne die staatlichen Gerichte stark belasten, zumal solche Fälle aufgrund ihrer Komplexität hohe Rechtsdurchsetzungskosten verursachen würden.[265] Dieses Argument betrifft allerdings weniger die Verbreitung falscher Informationen, die – wie für den Massenverkehr typisch und aus der Produkthaftung bekannt – eine Vielzahl von Personen unmittelbar schädigen; es zielt eher auf Fälle mit einer hohen Zahl von mittelbar Geschädigten. Schulbeispiele sind die Unterbrechung der Stromversorgung oder die Sperrung einer Brücke infolge eines Unfalls.

Angesichts der Bedrohung mit einer potentiell ruinösen Haftung wird die Beschränkung der Ersatzfähigkeit reiner Vermögensschätzen als Mittel des Freiheitsschutzes betrachtet.[266] Sie sei mit einer freiheitlichen, auf Wettbewerb aufgebauten Wirtschaftsordnung unvereinbar. Handeln im Wettbewerb

---

263 Etwa *Canaris*, in: FS Larenz II (1983), 37 („keineswegs von gleicher Evidenz“); *Deutsch*, Allgemeines Haftungsrecht, 2. Aufl. (1996), Rn. 856f.

264 *Faust*, AcP 210 (2010) 555, 559.

265 *Siciliano*, 86 Mich. L. Rev. 1929, 1944f. (1988); *Kötz/Wagner*, Deliktsrecht, 11. Aufl. (2010), Rn. 256ff.; *Faust*, AcP 210 (2010) 555, 560 hält dies sogar für den wichtigsten Grund.

266 *Larenz/Canaris*, Schuldrecht Bd. II/2, 13. Aufl. (1994), § 75 I 3b, 356f.; *Canaris*, in: FS Larenz II (1983), 36f.; *Picker*, in: FS Medicus (1999), 433ff.; *ders.*, AcP 183 (1983) 369, 460ff.

ziele gerade auf die Maximierung des eigenen Vorteils zu Lasten der Konkurrenz und der Vertragspartner.[267] Dieser letzte Hinweis schießt allerdings über das Ziel hinaus. Entscheidend ist das Verhalten, durch das es zur Vermögensschädigung kommt.[268] Es ist daher zu weitgehend, das Vermögen insgesamt dem Schutz nichtvertraglicher Haftung zu entziehen, wenn sich Fälle üblichen wirtschaftlichen Handelns im Rahmen der Rechtswidrigkeit und Zurechnung ausschließen lassen.[269] Richtig ist, dass bereits die Androhung einer Haftung dazu führen kann, dass der Einzelne von der Vornahme einer Handlung abgeschreckt und hierdurch in seiner Freiheit eingeschränkt wird. Entscheidend ist daher, dass der Einzelne voraussehen kann, wann er einen Zurechnungsgrund setzt, der es rechtfertigt, ihm eine Haftung für einen Schaden aufzuerlegen. Zurechnungsgrund kann bereits die bewusste Teilnahme am Rechtverkehr sein. So ist es eine privatautonome Entscheidung, eine Bewertung als „Rating" abzugeben.[270]

Wie jede staatliche Regelung muss eine Haftungsnorm verhältnismäßig ausgestaltet sein. Hierzu gehört die objektive Voraussehbarkeit der Möglichkeit einer Haftung für ein bestimmtes Handeln und die Kalkulierbarkeit des Haftungsrisikos.[271] Die Kalkulierbarkeit des Haftungsrisikos ist im Falle einer kapitalmarktrechtlichen Informationshaftung möglich, sofern sie sich auf ein bestimmtes Wertpapier oder einen Emittenten bezieht, weil es vom Volumen bzw. Wert der ausgegebenen Wertpapiere (plus Transaktionskosten) abhängt. Insoweit geht es einer Ratingagentur nicht anders als einem Sachverständigen, der den Wert eines Hauses oder eines Kunstwerks beurteilt.

Die kapitalmarktrechtliche Haftung mag dabei im Einzelfall ruinös sein; es gibt aber grundsätzlich keinen Schutz vor einer existenzgefährdenden Haftung, wenn das Gefährdungspotential einer Handlung nicht zufällig so hoch ist, sondern typischerweise damit zusammenhängt.[272] Entgegen dem eingangs angeführten Zitat von *Benjamin Cardozo* kommt es auch nicht auf die Zahl der Gläubiger an.[273] Ein Streuschaden mag zwar in der Summe zu höheren Transaktions- und Verfahrenskosten führen;[274] auch dieses Risiko

---

267 *Kötz/Wagner*, Deliktsrecht, 11. Aufl. (2010), Rn. 97; *Larenz/Canaris*, Schuldrecht Bd. II/2, 13. Aufl. (1994), § 75 I 3b, 356f.

268 *Brüggemeier*, Haftungsrecht (2006), 349.

269 *Faust*, AcP 210 (2010) 555, 558.

270 *Hellgardt*, Kapitalmarktdeliktsrecht (2008), 307 für Finanzanalysen; ähnlich auch *Leyens*, in: Baum et al., Perspektiven des Wirtschaftsrechts (2008), 424 („Marktteilnahme als privatautonomer Entschluss").

271 *Picker*, in: FS Medicus (1999), 439.

272 Eine Haftungsbeschänkung erwägend aber *Canaris*, JZ 1987, 993, 1001 f.

273 Hierauf abstellend auch *Picker*, in: FS Medicus (1999), 437 ff.

274 *Wagner*, in: Münchener Kommentar, BGB, 6. Aufl. (2013), § 826, Rn. 12.

ist aber in wesentlichen Zügen aufgrund von Erfahrungswerten prognostizierbar. Zudem werden bei einer hohen Zahl von Schädigern die höheren Verfahrenskosten teilweise dadurch aufgewogen, dass mit dem Grad der Streuung in der Regel auch die Höhe der durchschnittlichen Schadensposition abnimmt und es für die Geschädigten immer weniger attraktiv wird, ihren Schaden einzuklagen.

Auch der BGH hat sich daher vom Kriterium des „überschaubaren Personenkreises“[275] abgewandt und in jüngerer Zeit auf die Voraussehbarkeit des Haftungsrisikos abgestellt.[276] Im US-amerikanischen Recht steht dieser Schritt – außerhalb der differenzierten Kapitalmarkthaftung – noch aus: Die überwiegend vertretenen Ansätze zum *tort of negligent misrepresentation* versuchen den Personenkreis überschaubar zu halten.[277] Entweder fordern sie in Anlehnung an § 552(2) Restatement (Second) of Torts eine „limited group of persons“ oder im Anschluss an die Entscheidung *Credit Alliance v. Arthur Anderson & Co.*[278] einen „linking conduct“. Dementsprechend wurde eine Haftung für Ratings nur angenommen, wenn das Rating für eine Privatplatzierung erstellt wurde, die nur institutionellen Investoren direkt angeboten wurde,[279] nicht aber im Falle einer Veröffentlichung für das allgemeine Kapitalmarktpublikum.[280] Dabei nehmen die Gerichte teil-

---

275 Etwa BGH WM 1998, 440, 443.

276 BGHZ 159, 1, 10 f. Früher schon BGH NJW 1974, 1503, 1505 – Prüfzeichen („ein nicht mehr berechenbaren Risko (...), das er [der Hersteller, P. S.] weder in der Preiskalkulation noch versicherungsmäßig hinreichend auffangen kann.“).

277 Überblick über die verschiedenen Ansätze bei *Ebke*, Wirtschaftsprüfer und Dritthaftung (1983), 142–179; *Richter*, Die Dritthaftung der Abschlussprüfer (2007), 42–192; *Feinman*, Florida St. U. L. Rev. 31 (2003), 17 ff.

278 *Credit Alliance v. Arthur Anderson & Co.*, 483 N.E.2d 110, 113 f. (N.Y. 1985).

279 *King County v. IKB Deutsche* Industriebank, 2012 WL 1592193, 10 f. (S.D.N.Y.) *California Public Employees' Retirement System v. Moody's Corp.*, 2010 WL 2286924 (Cal.Superior); *California Public Employees' Retirement System v. Moody's Corp.*, 226 Call.App.4th 643, 669 (Cal.App. 1 Dist); *Anschutz Corp. v. Merill Lynch & Co.*, 785 F.Supp.2d 799, 826 (N.D.Cal. 2011); *In re National Century Financial Enterprises, Inc., Investment Litigation*, 580 F.Supp.2d 630, 647 f. (S.D.Ohio 2008); *LaSalle National Bank v. Duff & Phelps Credit Rating Co.*, 951 F.Supp. 1071, 1094 (S.D.N.Y. 1996); skeptisch hinsichtlich eines „affirmative conduct“ der Ratingagenturen *Nelson*, 63 U. Miami L. Rev. 1171, 1200 (2009).

280 *Anschutz Corp. v. Merrill Lynch & Co., Inc.*, 2012 WL 3518537, 12 (C.A.2 (N.Y.)); *Federal Home Loan Bank of Pittsburgh v. J. P. Morgan Securities* LLC, 2010 WL 5472006, 7 (Pa.Com.Pl); *WM High Yield Fund v. O'Hanlon*, 2005 WL 1017811, 15 f.; *Ohio Police & Fire Fund v. Standard & Poor's Financial Services, LLC*, 813 F.Supp.2d 871, 880 ff. (S.D.Ohio 2011). Ablehend aus *policy*-Erwägungen *In re Enron Corp. Securites, Derivaties and „ERISA“ Litigation*, 511 F.Supp.2d 742, 828 (S.D. Texas 2005); *Ohio Police & Fire Pension Fund v. Standard & Poor's Financial Services LLC*, 700 F.3d 829, 840 f. (C.A.6 (Ohio) 2012) (auch ablehnend für insitutionelle Investoren als „limited class“).

weise eine begrenzte Gruppe von Personen an, obwohl auch die Zahl institutioneller Investoren in den USA in die Tausende geht.[281]

c) *Vorrang privatautonomer Regelungen*

Vielfach wird die Ersatzfähigkeit reiner Vermögensschäden auch mit Verweis auf den Vorrang der Privatautonomie abgelehnt. Hauptmotivation ist nicht nur, die vertragliche Verteilung von Risiken und Lasten zu schützen; dies ergibt sich bereits aus verfassungsrechtlichen Wertungen.[282] Die Sorge bezieht sich vor allem darauf, dass die vertragliche Verteilung der Risiken und Lasten auch unterlaufen werden kann, wenn es ein gesetzlicher Schadensersatzanspruch erlaubt, in einer Leistungskette nicht nur den unmittelbaren Vertragspartner in Anspruch zu nehmen, sondern diesen zu „überspringen" und die anderen Glieder der Kette direkt haftbar zu machen. Die vertraglichen Regelungen im Verhältnis zum unmittelbaren Vertragspartner sowie innerhalb der Leistungskette würden konterkariert werden, wenn die Abwicklung nicht „entlang der Kette" stattfände.[283] Dieser Gedanke liegt auch der Prüfzeichen- und der Hühnerpest-Entscheidung des BGH zugrunde.[284] Er trägt allerdings nur, wenn die vertraglichen Vereinbarungen jeweils die gleichen Leistungen betreffen wie der direkte Schadensersatzanspruch.[285] Eine Ratingagentur erbringt jedoch eine andere Leistung als der Verkäufer oder Emittent eines Wertpapiers, nämlich eine fachkundige Bonitätsprognose.[286]

Zudem rücken die Vertreter dieser Ansicht das Prinzip der Selbstverantwortung in den Mittelpunkt, weil es schließlich auch möglich sei, sich

---

281 Deutlich *Anschutz Corp. v. Merill Lynch & Co.*, 785 F.Supp.2d 799, 826 (N.D.Cal. 2011) („However, although the class of QIBs might number in the thousands, it is still a circumscribed and identifiable group that the Ratings Defendants not only knew would have access to the ratings but who necessarily rely on the ratings in order to purchase investment grade securities."); *California Public Employees' Retirement System v. Moody's Corp.*, 226 Call.App.4th 643, 669 (Cal. App. 1 Dist).

282 Vgl. BVerfGE 89, 214, 231 f. zur – prinzipiellen – Richtigkeitsgewähr privatautonomer Vereinbarungen.

283 *Grundmann*, AcP 207 (2007) 718, 737 f.

284 BGHZ 51, 100, 101; BGH NJW 1974, 1503, 1504 („eine Direkthaftung des Produzenten gegenüber dem Verbraucher würde „das Rechtsinstut der Gewährleistung im Kaufrecht (§§ 459 ff. BGB) in Frage stellen").

285 Dementsprechend hat der BGH in der Prüfzeichen-Entscheidung (NJW 1974, 1503, 1504) offen gelassen, ob eine direkte Haftung nach vertrauensrechtlichen Grundsätzen für zusätzliche Garantien oder Leistungen in Betracht kommt.

286 Im Ergebnis ebenso für die Gutachter- und Prospekthaftung von Garanten *Grundmann*, AcP 207 (2007) 718, 737 ff.

durch Abschluss von Haftungsvereinbarungen abzusichern (*private ordering*).[287] Prägnant hat dies für einen Fall der (Konzern-)Vertrauenshaftung kürzlich das schweizerische Bundesgericht zusammengefasst:

> „Insbesondere ist die Erwartung, dass der Partner ohne vertragliche Verpflichtung eine Leistung erbringe, grundsätzlich nicht schützenswert, da es dem Vertrauenden in aller Regel zumutbar ist, sich durch einen entsprechenden Vertragsschluss abzusichern. Die Anerkennung der Vertrauenshaftung darf nicht dazu führen, dass das Rechtsinstitut des Vertrags ausgehöhlt wird."[288]

Grundsätzlich könnten die Beteiligten selbst viel besser abschätzen, ob sie sich privatrechtlich absichern möchten oder ein Risiko selbst besser tragen können. Dies ist nicht nur eine ökonomische Frage („Wer kann das Risiko günstiger tragen?"), sondern eine Grundfrage einer liberalen Wirtschaftsverfassung.[289] Es geht also nicht um eine Begrenzung einer Haftung für Vermögensschäden, sondern um eine Begründung jeder Form zwingenden Rechts im Vergleich zu einer – für die Betroffenen weniger einschneidenden – privatautonomen Regelung. Auf die Frage, warum eine staatliche Haftungsnorm notwendig ist und keine privatautonome Vereinbarung zwischen Ratingagenturen und Investoren zu einem vergleichbaren Ergebnis führt, wird noch einzugehen sein.[290]

d) Vermögensschäden als bloße Umverteilungsschäden

Ein weiteres Argument gegen den (vollständigen) Ersatz von reinen Vermögensschäden basiert auf einer wohlfahrtsökonomischen Betrachtungsweise, d.h. sie folgt dem Ziel der Maximierung der gesamtgesellschaftlichen Wohlfahrt. Jede Haftungsregelung verursacht Rechtsdurchsetzungskosten.[291] Aus gesamtgesellschaftlicher Sicht sei eine Haftungsregelung daher nur anzustreben, wenn die Kosten der Gesellschaft (soziale Kosten) aufgrund einer Handlung die Kosten der Rechtsdurchsetzung überstiegen. Genau dies sei aber bei reinen Vermögensschäden häufig nicht der Fall, weil keine

---

[287] *Bily v. Arthur Young & Co.*, 11 Cal.Rptr. 51, 67 (Cal. 1992); *Siciliano*, 86 Mich.L. Rev. 1929, 1951 (1988); *Posner*, 48 Ariz. L. Rev. 725, 742 (2006); *Faust*, AcP 210 (2010) 555, 573 ff.; *Ebke*, in: Münchener Kommentar, HGB, 3. Aufl. (2013), § 323, Rn. 158.

[288] BGE 133 III 446 Erw. 4.1 unter Verweis auf *Canaris*, Die Vertrauenshaftung im deutschen Privatrecht (1971), 369; ebenso BGE 134 III 390 Erw. 4.3.3.

[289] Vgl. *Ebke*, Die zivilrechtliche Verantwortlichkeit der wirtschaftsprüfenden, steuer- und rechtsberatenden Berufe im internationalen Vergleich (1996), 17.

[290] Siehe S. 180.

[291] *Ekkenga*, WM 1996, Sonderbeil. Nr. 3/1996, 1, 11; *Taupitz*, AcP 195 (1995) 114, 138; *Kraakman*, 2 J. L. Econ & Org. 53, 75 ff. (1986); *Husisian*, 75 Cornell L. Rev. 410, 433 (1990).

wirtschaftlich wertvolle Ressource vernichtet, sondern lediglich Vermögen umverteilt werde. Der Schaden des Einzelnen, die privaten Kosten, solle daher nicht ersetzt werden, soweit er die sozialen Kosten übersteige.[292] Als Schulbeispiel hierfür werden fehlerhafte Kapitalmarktinformationen auf dem Sekundärmarkt genannt, da diese lediglich einen zu teuren Kauf eines Wertpapiers verursacht hätten, dem Verlust des Käufers also eine entsprechende Vermögensmehrung des Verkäufers gegenüberstehe.[293] Es handle sich also nur um eine Vermögensverschiebung („Ihr Geld ist nicht weg, es hat nur jemand anders."). Daher wird ein Schadensersatzanspruch entweder ganz abgelehnt oder aber seine Begrenzung gefordert.[294]

Ein genauer Blick zeigt jedoch: Es kommt zu einer Vielzahl von Ressourcenschäden, beginnend bei den individuellen Aufwendungen für den Erwerb des Wertpapiers, der sonst unterblieben wäre,[295] sowie Aufwendungen zur Schadensvorsorge und -vermeidung, um den privaten Schaden abzuwenden.[296] Ein Schadensfall führt ferner zu externen Effekten durch einen allgemeinen Vertrauensverlust in Kapitalmarktinformationen und erhöht so die Unsicherheit der Investoren.[297] Die Folgen dieser Unsicherheit sind bereits erörtert worden: Risikoaufschläge, höhere Transaktionskosten zur Schadensvermeidung oder Rückzug vom Markt seitens der Investoren, zusätzliche Aufwendung der Emittenten, um die Qualität ihrer Wertpapiere zu signalisieren.[298] Unberücksichtigt bleiben auch die Allokationsschäden, die dadurch entstehen, dass das Kapital nicht dorthin fließt, wo es volkswirtschaftlich am Sinnvollsten eingesetzt werden könnte.[299] Schließlich ist die Berechnung der sozialen Kosten schwer operationalisierbar. Sehr gewollt wirken daher Forderungen in der dogmatischen Diskussion nach einem strikteren Ver-

---

[292] *Bischop*, 2 Oxford Journal of Legal Studies 1, 4 ff. (1982); *Bussani/Palmer/Parisi*, 51 Am. J. Comp. L. 113, 131 ff. (2003); *Posner*, 48 Ariz. L. Rev. 725, 741 (2006).

[293] *Easterbrook*/Fischel, 52 U. Chi. L. Rev. 611, 641 (1982); *Posner*, 48 Ariz. L. Rev. 725, 741 (2006); *Ott*, in: FS H.-B. Schäfer (2008), 179 ff.; für die Prospekthaftung *Schönenberger*, Ökonomische Analyse der Notwendigkeit und Effizienz des börsengesetzlichen Prospekthaftungsregimes (2000), 106 ff.; speziell für Ratingagenturen *Haar*, NZG 2010, 1281, 1284; *Wagner*, in: FS Blaurock (2013), 483 f. und 488.

[294] Vgl. *Fleischer*, Gutachten zum 64. DJT (2002), F 105 f.; *Sauer*, Haftung für Falschinformation des Sekundärmarktes (2004), 362 jeweils m. w. N.

[295] *H.-B. Schäfer*, AcP 202 (2002) 808, 814.

[296] *Möllers*, AcP 208 (2008) 1, 26.

[297] Dies räumt auch *Posner*, 48 Ariz. L. Rev. 725, 741 (2006) ein.

[298] *Fleischer*, Gutachten zum 64. DJT (2002), F 7 ff.; *Hellgardt*, Kapitalmarktdeliktsrecht (2008), 142 und 385; *Möllers*, AcP 208 (2008) 1, 24.

[299] *H.-B. Schäfer*, AcP 202 (2002) 808, 814; *Weichert*, Der Anlegerschaden für fehlerhafte Kapitalmarktpublizität (2008), 257.

schuldensmaßstab oder einer Begrenzung der Haftung auf den Differenzschaden, weil die sozialen Kosten geringer seien als die privaten Kosten.[300]

Daneben regen sich gegen diese rein wohlfahrtökonomische Betrachtungsweise, die sich konsequenterweise nicht nur auf das Vermögen, sondern auch das Eigentum beziehen müsste, grundsätzliche Bedenken: Neben Gründen der Fairness[301] ist in einer Gesellschaft, die individuelle Vermögenspositionen schützt und sie als Grundlage der Wirtschaftsordnung und eigenverantwortlichen Lebensgestaltung betrachtet, kaum nachvollziehbar, den Dieb und den Betrüger anders zu behandeln als den Brandstifter. Der Eierdieb würde kurioserweise nur dann schadensersatzpflichtig, wenn die Eier beim Versuch des Diebstahls zu Bruch gingen und aus dem versuchten Diebstahl eine Sachbeschädigung würde. Wäre er erfolgreich und würde er sie für sich behalten, läge nur eine Vermögensverschiebung vor.

2. Gefahr einer übermäßigen Abschreckung der Ratingagenturen

Eine Hauptgefahr der Haftung von Ratingagenturen wird darin gesehen, dass Ratingagenturen ein so hohes Haftungsrisiko auferlegt wird, dass sie weniger Ratings erstellen oder ihre Tätigkeit ganz oder für ein bestimmtes Segment einstellen. Die Weigerung der Ratingagenturen, weiterhin ABS-Transaktionen zu bewerten, nachdem der Dodd-Frank Act die Primärmarkthaftung auf sie ausgedehnt hat,[302] scheint diese Befürchtung zu bestätigen.[303] Dahinter steht letztlich eine informationsökonomisch begründete allgemeine Zurückhaltung gegenüber einer Haftung für Informationen. Diese Zurückhaltung ist aufgrund des Kontextes und der Entgeltlichkeit des Ratings allerdings nicht begründet (a). Gleiches gilt für die Sorge, eine Haftung könnte zu einem risikoadversen Verhalten der Ratingagenturen führen (b). Aufgrund der existenzbedrohenden Höhe einer Haftung im Einzelfall ist allerdings eine Haftungsbeschränkung zu erwägen (c und d).

a) Besonderheiten der Haftung für Informationen

Ausgangspunkt ist die Frage, warum es eigentlich keine Produkthaftung, also eine außervertragliche Haftung, für Informationen gibt.[304] Ihr Fehlen

---

300 Vgl. die Diskussion bei *Ott*, in: FS H.-B. Schäfer (2008), 179 ff.; *H.-B. Schäfer*, AcP 202 (2002) 808, 834 ff.

301 *Köndgen*, in: FS Druey (2002), 799.

302 Siehe S. 20 ff. zum Dodd-Frank Act und den Reaktionen darauf.

303 Vgl. etwa *Haar*, NZG 2010, 1281, 1284.

304 Monographisch *Günther*, Produkthaftung für Informationsgüter (2001), passim.

steht in einem Widerspruch zu der Bedeutung, die Informationen heute im Wirtschaftsleben einnehmen.[305] Allerdings sind Informationen sowohl besonders „nützliche" wie auch „gefährliche" Güter. Sie sind „nützlich", weil sie als öffentliche Güter leicht verbreitet und von einer theoretisch unbegrenzten Zahl von Personen rezipiert werden können. Dementsprechend groß ist auch ihr Schädigungspotential. Weder die Nachteile noch die Vorteile Dritter sind für einen Informationsgeber kalkulierbar, wenn er den Adressatenkreis und sein Haftungsrisiko nicht eingrenzen kann.[306] So kommt eine Haftung für Druckwerke allerhöchstens gegenüber dem Käufer in Betracht, nicht aber gegenüber weiteren Nutzern.[307] Der Informationsgeber erhält von diesen Dritten weder direkt noch indirekt einen Ausgleich für die Vorteile, die sie durch die Nutzung der Information ziehen. Bereits aus diesem Grund droht aus volkswirtschaftlicher Sicht eine informationelle Unterversorgung.[308] Diese Trittbrettfahrerproblematik verschärft sich durch eine Haftung für die Richtigkeit der Informationen gegenüber den Dritten, weil der Informationsgeber das Haftungsrisiko weder weitergeben kann, noch hierfür eine zusätzliche Vergütung erhält.[309]

Im Falle von Ratingagenturen stellt sich dieses allgemeine Problem der Informationsökonomik allerdings nicht: Ratingagenturen haften nur gegenüber den Inhabern des bewerteten Wertpapiers und damit in einem kalkulierbaren Umfang. Es handelt sich also keineswegs um eine Haftung gegenüber beliebigen Dritten, die sich auf ein Rating verlassen, sondern um Personen, die mit der Ratingagentur in einer Marktbeziehung stehen.[310] Sie zahlen nämlich die Kosten des Ratings indirekt als Emissionskosten. Diese Emissionskosten decken als Vertrauensprämie – wie ausführlich dargelegt – auch das Haftungsrisiko der Ratingagentur ab. Dies gilt für das Auftragsrating.

Wie aber ist die Haftung für ein unsolicited ratings zu beurteilen? Die Vertrauensprämie, welche die Kosten der Informationserarbeitung und das Haftungsrisiko kompensiert, muss nicht monetär sein. Ebenso kann sie in einer Erwartung, dass andere Marktteilnehmer sich ebenso verhalten

---

305 *Hirte*, Berufshaftung (1996), 418; *Schäfer*, AcP 202 (2002) 808, 838.

306 Vgl. nur *Hirte*, Berufshaftung (1996), 420; *Schäfer*, AcP 202 (2002) 808, 830; *Büttner*, Umfang und Grenzen der Dritthaftung von Experten (2006), 80 ff.; *Feinman*, 31 Fl. St. U. L. Rev. 17, 56 (2003).

307 Sog. *bystander*, vgl. *Günther*, Produkthaftung für Informationsgüter (2001), 93.

308 Zu diesem *free rider*-Problem *Fleischer*, Informationsasymmetrie im Vertragsrecht (2001), 159; *Bishop*, 96 L. Q. R. 360, 367–369 (1980); für Kapitalmarktinformationen *Coffee*, 70 Va. L. Rev. 717, 723 ff. (1984).

309 Für Ratingagenturen *Husisian*, 75 Cornell L. Rev. 410, 445 f. (1990).

310 Vgl. *Günther*, Produkthaftung für Informationsgüter (2001), 117.

werden,[311] oder – wie im Falle einer Bankauskunft – einem Zuwachs an Reputation oder einer Festigung der Marktstellung bestehen.[312] Genau dies sind aber häufig die Motive eines unsolicited ratings.

b) Risikoadverses Verhalten der Ratingagentur

Ebenso unbegründet ist die Sorge, es könne zu einem risikoadversen Verhalten von Ratingagenturen kommen. Dies könnte sich darin äußern, dass eine Ratingagentur aufgrund der Haftungsandrohung eher zu einem zu vorsichtigen Rating neigt (*defensive rating*)[313] oder risikoträchtige Emittenten nicht mehr bewertet. Betroffen sein könnten hiervon vor allem aufstrebende junge Unternehmen, die sich das erste Mal an den Kapitalmarkt begeben.[314]

Ein zu vorsichtiges Rating droht aufgrund einer Haftung gegenüber den Investoren gerade nicht; vielmehr wird eine einseitige Bevorzugung der Interessen des Emittenten verhindert, indem die Ratingagentur in eine „Haftungszange" genommen wird und nun nicht mehr einseitig gegenüber dem Emittenten haftet.[315] Eine selektivere Tätigkeit von Ratingagenturen ist sogar gewünscht; sie führt zu einer Disziplinierung der Emittenten, wenn die Ratingagenturen das Haftungsrisiko individuell für jeden Emittenten bestimmen. Erweist sich danach ein Rating als zu kostspielig, sei es aufgrund des konkreten Risikos oder der hohen Fixkosten des Ratings,[316] unterbleibt es. Eventuell eröffnet sich hier ein Raum für spezialisierte Ratingagenturen, die das Haftungsrisiko kostengünstiger einschätzen oder senken können.[317] Ferner ließe sich das individuelle Haftungsrisiko senken, indem der Emittent durch einen glaubwürdigen Emissionsbegleiter (z.B. eine Investmentbank) seine Qualität signalisiert. Reicht auch dies nicht aus, sind das Risiko und

---

311 *Köndgen*, Selbstbindung ohne Vertrag (1981), 359 und 233ff. zu den verschienden Formen der „Reziprozität" im geschäftlichen Verkehr.

312 *Eidenmüller*, ARSP Beiheft Nr. 74 (2000), 135; *Schäfer/Ott*, Lehrbuch der ökonomischen Analyse des Zivilrechts, 4. Aufl. (2005), 546f.; *Jost*, Vertragslose Auskunfts- und Beratungshaftung (1991), 233ff.; *Bishop*, 96 L. Q. R. 360, 374f. (1980).

313 So *Fleischer*, Gutachten zum 64. DJT (2002), F 141; *Husisian*, 75 Cornell L. Rev. 410, 437ff. (1990).

314 *Husisian*, 75 Cornell L. Rev. 410, 437f. (1990); *Bottini*, 30 San Diego L. Rev. 579, 609 (1993); *Fleischer*, Gutachten zum 64. DJT (2002), F 141; *Blaurock*, ZGR 2007, 601, 634; für Wirtschaftsprüfer *Siciliano*, 86 Mich. L. Rev. 1929, 1967 (1988).

315 *Habersack*, 169 (2005), 185, 207; *Wagner*, in: FS Blaurock (2013), 478f.; ähnlich *Vetter*, WM 2004, 1701, 1709; *Kersting*, Die Dritthaftung für Informationen im Bürgerlichen Recht (2007), 542.

316 Hierauf weist *Husisian*, 75 Cornell L. Rev. 410, 437 (1990) hin.

317 *Vetter*, WM 2004, 1701, 1709.

die damit einhergehenden Transaktionskosten zu hoch, als dass sich eine Fremdkapitalaufnahme auf dem Kapitalmarkt durch anonyme Investoren ohne Kontrollmöglichkeiten lohnen würde. In diesem Fall muss auf andere Formen der Finanzierung (z.B. Venture Capital) zurückgegriffen werden.

c) Notwendigkeit einer Haftungsbegrenzung?

Für eine Ratingagentur ist eine Haftung angesichts des hohen Volumens der von ihr bewerteten Schuldtitel schnell existenzbedrohend. Zwar ist es einer Ratingagentur möglich, das Haftungsrisiko ex-ante weiterzugeben. Treten aber ein oder mehrere Schadensfälle gleichzeitig auf, wird sie den entstandenen Schaden – mangels entsprechender Kapitalausstattung – häufig nicht ersetzen können. Grundsätzlich bestehen gegen eine solche Qualitätsauslese keine Einwände, ist sie doch auch Korrektiv für den stark eingeschränkten Wettbewerb.

Ein hohes Risiko einer Insolvenz der etablierten Ratingagenturen hätte aber unbeabsichtigte Nebenwirkungen: An die Stelle etablierter Ratingagenturen würden neue, unbekannte Akteure treten, deren Qualität schwer abschätzbar und deren Ratings nicht im gleichen Maße flächendeckend und vergleichbar wären. Damit entfiele zumindest teilweise der Netzwerkeffekt von Ratings und auch die Möglichkeit, aufsichtsrechtlich auf sie zurückzugreifen. Aufgrund des hohen Haftungsrisikos hätten diese Firmen gar kein Interesse daran, ihre Reputation zu pflegen. Im Vordergrund würde der kurzfristige Geschäftserfolg stehen.[318] Langfristige Investitionen in Expertise und Reputation würden unterbleiben.[319] Mit der Konzentration auf den kurzfristigen Geschäftserfolg wäre der – ohnehin nicht perfekt funktionierende – Reputationsmechanismus vollends gestört; denn eine solche neue Ratingagentur hätte weniger Reputation zu verlieren, d.h. ihr Anreiz zu opportunistischem Verhalten gegenüber den Investoren wäre ungleich größer. Darunter leidet aber das Vertrauen der Investoren in Ratings, das durch eine Haftung gerade gewährleistet werden soll.

Auch wenn dies angesichts der Kritik an ihrem Einfluss und ihrer Arbeit paradox erscheinen mag, gibt es daher aus gesamtgesellschaftlicher Perspektive Argumente, die etablierten Ratingagenturen als Institutionen des Kapitalmarkts zu bewahren. Der „Preis" hierfür ist eine Einschränkung des Kompensationsprinzips durch eine Haftungsbeschränkung.[320] Faktisch ist

---

[318] *Coffee*, in: Hopt et al., Corporate Governance in Context (2005), 647 allgemein zu Gatekeepern.

[319] Ähnlich die Europäische Kommission, SEK (2008) 1974, 4 in ihren Empfehlungen für die Wirtschaftsprüferhaftung.

[320] *Coffee*, 1 Harv. Bus. L. Rev. 231, 253 (2011).

die Einschränkung des Kompensationsprinzips akzeptabel. Realistischerweise kann ein Investor kaum damit rechnen, dass eine Ratingagentur wirtschaftlich solvent genug ist, in einem Fall systematischen Versagens sämtliche von ihr verursachten Verluste zu ersetzen.[321] Auch Schadensprävention kann bereits durch eine geringere Haftungssumme erreicht werden.[322]

Alternativen, welche die Ratingagenturen gegenüber großen Haftungsfällen widerstandsfähiger machen könnten, passen im Falle von Ratingagenturen nicht. In Anlehnung an Wirtschaftsprüfer wäre in erster Linie an eine Versicherung zu denken. Es ist aber zweifelhaft, ob sich das Haftungsrisiko von Ratingagenturen versichern lässt. Die Zahl der Akteure ist sehr gering; es gibt also kein Versichertenkollektiv. Anders als im Falle von Produkthaftpflicht- oder D&O-Versicherungen, die ebenfalls sehr hohe Haftungsrisiken abdecken, ist es damit einer Versicherung kaum möglich, eine Risikodiversifikation vorzunehmen.[323] Da die Ratingagentur aufgrund ihrer Expertise das Haftungsrisiko besser abschätzen und durch ihre Marktstellung sogar beeinfluss kann, gibt es keine Ansatzpunkte, die das Angebot einer Versicherung attraktiv erscheinen lassen. Somit bliebe die Möglichkeit einer Selbstversicherung durch eine breite Kapitalbasis, die einen Haftungsfall auffangen könnte. Diese Lösung ist angesichts der potentiellen Haftungssummen im Vergleich zur Unternehmensgröße einer Ratingagentur unrealistisch und spricht daher ebenfalls für eine Haftungsbeschränkung.[324]

d) Ausgestaltung einer Haftungsbegrenzung

Wie könnte eine Haftungsbeschränkung ausgestaltet sein, die Kompensation und Prävention ausbalanciert? Eine Grundsatzfrage ist, ob man die Ausgestaltung der Haftungsbeschränkung den Ratingagenturen überlässt. Aufgrund des engen Oligopols und des fehlenden Wettbewerbs würde es kaum zu besonders hohen Haftungssummen kommen. Daher wird ein Mindestniveau[325] oder eine nachträgliche Kontrolle vorgeschlagen. Wäre eine Haftungsbeschränkung im Vergleich zum Risiko nicht angemessen, würde sie – ex-post – für unwirksam erklärt werden.[326] Eine solche Lösung birgt

---

321 *Coffee*, 1 Harv. Bus. L. Rev. 231, 253 (2011).

322 Siehe S. 154 f.

323 Ähnliche Überlegungen in *London Economics/Ewert*, Study on the Economic Impact of Auditors' Liability Regimes (MARKT/2005/24/F) (2006), 101 f.

324 Im Ergebnis ebenso *Manns*, 87 N. C. L. Rev. 1011, 1081 (2009), der aber die Möglichkeit einer Versicherung nicht ausschließt.

325 *Partnoy*, 84 B. U L. Rev. 365, 370 (2004); *ders.*, 79 Wash. U. L. Q. 491, 540 ff. (2001); ähnlich auch *Choi*; N. U. L. Rev. 916, 951 ff. (1998).

326 *Leyens*, in: FS H.-B. Schäfer (2008), 168; für Wirtschaftsprüfer vgl. *Doralt et al.*, 67 Cambridge L. J. 62, 67 f. (2008).

allerdings erhebliche Unsicherheiten für alle Beteiligten, weil damit noch immer nicht der Maßstab der Angemessenheit einer Haftungsbeschränkung geklärt ist.

Eine gesetzliche Haftungsbeschränkung muss hingegen auf eine bestimmte Summe festgelegt werden (vgl. § 323 Abs. 2 HGB für Wirtschaftsprüfer, § 10 Abs. 1 ProdHG, § 15 S. 2 UmwHG, § 10 Abs. 2 HPflG, § 12 Abs. 2 StVG, § 88 Abs. 2 AMG). Solche Haftungsbeschränkungen leiden jedoch daran, dass sie nicht an dem konkreten Schadensfall ausgerichtet sind und daher potentiell zu hoch wie zu niedrig sein können. Ihre Steuerungswirkung ist damit sehr grob. Eine gesetzliche Haftungshöchstgrenze würde daher kleinere Emissionen bevorzugen, weil sich bei ihnen Risiko (= Emissionsvolumen) und Haftungssumme am meisten annähern. Schließlich stellt sich das praktische Problem, wie die Haftungssumme zwischen den einzelnen Geschädigten aufzuteilen ist.[327]

Eine Alternative sind variable Haftungshöchstgrenzen, die sich entweder an der Höhe der Vergütung einer Ratingagentur[328] (für eine Emission oder aus der Geschäftsbeziehung mit einem Auftraggeber) oder dem Emissionsvolumen[329] orientieren. Eine Ausrichtung an der Vergütung der Ratingagenturen scheint attraktiv, weil sie am Verhältnis zwischen Ratingagentur und Auftraggeber und damit am finanziellen Vorteil (sog. Verletzergewinn) ansetzt, den die Ratingagentur maximal erzielen kann. Soll damit auch der Abhängigkeit der Ratingagenturen von bestimmten Auftraggebern Rechnung getragen werden, muss nicht nur die Vergütung in Bezug auf eine Emission, sondern für alle Aufträge berücksichtigt werden, da die Ratingagentur mit Blick auf Folgeaufträge oder große Emissionsvolumina Rabatte gewähren oder bei einem Gefälligkeitsrating bereits Folgeaufträge einkalkulieren könnte. Der Umsatz mit einem Auftraggeber steht aber in keiner Korrelation mehr mit der Größe des konkreten Schadensfalles. Für einen Anleger ist die Höhe seiner Kompensation damit zufällig und nicht mehr vorhersehbar. Schließlich ergeben sich weitere ungewünschte Effekte: Richtet eine Ratingagentur ihre Vergütung – wie ökonomisch gewünscht – am Risiko einer Emission aus und verlangt von einem bonitätsschwachen, risikoreichen

---

327 Vgl. § 10 Abs. 2 ProdHG, der eine quotale Befriedigung vorsieht. Notwendig ist allerdings ein dem Insolvenzverfahren ähnliches Verteilungsverfahren, um alle Schäden festzustellen. Zu diesem Problem für die Wirtschaftsprüferhaftung *Zimmer/Binder*, WM 2005, 577, 582; *Ebke*, in: Münchener Kommentar, HGB, 3. Aufl. (2013), § 323, Rn. 160.

328 *Coffee*, in: Hopt et al., Corporate Governance in Context (2005), 649 ff.; *Manns*, 87 N. C. L. Rev. 1011, 1080 f. (2009); *Wagner*, in: FS Blaurock (2013), 493 f., der ebenso eine Orientierung am Emissionsvolumen für möglich halt.

329 *Partnoy*, 84 B. U L. Rev. 365, 370 ff. (2004); *ders.*, 79 Wash. U. L. Q. 491, 540 ff. (2001).

Emittenten eine hohe Vergütung, wird sie hierfür durch eine höhere Haftungshöchstsumme „bestraft“.[330]. Die Haftungshöchstsumme als ein Vielfaches des Gewinns zu berechnen, scheitert aber bereits an praktischen Schwierigkeiten[331] und ist für die Anleger ebenso wenig kalkulierbar wie die Ausrichtung an der Vergütung.

Die überzeugenderen Argumente sprechen daher dafür, die Haftungshöchstsumme auf einen bestimmten Prozentsatz der bewerteten Emission festzulegen.[332] In diesem Fall besteht eine klare Verknüpfung zwischen einem möglichen Schaden und der Haftungshöchstsumme, die für alle Beteiligten voraussehbar und versicherbar bzw. als Teil der Emissionskosten umlegbar ist. Wie hoch dieser Prozentsatz sein sollte, ist allerdings schwer zu bestimmen. Denkbar erscheint eine Größenordnung von 10 bis 20%.

3. Bessere Schadensvorsorge durch die Anleger selbst?

Gegen einen Schadensersatzanspruch von Investoren für fehlerhafte Kapitalmarktinformationen ist eingewandt worden, diese könnten sich sehr viel besser und billiger selbst gegen einen Vermögensschaden absichern als der Emittent oder die Ratingagenturen. Sie seien daher der eigentliche *cheapest cost avoider*. Die Investoren würden ihr Depot diversifizieren können; langfristig würden sie aufgrund von Fehlinformationen mal Gewinner mal Verlierer sein, so dass es langfristig zu einem Ausgleich der Schäden aufgrund fehlerhafter Kapitalmarktinformationen käme.[333] Diese These blendet die sozialen Kosten eines fehlerhaften Ratings aus.[334] Ferner geht sie davon aus, dass ein Investor langfristig ein diversifiziertes Depot anlegt. Dies ist nicht möglich, wenn jemand nur über ein sehr kleines Vermögen verfügt, bei dem sich eine Diversifikation aufgrund der verhältnismäßig hohen Kosten nicht lohnt. Anderenfalls wären die Fixkosten der verschiedenen Port-

---

330 *Partnoy*, 84 B. U L. Rev. 365, 374 (2004); *Kremer*, Die zivilrechtliche Verantwortlichkeit des Wirtschaftsprüfers gegenüber Kapitalanlegern (2007), 430; *Wagner*, in: FS Blaurock (2013), 493.

331 *Partnoy*, 84 B. U L. Rev. 365, 371 (2004).

332 Ähnliche Argumente bei *Kremer*, Die zivilrechtliche Verantwortlichkeit des Wirtschaftsprüfers gegenüber Kapitalanlegern (2007), 432ff., der vorschlägt, an das Nominalkapital der geprüften Gesellschaft anzuknüpfen.

333 *Wagner*, in: FS Blaurock (2013), 484; *H.-B. Schäfer*, in: Hopt/Vogt, Prospekt- und Kapitalmarktinformationhaftung (2005), 176; *Easterbrook/Fischel*, 52 U. Chi. L. Rev. 611, 640f. (1985); *Langevoort*, 38 Ariz. L. Rev. 639, 646f. (1996).

334 Ausführlich *Hellgardt*, Kapitalmarktdeliktsrecht (2008), 142f.; *Weichert*, Der Anlegerschden bei fehlerhafter Kapitalmarktpublizität (2008), 266ff. jeweils mit weiteren Argumenten.

folioanteile zu hoch. Dies ließe sich möglicherweise durch eine Anlage in Investmentfonds ausgleichen, aber nur gegen Inkaufnahme zusätzlicher Kosten für Verwaltung und Überwachung. Faktisch wäre dies eine Benachteiligung von Kleinanlegern.[335]

IV. Notwendigkeit einer gesetzlichen Regelung

Ein wesentlicher Punkt gegen den Ersatz primärer Vermögensschäden war der Vorrang einer privatautonomen Absicherung. Damit ist die Frage angesprochen, warum es einer gesetzlichen Haftung überhaupt bedarf. Auch *Canaris* hat darauf hingewiesen, dass die (gesetzliche) Vertrauenshaftung stets eines „besonderen, sachlich einleuchtenden Grundes" bedürfe.[336] Anknüpfen lässt sich an die einflussreichen Überlegungen des Ökonomen *Ronald Coase*. Er stellte die These auf, in einer Welt ohne Transaktionskosten würden sich die Beteiligten selbst auf eine effiziente Regelung einigen und die Kosten verteilen; einer staatlichen Regelung bedürfe es nicht.[337] Zudem wurde angeführt, die einzelnen Marktteilnehmer seien sehr viel besser in der Lage, im Einzelfall passgenau Regelungen zu vereinbaren als der schlechter informierte Gesetzgeber, der nur eine schematische Lösung für alle Konstellationen erlassen könne.[338] Ferner könnten Investoren auch darauf verzichten, die Kosten einer Haftung zu übernehmen, sei es, weil sie risikobereiter sind oder weil sie meinen, sich selbst besser absichern zu können.

Dazu folgendes Gedankenspiel: Die Ratingagenturen könnten neben ihren Ratings den Abschluss von Haftungsvereinbarungen anbieten, ähnlich einem *reliance letter* eines Rechtsanwalts oder einem *privity letter* eines Wirtschaftsprüfers.[339] Die Kosten der Anfertigung des Ratings würden demgegenüber weiterhin vom Emittenten und daher mittelbar von allen Investoren getragen.[340] Die einzelnen Investoren könnten nun mit den Ratingagenturen

---

335 Dies räumt auch *Langevoort*, 38 Ariz. L. Rev. 639, 647 (1996) ein.

336 *Canaris*, Die Vertrauenshaftung im deutschen Privatrecht (1971), 432.

337 *Coase*, 3 J. L. & Econ. 1, 16 (1960).

338 *Schönenberger*, Ökonomische Analyse der Notwendigkeit und Effizienz des börsengesetzlichen Prospekthaftungsregimes (2000), 77f.

339 Vgl. *Darbellay*, Regulating Ratings (2011), 215f.; für Finanzmarktintermediäre die Vorschläge von *Choi*, 92 Nw. U. L. Rev. 916, 951 (1998) („self-tailored liability"); *Goldberg*, 17 J. Legal Stud. 295, 301 (1988); *Partnoy*, 79 Wash. U. L. Q. 491, 540 (2001).

340 Zu weitgehend daher die Forderung von *Eisen*, Die Haftung und Regulierung internationaler Rating-Agenturen (2007), 355, die Investoren sollten einen Abonnementvertrag abschließen. Dann würde die Erstellung des Ratings im *Issuer-Pays*-Modell zweimal vergütet werden.

über den Preis einer solchen zusätzlichen Haftungsvereinbarung verhandeln. Auf den ersten Blick wäre ein Vorteil dieses Systems, dass das Haftungsrisiko für die Ratingagenturen absehbar wäre und gleichzeitig die Anleger die Kosten der Haftung, die sonst über die Emissionskosten an sie weitergereicht werden würden, nur dann tragen müssten, wenn sie dies wirklich möchten.[341] Für Investoren günstige Haftungsvereinbarungen könnten sogar ein Mittel kleinerer Agenturen im Wettbewerb sein, um die Qualität ihrer Ratings zu signalisieren. Realistischerweise würde ein solches Modell institutionelle Investoren gegenüber Kleinanlegern bevorzugen, für die – im Verhältnis zur Höhe ihres Investments – die Fixkosten eines Abschlusses einer Haftungsvereinbarung zu hoch sind.[342] Möglicherweise wäre diese Ungleichbehandlung tolerabel, weil die institutionellen Investoren durch ihre Haftungsvereinbarungen die Ratingagentur auch zugunsten aller anderen Anleger disziplinieren könnten.[343] Allerdings würde die Ratingagentur ihre Sorgfaltsanstrengungen nicht am Risiko aller Anleger ausrichten, sondern lediglich an dem ihrer Vertragspartner. Hinzu tritt ein Informationsproblem, weil niemand zuverlässig abschätzen kann, wie viele Haftungsvereinbarungen die Ratingagentur abgeschlossen hat. Es besteht ein Koordinationsproblem, weil jeder Marktteilnehmer versucht sein könnte, die Kosten als Trittbrettfahrer (*free rider*) zu sparen und zu hoffen, von den Haftungsvereinbarungen Dritter zu profitieren.[344]

Letztlich scheitert dieses Modell allerdings an einem dreifachen Marktversagen: *Erstens* berücksichtigt dieses Modell nicht die hohen Transaktionskosten des Abschlusses der einzelnen Vereinbarungen, selbst wenn sich schnell standardisierte Angebote herausbilden würden.[345] Noch immer besteht zwischen Investor und Ratingagentur eine Informationsasymmetrie, weil er weder die Qualität des Ratings noch die zukünftigen Sorgfaltsanstrengungen der Ratingagentur abschätzen kann. Zudem ist die Ratingagentur auch in der erheblich besseren Position, das Risiko ihres eigenen Versagens im Hinblick auf das konkrete Investment einzuschätzen. Es droht wiederum ein informationelles Marktversagen und eine adverse Selektion unter den Ratingagenturen. Zudem müssten die Vereinbarungen nach jeder Transaktion auf dem Sekundärmarkt erneuert werden oder übertragbar sein.

---

341 Vgl. zur Expertenhaftung *Faust*, AcP 210 (2010) 555, 575 f.

342 Vgl. *Hellgardt*, Kapitalmarktdeliktsrecht (2008), 202 ff.

343 Vgl. *Schönenberger*, Ökonomische Analyse der Notwendigkeit und Effizienz des börsengesetzlichen Prospekthaftungsregimes (2000), 78.

344 Vgl. *Kraakman*, 2 J. L. Econ & Org. 53, 95 (1986).

345 *Kraakman*, 2 J. L. Econ & Org. 53, 95 (1986); *Gilson/Kraakman*, 70 Va. L. Rev. 549, 637 (1984). Zum ähnlich gelagerten Problem der Emittentenhaftung *Brellochs*, Publizität und Haftung von Aktiengesellschaften im System des Europäischen Kapitalmarktrechts (2005), 180 f.

Aufgrund der oligopolistischen Marktstruktur[346] wäre es, *zweitens*, nicht klar, ob die Ratingagenturen überhaupt bereit wären, solche Vereinbarungen abzuschließen. Selbst wenn man sie aufgrund ihrer marktbeherrschenden Stellung zum Abschluss verpflichten würde, ist es wahrscheinlich, dass sich – wie im Rahmen der Sorgfaltsanstrengungen – ein niedriges Schutzniveau oder ein hoher Preis herausbildet.[347]

Drittens besteht schließlich die Gefahr, dass keine ausreichend hohen Haftungsvereinbarungen abgeschlossen werden, um eine adäquate Steuerungswirkung einer Schadensersatzdrohung zu erreichen. Denn es bleiben in den Kalkulationen externe Effekte wie die Allokationseffizienz des Marktes, der Schutz des Anlegervertrauens – auch in die Qualität von Ratings generell – und die Vermeidung systemischer Risiken außen vor. Diese Gefahr droht insbesondere in den gefährlichsten Situationen, wenn es zu einer Blasenbildung am Kapitalmarkt kommt. Da die Investoren dazu neigen, die Aussichten auf dem Kapitalmarkt zu positiv zu bewerten und gegenläufige Informationen zu vernachlässigen, werden sie auch von ihrer haftungsrechtlichen Absicherung weniger Gebrauch machen.[348] Die damit verbundene Verminderung des Vermögensschutzes der Investoren mag noch tolerabel sein, weil er auf ihrer eigenen Entscheidung beruht; daneben drohen aber gerade in diesen Situationen negative Folgen für das Vertrauen in die Kapitalmärkte und ihre Stabilität insgesamt, die nur durch eine gesetzliche Haftungsregelung aufgefangen werden können.

---

[346] Zu dieser Kritik am Coase-Theorem allgemein *Schäfer/Ott*, Lehrbuch der ökonomischen Analyse des Zivilrechts, 4. Aufl. (2005), 107 f.

[347] *Coffee*, in: Hopt et al., Corporate Governance in Context (2005), 649; für Haftungshöchstgrenzen ähnlich *Leyens*, in: FS H.-B. Schäfer (2008), 167.

[348] *Coffee*, in: Hopt et al., Corporate Governance in Context (2005), 649.

Kapitel 3

Die Haftung von Ratingagenturen nach deutschem Recht

Seit Inkrafttreten der Novelle der RatingVO im Juni 2013 stehen zwei Haftungsregime nebeneinander: die zivilrechtliche Haftung nach Art. 35a RatingVO und die Haftung nach nationalem Zivil- und Kapitalmarktrecht. In Art. 35a Abs. 5 RatingVO hat der Gesetzgeber ausdrücklich klargestellt, dass der neue Haftungstatbestand eine Haftung nach nationalem Recht nicht ausschließen soll. Zwischen Art. 35a RatingVO und nationalen Haftungstatbeständen besteht daher Anspruchsgrundlagenkonkurrenz.[1] Für das nationale Recht bleibt schon aufgrund des eingeschänkten personellen und sachlichen Anwendungsbereichs von Art. 35a RatingVO breiter Raum. Zudem hält das nationale Recht aus Sicht des geschädigten Investors möglicherweise günstigere Regelungen zur Beweislastverteilung bereit und verlangt keine grobe Fahrlässigkeit seitens der Ratingsagentur. Schließlich verweist Art. 35a RatingVO in vielen wichtigen Fragen auf das jeweilige nationale Recht. Art. 35a RatingVO wird daher aufbauend auf den Überlegungen zum nationalen Recht im Kapital 4 ausführlich im Zusammenhang erörtert werden.

Im deutschen Recht ist die Frage der Haftung von Ratingagenturen gegenüber Investoren bisher noch nicht abschließend beantwortet. Dogmatisch handelt es sich um einen Fall der Expertenhaftung. Es ist kaum umstritten, dass eine Haftung für fahrlässig fehlerhafte Informationen – etwa falsche Wertgutachten – grundsätzlich möglich sein soll; umso umstrittener ist aber ihre Einordnung im Kontinuum zwischen Vertrag und Delikt. Eigentlich sollte dieser Streit mit der Einführung von § 311 Abs. 3 S. 2 BGB erheblich an Brisanz eingebüßt haben; nunmehr hat der Gesetzgeber – zumindest nach hier vertretener Ansicht – eine Anspruchsgrundlage für Fälle der Expertenhaftung geschaffen. Es besteht aber weiterhin eine kaum zu überblickende Zahl von Ansätzen, zumal sich eine spezifische Dogmatik des § 311 Abs. 3 S. 2 BGB erst langsam herausbildet. Im Mittelpunkt dieses Kapitels stehen daher die Diskussion der verschiedenen Ansätze um die dogmatisch richtige Verortung der Expertenhaftung und ihre Anwendung auf die Dritthaftung von Ratingagenturen (§ 10 bis § 15). Zuvor ist in zwei Richtungen jedoch der Spielraum abzustecken, der für eine Haftung von Ratingagenturen nach

[1] *Wojcik*, NJW 2012, 2385, 2389.

allgemeinen zivilrechtlichen Grundsätzen bleibt: Dies sind zum einen die Vorgaben des Verfassungsrechts durch die Presse- und Meinungsfreiheit, auf die sich Ratingagenturen stets berufen (§ 8). Zum anderen hat der Gesetzgeber spezielle Haftungstatbestände für fehlerhafte Kapitalmarktinformationen geschaffen (§ 9). Die Frage nach einer zivilrechtlichen Expertenhaftung von Ratingagenturen ist daher nur relevant, wenn keine spezialgesetzliche Regelung anwendbar ist. Ferner darf es sich bei den kapitalmarktrechtlichen Haftungstatbeständen um kein geschlossenes System handeln, das jegliche Haftung für fehlerhafte Kapitalmarktinformationen auf der Basis des allgemeinen Zivilrechts ausschließt.

§ 8 Verfassungsrechtlicher Rahmen

Im US-amerikanischen Recht wurde lange Zeit eine Haftung von Ratingagenturen mit Verweis auf die Meinungsfreiheit nahezu vollkommen abgelehnt. Hierbei handelt es sich um ein spezifisches Phänomen des US-amerikanischen Rechts.[2] Aber auch der deutschen Diskussion sind verfassungsrechtliche Argumente nicht fremd. So hob das Kammergericht die Parallele eines Ratings zu Warentests hervor.[3] Warentests billigt der BGH als Meinungsäußerung aufgrund von Art. 5 Abs. 1 S. 1 GG einen besonders großen Spielraum zu, da sie – ähnlich dem „geistigen Meinungskampf" im politischen Diskurs – für die Verbraucher sehr wichtig seien.[4] Auch einige Stimmen in der Literatur wollen an die US-amerikanische Rechtsprechung anknüpfen und aufgrund der Meinungsfreiheit eine Haftung von Ratingagenturen[5] von vornherein ausschließen, weil es sich dabei um eine Form „staatlicher Meinungsoktroi" handele.[6] Auch die Novelle der RatingVO

[2] *Emmenegger*, in: Wiegand, Berner Bankrechtstag 2005 (2006), 68; *Blaurock*, ZGR 2007, 603, 631; allgemein zum hohen Stellenwert des Ersten Zusatzartikels *Schauer*, 117 Harv. L. Rev. 1765, 1787 ff. (2003) sowie zur Tendenz auf die allgemeine wirtschaftliche Regulierung von Informationen als Eingriff in die Meinungsfreiheit zu sehen *Wu*, New Republic, Juni 2013.

[3] KG WM 2006, 1432, 1433.

[4] BGHZ 65, 325, 331 f.

[5] Dabei ist zu beachten, dass sich Ratingagenturen ohne Sitz in der EU nicht auf die Meinungsfreiheit des Grundgesetzes berufen können (vgl. Art. 19 Abs. 3 GG, hierzu *Jarass*, in: Jarass/Pieroth, GG, 13. Aufl. (2014), Art. 19, Rn. 21 ff. m. w. N.). Anders auf Unionsebene: Der persönliche Anwendungsbereich der Meinungsfreiheit nach Art. 11 GrCh umfasst juristische Personen (*Jarass*, Grundrechte-Charta, 2. Aufl. (2013), Art. 11, Rn. 13 und 35; *C. Calliess*, in: ders./Ruffert, EUV/AEUV, 4. Aufl. (2011), Art. 11 GrCh, Rn. 15), auch wenn sie ihren Sitz in einem Drittstaat haben (*Haratsch/Koenig/Pechstein*, Europarecht, 9. Aufl. (2014), Rn. 697).

[6] *Kübler*, in: Bankrechtstag 1996, 129; *Lemke*, Haftungsrechtliche Fragen des Ratingwesens – ein Regelungsproblem? (2000), 56 ff.

durch die VO Nr. 513/2011 im Jahr 2011[7] erwähnte in ihrem 26. Erwägungsgrund die Presse- und Meinungsfreiheit.

Verfassungsrechtliche Einflüsse auf die Haftung von Ratingagenturen werden meist nicht für das Verhältnis zwischen Ratingagenturen und Investoren untersucht,[8] sondern nur für die Beziehung zwischen der Ratingagentur und dem (zu schlecht) bewerteten Unternehmen; hierbei handelt es sich um eine klassisch äußerungsrechtliche Konstellation, die eine umfassende Abwägung der Interessen der Beteiligten erfordert. Zwar kann das bewertete Unternehmen mit der Berufsfreiheit[9] und dem Recht am eingerichteten und ausgeübten Gewerbebetrieb andere Rechtsgüter für sich ins Feld führen als ein Anleger. Für ihn streitet lediglich seine Privatautonomie,[10] weil das Vermögen vom Schutz des Eigentums nach überwiegender Meinung nicht umfasst wird.[11] Gemeinsam ist beiden Konstellationen aber, dass eine Haftung der Ratingagentur diese davon abhalten könnte, ihre Prognose abzugeben. Das Bundesverfassungsgericht berücksichtigt – wie der Oberste Gerichtshof der USA – in ständiger Rechtsprechung diesen *chilling effect*.[12]

Anlass für eine vertiefte Untersuchung des verfassungsrechtlichen Rahmens einer Haftung von Ratingagenturen gibt die US-amerikansiche Rechtsprechung; dementsprechd wird zunächst ein Blick auf die Rechtslage in den USA geworfen (hierzu I.) Im Anschluss wird erörtert, in welchem Umfang Ratings unter die Meinungs- sowie möglicherweise sogar die Pressefreiheit nach Art. 5 Abs. 1 S. 1 GG und Art. 11 GrCh fallen (hierzu II. und III.) und sich eine Dritthaftung von Ratingagenturen gegenüber Investoren als Schranke der Meinungsfreiheit rechtfertigen lässt (hierzu IV.). Die Darstellung orientiert sich in erster Linie an der ausdifferenzierten Rechtsprechung des Bundesverfassungsgerichts, die allerdings – soweit nicht

---

[7] Abl. EU L 145/30 vom 31. Mai 2011.

[8] Siehe aber *Bauer*, Ein Organisationsmodell zur Regulierung der Rating-Agenturen (2009), 39–42; *Korth*, Dritthaftung von Ratingagenturen (2010), 164 ff. im Kontext des Verschuldensmaßstabes; zur Haftung von Medien für vorsätzlich falsche Berichterstattung über Kapitalmarktprodukte *Loritz*, WM 2004, 957, 964 ff. sowie allgemein *Kersting*, die Dritthaftung für Informationen im Bürgerlichen Recht (2007), 413 ff.

[9] Ob es daneben ein Unternehmenspersönlichkeitsrecht gibt, hat das Bundesverfassungsgericht offengelassen; im Falle marktbezogener Information würde es von Art. 12 Abs. 1 GG verdrängt werden (BVerfG NJW 2010, 3580, Rn. 25; NJW 2008, 358, 359).

[10] *Kersting*, Die Dritthaftung für Informationen im Bürgerlichen Recht (2007), 414.

[11] *Papier*, in: Maunz/Dürig, GG, 62. Lfg (2011), Art. 14, Rn. 160 ff. m.w.N.

[12] Etwa BVerfGE 99, 185, 197; BVerfG WM 2009, 1706, 1708.

hervorgehoben – parallel zur Judikatur des EGMR zu Art. 10 EMRK und des EuGH zu Art. 11 GrCH verläuft.

I. Der Erste Zusatzartikel der US-Verfassung als „Schutzschild" der Ratingagenturen

Die Meinungs- und Pressefreiheit,[13] die im Ersten Zusatzartikel der Verfassung der Vereinigten Staaten garantiert werden, bieten den Ratingagenturen grundsätzlich noch immer einen effektiven Schutz gegen Schadensersatzansprüche und sind von der US-amerikanischen Gerichten breit rezipiert worden. Bei genauer Betrachtung zeigt dieser Schutzschild aber erste erste Risse. Das Argument der Meinungs- und Pressefreiheit ist allerdings so wirkmächtig, dass die Haftung von Ratingagenturen lange Zeit – nicht nur in den Vereinigten Staaten – anders betrachtet worden ist als etwa die Dritthaftung von Wirtschaftsprüfern.

1. Umfang und Grenzen des Schutzes von Ratings

Es besteht weitgehende Einigkeit, dass die Veröffentlichung eines Ratings vom Ersten Zusatzartikel geschützt ist. Der Oberste Gerichthof hat dies bereits für eine Kreditauskunftei[14] und einen Börsenbrief[15] im Grundsatz bestätigt. Die Frage ist daher eher, wie stark dieser Schutz ausgeprägt ist.

Die meisten Gerichte orientieren sich an der Rechtsprechung des Obersten Gerichtshofes zum Schutz vor Beleidigungen und diffamierenden Äußerungen. In *New York Times v. Sullivan*[16] entschied der Oberste Gerichtshof, eine ungehinderte Debatte erfordere einen gewissen Freiraum („*breathing*

---

[13] Die Bedeutung der Pressefreiheit im Zusammenhang mit der Haftung für Äußerungen ist gering, vgl. *Anderson*, 80 Tex. L. Rev. 429, 430 (2002); *Volokh*, Statement to the Committee on Financial Services vom 15. Mai 2009, 1. Für unerheblich halten die Frage im Kontext von Ratings daher auch *In re Enron Corp. Securites, Derivaties and „ERISA" Litigation*, 511 F.Supp.2d 742, 819 (S.D. Texas 2005): „(...) this Court will not assume blanket protection for the Credit Agency ratings, but will consider any First Amendment protection (...)"; *County of Orange v. McGraw Hill Companies, Inc.*, 245 B.R. 151, 154 (C.D. Cal 1999); *Oberman v. Dun & Bradstreet, Inc.*, 460 F.2d 1381, 1384 (7th Cir. 1972).

[14] *Dun & Bradstreet, Inc. v. Greenmoss Builders, Inc.*, 472 U.S. 749, 759.

[15] *Lowe v. SEC*, 472 U.S. 181, 210, Fn. 58 (1985): „(...) it is difficult to see why the expression of an opinion about a marketable security should not also be protected." Noch deutlicher die Minderheitsmeinung in dieser Entscheidung, vgl. 211 ff. (White, J., concurring).

[16] *New York Times v. Sullivan*, 376 U.S. 254, 265 (1964).

space"); der Staat sei daher daran gehindert, einen Schadensersatzanspruch zuzuerkennen, wenn der Schädiger nicht in böslicher Schädigungsabsicht (*acutal malice*) gehandelt hat.[17] Hierzu muss der Urheber der Äußerung wissen, dass sie falsch ist, oder aber mit rücksichtsloser Geringschätzung für ihren Wahrheitsgehalt vorgehen (*reckless disregard for the truth*),[18] z. B. indem er seine Zweifel ignoriert, dass seine Äußerung wahrscheinlich falsch ist.[19] Fahrlässig falsche Aussagen werden ausdrücklich vom Schutz der Meinungsfreiheit erfasst,[20] selbst bei extremen Abweichungen von professionellen Standards.[21]

Deutlich zeigt sich in dieser Rechtsprechung die von *Oliver Wendell Holmes* formulierte Begründung der Meinungsfreiheit[22] als Instrument der Wahrheitssuche. Da niemand die Wahrheit kenne, sei der beste Test für die Qualität einer Meinung, wie sie sich auf dem „Marktplatz der Ideen" (*marketplace of ideas*) durchsetzen könne.[23] Dementsprechend gelten diese hohen Hürden aber nicht für alle Äußerungen, sondern nur für solche von öffentlichem Interesse (*public concern*), die einen Amtsträger oder eine Person des öffentlichen Lebens (*public figure*) betreffen. Im Gegensatz zum Bundesverfassungsgericht sucht der Oberste Gerichtshof aber keinen Ausgleich der beteiligten Grundrechte und Interessen im Einzelfall, sondern formuliert klare Kategorien. Ungerechtigkeiten im Einzelfall nimmt er ausdrücklich in Kauf.[24] Eine Abwägung im Einzelfall bedeute für den Bürger

---

[17] *New York Times v. Sullivan*, 376 U.S. 254, 272 und 280 (1964).

[18] *Hustler Magazine v. Falwell*, 485 U.S. 46, 56 (1988).

[19] *Harte-Hanks Communications, Inc. v. Connaughton*, 491 U.S. 657, 688 (1989); *St. Amant v. Thompson*, 390 U.S. 727, 731 (1968); *Garrison v. Louisiana*, 379 U.S. 64, 74 (1964) („high degree of awareness of their probable falsity").

[20] *Time, Inc. v. Hill*, 385 U.S. 374, 389 (1967).

[21] *Harte-Hanks Communications, Inc. v. Connaughton*, 491 U.S. 657, 664 (1989).

[22] Zu den weiteren Begründungen der Meinungsfreiheit, die vorliegend nicht im gleichen Maße relevant sind, *Brugger*, Demokratie, Freiheit, Gleichheit (2002), 265 ff.; *E. H. Dolzer*, Verfassungsrechtlicher Schutz von Werbung in rechtsvergleichender Sicht (2008), 91–128 jeweils m. w. N.

[23] *Abrams v. United States*, 250 U.S. 616, 630 (1919, Holmes, J., dissenting).

[24] *Gertz v. Robert Welch, Inc.*, 418 U.S. 323, 342 ff. (1974): „Theoretically, of course, the balance between the needs of the press and the individual's claim to compensation for wrongful injury might be struck on a case-by-case basis. (…) But this approach would lead to unpredictable results and uncertain expectations, and it could render our duty to supervise the lower courts unmanageable. Because an ad hoc resolution of the competing interests at stake in each particular case is not feasible, we must lay down broad rules of general application. Such rules necessarily treat alike various cases involving differences as well as similarities. Thus it is often true that not all of the considerations which justify adoption of a given rule will obtain in each particular case decided under its authority."

– insbesondere in einem Verfahren vor einer Jury[25] – Rechtsunsicherheit und halte ihn möglicherweise von einer Äußerung ab (*self-censorship*).

Die Rechtsprechung ist diesem dogmatischen Ausgangspunkt für die Beurteilung der Haftung von Ratingagenturen, soweit ersichtlich, bisher einhellig gefolgt. Teilweise wird ein Rating, das dem allgemeinen Kapitalmarktpublikum zugänglich gemacht wird,[26] bereits aufgrund seiner Bedeutung für die Kapitalmärkte als eine Angelegenheit von öffentlichem Interesse angesehen.[27] Ein öffentliches Interesse bestehe insbesondere an einem Rating öffentlicher Körperschaften[28] und börsennotierter Unternehmen,[29] deren wirtschaftliche Situation zugleich eine Frage von gesellschaftlicher Bedeutung sei.[30]

Im Anschluss an die Entscheidung des Obersten Gerichtshofes im Fall *Dun & Bradstreet, Inc. v. Greenmoss Builders, Inc.*[31] von 1985 verneint eine zunehmende Zahl von Gerichten das öffentliche Interesse an einem Rating im Falle von Privatplatzierungen. In *Dun & Bradstreet, Inc. v. Greenmoss Builders, Inc.* hatte eine Kreditauskunftei fälschlich den Insolvenzantrag eines Unternehmens gemeldet – allerdings nur an fünf Abonnenten. Das Gerichte lehnte angesichts der geringen Zahl von Abonnenten ein starkes Interesse der Öffentlichkeit an der Diskussion dieser Information ab und verlangte nicht den Nachweis von actual malice. Ähnlich wird nun argumentiert, wenn ein Rating in den Angebotsunterlagen einer Privat-

[25] *Nolte*, Beleidigungsschutz in der freiheitlichen Demokratie (1992), 165 ff.; *Anderson*, 69 Brook. L. Rev. 755, 780 und 781 (2004). Die hohen Hürden erlauben es, viele Klagen bereits im Rahmen einer summarischen Entscheidung abzuweisen sowie in höheren Instanzen die fehlerhafte Beweiswürdigung einer Jury – welche in der Regel den Geschädigten begünstigt – noch einmal zu überprüfen, weil es um die Auslegung eines verfassungsrechtlich gebotenen Haftungserfordernisses handelt.

[26] Ausreichend ist bereits eine Ausfnahme in die Börsenzulassungsunterlagen *Federal Home Loan Bank of Pittsburgh v. J. P. Morgan Securities LLC*, 2010 WL 7928643 (Pa.Com.Pl.), 7 f.

[27] *Jefferson County School District No. R-1 v. Moody's Investors Services, Inc.*, 988 F.Supp. 1341, 1345 (D.Colo 1997); *Commercial Financial Services v Arthur Andersen LLP*, 94 P.3d 106, 111 (CA (OK) 2004); anders *Oberman v. Dun & Bradstreet, Inc.*, 460 F.2d 1381, 1384 (7th Cir. 1972).

[28] *County of Orange v. McGraw Hill Companies*, Inc., 245 B.R. 151, 155 (C.D.Cal. 1999); *Jefferson County School District No. R-1 v. Moody's Investor's Services, Inc.*, 988 F.Supp 1341 (D.Colo 1997); 175 F.3d 848 (C.A.10 (Colo) 1999).

[29] *In re Enron Corp. Securites, Derivaties and „ERISA" Litigation*, 511 F.Supp.2d 742, 825 (S.D. Texas 2005) für ein Unternehmen der „Fortune 500"; *Ebenroth/Dillon*, 23 Law & Pol'y Int'l Bus. 783, 826 (1993).

[30] Vgl. *Connick v. Meyers*, 461 U.S. 138, 146–147 (1983) zur Definition des public concern.

[31] *Dun & Bradstreet, Inc. v. Greenmoss Builders, Inc.*, 472 U.S. 749, 762 (1985).

platzierung eines nichtbörsennotierten Unternehmens oder einer Zweckgesellschaft einem Kreis ausgewählter Investoren zur Verfügung gestellt wird.[32] Bisher ist ungeklärt, ob ein öffentliches Interesse in einer solchen Konstellation aber bereits dann wieder anzunehmen ist, wenn – wie von den Ratingagenturen vorgetragen – die Ratings auch der allgemeinen Kapitelmarktöffentlichkeit zugänglich gemacht worden sind (z. B. über ihre Website).[33]

Ob auch der Oberste Gerichtshof für die Haftung von Ratingagenturen den Nachweis von actual malice verlangen oder auch Fahrlässigkeit ausreichen lassen würde, ist allerdings nicht eindeutig. In der Rechtsprechung des Obersten Gerichtshofes genießt wirtschaftlich motivierte Kommunikation (*commercial speech*) gegenüber staatlicher Regulierung zum Schutz vor falschen oder irreführenden Äußerungen einen geringeren Schutz.[34] Zur Begründung wird u. a. ausgeführt, commercial speech sei kein Beitrag zur öffentlichen Diskussion, sondern diene lediglich der Information im Wirtschaftsverkehr.[35] Hinter der Äußerung ständen ferner wirtschaftliche Motive; das Unternehmen sei daher nicht leicht von seiner Äußerung abzuschrecken.[36] Der Oberste Gerichtshof sieht zwar nur solche Äußerungen als

---

32 *Abu Dhabi Commercial Bank v. Morgan Stanley & Co, Inc.*, 2009 WL 2828018, 9 (S.D.N.Y.); *Genesee County Employees' Retirement System v. Thornburg Mortgage Securities Trust 2006-3*, 825 F.Supp.2d 1082, 1236 f. (2011); *California Public Employees' Retirement System v. Moody's Corp.*, 2010 WL 2286924, 5 (Cal. Sup.); *California Public Employees' Retirement System v. Moody's Corp.*, 226 Call. App.4th 643, 676 ff. (Cal.App. 1 Dist); *Anschutz Corp. v. Merill Lynch & Co.*, 785 F.Supp.2d 799, 831 f. (N.D.Cal 2011); *Federal Home Loan Bank of Pittsburgh v. J. P. Morgan Securities LLC*, 2010 WL 7928643, 7 f. (Pa.Com.Pl.); *LaSalle Nat'l Bank v. Duff & Phelps Credit Rating Co.*, 951 F.Supp. 1071. 1096 (S.D.N.Y. 1996).

33 Zweifelnd, aber im Ergebnis offen lassend *California Public Employees' Retirement System v. Moody's Corp.*, 226 Call.App.4th 643, 677 (Cal.App. 1 Dist).

34 *Virginia State Board of Pharmacy v. Virginia Citizens Consumer Council*, 425 U.S. 748 (1976); grundlegend zu den Schranken *Central Hudson Gas & Electric Corp. v. Public Service Commission*, 447 U.S. 557, 566 (1980): „[A] four-part analysis has been developed. At the outset we must determine whether the expression is protected by the First Amendment. For commercial speech to come within that provision, it must at least concern lawful activity and not be misleading. Next, we ask whether the asserted governmental interest is substantial. If both inquiries yield positive answers, we must determine whether the regulation directly advances the governmental interest asserted, and whether it iss not more extensive than it is necessary to serve that interest."

35 *Dun & Bradstreet, Inc. v. Greenmoss Builders, Inc.*, 472 U.S. 749, 762 (1985); *Central Hudson Gas & Electric Corp. v. Public Service Commission*, 447 U.S. 557, 563 (1980).

36 *Virginia State Board of Pharmacy v. Virginia Citizens Consumer Council*, 425 U.S. 748, 772 (1976); siehe auch *Dun & Bradstreet, Inc. v. Greenmoss Builders, Inc.*, 472 U.S. 749, 762 und dort Fn. 8 (1985).

commercial speech an, die – wie Werbung – auf den Abschluss einer Transaktion zielen („no more than to propose a commercial transaction").[37] In der Entscheidung *Dun & Bradstreet, Inc. v. Greenmoss Builders, Inc.* rückte der Oberste Gerichtshof die Bonitätsauskunft allerdings argumentativ in die Nähe von commercial speech; dies würde für eine ähnliche Behandlung von Ratings sprechen.[38] In einer anderen Entscheidung stellte der Oberste Gerichtshof zudem klar, dass die Regulierung von Kapitalmarktinformationen nicht die Meinungsfreiheit verletzte.[39] Insgesamt scheint die Reichweite des Schutzes von Ratings damit zwischen die verschiedenen Rechtsprechungslinien des Obersten Gerichtshofes zu fallen und ist damit möglicherweise doch noch nicht abschließend geklärt.[40]

2. Abgrenzung von Meinungen und Tatsachen

Ist ein Rating eine Meinung – wie die Ratingagenturen selbst konstant betonen – oder eine Tatsache? Diese Abgrenzung ist von entscheidender Bedeutung, denn es ist nach der Rechtsprechung in den USA nur möglich, gegen eine Meinung vorzugehen, wenn sie falsche Fakten impliziert oder diese ihr zugrunde liegen.[41] Im Übrigen hat der Oberste Gerichtshof – in einem Fall der Haftung für Kapitalmarktinformationen – eine Haftung für Meinungsäußerungen nur in Betracht gezogen, wenn die Äußerung nicht authentisch ist, also der Äußernde sie selbst nicht glaubt, oder sie auf keiner ausreichenden tatsächlichen Grundlage beruhen.[42]

Auf dieser Basis wurde eine Haftung von Ratingagenturen von einigen Gerichten grundsätzlich angenommen, wenn eine Ratingagentur wusste, dass ihre Methoden überholt sind, oder wenn sie ein Rating ohne Analyse oder Informationsgrundlage veröffentlicht hat.[43] Die meisten Gerichte aber stufen Ratings als Meinungsäußerungen ein und haben aufgrund dieser verfassungsrechtlichen Wertung eine Haftung sowohl nach Common Law als auch den

---

[37] *Virginia State Board of Pharmacy v. Virginia Citizens Consumer Council*, 425 U.S. 748, 761 f. (1976); zur weiteren Entwicklung der Rechtsprechung *Volokh*, Statement to the Committee on Financial Services vom 15. Mai 2009, 2, Fn. 7.

[38] Für eine Einordnung von Ratings als commercial speech z.B. *Deats*, 110 Colum. L. Rev. 1818, 1854 ff. (2010); *Murphy*, 62 Okla. L. Rev. 735, 766 ff. (2010).

[39] *Ohralik v. Ohio State Bar Association*, 436, U.S. 447, 456 (1978).

[40] *Deats*, 110 Colum. L. Rev. 1818, 1850 (2010).

[41] *Milkovich v. Lorain Journal Co.*, 497 U.S. 1, 18 ff. (1989): „sufficiently factual to be susceptible of being proven true or false".

[42] *Virginia Bankshares, Inc. v. Sandberg*, 501 U.S. 1083, 1093 (1991).

[43] *In re Wells Fargo Mortgage-Backed Certificates Litigation*, 712 F.Supp.2d 958, 973 (N.D.California 2010); *Abu Dhabi Commercial Bank v. Morgan Stanley & Co., Inc.*, 2012 WL 3584278, 10 (S.D.N.Y.).

kapitalmarktrechtlichen Haftungstatbeständen verneint.[44] Ihre Einordnung als Meinung begründeten sie damit, dass es für viele Wertungen keinen objektiven Standard gebe, an dem eine Einschätzung gemessen werden könne.[45] Einige Gerichte aber haben in einem Rating nicht nur eine Prognose gesehen, sondern betont, dass der Kapitalmarkt Ratings als Aussage über die gegenwärtige Zahlungsfähigkeit eines Unternehmens und damit als Tatsache behandle.[46]

II. Meinungsfreiheit

Art. 5 Abs. 1 S. 1 GG schützt im Ausgangspunkt nur Meinungen. Meinungsäußerungen sind durch ein Element des Dafürhaltens und damit die subjektive Beziehung des Äußernden zum Inhalt seiner Aussage gekennzeichnet, während Tatsachen durch eine objektive Beziehung zwischen dem Inhalt der Aussage und der Wirklichkeit charakterisiert und somit dem Wahrheitsbeweis zugänglich sind.[47] Ohne Bedeutung sind im deutschen wie im europäischen Recht Motiv und Inhalt der Äußerung. Insbesondere gewerbliche Meinungsäußerungen sind daher vom Schutzbereich der Meinungsfreiheit erfasst.[48] Allerdings können der Hintergrund, der Inhalt und der Kontext einer Äußerung ein Faktor im Rahmen der Verhältnismäßig-

---

[44] Z. B. *Freidus v. ING Groep N.V.*, 2010 WL 3554097, 12 (S.D.N.Y.); *Tsereteli v. Residential Asset Securitization Trust 2006-A8*, 692 F.Supp.2d 387, 393 (S.D.N.Y. 2010); *In re Lehman Brothers Securities and ERISA Litig.*, 684 F.Supp.2d 485, 495 (S.D.N.Y. 2010); *Federal Home Loan Bank of Pittsburgh v. J. P. Morgan Securities LLC*, 2010 WL 7928643, 10 (Pa.Com.Pl.). Den Meinungscharakter ablehnend (ohne Begründung) *In re Taxable Municipal Bond Securities Litigation*, 1993 WL 591418, 5 (E.D.La); *First Financial Savings Bank, Inc. v. American Bankers Insurance Company of Florida, Inc.*, 1989 WL 168015 (E.D.N.C.).

[45] *Ohio Police & Fire Fund v. Standard & Poor's Financial Services, LLC*, 813 F.Supp.2d 871, 882 f. (S.D.Ohio 2011); *Abu Dhabi Commercial Bank v. Morgan Stanley & Co., Inc.*, 2012 WL 3584278, 10 (S.D.N.Y.) im Anschluss an *Fait v. Regions Financial Corp.*, 655 F.3d 105, 110 (2d Cir. 2011).

[46] *M&T Bank Corporation v. Gemstone CDO VII Ltd.*, 23 Misc.3d 1105(A), 2009 WL 921381 (N.Y. Sup.), 11: „The ratings by Moody's und S&P are facts constituting the actual evaluation by reputable independent entities. Such ratings have been highly regarded and eagerly sought for years. To characterize them merely as predictions or opinions would undercut necessary reliability such ratings furnish in the world of credit.“ Ebenso *MBIA Insurance Corporation v. Royal Bank of Canada*, 2010 WL 3294302, 29 (N.Y.Sup).

[47] BVerfGE 90, 241, 247; 85, 1, 15; BGHZ 166, 84, 100 jeweils m. w. N. Überzeugende Kritik der Dichotomie von Meinung und Tatsache bei *Herzog*, in: Maunz/Dürig, GG, 30. Lfg. (1992), Art. 5 Abs. 1, 2, Rn. 51 ff.

[48] BVerfGE 102, 347, 359; BVerfG NJW-RR 2004, 1710, 1711; siehe zu Art. 10 EMRK EGMR, *markt intern und Klaus Beermann ./. Deutschland*, Case No. 3/1998/147/201 vom 20. November 1989, IIC 1990, 680 (Rn. 26).

keitsprüfung einer Schrankenregelung sein. Art. 5 Abs. 1 S. 1 GG schützt aber nicht nur Meinungen, sondern auch Tatsachen, sofern diese nicht bewusst oder erwiesen unwahr sind; in diesen Fällen haben sie für die öffentliche Meinungsbildung keinen Wert.[49]

Charakteristisch für Ratings ist ihr Prognosecharakter. Prognosen sind schon aufgrund ihres Zukunftsbezugs keinem Beweis zugänglich.[50] Dies streitet bereits dafür, Ratings als Meinungen einzuordnen.[51] Ein Rating basiert jedoch auf bestimmten Tatsachen, die teilweise im Rahmen der Ratingbegründung veröffentlicht werden. Seine Erarbeitung folgt – unabhängig von dem Einfluss subjektiver Faktoren – einem statistischen Verfahren und ordnet die Ausfallwahrscheinlichkeit im Verhältnis zu anderen Schuldnern. Ähnlich wie Warentests, standardisierten Leistungsbewertungen oder gutachterlichen Stellungnahmen handelt es sich daher um eine Mischäußerung, die sowohl Meinungs- als auch starke Tatsachenanteile enthält. Entscheidend für die verfassungsrechtliche Einordnung ist letztlich nach der überwiegenden Meinung der Schwerpunkt der Äußerung, d.h. ihr inhaltlicher Kern in seinem konkreten Kontext.[52] Die Beurteilung ist allerdings großzügig vorzunehmen. Durch das Herauslösen bestimmter tatsächlicher Elemente[53] oder der Interpretation einer Aussage in einem hypothetischen Kontext könnte der verfassungsrechtliche Schutz der Meinungsfreiheit leicht so verkürzt werden, dass der Äußernde aus Vorsicht auf eine Äußerung insgesamt verzichtet oder sich auf das wertende Element beschränkt. Hierunter würde letztlich auch die Qualität des Diskurses leiden.

Der Kapitalmarkt schenkt der konzentrierten Zusammenfassung der Bonitätsprognose in einer Ratingnote eine sehr viel höhere Aufmerksamkeit als einem ausdifferenzierten Ratingbericht und den darin enthaltenen Daten. Eine solche Betonung des Bewertungsergebnisses wird generell als ein Indiz für eine Meinungsäußerung gesehen.[54] Die ganz überwiegende Meinung kommt daher zu dem Ergebnis, Ratings seien insgesamt – ebenso wie Wa-

---

[49] BVerfGE 85, 1, 15.

[50] *Wagner*, in: Münchener Kommentar, BGB, 6. Aufl. (2013), § 824 Rn. 20.

[51] *Hennrichs*, in: FS Hadding (2004), 880f.; *Eisen*, Haftung und Regulierung internationaler Rating-Agenturen (2007), 305; *Lemke*, Haftungsrechtliche Fragen des Ratingwesens – ein Regelungsproblem? (2000), 56; *Bauer*, Ein Organisationsmodell zur Regulierung von Ratingagenturen (2009), 40.

[52] BVerfGE 85, 1, 16; 61, 1, 8f.; BGHZ 166, 84, 100f.; *Wagner*, in: Münchener Kommentar, BGB, 6. Aufl. (2013), § 824 Rn. 15; *Beater*, in: Soergel, BGB, 13. Aufl. (2005), § 824, Rn. 18 m.w.N.

[53] BVerfGE 85, 1, 16; 61, 1, 8f.

[54] Siehe die Zusammenstellung bei *Gomille*, Standardisierte Leistungsbewertungen (2009), 30ff. mit Kritik an dieser Entscheidungsregel (41ff.). Ähnlich wie hier aber das BVerfG im Zusammenhang mit einem Anwaltsranking (JZ 2003, 841, 841).

rentests – als Meinungsäußerungen einzuordnen, da der Prognosecharakter und die Überlagerung der Bewertungsmethodik durch subjektive Einschätzungen dominiere.[55]

Diesem Ergebnis ist grundsätzlich zuzustimmen. Allerdings sind Konstellationen denkbar, in denen ein Rating eine gegenwartsbezogene Tatsachenbehauptung impliziert und daher bei den Rezipienten die Vorstellung einer bestimmten Tatsache hervorruft.[56] Das Rating ist dann weniger meinungs- und stärker tatsachengeprägt. Dies ist etwa dann der Fall, wenn der Zeitpunkt der Rückzahlung einer Anleihe kurz bevorsteht[57] oder die Agentur einen Zahlungsausfall oder die Zahlungsunfähigkeit feststellt.[58] Ein ähnliches Bild ergibt sich, wenn die aktuelle Zahlungsfähigkeit eines Emittenten in Frage steht. Wird nun ein Rating veröffentlicht, das einem Emittenten eine überdurchschnittlich gute Bonität attestiert, liegt der Schluss nahe, dass der Emittent nicht nur in Zukunft noch zahlungsfähig sein wird, sondern erst recht noch zum Zeitpunkt der Bewertung ist.[59] Daher wird man ebenso annehmen können, dass ein Rating auch eine Aussage über die Qualität eines Finanzinstruments zum Zeitpunkt der Emission enthält.[60] Diese Aussagen sind jeweils einem intersubjektiven Konsens zugänglich und damit Tatsachenbehauptungen, die – wenn sie unwahr sind – gar nicht durch die Meinungsfreiheit geschützt werden oder nur einen reduzierten Schutz genie-

---

[55] Siehe für eine Kreditauskunftei BGH BB 2011, 1169, 1170 (Rn. 17). Für Ratingagenturen z.B. KG WM 2006, 1432, 1433; *Lemke*, Haftungsrechtliche Fragen des Ratingwesens – ein Regelungsproblem? (2000), 56; *Peters*, Die Haftung und die Regulierung von Rating-Agenturen (2001), 53; *Habersack*, ZHR 169 (2005) 185, 200; *Bauer*, Ein Organisationsmodell zur Regulierung der Rating-Agenturen (2009), 41; ohne nähere Begründung *Korth*, Dritthaftung von Ratingagenturen (2010), 164ff. Für das schweizerische Recht *Emmenegger*, in: Wiegand, Berner Bankrechtstag 2005 (2006), 59.

[56] Vgl. allgemein BGHZ 132, 13, 21; *Wagner*, in: Münchener Kommentar, BGB, 6. Aufl. (2013), § 824 Rn. 15 und 20.

[57] *Peters*, Die Haftung und die Regulierung von Rating-Agenturen (2001), 54; *Emmenegger*, in: Wiegand, Berner Bankrechtstag 2005 (2006), 59.

[58] *Eisen*, Haftung und Regulierung internationaler Rating-Agenturen (2007), 306; *Peters*, Die Haftung und die Regulierung von Rating-Agenturen (2001), 54; *Emmenegger*, in: Wiegand, Berner Bankrechtstag 2005 (2006), 59.

[59] *Emmenegger*, in: Wiegand, Berner Bankrechtstag 2005 (2006), 58; *Arendts*, WM 1993, 229, 230; vgl. auch *Witte/Hrubesch*, ZIP 2004, 1346, 1350; *M&T Bank Corporation v. Gemstone CDO VII Ltd.*, 23 Misc.3d 1105(A), 2009 WL 921381 (N.Y. Sup.), 11: „The ratings by Moody's und S&P are facts constituting the actual evaluation by reputable independent entities. Such ratings have been highly regarded and eagerly sought for years. To characterize them merely as predictions or opinions would undercut necessary reliability such ratings furnish in the world of credit."

[60] Vgl. *California Public Employees' Retirement System v. Moody's Corp.*, 226 Call.App.4th 643, 664 (Cal.App. 1 Dist). Siehe auch für die Bedeutung eines Wirtschaftsprüfertestats BGH WM 2013, 689 Rn. 17.

ßen.[61] Gleiches gilt für Tatsachen in Ratingberichten, sofern sie einen eigenständigen Aussagegehalt haben.[62] Dass die Ratingagentur ihre Äußerungen dabei selbst als Meinungen kennzeichnet, ist unerheblich, da es allein auf das Verständnis der Empfänger ankommt.[63] Zusammenfassend lässt sich damit feststellen, dass Ratings grundsätzlich unter den Schutz der Meinungsfreiheit fallen; sie können allerdings in bestimmten Konstellationen eine bestimmte Tatsachenbehauptung implizieren und genießen insoweit einen geringeren grundrechtlichen Schutz.

III. Pressefreiheit

Die Ratingagenturen verteidigen sich häufig mit dem Hinweis, sie seien Teil der Presse und ein Rating „*the shortest editorial of the world*".[64] In der Tat besteht intuitiv ein Unterschied zwischen einem Rating, das zur öffentlichen Diskussion durch professionelle Einschätzung der Bonität eines Landes oder Unternehmens einen Beitrag leisten kann, und einem Artikel in der New York Times und Frankfurter Allgemeinen Zeitung zum gleichen Thema. Verfassungsrechtlich ist die Abgrenzung aber schwierig.

Eine Definition der Presse kann nach inhaltlichen Kriterien erfolgen, etwa nach ihrer Qualität oder ihrem Wert für die öffentliche Meinungsbildung; damit würde aber der Öffentlichkeit die Entscheidung aus der Hand genommen, welche Themen und Probleme sie für wichtig hält.[65] Die überwiegende Meinung knüpft daher an das Medium an, durch das Informationen verbreitet werden. Unter die Pressefreiheit fallen danach nur Printprodukte.[66] Dieses Kriterium erleichtert auch die Abgrenzung zu den anderen Grundrechen des Art. 5 Abs. 1 S. 2 GG, der Rundfunk- und Filmfreiheit. Typischerweise erzielen diese Medien eine Breitenwirkung; sie haben damit typischerweise einen größeren Einfluss auf die Meinungsbildung als die Äußerung eines Einzelnen.[67]

---

61 Vgl. allgemein *Starck*, in: v. Mangoldt/Klein/Starck, GG, 6. Aufl. (2010), Art. 5 Abs. 1, 2, Rn. 27.

62 *Peters*, Die Haftung und die Regulierung von Rating-Agenturen (2001), 56; *Emmenegger*, in: Wiegand, Berner Bankrechtstag 2005 (2006), 59.

63 BGHZ 160, 84, 101 m.w.N.

64 Vgl. den Titel des Aufsatzes von *Husisian*, 75 Cornell L. Rev. 411 (1990).

65 *Herzog*, in: Maunz/Dürig, GG, 62. Lfg. (2011), Art. 5 Abs. 1, 2, Rn. 128.

66 BVerfGE 34, 269, 283; 95, 28, 35; *Herzog*, in: Maunz/Dürig, GG, 62. Lfg. (2011), Art. 5 Abs. 1, 2, Rn. 129ff.; *Starck*, in: v. Mangoldt/Klein/Starck, GG, 6. Aufl. (2010), Art. 5 Abs. 1, 2, Rn. 59 m.w.N. Unter der EGMR sind von der Pressefreiheit nur periodisch erscheinende Druckerzeugnisse geschützt (vgl. *Calliess*, in: ders./Ruffert, EGV/EUV, 4. Aufl. (2011), Art. 11 GRCh Rn. 18).

67 *Hoffmann-Riem*, in: Alternativ Kommentar, GG, Stand: 2001, Art. 5 Abs. 1, 2, Rn. 141f.

Diese Erklärung wird allerdings zunehmend brüchig, weil das Internet eine Verbreitung von Informationen erlaubt, wie sie früher nur auf den in Art. 5 Abs. 1 S. 2 GG aufgezählten Wegen möglich war. Freilich kann man überlegen, etwa einen Newsletter als funktionales Äquivalent zu einer Zeitung zu behandeln.[68] Es bleibt aber die grundsätzliche Frage, ob es wirklich nur auf das Medium ankommen kann, wenn es eine Frage der Zweckmäßigkeit ist, ob ein Inhalt elektronisch – über eine Website, einen Blog oder einen Newsletter – oder in Papierform verbreitet wird. Andererseits würde die Pressefreiheit relativiert, wenn sie jede Veröffentlichung im Internet aufgrund ihrer potentiellen Breitenwirkung erfassen würde. Festzustellen ist eine Aporie der grundrechtlichen Dogmatik, die nur aufgrund der bisher geringen praktischen Auswirkungen – hierzu sogleich – tolerabel ist. Bei aller Vorsicht vor institutionellen Grundrechtsinterpretationen,[69] die leicht dazu benutzt werden können, den Schutzbereich eines Grundrechts zu verkürzen,[70] ist zu überlegen, den Begriff der Presse phänomenologisch zu beschreiben. Einen entsprechenden Versuch unternimmt *Thomas M. J. Möllers* für die Abgrenzung von Journalisten und Finanzanalysten in § 34b Abs. 6 WpHG, also einer ähnlichen Konstellation wie hier, mithilfe eines beweglichen Systems. Entscheidend sei, ob aus Sicht eines objektiven Betrachters eine Anlageempfehlung oder eine Sachinformation zur allgemeinen Meinungsbildung im Vordergrund stehe.[71] Ähnlich stellen der BGH und der EuGH im Rahmen der Frage, ob das datenschutzrechtliche Presseprivileg auf eine Website anwendbar ist, darauf ab, ob die meinungsbildende Wirkung prägend für das Informationsangebot ist.[72] Zusätzlich lässt sich möglicherweise von der Presse eine gewisse redaktionelle Unabhängigkeit verlangen, also dass sie ihre Themen selbst wählt und nicht für einen bestimmten Inhalt ihrer Berichte bezahlt wird. Auch eine redaktionelle Einbettung eines Berichts würde für eine Presseveröffentlichung sprechen. Legt man

68 So für Börsenbriefe *Kämmerer/Veil*, BKR 2005, 379, 385.

69 Allgemein hierzu *Böckenförde*, NJW 1974, 1529, 1534 f.

70 Berechtigte Warnung von *Herzog*, in: Maunz/Dürig, GG, 62. Lfg. (2011), Art. 5 Abs. 1, 2, Rn. 120.

71 *Möllers*, in: Kölner Kommentar, WpHG, 2. Aufl. (2014), § 34b, Rn. 227 ff.; ähnlich auch *Spindler*, NZG 2004, 1138, 1141 f.; *Ohler*, AfP 2010, 101, 104; zustimmend *Fett*, in: Schwark/Zimmer, Kapitalmarktrechts-Kommentar, 4. Aufl. (2010), § 34b WpHG, Rn. 44; ablehend *Flaig*, Wirtschaftsjournalismus und Markt – Notwendigkeit und Ansätze einer Regulierung (2009), 94; für den Schutz von Börseninformationsdiensten durch die Pressefreiheit *Köndgen*, JZ 1978, 389, 390.

72 BGHZ 181, 328, 335 (zum Lehrerbewertungsportal „spickmich.de“); in die gleiche Richtung EuGH vom 16. Dezember 2008 – Rs. C-73/07 – Rn. 62 – *Tietosuojavaltuutettu ./. Satakunnan Markkinapörssi Oy und Satamedia Oy* („ausschließlich zum Ziel haben, Informationen, Meinungen oder Ideen in der Öffentlichkeit zu verbreiten“).

diese Kriterien an Ratingagenturen an, spricht bereits gegen Ratingagenturen, dass sie den Gegenstand ihrer Bewertungen zumeist aufgrund von Aufträgen auswählen und insoweit gerade nicht über die pressetypische redaktionelle Unabhängigkeit verfügen. Zwar haben die Ratings etablierter Agenturen eine enorme Breitenwirkung, die einem Presseunternehmen in nichts nachsteht; diese beruht allerdings nicht auf der Art des Mediums, sondern auf ihrer Marktstellung.

Letztlich kann die Frage, ob Ratingagenturen als Presse anzusehen sind, für die vorliegende Arbeit aus zwei Gründen offenbleiben: Erstens fallen nach der Rechtsprechung des Bundesverfassungsgerichts die in einem Presseerzeugnis enthaltenen Äußerungen unter die Meinungsfreiheit; die Pressefreiheit werde daher, so das Bundesverfassungsgericht, nur dann berührt, wenn eine Maßnahme die Bedeutung der Presse für die individuelle und öffentliche Meinungsbildung berühre. Durch die Pressefreiheit würden daher lediglich die institutionellen Voraussetzungen der Presse geschützt.[73] Zweitens decken sich die Schutzbereiche der Meinungs- und Pressefreiheit weitgehend und teilen die gleichen Schrankenregelungen, so dass die Einordnung für die Verfassungsmäßigkeit eines Eingriffs zumeist keine Bedeutung hat.[74] Die Haftung von Ratingagenturen soll daher im Folgenden anhand der Meinungsfreiheit thematisiert werden.

IV. Rechtfertigung des Eingriffs

Eine Haftung für Ratings würde sich gegen keinen speziellen Inhalt wenden und daher unter die Schranke des allgemeinen Gesetzes nach Art. 5 Abs. 2 GG fallen. Allerdings ist die Haftungsnorm wiederum selbst im Lichte der Meinungsfreiheit auszulegen. Durch diese „Wechselwirkungslehre“ soll sichergestellt werden, dass die Meinungsfreiheit und damit die für eine Demokratie unerlässliche öffentliche Diskussion nicht mehr als erforderlich eingeschränkt wird.[75]

Sofern eine Meinungsäußerung eine Frage von besonderem öffentlichen Interesse berührt und nicht nur eine private Auseinandersetzung, spricht die Vermutung zunächst für einen Vorrang der freien Rede.[76] Zu diesen Ange-

---

[73] BVerfGE 85, 1, 12 f.; siehe auch BVerfG JZ 2003, 841 zum JUVE-Handbuch, das ebenfalls nur an der Meinungsfreiheit gemessen wird sowie BVerfG WM 2009, 1706, 1708 zu einem Börsenbrief.

[74] Ähnlich für Wirtschaftsjournalisten *Flaig*, Wirtschaftsjournalismus und Markt (2009), 66; allgemein *Herzog*, in: Maunz/Dürig, GG, 62. Lfg. (2011), Art. 5 Abs. 1, 2, Rn. 154a.

[75] Statt vieler *Starck*, in: v. Mangoldt/Klein/Starck, GG, 6. Aufl. (2010), Art. 5 Abs. 1 und 2, Rn. 201 f.

[76] BGHZ 160, 84, 101 m. w. N.

legenheiten von öffentlichem Interesse gehören aufgrund ihrer Bedeutung für das Funktionieren der Wirtschaft Informationen über Unternehmen[77] wie Bonitätsauskünfte,[78] aber auch Warentests, weil sie Verbraucherschutz fördern, Markttransparenz herstellen und damit einen hohen volkswirtschaftlichen Nutzen haben.[79] In diese Reihe fügen sich die Beurteilungen von Ratingagenturen nahtlos ein.[80] Selbst wenn es sich nicht um ein Rating eines DAX-Unternehmens oder eines Staates handelt, ist es eine Information, die für die Bereichsöffentlichkeit der Aktionäre, Anleger, Gläubiger und Beschäftigten des Emittenten eine hohe Bedeutung hat.[81]

Es gibt allerdings mehrere Gesichtspunkte, die es rechtfertigen, an die Abgabe von Ratings – auch als Meinungsäußerung – Sorgfaltspflichten und eine Haftung zu knüpfen: Ratings erfüllen eine wichtige volkswirtschaftliche Funktion. Voraussetzung hierfür ist aber, dass ihre Bewertungen möglichst zutreffend sind und die Kapitalmarktteilnehmer in die Sachkunde, Objektivität und Neutralität der Ratingagentur vertrauen können. Ähnlich wie die Stiftung Warentest nehmen sie auch diese Attribute für sich im Rahmen ihres Marktauftritts in Anspruch.[82] Der BGH rechtfertigt mit der Einhaltung dieser Verfahrensregeln, der Stiftung Warentest einen Spielraum zu gewähren. Durch die Anforderungen an ein ordnungsgemäßes Bewertungsverfahren werde, so der BGH, gewährleistet, dass ihre Bewertungen zumindest „diskutabel" seien.[83] Damit wird auch sichergestellt, dass Verwaltung und Richter nicht ihre Einschätzung an die Stelle des Bewertenden setzen.

Die Einhaltung dieser Grundsätze entspricht auch der Selbstdarstellung der Ratingagenturen oder zumindest dem, was typischerweise von einem Unternehmen erwartet wird, das Ratings veröffentlicht und möglicherweise über eine entsprechende aufsichtsrechtliche Zulassung verfügt.[84] Zu weit

---

[77] BVerfG NVwZ-RR 2004, 1710, 1711 für einen Anlegerbrief; ebenso EGMR vom 04. Mai 2010 – Az. 38059/07 – Rn. 40 – *Effecten Spiegel ./. Deutschland.*

[78] BGH BB 2011, 1169, 1170 (Rn. 21).

[79] BGHZ 65, 323, 333; *Beater*, in: Soergel, BGB, 13. Aufl. (2005), § 823 Anh V, Rn. 87.

[80] Vgl. KG WM 2006, 1432, 1434.

[81] Ebenfalls auf den Kreis der Betroffenen abstellend NVwZ-RR 2004, 1710, 1711.

[82] BGHZ 65, 325, 333 f.; in Abgrenzung hierzu für eine Anlegerzeitung, die gerade keine Neutralität und Objektivität für sich in Anspruch nahm BVerfG NVwZ-RR 2004, 1710, 1711. Für eine Übertragung dieser Grundsätze auf Ratingagenturen die ganz überwiegende Meinung *Bauer*, Ein Organisationsmodell zur Regulierung von Ratingagenturen (2009), 41; *Vetter*, WM 2004, 1701, 1704; *Peters*, Die Haftung und Regulierung von Rating-Agenturen (2001), 66 f.

[83] BGHZ 65, 325, 334 f.

[84] Vgl. *Kersting*, Die Dritthaftung für Informationen im Bürgerlichen Recht (2007), 415.

geht es, den privatautonomen Entschluss einer Ratingagentur zur Marktteilnahme als eine Art Grundrechtsverzicht aufzufassen.[85] Die Meinungsfreiheit würde leerlaufen, wenn in der Freiheitsausübung, der Teilnahme am öffentlichen Diskurs, zugleich der Freiheitsverzicht läge. Allerdings muss sich eine Ratingagentur an den selbst geweckten Erwartungen festhalten lassen. Sie sind quasi „miterklärt", wenn jemand ein „Rating" veröffentlicht.[86] Da diese Punkte untrennbar mit der Meinungsäußerung verknüpft sind, lassen sich diese Attribute – neutral, objektiv, sachkundig – nicht als eigenständige Tatsachenbehauptungen einordnen.[87] Gerade bei Mischäußerungen kann der Wahrheitsgehalt der zugrundeliegenden Tatsachen die Schutzbedürftigkeit der Meinungsäußerung insgesamt relativieren. So ist eine auf bewusst unwahren oder erwiesen falschen Informationen aufbauende Meinungsäußerung in der Regel nicht mehr schützenswert.[88] Letztlich geht es einer Ratingagentur damit nicht anders als etwa einem Rechtsanwalt, der eine Prognose über die Erfolgsaussichten eines Prozesses abgibt. Zwar ist seine Prognose nicht überprüfbar, aber sie erfolgt als professionelle Meinungsäußerung im Rahmen einer Dienstleistung. Der Mandant darf daher darauf vertrauen, dass der Rechtsanwalt bei der Erarbeitung seiner Prognose die professionellen Standards angewandt hat, also z. B. die einschlägige Rechtsprechung analysiert hat und sich nicht von eigennützigen Motiven leiten lässt.

Ein strengerer Sorgfaltsmaßstab ist für Ratingagenturen auch aus einem anderen Grund gerechtfertigt: Medien trifft – im Vergleich zu Privatpersonen – eine höhere Sorgfaltspflicht, z. B. hinsichtlich der Recherche und Verifikation von Tatsachenbehauptungen, selbst wenn sich ihr Wahrheitsgehalt nicht aufklären lässt.[89] Ein Grund hierfür ist ihre bessere Möglichkeiten, den Wahrheitsgehalt zu klären; dies trifft auf Ratingagenturen aufgrund ihrer privilegierten Stellung im Insiderrecht, ihrer Professionalität und Marktmacht ebenfalls zu. Zum anderen beruht die besondere Pflichtenstellung der Medien auf ihrer Bedeutung für die demokratische Willensbildung.[90] Ähnlich zu beurteilen sind aber andere Institutionen, die aufgrund ihrer sozialen oder wirt-

[85] In diese Richtung wohl aber *Korth*, Dritthaftung von Ratingagenturen (2010), 169 f.

[86] *Hellgardt*, Kapitalmarktdeliktsrecht (2008), 54.

[87] *Emmenegger*, in: Wiegand, Berner Bankrechtstag 2005 (2006), 59; anders *Hellgardt*, Kapitalmarktdeliktsrecht (2008), 54 sowie für die vorgetäuschte Sachkunde eines Sachverständigen *Wagner*, in: Münchener Kommentar, BGB, 6. Aufl. (2013), § 824 Rn. 23.

[88] BVerfGE 85, 1, 17; BVerfG NVwZ-RR 2004, 1710, 1711.

[89] BVerfGE 85, 1, 16 f.; BVerfG WM 2009, 1706, 1708; BVerfG JZ 2003, 841, 841 jeweils m. w. N.

[90] *Beater*, in: Soergel, BGB, 13. Aufl. (2005), § 823 Anh V, Rn. 179 und § 824, Rn. 45.

schaftlichen Macht über Breitenwirkung und Einfluss im öffentlichen Diskurs verfügen.[91] In diesen Fällen kann die Kontrolle des Wahrheitsgehalts einer Tatsache oder einer Mischbehauptung nicht einfach an die Öffentlichkeit in der Annahme zurückgespielt werden, auf dem Holmes'schen „*marketplace of ideas*" würde sich über kurz oder lang zeigen, ob die Aussage zutrifft und überzeugt.[92] Wie auf jedem Markt kann es auch auf dem Meinungsmarkt zu einem Marktversagen kommen, wenn einzelne Akteure einen so beherrschenden Einfluss auf die Meinungsbildung haben, dass es zu keiner Korrektur einer Äußerung kommen kann.[93] Der Gedanke einer unverfälschten Meinungsbildung, die eine staatliche Einflussnahme teilweise überflüssig macht und den Einfluss einzelner machtvoller Akteure auf das notwendige Maß begrenzt, liegt auch den Entscheidungen des Bundesverfassungsgerichts zur Rundfunkfreiheit und etwa der Blinkfüer-Entscheidung zugrunde, in der das BVerfG der Durchsetzung einer Meinung durch wirtschaftliche Macht entgegentrat.[94] Im Falle der großen drei Ratingagenturen besteht aufgrund ihres Einflusses auf die Kapitalmärkte eine ähnlich konzentrierte Markt- und Meinungsmacht.[95] Finanzanalysten gibt es im Vergleich zu Ratingagenturen relativ viele und ihr individueller Einfluss ist – abgesehen von „Börsengurus" – eher von kurzer Dauer, weil ihre Empfehlungen auf dem „Meinungsmarkt" diskutiert werden können. Ratings haben hingegen einen stärker „autoritativen Charakter"[96] und werden von den Kapitalmarktteilnehmern schnell nachvollzogen – sei es aufgrund von Herdenverhalten, Antizipation der Marktreaktion oder externer Vorgaben.[97] Somit können irreversible Folgen eintreten, bevor die Vertretbarkeit eines Ratings auch nur ansatzweise diskutiert werden kann. In diesen Konstellationen kommt eine Diskussion eines Ratings schlicht zu spät. Fraglich ist aber, inwieweit diese Gedanken über die großen drei Ratingagenturen hinaus angewandt werden können.[98] Auch eine sehr spezia-

---

91 BGHZ 154, 54, 62 f.; *Beater*, in: Soergel, BGB, 13. Aufl. (2005), § 823 Anh V, Rn. 179 sowie § 824, Rn. 43; *Larenz/Canaris*, Schuldrecht BT II/2, § 81 III 3b.

92 *Gomille*, Standardisierte Leistungsbewertungen (2009), 154 ff.

93 *Gomille*, GPR 2011, 186, 191; *Kübler*, AcP 172 (1972) 178, 194 ff.

94 BVerfGE 25, 256, 267 (Boykott eines Zeitschriftenhändlers durch marktmächtiges Verlagshauses wegen des Vertriebs der Zeitschrift „Blinkfür", deren politische Auffassung es mißbilligte); BVerfGE 73, 160, 172 f.; vgl. insgesamt zur Verhinderung voherrschender Meinungsmacht *Hoffmann-Riem*, Alternativ-Kommentar, GG, Stand: 2001, Art. 5 Abs. 1 und 2, Rn. 140.

95 *Gomille*, GPR 2011, 186, 191; *ders.*, Standardisierte Leistungsbewertungen (2009), 159.

96 *Peters*, Die Haftung und die Regulierung von Rating-Agenturen (2001), 67.

97 Ähnlich auf die Preisrelevanz bei Finanzanalysten abstellend *Ohler*, AfP 2010, 101, 104.

98 Ablehnend *Gomille*, GPR 2011, 186, 191.

lisierte Ratingagentur kann in ihrem Segment sehr einflussreich sein. Auch die aufsichtsrechtliche Zulassung stärkt die Position einer Ratingagentur, so dass sich ihr Einfluss letztlich nur im Einzelfall bestimmen lassen wird.

Bereits danach erscheint eine Überprüfung zulässig, ob ein Rating *lege artis* zustande gekommen ist, d.h. unter Wahrung der Verfahrensgrundsätze und einer zutreffenden Tatsachengrundlage. Bei der Ausformulierung der einzelnen Sorgfaltspflichten im Detail sind die verfassungsgerichtlichen Vorgaben zu berücksichtigen. Noch einmal strengere Maßstäbe sind anzulegen, wenn ein Rating nicht nur zukunftsgerichtet ist, sondern zugleich als Tatsache die aktuelle wirtschaftliche Lage eines Unternehmens impliziert, weil erwiesen falsche Tatsachen nicht zur öffentlichen Meinungsbildung beitragen.[99]

§ 9 Ratingagenturen im System kapitalmarktrechtlicher Haftungstatbestände

Mit der Prospekthaftung (§§ 21 ff. WpPG und §§ 20 ff. VermAnlG, § 306 KAGB), der Haftung für unterlassene und fehlerhafte Ad-hoc-Mitteilungen (§§ 37b, 37c WpHG) und fehlerhafte Angebotsunterlagen (§ 12 WpÜG) hat der Gesetzgeber eine Reihe von Haftungstatbeständen geschaffen. Daneben hat die Rechtsprechung die bürgerlich-rechtliche Prospekthaftung entwickelt. Als Grundlage für die Haftung von Ratingagenturen bieten sich lediglich die wertpapierrechtliche und bürgerlich-rechtliche Prospekthaftung an sowie eine Gesamtanalogie zu den kapitalmarktrechtlichen Haftungstatbeständen (hierzu I.). Wie zu zeigen sein wird, ist keine dieser Grundlagen einschlägig. Damit eröffnen sich zwei weitere Fragenkomplexe: Inwieweit handelt es sich bei den kapitalmarktrechtlichen Haftungstatbeständen um ein geschlossenes System, das einen Rückgriff auf allgemeine zivilrechtliche Anspruchsgrundlagen ausschließt (hierzu II.)? Ratings sind ein essentieller Teil des Kapitalmarktverkehrs. Statt eines Direktanspruchs gegen eine Ratingagentur wäre daher auch denkbar, dass ein anderer Kapitalmarktakteur, der ein Rating verwendet, für dessen Richtigkeit einstehen muss. Diese Frage stellt sich vor allem im Zusammenhang mit der börsenrechtlichen Prospekthaftung von Emissionsbanken und Prospektveranlassern (hierzu III.).

---

99 Vgl. allgemein *Beater*, in: Soergel, BGB, 13. Aufl. (2005), § 823 Anh V, Rn. 177.

I. Kapitalmarktrechtliche Anspruchsgrundlagen

1. Wertpapierrechtliche Prospekthaftung

Im Zentrum der spezialgesetzlichen Haftung für fehlerhafte Primärmarktinformationen steht die Prospekthaftung gemäß §§ 21 ff. WpPG, die vor dem 1. Juni 2012 nahezu wortgleich in §§ 44, 45 BörsG a.F. (ggf. i.V.m. §§ 13 VerkProspG a.F.) geregelt war. Für Vermögensanlagen, die nicht als Wertpapiere verbrieft sind, hat der Gesetzgeber nunmehr in §§ 20 ff. VermAnlG eine eigenständige Anspruchsgrundlage geschaffen, die inhaltlich nahezu deckungsgleich mit §§ 21 ff. WpPG ist.

Der Zweck eines Ratings ist es, das Vertrauen der Investoren in die Angaben eines Emittenten und dessen Kapitalmarktprodukte zu verbessern. Es ist für eine Ratingagentur daher alles andere als überraschend, wenn ihre Bewertungen Teil des Prospekts werden. Letztlich besteht sogar eine aufsichtsrechtliche bzw. prospekthaftungsrechtliche Pflicht, sie im Prospekt zu erwähnen. Eine Haftung von Ratingagenturen nach den Grundsätzen der börsenrechtlichen Prospekthaftung scheidet dennoch aus: Ratingagenturen sind keine Prospektverantwortlichen i.S.d. § 21 Abs. 1 S. 1 WpPG (hierzu a.). Es ist auch nicht möglich, den Ratingbericht als eigenständigen Prospekt i.S.d. §§ 21 WpPG zu qualifizieren oder diese Regelungen analog anzuwenden (hierzu b.).

a) Ratingagenturen als Adressaten der Prospekthaftung

Eine Ratingagentur könnte Adressatin der börsenrechtlichen Prospekthaftung sein, wenn das Rating mit ihrem Wissen Eingang in den Prospekt gefunden hat. Die zivilrechtliche Verantwortlichkeit trifft aber nur einen genau definierten Personenkreis: neben den Prospektveranlassern (§ 21 Abs. 1 S. 1 Nr. 2 WpPG; § 44 Abs. 1 S. 1 Nr. 2 BörsG a.F.) nur die Personen, welche die Verantwortung für den Prospekt übernommen haben (§ 21 Abs. 1 S. 1 Nr. 2 WpPG; § 44 Abs. 1 S. 1 Nr. 1 BörsG a.F.). Letztere werden streng formal bestimmt; es handelt sich nur um diejenigen, die durch eine Erklärung die Verantwortung für den gesamten Prospekt nach außen erkennbar übernehmen (vgl. § 5 Abs. 4 S. 1 WpPG).[100] Dies sind regelmäßig nur der Emittent und die emissionsbegleitenden Finanzinstitute.[101] Als

---

[100] *Mülbert/Steup*, in: Habersack/Mülbert/Schlitt, Unternehmensfinanzierung am Kapitalmarkt, 2.Aufl. (2008), § 33, Rn. 74.

[101] *Assmann*, in: ders./Schütze, Handbuch des Kapitalanlagerechts, 3. Aufl. (2007), § 6, Rn. 222; *Ehricke*, in: Hopt/Voigt, Prospekt- und Kapitalmarktinformationshaftung (2005), 228 f.

Prospektveranlasser sollen demgegenüber die „Hintermänner“ der Emission, die an ihrem Erfolg ein wirtschaftliches Interesse haben, erfasst werden.[102] Ratingagenturen haben aber kein Interesse am wirtschaftlichen Erfolg der Emission, das über das Entgelt für ihre Bewertung hinausgeht; dies wäre auch mit ihrer Neutralität und Unabhängigkeit kaum vereinbar. Sie sind nach einhelliger Meinung daher nicht als Prospektveranlasser anzusehen.[103]

Zweifeln könnte man an diesem eindeutigen Ergebnis jedoch mit Blick auf das – nunmehr verbotene – parallele Angebot von Beratung und Bewertung durch die Ratingagenturen im Rahmen für strukturierte Produkte.[104] Die Ratingagentur hat in dieser Konstellation nicht nur das von Emittenten fertig strukturierte Produkt bewertet, sondern es gemeinsam mit einer Investmentbank konstruiert. Damit, so ließe sich argumentieren, sei ihr Einfluss zum einen sehr viel bestimmender als der sonstiger Sachverständiger, welche lediglich die Richtigkeit anderer Angaben bestätigen würden. Zum anderen habe sie auch ein höheres Interesse als ein sonstiger Experte oder Sachverständiger an der Akzeptanz der Emission durch die Investoren, weil davon auch abhänge, ob ihre Beratung erfolgreich gewesen sei. Hiergegen spricht jedoch, dass mit § 21 Abs. 1 S. 1 Nr. 2 WpPG gerade die tatsächlichen „Urheber“ des Prospekts erfasst werden sollen, die möglicherweise andere Personen nur vorgeschickt haben und deren Einfluss so groß ist, dass ihnen die Gesamtverantwortung für den Prospekt zugewiesen werden kann.[105] Ratingagenturen erbringen eine – wenn auch möglicherweise entscheidende – Dienstleistung im Rahmen der Transaktion. Ebenso wie ein Architekt mögen sie entscheidenden Einfluss auf die Ausgestaltung eines Hauses haben;[106] die unternehmerische Entscheidung über die Durchführung und Initiierung der Emission liegt damit noch nicht bei ihnen. Gerade letz-

---

[102] Statt vieler *Groß*, Kapitalmarktrecht, 4. Aufl. (2009), § 44, 45 BörsG, Rn. 35; *Mülbert/Steup*, in: Habersack/Mülbert/Schlitt, Unternehmensfinanzierung am Kapitalmarkt, 2.Aufl. (2008), § 33, Rn. 67 ff.

[103] *Fleischer*, Gutachten zum 64. DJT (2002), F 140; *Lemke*, Haftungsrechtliche Fragen des Ratingwesens – ein Regelungsproblem? (2000), 72 f.; *Eisen*, Haftung und Regulierung internationaler Rating-Agenturen (2007), 360 mit Verweis auf die Gesetzesbegründung (Bundstagsdrucksache 13/8933, 78), wonach das beisteuern falscher Informationen zum Prospekt ohne ein wirtschaftliches Eigeninteresse gerade nicht ausreicht, um eine Prospektverantwortlichkeit anzunehmen.

[104] Siehe hierzu auch das Vorbringen in *In re Lehman Brothers Mortgage-Backed Securities Litigation*, 2011 WL 1778726 (C.A.2 (N.Y.)), 5 ff. m.w.N. Allerdings basierten die Klagen wegen der Privilegierung der Ratingagenturen im Rahmen der Expertenhaftung auf der Behauptung, sie seinen „underwriter“ i.S.v. Sec. 11 SA, Verkäufer gemäß Sec. 12(a)(2) und „control person“ (Sec. 15 SA).

[105] *Assmann*, AG 2004, 435, 437.

[106] So *In re Lehman Brothers Securities and ERISA Litigation*, 681 F.Supp.2d 495, 500 (S.D.N.Y. 2009).

teres Argument lässt sich auch am Wortlaut der Vorschrift festmachen („von denen der Erlass des Prospektes ausgeht").

Seit geraumer Zeit wird allerdings diskutiert, ob innerhalb dieser beiden sehr eng definierten Gruppen Raum für eine Haftung von Experten – insbesondere von Wirtschaftsprüfern – ist, die lediglich für bestimmte Aussagen in einem Prospekt verantwortlich sind.[107] Auch Ratingagenturen lassen sich als Experten einordnen, auch wenn ihre Tätigkeit in diesem Lichte bisher kaum diskutiert wurde. Eine Primärmarktverantwortlichkeit dieser Personen entspräche dem Stand der Entwicklung in anderen Rechtsordnungen[108] sowie der bürgerlich-rechtlichen Prospekthaftung. Zudem würde eine Haftungslücke vermieden werden.[109] Die Sorgfaltspflichten der Prospektverantwortlichen in Bezug auf die Richtigkeit von Expertenäußerungen, die in den Vertrag aufgenommen werden, sind nämlich auf eine Plausibilitätskontrolle reduziert.[110] Ohne eine entsprechende Verantwortlichkeit des Experten, wären seine Angaben keiner Haftung unterworfen und der Anlegerschutz insoweit verkürzt.[111] Dieses Ergebnis steht jedoch im Widerspruch zu der Bedeutung, die ihre Expertisen im Rahmen der Anlageentscheidung spielen. Dies gilt nicht nur für das Testat eines Wirtschaftsprüfers,[112] sondern hinsichtlich bestimmter Kapitalmarktprodukte wie verbriefter Forderungen und Unternehmensanleihen auch für die Beurteilung durch Ratingagenturen, weil bei diesen Kapitalmarktprodukten das Bonitätsrisiko der ausschlaggebende Faktor der Investitionsentscheidung ist. Im Falle des Auftragsratings können Ratingagenturen damit rechnen, dass ihr Rating von ihrem Auftraggeber in den Prospekt aufgenommen werden wird, um Investoren von der Qualität des Wertpapiers zu überzeugen. Aufsichtsrechtlich ist die Aufnahme des Ratings in den Prospekt sogar für bestimmte Schuldverschreibungen zwingend vorgegeben.[113]

---

[107] Z.B. *Bosch*, ZHR 163 (1999) 274, 279 ff.; *Fleischer*, Gutachten zum 64. DJT (2002), F 65 ff.
Hellgardt, Kapitalmarktdeliktsrecht (2008), 300 ff.; *Meyer*, WM 2003, 1301, 1306 ff.; eher kritisch *Zimmer/Binder*, WM 2005, 577 ff.

[108] Im US-amerikanischen Recht ergibt sich dies aus Sec. 11(a)(4) SA. Rechtsvergleichend *Fleischer*, Gutachten zum 64. DJT (2002), 66 f.; *Hopt/Voigt*, in: dies., Prospekt- und Kapitalmarktinformationshaftung (2005), 75 ff.; *Hellgardt*, Kapitalmarktdeliktsrecht (2008), 302.

[109] Zu diesem Gedanken *Hopt/Voigt*, in: dies., Prospekt- und Kapitalmarktinformationshaftung (2005), 78 f.; *Meyer*, WM 2003, 1301, 1307 und 1311.

[110] Ausführlich S. 215.

[111] *Zimmer/Binder*, WM 2005, 577, 579 f.

[112] *Fleischer*, Gutachten zum 64. DJT (2002), F 67: „Mit der Richtigkeit seines Zahlengerüsts steht und fällt der Informationswert des Gesamtprospekts."

[113] Vgl. § 7 WpPG i. V. m. Art. 8 und 16 sowie Anhang V, Nr. 7.5 und Anhang XIII, Nr. 7.5 der VO (EG) Nr. 809/2004 sowie den 5. Erwägungsgrund der RatingVO.

Es liegen damit starke rechtspolitische Argumente für eine zivilrechtliche Verantwortlichkeit von Experten vor, die mit ihren Meinungen in einem Prospekt zurechenbar genannt werden. Ob eine Haftung auf der Grundlage der wertpapierrechtlichen Prospekthaftung *de lege lata* begründet werden kann, erscheint aber sehr fraglich.[114] Die überwiegende Meinung in der Literatur hat eine solche Haftung bisher mit dem Argument abgelehnt, § 21 Abs. 1 S. 1 Nr. 2 WpPG bzw. § 44 Abs. 1 S. 1 Nr. 1 BörsG a.F. setze eine Verantwortlichkeit für den ganzen Prospekt voraus und nicht nur bestimmte Punkte. Diese Interpretation ist allerdings nicht zwingend, ergibt sich doch lediglich aus § 5 Abs. 4 S. 1 WpPG, dass der Prospekt diejenigen Personen nennen muss, die für seinen Inhalt die Verantwortung übernehmen.[115] Dies schließt eine Verantwortlichkeit für einzelne Teile eines Prospektes nicht ausdrücklich aus. Allerdings deutet die Formulierung in § 3 VermVerkProspG in eine andere Richtung, indem sie gerade auch für Kapitalanlagen nach § 1 Abs. 2 VermAnlG (§ 8f VerkProspG a.F.) die Möglichkeit eröffnet, auch nur für bestimmte Angaben die Verantwortung zu übernehmen.[116] Auch Punkt 1.1 der Anhänge zur ProspektVO 809/2004 sieht keine zwingende Gesamtverantwortlichkeit vor.[117] Auch hieraus lässt sich aber kein Argument gegen die herrschende Meinung ableiten, denn Punkt 1.1 der Anhänge der ProspektVO dient nicht dem Zweck, die Haftung auszuweiten; der Anleger soll lediglich Klarheit über seine Anspruchsgegner erhalten und sich zumindest an einen Verantwortlichen halten können.[118] Somit führt kein Weg am historischen Willen des Gesetzgebers vorbei, Experten nicht der gesetzlichen Prospekthaftung zu unterwerfen.[119] Dieses Verständnis des Gesetzgebers ist durch den gescheiterten Entwurf des Kapitalmarktinformationshaftungsgesetzes[120] noch einmal bestätigt worden; der Entwurf sah die

---

[114] Befürwortend etwa *Kumpan*, in: Baumbach/Hopt, 36. Aufl. (2014), § 21 WpPG, Rn. 3; *Hopt*, WM 2013, 101, 103; *Schwark*, in: FS Hadding (2004), 1126f.; ablehnend etwa *Fleischer*, Gutachten zum 64. DJT (2002), F 66; *Assmann*, AG 2004, 435 ff.; *Bachmann*, in: ders./Casper/Schäfer/Veil, Steuerungsfunktionen des Haftungsrechts im Gesellschafts- und Kapitalmarktrecht (2007), 113; *Mülbert/Steup*, in: Habersack/Mülbert/Schlitt, Unternehmensfinanzierung am Kapitalmarkt, 2. Aufl. (2008), § 33, Rn. 50; *Habersack*, in: ders./Mülbert/Schlitt, Handbuch der Kapitalmarktinformation (2008), § 28, Rn. 30.

[115] *Groß*, Kapitalmarktrecht, 4. Aufl. (2009), § 44, 45 BörsG, Rn. 36.

[116] *Hellgardt*, Kapitalmarktdeliktsrecht (2008), 301.

[117] Vgl. *Hellgardt*, Kapitalmarktdeliktsrecht (2008), 301 f.; *Groß*, Kapitalmarktrecht, 4. Aufl. (2009), § 44, 45 BörsG, Rn. 36.

[118] *Fingerhut/Voß*, in: Just/Voß/Ritz/Zeising, WpPG (2009), EU-ProspektVO, Anhang I, Rn. 15 und 21 f.

[119] Bundestagsdrucksache 13/8933, 78.

[120] Abgedruckt in NZG 2004, 1042 ff. Hierzu *Zimmer/Binder*, WM 2005, 577, 580 ff.

Einführung einer Haftung von Personen vor, die nicht die Verantwortung für den gesamten Prospekt übernommen haben, aber an dessen Erstellung mitgewirkt haben (§ 44a BörsG-DiskE). Unabhängig davon, ob Ratingagenturen hierunter fallen würden, lässt sich daraus ableiten, dass eine Haftung von Experten wie Ratingagenturen, Wirtschaftsprüfern und Rechtsanwälten auf der Grundlage von §§ 21 WpPG *de lege lata* ausscheidet.

b) Ratingbericht als Prospekt i. S. d. § 21 WpPG

Schließlich ist ein Ratingbericht – unabhängig von seiner Bedeutung für die individuelle Anlageentscheidung – kein Prospekt im Sinne des § 21 Abs. 1 S. 1 WpPG, denn dies ist nach dem Wortlaut der Vorschrift nur der Prospekt, aufgrund dessen die Börsenzulassung erfolgt ist.[121] Diesen streng formal definierten Prospektbegriff bestätigt auch § 21 Abs. 4 WpPG (§ 44 Abs. 4 BörsG a. F.), der einem Prospekt die schriftlichen Darstellungen gleichstellt, durch die eine Freistellung von der Prospektpflicht erreicht worden ist. Infolgedessen scheidet eine entsprechende Anwendung der Haftung auf Ratingberichte[122] ebenso wie für andere schriftliche Informationen aus (z. B. Research-Berichte von Finanzanalysten),[123] auch wenn sie inhaltlich und von ihrer Bedeutung für die Anlageentscheidung dem Emissionsprospekt gleichkommen können.

2. Bürgerlich-rechtliche Prospekthaftung

Neben der wertpapierrechtlichen Prospekthaftung hat die Rechtsprechung die bürgerlich-rechtliche Prospekthaftung entwickelt. Sie ist im Gegensatz zur wertpapierrechtlichen Prospekthaftung flexibler und weniger an formale Kriterien gebunden. Dies gilt einerseits hinsichtlich des Prospektbegriffs – dessen Reichweite umstritten ist[124] – sowie andererseits hinsichtlich der Haftungsadressaten. Im Rahmen der Prospekthaftung im weiteren Sinne werden Personen in die Verantwortung genommen, die sich im Rahmen

---

121 *Groß*, Kapitalmarktrecht, 4 Aufl. (2009), § 44, 45 BörsG, Rn. 23.

122 Speziell hierzu *Ebenroth/Daum*, WM 1992 (Beilage Nr. 5), 1, 15.

123 *Groß*, Kapitalmarktrecht, 4. Aufl. (2009), § 44, 45 BörsG, Rn. 25; *Göres*, in: Habersack/Mülbert/Schlitt, Handbuch der Kapitalmarktinformation (2008), § 31, Rn. 39 für Research-Berichte; *Mülbert/Steup*, in: Habersack/Mülbert/Schlitt, Unternehmensfinanzierung am Kapitalmarkt, 2. Aufl. (2008), § 33, Rn. 16.

124 Vgl. etwa BGH WM 2012, 19, 21 (Scholz) für eine „Produktinformation"; offengelassen von BGHZ 177, 25, 28 f. für eine Unternehmenspräsentation; BGHZ 160, 134, 137 f. ablehend für Ad-hoc-Mitteilungen. Zum Diskussionstand *Ehricke*, in: Hopt/Voigt, Prospekt- und Kapitalmarktinformationshafttung (2005), 195 ff.

des Vertriebes des Prospektes bedienen;[125] diese Fallgruppe ist im vorliegenden Kontext nicht relevant. Neben den Personen, welche auf die Kapitalanlage einen gestaltenden Einfluss ausüben oder für sie Mitverantwortung tragen,[126] findet die Prospekthaftung im engeren Sinne auch auf Personen Anwendung, die über eine besondere Fachkunde oder hervorgehobene wirtschaftliche Stellung verfügen.[127] Sie sind Garanten der Richtigkeit und Vollständigkeit ihrer Angaben, soweit ihre Mitwirkung an dem Prospekt nach außen hin sichtbar ist und sie so einen besonderen – typisierten – Vertrauenstatbestand geschaffen haben.[128] Somit besteht im Rahmen der bürgerlich-rechtlichen Prospekthaftung gerade die im Rahmen der §§ 21 ff. WpPG vermisste Haftung von Experten. Wird ihre Identität im Prospekt nicht erkennbar oder tritt ihre Mitwirkung an der Prospekterstellung nicht auf andere Art und Weise nach außen hervor, kommt lediglich eine Haftung aufgrund eines Vertrages mit Schutzwirkung zugunsten Dritter[129] oder culpa in contrahendo[130] in Betracht.

Die dogmatische Verortung der Prospekthaftung ist in der Literatur – ähnlich wie die Dritthaftung für Informationen generell – umstritten.[131] Die Rechtsprechung sieht in der Prospekthaftung im engeren Sinne trotz einer gelegentlichen Anlehnung an die börsengesetzliche Prospekthaftung[132] eine Haftung für typisiertes Vertrauen.[133] Der Begriff des typischen Vertrauens – im Gegensatz zum persönlichen Vertrauen der culpa in contrahendo – erklärt sich aus der Legitimation der Prospekthaftung: Bei bestimmten Anlagemodellen ist der Prospekt die einzige oder zumindest wichtigste Entscheidungsgrundlage des Anlegers. Er ist daher in besonderem Maße auf die Richtigkeit und Vollständigkeit des Prospektes angewiesen. Sein Vertrauen konzentriert sich typischerweise nicht auf den Vertragspartner, sondern auf die Personen, welche für den Prospekt verantwortlich sind bzw. durch ihre Mitwirkung den Angaben des Prospekts Glaubwürdigkeit verleihen. Ur-

---

125 *Assmann*, in: ders./Schütze, Handbuch des Kapitalanlagerechts, 3. Aufl. (2007), § 6, Rn. 16.

126 BGHZ 77, 172, 175. *v. Bar*, ZGR 1983, 476, 484 bemerkt treffend mit Hinweis auf BGH WM 1981, 1021, 1022, es handle sich strukturell um einen Fall der Durchgriffshaftung.

127 BGHZ 77, 172, 176 f.; 111, 314, 317; 145, 187, 197 f.;177, 25, 31; BGH ZIP 2004, 1810, 1812 f.; BGH NJW-RR 2007, 1479, 1480.

128 Vgl. nur BGHZ 77, 172, 176 f.

129 BGH NJW-RR 2007, 1479, 1481.

130 BGHZ 145, 187, 196 f.

131 Vgl. zum Meinungsstand *Pleyer/Hegel*, ZIP 1986, 681 ff.; *Assmann*, in: ders./Schütze, Handbuch des Kapitalanlagerechts, 3. Aufl. (2007), § 6, Rn. 25 ff.

132 Vgl. BGHZ 79, 337, 342.

133 Deutlich BGH ZIP 2004, 1810, 1813.

sprünglich entwickelt für Publikumspersonengesellschaften und andere Beteiligungsmodelle des Kapitalmarktes[134] wurde die bürgerlich-rechtliche Prospekthaftung auch auf Aktien ausgeweitet, die nicht an einem geregelten Markt gehandelt werden.[135] Jüngst wurden vom BGH auch Grundsätze der Prospekthaftung zur Begründung einer Verantwortlichkeit von Vorstandsmitgliedern bei der Werbung von Private-Equity-Investoren herangezogen.[136]

Ausgehend von dieser Rechtsprechung ließe sich überlegen, ob nicht im Falle des Auftragsratings eine Prospektverantwortlichkeit einer Ratingagentur in Betracht kommt, wenn sie der Aufnahme des Ratings in den Prospekt zugestimmt oder sie geduldet hat.[137] Der Verweis auf ihre Neutralität[138] verfängt allerdings nicht, denn gerade aufgrund ihrer Neutralität und Identifizierbarkeit nach außen verleiht sie dem Inhalt des Prospekts eine besondere Glaubwürdigkeit. Nach ganz überwiegender Meinung schließt die wertpapierrechtliche (wie zuvor die börsengesetzliche Prospekthaftung) aber die bürgerlich-rechtlichen Prospekthaftung aus, da sonst die Privilegierungen der wertpapierrechtlichen Prospekthaftung unterlaufen werden könnten.[139] Dies gilt ausweislich der Gesetzesbegründung auch für Prospektgaranten.[140] Allerdings ist dieser Ausschluss der bürgerlich-rechtlichen Prospekthaftung nur auf Prospekte beschränkt, die der Zulassung einer Kapitalanlage dienen oder eine vergleichbare Bedeutung haben, mithin also in den Anwendungsbereich der §§ 21 ff. WpPG fallen.[141] Es gibt keinen Anhalts-

---

134 BGHZ 77, 172, 175 (Publikums-KG); 111, 314, 316 (Bauherrenmodelle).

135 BGHZ 123, 106, 109 f.

136 BGHZ 177, 25, 29 ff.

137 Ablehnend *Eisen*, Haftung und Regulierung internationaler Rating-Agenturen (2007), 360; *Lemke*, Haftungsrechtliche Fragen des Ratingwesens – ein Regelungsproblem? (2000), 74; *Reidenbach*, Aktienanalysten und Ratingagenturen (2006), 367.

138 *Ebenroth/Daum*, WM 1992 (Beilage Nr. 5), 1, 16.

139 Bundestags-Drucksache 13/8933, 81. OLG Frankfurt a. M. ZIP 2004, 1411, 1415. Hierzu *Habersack*, in: ders./Mülbert/Schlitt, Handbuch der Kapitalmarktinformation (2008), § 28, Rn. 73 m. w. N.; a. A. *Emmerich*, in: Münchener Kommentar, BGB, 6. Aufl. (2012), § 311, Rn. 153; *Kersting*, Die Dritthaftung für Informationen im Bürgerlichen Recht (2007), 534 f.

140 Bundestags-Drucksache 15/3174, 44.

141 OLG Frankfurt AG 2007, 749, 753; *Habersack*, in: ders./Mülbert/Schlitt, Handbuch der Kapitalmarktinformation (2008), § 28, Rn. 73; *Ehricke*, in: Hopt/Voigt, Prospekt- und Kapitalmarktinformationshafttung (2005), 195 f. und 268 ff.; *Krause*, ZGR 2002, 799, 828; *Kumpan*, in: Baumbach/Hopt, 36. Aufl. (2014), § 25 WpPG, Rn. 4. Deutlich in diese Richtung weisen auch BGHZ 123, 106, 109 f. und die Gesetzesbegründung, die eine Verbindung zwischen der Ausweitung der Prospekthaftung nach §§ 44, 45 BörsG und der Prospektpflicht herstellen (Bundestags-Drucksache 15/3174, 27 f.). A. A. *Assmann*, AG 2004, 435, 436; *Siebel/Gebauer*, WM 2001 173, 188 (die aus der Entscheidung des BGH allerdings den Schluss ziehen, damit wäre die Anwendung der bürgerlich-rechtlichen Prospekthaftung auf dem geregelten

punkt, dass der Gesetzgeber durch die Neufassung der Prospekthaftung in §§ 21 ff. WpPG und §§ 20 ff. VermAnlG von seiner früheren Entscheidung Abstand nehmen wollte,[142] obwohl er die Konkurrenzregel in § 47 Abs. 2 BörsG a.F. etwas aufgeweicht hat; nunmehr sind sowohl vertragliche als auch deliktische Ansprüche bei einfacher Fahrlässigkeit nicht ausgeschlossen (§ 25 Abs. 2 WpPG).[143]

Damit stellt sich die Frage der Anwendung der Grundgedanken der bürgerlich-rechtlichen Prospekthaftung für Informationen, die nicht in Prospekten im Sinne der §§ 21 ff. WpPG enthalten sind. Denkbar ist es zum einen, den Ansatz der bürgerlich-rechtlichen Prospekthaftung auf Informationen zu erstrecken, die für die Anlegerentscheidung eine ähnliche Bedeutung haben wie ein Verkaufsprospekt. In diesem Sinne hat sich der BGH in einer jüngeren Entscheidung auf das Vorliegen typisierten Vertrauens gestützt und dabei darauf abgestellt, dass es sich nicht um eine Haftung für einen Verkaufsprospekt nach dem VerkProspG handele.[144] Ein weiterer Anwendungsbereich für die bürgerlich-rechtliche Prospekthaftung ist dann gegeben, wenn gar keine Prospektpflicht besteht (§ 3 Abs. 2 WpPG), also keine Kollision mit den Wertungen der wertpapierrechtlichen Prospekthaftung droht. So unterliegen viele Asset-Backed-Securities keiner Prospektpflicht, weil sie nur in großer Stückelung an institutionelle Anleger verkauft werden.[145] Die Behandlung dieser – bisher nicht abschließend entschiedenen – Frage führt jedoch bereits direkt zum Problem der Informationsdritthaftung und der Begründung einer Haftung auf der Basis typisierten Vertrauens. Sie soll daher dort vertieft werden.[146]

3. Gesamtanalogie der gesetzlichen Haftungstatbestände

Das deutsche Kapitalmarktrecht verfügt über keine mit Sec. 10(b) SEA i.V.m. Rule 10b-5 vergleichbare Generalklausel, welche die Haftung für fehlerhafte Kapitalmarktinformationen jeglicher Art erfasst. Stattdessen hat der Gesetzgeber nur einzelne Haftungstatbestände geschaffen (§§ 21 ff. WpPG; §§ 20 ff. VermAnlG; § 306 KAGB; §§ 37b, 37c WpHG; §§ 12 und 13 Abs. 2 WpÜG). *Seibt* schlägt vor, diese Lücke mittels einer Gesamtanalogie zu schließen, und begründet hiermit eine Haftung von Ratingagentu-

---

Markt ganz ausgeschlossen); *Bachmann*, in: ders., Steuerungsfunktionen des Haftungsrechts im Gesellschafts- und Kapitalmarktrecht (2007), 113.

[142] *Suchomel*, NJW 2013, 1126, 1129 ff.

[143] Siehe die karge Gesetzesbegründung Bundestags-Drucksache 17/6051, 47.

[144] BGHZ 177, 25, 32.

[145] *Zeising*, BKR 2007, 311, 316.

[146] Siehe S. 259 ff.

ren[147] und Finanzanalysten[148] für grob fahrlässig verursachte Vermögensschäden, begrenzt jedoch auf die Höhe des Kursdifferenzschadens. Er stützt diese These auch auf die Bedeutung, welche diese Berufsgruppen als Gatekeeper für die Kapitalmarkteffizienz und die Preisbildung einnehmen. Da es keine tatsächliche Nähebeziehung zwischen diesen Intermediären und Anlegern gebe, müsse im Wege dieser Gesamtanalogie das abstrakte Vertrauen der Anleger darin geschützt werden, dass sie ihrer Funktion ordnungsgemäß nachkommen.

Der Ansatz von *Seibt* enthält wertvolle Gedanken, die in der weiteren Argumentation berücksichtigt werden. Die Herleitung einer Gesamtanalogie kann allerdings nicht überzeugen. Wie bereits die Diskussion einer Expertenhaftung im Rahmen der damaligen börsenrechtlichen Prospekthaftung (§§ 44, 45 BörsG; nunmehr §§ 21 ff. WpPG) gezeigt hat, wollte der Gesetzgeber die Haftung für Kapitalmarktinformationen nicht lückenlos regeln. Es fehlt somit an einer planwidrigen Regelungslücke.[149] Bei einer genaueren Betrachtung fällt zudem auf, dass die einzelnen Haftungstatbestände im Detail sehr unterschiedlich ausgestaltet sind, was auch den unterschiedlichen Interessenlagen der haftenden Akteure sowie der Entstehungsgeschichte der einzelnen Normen entspricht.[150] Kein Haftungstatbestand adressiert einen Informationsintermediär, der wie Ratingagenturen und Finanzanalysten neutral und unabhängig Prognosen gegenüber dem allgemeinen Kapitalmarktpublikum abgibt.[151] Somit ist die Interessenlage der gesetzlichen Haftungstatbestände nicht so vergleichbar, dass eine Haftung aus Gründen der Gleichheit der Sachverhalte geboten wäre.[152]

---

147 *Seibt*, in: Bachmann et al., Steuerungsfunktionen des Haftungsrechts im Gesellschafts- und Kapitalmarktrecht (2007), 206.

148 *Seibt*, ZGR 2006, 501, 531.

149 Deutlich BGHZ 192, 90 Tz. 17 (gegen eine analoge Anwendung von § 37c WpHG auf andere Informationen als ad-hoc-Mitteilung); *Veil*, ZBB 2006, 162, 166; *Brambring*, BLJ 2007, 104, 111; i.E. auch *Findeisen*, Über die Regulierung und die Rechtsfolgen von Interessenkonflikten in der Finanzanalyse von Investmentbanken (2007), 246. Für eine Haftung für fehlherhafte Regelpublizität im Wege der Analogie zu §§ 37, 37c WpHG aber *Mülbert/Steup*, WM 2005, 1632, 1651.

150 *Drinkuth*, in: Bachmann et al., Steuerungsfunktionen des Haftungsrechts im Gesellschafts- und Kapitalmarktrecht (2007), 182.

151 *Veil*, ZBB 2006, 162, 166.

152 Zum Gleichheitssatz als Grundgedanken der Analogie *Canaris*, Die Feststellung von Lücken im Gesetz, 2. Aufl. (1983), 71.

II. Verhältnis kapitalmarktrechtlicher Haftungstatbestände und allgemeiner zivilrechtlicher Anspruchsgrundlagen

Die Diskussion zum Anwendungsbereich der bürgerlich-rechtlichen Prospekthaftung deutete bereits an, dass das Verhältnis des Kapitalmarktrechts als spezieller Regelungsmaterie zum allgemeinen Zivilrecht einer eingehenderen Betrachtung bedarf. Der Gesetzgeber hat nicht nur spezielle Haftungstatbestände geschaffen, sondern sie mit Konkurrenzregeln versehen (§ 25 Abs. 2 WpPG; § 20 Abs. 5 S. 2 VermAnlG; §§ 37b Abs. 5, 37b Abs. 5 WpHG). Insbesondere die §§ 37b Abs. 5, 37b Abs. 5 WpHG schließen andere Anspruchsgrundlagen bis auf eine Haftung aus Vertrag oder vorsätzlicher unerlaubter Handlung aus. Kann es – abgesehen von § 826 BGB – daneben eine Haftung für fahrlässig fehlerhafte Kapitalmarktinformationen geben, die sich auf Anspruchsgrundlagen aus dem allgemeinen Zivilrecht stützt?[153] Es scheint ein Wertungswiderspruch zu sein, dass der Gesetzgeber einerseits das Vertrauen in bestimmte Kapitalmarktinformationen durch detaillierte und ausgewogene Haftungstatbestände schützt; andererseits aber kann nach den Grundsätzen des allgemeinen Zivilrechts eine Haftung für andere Informationen mit geringeren Anforderungen – z.B. einfacher statt grober Fahrlässigkeit – begründet werden.[154] Müssten daher nicht zivilrechtliche Anspruchsgrundlagen ausgeschlossen sein[155] oder aber zumindest die kapitalmarktrechtlichen Wertungen auf sie ausstrahlen?[156]

Dem kann nur insoweit zugestimmt werden, wie der Gesetzgeber konkurrierende Ansprüche ausdrücklich ausgeschlossen hat. Für diese Fälle hat der Gesetzgeber spezielle Tatbestände der Vertrauenshaftung geschaffen, die nicht durch Rückgriff auf allgemeine Regeln unterlaufen werden sollen.[157] Diesen Haftungstatbeständen lässt sich aber ebenso wenig der übergreifende Regelungsgedanke entnehmen, eine Haftung für andere Kapitalmarktinformationen nach allgemeinen zivilrechtlichen Grundsätzen sei ausgeschlossen, wie sich daraus eine Haftung im Wege der Gesamtanalogie ableiten lässt. Ein solcher allgemeiner Regelungsgedanke lässt sich in der Entstehungsgeschichte der einzelnen Normen nicht ausmachen.

---

[153] Ablehnend *de lege lata* speziell für Ratings *Habersack*, ZHR 169 (2005) 185, 208.

[154] *Schwark*, in: FS Hadding (2004), 1129.

[155] In diese Richtung für Ratingagenturen argumentierend *Habersack*, 169 (2005) 185, 208; *Hennrichs*, in: FS Hadding (2004), 890.

[156] Vgl. *Bachmann*, in: ders. et al., Steuerungsfunktionen des Haftungsrechts im Gesellschafts- und Kapitalmarktrecht (2007), 113 f.

[157] *Kersting*, Die Dritthaftung für Informationen im Bürgerlichen Recht (2007), 531 und 543 (für das Rating).

Dementsprechend großen Raum räumt der BGH den bürgerlich-rechtlichen Anspruchsgrundlagen ein: In einer Entscheidung zur Haftung von Vorstandsmitgliedern gegenüber Private-Equity-Investoren wegen falscher Angaben im Rahmen einer Präsentation griff er auf die Figur des typisierten Vertrauens zurück. Eine Kollision mit der gesetzlichen Prospekthaftung sah er nicht, da es sich nicht um die Haftung für einen Verkaufsprospekt handelte.[158] Noch großzügiger verfährt der BGH im Rahmen der Wirtschaftsprüferhaftung, denn die Haftungsbegrenzung nach § 323 Abs. 2 HGB bezieht sich lediglich auf Pflichtprüfungen.[159]

Auch der Gesetzgeber scheint nunmehr neben den spezialgesetzlichen Haftungstatbeständen allgemeinen Regelungen breiteren Raum einräumen zu wollen: § 47 Abs. 2 BörsG a.F. ließ neben vertraglichen Ansprüchen deliktische Ansprüche nur bei grober Fahrlässigkeit zu. Nunmehr schließen § 25 Abs. 2 WpPG und § 20 Abs. 6 S. 2 VermAnlG, die diese Regelung ersetzten, Ansprüche aus unerlaubter Handlung auch bei einfacher Fahrlässigkeit nicht mehr aus. Diesen Regelungsgedanken hat der Gesetzgeber auch bei der Neufassung der investmentrechtlichen Prospekthaftung berücksichtigt (§ 306 Abs. 6 S. 2 KAGB). Auch der Gesetzgeber scheint daher nicht davon auszugehen, dass die kapitalmarktrechtlichen Haftungstatbestände abschließend sind.

Wie noch zu zeigen sein wird, besteht auch keine tragfähige Begründung, dass eine Haftung für Informationen im kapitalmarktrechtlichen Kontext restriktiver ausfallen müsste als sonst im rechtsgeschäftlichen Verkehr.[160] Eine andere Frage ist, inwieweit sich einzelne übergreifende kapitalmarktrechtliche Wertungen konkretisieren lassen, die auf die zivilrechtlichen Anspruchsgrundlagen ausstrahlen und sie punktuell modifizieren.[161]

III. Verantwortlichkeit anderer Kapitalmarktakteure für Ratings?

Hauptinformationsquelle für Investoren ist bei Emissionen der Prospekt (auch wenn diese Sichtweise des BGH kaum die Realität widerspiegelt[162]).

---

158 BGHZ 177, 25, 32.

159 BGHZ 138, 257, 261 ff.; zuletzt ausdrücklich eine Sperrwirkung der börsengesetzlichen Prospekthaftung ablehnen BGH WM 2014, 935 328. Hierauf weist im Kontext des Ratings *Kersting*, Die Dritthaftung für Informationen im Bürgerlichen Recht (2007), 543 hin.

160 Ausführlich S. 246.

161 Siehe zum Verschuldensmaßstab S. 301 ff.

162 *Kalss*, in: Jahrbuch junger Zivilrechtswissenschaftler 2010, Vertrauen und Kontrolle im Privatrecht (2011), 31.

Ein Rating ist ebenfalls eine wichtige Information für eine Investitionsentscheidung. Dementsprechend ergibt sich in den meisten Fällen eine Pflicht, teilweise aufgrund von Aufsichtsrecht, teilweise aufgrund des Grundsatzes der Vollständigkeit eines Prospekts, Ratings in den Prospekt aufzunehmen (hierzu 1.). Zugleich beeinflusst und entlastet ein Rating die Untersuchungspflichten der Emissionsbanken (hierzu 2.). Daraus ergibt sich die Frage, ob die Prospektverantwortlichen, die ein Rating für ihre Zwecke im Prospekt verwenden, für dessen Richtigkeit einzustehen haben (hierzu 3.). In den USA stützten sich eine Reihe von Klagen von Käufern von verbrieften Kreditforderungen auf diesen Gedanken. Es wurde argumentiert, die Emissionshelfer hätten gewusst, dass die Ratings nicht auf zutreffenden Angaben beruhen oder das Risiko nicht korrekt widerspiegeln.[163]

1. Pflicht zur Aufnahme von Ratings in den Emissionsprospekt

In den Vereinigten Staaten existiert keine generelle Pflicht, ein Rating in den Verkaufsprospekt aufzunehmen oder bei der Börsenzulassung vorzulegen, sondern nur für Asset-Backed-Securities; allerdings ist diese Vorschrift bis auf Weiteres von der SEC ausgesetzt.[164] Anders ist die Rechtslage in Europa, denn gemäß § 7 WpPG i.V.m. Art. 8 und 16 sowie Anhang V, Nr. 7.5 und Anhang XIII, Nr. 7.5 der VO (EG) Nr. 809/2004 ist bei Schuldtiteln das Rating des Emittenten und der Emission in den Prospekt aufzunehmen. Noch weitergehend – aber nicht rechtlich bindend – statuiert der europäische Gesetzgeber im 5. Erwägungsgrund der VO (EG) Nr. 1060/2009, dass ein Prospekt klar und unmissverständlich darüber informieren sollte, ob von einer Ratingagentur eine Bewertung für das Wertpapier abgegeben worden ist.

Fehlt ein Rating im Prospekt, führt dies nicht automatisch zu einer Haftung der Prospektverantwortlichen. Hierzu kommt es nur, wenn der Prospekt

---

[163] Beispiele: *King County v. IKB Deutsche Industriebank*, 751 F.Supp.2d 652, 660 ff. (S.D.N.Y.); *Plumbers' Union Local No. 12 Pension Fund v. Nomura Asset Acceptance Corp.*, 632 F.3d 762, 775 (C.A.1 (Mass.) 2010); *M&T Bank Corporation v. Gemstone CDO VII Ltd.*, 23 Misc.3d 1105(A), 2009 WL 921381 (N.Y. Sup.), 11; *New Jersey Carpenters Health Fund v. Residential Capital, LLC*, 2010 WL 1257528, 6 (S.D.N.Y.).

[164] Es handelt sich um Regulation AB, Item 1103(a)(g) und Item 1120; zur Aussetzung siehe die No-Action-Letter der SEC an die Ford Motor Credit Company LLC vom 22. Juli und 23. November 2010. Rechtsvergleichend hierzu *Hopt/Voigt*, in: dies., Prospekt- und Kapitalmarktinformationshaftung (2004), 41 f. Bejahend für das schweizerische Recht und aus den Grundsätzen der Prospekthaftung folgernd *Bertschinger*, in: Nobel, Aktuelle Rechtsprobleme des Finanz- und Börsenplatzes Schweiz 1998 (1999), 112 f.

unvollständig ist, d.h. wenn er aus Sicht eines verständigen Investors nicht alle wesentlichen Informationen enthält. Wesentlich im Sinne der Prospekthaftung sind alle wertbildenden Informationen.[165] Nicht alle Angaben der Prospektverordnung sind jedoch in diesem Sinne wesentlich; umgekehrt aber kann auch ein Prospekt, der alle Pflichtangaben enthält noch unvollständig sein.[166]

Einer Pflicht zur Aufnahme von Ratings in den Prospekt steht nicht entgegen, dass sie Prognosen und keine Tatsachen sind, denn Ratings haben erhebliche Auswirkungen auf die Finanzierungskosten und den Marktpreis der Anlage.[167] Dies entspricht auch der Rechtsprechung des BGH, der in seiner BuM-Entscheidung auch Zukunftsprognosen des Prospektveranlassers als Angaben i.S.d. §§ 44, 45 BörsG a.F. (nunmehr §§ 21 ff. WpPG) angesehen hat.[168] Äußerungen Dritter – insbesondere eines Gatekeepers wie einer Ratingagentur – können in noch viel stärkerem Maße Einfluss auf den Wert und die Verkehrsfähigkeit einer Anlage haben. Dementsprechend hat das LG Frankfurt gefolgert, ein Prospekt enthalte ohne das Rating nicht alle erforderlichen wesentlichen Umstände, um die Anlage beurteilen zu können; er sei daher im Sinne von § 22 WpPG unvollständig.[169] In der Literatur ist diese Ansicht auf erhebliche Kritik gestoßen, da die Prospektverantwortlichen nur die Pflicht treffe, Informationen, welche die Anlage unmittelbar betreffen, in den Prospekt aufzunehmen. Meinungen Dritter hingegen könnten unberücksichtigt bleiben, wenn die Aufnahme in den Prospekt nicht – wie etwa im Falle von Wirtschaftsprüfern – gesetzlich vorgeschrieben sei.[170] Teilweise wird auch darauf hingewiesen, es sei

---

[165] *Habersack*, in: Habersack/Mülbert/Schlitt, Handbuch der Kapitalmarktinformation (2008), § 28, Rn. 17.

[166] *Habersack*, in: Habersack/Mülbert/Schlitt, Handbuch der Kapitalmarktinformation (2008), § 28, Rn. 19; ähnlich auch *Pankoke*, in: Just/Voß/Ritz/Zeising, WpPG (2009), §§ 44, 45 BörsG, 13 VerkProspG, Rn. 33.

[167] *Fleischer*, Gutachten zum 64. DJT (2002), F 50; a.A. *Groß*, in: Ebenroth/Boujong/Joost/Strohn, HGB, 2. Aufl. (2009), Rn. XI 414.

[168] BGH WM 1982, 862, 865.

[169] LG Frankfurt NJW-RR 1993, 502, 504; offen gelassen in OLG Frankfurt NJW-RR 1994, 946, 948. Zustimmend mit ausführlicher Begründung *Eisen*, Haftung und Regulierung internationaler Rating-Agenturen (2007), 154 f.; *Ebenroth/Koos*: in: Büschgen/Everling, Handbuch Rating, 1. Aufl. (1996), 506; ohne Begründung *Müller*, in: Büschgen/Everling, Handbuch Rating, 1. Aufl. (1996), 342 f.; *van Look*, in: Büschgen/Everling, Handbuch Rating, 1. Aufl. (1996), 530; *Peters*, Die Haftung und die Regulierung von Rating-Agenturen (2001), 47.

[170] *Fleischer*, Gutachten zum 64. DJT (2002), F 51; *Assmann*, in: ders./Schütze, Handbuch des Kapitalanlagerechts, 3. Aufl. (2007), § 6, Rn. 98 m.w.N.; i.E. auch *Schwark*, in: ders./Zimmer, Kapitalmarktrechts-Kommentar, 4. Aufl. (2010), §§ 44, 45 BörsG, Rn. 36; *Groß*, in: Ebenroth/Boujong/Joost/Strohn, HGB, 2. Aufl. (2009), Rn. XI 414.

schwierig zu entscheiden, welche Ratings berücksichtigt werden müssten,[171] oder die Auswertung von Ratings und negativer Berichterstattung als Aufgabe der Anlageberatung gesehen.[172]

Vollständig ist ein Prospekt nur, wenn er ein realistisches Bild der Vor- und Nachteile einer Anlage zeichnet. Hierzu gehört insbesondere bei Schuldverschreibungen das Emittentenrisiko. Es reicht daher nicht aus, wenn sich in dem Prospekt die Informationen finden, die zu einer Abwertung durch eine Ratingagentur geführt haben.[173] Vielmehr muss das Rating selbt im Prospekt genannt werden,[174] denn es ist – unabhängig von seiner inhaltlichen Berechtigung – auf den internationalen Kapitalmärkten ein wertbildender Faktor.[175] Eine Abwertung oder ein schlechtes Rating kann zu Kursverlusten oder höheren Finanzierungskosten[176] des Emittenten führen. Es ist schwer vorstellbar, wie diese Risiken dargestellt werden können, ohne das Rating und die Ratingagentur zu nennen. Hat das Rating – etwa aufgrund höherer Finanzierungskosten oder von Rating-Triggern – auch wirtschaftliche Auswirkungen auf die Anlage, ist die Nennung ebenfalls unvermeidlich.[177]

Sofern im Prospekt aber überhaupt auf Ratings eingegangen wird, müssen diese vollständig und nicht nur selektiv – etwa nur die günstigsten Bewertungen – vorgestellt werden. Gemäß Art. 4 Abs. 1 S. 2 RatingVO muss der Prospektverantwortliche dabei deutlich machen, ob es sich um eine in der EU registrierte Ratingagentur handelt oder nicht.

---

171 *Fleischer*, Gutachten zum 64. DJT (2002), F 51.

172 *Assmann*, in: ders./Schütze, Handbuch des Kapitalanlagerechts, 3. Aufl. (2007), § 6, Rn. 98. Berechtigte Kritik hieran bei *Eisen*, Haftung und Regulierung internationaler Rating-Agenturen (2007), 154.

173 *Eisen*, Haftung und Regulierung internationaler Rating-Agenturen (2007), 154 weist darauf hin, dass diese Informationsgrundlage der Ratingagentur auch Insiderinformationen enthalten kann und daher nicht deckungsgleich sein muss.

174 So *Ehricke*, in: Hopt/Voigt, Prospekt- und Kapitalmarktinformationshaftung (2004), 218; wohl auch *Assmann*, in: ders./Schütze, Handbuch des Kapitalanlagerechts, 3. Aufl. (2007), § 6, Rn. 98.

175 So wie hier *Eisen*, Die Haftung und Regulierung internationaler Rating-Agenturen (2007), 154 f.; *Hamann*, in: ders./Schäfer, Kapitalmarktgesetze, 2. Aufl. (Stand: 2006), §§ 44, 45 BörsG, Rn. 166; *Pankoke*, in: Just/Voß/Ritz/Zeising, WpPG (2009), §§ 44, 45 BörsG, 13 VerkProspG, Rn. 50.

176 Dies räumt auch *Fleischer*, Gutachten zum 64. DJT (2002), F 51 ein.

177 *Hamann*, in: ders./Schäfer, Kapitalmarktgesetze, 2. Aufl. (Stand: 2006), §§ 44, 45 BörsG, Rn. 166.

2. Rückwirkungen auf die Pflichten der Prospektverantwortlichen

Negative Einschätzungen einer Ratingagentur haben aber nicht nur Einfluss auf den Prospekt, sondern auch auf die Sorgfaltspflichten der Prospektverantwortlichen: Diese müssen als Gatekeeper[178] das externe Rating berücksichtigen, den Prospekt im Falle eines negativen Ratings oder einer Abstufung umso kritischer zu untersuchen und ihn entsprechend ergänzen.[179] Somit bestimmt das Rating die Intensität der Due Diligence.[180] Wird eine Beurteilung einer Ratingagentur ignoriert, liegt daher die Annahme grober Fahrlässigkeit nahe.[181] Im Gegensatz zur Frage der Aufnahme des Ratings selbst in den Prospekt kommt es nicht darauf an, ob die Ratingagentur über eine so große Anerkennung im Markt verfügt, dass ihre Einschätzung den Wert der Anlage beeinflussen kann. Entscheidend ist vielmehr ihre Expertise, welche die Prospektverantwortlichen dazu veranlassen muss, den Emissionsprospekt genauer als üblich zu prüfen. Diese Sachnähe kann auch dann gegeben sein, wenn die Ratingagentur nur regionale Bedeutung hat.[182]

3. Haftung für Ratings als Teil des Prospekts?

Ein Rating wird in den Prospekt nicht nur aufgrund rechtlicher Vorgaben aufgenommen. Ein Auftragsrating ist Teil einer gezielten Informationspolitik derjenigen, die für den wirtschaftlichen Erfolg einer Emission verantwortlich sind (z. B. als Mitglieder eines Emissionskonsortiums) oder von ihr, etwa als Prospektveranlasser, profitieren. In den USA ist aufbauend auf diesem Gedanken insbesondere eine Haftung für von den Emittenten genutzte Finanzanalysen begründet worden.[183]

---

178 Hierzu *Hopt*, Die Verantwortlichkeit der Banken bei Emissionen (1991), Rn. 67 ff. Zu den Prüfungspflichten siehe *Hamann*, in: ders./Schäfer, Kapitalmarktgesetze, 2. Aufl. (Stand: 2006), §§ 44, 45 BörsG, Rn. 222 ff.

179 *Groß*, in: Ebenroth/Boujong/Joost/Strohn, HGB, 2. Aufl. (2009), Rn. XI 414; *Schwark*, in: ders./Zimmer, Kapitalmarktrechts-Kommentar, 4. Aufl. (2010), §§ 44, 45 BörsG, Rn. 36; a. A. *Hamann*, in: ders./Schäfer, Kapitalmarktgesetze, 2. Aufl. (Stand: 2006), §§ 44, 45 BörsG, Rn. 168, da die Prospektverantwortlichen ohnehin über eine bessere Informationsgrundlage verfügen würden.

180 *Krämer*, in: Marsch-Barner/Schäfer, Handbuch börsennotierte AG, 2. Aufl. (2009), § 10, Rn. 75 und Rn. 79 ff.

181 Vgl. OLG Frankfurt NJW-RR 1994, 946, 948. Ebenso *Reidenbach*, Aktienanalysten und Ratingagenturen (2006), 310.

182 Vgl. OLG Frankfurt NJW-RR 1994, 946, 948 zur regional spezialisierten Agentur „Australian Rating“; dazu *van Look*, in: Büschgen/Everling, Handbuch Rating, 1. Aufl. (1996), 530.

183 *Seibt*, ZGR 2006, 501, 533 m. w. N. zur US-amerikanischen Rechtsprechung.

In Betracht kommt eine Haftung allerdings nur, wenn eine Sorgfaltspflicht der Prospektverantwortlichen gegeben ist, das Rating selbst vollständig nachzuvollziehen. Nur dann bestünde seitens der Investoren die Erwartung, die Prospektverantwortlichen würden für die Richtigkeit des Ratings wie für jede andere Angabe im Prospekt einstehen. Hiergegen spricht aber bereits, dass sich der Sorgfaltsmaßstab an den Fähigkeiten ausrichtet, die typischerweise von einem Prospektverantwortlichen erwartet werden können.[184] Etwas anderes wäre lediglich dann anzunehmen, wenn die Ratingagentur Erfüllungsgehilfin (§ 278 S. 1 BGB) der Prospektverantwortlichen wäre. Nach Ansicht des BGH kann die besondere Fachkunde eines Erfüllungsgehilfen, wenn sie nach außen erkennbar wird, die Verhaltensanforderungen ebenso verschärfen.[185] Es gilt dabei nichts anderes, als wenn der Prospektverantwortliche selbst über eine Fachkunde verfügt, die über das übliche Maß hinausgeht. Eine Haftung scheitert allerdings daran, dass eine Ratingagentur nicht als Erfüllungsgehilfin der Prospektverantwortlichen tätig wird. Ihre Tätigkeit dient nicht der Erstellung des Prospekts.[186] Die Ratingagentur erbringt vielmehr eine eigenständige Dienstleistung; dies tut sie nicht zuletzt durch ihre besondere Reputation[187] und der damit verbundenen Unabhängigkeit. Deutlich wird dies auch daran, dass die Pflicht zur Aufnahme des Ratings erst Folge ihrer Tätigkeit ist.

Die herrschende Meinung geht daher zu Recht davon aus, dass die Prospektverantwortlichen nur eine Pflicht trifft, Ratings – ebenso wie Angaben anderer Experten[188] – auf ihre Plausiblität zu prüfen. Eine eigenständige Gewähr für die Richtigkeit der Angabe bestehe nur, wenn die Prospektverantwortlichen nach außen erkennbar für diese Information die Verantwortung übernommen hätten.[189] Damit besteht aber die Gefahr einer Haftungslücke, die nur durch einen Direktanspruch gegen den Experten – hier: die Ratingagentur – geschlossen werden kann. Wie ein Direktanspruch gegen eine Ratingagentur begründet werden kann, ist Gegenstand der weiteren Untersuchung.

---

184 Ähnlich wie von einem Zwischenhändler nicht die Herstellung eines mangelfreien Produkts erwartet wird, vgl. hierzu *Grüneberg*, in: Palandt, BGB, 73. Aufl. (2014), § 278, Rn. 13 m. w. N.

185 BGHZ 114, 263, 272; etwas zurückhaltender BGH JZ 2009, 263, 265.

186 Vgl. zur Verantwortlichkeit dieser Personen jüngst ablehend der Oberste Gerichtshof der Vereinigten Staaten in *Janus Capital Group, Inc. v. First Derivative Traders*, 564 U.S. _____ (2011), 131 S. Ct. 2296.

187 Vgl. zu diesem Kriterium *Grundmann*, AcP 207 (2007) 718, 738 und 739 speziell zur (bürgerlich-rechtlichen) Prospekthaftung.

188 Hierzu *Gerner-Beuerle*, Die Haftung von Emissionskonsortien (2009), 254 ff.

189 Vgl. für eine Presseveröffentlichung OLG Frankfurt NJW-RR 1998, 122; für Finanzanlysen ebenso *Seibt*, ZGR 2006, 501, 534; *Möllers*, in: Kölner Kommentar, WpHG, 2. Aufl. (2014), § 34b, Rn. 315.

Wann aber übernimmt ein Prospektverantwortlicher für eine Information Gewähr, ist sie ihm also zurechenbar? Im US-amerikanischen Recht ist eine Haftung eines Emittenten für Finanzanalysen in zwei Konstellationen angenommen worden:[190] War der Emittent in die Erstellung der Analyse stark eingebunden, kann ihn eine Pflicht treffen, diese Analyse zu korrigieren, wenn er wusste, dass sie fehlerhaft war oder auf falschen Annahmen beruhte (*entanglement theory*).[191] Eine zweite Fallgruppe betrifft die Billigung einer Finanzanalyse durch einen Emittenten (*post-publication ratification*), die bei Investoren zu der Einschätzung führen kann, die Grundannahmen einer Finanzanalyse seien richtig.[192] Diese Billigung kann bereits konkludent dadurch erfolgen, dass einem Emittenten die Finanzanalyse zur Durchsicht zur Verfügung gestellt worden ist und er sie im Rahmen seiner Informationspolitik verteilt.[193]

Beide Fallgruppen fügen sich nahtlos in die bestehende Dogmatik des deutschen Rechts ein: Auch im Rahmen einer Plausibilitätskontrolle müssen die Prospektverantwortlichen auf erkannte Fehler aufmerksam machen. Dies gilt erst recht, wenn das Rating auf falschen Informationen beruht, die der Ratingagentur vom Emittenten oder anderen Organisatoren der Emission zur Verfügung gestellt worden sind. Im Falle von Ratings ist dem Emittenten das Rating sogar verpflichtend mit den wesentlichen Gründen zur Stellungnahme zur Verfügung zu stellen (Anhang I, Abschnitt D, I.3 RatingVO). Die Investoren müssen daher davon ausgehen, dass nicht nur der Emittent, sondern auch die Prospektverantwortlichen als die Personen, die eine Emission organisieren, Gelegenheit zur Durchsicht hatten. Diese Pflicht zur Durchsicht bezieht sich nicht auf das Rating selbst, sondern nur auf den Teil, den dieser Personenkreis aufgrund seines überlegenen Wissens überprüfen kann: die Informationsgrundlage des Ratings.

Eine Haftung kommt zudem in Betracht, wenn der Ratingagentur zutreffende Informationen zur Verfügung gestellt worden sind, aber die Prospektverantwortlichen oder der Emittent wissen, dass das Rating die tatsächliche Ausfallwahrscheinlichkeit nicht widerspiegelt. Eine solche Konstellation ist etwa denkbar, wenn die Kriterien und Modelle der Ratingagenturen bekannt sind und die Emissionen entsprechend diesen Modellvorgaben – aber in Kenntnis der Lücken des Modells – strukturiert werden. Würde dann das Rating in den Prospekt aufgenommen werden, würde der Prospekt bei den Anlegern einen falschen oder zumindest widersprüchlichen Gesamteindruck

---

190 Zusammenfassend *Seibt*, ZGR 2006, 501, 534.

191 Grundlegend *Elkind v. Liggett & Myers, Inc.*, 635 F.2d 156 (2d Cir. 1980); hierzu *Karns*, 32 New England L. Rev. 1023, 1025 ff. (1997).

192 *Meister*, 53 Vand. L. Rev. 947, 971 ff. (2000).

193 *In re Rasterops Corp.*, 1994 WL 618970, *3.

erzeugen und damit fehlerhaft sein. Dann kommt nicht nur eine Prospekthaftung in Betracht, sondern auch eine Haftung nach § 826 BGB nach den Grundsätzen, die der BGH zur Haftung für fehlerhafte Ad-hoc-Mitteilungen entwickelt hat.[194] Die Sittenwidrigkeit wäre zumindest hinsichtlich der Personen indiziert, die vom Erfolg der Emission – wie die Prospektverantwortlichen oder Investmentbanken – unmittelbar profitieren.

§ 10 Zivilrechtliche Dritthaftung gegenüber Investoren

Eine These dieser Arbeit ist, dass Ratingagenturen nach den Grundsätzen der Vertrauenshaftung gegenüber Investoren haften. Eine Ratingagentur wird damit nicht anders behandelt als ein Gutachter, der den Wert eines Bildes oder eines Hauses beurteilt. Ratingagenturen wie Gutachter fördern den Vertragsschluss, indem sie durch das Vertrauen in ihre unabhängige und fachkundige Expertise Informationsasymmetrien abbauen. Im Ergebnis besteht – bei Differenzen im Detail – grundsätzlich Einigkeit, dass ein Gutachter oder ein anderer Experte in einer solchen Konstellation gegenüber einem Dritten haften sollte. Umso umstrittener ist aber, auf welche Anspruchsgrundlage diese Haftung gestützt werden kann. Bevor die Haftung von Ratingagenturen auf der Grundlage von § 311 Abs. 3 BGB näher betrachtet wird (II.), sollen die alternativen dogmatischen Ansätze einer ausführlichen Kritik unterzogen werden (I.).

I. Dogmatische Verortung der Expertenhaftung

1. Einführung

Gegenstand des Streites ist die Verortung der Haftungsgrundlage, da das BGB für die Informationsdritthaftung selbst lange Zeit kein passende Rechtsgrundlage enthielt. Eine deliktische Haftung scheitert daran, dass § 823 Abs. 1 BGB das Vermögen nicht schützt. § 675 Abs. 2 BGB (früher § 676 BGB) steht zudem – scheinbar – als Auslegungsregel[195] einer leichtfertigen Annahme einer Haftung für Auskünfte entgegen. Es ist allerdings bereits fraglich, ob der historische Gesetzgeber durch diese Regelung (damals § 676 BGB) auch die Haftung von professionellen Akteuren verhindern wollte.[196] Mit der Kodifikation des vorvertraglichen Schuldverhältnisses

[194] BGHZ 160, 149, 156ff.

[195] *Martinek*, in: Staudinger, BGB, 13. Aufl. (2006), § 675, Rn. C 2.

[196] *Berger*, ZBB 2001, 238, 245.

(§§ 241 Abs. 2, 311 Abs. 3 S. 2 BGB) hat der Gesetzgeber eine gesetzliche Haftungsgrundlage hinzugefügt, die ausweislich der Begründung insbesondere die vorliegend interessierende Konstellation der Dritthaftung von Experten erfassen soll. Zum weiteren Schicksal der bisher vertretenen Lösungsansätze sind die Gesetzesmaterialien allerdings so zurückhaltend, dass §§ 241 Abs. 2, 311 Abs. 3 S. 2 BGB lediglich als zusätzliche Anspruchsgrundlage verstanden werden muss.[197]

Die inzwischen kaum noch überschaubare Zahl dogmatischer Ansätze zur Begründung der Haftung des Experten lässt sich danach systematisieren,[198] wie eine derartige Schadensersatzpflicht gerechtfertigt wird. Die Rechtsprechung, aber auch Teile der Literatur suchen ihre Legitimation entweder in einer eigenständigen privatautonomen Bindung des Experten gegenüber dem Dritten – etwa durch Auskunftsvertrag oder ein selbständiges Leistungsversprechen – oder aber erstrecken die vertraglichen Bindungen des Experten gegenüber seinem Auftrageber auf den Dritten durch einen Vertrag mit Schutzwirkung zugunsten Dritter. Deliktische Ansprüche, welche durch eine extensive Auslegung von § 823 Abs. 2 oder § 826 BGB konstruiert werden sollen, beruhen hingegen auf einer gesetzlichen Legitimation. Dies gilt letztlich auch für Ansprüche aus vorvertraglichem Schuldverhältnis (§§ 241 Abs. 2, 311 Abs. 2 und 3 BGB). Auch diese beruhen nicht auf einer freiwilligen Verpflichtung, sondern sind gesetzliche Haftungstatbestände, auch wenn ihnen die privatautome Entscheidung zur Veröffentlichung eines Ratings und damit der Teilnahme am geschäftlichen Verkehr vorausgegangen ist.

Die Wertungskriterien der verschiedenen Ansätze sind weitgehend deckungsgleich.[199] Die Rechtsprechung greift je nach Fallgruppe recht opportunistisch auf den jeweils passenden Ansatz zurück oder kombiniert sie.[200] Dennoch kann die Haftungsgrundlage nicht offenbleiben, weil sich im Detail zum Teil gravierende Unterschiede ergeben, z. B. ob § 831 BGB oder

---

197 Vgl. Bundestags-Drucksachen 14/6040, 163 (Regierungsbegründung) und 14/7052, 190 (Stellungnahme Rechtsausschuss); zur Rezeption zusammenfassend *Kersting*, Die Dritthaftung für Informationen im Bürgerlichen Recht (2007), 152 ff.; *Ebke*, in: Münchener Kommentar, HGB, 3. Aufl. (2013), § 323, Rn. 115 ff.

198 Einen aktuellen und ausführlichen Überblick bieten *Kersting*, Die Dritthaftung für Informationen im Bürgerlichen Recht (2007), 20-95; *Plötner*, Die Rechtsfigur des Vertrages mit Schutzwirkung zugunsten Dritter und die sogenannte Expertenhaftung (2003), passim.

199 *Hopt*, in: Baumbach/Hopt, HGB, 36. Aufl. (2014), § 347, Rn. 22; *Koch*, AcP 204 (2004) 59, 65 f.

200 Vgl. nur BGHZ 145, 187, 197 f., worin der BGH die Ansätze des Vertrages mit Schutzwirkung zugunsten Dritter, die Prospekthaftung und die Haftung aus culpa in contrahendo auf einen einheitlichen Rechtsgedanken zurückführt.

§ 278 BGB zur Anwendung kommt, die Beweislastumkehr des § 280 Abs. 1 S. 2 BGB gilt und inwieweit die Haftung abdingbar ist.[201]

Im Kern aller Ansätze steht die gleiche Problematik: Wann ist eine Schädigung eines Dritten, der auf eine Auskunft vertraut, einem Experten objektiv zurechenbar? Wie ist es für einen Experten voraussehbar, dass ihm aufgrund seines Verhaltens ein Schaden eines Dritten zugerechnet wird, der auf seine Auskunft vertraut? Wie bleibt das Haftungsrisiko kalkulierbar?

2. Kritik deliktischer und privatautonomer Ansätze

a) Privatautonome Ansätze

Die Rechtsprechung hat in Fällen der Dritthaftung für Informationen die Legitimation meist in vertraglichen Konstruktionen gesucht, zunächst in einem stillschweigenden Auskunftsvertrag (bb), dann – nach Aufgabe der „Wohl-und-Wehe"-Rechtsprechung – in einem Vertrag mit Schutzwirkung zugunsten Dritter (aa). Beide Ansätze teilen jedoch eine Schwäche: Der Auskunftgeber will gegenüber Dritten meist nicht für die Richtigkeit der Information haften oder versucht – wie die Ratingagenturen – sogar, die Haftung ausdrücklich auszuschließen. Die Legitimationsgrundlage der Haftung in einer Selbstverpflichtung des Haftenden bleibt somit eine „Fiktion". Gleiches gilt auch für die verschiedenen Ansätze in der Literatur, die zwar mit großem Aufwand versuchen, sich von der Rechtsprechung abzusetzen, aber letztlich doch zur Begründung der Haftung auf die Grundsätze der Rechtsgeschäftslehre und den Willen des Experten zurückgreifen müssen (cc).

aa) Vertrag mit Schutzwirkung zugunsten Dritter

Auch wenn historisch betrachtet am Anfang der vertraglichen Ansätze zur Expertenhaftung die Annahme eines Auskunftsvertrages steht, soll zunächst das Institut eines Vertrages mit Schutzwirkung zugunsten Dritter untersucht werden. Dies ist auch der Ansatz, den die Rechtsprechung in den meisten Fällen der Gutachterhaftung favorisiert,[202] auch wenn sie gelegentlich auf die Haftung wegen culpa in contrahendo wegen der Inanspruchnahme besonderen persönlichen Vertrauens oder § 826 BGB zurück-

[201] Früher ergaben sich auch Unterschiede in Rahmen der internationalprivatrechtlichen Qualifikation. Seit der Harmonisierung des internationalen Privatrechts der vertraglichen und außervertraglichen Schuldverhältnisse (Rom I- und Rom II-Verordnung), ist die dogmatische Grundlage einer Haftung im deutschen Recht irrelevant, weil Unionsrechtsakte autonom auszulegen sind.

[202] *H. Schneider*, 163 (1999) 246, 251; *Koch*, AcP 204 (2004) 58, 61.

greift.[203] Wäre der BGH mit einer Haftungsklage von Investoren gegen eine Ratingagentur wegen eines fehlerhaft erstellten Auftragsratings konfrontiert, würde er wahrscheinlich zunächst auf dieses Institut zurückgreifen.[204] Hierfür spricht, dass der BGH auch nach Erlass des § 311 Abs. 3 BGB seiner Rechtsprechungstradition weiterhin relativ unbeirrt folgt[205] – obwohl sich in den Gesetzgebungsmaterialien zur Schuldrechtsreform Anhaltspunkte dafür finden, dass die Haftung von Gutachtern sich nun an § 311 Abs. 3 S. 2 BGB orientieren sollte.[206] Aufbauend auf der Rechtsprechung des BGH ist die Haftung von Ratingagenturen für Auftragsratings geradezu als „Idealfall" des Vertrages mit Schutzwirkung zugunsten Dritter charakterisiert worden.[207] Allerdings bestehen gegen diesen Ansatz Bedenken, die zum einen dogmatischer Natur sind, zum anderen aber durch die Spezifika des Ratings begründet sind, weil es der Vertrag mit Schutzwirkung zugunsten Dritter nicht erlaubt, das auftragslose Rating zu erfassen.

(1) Konzept und Voraussetzungen

Es ist dem BGH möglich, eine Haftung eines Sachverständigen aufgrund eines Vertrages mit Schutzwirkung zugunsten Dritter zu stützen, seitdem er die engen Grenzen der „Wohl-und-Wehe"-Formel überwunden hat. Zunächst hatte er den vertraglichen Drittschutz nur auf Personenschäden erstreckt[208] und lediglich solche Personen in den Schutzbereich einbezogen, hinsichtlich

---

203 So etwa in BGHZ 145, 187, 197 ff. der X. Zivilsenat sowohl durch culpa in contrahendo als auch § 826 BGB, während der III. Zivilsenat einen gleichgelagerten Sachverhalt mittels des Vertrages mit Schutzwirkung zugunsten Dritter löste. Die frühere Rechtsprechung griff auf einen stillschweigenden Auskunftsvertrag zurück oder nahm ein Schutzgesetz an (etwa RGZ 79, 85, 89). Überblick und Kritik der von des Eklektizismus der Rechtsprechung bei der Wahl seiner Anspruchsgrundlagen bei *Kersting*, Die Dritthaftung für Informationen im Bürgerlichen Recht (2007), 20 ff. und insb. 98 ff.

204 Ähnlich *Korth*, Dritthaftung von Ratingagenturen (2010), 111.

205 *Emmerich*, in: Münchener Kommentar, BGB, 6. Aufl. (2012), § 311, Rn. 197.

206 Sehr deutlich die Tendenz in der Stellungnahme des Rechtsausschusses (Bundestags-Drucksache 14/7052, 190), die zwar hauptsächlich die Fälle der Third Party Legal Opinion behandelt und hierfür neben der culpa in contrahendo mit § 311 Abs. 3 S. 2 BGB eine neue Grundlage zur Verfügung stellen möchte. In der Begründung der Bundesregierung wird der Vertrag mit Schutzwirkung zugunsten Dritter lediglich im Zusammenhang mit den Fällen erwähnt, in denen zwischen Vertragspartner und Drittem ein Näheverhältnis besteht (vgl. Bundestags-Drucksache 14/6040, 163).

207 *Ebenroth/Daum*, WM 1992 (Beilage Nr. 5), 1, 14; *Vetter*, WM 2004, 1701, 1710; ähnlich *Wildmoser/Schiffer/Langoth*, RIW 2009, 657, 666.

208 Dies wird teilweise auch als ein dogmengeschichtlicher Zufall interpretiert, vgl. *Jagmann*, in: Staudinger, BGB, 13. Aufl. (2004), § 328, Rn. 86.

derer den Vertragspartner – für ihn erkennbar – eine Schutz- und Fürsorgepflicht traf.[209] Es erschien im Sinne der Parteien, die vertraglichen Nebenpflichten, welche dieselben Rechtsgüter des Gläubigers schützen, auch auf die Personen zu erstrecken, für die er verantwortlich ist. Dies erlaubte zudem, die „Schwächen" des Deliktsrechts (kein Ersatz immaterieller Schäden; § 831 BGB statt § 278 BGB) auszugleichen.[210] Gegenüber dem Dritten besteht kein primärer Leistungsanspruch, sondern lediglich ein Schuldverhältnis mit Sekundärpflichten (nunmehr gemäß § 241 Abs. 2 BGB).[211]

Der BGH hat die Figur des Vertrages mit Schutzwirkung zugunsten Dritter später auf Vermögensschäden ausgeweitet und zu einem Grundpfeiler der Expertenhaftung ausgebaut.[212] Dogmatisch stützt sich der BGH auf eine „maßgeblich durch das Prinzip von Treu und Glauben (§ 242 BGB) geprägte ergänzende Vertragsauslegung (§ 157 BGB)".[213] Der dogmatischen Konstruktion liegt also die Annahme zugrunde, der Vertragspartner erhielte kein Äquivalent für seine Gegenleistung, wenn die Schutzwirkung des Vertrages nicht auch den Dritten einbeziehen würde.[214] Dies ist typischerweise dann der Fall, wenn – wie bei der Expertenhaftung – die Leistung des Vertragspartners von vornherein für einen Dritten bestimmt ist, er also der eigentliche Leistungsempfänger ist.[215] Eine entscheidende Weiterentwicklung erfuhr diese Rechtsprechung, als der BGH einen Vertrag mit Schutzwirkung zugunsten Dritter annahm, obwohl die Interessen des Gläubigers und des Dritten gegenläufig waren. Ausreichend sei, so der BGH, dass die Einbeziehung in den Vertrag dem Willen der Vertragsparteien entspreche.[216] Damit besteht die Möglichkeit, dass der Experte als Schuldner mit widersprüchlichen Interessen konfrontiert wird.

Die dogmatischen Voraussetzungen des Vertrages mit Schutzwirkung zugunsten Dritter lassen sich schlagwortartig mit den Begriffen der Leistungs-

---

209 RGZ 91, 21, 24; 127, 218, 222; 160, 153, 155; BGHZ 5, 378, 384; 51, 91, 96.

210 *Larenz*, SchuldR I, 14. Aufl. (1987), § 17 II.

211 BGHZ 159, 1, 4.

212 Vgl. zuletzt etwa BGHZ 159, 1, 4 ff.; 145, 187, 197; 138, 257, 261 ff.; 127, 378, 380 f.

213 BGHZ 159, 1, 4. Im Übrigen wird als dogmatischer Ansatzpunkt teilweise auch auf eine entsprechende Anwendung von §§ 328 ff. BGB abgestellt oder die Figur als Rechtsfortbildung auf der Grundlage von § 242 BGB begründet, vgl. statt vieler *Gottwald*, in: Münchener Kommentar, BGB, 6. Aufl. (2012), § 328, Rn. 165 m. w. N. sowie *Zeuner*, NJW 2009, 1030 ff.

214 *Jagmann*, in: Staudinger, BGB, 13. Aufl. (2004), § 328, Rn. 83.

215 BGHZ 138, 257, 261.

216 BGHZ 127, 378, 380; BGH JZ 1998, 624, 625; anders noch BGH NJW 1973, 321, 322.

nähe, Gläubigernähe, Erkennbarkeit und Schutzbedürftigkeit (des Dritten) zusammenfassen.[217] Im Kontext der Expertenhaftung verliert das Kriterium der Leistungsnähe an Bedeutung, weil der Dritte nicht nur neben dem Gläubiger mit der Leistung in Berührung kommt, sondern weil die Expertise gerade in Auftrag gegeben wurde, um ihn zu informieren. Geringe Bedeutung kommt in den Fällen der Expertenhaftung dem Kriterium der Schutzbedürftigkeit zu. Legte man es eng aus, wäre der Anwendungsbereich des Vertrages mit Schutzwirkung zugunsten Dritter sehr eingeschränkt, weil dem Gläubiger häufig zugleich ein Anspruch aus § 311 Abs. 3 S. 2 BGB zustünde.[218] Der BGH sieht – auch in Fällen der Sachverständigenhaftung – eine Haftung aus einem Vertrag mit Schutzwirkung zugunsten Dritter dann als subsidiär an, wenn sie auf den gleichen Voraussetzungen und auf dem gleichen Haftungsgrund beruht, es sich also ebenfalls um einen vertraglichen Anspruch handelt.[219] Somit kommt auch der Schutzbedürftigkeit des Schuldners in der hier relevanten Fallgruppe keine Bedeutung zu.[220]

Die Prüfung der Haftung konzentriert sich daher zum einen darauf, ob nach dem Willen der Parteien, wie er sich im Vertrag widerspiegelt, der Dritte dem Schutz des Vertrages unterstellt werden sollte und daher „Gläubigernähe“ besteht. Zum anderen muss die Haftung gegenüber einem Dritten für den Schuldner erkennbar sein, damit dieser den Umfang seiner Haftung kalkulieren kann.[221] Verfügt der Sachverständige über eine staatlich anerkannte oder vergleichbar nachgewiesene Sachkunde, vermutet die Rechtsprechung sogar den Willen, den Schutz des Vertrages auch auf Dritte zu beziehen, die bestimmungsgemäß auf der Grundlage des Gutachtens Vermögensdispositionen vornehmen sollen. Es reiche aus, wenn der Gutachter mit dieser Verwendung – etwa angesichts des Zwecks oder des Inhaltes des Gutachtens – lediglich rechnen musste. Ein entgegenstehender Wille mit dem Ziel der Täuschung des Dritten sei treuwidrig und hindere eine Haftung daher nicht.[222] Die Erkennbarkeit des geschützten Personenkreises ist gegenüber der Kalkulierbarkeit des Haftungsrisikos in den Hintergrund getreten. Dementsprechend hat die Rechtsprechung erhebliche personelle Weiterungen auf Gläubigerseite über den direkten Vertrgspartner des Auf-

---

217 Statt vieler *Janoschek*, in: Bamberger/Roth, BGB, 2. Aufl. (2007), § 328, Rn. 50 ff.; *Jagmann*, in: Staudinger, BGB, 13. Aufl. (2004), § 328, Rn. 98 ff.

218 *Ebke*, in: Münchener Kommentar, HGB, 3. Aufl. (2013), § 328, Rn. 134.

219 BGH ZIP 2004, 1810, 1811 ff. für einen konkurrierenden Anspruch aus Prospekthaftung.

220 Generell kritisch zur Subsidiarität des vertraglichen Drittschutzes *Schwarze*, AcP 203 (2003) 348, insb. 357 ff.

221 Zuletzt etwa BGH WM 2009, 1128, 1130; BGHZ 159, 1, 9.

222 BGHZ 159, 1, 5 m. w. N. Etwas zurückhaltender BGH WM 2009, 1128, 1130.

traggebers hinaus akzeptiert (z. B. auf Kreditgeber), sofern hiermit keine Vergrößerung des Haftungsrisikos verbunden war.[223]

Wie weit die Rechsprechung die Haftung ausgedehnt hat, zeigt eine Entscheidung aus dem Jahr 2004, die strukturell der Bewertung einer Emission von Asset-Backed-Securities durch eine Ratingagentur bereits sehr nahe kommt:[224] Zur Finanzierung einer Immobilientransaktion wurde eine Anleihe ausgegeben, die durch eine Grundschuld gesichert war. Ein Gutachter hatte zuvor einen Auftrag zur Bewertung des Grundstückes, an dem die Grundschuld bestellt war, „zu Planungs- und Finanzierungszwecken" erhalten. Die Bewertung war nur für den Auftraggeber bestimmt. Der BGH war jedoch der Ansicht, der Gutachter hätte mit einer derartigen Finanzierung aufgrund der allgemeinen Zweckbeschreibung „zu Planungs- und Finanzierungszwecken" rechnen müssen; es sei ihm auch zumutbar, die Anleihegläubiger in den Schutzbereich des Gutachtens einzubeziehen, weil sich das Haftungsrisiko nur auf eine größere Anzahl von Personen verteile, in der Summe aber gleich bleibe. In einer früheren Entscheidung hatte der BGH nur „überschaubare, klar abgrenzbare Personengruppen" in den Schutzbereich des Gutachtenauftrags einbezogen, auch wenn der Gutachter diese Personen nicht der Zahl oder dem Namen nach kennen musste.[225] Schon dieses Kriterium dürfte – in Übereinstimmung mit der US-amerikanischen und australischen Rechtsprechung[226] – im Falle einer Privatplatzierung gegeben sein, die typischerweise nur einem begrenzten Kreis institutioneller Anleger offeriert wird.

Der BGH hatte aber bereits früher zumindest implizit auf das Haftungsrisiko und nicht einen bestimmten Personenkreis abgestellt; so prüfte er nicht nur die Haftung eines Wirtschaftsprüfers für fehlerhafte Angaben in einem Kapitalanlageprospekt nach den Grundsätzen der bürgerlich-rechtlichen Prospekthaftung, sondern auch aufgrund eines Vertrags mit Schutzwirkung zugunsten Dritter.[227] Das Haftungsrisiko wird bei einer Kapitalanlage durch ihr Volumen bestimmt und ist unabhängig von der Zahl der Anleger.[228] Restriktiver zeigte sich der BGH lediglich in Fällen der Haftung von Wirtschaftsprüfern für fehlerhafte Testate. Hier hat der Gesetzgeber in § 323

---

223 BGHZ 159, 1, 10f.; BGH WM 2012, 316, 319; NJW 1998, 1059, 1062; NJW-RR 1993, 944; NJW 1984, 355, 356. Zur Kritik dieses Gedankens anhand des Hausbank-Falles, weil die Risiken nicht immer deckungsgleich sind, *Büttner*, Umfang und Grenzen der Dritthaftung von Experten (2006), 88 ff.

224 BGHZ 159, 1.

225 BGH WM 1998, 440, 443.

226 Siehe S. 24 f. und 169 f.

227 Zuletzt etwa BGH WM 2014, 935 Rn. 16 ff.

228 BGH ZIP 2004, 1810, 1811; WM 2012, 316, 319; ferner BGH NJW-RR 2007, 1479, 1480. Zustimmend *Zimmer/Binder*, WM 2005, 577, 579. Ähnlich be-

HGB eine Haftungsbegrenzung für Pflichtprüfungen geschaffen. Diese Intention des Gesetzgebers sei, so der BGH, auch bei anderen Handlungen des Abschlussprüfers zu berücksichtigen. Eine Haftung sei daher nur anzunehmen, wenn die Prüfung im Interesse eines bestimmten Dritten durchgeführt worden sei.[229] Für die Haftung von Ratingagenturen lässt sich aus dieser Rechtsprechung allerdings nichts ableiten, weil eine gesetzliche Haftungsbeschränkung wie § 323 HGB fehlt.[230]

Die Annahme des BGH, es trete mit der Vergrößerung des Kreises der Anspruchsberechtigten keine Haftungserweiterung ein, muss aber nicht immer gegeben sein, denn mit der Multiplizierung der Anspruchsgegner steigen je nach Fallgestaltung auch die Kosten. So können aufgrund eines Anteils an Fixkosten pro Anspruchsberechtigtem höhere Vertrauensaufwendungen wie Transaktionsgebühren und Informationskosten anfallen; ferner steigt das Prozesskostenrisiko.[231] Der BGH hätte daher fragen müssen, ob der Gutachter mit einer derartigen Vergrößerung des Kreises der Anspruchberechtigten hätte rechnen müssen und ob deshalb ihm die damit verbundenen Mehrkosten zumutbar aufgebürdet werden können.

(2) Kritik

Dogmatisch ist der Ansatz der Rechtsprechung nicht überzeugend.[232] Neben den dogmatischen Schwachpunkten kann der Vertrag mit Schutzwirkung zugunsten Dritter – mangels Ratingauftrag – keine Haftung für *unsolicited ratings* begründen, obwohl eine Differenzierung zwischen *solicited* und *unsolicited rating* nicht gerechtfertigt ist.

(a) Dogmatische Kritikpunkte

Der BGH versucht, die Haftung des Experten letztlich auf dessen Selbstverpflichtung und damit auf das Prinzip der Privatautonomie zurückzuführen. Genau hier setzt die berechtigte Kritik der Literatur an:

Die Rechtsprechung gibt vor, sich an der Auslegung des Vertrages zwischen dem Experten und seinem Auftraggeber zu orientieren. Bereits die Gegenläufigkeit der Interessen von Auftraggeber und Drittem stellt die

---

reits *Mülbert*, JZ 2002, 826, 833. Ablehnend z.B. *Meyer*, WM 2003, 1301, 1309f.; *Assmann*, AG 2004, 435, 437f.

229 BGHZ 138, 257, 262; 167, 155, 162ff.

230 A.A. *Wagner*, in: FS Blaurock (2013), 481f.

231 *Finn*, NJW 2004, 3752, 3754.

232 Etwa *Canaris*, ZHR 163 (1999) 206, 215ff.; *ders.*, JZ 1998, 603, 604ff.; *Picker*, in: FS Medicus (1999), 400ff.

dogmatische Konstruktion – scheinbar – auf eine harte Probe. Denn hat nicht der Auftraggeber ein Interesse an einer Expertise, die einen besonders hohen Wert des Kaufgegenstandes bescheinigt, während der Käufer an einem möglichst geringen Kaufpreis interessiert ist oder aber zumindest eine Bewertung erhalten möchte, die dem Marktpreis entspricht?[233] Diese Kritik trifft nicht den Punkt, wie sich gerade anhand der Beauftragung eines Ratings zeigt, aber ebenso auf andere Fälle der Gutachterhaftung zutrifft. Die Interessen von Auftraggeber und Drittem sind nur scheinbar gegenläufig; sie schalten einen Dritten gerade ein, um die Unsicherheit aufgrund ihrer gegenläufigen Interessen und ihres unterschiedlichen Wissens zu verringern. Der Auftraggeber möchte durch ein Gutachten eines unabhängigen Experten die Qualität seines Angebotes signalisieren. Dann ist es ihm möglich, einen höheren Kaufpreis zu erzielen, weil der Käufer die Qualität des Kaufgegenstandes besser einschätzen kann und daher nur einen geringeren Risikoabschlag einkalkulieren muss. Ebenso sichert ein gutes Rating eine Begebung einer Anleihe zu einem niedrigeren Zinssatz.[234]

Darüber hinaus ist es teilweise Praxis, dass ein Gutachten die Marktgängigkeit eines Gutes generell erhöht. Insoweit ist der Einwand richtig, dass es dem Besteller weniger auf die Richtigkeit des Gutachtens ankommt als auf die Möglichkeit, ein Gutachten mit einem bestimmten Inhalt vorzuweisen.[235] Deutlich wird dies wiederum anhand eines Ratings einer Emission als investment grade, das nicht nur einen niedrigeren Zinssatz erlaubt, sondern aufgrund der regulatorischen und privatrechtlichen Anknüpfungen an diese Ratingstufe neue Investorengruppen eröffnet; gleiches gilt für das Gutachten eines anerkannten Sachverständigen über den Wert eines Grundstücks als Sicherheit im Bankverkehr. Nach dieser Logik erscheint es auch nicht fernliegend anzunehmen, dass bestimmte Einwendungen, die dem Experten gegenüber dem Dritten entsprechend § 334 BGB zustehen würden, stillschweigend abbedungen sind, wenn dies den Wert des Gutachtens zunichte machen würde.[236]

Die dogmatische Konstruktion des Vertrages mit Schutzwirkung zugunsten Dritter im Wege einer Vertragsauslegung bricht jedoch in sich zusammen, sobald sich die Bindung an die Wirksamkeit oder den ausdrücklich vereinbarten Inhalt des Gutachtenauftrages bemerkbar macht.[237] Ist etwa der Vertrag

---

233 Vgl. *Canaris*, ZHR 163 (1999) 206, 215 f.

234 Ausführlich S. 66 ff. Überzeugend daher insoweit die Argumentation etwa in BGHZ 127, 378, 386.

235 *Picker*, in: FS Medicus (1999), 403 f.

236 So BGHZ 127, 378, 385 f.; BGH WM 1998, 440, 442.

237 Vgl. *Gernhuber*, Das Schuldverhältnis (1989), § 21 II 1d; *Canaris*, ZHR 163 (1999) 206, 216; *Grunewald*, AcP 187 (1987) 285, 289 f.

unwirksam, bleibt der Dritte gegenüber dem Experten schutzlos.[238] Dennoch eine Haftung des – eventuell sogar getäuschten – Experten aufgrund seines Willens anzunehmen, wäre dann nicht mehr möglich; eine Inanspruchnahme des Experten könnte nur durch den Schutz vorrangiger Interessen Dritter gerechtfertigt werden und liefe konstruktiv auf eine Einschränkung der gesetzlichen Folgen einer Anfechtung[239] (entsprechend der fehlerhaften Gesellschaft[240]) oder aber ein gesetzliches Schuldverhältnis hinaus.[241]

Zudem ist es denkbar, dass der Gutachter und sein Auftraggeber die Pflichten und Haftung des Gutachters modifiziert haben, etwa durch eine Einschränkung des Verwendungszwecks des Gutachtens, eine Haftungsbegrenzung, die Einschränkung der Pflichten des Gutachters (etwa Verzicht auf Sachverhaltsermittlung oder -verfikation) oder gar den ausdrücklichen Ausschluss der Dritthaftung. Diese Vereinbarung wird sich regelmäßig auch im Preis des Gutachtens niederschlagen; jede Negierung der vertraglichen Vereinbarung würde daher dazu führen, dass der Gutachter für seine Leistung, das Gutachten, keine äquivalente Gegenleistung mehr erhält. Dabei kommt es nicht darauf an, ob für den Dritten diese Einschränkungen seines Vertrauens in die Expertise des Gutachters erkennbar waren oder nicht. Ein solcher „Wechsel der Perspektive“[242] vom Verhältnis zwischen Auftraggeber und Expertem zum Verhältnis zwischem Expertem und Auftragnehmer ist im Rahmen der Auslegung eines Vertrags nicht möglich.

Dem Drittschutz kann daher nur der Vorrang eingeräumt werden, wenn der Privatautonomie von Gutachter und Auftrageber objektive Grenzen gesetzt werden, die im Rahmen eines derartigen drittschützenden Vertrages nicht überschritten werden dürfen. Dies bedeutet jedoch nichts anderes, als dass dem Gutachter objektive Verhaltsmaßstäbe auferlegt werden, um einen Dritten zu schützen.[243] Damit lässt sich die Haftung nicht mehr auf die privatautonome Entscheidung des Gutachters und des Auftraggebers stützen; stattdessen handelt es sich um eine heteronome Haftung, die auf *policy*-Erwägungen[244] beruht.[245] Kurzum: Der Gutachter haftet nicht mehr, weil er

---

238 *Grunewald*, AcP 187 (1987) 285, 290.

239 Vgl. *Canaris*, ZHR 163 (1999) 206, 219, der auch einen stillschweigenden Verzicht auf die Anfechtung ablehnt.

240 Hierzu *K. Schmidt*, Gesellschaftsrecht, 4. Aufl. (2002), 6 I 2b und 3.

241 *Adolff*, Die zivilrechtliche Verantwortlichkeit deutscher Anwälte bei der Abgabe von Third Party Legal Opinions (1997), 109.

242 *Canaris*, ZHR 163 (1999) 206, 224.

243 *Canaris*, ZHR 163 (1999) 206, 215.

244 Formulierung bei *Schinkels*, JZ 2008, 272, 276.

245 Harsche Kritik bei *Westermann*, AcP 208 (2008) 141, 145 und 154 ff. sowie *Picker*, FS Medicus (1999), 412 („Bindung nicht durch autonomes Haftungsversprechen, sondern heteronomes Haftungsoktroi“).

es rechtsgeschäftlich erklärt hat, also haften *will*, sondern weil er haften *soll*.[246] Auch die jüngste Rechtsprechung des BGH, wonach der Inhalt des Vertrages zwischen Experte und Auftraggeber der AGB-Kontrolle im Verhältnis zu Dritten unterliegen kann,[247] mildert dieses Ergebnis nur, ohne das dogmatische Problem zu lösen. Deutlich zeigt sich die Tendenz zur Einbeziehung von Verkehrsschutzgesichtspunkten auch, wenn der BGH fragt, ob der Gutachter mit einer bestimmten Verwendung seines Gutachtens „rechnen musste"[248] und zugleich Verwendungsabreden unbeachtet lässt bzw. als „treuwidrig" ansieht.[249] Der BGH tut dann nichts anderes als einen objektiven, nicht disponiblen Verhaltensmaßstab an den Gutachter anzulegen, statt – wie in der Vertragsauslegung üblich – auf den hypothetischen Parteiwillen abzustellen.

Gleiches gilt für den Fall des Auftraggebers, der arglistig Mängel gegenüber dem Gutachter verschweigt. Grundsätzlich müsste sich der Dritte nach der Linie des BGH, dessen Mitverschulden gemäß § 334 BGB entgegenhalten lassen, weil er aus dem Vertrag nicht mehr Rechte ableiten kann als der Auftraggeber. Mit Verweis auf die Natur des Vertrages sah der BGH diese Regelung als stillschweigend abbedungen an.[250] Eine solche Einigung würde aber voraussetzen, dass der Auftraggeber gleichzeitig den Dritten hätte schützen und schädigen wollen;[251] zugleich hätte der Gutachter stillschweigend einer Ausweitung seiner Verantwortlichkeit und seines Haftungsrisikos zugestimmt, da er nun auch für das arglistiges Verhalten des Auftraggebers die Letztverantwortlichkeit übernehmen müsste. Dies bedeutet aus Sicht des Gutachters die zusätzliche Pflicht, die Informationsgrundlage kritisch zu überprüfen. Unter Berücksichtigung des Parteiwillens lässt sich eine solche Abrede daher nicht konstruieren; im Wege der Auslegung ist dies nur möglich, wenn sich die Auslegung ganz vom – hier feststellbaren – Willen der Parteien löst und auf einen objektiven Maßstab ausweicht.[252]

---

[246] *Hopt*, AcP 183 (1983) 608, 618; *Schinkels*, JZ 2008, 272, 275.

[247] BGH NJW 2010, 1277, 1277 f.

[248] BGHZ 159, 1, 5. Ähnlich auch die Orientierungen an den Erwartungen der Empfänger bei der Bestimmung des Sorgfaltsmaßstabes BGH WM 1998, 440, 441.

[249] BGHZ 159, 1, 5. Dies liegt auf der Linie einer institutionellen Begründung des Vertrages mit Schutzwirkung zugunsten Dritter im Wege der Rechtsfortbildung ohne Rückgriff auf den Parteiwillen. Hierzu *Zeuner*, NJW 2009, 1030 ff., der selbst dieses Konzept nur im Rückgriff auf § 311 Abs. 3 BGB favorisiert (aaO, 1034).

[250] BGHZ 127, 378, 385.

[251] *Picker*, FS Medicus (1999), 405 („schizoider Wille"). Der BGH erkennt dieses Problem und rechtfertigt damit u. a. die AGB-rechtliche Kontrolle BGH NJW 2010, 1277, 1278.

[252] Zur Problematik der normativen Auslegung von Rechtsgeschäften bereits *Flume*, BGB AT, Bd. II, 3. Aufl. (1979), § 16 sub. 3., 307 ff. Speziell zum Rating *Henrichs*, in: FS Hadding (2004), 889.

Schon aufgrund dieser Argumente wird deutlich, dass die Konstruktion des Vertrages mit Schutzwirkung zugunsten Dritter gegen den Willen der Parteien nur mittels Hilfsannahmen aufrechterhalten werden kann, die letztlich auf eine heteronom auferlegte Dritthaftung hinauslaufen. Daher ist es überzeugender, den Rechtsgrund der Haftung im Verhältnis zwischen Gutachter und denjenigen zu suchen, die aufgrund seiner Expertise Vermögensdispositionen treffen sollen.[253]

(b) Ungleichbehandlung von Auftragsrating und auftragslosem Rating

Schließlich kann der Vertrag mit Schutzwirkung zugunsten Dritter das Phänomen des Ratings nur unzureichend bewältigen, denn er erfasst nur das Auftragsrating. Bei einem auftragslosen Rating fehlt der Ratingvertrag als Anknüpfungspunkt. Eine Differenzierung zwischen Auftragsrating und auftragslosem Rating[254] ist jedoch aus funktionaler Sicht nicht gerechtfertigt:[255]

Beide Arten des Ratings sind für den Kapitalmarkt nur schwer zu unterscheiden und werden auch hinsichtlich ihrer Aussagekraft nicht immer differenziert. Selbst wenn man argumentieren würde, dass ein Auftragsrating möglicherweise auf einer besseren Informationsgrundlage erstellt wird, weil aufgrund des Austausches mit dem Emittenten der Zugang zu internen Informationen besteht,[256] überzeugt dies nicht. Denn dies bedeutet nicht, dass ein auftragsloses Rating gar keinen Informationsgehalt hat, da auch ein solches Rating auf einer angemessenen Informationsgrundlage erstellt werden muss (vgl. Art. 8 Abs. 2 und Art. 10 Abs. 5 RatingVO). Zudem ist das auftragslose Rating integraler Bestandteil der Geschäftsstrategie einer Ratingagentur, um ihre Marktstellung zu festigen.[257] Dieser Zweck wird aber nur erreicht, wenn die Investoren ihre Entscheidungen auf diese Ratings ebenso stützen wie auf Auftragsratings. Somit ist es aus Sicht des auf die Richtig-

---

[253] Ähnliches Fazit bei *Adolff*, Die zivilrechtliche Verantwortlichkeit deutscher Anwälte bei der Abgabe von Third Party Legal Opinions (1997), 109; *H. Schneider*, ZHR 163 (1999) 246, 253 f.

[254] Gemeint sind hiermit nicht Ratings, die nur an Abonnenten weitergegeben werden; eine Haftung gegenüber Nicht-Abonnenten, die vom Rating Kenntnis erlangen, scheidet aus, weil dieser Personenkreis für die Ratingagentur nicht erkennbar ist (*Grundmann/Renner*, JZ 2013, 379, 383) und Nicht-Abonnenten nicht in vertretbarer Weise annehmen konnten, auf das Rating vertrauen zu dürfen.

[255] So i.E. auch *Reidenbach*, Finanzanalysten und Ratingagenturen (2006), 371; *Peters*, Die Haftung und Regulierung von Ratingagenturen (2001), 127; sogar *Lemke*, Haftungsrechtliche Fragen des Ratingwesens (2000), 82, der im Ergebnis jegliche Haftung strikt ablehnt.

[256] So *Habersack*, ZHR 169 (2005) 185, 207.

[257] Ausführlich S 61.

keit des Ratings vertrauenden Investors zufällig, ob er seine Entscheidung auf der Grundlage eines Auftragsratings oder eines auftragslosen Ratings trifft. Auch die RatingVO differenziert zwischen beiden Formen des Ratings im Grundsatz nicht. Soll eine Haftung dem generellen Vertrauen in Ratings Rechnung tragen, überzeugt es schließlich auch nicht, zwischen den beiden Formen des Ratings aufgrund der unterschiedlichen Einflussmöglichkeiten des Auftraggebers zu differenzieren, weil die Unabhängigkeit und Neutralität der Ratingagentur nicht durch die Interessen des Auftraggebers bedroht werde.[258] Es wäre paradox, wenn die Ratingagenturen gerade für das „vertrauenswürdigere" Rating nicht haften würden.

Zwar könnte man überlegen, die Haftung für Auftragsratings und auftragslose Ratings auf unterschiedliche dogmatische Grundlagen zu stützen. Dogmatisch befriedigend ist diese Lösung allerdings nicht,[259] da der Grund der Haftung in beiden Fällen identisch ist – das Vertrauen der Anleger in die Reputation und die Expertise der Ratingagentur. Dies erkennt auch der BGH, wenn er auf den allgemeinen Rechtsgedanken hinweist, welcher der Prospekthaftung, dem Vertrag mit Schutzwirkung zugunsten Dritter und dem Verschulden bei Vertragsschluss zugrundeliegt.[260]

bb) Stillschweigender Auskunftsvertrag und einseitige Selbstverpflichtungen

Die Schwächen des Vertrages mit Schutzwirkung zugunsten Dritter, die Differenzierung zwischen Auftragsrating und auftraglosem Rating sowie die irrige Orientierung am Verhältnis zwischen Experte und Auftraggeber, ließen sich grundsätzlich durch die Annahme eines eigenständigen Vertrages zwischen Ratingagentur und Drittem ausgleichen. Diese Lösung hätte zudem für sich, auf einer privatautonomen Entscheidung der Beteiligten zu basieren. Klassischer Anwendungsfall dieser Konstruktion ist die Bankauskunft.[261]

Der BGH hat einen stillschweigenden Vertragsschluss dann angenommen, wenn „die Auskunft für den Empfänger erkennbar von erheblicher Bedeutung war und dieser sie zur Grundlage wesentlicher Entschlüsse oder Maßnahmen machte."[262] Dies sei insbesondere dann der Fall, wenn der Auskunftgeber über eine besondere Sachkunde oder ein eigenes wirtschaftliches

---

258 A.A. *Korth*, Dritthaftung von Ratingagenturen (2010), 77.

259 Anders *Habersack*, ZHR 169 (2005) 185, 207.

260 BGHZ 145, 187, 198.

261 Hierzu ausführlich *Berger*, ZBB 2011, 238, 241 ff.

262 BGH WM 1969, 36.

Interesse verfüge. Kein Kriterium sei, ob die Auskunft entgeltlich erfolgte.[263] Im Falle einer Drittweitergabe soll eine Verantwortlichkeit zur Haftungsbegrenzung allerdings nur in Betracht kommen, wenn die Auskunft auch für den Dritten bestimmt war,[264] während der Weg, auf dem der Dritte von der Auskunft Kenntnis erlangt, ohne Belang sei.[265]

Legt man die Kriterien der Rechtsprechung an das Rating einer Emission an, wäre ein Rechtsbindungswille der Ratingagentur indiziert. Konstruktive Schwierigkeiten könnte man lediglich darin sehen, dass noch nicht absehbar ist, wer das emittierte Wertpapier erwerben wird und damit Adressat des Ratings sein wird. Somit müsste das Rating als Angebot auf den Abschluss einer Haftungsvereinbarung an einen noch unbekannten Personenkreis (*ad incertas personas*) interpretiert werden, während der Kauf des Wertpapiers auf der Grundlage des Ratings als Annahme dieses Angebotes nach § 151 BGB gesehen werden müsste.[266] Mit einer solchen „Auskunft, für den es angeht"[267] ist nicht zwangsläufig eine uferlose Haftung verbunden.[268] Auch hier wird das Haftungsrisiko durch das Emissionsvolumen begrenzt. Nach langjähriger Skepsis[269] hat daher auch der BGH im Jahre 2001 eine Haftung einer Bank für eine Bonitätsauskunft angenommen, welche in einem Prospekt eines Immobilienfonds abgedruckt worden war.[270]

Gegen die Annahme einer Haftungsvereinbarung zwischen Ratingagentur und Investor gibt es dennoch tiefgreifendere Bedenken.[271] Dogmatisch leidet der Ansatz daran, dass er allein aus objektiven Kriterien einen Rechtsbindungswillen folgert, obwohl der Urheber der Auskunft lediglich eine Wis-

---

263 BGH WM 1969, 36; BGHZ 74, 103, 106.

264 BGH WM 1976, 498, 499.

265 *Boecken*, Die Haftung der Stiftung Warentest für Schäden der Verbraucher aufgrund irreführender Testinformationen (1998), 107 für Testberichte der Stiftung Warentest.

266 Vgl. *Köndgen*, AG 1983, 85, 92 gegen das Dogma der „Spezialität des Erklärungsadressaten". Ablehnend für Ratingagenturen *Eisen*, Haftung und Regulierung internationaler Rating-Agenturen (2007), 344 f.; *Peters*, Die Haftung und die Regulierung von Rating-Agenturen (2001), 106 f.

267 Siehe hierzu ausführlich *Martinek*, in: Staudinger, BGB, 13. Aufl. (2006), § 675, Rn. C 32 ff.

268 So aber BGHZ 133, 36, 42.

269 BGHZ 133, 36, 42; BGH NJW 1979, 1882, 1884; BGH NJW 1970, 1737; BGH WM 1974, 685.

270 BGH ZIP 2001, 108, 109.

271 Zur kaum übersehrbaren Kritik an der Rechtsprechung des BGH siehe nur *Berger*, ZBB 2001, 238, 242 f.; *Canaris*, ZHR 163 (1999) 206, 212 f.; *ders.*, in: FS Schimansky (1999), 47 f.; *Ebke/Scheel*, WM 1991, 389, 390 f.; *Hopt*, AcP 183 (1983) 608, 617 ff.; *V. Lang*, 201 (2001) 451, 459 f.; *Picker*, AcP 183 (1983) 369, 385 ff.

senserklärung abgeben wollte.[272] Grundsätzlich kann im Interesse des Verkehrsschutzes auch eine Wissenserklärung von einem objektiven Empfängerhorizont aus als Willenserklärung verstanden werden, wenn für den Erklärenden die Möglichkeit bestand, dies bei Anwendung der im Verkehr erforderlichen Sorgfalt zu erkennen.[273] Wie aber § 675 Abs. 2 BGB zeigt, gibt es auch im geschäftlichen Verkehr reine Wissenserklärungen.[274] § 675 Abs. 2 BGB lässt sich zudem als Auslegungsregel entnehmen, dass im Zweifel keine Willenserklärung, sondern lediglich eine Wissenserklärung anzunehmen ist, wenn jemand eine Auskunft erteilt.[275] Den Interessen des Auskunftgebers wird auch nicht durch die Möglichkeit der Anfechtung wegen fehlenden Erklärungsbewusstseins Rechnung getragen, weil er dann den Vertrauensschaden ersetzen müsste, der regelmäßig dem Schadensersatz für die Verletzung des Auskunftsvertrages entspräche.[276] Zudem ändert sich im Rahmen von § 122 BGB der Bezugspunkt der Fahrlässigkeit: Er verschiebt sich von einer Verletzung der Sorgfalt bei Erstellung einer Expertise zur Frage der Erklärungsfahrlässigkeit, d. h. ob der Erklärende damit hätte rechnen müssen, dass objektive Empfänger seine Erklärung als Willenserklärung verstehen könnten.

Im Falle von Ratingagenturen ist ferner zu berücksichtigen, dass die Ratings in der Regel mit einer Erklärung der Agentur veröffentlicht werden, dass sie durch das Rating keine Haftung gegenüber den Verwendern begründen will und sich Investoren nicht auf den Inhalt der Veröffentlichung verlassen dürfen. Hiermit ist es auch aus Sicht eines objektiven Dritten nicht mehr möglich, allein in der Veröffentlichung eines Ratings ein Angebot auf Abschluss einer Haftungsvereinbarung zu sehen. Zumindest besteht zwischen dem offengelegten Willen der Ratingagentur und dem Erklärungswert ein offener Widerspruch. Ein solcher Widerspruch kann so aufgelöst werden, dass man einem Aussagegehalt den Vorrang einräumt. Dies geschieht etwa in den Fällen einer *protestatio facto contraria*, in denen ein Protest gegen den Abschluss eines Vertrages als widersprüchliches Verhalten eingestuft wird.[277]

---

[272] Vgl. *Canaris*, ZHR 163 (1999) 206, 213.

[273] Vgl. *Ahrens*, in: Pütting/Wegen/Weinrich, BGB, 8. Aufl. (2013), Vor § 116 ff., Rn. 27 m. w. N. Grundlegend *Canaris*, Die Vertrauenshaftung im deutschen Privatrecht (1971), 550.

[274] *Lammel*, AcP 176 (1976) 337, 341.

[275] *Martinek*, in: Staudinger, BGB, 13. Aufl. (2006), § 675, Rn. C 2.

[276] *Boecken*, Die Haftung der Stiftung Warentest für Schäden der Verbraucher aufgrund irreführender Testinformationen (1998), 107. Eine ausführliche Auseinandersetzung mit § 122 auch bei *Kersting*, Dritthaftung für Informationen im Bürgerlichen Recht (2007), 250 ff.

[277] Vgl. hierzu statt vieler *Larenz/Wolf*, BGB AT, 9. Aufl. (2004), § 28, Rn. 39 und § 30, Rn. 26; aus der Rechtsprechung zuletzt etwa BGH NJW 2000, 3429, 3431. Auf die Auskunftshaftung wendet *Stoll*, in: FS Flume (1978). 769 diese Figur an.

Hierzu müssen die erklärungsrelevanten Umstände jedoch eindeutig sein; dies ist etwa der Fall, wenn eine Person zeitgleich mit der abwehrenden Erklärung die Vertragsleistung in Anspruch nimmt[278] oder wenn die Situation öffentlich-rechtlich vorgeprägt ist.[279] Im Falle von Ratings ist die Lage grundlegend anders: Der Investor muss in Kenntnis des eindeutig entgegenstehenden Willens der Ratingagentur entscheiden, ob er das Angebot eines Haftungsvertrages annimmt. Es spricht daher viel dafür, bereits die Schutzbedürftigkeit des Rechtsverkehrs grundsätzlich abzulehnen, weil ein objektiver Dritter nicht von einem Rechtsbindungswillen ausgehen durfte. Letztlich kommt es darauf aber nicht an; der Erklärungswert der Handlungen der Ratingagentur ist in sich bereits so widersprüchlich, dass man eine Nichtigkeit der Erklärung wegen Perplexität annehmen muss.[280]

Die Rechtsprechung kommt trotzdem zu einem anderen Ergebnis: Auch eine Klausel, dass eine Bankauskunft „ohne Obligo" erfolge, soll danach eine Haftung aus Auskunftsvertrag nicht verhindern; anderenfalls würde sich die Bank von einer Kardinalpflicht ihres Auskunftsvertrages entbinden.[281] Schon logisch überzeugt dieser Schluss nicht. Er setzt voraus, dass überhaupt eine rechtliche Bindung zustande gekommen ist, aus der sich die Kardinalpflicht ergibt. In der Haftungsfreizeichnung ein widersprüchliches Verhalten zu sehen, scheitert daran, dass hierfür der notwendige Bezugspunkt fehlt, zu dem sie in Widerspruch tritt. Leistung und Vertragsschluss fallen zusammen; ferner gibt es auch keine über das Haftungsversprechen hinausgehende Vereinbarung. Die Ratingagentur hat daher noch keine Erwartungshaltung wecken können, zu der sie sich in Widerspruch setzten könnte. Dies wäre nur dann der Fall, wenn man auf eine bereits zuvor bestehende Verpflichtung abstellen würde, dass Ratingagenturen oder bestimmte andere Auskunftgeber zur Wahrheit und Richtigkeit ihrer Aussagen verpflichtet sind. Eine solche Verpflichtung würde auf objektivem Recht und nicht auf dem Willen der Beteiligten beruhen. Die Auskunftshaftung ist daher kein dogmatisch überzeugender Ansatzpunkt für die Begründung einer Informationsdritthaftung.

cc) Weitere Ansätze

Verschiedene Stimmen in der Literatur haben versucht, sich von der Rechtsprechung abzusetzen. Zu nennen ist hier insbesondere der Ansatz von

278 Vgl. *Wolf*, in: Soergel, BGB, 13. Aufl. (1999), Vor § 145, Rn. 104.

279 Vgl. BGH NJW 2000, 3429, 3431 gegenüber NJW 2002, 817, 817.

280 Vgl. *Wolf*, in: Soergel, BGB, 13. Aufl. (1999), Vor § 145, Rn. 104; *Mansel*, in: Jauernig, BGB, 15. Aufl. (2014), Vor § 145, Rn. 20.

281 BGH ZIP 2001, 107, 108 m.w.N.

Köndgen einer Selbstbindung ohne Vertrag[282], *Pickers* Haftung kraft faktischer Leistungsbeziehung[283] oder eine Garantieerklärung, wie sie *Grunewald* vorschlägt.[284] Trotz ihres Bemühens, die Vertragsfiktionen der Rechtsprechung zu vermeiden, greifen auch diese Ansätze in irgendeiner Form wieder auf eine Willensbetätigung des Experten zurück.[285] Damit handelt es sich im Ergebnis ebenfalls um Vertragsfiktionen.[286] So sieht *Köndgen* etwa in Kapitalmarktinformationen „stehende Qualitätsversprechen“[287], deren Wirksamkeit vom Willen ihrer Urheber abhängt.

b) Deliktische Ansätze

Die Ansätze der Konstruktion einer Informationshaftung auf deliktischer Grundlage lassen sich in zwei Kategorien unterteilen. Sie unterscheiden sich nach ihrem Anknüpfungspunkt. Einerseits ist zu untersuchen, inwieweit bestimmte gesetztliche Regelungen Schutzgesetze sind (aa). Andererseits wird vorgeschlagen, ungeschriebene Verkehrspflichten in das bestehende Deliktsrecht zu integrieren oder die §§ 823 ff. BGB entsprechend richterrechtlich fortzuentwickeln (bb). Daneben steht schließlich die extensive Interpretation des § 826 BGB durch die Rechtsprechung (cc).

aa) Schutzgesetz

Im Folgenden soll der Frage nachgegangen werden, ob die RatingVO oder zumindest einzelne ihrer Regelungen als Schutzgesetze im Sinne des § 823 Abs. 2 BGB eingeordnet werden können (1). Im Anschluss soll kurz untersucht werden, inwieweit sich ein Schadensersatzanspruch aus § 20a Abs. 1 S. 1 Nr. 1 WpHG i.V.m. § 823 Abs. 2 BGB ableiten lässt (2).

(1) RatingVO

Bereits die Haftung nach Art. 35a Abs. 1 RatingVO knüpft an den Verstoß bestimmte Verpflichtungen der RatingVO an, die in ihrem Anhang III auf-

---

282 *Köndgen*, Selbstbindung ohne Vertrag (1981), passim; *ders.*, AG 1983, 85 für die Prospekthaftung.

283 *Picker*, in: FS Medicus (1999), 439; *ders.*, JZ 1987, 1041, 1057 („autonomrechtsgeschäftliche[r] Leistungsverpflichtung und willensunabhängige[r] Wiedergutmachungspflicht kraft Gesetzesbefehl“).

284 *Grunewald*, AcP 187 (1987) 285, 299 ff.

285 Siehe auch die Kritik durch *Canaris*, in: FS Larenz II (1983), 93 f.

286 So *v. Bar*, ZGR 1983, 476, 505 zum Ansatz von *Köndgen* zur Prospekthaftung.

287 *Köndgen*, AG 1983, 85, 90.

geführt sind und mit Bußgeldern bewehrt sind. Strukturell handelt es sich also um eine ähnliche Haftung wie für die Verletzung eines Schutzgesetzes nach § 823 Abs. 2 BGB. Ob die Verletzung dieser oder anderer Regelungen zu einer Haftung nach nationalem Recht führt, hat der Unionsgesetzgeber jedoch nicht entschieden, sondern lediglich die Möglichkeit einer Haftung nach nationalem Recht offengelassen (vgl. Art. 35 Abs. 5 RatingVO und Erwägungsgrund 35 Satz 2 VO (EU) Nr. 462/2013). Bereits vor der Einführung eines unionsrechtlichen Haftungstatbestands im Jahr 2013 hatte der Unionsgesetzgeber ausdrücklich die Frage der zivilrechtlichen Verantwortlichkeit von Ratingagenturen dem nationalen Haftungsrecht zugewiesen (Erwägungsgrund 69 VO (EG) Nr. 1060/2009).

Somit kommt es für die Entscheidung, ob die RatingVO ein Schutzgesetz ist,[288] allein auf die *Kriterien* an, die sich für § 823 Abs. 2 BGB im nationalen Recht herausgebildet haben. Damit ist ein typischer Streitpunkt des deutschen Kapitalmarktrechts angesprochen. Im deutschen Kapitalmarktrecht gibt es keine Generalklausel einer Kapitalmarktinformationshaftung, wie sie die US-amerikanische Rechtsprechung aus Rule 10b-5 zu Sec. 10(b) SEA – übrigens als *implied liablity* – entwickelt hat.[289] Der deutsche Gesetzgeber hat nur punktuell Haftungstatbestände geschaffen, aber das Kapitalmarktrecht aufsichts- und strafrechtlich weit umfassender geregelt. Der BGH definiert ein Schutzgesetz wie folgt:

> „Schutzgesetz ist eine Rechtsnorm nur dann, wenn sie – sei es neben dem Schutz der Allgemeinheit – gerade dazu dienen soll, den Einzelnen oder einzelne Personenkreise gegen die Verletzung eines Rechtsgutes zu schützen. Dabei kommt es nicht auf die Wirkung, sondern auf Inhalt und Zweck des Gesetzes sowie darauf an, ob der Gesetzgeber bei Erlass des Gesetzes gerade einen Rechtsschutz, wie er wegen der behaupteten Verletzung in Anspruch genommen wird, zugunsten von Einzelpersonen oder bestimmten Personenkreisen gewollt oder zumindest mitgewollt hat."[290]

§ 823 Abs. 2 BGB gewinnt danach seine Legitimation gerade dadurch, dass er an gesetzgeberische Wertungen anknüpft.[291] Sofern der Gesetzgeber keine Klarstellung getroffen hat – wie etwa in § 15 Abs. 6 WpHG – oder die Gesetzesbegründung Aufschluss über seine Intention gibt, kommt es vor allem auf die teleologische Auslegung der einzelnen Normen an, d. h., ob

[288] Verordnungen sind Rechtsnormen im Sinne von Art. 2 EGBGB (vgl. nur *Mörsdorf-Schulte*, in: Prütting/Wegen/Weinrich, BGB, 8. Aufl. (2013), Art. 2 EGBGB, Rn. 1) und können daher Schutzgesetze sein (*Wagner*, in: Münchener Kommentar, BGB, 6. Aufl. (2013), § 823, Rn. 336; *Spickhoff*, in: Soergel, BGB, 13. Aufl. (2005), § 823, Rn. 187).

[289] Vgl. *Hellgardt*, Kapitalmarktdeliktsrecht (2008), 91 ff. und 104 f.

[290] BGHZ 160, 134, 139.

[291] *Spickhoff*, in: Soergel, BGB, 13. Aufl. (2005), § 823, Rn. 181; *Canaris*, VersR 2005, 577, 581.

ein vernünftiger Gesetzgeber Investoren nicht nur als Rechtsreflex, sondern durch einen Schadensersatzanspruch schützen wollte.[292]

Der Unionsgesetzgeber hat in der Novelle der RatingVO im Jahr 2013 zwar eine deutliche Entscheidung für eine zivilrechtliche Haftung von Ratingagenturen getroffen. Die Entscheidung über eine weitergehende Haftung überlässt er, wie eben dargelegt, ausdrücklich dem nationalen Gesetzgeber. Zugleich hat er mit Art. 35a RatingVO einen Haftungstatbestand geschaffen, der § 823 Abs. 2 BGB strukturell sehr ähnlich ist. Dies spricht bereits dagegen, auf Basis des Willens des Unionsgesetzgebers eine Haftung nach § 823 Abs. 2 BGB zu begründen.[293] Zudem ist zu berücksichtigen, dass es sich bei der RatingVO vor allem um aufsichtsrechtliche Normen handelt. Die meisten Verhaltenspflichten setzen im Vorfeld der Erstellung eines Ratings ein und stehen in keinem unmittelbaren Zusammenhang mit einem fehlerhaften Rating. Die Regelungen adressieren daher nicht primär das Verhältnis zwischen Ratingagentur und Anleger.[294] So enthalten Art. 6 bis 13 RatingVO nur Organisations- und Offenlegungsvorschriften. Einzige Ausnahmen sind die Verpflichtungen zur Aktualisierung und Anpassung des Ratings (Art. 8 Abs. 5 und Abs. 6 RatingVO) sowie die Kennzeichnung bestimmter Ratings (Art. 10 Abs. 5 UAbs. 2 RatingVO). Einzelne Regelungen haben zwar mittelbar die Erstellung eines sorgfältigen Ratings zum Gegenstand, etwa indem sie die Anforderungen an die Qualität, Ausbildung und Unabhängigkeit der Analysten festlegen (Art. 7 Abs. 1 und Abs. 2 RatingVO). Bereits ihre Formulierungen („Eine Ratingagentur stellt sicher …") zeigt aber, dass die Regelungen nicht erst bei der Veröffentlichung eines Ratings ansetzen, sondern bereits bei der Organisation.[295] Bemerkenswert ist in diesem Zusammenhang, dass die RatingVO keine Regelung enthält, die – vergleichbar § 34a Abs. 1 S. 2 1. HS WpHG für Finanzanalysten – eine Veröffentlichung eines nicht sachgerecht erstellten Ratings verbietet.

(2) § 20a Abs. 1 S. 1 Nr. 1 WpHG

Ein Äquivalent zur US-amerikanischen Kapitalmarktinformationshaftung könnte das Verbot der Kursmanipulation durch unrichtige oder irreführende

---

[292] Vgl. *Deutsch*, Allgemeines Haftungsrecht, 2. Aufl. (1996), Rn. 875; *Kötz/Wagner*, Deliktsrecht, 11. Aufl. (2010), Rn. 227.

[293] Tendenziell befürwortend noch nach Erlass der VO (EG) Nr. 1060/2009 *Gomille*, GPR 2011, 186, 192; *Spindler*, AG 2010, 601, 611; ablehend *Haar*, NZG 2010, 1281, 1285; *Berger/Stemper*, WM 2010, 2289, 2293.

[294] *Haar*, NZG 2010, 1281, 1285; *Wojcik*, NJW 2013, 2385, 2386; *Berger/Stemper*, WM 2010, 2289, 2293.

[295] Ähnlich BGHZ 170, 226, 232 zur Vermeidung von Interessenkonflikten gemäß § 31 Abs. 1 Nr. 2 WpHG a. F.

Informationen sein, die geeignet sind, den Preis eines Wertpapiers zu beeinflussen (§ 20 Abs. 1 S. 1 Nr. 1 WpHG).[296] Ein fehlerhaftes Rating ließe sich ohne große Mühe unter den Tatbestand einer solchen unrichtigen Information subsumieren.[297] Daher soll der Frage nachgegangen werden, ob der Gesetzgeber nicht nur die Preisbildung durch die Regelung schützen wollte, sondern auch die einzelnen Kapitalmarktteilnehmer. Dies wäre entscheidende Voraussetzung, um § 20 Abs. 1 S. 1 Nr. 1 WpHG als Schutzgesetz einordnen zu können.

Gegen die Schutzgesetzeigenschaft spricht auch hier der entgegenstehende Wille des Gesetzgebers. Dieser hatte für die Vorgängerregelung (§ 88 BörsG a. F.) einen individuellen Schadensersatzanspruch ausgeschlossen.[298] Auch nach Überführung der Regelung in das WpHG fehlt jedes Anzeichen, um von einem geänderten Willen des Gesetzgebers auszugehen.[299] In der Gesetzesbegründung fehlt zwar eine klare Aussage; wäre aber § 20a Abs. 1 S. 1 Nr. 1 WpHG ein Schutzgesetz, würde dies die Systematik des WpHG – insbesondere mit Blick auf die speziellen Regelungen für Ad-hoc-Miteilungen §§ 37b, 37c, 15 Abs. 6 WpHG – auf den Kopf stellen.[300] Es wäre möglich, §§ 37b, 37c, 15 Abs. 6 WpHG als ein spezielles Regelungsregime für anlassbezogene Publizität anzusehen; aber dann wäre zu erwarten, dass der Gesetzgeber in irgendeiner Weise seinen Willen zu so einer tiefgreifenden Neuinterpretation der kapitalmarktrechtlichen Haftungsvorschriften gezeigt hätte.

Selbst wenn man in der Norm ein Schutzgesetz sähe, könnte ein Haftungsanspruch an einer weiteren hohen Hürde scheitern: § 20a WpHG legt als aufsichtsrechtliche Regelung selbst keinen Verschuldensgrad fest.[301] Sie ist aber durch Straf- und Bußgeldvorschriften in § 38 Abs. 2 § 39 Abs. 1 Nr. 1 und Nr. 2 sowie Abs. 2 Nr. 11 WpHG „pönalisiert", die bis auf § 39 Abs. 2 Nr. 11 WpHG nur vorsätzlich verwirklicht werden können.[302] Nach der

---

296 Rechtspolitisch hierfür *Hopt/Voigt*, in: dies, Prospekt- und Kapitalmarktinformationshaftung (2004), 48 ff.; *Fleischer*, in: Fuchs, WpHG (2009), § 20a, Rn. 154.

297 *Stemper*, WM 2011, 1740, 1744.

298 BVerfG ZIP 2002, 1986, 1988; BGHZ 160, 134, 139 f.

299 BGH WM 2012, 303, 306; *Fleischer*, in: Fuchs, WpHG (2009), § 20a, Rn. 154 m. w. N.

300 BGH WM 2012, 303, 305 f.; OLG Frankfurt AG 2007, 749, 753; *Vogel*, in: Assmann/Schneider, WpHG, 6. Aufl. (2012), § 20a, Rn. 31; *Fleischer*, in: Fuchs, WpHG (2009), § 20a, Rn. 154 m. w. N. zum Meinungsstand. Siehe auch schon BVerfG ZIP 2002, 1986, 1988; BGHZ 139, 134, 139 mit ähnlichen Argumenten zur früheren Rechtslage. A. A. etwa *Mock*, in: Kölner Kommentar, WpHG, 2. Aufl. (2014), § 20a, Rn. 487 f., der aber einräumt, dass seine Haltung angesichts des Willens des Gesetzgebers nicht haltbar ist (Rn. 499).

301 *Schaub*, in: Prütting/Wegen/Weinreich, BGB, 8. Aufl. (2013), § 823, Rn. 233.

302 Vgl. *Zimmer/Cloppenburg*, in: Schwark/Zimmer, Kapitalmarktrechts-Kommentar, 4. Aufl. (2010), § 39, Rn. 4.

Rechtsprechung des BGH ist die gesetzessystematische Trennung zwischen einer Regelung und ihrer Sanktion noch kein Grund, auf die besonderen Verschuldensanforderungen des Schutzgesetzes zu verzichten.[303] Dementsprechend wäre eine Haftung wegen Verletzung von § 20a WpHG nur bei vorsätzlichem Handeln anzunehmen.[304]

bb) Verkehrspflichten zum Schutze des Vermögens im Rahmen von § 823 Abs. 2 BGB

Das deutsche Deliktsrecht gibt für Weiterentwicklungen aufgrund seiner Systematik einen sehr engen Rahmen vor.[305] In der Literatur sind mehrfach Vorstöße unternommen worden, den Verzicht auf einen Vermögensschutz in § 823 Abs. 1 BGB durch die Entwicklung deliktischer Verkehrspflichten im Wege der Rechtsfortbildung zu unterlaufen.[306] Der Motivation, hierdurch insbesondere sonderprivatrechtliche Wertungen mittels des Zivilrechts durchzusetzen,[307] ist ebenso zuzustimmen wie ihrer Kritik an der vertraglichen Begründung einer Informationsdritthaftung. Allerdings stehen diese Vorstöße in einem kaum überbrückbaren Spannungsverhältnis zur Systematik der §§ 823 ff. BGB; diese sehen wegen der fahrlässigen Verletzung einer Verkehrspflicht nur eine Haftung für die Schäden an bestimmten, offenkundigen Rechtsgüter vor. Der Differenzierung der verschiedenen Rechtsgüter und Tatbestände der §§ 823 ff. liegt das freiheitsschützende Moment der Erkenn- und Vermeidbarkeit haftungsbegründender Situationen zugrunde.[308] Im Rahmen des § 826 BGB wird dies durch den Vorsatz des Schädigers erreicht, im Rahmen des § 823 Abs. 2 BGB durch die Anknüpfung an eine gesetzliche Verhaltensnorm.[309] Der Ausbruch aus der Enge des Deliktsrechts

---

303 BGH NJW 1985, 134, 135.

304 *Mock/Stoll/Eufinger*, in: Kölner Kommentar, WpHG, 2. Aufl. (2014), § 20a, Rn. 488.

305 Vgl. hierzu *Canaris*, VersR 2005, 577, 581 ff.

306 Vgl. etwa *v. Bar*, ZGR 1983, 476, 504 ff.; *Mertens*, AcP 178 (1978) 228 ff.; *K. Huber*, in: FS v. Caemmerer (1978), 377 ff.; *Loges*, Die Begründung neuer Erklärungspflichten und der Gedanke des Vertrauensschutzes (1991), 171 ff.; für die Prospekthaftung *Assmann*, Prospekthaftung (1985), 258 ff. Ausführliche Widerlegung des Ansatzes durch *Boecken*, Die Haftung der Stiftung Warentest für Schäden der Verbraucher aufgrund irreführender Testinformationen (1998), 162 ff.

307 *Mertens*, AcP 178 (1978) 228, 242 ff.

308 *Bachmann*, in: ders./Caspar/Schäfer/Veil, Steuerungsfunktionen des Haftungsrechts im Gesellschafts- und Kapitalmarktrecht (2007), 158; *Faust*, AcP 210 (2010) 555, 559; *Canaris*, in: FS Larenz II (1983), 31.

309 *Wagner*, in: Münchener Kommentar, BGB, 6. Aufl. (2013), § 823, Rn. 59; *Canaris*, in: FS Larenz II (1983), 45.

durch eine umfassende Rechtsfortbildung[310] ist nach der Einführung von § 311 Abs. 3 BGB nicht mehr notwendig; zumindest im rechtsgeschäftlichen Verkehr ist es nun möglich, die vorgebrachten Wertungskriterien in die Haftungsbegründung einfließen zu lassen.[311] Speziell im Rahmen des Kapitalmarktrechts stellt sich ein weiteres Problem: Das Kapitalmarktrecht ist eine Rechtsmaterie mit einer hohen Regelungsdichte, spätestens seit der Einführung der RatingVO auch hinsichtlich Ratingagenturen. Daher liegt es näher, die Frage der Schutzgesetzeigenschaft einzelner kapitalmarktrechtlicher Normen zu erörtern. Im Falle der Veröffentlichung fehlerhafter Ratings ist aber – wie gerade gezeigt – wegen der ausdrücklichen Wertungen des Gesetzgebers gerade kein Schutzgesetz verletzt.

cc) § 826 BGB

Neben vertraglichen Konstruktionen hat die Rechtsprechung auch auf § 826 BGB zurückgegriffen und dessen tatbestandliche Merkmale sehr extensiv ausgelegt. Interessanterweise hielt auch *Benjamin Cardozo* in *Ultramares v. Touche* eine Haftung wegen vorsätzlicher Schädigung für begründet, obwohl er mit eindringlichen Worten eine Informationsdritthaftung wegen Fahrlässigkeit abgelehnt hatte.[312] Der hohe Reiz des Rückgriffs auf § 826 BGB liegt möglicherweise darin, dass er eine Entschädigung im Einzelfall erlaubt,[313] ohne Gefahr zu laufen, eine dogmatische Büchse der Pandora zu öffnen. So ist § 826 BGB auch noch immer zentrale Haftungsnorm für fehlerhafte Sekundärmarktinformationen,[314] zumal sie es erlaubt, die handelnden Personen in einem Unternehmen persönlich in die Haftung zu nehmen.

(1) Extensive Auslegung des § 826 BGB durch die Rechtsprechung

Fälle der Expertenhaftung erfasst die Rechtsprechung durch eine weite Auslegung der beiden Tatbestandsmerkmale, die eine Haftung eigentlich

---

310 Etwa *Loges*, Die Begründung neuer Erklärungspflichten und der Gedanke des Vertrauensschutzes (1991), 181 ff.; *Assmann*, Prospekthaftung (1985), 260 ff.; *Mertens*, AcP 178 (1978) 227, 228 ff.

311 Ähnlich *Kersting*, Die Dritthaftung für Informationen im Bürgerlichen Recht (2007), 94.

312 *Ultramares Corporation v. Touche & Co.*, 174 N.E. 441, 444 (1931).

313 Vgl. etwa BGH NJW 2004, 2668, 2670: „Ein solches Handeln verstößt derart gegen die Mindestanforderungen im Rechtsverkehr auf dem Kapitalmarkt, dass ein Ausgleich der durch sie bei den einzelnen Marktteilnehmern verursachten Vermögenschäden geboten erscheint.“

314 Ausführliche Kritik bei *Hellgardt*, Kapitalmarktdeliktsrecht (2008), 58 ff.

begrenzen sollen und zugleich die Breite der durch § 826 BGB geschützten Interessen rechtfertigen: die Sittenwidrigkeit und der Schädigungsvorsatz.

Sittenwidrig sind zunächst bewusst unrichtige Auskünfte. Darüber hinaus hat die Rechtsprechung aber auch eine „Sittenwidrigkeit kraft Leichtfertigkeit" für Personen entwickelt, von denen der Geschäftsverkehr aufgrund ihres Berufes oder einer besonderen Vertrauensstellung annimmt, sie würden aufgrund ihres Berufsbildes bereits einen bestimmten Sorgfaltsmaßstab einhalten. Zu diesen Berufen zählen – auch im Rahmen des § 826 BGB wieder – z.B. Wirtschaftsprüfer, Steuerberater, Rechtsanwälte oder Gutachter. Sittenwidrig wird eine Auskunft allerdings nicht allein, wenn sie falsch ist, sondern wenn sie zudem leichtfertig und gewissenlos gegeben wird. Ein leichtfertiges Verhalten liegt dann vor, wenn die Pflichtverletzung so schwer ist, dass sich der Auskunftgeber über die Gefahr der Unrichtigkeit der Auskunft bewusst ist. Hierzu reicht es aus, wenn der Auskunftsgeber eine Information „ins Blaue hinein" äußert und wissen musste, dass andere darauf vertrauen würden. Während im Rahmen der Kapitalmarktinformationshaftung von Vorstandsmitgliedern stark diskutiert wird, inwieweit ein eigener Vorteil durch die falsche Auskunft notwendig ist, um die Sittenwidrigkeit zu begründen,[315] wird dies bei Berufsträgern – möglicherweise aufgrund ihrer besonderen Vertrauensstellung – nicht verlangt.

In subjektiver Hinsicht ist der bedingte Vorsatz einer Schädigung Dritter notwendig. Der Vorsatz muss sich weder auf bestimmte Personen, noch auf die Art der Schädigung beziehen, sondern nur die Art und Richtung der Folgen grob erfassen. Vermutet wird ein vorsätzliches Verhalten, wenn der auskunftgebende Experte die Leichtfertigkeit als die Sittenwidrigkeit begründenden Umstand erkannt oder vor den die Leichtfertigkeit begründenden Fakten die Augen verschlossen hat.[316] Es wird sogar vorgeschlagen, als Vorsatz – in Anlehnung an § 142 Abs. 2 BGB – auch die positive Kenntnis der Gefahrenquelle ausreichen zu lassen, aufgrund derer eine Schädigung Dritter wahrscheinlich ist.[317] Letztlich findet im Falle der Leichtfertigkeit ein Rückschluss auf den Vorsatz statt.[318] Dies ist etwa dann der Fall, wenn eine Information ungeprüft der Auskunft zugrundegelegt worden ist. Zusammenfassend lässt sich daher feststellen, dass die scheinbar voluntativen Elemente des § 826 BGB durch intellektuelle Faktoren ersetzt worden sind.[319]

---

315 Vgl. *Hellgardt*, Kapitalmarktdeliktsrecht (2008), 60 f. m.w.N.

316 BGHZ 176, 271 Tz. 46.

317 *Möllers*, JZ 2001, 909, 917.

318 *Larenz/Canaris*, Schuldrecht II/2, 13. Aufl. (1994), § 78 III 1a, 454.

319 *Bachmann*, in: ders. et al., Steuerungsfunktionen des Haftungsrechts im Gesellschafts- und Kapitalmarktrecht (2007), 131.

(2) Ratingagenturen im Lichte des § 826 BGB

Die SEC hat die Sorglosigkeit eindrücklich dokumentiert, mit der Ratingagenturen teilweise ohne vollständige Prüfung des Risikos im Vorfeld der Finanzkrise 2007 exzellente Bewertungen verteilt haben, um die steigende Zahl von Aufträgen zu bewältigen.[320] Im Lichte der eben dargestellten Rechtsprechung wäre eine Haftung nach § 826 BGB in vielen Fällen möglicherweise gegeben:[321]

Wird ein Rating abgeben, das nicht alle identifizierten Risiken berücksichtigt, besteht eine hohe Wahrscheinlichkeit eines Vermögensschadens, weil Investoren eine Anlage zu einem zu hohen Preis tätigen könnten, der dem eigentlichen Risiko des Investments nicht entspricht.[322] Gleiches gilt, wenn Ratings ohne ausreichende Informationsbasis abgegeben werden.[323] In diesen Konstellationen wird ein Rating nicht *lege artis* erstellt, sondern bewusst „ins Blaue hinein" und mithin leichtfertig. Dies gilt erst recht, wenn die Ratingagenturen Bewertungen veröffentlicht haben, die nicht authentisch waren, also nicht von der eigenen Risikoeinschätzung gedeckt waren;[324] in diesem Fall ist im US-amerikanischen Kapitalmarktrecht selbst nach restriktiver Lesart eine Haftung von Ratingagenturen begründet.[325] Noch schwerer wiegen Fälle, in denen ein Rating durch die eigenen wirtschaftlichen Interessen der Ratingagentur beeinflusst worden ist, etwa wenn Risikomodelle nur angepasst wurden, um den eigenen Marktanteil zu halten,[326] oder bewusst zu günstige Ratings abgegeben wurden. In den letzten beiden Fallgruppen dürfte regemäßig nicht nur ein leichtfertiges Handeln der Ratingagentur vorliegen.

Kein Fall des § 826 BGB dürfte regelmäßig gegeben sein, wenn die Ratingagentur vor Erlass der entsprechenden aufsichtsrechtlichen Regeln vor

---

320 *SEC*, Summary Report of Issues Identified in the Commisions Staff's Examinations of Select Credit Rating Agencies, Juli 2008, 10ff.

321 Für eine Verortung der Haftung von Ratingagenturen in § 826 sprechen sich *Wagner*, in: Münchener Kommentar, BGB, 6. Aufl. (2013), § 826 Rn. 95; *ders.*, in: FS Blaurock (2013), 477f.; *Oechsler*, in: Staudinger, BGB, 13. Aufl. (2009), § 826, Rn. 212; *Hellgardt*, Kapitalmarktdeliktsrecht (2008), 313 (für unsolicited ratings) aus.

322 Im Ergebnis ebenso *Peters*, Die Haftung und Regulierung von Ratingagenturen (2001), 130.

323 *Peters*, Die Haftung und Regulierung von Ratingagenturen (2001), 130.

324 *Wagner*, in: FS Blaurock (2013), 478.

325 Grundlegend *Virginia Bankshares, Inc. v. Sandberg*, 501 U.S. 1083, 1093 (1991).

326 *SEC*, Summary Report of Issues Identified in the Commisions Staff's Examinations of Select Credit Rating Agencies, Juli 2008, 25f.

der Bewertung einer Anlage bei ihrer Strukturierung beratend tätig war; dieser abstrakte Interessenkonflikt war weitgehend im Markt bekannt und musste daher nicht offengelegt werden. Rechtlich problematischer sind konkrete Interessenkonflikte;[327] diese können z. B. dann vorliegen, wenn die Vergütung einer Ratingagentur an die Vergabe eines besonders günstigen Ratings gekoppelt ist oder eine Ratingagentur sonst in irgendeiner Weise wirtschaftlich vom Erfolg einer Emission profitiert.

Die Sittenwidrigkeit lässt sich im Fall von Ratingagenturen bereits aus ihrer besonderen Vertrauensstellung als Experten begründen.

(3) Stellungnahme

Im Ergebnis ist eine Haftung in den meisten unter § 826 BGB zu subsumierenden Fällen zu begrüßen. Sie basiert aber auf einer Auslegung *contra legem*,[328] durch die § 826 BGB seinen Charakter als Ausnahmevorschrift verliert.[329] Zwar mag die Binnendogmatik des § 826 BGB die Ausdehnung der einzelnen Tatbestandsmerkmale jeweils gerechtfertigt erscheinen lassen,[330] etwa um Beweisschwierigkeiten Rechnung zu tragen;[331] im Lichte der Systematik der §§ 823 ff. BGB wird insbesondere durch den Rückschluss von Leichtfertigkeit auf Vorsatz die Entwicklung des § 826 BGB zu einer Haftung für grob fahrlässige Pflichtverletzungen vollendet. Kern des Unrechts ist dann nicht mehr der Vorsatz des Schädigers und seine Sittenwidrigkeit, sondern eine Verletzung einer Verhaltensnorm. Damit rückt § 826 BGB aber an § 823 Abs. 2 BGB und die Stimmen heran, die eine Einbeziehung vermögensschützender Verkehrspflichten in das Deliktsrecht fordern.[332]

---

[327] Vgl. OLG Düsseldorf v. 31. Januar 2008 – Az. I-6 U 21/07 – juris Rn. 26 zur Haftung eines Geschäftsführers einer Vermögensverwaltungsgesellschaft nach § 826 BGB, weil er personelle Verpflechtungen zwischen sich und der Gesellschaft, in die er investierte, nicht offengelegt hat.

[328] *Canaris*, ZHR 163 (1999) 206, 214 f.

[329] Ebenso, wenn auch im Ergebnis ablehend *Vogler*, Schadensersatzhaftung des Wertpapierdienstleistungsunternehmens für fehlerhafte Aktienanalysen (2005), 248 ff. Mit Blick auf die Vertrauenshaftung *Larenz/Canaris*, Schuldrecht II/2, 13. Aufl. (1994), § 78 IV 3, 460.

[330] Hierzu *Oechsler*, in: Staudinger, 13. Aufl. (2009), § 826, Rn. 218.

[331] *Wagner*, in: Münchencher Kommentar, 5. Aufl. (2009), § 823 Rn. 31; *ders.*, FS Blaurock (2013), 477.

[332] *Lang*, AcP 201 (2001) 451, 481. Diese Entwicklung begrüßend *Bachmann*, in: ders. et al., Steuerungsfunktionen des Haftungsrechts im Gesellschafts- und Kapitalmarktrecht (2007), 133 ff.

II. Vertrauenshaftung gemäß §§ 311 Abs. 3 S. 2, 241 Abs. 2 i.V.m. § 280 Abs. 1 S. 1 BGB

1. Einführende Überlegungen

a) § 311 Abs. 3 S. 2 BGB als Anspruchsgrundlage für Fälle der Expertenhaftung

Vorzugswürdig ist eine Lösung der zivilrechtlichen Verantwortlichkeit von Ratingagenturen im Wege der Dritthaftung gemäß §§ 311 Abs. 3 S. 2, 241 Abs. 2 i.V.m. § 280 Abs. 1 S. 1 BGB. Die Regelung vereinigt in sich mehrere Vorteile: Es handelt sich um eine gesetzliche Regelung, die den Beteiligten unabhängig von ihrem Willen Verkehrspflichten auferlegt,[333] systematisch im Vertragsrecht angesiedelt ist und die erforderliche tatbestandliche Offenheit und Flexibilität besitzt, um die unterschiedlichen Ansätze zu integrieren, die selbst nicht alle Fallgruppen allein erfassen können.[334] Sie bietet zudem die Chance, aus der bisherigen Diskussion um die richtige Anspruchsgrundlage erheblichen Druck herauszunehmen, zumal einige materiell berechtigte Ansatzpunkte – namentlich die Vertrauenshaftung[335] und die Berufshaftung[336] – unter dem Schwachpunkt litten, keine positivrechtliche Anspruchgrundlage benennen zu können; sie mussten stattdessen auf eine „dritte Schiene“[337] der Haftung „zwischen Delikt und Vertrag“ ausweichen. Damit standen sie im Spannungsverhältnis zu § 675 Abs. 2 BGB (bzw. mehr noch zu § 676 BGB a.F.[338]). Dieses Problem ist mit dem Erlass von § 311 Abs. 3 S. 2 BGB gelöst.[339]

---

333 *Krebs*, in: Anwaltskommentar (2005), BGB, § 311, Rn. 104.

334 Vgl. *Picker*, JZ 1987, 1041, 1046f.; *Peters*, Die Haftung und Regulierung von Ratingagenturen (2001), 126.

335 *Canaris*, ZHR 163 (1999) 206, 220ff.; *ders.*, in: FS Schimansky (1999), 59ff.; *ders.*, in: FS Larenz II (1983), 85ff.; *Stoll*, in: FS Flume (1978), 741ff.; *Boecken*, Die Haftung der Stiftung Warentest für Schäden der Verbraucher aufgrund irreführender Testinformationen (1998), 124ff.; *Adolff*, Die zivilrechtliche Verantwortlichkeit deutscher Anwälte bei der Abgabe von Third Party Legal Opinions (1997), 83ff.

336 Zu diesem Topos *Hopt*, AcP 183 (1983) 608, 634f.; *Lang*, AcP 201 (2001) 451ff.; *Lammel*, AcP 179 (1979) 337, 345ff. Der BGH spricht im Zusammenhang mit Wirtschaftsprüfern, Rechtsanwälten, Steuerberatern und Sachverständigen ebenfalls von einer „Berufshaftung“, etwa BGHZ 133, 168, 173; BGH WM 2012, 1359 Rn. 16.

337 *Canaris*, in: FS Larenz II (1983), 27, 84ff., 102ff.; *ders.*, in: Festgabe 50 Jahre BGH, Bd. I (2000), 129, 176ff.

338 Der Gesetzgeber hatte durch das Überweisungsgesetz vom 21. Juli 2009 (BGBl. I, 1642) § 676 BGB a.F. in § 675 Abs. 2 BGB verschoben und eine Aus-

Der Gesetzgeber griff bei der Kodifikation der Regelung auf die Rechtsprechung des BGH zur Haftung sog. „Sachwalter" zurück.[340] Gemeint war damit – etwas missverständlich angesichts der Terminologie der Rechtsprechung – auch die Haftung objektiver und neutraler Auskunftspersonen, die selbst am Zustandekommen des Vertrages kein unmittelbares wirtschaftliches Eigeninteresse haben[341] und somit gerade die Haftung von Experten.[342] In der Gesetzesbegründung wird ausdrücklich das Beispiel von „Sachverständigen und anderen Auskunftspersonen" genannt, die „durch ihre Äußerungen entscheidend zum Vertragsabschluss beitragen, weil sich ein Vertragspartner auf ihre Objektivität und Neutralität verlässt."[343] Der Rechtsausschuss nennt in seiner Beschlussempfehlung gerade einen Fall der Expertenhaftung, die Haftung von Rechtsanwälten für die Abgabe einer *Third Party Legal Opinion*, als Beispiel für die von § 311 Abs. 3 S. 2 BGB erfassten Konstellationen.[344] Der Gesetzgeber wollte zudem damit nicht nur den Stand der Rechtsprechung kodifizieren, sondern wies ausdrücklich auf die Möglichkeit der Weiterentwicklung durch Wissenschaft und Rechtsprechung hin.[345] Allerdings schreckte er davor zurück, die Rechtsprechung auf diesen Weg zu verpflichten, sondern wollte ihr nur „aufzeigen, dass diese Fälle auch auf diesem Wege zu lösen sind."[346]

Es bestehen daher keine Bedenken, die Dritthaftung für Informationen, insbesondere von Experten, auf § 311 Abs. 3 S. 2 BGB zu stützen. Auch

---

kunftshaftung nicht nur im Falle von Delikt und Vertrag, sondern auch bei Vorliegen anderer gesetzlicher Regelungen für möglich erklärt.

339 *Koch*, AcP 204 (2004) 59, 68f. und 71; *Bachmann*, in: ders. et al., Steuerungsfunktionen des Haftungsrechts im Gesellschafts- und Kapitalmarktrecht (2007), 102.

340 Etwa BGHZ 56, 81, 85; 88, 67, 69f.; 95, 356, 359.

341 Bundestags-Drucksache 14/6040, 163; erläuternd *Canaris*, JZ 2001, 499, 520.

342 Etwa *Kindl*, in: Erman, BGB, 13. Aufl. (2011), § 311, Rn. 49; *Gottwald*, in: Münchener Kommentar, BGB, 6. Aufl. (2012), § 328, Rn. 166; *Koch*, AcP 204 (2004) 59, 70ff.; *Kersting*, Die Dritthaftung für Informationen im Bürgerlichen Recht (2007), 152ff.; *Berger*, ZBB 2001, 238, 245f.; a.A. OLG Stuttgart, Urteil vom 20.12.2011 – Az. 6 U 108/11 – juris Rn. 50; OLG Düsseldorf WM 2009, 2375, 2377; *Grüneberg*, in: Palandt, 73. Aufl. (2014), § 311, Rn. 60; *Löwisch*, in: Staudinger, 13. Aufl. (2005), § 311, Rn. 161; *Brors*, ZGS 2005, 142ff.; *Sprenger*, Internationale Expertenhaftung (2011), 27ff.; tendenziell für eine enge Auslegung auch *Krebs*, in: Anwaltkommentar, BGB (2005), § 311, Rn. 106.

343 Bundestags-Drucksache 14/6040, 163.

344 Bundestags-Drucksache 14/7052, 190.

345 Bundestags-Drucksache 14/6040, 163. Zur Rezeption der Regelung und ihrer historischen Auslegung siehe *Kersting*, Die Dritthaftung für Informationen im Bürgerlichen Recht (2007), 152ff.

346 Bundestags-Drucksache 14/6040, 163.

wenn hieran noch immer Kritik geäußert wird und auch die Rechtsprechung sehr zurückhaltend ist, die über Jahrzehnte entwickelten Rechtsprechungslinien durch eine einzige, neue Haftungsgrundlage zu ersetzen,[347] handelt es sich aus dogmatischen Gründen um die einzig überzeugende Haftungsgrundlage. Weder die pauschale Kritik am Schlüsselbegriff des Vertrauens noch die Befürchtung einer uferlosen Haftung sind gerechtfertigt.

b) Struktur des § 311 Abs. 3 S. 2 BGB

Eine Annäherung an § 311 Abs. 3 S. 2 BGB und die Entwicklung einer handhabbaren tatbestandlichen Struktur fallen nicht leicht. Der Wortlaut des § 311 Abs. 3 S. 2 BGB bietet kaum Anhaltspunkte für eine nähere Auslegung. § 311 Abs. 3 S. 2 BGB ist als Regelbeispiel zu § 311 Abs. 3 S. 1 BGB formuliert, der lapidar feststellt, dass auch ein Schuldverhältnis mit Schutzpflichten im Verhältnis zu Dritten entstehen *könne*, die nicht Vertragspartei werden sollen. Aus der Gesetzgebungsgeschichte ergibt sich lediglich der Wille, an die Rechtsprechung des BGH anzuschließen, die Regelung aber zugleich entwicklungsoffen zu halten. Bereits begrifflich knüpft der Gesetzgeber an die Terminologie der Vertrauenshaftung an,[348] das von *Canaris* geprägt und von der Rechtsprechung vielfältig rezipiert worden ist.[349]

Orientiert man sich an der Struktur der Vertrauenshaftung finden sich viele Elemente wieder. Die Vertrauenshaftung wird danach als ein zweiseitiger Tatbestand aufgefasst, der aus der *Vertrauenswerbung* einerseits und der *Vertrauensgewähr* (bzw. *Vertrauensinvestition*[350]) andererseits besteht.[351] Zurechnungsgrund für eine Haftung des Dritten ist eine ihm zurechenbare Vertrauenswerbung. Hierbei ist zunächst von einem objektiven

---

[347] Eine Haftung nach § 311 Abs. 3 BGB offenlassend BGH NJW-RR 2011, 462, 463 (Haftung eines Kfz-Sachverständigen, der aber nur ein Verkaufsangebot erstellte und ins Internet einstellte, ohne dabei seine Expertise kenntlich zu machen); ausdrücklich festhaltend an der früheren Rechtsprechung BAG DB 2011, 285, Rn. 25.

[348] *Plötner*, Die Rechtsfigur des Vertrages mit Schutzwirkung für Dritte und die sogenannte Expertenhaftung (2003), 289; *Koch*, AcP 204 (2004) 59, 62.

[349] Vgl. BGHZ 177, 25, 30; vor allem auch BGHZ 70, 337, 344; BGH ZIP 1998, 1434; BGHZ 145, 187, 197 f.; zusammenfassend *Canaris*, in: Festgabe 50 Jahre BGH (2000), Bd. I, 127 ff.

[350] *Koch*, AcP 204 (2004) 59, 75.

[351] *Adolff*, Die zivilrechtliche Verantwortlichkeit deutscher Anwälte bei der Abgabe von Third Party Legal Opinions (1997), 122 ff. im Anschluss an *Ballerstedt*, AcP 151 (1951) 501, 507; *Canaris*, Die Vertrauenshaftung im deutschen Privatrecht (1971), 491 ff. und 503; allgemeiner – differenzierend nach Vertrauenstatbestand, Kausalität und Schutzwürdigkeit – *ders.*, in: FS Schimansky (1999), 56 f.; im Kontext des § 311 Abs. 3 S. 2 BGB *Koch*, AcP 204 (2004) 59, 75.

Standpunkt aus zu klären, ob eine Inanspruchnahme besonderen Vertrauens vorliegt; denn der Tatbestand des § 311 Abs. 3 S. 2 BGB ist nicht aus der Perspektive des Empfängers der Äußerung konstruiert, wie man intuitiv im Falle einer vertrauensbasierten Haftung annehmen würde, sondern wählt die Vertrauenswerbung des Dritten als Ausgangspunkt. Folge der Vertrauenswerbung muss die erhebliche Beeinflussung eines Vertrages oder einer Verhandlung sein. Damit wird nicht nur das Erfordernis einer konkreten Vertrauensinvestition aufgestellt, sondern ein Bezug zu einem rechtsgeschäftlichen Kontakt. Dieser Transaktionsbezug, ähnlich § 552(2) lit. b Restatement (Second) of Torts,[352] dient ebenso wie das Erfordernis der Vertrauenswerbung dem Zweck, das Haftungsrisiko für den Dritten kalkulierbar zu halten.

c) Vertrauenshaftung für Kapitalmarktinformationen

In einem ersten Schritt ist zu klären, ob § 311 Abs. 3 S. 2 BGB überhaupt eine taugliche Anspruchsgrundlage für fehlerhafte Kapitalmarktinformationen ist. Zwischen der Ratingagentur und den Investoren kommt es – wie auf Kapitalmärkten typisch – zu keinem persönlichen Kontakt. Mangels Nähebeziehung wird daher vielfach bezweifelt, in einem kapitalmarktrechtlichen Kontext könne ein Schuldverhältnis nach § 311 Abs. 2 und Abs. 3 BGB kraft Inanspruchnahme besonderen Vertrauens entstehen. Es wird argumentiert, es fehle eine individualisierbare Vertrauensbeziehung zwischen den Beteiligten. Voraussetzung sei eine zumindest einem vertraglichen oder vorvertraglichen Verhältnis vergleichbare Beziehung.[353] Ähnliche Argumente finden sich im Rahmen der Diskussion der dogmatischen Einordnung von § 37b WpHG[354] oder der Haftung von Finanzanalysten.[355] Systematisch lässt sich diese Position damit untermauern, dass § 311 Abs. 3 BGB ein Unterfall des § 311 Abs. 2 BGB ist, worin der Gesetzgeber ebenfalls von „rechtsgeschäftsähnlichen Kontakten" spricht. Damit verbunden sei, so wird

---

352 *J. Richter*, Die Dritthaftung der Abschlussprüfer (2007), 290 f.

353 *Bachmann*, in: ders. et al., Steuerungsfunktionen des Haftungsrechts im Gesellschafts- und Kapitalmarktrecht (2007), 108 f.

354 Für eine Einordnung als Vertrauenshaftung: *Zimmer/Grotheer*, in: Schwark/Zimmer, Kapitalmarktrechts-Kommentar, 4. Aufl. (2010), §§ 37b, 37c WpHG, Rn. 8 f.; dagegen: *Sethe*, in: Assmann/Schneider, WpHG, 6. Aufl. (2012), §§ 37b, 37c, Rn. 20 ff.

355 *Möllers*, in: Kölner Kommentar, WpHG, 2. Aufl. (2014), § 34b, Rn. 292; *Fett*, in: Schwark/Zimmer, Kapitalmarktrechts- Kommentar, 4. Aufl. (2010), § 34b WpHG, Rn. 48; *Drinkuth*, in: Bachmann et. al., Steuerungsfunktionen des Haftungsrechts im Gesellschafts- und Kapitalmarktrecht (2007), 180; *Brambring*, BLJ 2007, 104, 108; *Göres*, in: F. A. Schäfer/Hamann, Kapitalmarktgesetze, 2. Aufl. 4. Lfg. (2009), § 34b WpHG, Rn. 227.

argumentiert, die Vorstellung eines intensiveren sozialen Kontakts in Form eines tatsächlichen Näheverhältnisses.[356] Dahinter steht die Annahme, dass bei einem tatsächlichen Näheverhältnis eine großzügigere Haftung als im (anonymen) deliktischen Verkehr – insbesondere für Erfüllungsgehilfen und primäre Vermögensschäden – aus mehreren Gründen gerechtfertigt sei:[357] Zum einen gewährten die Beteiligten einander bewusst die Möglichkeit, auf ihre Vermögenssphäre stärker als gewöhnlich Einfluss zu nehmen. Zum anderen sei der Kontext (und zugleich das Haftungsrisiko) in der Regel für die Beteiligten überschaubar und prinzipiell verhandelbar.

Für den Kapitalmarkt sind demgegenüber gerade seine Anonymität und die Distanz zwischen den Marktteilnehmern charakteristisch. Ausgehend vom Dualismus zwischen Vertrags- und Deliktsrecht, den der BGH insbesondere in der Hühnerpest- und Prüfzeichen-Entscheidung herausgestellt hat,[358] scheinen daher die wesentlichen Voraussetzungen für eine auf einer vertragsähnlichen Beziehung aufbauende Vertrauenshaftung zu fehlen. Eine Ausnahme wird lediglich im Falle der Prospekthaftung angenommen, weil „ein Vertrag im weiteren Sinne“ zwischen dem Emittenten als Verkäufer und dem Investor als Käufer zustande komme (*„hidden handshake“*).[359] Auch die Haftung von Ratingagenturen wird dementsprechend teilweise abgelehnt, weil sie die Grenze zum Deliktsrecht „verwischen“ würde.[360]

---

[356] Vgl. BGH NJW 2004, 2532, 2534; deutlich auch BGHZ 167, 25, 30 („Eine daran [an einen Prospekt, P. S.] anknüpfende Haftung (…) setzt – abweichend von den sonst für die Vertrauenshaftung geltenden Regel – nicht voraus, dass sie mit dem Anlageinteressenten bei der Vertragsanbahung in sozialen Kontakt getreten (…) sind.“ Speziell zu Ratingagenturen *Wagner*, in: FS Blaurock (2013), 483. Ebenso für den Einlagensicherungsfonds des Bundesverbandes deutscher Banken LG Berlin WM 2010, 1742, 1744. Siehe allgemein zum Näheerfordernis *Köndgen*, AcP 206 (2006) 477, 507; *H.-B. Schäfer/Ott*, Lehrbuch der ökonomischen Analyse des Zivilrechts, 4. Aufl. (2005), 295; *Picker*, JZ 1987, 1041, 1045.

[357] Zum Folgenden *Koziol*, ZEuP 1995, 359, 363; *Canaris*, FS Larenz II (1983), 88; im kapitalmarktrechtlichen Kontext *Brellochs*, Publizität und Haftung von Aktiengesellschaften im System des Europäischen Kapitalmarktrechts (2005), 218 f.

[358] BGHZ 51, 100, 101; BGH NJW 1974, 1503, 1504. Motivation des BGH war jedoch der Schutz der vertraglichen Vereinbarungen in der Lieferkette, die durch einen vertrauensrechtlich begründeten Direktanspruch ausgehebelt werden könnten. Dementsprechend hat der BGH in der Prüfzeichen-Entscheidung offen gelassen, ob eine direkte Haftung nach vertrauensrechtlichen Grundsätzen für zusätzliche Garantien oder Leistungen in Betracht kommt (vgl. ähnlich zum Verhältnis zwischen Abwicklung entlang der Absatzkette und an ihr vorbei *Grundmann*, AcP 207 (2007) 718, 737 f.).

[359] *Köndgen*, in: FS Druey (2002), 805.

[360] *Eisen*, Haftung und Regulierung internationaler Rating-Agenturen (2007), 355 ff.; *Habersack*, ZHR 169 (2005) 185, 208 f.; *Hennrichs*, in: FS Hadding (2004), 890.

Überzeugend ist diese kategorische Ablehnung einer Vertrauenshaftung für Kapitalmarktinformationen und speziell für Ratings allerdings nicht. § 311 Abs. 3 S. 2 BGB ist keine Haftung aufgrund eines zufälligen Kontakts im deliktischen Verkehr, sondern zeichnet sich – wie § 552 (2) lit. (b) Restatement (Second) of Torts – insbesondere durch seinen Transaktionsbezug aus. Haftungsvoraussetzung ist die Beeinflussung von Vertragsverhandlungen oder eines Vertragsabschlusses.[361] Ein intensiver persönlicher Kontakt, etwa durch eine Teilnahme an Verhandlungen, wird vom Gesetz auch in § 311 Abs. 2 und 3 BGB nicht vorausgesetzt. Im Gegenteil: Der Gesetzgeber hat in Abkehr von der Rechtsprechung zur Sachwalterhaftung gerade nicht die Wendung des „persönlichen Vertrauens" verwendet,[362] sondern allgemein auf ein „besonderes Vertrauen" abgestellt. Unbestritten kann ein persönlicher Kontakt ein starkes Vertrauensmoment beinhalten;[363] notwendig ist er aber nicht. Es ist nicht ungewöhnlich, dass sich das Vertrauen nur auf eine Aussage in einer verkörperten Form (etwa in einem Prospekt, einem Testat oder einem Gutachten) bezieht. Sind dies die Wege und Medien, auf denen eine Information typischerweise und damit zurechenbar für ihren Urheber verbreitet wird, besteht kein Grund, ihren Empfänger von vornherein schutzlos zu stellen.[364] Sein Vertrauen kann sich dann natürlich nicht auf das Verhalten im Rahmen eines unmittelbaren Kontakts beziehen, sondern nur auf den Inhalt der verkörperten Aussage und andere Faktoren wie die Stellung oder Expertise ihres Urhebers.

Der Erwerb und Verkauf von Wertpapieren auf einem Kapitalmarkt gehört zum rechtsgeschäftlichen Verkehr[365] wie der Erwerb anderer Güter. Er unterscheidet sich vom Kauf eines anderen Gutes nur dadurch, dass er auf einem hochgradig organisierten und nahezu vollständig anonymisierten Markt abgewickelt wird. Auch ohne ein tatsächliches Näheverhältnis zwischen den Marktteilnehmern besteht zumindest ein „wirtschaftliches Näheverhältnis",[366] das es rechtfertigt, auch in diesem Fall eine Sonderverbindung anzunehmen.[367] Die Marktteilnehmer haben über den Marktmecha-

---

[361] *J. Richter*, Die Dritthaftung der Abschlussprüfer (2007), 290 f.

[362] *Koch*, AcP 204 (2004) 59, 73.

[363] Vgl. BGHZ 177, 25, 32 f. (Haftung von Vorstandsmitgliedern erst recht für Inanspruchnahme persönlichen Vertrauens, wenn sie auch Verantwortlichkeit nach Prospekthaftungsgrundsätzen, also für typisiertes Vertrauen, treffen würde); BGHZ 138, 257; BGH WM 2006, 423, 425 (jeweils Haftung des Wirtschaftsprüfers nach persönlichem Kontakt).

[364] *Canaris*, ZHR 163 (1999) 206, 226; *ders.*, JZ 1995, 441, 445; *Koch*, WM 2010, 1057, 1061; a.A. *Krebs*, in: Anwaltkommentar, BGB (2005), § 311, Rn. 104.

[365] Zum Begriff *Canaris*, FS Larenz II (1983), 38 und 108.

[366] *Hellgardt*, Kapitalmarktdeliktsrecht (2008), 228.

[367] Ausführlich *Hellgardt*, Kapitalmarktdeliktsrecht (2008), 220 ff.; *Kalss*, ÖBA 2000, 641, 647 f.; allgemein *Koziol*, ZEuP 1995, 359, 365 f.; ablehnend *Köndgen*, in: FS Druey (2002), 805.

nismus die Möglichkeit, durch Fehlinformationen das Vermögen des Anlegers mindestens ebenso stark zu schädigen, wie es ein Vertragspartner im Rahmen eines „face-to-face"-Geschäfts könnte. Auf dem Kapitalmarkt besteht jedoch die weitere Besonderheit: Der Verkäufer bleibt auf dem Sekundärmarkt anonym und austauschbar. Im Mittelpunkt des Kapitalmarktrechts steht daher auch nicht die konkrete Kaufvertrag, sondern – wie es das US-amerikanische Recht nennt – der *investment contract*[368] zwischen Emittent und Anleger sowie der Marktpreis. Neben dem Emittenten können und sollen gerade Informationsintermediäre wie Ratingagenturen durch ihre Tätigkeit auf den Marktpreis Einfluss nehmen.[369]

In der kapitalmarktrechtlichen Diskussion tritt der Individualschutz häufig gegenüber dem Funktionsschutz des Kapitalmarkts in den Hintergrund. Dies bedeutet aber nicht, dass damit eine Relativierung des Schutzes des individuellen Vermögens der Anleger verbunden ist, wie er außerhalb des Kapitalmarkts selbstverständlich gewährleistet wird. Es wäre nicht nachvollziehbar, wenn man einem Anleger den Schutz einer Vertrauenshaftung nach § 311 Abs. 3 S. 2 BGB vorenthalten würde, obwohl dieser Schutz im kapitalmarktrechtlichen Kontext besonders notwendig wäre.[370] Zum einen sind Kapitalmarktprodukte Vertrauensgüter und bergen damit hohe Unsicherheiten. Zum anderen ist es aufgrund der Anonymität des Kapitalmarkts auch nicht möglich, diese Unsicherheit durch einen unmittelbaren „face-to-face"-Kontakt zu verringern.[371] Der Gesetzgeber versucht, mittels einer ausdifferenzierten Kapitalmarktregulierung diese Unsicherheit zu minimieren, um im volkswirtschaftlichen Interesse ein effizientes und reibungsloses Funktionieren der Kapitalmärkte zu gewährleisten. Es wäre kaum verständlich, wenn daneben nicht die allgemeinen zivilrechtlichen Instrumentarien anwendbar wären, die bereits im tagtäglichen rechtsgeschäftlichen Verkehr helfen, Informationsasymmetrien und Unsicherheiten zu kompensieren. Besonders deutlich wird dieser Widerspruch, wenn man sich vor Augen führt, dass bei einer Kapitalmarkttransaktion außerhalb regulierter Märkte – *over the counter* (OTC) –, wie sie zwischen professionellen Marktteilnehmern häufig durch direkten Kontakt abgeschlossen werden, in dieser Hinsicht ein höheres Schutzniveau bestände als auf den erheblich dichter regulierten Märkten. Soweit auf kapitalmarktrechtliche Besonderheiten wie das hohe Haftungsrisiko abgestellt wird, handelt es sich um Argumente, die letztlich nicht überzeugen können, sofern die Haftung voraussehbar und kalkulierbar bleibt.[372] Es ist daher kein

---

[368] Vgl. Sec. 2(a)(1) SA.

[369] Generell für die Expertenhaftung *Lang*, AcP 201 (2001) 451, 506.

[370] Allgemein *H.-B. Schäfer*, AcP 202 (2002) 808, 826 und 829, Fn. 42.

[371] *Boehme-Neßler*, MMR 2009, 439, 441 für das Internet; *Dieckmann*, in: Jahrbuch junger Zivilrechtswissenschaftler 2010, 402.

[372] Siehe ausführlich S. 159 ff.

Grund ersichtlich, warum der Investor schlechter stehen sollte als der Käufer eines Hauses, der auf eine Expertise vertraut, die angefertigt worden ist, um seine Unsicherheit über den Zustand des Hauses zu zerstreuen.[373]

2. Vertrauenswerbung: Inanspruchnahme von Vertrauen in besonderem Maße

Die Beantwortung der Frage, ob eine Ratingagentur durch ihre Bewertungen in besonderem Maße Vertrauen in Anspruch nimmt, erfolgt in zwei Schritten. Zunächst ist zu untersuchen, was unter „Vertrauen in besonderem Maße" im Kontext des § 311 Abs. 3 S. 2 BGB zu verstehen ist und ob eine Ratingagentur derartiges Vertrauen in Anspruch nimmt, wenn sie ein Rating veröffentlicht.

a) Schlüsselbegriff: Vertrauen in besonderem Maße

Legitimationsgrund der Haftung nach § 311 Abs. 3 S. 2 BGB ist die Inanspruchnahme von besonderem Vertrauen. Wann ein besonderes Vertrauen vorliegt, lässt das Gesetz offen. Allerdings hat der Gesetzgeber an die Formulierung der Rechtsprechung zur Sachwalterhaftung angeknüpft.[374] Bereits die vor der Einführung des § 311 Abs. 3 S. 2 BGB entwickelte Vertrauenshaftung ist häufig kritisiert worden, weil Vertrauen im Rechtsverkehr „ubiquitär" und als psychologisches Moment kaum greifbar sei.[375] Diese Feststellungen sind in ihrer Allgemeinheit ebenso richtig wie letztlich nicht überzeugend. Der Schutz von Vertrauen wird zum einen zurecht als allgegenwärtig wahrgenommen, weil es sich dabei in der Tat um ein der gesamten Rechtsordnung zugrundeliegendes allgemeines Prinzip handelt.[376] Dem-

---

[373] Ähnlich vergleichen *Schall*, JZ 2010, 392, 396 und *Hellgardt*, ZBB 2012, 73, 82 die Bewertung eines kapitalmarktrechtlichen Sachverhalts mit einem Zweipersonenverhältnis.

[374] Vgl. nur BGHZ 56, 81, 85 („in besonderem Maße persönliches Vertrauen in Anspruch genommen und dadurch die Vertragsverhandlungen beeinflußt hat"), die zurückgeht auf *Ballerstedt*, AcP 151 (1951) 501, 507 („Verpflichtung durch Gewährung in Anspruch genommenen Vertrauens").

[375] Etwa *Köndgen*, Selbstbindung ohne Vertrag (1981), 98; *Picker*, AcP 183 (1983) 369, 427; *ders.*, JZ 1987, 1041, 1045; *Hopt*, AcP 183 (1983) 608, 623 ff., 640 ff.

[376] *Canaris*, in: FS Schimansky (1999), 54 f.; soziologisch *Luhmann*, Vertrauen, 4. Aufl. (2000), 44: „In Wahrheit fundiert der Vertrauensgedanke das gesamte Recht, das gesamte Sicheinlassen auf andere Menschen, so wie umgekehrt Vertrauenserweise nur auf Grund einer Risikominderung durch das Recht zustande kommen können."

entsprechend hat *Canaris* die Vertrauenshaftung als Konzept induktiv aus den verschiedenen vertrauensschützenden Regelungen des Zivilrechts entwickelt.[377] Zum anderen verwechselt diese Kritik tatsächliches Vertrauen mit juristisch relevantem Vertrauen. Der Vertrauensbegriff, den § 311 Abs. 3 S. 2 BGB verwendet, ist normativ, nicht faktisch,[378] denn im juristischen Sinne ist nur das *berechtigte* Vertrauen schützenswert.[379] Wann aber ist das Vertrauen berechtigt?

aa) Grundsatz der informationellen Eigenverantwortung

Als Ausgangspunkt ist es hilfreich, zunächst einen Blick auf die Struktur der Informationshaftung zu werfen. Ihre Besonderheit liegt darin, dass der Urheber einer Information das Vermögen des Empfängers der Äußerung nicht unmittelbar schädigt. Dies geschieht vielmehr durch ihn selbst, wenn er aufgrund der fehlerhaften Information eine schädigende Vermögensdisposition trifft.[380] Genau betrachtet handelt es sich daher um einen Fall der psychischen Kausalität und damit um die Frage, inwieweit die Handlungen und Entscheidungen des Geschädigten dem Vertrauensnehmer zugerechnet werden können.

Eine Zurechnung einer Entscheidung eines anderen muss in einer auf Privatautonomie und Selbstbestimmung gegründeten Zivilrechtsordnung die Ausnahme bleiben.[381] Eine Ausprägung dieser Prinzipien ist der Grundsatz der informationellen Eigenverantwortung, d. h. die Obliegenheit, sich selbst eine ausreichende und zuverlässige Informationsgrundlage zu beschaffen und das Risiko für ihre Richtigkeit zu tragen.[382] Wie auch § 675 Abs. 2 BGB zeigt, handelt derjenige, der sich auf fremde Informationen verlässt,

---

[377] *Canaris*, Die Vertrauenshaftung im deutschen Privatrecht (1971), insb. 411 ff. und 491 ff.

[378] *Canaris*, in: FS Schimansky (1999), 56.

[379] *Plötner*, Die Rechtsfigur des Vertrages mit Schutzwirkung für Dritte und die sogenannte Expertenhaftung (2003), 290; *Jansen*, Die Struktur des Haftungsrechts (2003), 530, Fn. 457.

[380] *Berger*, ZBB 2001, 238, 246.

[381] Eine Durchbrechnung ist etwa aus Gründen des Anleger- oder Verbraucherschutzes denkbar, vgl. hierzu nur *Lang*, AcP 201 (2001) 453, 510 ff. und 545 ff.

[382] *Adolff*, Die zivilrechtliche Verantwortlichkeit deutscher Anwälte bei der Abgabe von Third Party Legal Opinions (1997), 117; *H. Schneider*, ZHR 163 (1999) 246, 259; *Loges*, Die Begründung neuer Erklärungspflichten und der Gedanke des Vertrauensschutzes (1991), 154 ff.; *Kersting*, Die Dritthaftung für Informationen im Bürgerlichen Recht (2007), 109 f.; *Möllers*, JZ 2001, 909, 913; *Fleischer*, Informationsasymmetrie im Vertragsrecht (2001), 586 und 993 f. für das Verhältnis von Vertragspartnern; *Jansen*, Die Struktur des Haftungsrechts (2003), 504, 529 und 536 f. Ähnlich i. E. auch *Canaris*, ZHR 163 (1999) 206, 233.

grundsätzlich auf eigene Gefahr.[383] Dies entspricht dem schadensrechtlichen Grundsatz des *casum sentit dominus*.[384] Es bedarf daher einer Begründung, warum ein Investor seine Obliegenheit, die Bonität eines Unternehmens zu untersuchen, vernachlässigen und stattdessen die Beurteilung einer Ratingagentur seiner Entscheidung zugrundelegen darf. Anders formuliert: Durfte er sich aus Sicht der Rechtsordnung *herausgefordert* fühlen, aufgrund der Information eines Dritten eine Vermögensdisposition zu treffen und von eigenen Kontroll- und Überprüfungshandlungen Abstand zu nehmen?[385] Es geht also nur darum, ob es eine „wirtschaftlich angemessene und vernünftige Reaktion“[386] des Geschädigten war, eigene Transaktionskosten zu vermeiden und stattdessen die Richtigkeit der Aussage des Vertragsnehmers zur Grundlage seiner Entscheidung zu machen.

bb) Überlegungen zur Konkretisierung

Der Vertrauensgeber muss sich veranlasst sehen, auf die Informationsanstrengungen zu verzichten, die er ohne die Vertrauenswerbung des Dritten als Vertrauensnehmer unternehmen würde, um seine Vermögensinteressen – auch gegenüber dem Vertragspartner – zu schützen. Dem Dritten muss daher ein *besonderes* Vertrauen entgegengebracht werden, das über das normale Verhandlungsvertrauen hinausgeht,[387] also auch über das Vertrauen, das einem Vertragspartner üblicherweise entgegengebracht wird.[388] Hierin liegt auch der Unterschied der Experten- und Sachwalterhaftung zur Fallgruppe des *procurator in rem suam*, dessen wirtschaftliches Eigeninteresse ihn in eine parteigleiche Stellung bringt, oder zur Haftung der Hintermänner bei der Prospekthaftung. Vielmehr muss der Dritte für die Richtigkeit und Vollständigkeit einer wesentlichen Information eine „persönliche Gewähr“ übernehmen,[389] welche aus Sicht ihres Empfängers eigene Untersuchungen oder die Einholung einer eigenen Expertise in diesem Punkt überflüssig macht.[390]

---

[383] *Berger*, ZBB 2001, 238, 246f.

[384] *Loges*, Die Begründung neuer Erklärungspflichten und der Gedanke des Vertrauensschutzes (1991), 155.

[385] Vgl. zum Absehen eigener Maßnahmen *Canaris*, ZHR 163 (1999) 206, 233; *Kersting*, Die Dritthaftung für Informationen im Bürgerlichen Recht (2007), 212; *Koch*, AcP 204 (2004) 59, 77.

[386] BGH NJW 1995, 127.

[387] Bundestags-Drucksache 14/6040, 163 mit Verweis auf BGH NJW-RR 1991, 1242.

[388] *Koch*, AcP 204 (2004) 59, 63f.; *Kersting*, Die Dritthaftung für Informationen im Bürgerlichen Recht (2007), 263 und 267.

[389] BGH WM 1992, 699, 700; BGH NJW 1997, 1233, 1234 zur Sachwalterhaftung.

[390] *Canaris*, ZHR 163 (1999) 206, 233.

Zur Konkretisierung kann auf die von der Rechtsprechung zur Informationsdritthaftung entwickelten Wertungsgesichtspunkte zurückgegriffen werden.[391] Vielfach wird vorgeschlagen, eine Gesamtschau dieser *topoi* vorzunehmen und sie als bewegliches System zu behandeln.[392] Das bewegliche System, wie es von *Wilburg* entwickelt wurde, zeichnet sich dadurch aus, dass einzelne Elemente nicht starr nebeneinander stehen, sondern miteinander kombiniert werden können, um neue Konstellationen zu erfassen.[393] Auch das Kalkül des Vertrauensgebers, ob er auf eigene Informationsanstrengungen verzichten kann, wird vielfach nicht auf einem Umstand allein beruhen, sondern der Summer verschiedener Faktoren. Da die zugrundeliegenden Faktoren und Wertungselemente nicht abschließend sind, handelt es sich methodisch hierbei allerdings nicht um ein bewegliches System im Sinne *Wilburgs*, sondern um eine topische Herangehensweise.[394] Letztlich verfährt der BGH im kapitalmarktrechtlichen Kontext nicht anders, wenn er verschiedene Argumente zusammenträgt, die in der Summe eine besondere Vertrauensstellung als Prospektverantwortlicher begründen.[395] Ebenso geht sie in Fällen der Sachwalterhaftung vor.[396]

b) Besondere Vertrauensstellung der Ratingagenturen

aa) Objektiver Zweck des Ratings: Information von Investoren

An erster Stelle zu nennen ist der Zweck des Ratings. Von der Rechtsprechung wird die Drittgerichtetheit einer Expertenäußerung verlangt, also dass es gerade ihr Zweck ist, das Vertrauen eines Dritten zu erwecken[397] bzw.

---

[391] *Emmerich*, in: Münchener Kommentar, BGB, 5. Aufl. (2007), § 311, Rn. 232.

[392] *Adolff*, Die zivilrechtliche Verantwortlichkeit deutscher Anwälte bei der Abgabe von Third Party Legal Opinions (1997), 129 und 137 ff.; *H. Schneider*, ZHR 163 (1999) 246, 252; *Koch*, AcP 204 (2004) 59, 78; *Lang*, AcP 201 (2001) 451, 510 ff.; Anwendung auch bei *Canaris*, Die Vertrauenshaftung im deutschen Privatrecht (1971), 302 ff.

[393] *Wilburg*, Entwicklung eines beweglichen Systems im Bürgerlichen Recht (1951), der sein bewegliches System allerdings eher auf gesetzgeberische Wertungen bezog und es auch als einen Vorschlag zur Gesetzgebung verstand (aaO, 22 f.).

[394] *Canaris*, in: Bylindski et al., Das Bewegliche System im geltenden und zukünftigen Recht (1986), 104.

[395] Etwa BGHZ 177, 25, 31 (Haftung von Vorstandsmitgliedern für Präsentation auf einer Roadshow); BGH WM 2012, 19, 22 f. (Rupert Scholz); WM 2007, 1503, Rn. 21 (im Ergebnis die Haftung eines Beratungsunternehmens ablehnend).

[396] Vgl. BGHZ 147, 187, 198 f. zu einer Haftung eines Wirtschaftsprüfers als Mittelverwendungskontrolleur.

[397] BGH WM 2009, 1128, 1130; ähnlich auch BGHZ 127, 378, 380 auf die „Beweiskraft gegenüber Dritten“ abstellend. *Canaris*, ZHR 163 (1999) 206, 224 verweist explizit auf § 552 Restatement (Second) of Torts.

erkennbar einem Dritten als Entscheidungsgrundlage zu dienen.[398] Während der Adressatenkreis und Zweck vieler Expertenäußerungen, etwa Testaten von Wirtschaftsprüfen, situationsabhängig und häufig nicht eindeutig ist, wendet sich das Rating eindeutig an die potentiellen Käufer von Schuldverschreibungen des Emittenten auf dem Kapitalmarkt.[399] Sinn und Zweck eines Ratings ist es, im Rechtsverkehr und auf dem Kapitalmarkt schnell und zuverlässig Auskunft über die Bonität eines beurteilten Unternehmens zu geben; es ist damit erkennbar für Dritte bestimmt.[400] Dieses Verständnis setzten sowohl der EU-Gesetzgeber im 1. Erwägungsgrund der VO (EG) Nr. 1060/2009[401] und der US-amerikanischen Gesetzgeber (Sec. 931 (1) Dodd-Frank Act) als auch den Code of Conduct Fundamentals der IOSCO[402] als allgemein anerkannt voraus. Daher gehen die Einwände fehl, die eine Haftung von Ratingagenturen ablehnen, weil ein Rating keine Anlageempfehlung sei.[403] Diesen Anspruch erhebt ein Rating seinem Inhalt nach gar nicht. Es ist eine Information über einen Aspekt einer Kapitalanlage, der für viele Anleger wesentlich ist. Auch ein Gutachten über den baulichen Zustand eines Hauses ist keine Empfehlung zum Kauf, sondern überbrückt nur die Informationsasymmetrie hinsichtlich bestimmter preiserheblicher Faktoren.

Aus Sicht eines Emittenten hat ein Rating daher die Hauptaufgabe, den Investoren seine Bonität durch die Einschaltung eines neutralen und glaubwürdigen Experten zu signalisieren (*signalling*) und die Begebung von Anleihen zu einem niedrigeren Zinssatz zu ermöglichen. Nur aus diesem Grund gibt der Emittent ein Rating in Auftrag. Die Investoren sind daher die bestimmungsgemäßen Nutznießer des Ratings – und kommen als Teil der Emissionskosten letztlich auch für die Vergütung der Ratingagentur auf. Zwar fehlt es an einem direkten Vertrag zwischen Ratingagentur und Inves-

---

398 BGHZ 159, 1, 5 (Vertrag zugunsten Dritter); 133, 36, 42; BGH ZIP 2001, 108, 109 (stillschweigender Auskunftsvertrag).

399 *Habersack*, ZHR 169 (205) 185, 206; *v. Schweinitz*, WM 2008, 953, 956.

400 *Krämer*, in: Bankrechtstag 2004, 35 und 30 („In erster Linie sind Ratingagenturen Dienstleistungsunternehmen für private Investoren (…)").

401 „Ratingagenturen spielen auf den globalen Wertpapier- und Bankenmärkten eine wichtige Rolle, da Anleger, Kreditnehmer, Emittenten und Regierungen unter anderem die Ratings dieser Agenturen nutzen, um fundierte Anlage- und Finanzentscheidungen zu treffen."

402 IOSCO, Code of Conduct Fundamentals for Credit Rating Agencies (Mai 2008), 3: „(…) credit ratings, despite their other uses, exist primarily to help investors assess the credit risk they face when making certrain kinds of investments." Hierauf weist auch *Korth*, Dritthaftung von Ratingagenturen (2010), 111 hin.

403 So *Deipenbrock*, BB 2003, 1849, 1853; *Vetter*, WM 2004, 1701, 1710 f.; *Kübler*, in: Bankrechtstag 1996, 115; *Fleischer*, Gutachten zum 64. DJT (2002), F 140.

tor; dies ist aber lediglich das Ergebnis wirtschaftlicher Rationalität.[404] Die Kosten einer zentralen Beauftragung eines Ratings sind günstiger, als wenn die einzelnen Investoren unabhängig voneinander Expertisen zur Bonität des Emittenten erarbeiten lassen würden.[405] Wie ausgeführt, wären die Kosten zudem höher, weil das Rating als Information ein öffentliches Gut ist und damit ein Trittbrettfahrerproblem droht.[406] Ratingagenturen sind sich ihrer Rolle im arbeitsteiligen Prozess einer Emission bewusst und müssen daher auch wissen, dass ihre Beurteilungen Grundlage der Investitionsentscheidungen Dritter sind.[407] Ihre Ausrichtung an den Interessen und Erwartungen des Kapitalmarktpublikums belegen insbesondere die Ratingskalen, die durch ihre Einfachheit und Schematisierung das Verständnis und die Vergleichbarkeit der Bewertungen erleichtern.

Damit ist zunächst die Zielrichtung des Ratings beschrieben, allerdings noch nicht begründet, warum es sachlich berechtigt ist, auf ein Rating zu vertrauen. Dies ergibt sich erst im Zusammenspiel mit anderen Faktoren, insbesondere der professionellen Stellung der Ratingagenturen sowie ihrer Bedeutung auf dem Kapitalmarkt und für die Investitionsentscheidung der Anleger.

bb) Stellung als neutraler Informationsintermediär

(1) Spezialisierung

Von eigenen Informationsanstrengungen dürfen Investoren absehen, weil die Ratingagenturen im Vergleich zu den meisten Investoren schon aufgrund ihrer Spezialisierung über eine überlegene Sachkenntnis und Expertise verfügen. Es ist ihnen möglich, zu erheblich geringeren Kosten – als *cheapest cost avoider*[408] – und mit einer größeren Erfahrung die Bonität von Schuldnern einzuschätzen und in Relation zu anderen Schuldnern zu setzen. Die Fachkunde eines Dritten ist generell ein wesentlicher Wertungsgesichtspunkt, der von der Rechtsprechung im Rahmen der Haftung von Experten herangezogen wird.[409]

---

404 Vgl. *Picker*, in: FS Medicus (1999), 431 ff.; ähnlich wie hier *Vasella*, Die Haftung von Ratingagenturen (2011), Rn. 826 f.

405 *Hellgardt*, ZBB 2012, 73, 87 f.

406 Siehe S. 173.

407 *Witte/Hrubesch*, ZIP 2004, 1346, 1351.

408 Vgl. *Hirte*, Berufshaftung (1996), 323.

409 Vgl. BGH ZIP 2004, 1810, 1812 f.; BGHZ 111, 314, 319 (Prospekthaftung) In der Rechtsprechung zum Vertrag mit Schutzwirkung zugunsten Dritter auf einige jüngere Entscheidungen (BGHZ 167, 155, 161; 159, 1, 5; BGH ZIP 2004, 1810, 1812; BGH NJW 2001, 514, 516) nur eine Haftung für staatlich anerkannte Sach-

Es kommt nicht darauf an, ob diese Sachkunde bei der einzelnen Ratingagentur vorhanden ist, weil es sich um Eigenschaften handelt, die man von dem Urheber eines „Ratings“ erwarten kann. Im US-amerikanischen Recht spricht man bildlich davon, jemand hänge als Angehöriger eines Berufes sein Schild (*shingle*) heraus und sei damit verpflichtet, die Erwartungen des Rechtsverkehrs an diese Rolle zu erfüllen.[410] Eine Haftung ist in diesen Konstellationen dann bereits erforderlich, um das allgemeine Vertrauen in eine Profession zu schützen.[411] Für Ratingagenturen gibt es zwar weniger starke traditionelle Rollenerwartungen als für Sachverständige, Steuerberater, Wirtschaftsprüfer und Rechtsanwälte.[412] Dennoch bestehen auch an ein Rating Qualitätserwartungen, die – als „implizite Professionalitätsgarantie“[413] – üblicherweise auch Teil der Selbstdarstellung von Ratingagenturen sind; sie werden zudem durch die Vorgaben der RatingVO konkretisiert und garantiert.

(2) Informationsvorsprung

Ferner verfügt eine Ratingagentur in vielen Fällen gegenüber den Investoren über einen Informationsvorsprung.[414] Zum einen hat sie aufgrund ihrer Kommunikation mit dem bewerteten Unternehmen einen besseren Informationszugang als einzelne Investoren, den sie auch im Falle eines auftraglosen Ratings mittels ihrer Marktmacht durchsetzen könnte.[415] Zum anderen dürfen ihnen für ihre Bewertung auch Insiderinformationen zur Verfügung gestellt werden, die sie quasi treuhänderisch für das Kapitalmarktpublikum in ihr Rating einfließen lassen. Hierbei handelt es sich *per definitionem* um Informationen mit Kursbeeinflussungspotential (§ 13

---

kenner angenommen worden, vgl. nur BGHZ 138, 157, 260 f.; 127, 378, 380, aber auch eine der jüngsten Entscheidungen BGH WM 2009, 1128, 1130. Aus der Literatur siehe nur *Canaris*, ZHR 163 (1999) 206, 219.

410 Zur *shingle*-Theorie im Kontext der Expertenhaftung *Hopt*, AcP 183 (1983) 608, 649; *ders.*, Kapitalanlegerschutz im Recht der Banken (1975), 353 ff.; *Mertens*, AcP 178 (1978) 227, 248; *Köndgen*, Selbstbindung ohne Vertrag (1981), 37 ff. und 57; allgemein *Grundmann/Renner*, JZ 2013, 379, 384.

411 Vgl. *Grundmann/Renner*, JZ 2013, 379, 384.

412 Vgl. zu diesen „verkammerten Berufen“ *Egbers/Tal*, BKR 2004, 219, 221; *Hopt*, AcP 183 (1983) 608, 666; aus der Rechtsprechung z. B. BGH NJW 1973, 321, 323 (Wirtschaftsprüfer); BGH NJW 1972, 678, 681 (Rechtsanwälte).

413 *Vasella*, Die Haftung von Ratingagenturen (2011), Rn. 297 ff.

414 *Göres*, in: Habersack/Mülbert/Schlitt, Handbuch der Kapitalmarktinformation (2008), § 31, Rn. 66; allgemein zu diesem *topos Mertens*, AcP 178 (1978) 227, 245 f.; ebenfalls darauf abstellend *California Public Employees' Retirement System v. Moody's Corp.*, 226 Call.App.4th 643, 662 ff. (Cal.App. 1 Dist).

415 *Vetter*, WM 2004, 1701, 1709.

Abs. 1 WpHG), die ein rationaler Investor berücksichtigen würde. Würde ein Investor ein Rating daher nicht berücksichtigen, das auf Insiderinformationen basieren könnte, liefe er Gefahr, seine Investitionsentscheidung nicht auf der bestmöglichen Informationsgrundlage zu treffen.

(3) Neutralität und Unabhängigkeit

Der Investor muss sich jedoch auch darauf vertrauen können, dass diese Sachkunde in seinem Interesse eingesetzt wird und nicht vom Emittenten beeinflusst ist. Allein die überlegene Sachkunde der Ratingagentur entlastet ihn daher nicht von seiner informationellen Eigenverantwortung.[416] Erst die Selbstdarstellung der Ratingagenturen,[417] neutral und unabhängig von den Interessen des Emittenten zu agieren, rechtfertigt es, den Aussagen einer Ratingagentur mehr Vertrauen zu schenken als denen des Emittenten, der anderen „Vertragspartei" des *investment contracts*.

Objektivität und Unabhängigkeit von den Interessen des Auftraggebers sind von der Rechtsprechung immer wieder hervorgehoben worden, um die erhöhte Zuverlässigkeit und Vertrauenswürdigkeit einer Aussage zu begründen; sie sind ein Grundgedanke, der auch in der Haftung des Handelsmaklers (§ 98 HGB) seinen Ausdruck gefunden hat.[418] Besonders hervorgehoben worden ist die „Unabhängigkeit, Gewissenhaftigkeit und Unparteilichkeit" von Wirtschaftsprüfern (vgl. § 43 Abs. 1 WPO).[419] Auch Art. 1 Abs. 2 RatingVO legt die Unabhängigkeit der Ratingagenturen als wesentliches Ziel der Regelung fest. Diese enthält in Art. 6 f. RatingVO umfangreiche organisatorische Anforderungen an Ratingagenturen, um deren Unabhängigkeit von den bewerteten Unternehmen sicherzustellen. Den abstrakten Interessenkonflikt des Auftragsratings hat der Gesetzgeber damit stillschweigend, ebenso bei Wirtschaftsprüfern, Gutachtern und anderen Experten, akzeptiert.[420] Er kann nicht zuletzt deshalb hingenommen werden, weil Ratingagenturen *reputational gatekeeper* sind, für die es – zumindest in den

---

416 So fordert BGH NJW 1992, 2080, 2083 eine neutrale Stellung eines Sachkenners; Sachkunde ebenfalls nicht ausreichend in BGH NJW 1995, 1213, 1214 f.; *Löwisch*, in: Staudinger, BGB, 13. Aufl. (2005), § 311, Rn. 154; *Köndgen*, Selbstbindung ohne Vertrag (1981), 359.

417 *Vetter*, WM 2004, 1701, 1710.

418 *Canaris*, ZHR 163 (1999) 206, 226; *Plötner*, Die Rechtsfigur des Vertrages mit Schutzwirkung zugunsten Dritter und die sogenannte Expertenhaftung (2003), 196 ff.

419 Etwa BGHZ 167, 155, 161; 147, 187, 198; BGH WM 2009, 1128, 1130.

420 Zu ähnlichen Rollenkonflikten *Köndgen*, Selbsbindung ohne Vertrag (1981), 374 f.

meisten Fällen – nicht lohnt, ihre Reputation für einen kurzfristigen Gewinn aufs Spiel zu setzen.[421]

Ohne Hinweis auf einen konkreten Interessenkonflikt bleibt das Vertrauen in die Unabhängigkeit und Neutralität der Ratingagentur damit berechtigt, zumal auch die zivilrechtliche Verantwortlichkeit der Agenturen gegenüber Investoren darauf zielt, diesen Interessenkonflikt zu entschärfen.[422] Fehlt es an einem solchen Interessenkonflikt, wie im Falle des auftragslosen Ratings, verstärkt dies sogar die Unabhängigkeit der Ratingagentur und damit ihre Vertrauensstellung, da sie noch nicht einmal faktisch gegenläufigen Abhängigkeiten widerstehen muss.[423]

(4) Staatliche Anerkennung

Das Vertrauen der Investoren in die Neutralität, Unabhängigkeit und überlegene Fachkunde der Ratingagenturen wird zudem durch deren staatliche Anerkennung, sowohl nach Art. 135 VO Nr. 575/2013 im Kontext der Eigenkapitalregulierung von Kreditinstituten als auch nach der RatingVO, verstärkt. Es ist anerkannt, dass eine Person durch eine staatliche Anerkennung oder einen besonderen Akt der Benennung oder Beleihung[424] an der Reputation des Staates teilhaben kann. *Köndgen* spricht plastisch von „Berufen öffentlichen Glaubens".[425]

Die Anerkennung von Ratingagenturen erfolgt zwar im Gegensatz zu Sachverständigen nicht nur mit Blick auf den Rechtsverkehr, sondern auch zur Vermeidung systemischer Risiken. Wenn aber der Staat in einem volkswirtschaftlich so sensiblen Bereich wie der Eigenkapitalregulierung von Banken auf ihre Einschätzungen zurückgreift, zeigt er gegenüber ihrer Expertise ein großes Vertrauen. Dieses strahlt auch die Nutzung derselben Ratings durch Investoren aus.[426]

---

[421] Siehe aber zu den Schwächen des Reputationsmechanismus im Falle von Ratingagenturen S. 119ff.

[422] Hierauf stützt sich die Untersuchung von *Korth*, Dritthaftung von Ratingagenturen (2010), 48ff.

[423] Ähnlich *Boecken*, Die Haftung der Stiftung Warentest für Schäden der Verbraucher aufgrund irreführender Testinformationen (1998), 139f. a.A. *Korth*, Dritthaftung von Ratingagenturen (2010), 77, der aber zu einseitig die Haftung funktional betrachtet und den Grad des Vertrauens als Haftungsgrund ausblendet.

[424] Vgl. nur BGHZ 127, 378, 381f.

[425] *Köndgen*, Selbstbindung ohne Vertrag (1981), 227ff., 380ff. Hierzu auch *Hopt*, AcP 183 (1983) 608, 666.

[426] Hierfür *Göres*, in: Habersack/Mülbert/Schlitt, Handbuch der Kapitalmarktinformation (2008), § 31, Rn. 65 und 67.

cc) Faktische Autorität der Ratingagenturen

Bereits unabhängig von der Fachkunde der Ratingagentur und dem Informationsgehalt des Ratings kann es für einen Investor rational sein, seine Anlageentscheidung auf ein Rating zu stützen, weil die anderen Kapitalmarktteilnehmer dies ebenfalls tun.[427] Es ist unerheblich, ob Ursache hierfür ein Herdenverhalten ist oder der Versuch anderer Anleger aufgrund rationaler Erwägungen, das Verhalten der anderen Marktteilnehmer zu antizipieren. In jedem Fall ergibt sich daraus das Risiko einer *self-fulfilling prophecy*. Ein vorausschauender Investor muss die Reaktion des Kapitalmarkts in seinem Entscheidungskalkül berücksichtigen, selbst wenn er das Rating nicht für überzeugend hält.

dd) Typisiertes Vertrauen in Ratings in Anlehnung an die Grundsätze der Prospekthaftung

Aufgrund der Bedeutung des Ratings für den Markt für Fremdkapital ist zu überlegen, ob in Anlehnung an die Grundgedanken der bürgerlichrechtlichen Prospekthaftung nicht auch ein typisiertes Vertrauen in Ratings anzunehmen ist.[428]

Zwar betont der BGH die unterschiedlichen Zielrichtungen von Prospekthaftung einerseits und Expertenhaftung andererseits;[429] er zeigt aber auch deutliche Tendenzen, beide Haftungsgründe zu kombinieren und ihre Wertungen auf andere Konstellationen zu übertragen.[430] Die Unterschiede zwischen Prospekthaftung und den verschiedenen von der Rechtsprechung verfolgten Ansätzen zur Expertenhaftung liegen dabei nicht in der Begründung der Vertrauensstellung, sondern auf der Ebene der Transaktionskausalität[431] und der Verjährung.[432]

---

[427] Ähnlich (auch zum Folgenden) *Vasella*, Die Haftung von Ratingagenturen (2011), Rn. 835.

[428] Hierfür *Haar*, NZG 2010, 1281, 1284; *dies.*, ZBB 2009, 177, 185; *Knops*, BB 2008, 2535, 2539.

[429] BGH ZIP 2004, 1810, 1812 (Subsidiarität des Vertrages mit Schutzwirkung zugunsten Dritter gegenüber der Prospekthaftung).

[430] BGHZ 145, 187, 198 (Haftung eines Wirtschaftsprüfers als Mittelverwendungskontrolleur aus Vertrauenshaftung ohne namentliche Nennung im Prospekt); BGHZ 177, 25, 30 f. (Haftung von Vorstandsmitgliedern gegenüber Private-Equity-Investoren wegen fehlerhafter Angaben im Rahmen einer Präsentation); BGH NJW 2010, 1279, 1281 (Haftung eines Mittelverwendungskontrolleurs nach den Grundsätzen des Vertrages mit Schutzwirkung zugunsten Dritter, auf deren Tätigkeit die Anleger in der „gebotenen typisierenden Betrachtungsweise" vertrauten).

[431] BGH NJW-RR 2007, 1479, 1481.

[432] BGH ZIP 2004, 1810, 1812.

Der Anwendungsbereich der bürgerlich-rechtlichen Prospekthaftung ist auf die Fälle beschränkt, in denen es nicht zu einer Kollision mit der spezialgesetzlichen Prospekthaftung kommen kann.[433] Diese Gefahr besteht zum einen nicht, wenn es mangels Prospektpflicht keine spezialgesetzliche Prospekthaftung geben kann; erfasst sind hiervon insbesondere Privatplatzierungen. Zum anderen ist die bürgerlich-rechtliche Prospekthaftung für andere Informationen als den Emissionsprospekt nicht ausgeschlossen.[434]

Der Grundgedanke der bürgerlich-rechtlichen Prospekthaftung ist, „dass für die Vollständigkeit und Richtigkeit der in Verkehr gebrachten Angaben jeder einstehen muss, der durch von ihm in Anspruch genommenes Vertrauen auf den Willensentschluss der Kapitalanleger Einfluss genommen hat.“[435] Hintergrund ist die besondere Angewiesenheit der Anleger auf die in einem Prospekt verkörperten Informationen für seine Anlageentscheidung. Da der Prospekt typischerweise die Informationsgrundlage seiner Anlageentscheidung ist, haften die Prospektverantwortlichen für die Richtigkeit und Vollständigkeit der darin enthaltenen Informationen. Eine Pflicht zur Richtigkeit ihrer Angaben trifft aber auch diejenigen, die als Garanten kraft ihrer besonderen Fachkunde oder persönlichen Zuverlässigkeit nur Angaben zu einzelnen Punkten machen und hierdurch das Vertrauen der Anleger in die Richtigkeit des Prospektes stärken.[436] Bezugspunkt ist dabei der Prospekt, auch wenn die Rechtsprechung ursprünglich nicht den Prospekt in den Mittelpunkt stellte, sondern die Personen, denen die Anleger im Rahmen einer Emission typischerweise ihr Vertrauen entgegenbringen.[437] Zur Orientierung am Prospekt kam es erst, weil diese Personen aufgrund ihrer Vertrauensstellung Pflichten bei der Erstellung des Prospekts treffen. Damit erscheint es nicht grundsätzlich ausgeschlossen, dass die Anleger auch anderen Personen ein typisiertes Vertrauen entgegenbringen können und diese ähnliche Pflichten bei der Erstellung von Veröffentlichungen treffen, die einem (Emissions-)Prospekt vergleichbar sind.

Was ein „Prospekt“ ist, ist bisher nicht abschließend geklärt. Insbesondere der BGH war in diesem Punkt bisher sehr zurückhaltend.[438] Klargestellt hat er lediglich, dass eine Ad-hoc-Mitteilung kein Prospekt sein kann. Ein Prospekt sei die „wichtigste und häufigste Informationsquelle“ des Anlegers – wenn auch nicht notwendigerweise die Einzige[439] – und die „Grundlage seiner Anlageentscheidung“. Ein Prospekt müsse daher *alle* Umstände ent-

---

433 Siehe S. 205 ff.

434 *Klöhn*, WM 2012, 97, 101 m.w.N.

435 BGHZ 145, 187, 198.

436 Vgl. BGHZ 77, 172, 176; 111, 314, 319.

437 *Hellgardt*, ZBB 2012, 73, 78 unter Verweis auf BGHZ 71, 284, 286; 72, 382, 387.

438 Siehe etwa BGHZ 177, 25, 29; 160, 134, 137 f.

439 BGH NZG 2004, 229; KG NJOZ 2007, 1196, 1200.

halten, die für ihn von wesentlicher Bedeutung sind, weshalb eine Ad-hoc-Mitteilung als Einzelinformation kein Prospekt sei.[440] Ein weiteres Verständnis des Prospektbegriffes findet sich in § 264a Abs. 1 StGB, der jede an einen größeren Personenkreis gerichtete Information entscheidungserheblicher Umstände im Zusammenhang mit dem Vertrieb von Kapitalanlagen erfasst. Nicht notwendigerweise muss der Prospekt alle entscheidungserheblichen Informationen enthalten.[441]

Der BGH hat in seiner „Rupert Scholz-Entscheidung" nunmehr zwar ebenfalls auf § 264a Abs. 1 StGB rekurriert, aber zugleich den Anspruch einer umfassenden Beschreibung über eine Kapitalanlage aufrechterhalten:[442]

> „Prospekt in diesem Sinne ist eine marktbezogene schriftliche Erklärung, die für die Beurteilung der angebotenen Anlage erhebliche Angaben enthält oder den Anschein eines solchen Inhalts erweckt (...). Sie muss dabei tatsächlich oder zumindest dem von ihr vermittelten Eindruck nach den Anspruch erheben, eine das Publikum umfassend informierende Beschreibung der Anlage zu enthalten."

Der BGH hat seine Position lediglich insoweit aufgeweicht, als ein Prospekt nunmehr auch aus verschiedenen Schriftstücken bestehen kann, die den Anleger zusammengenommen umfassend informieren.[443]

Ein Rating ist zunächst wie ein Emissionsprospekt eine „marktbezogene schriftliche Erklärung". Der Marktbezug wird häufig als ein Vertriebsbezug verstanden, um den Charakter des Emissionsprospekts als Werbemittel zu erfassen;[444] dies könnte auf den ersten Blick gegen einen Marktbezug des Ratings sprechen. Dies ist allerdings voreilig, denn auch ein Rating ist von dem Emittenten wegen seiner verkaufsfördernden Wirkung in Auftrag gegeben worden und ist funktional Teil des Emissionsprozesses.[445] Eine Begrenzung des Vertriebsbezugs auf Werbemittel des Emittenten hätte zudem die

---

440 BGHZ 160, 134, 138.

441 Diesem Verständnis folgend KG NJOZ 2007, 1196, 1200 (offengelassen in der Revision BGHZ 177, 25, 29); *Ehricke*, in: Hopt/Vogt, Prospekt- und Kapitalmarktinformationshaftung (2005), 195 ff.

442 BGH WM 2012, 19, 21; zuvor bereits *Hopt/Vogt*, in: dies., Prospekt- und Kapitalmarktinformationshaftung (2005), 46; *Fleischer*, Gutachten zum 64. DJT (2002), F 56.

443 BGH WM 2012, 19, 21 f.

444 *Köndgen*, AG 1983, 85, 88; *Kalss*, ÖBA 2000, 641, 655; *Meyer*, AG 2003, 610, 619 f. zu Finanzanalysen. Vgl. auch BGH ZIP 2004, 1810, 1812 („Die Prospekthaftung ist somit eine Haftung für (...) Werbeaussagen."); einen Vertriebsbezug ablehnend *Hamann*, in: ders./F. A. Schäfer, Kapitalmarktgesetze (Stand: 01/2006), §§ 44, 45 BörsG, Rn. 70.

445 *Ramos Muñoz*, The Law of Transnational Securitization (2010), Rn. 1.17; *Vasella*, Die Haftung von Ratingagenturen (2011), 915; zur Marketingfunktion des Ratings auch *Stemper*, Rechtliche Rahmenbedingungen des Ratings (2010), 91 ff.

paradoxe Folge, dass das Vertrauen des Investors in einen neutralen Dritten weniger schützenswert wäre als in die vergleichsweise weniger vertrauenswürdigen Prospektverantwortlichen und „Hintermänner". Entscheidend ist daher nicht, ob es sich um ein Verkaufsinstrument handelt, sondern welche Bedeutung dem Rating typischerweise im Rahmen der Anlageentscheidung von Investoren zukommt.[446]

Für bestimmte Kapitalanlagen wie Anleihen, *Commercial Papers* oder *Asset-Backed-Securities* verkörpert ein Rating die für die Anlageentscheidung wesentliche, wenn nicht sogar entscheidende Information. Bei Anleihen und Commercial Papers handelt es sich um weitgehend standardisierte Anlagen, so dass die Bonität des Emittenten die entscheidende Variable ist. Im Fall von *Asset-Backed-Securities* prüft die Ratingagentur letztlich das gesamte Anlagemodell einschließlich der zugrundeliegenden Vermögenswerte im Rahmen der Ratingerstellung, da sich alle diese Faktoren in der Bonität der Zweckgesellschaft niederschlagen. Dem Rating liegt daher eine umfassende Beurteilung der Kapitalanlage zugrunde, die zudem auf einer Informationsbasis beruht, welche die in einem Prospekt enthaltenen Informationen übersteigen kann. Urheber des Ratings ist zwar nicht der Initiator der Anlage, sondern ein Reputationsintermediär bzw. – in der Terminologie der Prospekthaftung – ein Garant; aus Sicht des Anlegers sind seine Aussagen aufgrund seiner Neutralität und Unabhängigkeit aber besonders vertrauenswürdig.[447] Ferner ist zu berücksichtigen, dass die Ratingagenturen durch ihre Bewertungsstandards selbst mittelbar oder unmittelbar auf die Strukturierung dieser Wertpapiere Einfluss nehmen.[448] Für einen vernünftigen Investor, der eine Unternehmensanleihe oder ein strukturiertes Wertpapier erwirbt, gibt es daher keinen Grund, neben dem Rating zusätzlich den Emissionsprospekt zu analysieren, da hiermit kein informationeller Mehrwert verbunden wäre.[449] Funktional handelt es sich bei einem Rating bzw. Ratingbericht daher um eine mit einem Prospekt vergleichbare Information im Zusammenhang mit einer Emission.[450] Bereits dies rechtfertigt in diesen Fällen die Annahme eines typisierten Vertrauens.

Zudem lässt sich an die Rechtsprechung des BGH zur Haftung eines Wirtschaftsprüfers als Mittelverwendungskontrolleur anknüpfen. Der BGH nahm

---

[446] Vgl. *Loritz*, WM 2004, 957, 962; *Hamann*, in: ders./F. A. Schäfer, Kapitalmarktgesetze (Stand: 01/2006), §§ 44, 45 BörsG, Rn. 66.

[447] Ähnlich *Kalss*, ÖBA 2000, 641, 655.

[448] Hierauf abstellend *California Public Employees' Retirement System v. Moody's Corp.*, 226 Call.App.4th 643, 663 f. (Cal.App. 1 Dist).

[449] *Klöhn*, WM 2012, 97, 102 und 103.

[450] Gemäß Art. 752 schweizerisches Obligationenrecht wäre es daher eine einem Prospekt gleichzustellenden „ähnliche Mitteilung" (*Vasella*, Die Haftung von Ratingagenturen (2011), 913 ff.).

eine Vertrauenshaftung des Wirtschaftsprüfers an, weil er „sich in ein Kapitalanlagesystem als Kontrollorgan einbinden“ ließ und so den „Eindruck besonderer Zuverlässigkeit des Systems“ schuf.[451] Ähnlich urteilte der BGH im Fall des ehemaligen Verteidigungsministers *Rupert Scholz*. Der BGH behandelte ihn nicht nur als Prospektgaranten, was angesichts seiner Fachkunde und Reputation nahegelegen hätte; der BGH stufte ihn sogar als Verantwortlichen für den gesamten Prospekt ein, weil er versicherte, als Vorsitzender des Beirates der Muttergesellschaft die Anlage besonders gründlich geprüft und selbst Verbesserungen beim Anlegerschutz erreicht zu haben.[452] Auch Ratingagenturen prüfen – wie eben ausgeführt – bestimmte Anlagen umfassend und stehen – auch wenn sie nicht mehr beratend tätig sein dürfen[453] – im Dialog mit dem Emittenten, um das gewünschte Rating zu erhalten. Aufgrund ihrer Stellung als Gatekeeper können sie so *nolens volens* erheblichen Einfluss auf die Transaktion ausüben. Eine Nähe zum Mittelverwendungskontrolleur zeigt sich zudem, wenn eine Ratingagentur die Bonität einer Zweckgesellschaft fortdauernd überwachen soll, etwa weil sich die zugrundeliegenden Sicherheiten einer ABS-Transaktion ändern können.

ee) Vertrauen in auftragslose Ratings?

Gegen ein besonderes Vertrauen in auftragslose Ratings könnte sprechen, dass diese von der Ratingagentur unentgeltlich abgegeben werden und es noch nicht einmal indirekt zu einer Vergütung über die von den Investoren zu tragenden Emissionskosten kommt. Stützen könnte sich eine Differenzierung zwischen Informationen, die zumindest indirekt entgeltlich abgegeben werden, und solchen, die der Empfänger vollständig unentgeltlich erhält, auf § 675 Abs. 2 BGB (§ 676 BGB a.F.).[454] Ferner scheint hierfür das allgemeine Verständnis zu sprechen, dass am Markt „nichts verschenkt“ werde;[455] dementsprechend könne nur bei einer entgeltlich erbrachten Information eine Haftung erwartet werden.[456]

Wie bereits die Diskussion um die Haftungsprivilegierung von Gefälligkeitsverhältnissen zeigt, lässt sich dem BGB nicht die allgemeine Wertung

---

[451] BGHZ 145, 187, 198.

[452] BGH WM 2012, 19, 22.

[453] *Ramos Muñoz*, The Law of Transnational Securitization (2010), Rn. 6.75–6.78, der in diesen Fällen zudem eine Annäherung an die Rolle eines Sponsors als haftungsverstärkendes Moment konstatiert, Rn. 6.24 f.; haftungsbegründend ordnet das Verlassen der Rolle als neutraler Gatekeeper auch *Hellgardt*, Kapitalmarktdeliktsrecht (2008), 312 f. und 444 ein.

[454] *Grundmann*, AcP 207 (2007) 718, 754 f.

[455] *Köndgen*, Selbstbindung ohne Vertrag (1981), 276 sowie 275 ff.

[456] *Grundmann*, AcP 207 (2007) 718, 755.

entnehmen, dass fehlende Entgeltlichkeit automatisch zu einem Absinken der haftungsrechtlichen Verantwortlichkeit führen muss.[457] Schon für das Reichsgericht war die Entgeltlichkeit daher kein Kriterium für die Annahme einer Auskunftshaftung.[458] Dem ist zuzustimmen, denn wenn jemand am Markt auftritt und an Dritte gerichtete Auskünfte erteilt,[459] ist dies sein privatautonomer Entschluss.[460] Niemand ist gezwungen, ein kostenloses Rating öffentlich zur Verfügung zu stellen.[461] Es ist daher zu vermuten, dass er aus wirtschaftlichem Eigeninteresse handelt und abgewogen hat, inwieweit es sich lohnt, ein Haftungsrisiko ohne einen direkten finanziellen Ausgleich auf sich zu nehmen.[462] Zwar kann eine – auch indirekte – Vergütung ein zusätzliches Vertrauensmoment sein. Daneben kann es aber auch mittelbare Vorteile geben, die aus Sicht des Vertrauensnehmers das Haftungsrisiko rechtfertigen können. Beim *unsolicited rating* ist dies häufig die Verbesserung der eigenen Marktstellung und Reputation.[463] Dem Vertrauensgeber als Empfänger der Information ist dieses Kalkül aber nicht bekannt. Ist daher das Vertrauen aufgrund anderer Aspekte begründet, kann die Unentgeltlichkeit der Leistung es schwerlich erschüttern.

c) Zurechnungsgrund der Vertrauenswerbung

Was ist der eigentliche Zurechnungsgrund der Vertrauenswerbung, d.h. warum muss sich ein Dritter sein Verhalten als Inanspruchnahme des Vertrauens einer anderen Person zurechnen lassen? Ist es sein Wille, das Vertrauen des Vertrauensgebers in Anspruch zu nehmen, oder reicht es aus, wenn er sich objektiv betrachtet bewusst im geschäftlichen Verkehr bewegt und Dritte berechtigterweise auf seine Expertise vertrauen dürfen? Diese Fragen sind besonders für Ratingagenturen aufgrund ihrer extensiven Haftungsausschlüsse von Bedeutung.

Seitdem die Dritthaftung in § 311 Abs. 3 S. 2 BGB kodifiziert ist, findet die These immer mehr Anhänger, maßgeblich sei letztlich der Wille des Vertrauensnehmers, durch seine Äußerung das Vertrauen eines von ihm bestimmten Empfängerkreises in Anspruch zu nehmen. Nicht notwendig sei

---

457 Zum Diskussionsstand *Schaub*, in: Prütting/Wegen/Weinreich, BGB, 8. Aufl. (2013), Vor §§ 823 ff., Rn. 17 m.w.N.

458 RGZ 42, 125, 131.

459 *Ebenroth/Daum*, WM 1992 (Beilage Nr. 5), 1, 20.

460 *Leyens*, in: Baum et al., Perspektiven des Wirtschaftsrechts (2008), 424 („Marktteilnahme als privatautonomer Entschluss“).

461 *Hellgardt*, Kapitalmarktdeliktsrecht (2008), 307 für Finanzanalysten.

462 *Köndgen*, Selbstbindung ohne Vertrag (1981), 359 und 233 ff. zu den verschienden Formen der „Reziprozität“ im geschäftlichen Verkehr.

463 Vgl. *Berger/Stemper*, WM 2010, 2289, 2292.

sein Wille, dafür zu haften. Die Vertrauensinanspruchnahme sei eine geschäftsähnliche Handlung,[464] deren gesetzliche Folge, die Haftung nach §§ 311 Abs. 3 S. 2, 241 Abs. 2, 280 Abs. 1 S. 1 BGB, qua Gesetz eintrete und nur ausgeschlossen sei, wenn der Vertrauensnehmer die Richtigkeitsgewähr seiner Aussage und damit seinen Inanspruchnahmewillen zurücknehme. Ansatzpunkt dieser These ist zum einen der Wortlaut des § 311 Abs. 3 S. 2 BGB, denn es setze eine finale Handlung voraus, Vertrauen in Anspruch zu nehmen. Ferner, so das Argument, ermögliche erst der Inanspruchnahmewillen eine Kalkulierbarkeit des Haftungsrisikos.[465]

Eine Kalkulierbarkeit des Haftungsrisikos kann – wie gezeigt – auch erreicht werden, indem sich die Inanspruchnahme des Vertrauens auf ein bestimmtes Rechtsgeschäft richtet. Der Verweis auf den Wortlaut des § 311 Abs. 3 S. 2 BGB ist nicht zwingend. § 311 Abs. 3 S. 2 BGB ist ein Unterfall der culpa in contrahendo im Zweipersonenverhältnis (§ 311 Abs. 2 BGB); die culpa in contrahendo ist aber unstreitig eine gesetzliche Haftung, die unabhängig vom Willen der Betroffenen greift, weil sie auch im vorvertraglichen Bereich einen Ausgleich für die stärkeren Einwirkungsmöglichkeiten auf die Rechtsgüter anderer bieten soll.[466]

Sehr viel besser zu diesem Verständnis einer außervertraglichen Haftung Dritter passt es daher, auf den Aspekt der Risikobeherrschung abzustellen. Der Vertrauensnehmer trifft selbst die privatautonome Entscheidung, ob er am geschäftlichen Verkehr durch eine bestimmte Tätigkeit teilnimmt und das Risiko einer Haftung gegenüber Dritten übernimmt, die seiner Expertise das verkehrsübliche Vertrauen entgegenbringen. Die damit für ihn verbundenen Verkehrspflichten und die Haftung für ihre Verletzung sind damit nur ein Korrelat seiner eigenverantwortlichen Entscheidung zur Marktteilnahme.[467] Wie im Rahmen anderer Verkehrspflichten kommt es nur auf die berechtigten Erwartungen der anderen Marktteilnehmer an, wobei ein objektiver Empfängerhorizont maßgeblich ist: Musste der Vertrauensgeber damit rechnen, dass die anderen Marktteilnehmer sein Verhalten als Vertrauenswerbung ansehen, in der Folge auf die Richtigkeit seiner Expertise vertrauen und auf eigene Schutzmaßnahmen verzichten?[468] Wie *Canaris* zu Recht

---

[464] *Kersting*, Die Dritthaftung für Informationen im Bürgerlichen Recht (2007), 291 ff.; *Koch*, WM 2005, 1208, 1213; *Faust*, AcP 210 (2010) 555, 564.

[465] *Kersting*, Die Dritthaftung für Informationen im Bürgerlichen Recht (2007), 243 ff.; *Faust*, AcP 210 (2010) 555, 564; früher bereits *Arnold*, DStR 2001, 488, 492.

[466] *Lang*, AcP 201 (2001) 452, 506.

[467] Speziell zu Kapitalmarktintermediären *Leyens*, in: Perspektiven des Wirtschaftsrechts (2008), 427 und 434.

[468] Vgl. BGHZ 145, 187, 201; *Canaris*, ZHR 163 (1999) 206, 239; *H. Schneider*, ZHR 163 (1999) 246, 259 f.; im Ergebnis ähnlich *T. M. J. Möllers*, JZ 2001,

bemerkt, gelten ähnliche Maßstäbe im Falle fehlenden Erklärungsbewusstseins einer Willenserklärung; diese Maßstäbe müssen auf eine gesetzliche Haftung erst angewandt werden.[469]

Freilich kommen auch Verfechter eines Inanspruchnahmewillens zu einem ähnlichen Ergebnis: Sie tragen dem Schutz des Rechtsverkehrs Rechnung, indem sie auf den objektiven Empfängerhorizont abstellen und dann – ebenfalls ähnlich dem Fall fehlenden Erklärungsbewusstseins – die Regeln der Anfechtung und insbesondere § 122 BGB analog heranziehen.[470] Nach § 122 BGB haftet der Erklärende zwar nur auf das negative Interesse. Da das negative Interesse aber in der vorliegenden Konstellation beinhaltet, den Vertrauensgeber so zu stellen, wie er ohne das durch den Vertrauensnehmer beeinflusste Rechtsgeschäft stände, sind der Umfang der Haftung nach § 122 BGB und nach §§ 311 Abs. 3 S. 2, 241 Abs. 2, 280 Abs. 1 S. 1 BGB deckungsgleich. Die einzige Ausnahme scheint auf den ersten Blick der Ausschluss einer Haftung nach § 122 Abs. 2 BGB zu sein.[471] Die Frage hat aber auch darüber hinaus Bedeutung: Ist der Zweck eines Gutachtens nicht klar oder versucht der Vertrauensnehmer, eine Haftung zu vermeiden, liegt die Begründungslast zunächst beim Vertrauensgeber, wenn der Wille des Vertrauensnehmers nicht auf eine Haftung gerichtet war.

d) Verhinderung der Entstehung eines Vertrauenstatbestandes durch Vertrauensverwahrung

Ratingagenturen versehen ihre Veröffentlichung mit umfangreichen Hinweisen, mit denen sie zu verhindern versuchen, dass aufseiten der Investoren überhaupt ein schützenswertes Vertrauen in ihre Beurteilung entstehen kann. Rechtsdogmatisch wird dies als eine Beseitigung des Vertrauenstatbestandes durch Vertrauensverwahrung diskutiert. Daneben ist auch die Modifikation der Haftung durch Haftungsbeschränkungen denkbar. Die Abgrenzung zueinander ist schwierig. Da Vertrauenswahrungen und Haftungsbeschränkungen letztlich von der Antwort auf dasselbe Grundproblem, die Disponibilität der Haftung gemäß § 311 Abs. 3 BGB, abhängen, werden sie in einem eigenen Abschnitt gemeinsam behandelt werden.[472]

909, 914 f.; enger für die Prospekthaftung *Assmann*, in: ders./Schütze, Handbuch des Kapitalanlagerechts, 3. Aufl. (2007), § 6, Rn. 157, der zumindest eine Duldung und damit Kenntnis für eine Zurechnung verlangt.

469 *Canaris*, ZHR 163 (1999) 206, 239.

470 *Kersting*, Die Dritthaftung für Informationen im Bürgerlichen Recht (2007), 250 ff.; *Faust*, AcP 210 (2010) 555, 565.

471 *Kersting*, Die Dritthaftung für Informationen im Bürgerlichen Recht (2007), 257.

472 Siehe S. 307 ff.

3. Adressaten der Vertrauenswerbung

Ein Rating ist aufgrund seines typischen Inhalts drittgerichtet. Der Kreis der Adressaten, die sich auf das Rating aufgrund der Vertrauenswerbung durch die Ratingagentur verlassen dürfen und zu denen hierdurch eine Sonderverbindung entsteht, ist damit noch nicht näher bestimmt. Dies soll im Folgenden anhand verschiedener Gruppen von Anspruchsberechtigten geschehen. Es zeigen sich dabei u. a. dieselben Problemfälle, die sich bereits in anderen Fällen der Expertenhaftung stellen: ein scheinbar unbegrenzter Kreis von Adressaten (Emissionsrating), eine Ausweitung des Kreises auf weitere Dritte, die nicht primäre Adressaten der Expertise sind (Zweiterwerber), ein nur ungenau formulierter oder offen gelassener Gutachtenzweck (Emittentenrating) und eine Verwendung der Expertise für nicht vorgesehene, aber möglicherweise voraussehbare Zwecke (Vertragspartner des Emittenten).

a) Emissionsrating

Eindeutig ist die Bestimmung des Adressatenkreises, wenn eine Expertise gerade für einen bestimmten Zweck angefertigt worden und dieser dem Experten bekannt ist.[473] Die Beauftragung einer Ratingagentur zur Bewertung einer konkreten Emission ist geradezu ein Schulbeispiel hierfür. Primäre Adressaten dieses Ratings sind die Erwerber der Schuldverschreibung auf dem Primärmarkt.

Stören könnte man sich lediglich daran, dass diese Vertrauenswerbung an alle potentiellen Investoren und damit die gesamte Kapitalmarktöffentlichkeit gerichtet ist und nicht, wie die Rechtsprechung früher verlangte, an eine „überschaubare, klar abgrenzbare Personengruppe".[474] Die Rechtsprechung hat allerdings ihren Blickwinkel verschoben: Es steht nicht mehr die Zahl der möglichen Anspruchssteller im Mittelpunkt, sondern das Haftungsrisiko des jeweiligen Projekts, dessen Realisierung die Expertise dient.[475] Auf wie viele Köpfe sich dieses Risiko verteilt, ist nicht relevant, solange sich das Haftungsrisiko hierdurch nicht unzumutbar vergrößert.[476] Ebenso

---

473 BGH WM 1998, 1059, 1060; vgl. auch *Picker*, in: FS Medicus (1999), 439 („Finalität"); *Canaris*, in: FS Larenz II (1983), 95 („Gerichtetheit"); *ders.*, ZHR 163 (1999) 205, 235.

474 BGH WM 1998, 440, 443; NJW 1987, 1758, 1760; tendenziell auch BGH WM 2006, 611, 612.

475 *Canaris*, ZHR 163 (1999) 205, 235 f.; *Habersack/Schürnbrand*, in: Staub, HGB, 5. Aufl. (2010), § 323, Rn. 58; *Berger*, ZBB 2001, 238, 247 f.; ähnlich *Picker*, in: FS Medicus (1999), 444 ff.

476 BGHZ 159, 1, 9 ff.; BGH WM 2012, 316, 319; ZIP 2004, 1810, 1813; NJW 1984, 355, 356; *Canaris*, ZHR 163 (1999) 205, 256.

wenig wie im Modellfall der Prospekthaftung[477] besteht auch beim Rating einer Emission keine Gefahr einer „uferlosen" Haftung der Ratingagentur.[478] Das Haftungsrisiko ist auf das Emissionsvolumen zuzüglich Transaktionskosten und entgangenen Gewinn begrenzt und verändert sich nicht durch die Zahl der Erwerber.[479]

b) Zweiterwerber

Es wird von verschiedenen Seiten versucht, den geschützten Personenkreis auf die Ersterwerber auf dem Primärmarkt zu begrenzen. Wie im Fall der „mitwandernden Kunstexpertise" soll sich nur der Ersterwerber auf das Wertgutachten berufen können, nicht aber spätere Käufer in der Veräußerungskette. Begründet wird diese Position damit, anderenfalls sei der Experte der Gefahr einer unkalkulierbaren Haftung durch eine Vergrößerung der Anspruchssteller oder spätere Wertänderungen ausgesetzt, zumal er das Gutachten nicht widerrufen könne.[480]

Weder generell noch im Falle des Ratings können diese Argumente überzeugen:[481] Eine Ausweitung des Haftungsrisikos durch eine höhere Zahl von Anspruchsstellern findet nicht statt; das Haftungsrisiko hängt allein von dem begutachteten Objekt ab. Auch im Falle einer Erwerberkette multipliziert sich dieses Risiko nicht. Bis sich der Schaden realisiert, „wandert" er in der Erwerberkette mit; auch der Zweiterwerber bezahlt im Vertrauen auf das falsche Gutachten einen überteuerten Preis und kompensiert durch seine überhöhte Kaufpreiszahlung den Schaden des Ersterwerbers.[482] Dem Risiko späterer Wertänderungen lässt sich begegnen, indem der Aussagegehalt einer

---

477 *Canaris*, in: FS Larenz II (1983), 95.

478 So aber *Deipenbrock*, BB 2003, 1849, 1853 f.; *Fleischer*, Gutachten zum 64. DJT (2002), F 139 f.; *Habersack*, ZHR 169 (2005) 185, 206 ff.; *Hennrich*, in: FS Hadding (2004), 887 ff.; *Vetter*, WM 2004, 1701, 1711.

479 BGH WM 2012, 316, 319; *Brellochs*, Publizität und Haftung von Aktiengesellschaften im System des Europäischen Kapitalmarktrechts (2005), 218 f.; *Hellgardt*, Kapitalmarktdeliktsrecht (2008), 210 ff.

480 *Peters*, Die Haftung und die Regulierung internationaler Rating-Agenturen (2001), 114; *Haar*, NZG 2010, 1281, 1284; *Krämer*, in: Bankrechtstag 2004, 36 für Ratings; *Korth*, Dritthaftung von Ratingagenturen (2010), 92 f., der die Haftung – rein funktional – nur als Ausgleich der in dieser Konstellation nicht bestehenden einseitigen vertraglichen Verbindung zwischen Ratingagentur und Emittent betrachtet. Ferner *Canaris*, ZHR 163 (1999) 206, 211, 237 für Kunstexpertisen; *Hopt*, NJW 1987, 1758 zur Expertenhaftung gegenüber der finanzierenden Bank.

481 Ebenso *Eisen*, Die Haftung und Regulierung internationaler Rating-Agenturen (2007), 354; *Fischer*, Haftungsfragen des Ratings (2007), 167.

482 *Schäfer*, AcP 202 (2002) 808, 825; *Kersting*, Die Dritthaftung für Informationen im Bürgerlichen Recht (2007), 249; *Hellgardt*, Kapitalmarktdeliktsrecht (2008),

Expertise genau betrachtet wird. Handelt es sich nur um eine Aussage, die für einen bestimmten Zeitpunkt Gültigkeit beansprucht, kann sie „verblassen“, so dass es nicht mehr gerechtfertigt ist, eine Kaufentscheidung auf ihrer Basis zu treffen.[483] So hat die Aussage über die Echtheit eines Bildes auch nach mehreren Jahren – ungeachtet technischer Entwicklungen zur Verifikation der Echtheit – noch denselben, gleichsam statischen Aussagegehalt;[484] dies gilt aber nicht für ein Wertgutachten, welches auch die schnelllebigere, und sich ständig ändernde Marktlage berücksichtigen muss.

Auch ein Rating ist eine Information, die sich im Zeitverlauf verändern kann. Einige Besonderheiten des Ratings gleichen diesen Nachteil allerdings aus: Eine Ratingagentur ist zum einen verpflichtet, ihre Bewertungen zu überprüfen und gegebenenfalls anzupassen (Art. 8 Abs. 5 RatingVO). Dies verpflichtet die Ratingagentur zu einer laufenden Aktualisierung des Ratings. Diese Pflicht dient gerade den Interessen derjenigen, die diese Wertpapiere halten oder auf dem Sekundärmarkt erwerben wollen. Im Gegensatz zu einem Kunstexperten kann eine Ratingagentur zum anderen auch noch nach der Veröffentlichung über ihre Ratings eine gewisse Kontrolle ausüben, indem sie ein Rating durch Veröffentlichung eines Vermerkes zurückzieht. Ihre Marktstellung sichert eine schnelle Verbreitung und den Eingang der Information in den Marktpreis, so dass weitere Erwerbe aufgrund ihrer fehlerhaften Bonitätsbewertung ausgeschlossen sind. Schließlich ist es gerade Zweck des Ratings, die Umlauffähigkeit von Wertpapieren sowie die Kapitalmarkteffizienz zu erhöhen.[485] Es würde diesen Zielen zuwiderlaufen, Zweiterwerber und damit den gesamten Sekundärmarkt aus dem Kreis der geschützten Personen auszunehmen. Dieser Schritt würde auch den Ersterwerbern schaden. Wenn diese ihre Wertpapiere veräußern wollten, müssten sie aufgrund der informationellen Unsicherheit der Zweiterwerber Risikoaufschläge akzeptieren; diese schlechtere Verkaufsmöglichkeit würden die Ersterwerber bereits beim Kauf der Wertpapiere antizipieren, so dass es auch auf dem Primärmarkt schon zu informationellem Marktversagen käme.[486]

360f., der darauf hinweist, dass Wertveränderungen aufgrund anderer Faktoren keinen kausalen Schaden begründen können.

483 Ausführlich *Büttner*, Umfang und Grenzen der Dritthaftung von Experten (2006), 100f. Vgl. auch OLG Bamberg AG 2005, 766, 769, das ablehnte, dass sich ein Anleger von einem 23 Monate alten Testat habe leiten lassen dürfen.

484 Ähnlich BGH WM 2013, 689 Tz. 17, wonach ein Anleger darauf Vertrauen darf, dass eine Anlage zum Emissionszeitpunkt keine strukturellen Mängel aufwies, auch wenn der Bestätigungsvermerk im Übrigen inzwischen überholt ist.

485 Zur Prospekthaftung *Canaris*, ZHR 163 (1999) 206, 211, 237; *Assmann*, Prospekhaftung (1985), 359. Ähnlich auch *Büttner*, Umfang und Grenzen der Dritthaftung von Experten (2006), 101.

486 Vgl. *Baums*, ZHR 167 (2003) 139, 150.

Auch ein Seitenblick auf die wertpapierrechtliche Prospekthaftung, eine Haftung für Primärmarktinformationen, bestätigt dieses Ergebnis: § 21 Abs. 1 S. 1 WpPG (zuvor § 44 Abs. 1 S. 1 BörsG), eine gesetzliche Vertrauenshaftung, unterscheidet ebenfalls nicht zwischen Erst- und Zweiterwerbern, sondern schützt alle Investoren, die innerhalb von sechs Monaten nach der Emission das Wertpapier gekauft haben.[487] Damit typisiert die Regelung den Zeitraum, in dem die Informationen eines Prospektes noch kursbestimmend und nicht „verblasst" sind.[488]

c) Emittentenrating

Sehr viel schwieriger ist es, den Kreis der Personen zu konkretisieren, deren Vertrauen durch ein Emittentenrating in Anspruch genommen wird. Im Gegensatz zu einem Emissionsrating fehlt es hier an einem konkreten Projekt. Dennoch wird auch ein Emittentenrating nicht zweckfrei erstellt oder in Auftrag gegeben. Aus Sicht von Emittenten und Investoren ist ein Emittentenrating vielfach vollkommen ausreichend, um die Bonität beurteilen zu können. Dies ist etwa der Fall, wenn eine Unternehmensanleihe ohne Besonderheiten in den Konditionen (*plain vanilla*) begeben wird oder es nur darauf ankommt, das Gegenparteirisiko auszudrücken, das für Derivate und strukturierte Produkte von besonderer Bedeutung ist. Dementsprechend wird häufig für einzelne Emissionen solcher Produkte gar kein Emissionsrating in Auftrag gegeben, weil es ohnehin dem Rating des Emittenten entsprechen würde.

Zum Zeitpunkt der Abgabe des Ratings ist also noch gar nicht bekannt, im Zusammenhang mit welchen Projekten – sprich Emissionen – das Rating eingesetzt werden wird. Mithin kann die Ratingagentur zu diesem Zeitpunkt das Haftungsrisiko nicht abschätzen, wenn sie für alle möglichen Verwendungen ihres Ratings in Anspruch genommen werden könnte. Auf den ersten Blick ist diese Situation vergleichbar mit der eines Gutachters, der ein Gutachten ohne klare Zweckbestimmung abgegeben hat,[489] oder eines Bilanztestats eines Wirtschaftsprüfers. Die Konstellation unterscheidet sich jedoch in einem maßgeblichen Punkt: Die Verwendung für die Fremdkapitalfinanzierung am Kapitalmarkt ist der originäre Zweck eines Ratings; er ist der Ratingagentur als typische Verwendung abstrakt bekannt, da andere Motive für die Beauftragung eines Ratings sekundär sind.

---

[487] Hierzu *Mülbert/Steup*, WM 2005, 1632, 1638.

[488] *Baums*, ZHR 167 (2003) 139, 149 f.

[489] Für eine Haftung *Canaris*, ZHR 163 (2003) 206, 238; a.A. *Picker*, in: FS Medicus (1999), 443 f. Für eine Haftung des Experten, sofern das Gutachten nicht rein intern, d.h. auch für den rechtsgeschäftlichen Verkehr bestimmt ist, scheinen BGHZ 145, 187, 201 und BGH WM 1998, 440, 442 zu votieren.

Fraglich ist lediglich die dogmatische Begründung, weshalb die Ratingagentur auch gegenüber diesen Investoren gemäß § 311 Abs. 3 S. 2 BGB einstehen soll, wenn eine explizite Zweckbestimmung und ein entsprechender Wille der Ratingagentur fehlen. Ähnlich wie im Falle von Willenserklärungen ist auch hier auf den objektiven Empfängerhorizont der Vertrauensgeber abzustellen und zu fragen, ob zum einen die Investoren nach Treu und Glauben aufgrund des Inhalts des Ratings und seines Kontextes[490] davon ausgehen durften, dass das Rating auch an sie gerichtet und die Vertrauenswerbung durch das Rating der Agentur zuzurechnen ist.[491] Auch hier kann auf die Rechtsgeschäftslehre und den Fall fehlenden Erklärungsbewusstseins zurückgegriffen werden. Denn wenn schon eine privatautonome Bindung nur in diesen Grenzen entsteht, muss dies erst recht für eine willensunabhängige gesetzliche Haftung gelten.[492] Entscheidender Zurechnungsgrund ist das Risikoprinzip als Korrelat der freiwilligen Teilnahme am rechtsgeschäftlichen Verkehr. Eine Zurechnung ist danach nur dann möglich, wenn erkennbar ist, dass man sich im geschäftlichen Verkehr bewegt und die Möglichkeit hat, das entsprechende Risiko zu beherrschen. Dieses Risiko besteht darin, dass eine Expertise[493] oder hier ein Rating benutzt werden könnte, um damit um das Vertrauen der Anleger zu werben.

Wie ein Emissionsrating ist auch ein Emittentenrating an Investoren adressiert, somit ergibt sich bereits aus dem Rating selbst, also dem Inhalt der Expertise der Ratingagentur, dass es an Erwerber von Schuldverschreibungen des bewerteten Unternehmens gerichtet ist. Es verhält sich mit einem Rating daher nicht anders als mit einem Gutachten über den Wert eines Grundstücks, das seinem Inhalt nach typischerweise bei der Finanzierung zugrunde gelegt wird,[494] oder einem Testat eines Wirtschaftsprüfers, das dieser als Mittelverwendungskontrolleur eines Kapitalanlagesystems abgegeben hat.[495] Schon wegen eines Inhalts dürfen daher Investoren von ihrem Empfängerhorizont aus in einem Emittentenrating eine Vertrauenswerbung sehen, die sich auf alle Schuldverschreibungen bezieht, die ein Emittent begeben hat oder in nächster Zukunft begeben wird. Dieses Verständnis ist

---

[490] Vgl. zur Ermittlung des Empfängerhorizonts *Büttner*, Umfang und Grenzen der Dritthaftung von Experten (2006), 94 ff.

[491] Zu den verschiedenen Zurechnungsgründen *Canaris*, Die Vertrauenshaftung im deutschen Privatrecht (1971), 467 ff.

[492] *Canaris*, ZHR 163 (1999) 206, 239.

[493] *Canaris*, ZHR 163 (1999) 206, 239; *Adolff*, Die zivilrechtliche Verantwortlichkeit deutscher Anwälte bei der Abgabe von Third Party Legal Opinions (1997), 130. Vgl. aus der Rechtsprechung zur Willenserklärung BGHZ 91, 324, 330; zur Vertrauenshaftung BGHZ 145, 189, 199 und 201.

[494] BGHZ 159, 1, 7 f.

[495] BGHZ 145, 187, 199.

für eine Ratingagentur leicht voraussehbar, weil eine solche Verwendung ihres Ratings eines Emittenten typisch wäre, in der Regel gerade Motiv der Beauftragung des Ratings durch den Emittenten ist und das damit verbundene Bonitätsrisiko adäquat widerspiegeln würde.[496]

Die Ratingagentur kann ihr Haftungsrisiko auch kontrollieren, wenn sie feststellt, dass das Haftungsrisiko zu groß wird oder aber ihr Rating nicht mehr ihrer aktuellen Einschätzung entspricht. Im Gegensatz zu anderen Experten kann eine Ratingagentur, wie bereits im Kontext der Zweiterwerber ausgeführt, ihre Bewertung zurückziehen, unter Beobachtung stellen oder modifizieren. Es ist ihr möglich, dem Vertrauenstatbestand dadurch den Boden zu entziehen, weil sie erwarten kann, dass dies von den Kapitalmarktteilnehmern schnell rezipiert wird.[497] Hierin liegt auch ein wesentlicher Unterschied gegenüber anderen Experten, die mit ihrem Gutachten oder Testat auch jede zukünftige Einwirkungsmöglichkeit aus der Hand geben, wenn sie weder den genauen Zweck oder Empfängerkreis kennen. Zudem wird eine Ratingagentur aufgrund ihrer Beobachtungspflicht (Art. 8 Abs. 5 RatingVO) frühzeitig Kenntnis von Neuemissionen eines bewerteten Unternehmens erhalten und sich hierauf einstellen können.

d) Erwerber von Derivaten und Kapitalmarktprodukten des Emittenten

Hinsichtlich Derivaten und anderen Kapitalmarktprodukten sind zwei Konstellationen zu unterscheiden: solche, die das bewertete Unternehmen selbst emittiert, es also Gegenpartei des Anlegers ist (aa), und solche, die sich lediglich auf das bewertete Unternehmen als Basiswert beziehen (bb).

aa) Vom bewerteten Unternehmen emittierte Derivate und Zertifikate

Die bisherigen Überlegungen wurden anhand der Fremdkapitalbeschaffung durch Anleihen vorgestellt; sie gelten aber auch genauso für andere Formen von Schuldverschreibungen wie Zertifikate oder Derivate, die nicht primär der Fremdkapitalaufnahme dienen. Hierbei handelt es sich in erster Linie um Finanzmarktprodukte und keine Instrumente zur Fremdfinanzie-

---

496 A.A. *Eisen*, Die Haftung und Regulierung internationaler Rating-Agenturen (2007), 353 sowie – für das schweizerische Recht – *Vasella*, Die Haftung von Ratingagenturen (2011), Rn. 852, die daher eine Haftung für Emittentenratings ablehnt.

497 Vgl. BGHZ 145, 187, 201, BGH WM 2003, 1772, 1774; NJW 2010, 1279, 1281 zu dieser Pflicht für einen Mittelverwendungskontrolleur; zu den Grenzen und Schwierigkeiten *Koch*, WM 2010, 1057, 1063.

rung. Dementsprechend stehen auch die wertrelevanten Eigenschaften des Produkts – der Basiswert und die Auszahlungsbedingungen – für Anleger im Vordergrund. Dies ändert sich jedoch schlagartig, sobald sich die Bonität des Emittenten verschlechtert und zu einem zusätzlichen Faktor wird, der die Wertentwicklung bestimmt. So führte die Insolvenz von Lehman Brothers dazu, dass auf einmal der Kurs von Zertifikaten, die Lehman Brothers emittiert hatte, einbrach und die Entwicklung des Basiswertes keine Rolle mehr spielte. Der Anleger wäre dann vor dem Erwerb auf ein Produkt eines bonitätsstärkeren Emittenten ausgewichen oder hätte das Bonitätsrisiko stärker berücksichtigen müssen, als dies für derartige Finanzprodukte üblich ist.

bb) Bewertetes Unternehmen als Basiswert von Derivaten und Zertifikaten

Anders verhält es sich, wenn das bewertete Unternehmen selbst der Basiswert ist, auf den Anleger mit Wertpapieren von Drittemittenten spekulieren. Auch für diese Wertpapiere hat das Rating des Basiswertes eine hohe Bedeutung. Ihr Volumen entzieht sich aber – wie jede andere Art der privatrechtlichen Inanspruchnahme des Ratings – der Kontrolle der Ratingagentur und ist für sie nicht voraussehbar, weshalb ein Schadensersatzanspruch solcher Anleger ausscheidet.[498]

e) Verkäufer

Im Fokus stehen meist die Käufer von Schuldverschreibungen, weniger die Verkäufer.[499] Wenn bereits Altanleger zum Kreis der Anspruchsberechtigten gehören, wäre es nicht nachvollziehbar, Anleger schlechter zu behandeln, die sich zu einer Deinvestition entschlossen und ihre Schuldverschreibungen verkauft haben. Auch die Verkäufer verlassen sich auf das Rating, denn wäre es zu negativ, würden sie ihre Schuldverschreibungen zu einem zu geringen Kurs verkaufen.[500] Allerdings scheidet eine Haftung gegenüber Verkäufern aus, wenn das Rating bereits zum Zeitpunkt des Erwerbs fehlerhaft gewesen ist. Dann fehlt es an einem Schaden, weil der Verkäufer bereits die Schuldverschreibungen aufgrund eines zu negativen Ratings erworben hat. Der Verkäufer „reicht“ den Schaden quasi „durch“.

---

498 Vgl. *Möllers/Leisch*, in: Kölner Kommentar, WpHG, 2. Aufl. (2014), §§ 37 b, c, Rn. 254 zu einer ähnlichen Konstellation.

499 Zu Altinvestoren, die aufgrund eines Ratings von einem Verkauf abgesehen haben, S. 277.

500 *Kersting*, Die Dritthaftung für Informationen im Bürgerlichen Recht (2007), 542.

f) Vertragspartner des Emittenten

Die vorherigen Ausführungen provozieren die Frage, wo denn angesichts der vielfältigen tatsächlichen Verwendungen des Ratings die Grenze zu ziehen ist. Dieser Einwand ist durchaus berechtigt, denn sonst würde sich die Verbindung zu einem bestimmten „Projekt" vollständig auflösen.[501] Verlässt man den Kontext des Kapitalmarktes und fragt, ob sich auch Kreditgeber, Lieferanten oder andere Vertragspartner auf die Bonitätsbewertung einer Ratingagentur berufen können, wird diese Grenze überschritten.[502] Zunächst ist bereits zweifelhaft, ob diese Personen gleichermaßen berechtigt sind, auf ein Rating zu vertrauen. Im Gegensatz zu Anlegern auf dem Kapitalmarkt können sie sich durch Sicherheiten und individuelle Vereinbarungen ausreichend absichern.[503]

Schließlich wäre das Haftungsrisiko für die Ratingagentur nicht mehr kontrollierbar. Die Begebung von Schuldverschreibungen durch einen Emittenten kann von der Ratingagentur bereits vor der Emission antizipiert werden, weil die Emission einen zeitlichen Vorlauf hat und branchenüblich angekündigt wird; die Ratingagentur kann ihr Rating dann noch zurückziehen. Von Verträgen des Emittenten erfährt die Ratingagentur jedoch erst nach ihrem Abschluss, wäre dann aber bereits haftbar.

4. Vertrauensgewähr durch Investoren

a) Erheblicher Einfluss auf Vertragsverhandlungen oder Vertragsschluss

Der Vertrauensnehmer muss nach § 311 Abs. 3 S. 2 BGB einen erheblichen Einfluss auf die Vertragsverhandlungen und den Vertragsschluss gehabt haben. Damit sind mehrere Punkte angesprochen: Erstens eine Kausalbeziehung zwischen der Vertrauenswerbung und dem Verhalten des Vertrauensgebers, hier des Investors; zweitens die Frage, zu welchen Folgen diese Beeinflussung führen muss. In kapitalmarktrechtlicher Terminologie sind damit die Transaktionskausalität, auf die später eingegangen wird,[504] und die Frage des Transaktionserfordernisses angesprochen. An dieser Stelle soll erst einmal die Feststellung genügen, dass das Rating die Entscheidung des

---

501 Vgl. zu den Grenzen des Projektbezugs einer Bankauskunft *Berger*, ZBB 2001, 238, 247.

502 A.A. aus schweizerischer Perspektive *Vasella*, Die Haftung von Ratingagenturen (2011), Rn. 852.

503 Vgl. nur BGHZ 177, 25, 32.

504 Ausführlich S. 327 ff.

Anlegers so beeinflusst haben muss, dass der Vertrauensgeber die Anlage sonst nicht zu diesem Kurs erworben hätte.[505] Aufgrund der Kursrelevanz des Ratings ist dieser Zusammenhang zu vermuten. Da sich durch den Preis ein *essentialium negotii* verändert hat, liegt auch eine erhebliche Beeinflussung im Sinne des § 311 Abs. 3 S. 2 BGB vor.[506]

b) Transaktionserfordernis als „ungeschriebene Grenze" einer Haftung?

aa) Problemstellung

In der kapitalmarktrechtlichen Diskussion ist es – auch rechtspolitisch – eine umstrittene Frage, ob ein Schadensersatzanspruch zwingend eine Transaktion voraussetzt. Zur Diskussion gestellt ist damit der Schutz von Altanlegern, die veranlasst durch ein zu gutes Rating auf den Verkauf ihrer Wertpapiere verzichten oder – spiegelbildlich – aufgrund eines zu schlechten Ratings von einem Erwerb einer gewinnbringenden Schuldverschreibung absehen.

Fallgruppe 1 (Altanleger): Ein Investor hat bereits Zweifel an der Zahlungsfähigkeit eines Emittenten und beschließt den Verkauf seiner Anleihe. Ein gutes Rating einer Ratingagentur oder eine Bestätigung der bisherigen positiven Bonitätseinschätzung zerstreut seine Zweifel, so dass er von seiner Verkaufsentscheidung Abstand nimmt. Kurz darauf bewahrheiten sich seine Befürchtungen: Der Emittent wird zahlungsunfähig (Bsp. Enron).

Fallgruppe 2 (Neuinvestor): Ein Anleger sieht aufgrund eines unberechtigterweise zu schlechten Ratings von einer Investition ab und macht den entgangenen Gewinn geltend.

Offensichtlich bestehen in beiden Konstellationen erhebliche Beweisschwierigkeiten, weil sich das Vertrauen der Anleger in das Rating in keiner Transaktion manifestiert hat. Diese Beweisprobleme sowie das Missbrauchspotential, würde man dieser großen Gruppe von Anlegern zumindest im Grundsatz einen Anspruch zugestehen, waren es auch, die die US-amerikanische Rechtsprechung veranlasst haben, einen Anspruch nach Sec. 10(b) SEA i. V. m. Rule 10b-5 von einer Transaktion abhängig zu machen.[507] Auch der deutsche

---

[505] *Koch*, AcP 204 (2004) 59, 79; *Kersting*, Die Dritthaftung für Informationen im Bürgerlichen Recht (2007), 268.

[506] *Kersting*, Die Dritthaftung für Informationen im Bürgerlichen Recht (2007), 274.

[507] Grundlegend *Birnbaum v. Newport Steel Corp.*, 193 F.2d 461 (2nd Cir. 1952); *Blue Ship Stamps v. Manor Drug Stores*, 421 U.S. 723, 742 (1975). Dazu statt vieler *Hopt/Vogt*, in: dies., Prospekt- und Kapitalmarktinformationshaftung (2005), 111 f. mit einem rechtsvergleichenden Überblick.

Gesetzgeber hat den Kreis der Anspruchsberechtigten im Kapitalmarktrecht durch das Transaktionserfordernis begrenzt (vgl. §§ 37b Abs. 1, 37c Abs. 1 WpHG; § 22 Abs. 1 S. 1 WpPG; §§ 20 Abs. 1, 22 Abs. 1 VermAnlG).

Vor diesem Hintergrund wird diskutiert, ob das Erfordernis einer konkreten Transaktion eine „ungeschriebene Grenze“[508] einer Haftung für Kapitalmarktinformationen ist.[509] Eine klare Abgrenzung des Kreises der geschützten Personen hat für den potentiellen Anspruchsgegner den Vorteil, dass er sich gar nicht erst in einem Rechtsstreit verteidigen muss.[510] Dies ist vor allem wegen der Belastungen eines Rechtsstreits im US-amerikanischen Zivilprozessrecht für den Beklagten (Stichworte: Kostentragung nach der *american rule*, *class action*, *punitive damages*, *discovery*-Verfahren) ein wichtiger Gesichtspunkt, der in Deutschland nicht im vergleichbaren Maße gegeben ist.[511] Da für eine erfolgreiche Klage erforderlich ist, dass sich die Verkaufs- bzw. Kaufabsicht bereits nachweisbar konkretisiert hat,[512] erscheint ein Transaktionserfordernis bereits rechtspolitisch verzichtbar.[513]

Ob sich dogmatisch aus den verschiedenen Haftungsnormen des Kapitalmarktrechts ein allgemeiner Rechtsgedanke ableiten lässt, ist ohnehin nur dann relevant, wenn § 311 Abs. 3 S. 2 BGB diese Frage nicht abschließend beantwortet. § 311 Abs. 3 S. 2 BGB knüpft nicht an einen Vertragsschluss an, sondern lässt auch eine erhebliche Beeinflussung einer Verhandlung ausreichen. Als Ergebnis dieses Einflusses ist es auch denkbar, dass ein geplanter Kauf oder Verkauf eines Wertpapiers unterbleibt.[514] Ausweislich der Gesetzesbegründung soll zu den nach § 241 Abs. 2 BGB geschützten Interessen neben dem Vermögen auch die Entscheidungsfreiheit gehören *können*.[515] Nach *Canaris* geht diese Passage der Gesetzesbegründung auf seine Anregung zurück und soll lediglich verhindern, dass § 241 Abs. 2 BGB als Abkehr von der Rechtsprechung des BGH gesehen werden könn-

---

508 *Fleischer*, ZIP 2005, 1805, 1808.

509 Hierfür z.B. *Hopt/Vogt*, in: dies., Prospekt- und Kapitalmarktinformationshaftung (2005), 111; *Ehricke*, in: Hopt/Vogt, Prospekt- und Kapitalmarktinformationshaftung (2005), 283 f.; *Hellgardt*, Kapitalmarktdeliktsrecht (2008), 340 ff.; *Zimmer*, WM 2004, 9, 16; ausführlich *Kremer*, Die zivilrechtliche Verantwortlichkeit des Wirtschaftsprüfers gegenüber Kapitalanlegern (2007), 314 ff.

510 *Hellgardt*, Kapitalmarktdeliktsrecht (2008), 342.

511 Vgl. *Baums*, ZHR 167 (2003) 139, 178 f.; *Kersting*, Die Dritthaftung für Informationen im Bürgerlichen Recht (2007), 532.

512 BGH NJW 2005, 2450, 2453.

513 *Baums*, ZHR 166 (2002) 375, 379; *Kersting*, Die Dritthaftung für Informationen im Bürgerlichen Recht (2007), 532; *Fleischer*, ZIP 2005, 1805, 1808; *Spindler*, AcP 208 (2008) 283, 337 f.

514 *Kersting*, Die Dritthaftung für Informationen im Bürgerlichen Recht (2007), 533.

515 Bundestags-Drucksache 14/6040, 126.

te.[516] Der BGH hatte die Entscheidungsfreiheit – in Abgrenzung zu §§ 123, 142 BGB – durch culpa in contrahendo nur dann als geschützt angesehen, wenn zugleich ein Vermögensschaden vorliegt.[517] Dies ist für beide Fallgruppen zu prüfen. Da die Gesetzesbegründung Raum für Wertungen im Einzelfall eröffnet, sollen die beiden Fallgruppen separat untersucht werden. Dabei wird sich zeigen, dass sie grundlegend unterschiedlich zu bewerten sind.

bb) Altanleger: Absehen von einem Verkauf

Die Kritik am Transaktionserfordernis entzündet sich häufig an der Fallgruppe der Altanleger. Da Anleger während des Haltens eines Wertpapiers darauf vertrauen, dass ein Rating überwacht und aktualisiert wird (vgl. Art. 8 Abs. 5 RatingVO), handelt es sich hierbei um eine sehr praxisrelevante Fallgruppe. Wären diese vorwiegend langfristig orientierten Anleger nicht geschützt, wäre eine wichtige Funktion der Tätigkeit von Ratingagenturen, die Überwachung der Bonität des Emittenten, nicht haftungsrechtlich erfasst. Typische Konstellationen sind die Zusammenbrüche von Unternehmen wie Parmalat, Enron oder WorldCom, von denen die Anleger überrascht worden sind. Auch Erkenntnisse aus der Verhaltensökonomie unterstreichen die Bedeutung von Ratingagenturen. Anleger tendieren dazu, Anlagen länger zu halten, als dies empfehlenswert ist.[518] Umso wichtiger ist aber die Aufgabe von Ratingagenturen, den Anlegern klare Signale zu geben, wenn sich die Bonität des Emittenten verschlechtert.

Zum Zeitpunkt der Bewertung haben die Altanleger eine Entscheidung – gegen eine Deinvestition – getroffen; damit liegt eine Vertrauensinvestition vor.[519] Der Anleger hat durch seine Investition sein Vermögen bereits einer Gefährdung ausgesetzt, die sich durch sein Absehen von einem Verkauf jetzt verwirklichen kann. Es ist daher nicht nur seine Entscheidungsfreiheit, sondern auch die Integrität seines Vermögens unmittelbar berührt. Der Schutz des Integritätsinteresses im Rechtsverkehr ist jedoch gerade eine Hauptaufgabe des § 311 Abs. 2 und 3 BGB, der im Kern „funktionales Deliktsrecht" ist.[520] Im Falle der Zahlungsunfähigkeit verwirklicht sich auch

---

516 *Canaris*, JZ 2001, 499, 519, Fn. 182.

517 BGH NJW 1998, 302, 304; hierzu *Wagner*, ZGR 2008, 495, 508 m.w.N. Zustimmend etwa *Canaris*, AcP 200 (2000) 273, 304ff.; ablehend *Fleischer*, Informationsasymmetrien im Vertragsrecht (1999), 440ff.

518 Vgl. *Fleischer*, ZIP 2005, 1805, 1808.

519 Vgl. zu diesem Erfordernis *Canaris*, Die Vertrauenshaftung im deutschen Privatrecht (1971), 510ff.

520 *Köndgen*, in: Schulze/Schulte-Nölke, Die Schuldrechtsreform vor dem Hintergrund des Gemeinschaftsrechts (2001), 237; ähnlich auch *Kersting*, Die Dritthaftung für Informationen im Bürgerlichen Recht (2007), 271.

nicht das allgemeine Marktrisiko, sondern das spezifische Bonitätsrisiko des Emittenten. Eine Einbeziehung der Altanleger in den geschützten Personenkreis würde auch das Haftungsrisiko nicht unübersehbar werden lassen; die Haftung wäre weiterhin auf das Volumen der Emission begrenzt. Es handelt sich hierbei letztlich nur um die andere Seite der Medaille einer Haftung der Ratingagentur gegenüber dem Verkäufer:[521] Im einen Fall veranlasst ein zu schlechtes Rating den Investor zu einer Deinvestition, im anderen entscheidet er sich aufgrund des zu positiven Ratings dagegen.

Auch der BGH hat in der EM.TV-Entscheidung im Falle fehlerhafter Ad-hoc-Mitteilungen Altanleger als anspruchsberechtigt angesehen.[522] Der BGH verlangt jedoch, dass der Anleger nachweisbar von einem fest beabsichtigten Verkauf Abstand genommen haben müsse; eine hohe beweisrechtliche Hürde. Allerdings ist im Kontext des Ratings davon auszugehen, dass viele institutionelle Investoren diese Hürde nehmen können, wenn sie aufgrund aufsichtsrechtlicher oder interner Anlagevorschriften bei einem korrekten Rating eine Anlage hätten verkaufen oder die Investition zumindest hätten überprüfen müssen.

cc) Neue Investoren: Unterlassen einer Investition

Abzulehnen ist demgegenüber die Haftung gegenüber Investoren, die von einem Kauf Abstand genommen haben. Anderenfalls wäre damit potentiell einem unbegrenzten Kreis von Personen die Geltendmachung von Schadensersatz für entgangenen Gewinn eröffnet. Das Haftungsrisiko wäre nicht mehr durch das Emissionsvolumen begrenzt und damit nicht mehr kalkulierbar. Im Rahmen der *culpa in contrahendo* ist zwar anerkannt, dass jemand, der von einem Vertragsschluss abgebracht worden ist, als negatives Interesse den entgangenen Gewinn geltend machen kann.[523] Anders als ein Altanleger wird das Vermögen des neuen Investors nicht geschädigt und sein Integritätsinteresse daher nicht berührt; ihm entgeht nur die Chance auf eine besonders gewinnbringende Investition.[524] Wie ein genauer Blick zeigt, ist noch nicht einmal dies der Fall: Ein Neuinvestor müsste sich den Gewinn anrechnen lassen, den eine alternative Investition mit einem vergleichbaren Risikoprofil erbracht hätte. Weil das korrekte Rating sofort in den

---

521 Hierzu bereits S. 273.

522 BGH NJW 2005, 2450, 2453; ebenso OLG Stuttgart ZIP 2006, 511, 514.

523 BGH WM 2006, 1536, 1539; BGH NJW 1998, 2900, 2901; *Kersting*, Die Dritthaftung für Informationen im Bürgerlichen Recht (2007), 452 m.w.N.

524 Ähnlich *Bachmann*, in: ders. et al., Steuerungsfunktionen des Haftungsrechts im Gesellschafts- und Kaptitalmarktrecht (2007), 136. In vielen Rechtsordnungen sind Exspektanzen nicht im gleichen Maße geschützt wie das Integritätsinteresse, siehe *Bussani/Palmer/Parisi*, 51 Am. J. Comp. L. 113, 125 ff. (2003).

Marktpreis eingeflossen wäre, hätte er keine Möglichkeit gehabt, einen über vergleichbare alternative Anlagen hinausgehenden Gewinn zu generieren.

5. Exkurs: Vertrauenswerbung durch die Muttergesellschaft

Im Kapitalmarktverkehr werden die Ratingagenturen als geschlossene Einheiten wahrgenommen, die unter einem Namen ihre Bewertungen abgeben. Ein genauer Blick zeigt allerdings, dass die einzelnen Bewertungen häufig von lokalen Tochtergesellschaften der Ratingagenturen erarbeitet und veröffentlicht werden. Kann aber auch die Muttergesellschaft für eine fehlerhafte Bewertung einer ihrer Tochtergesellschaften haften?[525]

Der einheitliche Konzernauftritt, die Verwendung des Konzernnamens als Kurzform (z. B. „Fitch", „Moody's") und der übliche Hinweis, dass es sich bei dem jeweiligen Tochterunternehmen um ein Mitglied der Unternehmensgruppe handele, könnten bei Investoren den Eindruck wecken, es bestände eine rechtliche Verantwortung der Muttergesellschaft für die Ratingaussagen ihrer Tochtergesellschaft. Anknüpfungspunkt könnte die Figur der Konzernvertrauenshaftung sein, die das schweizerische Bundesgericht entwickelt hat.[526] Deutsche Gerichte waren allerdings bisher eher skeptisch, eine solche Einstandspflicht aus der Zugehörigkeit zu einer Unternehmensgruppe anzunehmen,[527] weil damit das konzernrechtliche Trennungsprinzip und die Wertungen der §§ 311 ff. AktG unterlaufen werden könnten.

Letztlich trifft dieser Ansatz auch nicht den Kern der Erwartungen der Investoren: Der Investor vertraut nicht auf eine konzernrechtliche Einstandspflicht der Muttergesellschaft für die Verbindlichkeiten der Tochtergesell-

---

525 Zur ähnlichen Problemlage internationaler Beratungsunternehmen *Ebke*, Die zivilrechtliche Verantwortlichkeit der wirtschaftsprüfenden, steuer- und rechtsberatenden Berufe im internationalen Vergleich (1996), 62 ff.; *H. Buxbaum*, 17 Ind. J. Global Leg. Stud. 165, 179 (2010); *Cromer Finance Ltd. v. Berger*, 137 F.Supp.2d 452, 487 ff. (S.D.N.Y. 2001) und *Rocker Management L.L.C. v. Lernout & Hauspie Speech Products N.V.*, 2005 WL 3658006, 11 f. (D.N.J 2005) ein Haftung von Wirtschaftsprüfungsgesellschaften für Tochtergesellschaften wegen des einheitlichen Auftretens erwägend, aber im Ergebnis ablehnend.

526 Grundlegend BGE 120 II 331, 335 ff. (*Wibru-Holding ./. Swissair*). In der Folgeentscheidung Motor Columbus (BGE 124 III 297, 304 f.) wurde allerdings darauf hingewiesen, dass über die Einbindung in die Konzernstruktur durch die Muttergesellschaften Erwartungen der Gläubiger geweckt worden sein müssten. Zusammenfassend zur Rechtsentwicklung *Fleischer*, NZG 1999, 685, 685 ff. Zuletzt hat das Bundesgericht die Konzernvertrauenshaftung stark beschränkt, indem es eine Einstandspflicht ablehnte, wenn eine vertragliche Absicherung möglich gewesen wäre (BGE 133 III 449 Erw.4.1).

527 OLG Düsseldorf NJOZ 2005, 3430, 3434; OLG Düsseldorf NZG 2001, 368, 371; OLG Hamm NJW-RR 1998, 1253, 1254.

schaften, weil eine „Reputationsleihe“[528] der Mutter an die Tochtergesellschaft stattgefunden hat. Sein Vertrauen konzentriert sich auf das Produkt, das Rating.[529] Er rechnet das Rating allein der Muttergesellschaft zu, unter deren „Marke“ es veröffentlicht worden ist und auf deren Reputation das Rating fußt.[530] Es handelt sich um eine ähnliche Konstellation wie die Verantwortlichkeit des Quasi-Herstellers nach § 4 Abs. 1 S. 2 ProdHG, der zwar ein Produkt nicht herstellt, es aber unter seiner Marke vertreibt.[531] Die Tochtergesellschaft tritt höchstens im Rahmen der Veröffentlichung des Ratings in Erscheinung. Danach wird es nur noch unter dem Namen der Muttergesellschaft – „Fitch“ oder „Moody's“ – weiterverbreitet. Es knüpft an die Ratingskala der Unternehmensgruppe an, erweckt den Eindruck einheitlicher Qualitätsstandards, erhält so zusätzliche Glaubwürdigkeit und ermöglicht durch den Vergleich mit anderen Ratings der Unternehmensgruppe Netzwerkeffekte. Kurzum: Der Rechtsverkehr betrachtet das Rating – zumindest auch, wenn nicht sogar ganz überwiegend – als eine Prognose der Muttergesellschaft und sieht diese als Vertrauensnehmerin an. Eine einheitliche Perspektive auf eine Ratingagenturgruppe findet sich im Übrigen auch im Aufsichtsrecht: So kann eine Gruppe von Ratingagenturen (Art. 3 Abs. 1 lit. l RatingVO) sich gemeinsam registrieren lassen (Art. 15 Abs. 2 RatingVO). Ferner sind die Ratings von Mitgliedern einer Gruppe von Ratingagenturen insoweit privilegiert, als es möglich ist, ohne weitere Voraussetzungen deren Ratings auch dann zu übernehmen, wenn diese Mitglieder in Drittstaaten ansässig sind. Dies korrespondiert mit der Erwartung des Rechtsverkehrs, dass in einer Gruppe von Ratingagenturen ein einheitlicher Qualitätsstandard gewährleistet ist.[532]

Die entscheidende Frage ist, ob sich die Muttergesellschaft die Veröffentlichung der Ratings und ihre weitere Verbreitung unter ihrem Namen wie eine eigene Erklärung normativ zurechnen lassen muss. Ansatzpunkte für die Lösung des Spannungsverhältnisses zwischen rechtlicher Trennung und Erscheinungsbild im Rechtsverkehr können die Grundsätze der Vertrauenshaftung geben.[533] Anknüpfen lässt sich hier an die der Anscheins- und

---

[528] *v. d. Crone/Walter*, SZW/RSDA 2001, 53.

[529] Ähnlich zur Produkthaftung *Fleischer*, NZG 1999, 685, 690.

[530] Vgl. BGH NJW 1980, 2193 zur für das Gesamtverhalten prägenden Wirkung der Werbung eines Reiseveranstalters, dessen Vorbringen, er sei als Vertreter aufgetreten, daher treuwidrig sei.

[531] Zu dieser Regelung und ihrer – streitigen – rechtsdogmatischen Einordnung *Rieckers*, VersR 2004, 706, 711.

[532] Offengelassen wurde das Vertrauen auf die Qualität eines „Konzernprodukts“ in OLG Düsseldorf NJOZ 2005, 3430, 3434.

[533] *Ebke*, Die zivilrechtliche Verantwortlichkeit der wirtschaftsprüfenden, steuer- und rechtsberatenden Berufe im internationalen Vergleich (1996), 65; *Fleischer*, ZHR 163 (1999) 461, 473 für die Mitverpflichtung der Muttergesellschaft.

Duldungsvollmacht zugrundeliegenden Wertungen.[534] Der Rechtsverkehr kann die interne Organisation und Aufgabenverteilung nur schwer einsehen; der Geschäftsherr kann demgegenüber die Außendarstellung seines Unternehmens und das Auftreten seiner Repräsentanten besser überwachen und sein Verhalten beeinflussen bzw. ggf. verhindern, weshalb ihn eine gesteigerte Sorgfaltspflicht trifft. Zudem hat er durch die Wahl der Organisation und Aufgabenverteilung das Risiko eines falschen Eindrucks selbst geschaffen.[535] Nach Ansicht des BGH ist es daher im Kontext der Vertrauenshaftung ausreichend, wenn der Geschäftsherr eine Person mit einer Tätigkeit betraut hat, die „geeignet ist, eine Vertrauenshaftung des Geschäftsherrn zu begründen."[536]

Diese Grundgedanken sind zwar nicht für die Aufgabenverteilung verschiedener Konzernunternehmen entwickelt worden, lassen sich aber auf diese Konstellation übertragen. Eine gesteigerte Sorgfaltspflicht der Konzernmutter ist zumindest dann anzunehmen, wenn sie ein einheitliches Auftreten fördert oder die Verwendung ihrer Kennzeichen duldet.[537] Im Falle von Ratingagenturen kommt hinzu, dass die Muttergesellschaft den Tochtergesellschaften die Veröffentlichung über ihre eigene Website ermöglicht und die Zuschreibung der Bewertungen der Tochtergesellschaften zur Muttergesellschaft bzw. der „Marke" der Unternehmensgruppe über einen langen Zeitraum akzeptiert hat, nicht zuletzt, weil mit jedem Rating die Marktstellung der gesamten Unternehmensgruppe wächst. Letztlich wäre es daher treuwidrig, wenn sich die Muttergesellschaft damit verteidigen könnte, es handle sich lediglich um die Bewertung einer Tochtergesellschaft.

§ 11 Pflichtverletzung und Verschulden

In diesem Abschnitt wird das Pflichtenprogramm einer Ratingagentur bei der Erstellung eines Ratings (I.) und der Verschuldensmaßstab (II.) herausgearbeitet werden. Beide Aspekte hängen eng miteinander zusammen, da häufig Überlegungen, die auf der Ebene der Sorgfaltspflichten berücksichtigt werden müssten, herangezogen werden, um eine Absenkung des Verschuldensmaßstabes zu begründen. Am Ende dieses Abschnitts wird der Frage nachgegangen, wie die Darlegungs- und Beweislast (III.) verteilt ist. Während das Verschulden der Ratingagentur nach dem hier gewählten An-

---

[534] *Fleischer*, ZHR 163 (1999) 461, 473 zur Mitverpflichtung der Muttergesellschaft.

[535] Vgl. *Schramm*, in: Münchener Kommentar, BGB, 6. Aufl. (2012), § 167, Rn. 61 charakterisiert die Anscheinsvollmacht daher als „Organisationsmangel".

[536] BGH BB 1998, 1711, 1712; BGH WM 1984, 1017, 1018.

[537] *Fleischer*, ZHR 163 (1999) 461, 473.

satz nach § 280 Abs. 1 S. 2 BGB vermutet wird, ist es notwendig, näher zu untersuchen, wen die Beweislast für eine Pflichtverletzung der Ratingagentur trifft und ob einem Geschädigten eine Beweiserleichterung zugute kommen kann.

I. Sorgfaltspflichten

Ein Rating ist nicht fehlerhaft, nur weil es zu einem Zahlungsausfall gekommen ist. Ein Rating ist nur eine *Prognose* über die *Wahrscheinlichkeit* eines Zahlungsausfalls. Die Fehlerhaftigkeit eines Ratings kann daher nur in seiner Erstellung liegen. Nur eine *lege artis* vorgenommene Bewertung führt zu einer sorgfältigen und damit vertretbaren Einschätzung, ob es in Zukunft zu Zahlungsstörungen kommen wird. Ratings wird vom Kapitalmarkt gerade deshalb ein Wert zugemessen, weil es sich nicht um willkürliche Werturteile handelt, sondern um fundierte, methodische Aussagen, die auf einer Informationsbasis beruhen und von einer unabhängigen und neutralen Stelle erarbeitet werden.[538]

Jede Ratingagentur nutzt ihre eigenen statistischen Methoden und Datenreihen, lässt in ihre Bewertung subjektive Elemente einfließen und gewichtet die Kriterien, um sie dann ins Verhältnis zu den Bonitätserwartungen anderer Emittenten zu setzen. Es gibt für Ratings kein Standardverfahren; insoweit trifft der Hinweis zu, es handle sich um „an art, not a science“[539]. Ähnlich wie Ranglisten, Warentests,[540] Restaurantkritiken[541] oder kapitalmarktrechtliche Prognosen[542] lassen sich Ratings daher nicht im Ergebnis und in allen Einzelschritten ihres Zustandekommens vollständig überprüfen.[543] In Anlehnung an diese Fallgruppen können aber Verhaltens- und Organisationspflichten sowie allgemeine Anforderungen an ein Rating for-

---

[538] Vgl. *Schröder*, NJW 1980, 2279, 2283 („fachmännische Prognose“).

[539] Für die Wirtschaftsprüfer *Ebke*, 79 Nw. U. L. Rev. 663, 683 (1984).

[540] Für eine Übertragung der Kriterien der Stiftung Warentest z. B. KG, WM 2006, 1432, 1433; *Göres*, in: Habersack/Mülbert/Schlitt, Handbuch der Kapitalmarktinformation (2008), § 25 Rn. 20; *Wagner*, in: Münchener Kommentar, BGB, 6. Aufl. (2013), § 823, Rn. 277. Ohne Rückgriff hierauf allerdings jüngst BGH WM 2011, 1187 für eine Wirtschaftsauskunftei.

[541] *Großfeld*, ZVglRWiss 101 (2002), 387, 389.

[542] Vgl. hierzu die sich hierzu entwicklende Dogmatik bei *Siebel/Gebauer*, WM 2001, 118 ff. und 173 ff.; *Fleischer*, AG 2006, 1 ff.; *Veil*, AG 2006, 690 ff.; *Klöhn*, WM 2010, 289 ff.

[543] Anders aber Beurteilungsspielräume in Prüfungssituationen, die nur eingeschränkt überprüfbar sind, weil sie nicht wiederholbar sind. Hieran ankÜpfend jedoch *v. Schweinitz*, WM 2008, 953, 954; *Däubler*, BB 2004, 429, 433; *Schröder*, NJW 1980, 2279, 2283.

muliert werden. Sind diese eingehalten, ist ein Rating vertretbar oder – so der BGH für Warentests – „diskutabel“[544] und damit nicht fehlerhaft. Eine Ausnahme besteht allenfalls dann, soweit ein Rating nicht nur eine Prognose ist, sondern faktisch als Aussage über die aktuelle Zahlungsfähigkeit eines Emittenten zu verstehen ist.[545] Im Folgenden soll dieser Rahmen, orientiert an den einzelnen Phasen der Erstellung eines Ratings, näher abgeschritten werden. In einem ersten Schritt wird jedoch kurz auf die Anknüpfungspunkte eingegangen, aus denen diese Maßstäbe zu entwickeln sind.

1. Ausgangspunkt für die Entwicklung von Sorgfaltspflichten

Ausgangspunkt des Pflichtenprogramms einer Ratingagentur im Verhältnis zu Investoren ist zunächst § 241 Abs. 2 BGB. Danach ist jede Partei zur Rücksichtnahme auf die Rechte, Rechtsgüter und Interessen der anderen Partei verpflichtet. Während es sich dabei grundsätzlich um Nebenpflichten handelt, ist in Dritthaftungskonstellationen die Pflicht zur Rücksichtnahme auf fremde Interessen der eigentliche Inhalt des Schuldverhältnisses.[546] Bezugspunkt der Haftung nach §§ 311 Abs. 3, 241 Abs. 2 BGB ist die Grundlage des Schuldverhältnisses: die Vertrauenswerbung des Vertrauensnehmers.[547] Da es sich um eine gesetzliche Haftung handelt, ist Ausgangspunkt für die Bestimmung der Sorgfaltspflichten, was die Vertrauensgeber aufgrund der Vertrauenswerbung nach objektiven Maßstäben erwarten durften.[548] Inhalt des Schuldverhältnisses ist damit weniger eine allgemeine Rücksichtnahmepflicht, sondern eine Pflicht zur Verlässlichkeit, d.h. sich entsprechend der durch die Vertrauenswerbung geweckten Erwartung zu verhalten.[549]

Zur weiteren Konkretisierung der Sorgfaltspflichten ist auf drei Quellen zurückzugreifen: *Erstens* die individuelle Selbstdarstellung der Ratingagenturen, wie sie in Werbung, Präsentationen und Prospekten erfolgen kann, *zweitens* die an sie gestellten aufsichtsrechtlichen Anforderungen und *drittens* die allgemeinen Erwartungen des Rechtsverkehrs.

---

544 BGHZ 65, 325, 335.

545 Hierzu S. 191 ff.

546 *Kersting*, Die Dritthaftung für Informationen im Bürgerlichen Recht (2007), 340 ff.

547 *Kersting*, Die Dritthaftung für Informationen im Bürgerlichen Recht (2007), 383 ff.

548 Vgl. z.B. BGHZ 74, 103, 111; 111, 75, 80.

549 *Kersting*, Die Dritthaftung für Informationen im Bürgerlichen Recht (2007), 371 ff., der damit die vorherrschende Beschreibung als Wahrheitspflicht dogmatisch erheblich präzisiert.

Die Erwartungen der Investoren als Vertrauensgeber sind davon geprägt, wie eine Ratingagentur ihnen gegenüber auftritt.[550] Wird mit dem Wissen einer Ratingagentur etwa in einem Prospekt damit geworben, dass eine Ratingagentur beauftragt ist, die Bonität eines Emittenten besonders intensiv oder fortlaufend zu überwachen, kann dies Sorgfaltspflichten zur Aktualisierung und Überprüfung des Ratings erheblich steigern.[551] Dies ist auch gerechtfertigt, weil die Investoren im gleichen Maße – im Vertrauen auf diese Aussagen – ihre Selbstschutzmaßnahmen verringern können; gleichzeitig erhält die Ratingagentur hierfür in der Regel auch ein zusätzliches Entgelt. Hat eine Ratingagentur sich daher im Rahmen ihrer Veröffentlichungen dazu verpflichtet, einen Kodex wie die IOSCO Code of Conduct oder auch veröffentlichte interne Verhaltensvorschriften einzuhalten, ist es auch gerechtfertigt, sie an dieser Erklärung festzuhalten.[552] Während eine Ratingagentur so durch ihre Vertrauenswerbung ihre Sorgfaltspflichten steigern kann, ist eine andere Frage, auf die später einzugehen sein wird, ob sie durch Erklärungen diese auch einseitig verringern kann.[553]

Die Einhaltung öffentlich-rechtlicher Vorgaben wird von einer Ratingagentur durch ihre Vertrauenswerbung gewissermaßen miterklärt. Wer ein „Rating“ veröffentlicht, muss die typischerweise damit im Rechtsverkehr verbundenen Anforderungen erfüllen. Diese umfassen zumindest die öffentlichenrechtlichen Vorschriften, erschöpfen sich aber nicht in ihnen, so dass die aufsichtsrechtlichen Regelungen nur einen Mindeststandard darstellen.[554] Darüber hinaus bestimmen die Erwartungen des Rechtsverkehrs die Sorgfaltsstandards einer Ratingagentur und die Eigenschaften, die eine als „Rating“ veröffentlichte Aussage aufweisen muss.[555] Diese Verkehrserwartungen werden entscheidend von Inhalt und Funktion des Ratings für den Kapitalmarkt bestimmt

---

[550] BGHZ 65, 356, 362; OLG Düsseldorf, Urteil vom 24. April 1996 – Az. 15 U 155/95 – juris Rn. 3.

[551] Vgl. für Börsenbriefe *v. Hertzberg*, Die Haftung von Börseninformationsdiensten (1987), 131 f.; *Köndgen*, JZ 1978, 389, 392; *Hopt*, in: FS Fischer (1979), 422 f.; zu Warentests *Hager*, in: Staudinger, BGB, 13. Aufl. (1999), § 823, Rn. D 32; allgemein *Köndgen*, Selbstbindung ohne Vertrag (1981), 57.

[552] *Wildmoser/Schiffer/Langoth*, RIW 2009, 657, 658; *Korth*, Die Dritthaftung von Ratingagenturen (2010), 140; a.A. *Eisen*, Die Haftung und Regulierung internationaler Rating-Agenturen (2007), 226.

[553] Hierfür etwa *Kersting*, Die Dritthaftung für Informationen im Bürgerlichen Recht (2007), 544.

[554] BGHZ 139, 43, 46 f.; 99, 167, 176; *Wagner*, AcP 206 (2006) 352, 440; *ders.*, in: Münchener Kommentar, BGB, 6. Aufl. (2013), § 823, Rn. 358 f.

[555] Ähnlichkeiten bestehen hier wiederum zur *shingle*-Theorie des angloamerikanischen Rechts, nach der eine Rollenerwartung des Rechtsverkehrs schützenswert ist, wenn sich jemand in einer bestimmten Rolle geriert. Vgl. *V. Lang*, AcP 201 (2001) 451, 535 f.

und sind teilweise aufsichtsrechtlich nachvollzogen worden, z. B. die Unabhängigkeit und Neutralität einer Ratingagentur in Art. 6 und 7 RatingVO.

Weitere Pflichten ergeben sich aus § 241 Abs. 2, der Pflicht zur Rücksichtnahme auf die Rechtsgüter und Interessen der anderen Teilnehmer am rechtsgeschäftlichen Verkehr. Eine Ratingagentur nimmt auf das Vermögen der Anleger nur dann ausreichend Rücksicht, wenn sie sich nach Kräften um die Richtigkeit ihrer Prognose bemüht.[556] Hierzu muss ein Rating „dem gegenwärtigen Erkenntnisstand und den Möglichkeiten der Vorhersage" entsprechen.[557] Die Pflicht zur Rücksichtnahme auf das Vermögen der Investoren intensiviert sich, wenn eine Ratingagentur in Rahmen des Auftragsratings stärkeren Einblick in die Sphäre des Emittenten oder – im Falle der Beratung – sogar ein Einfluss auf die Gestaltung des Produkts nehmen konnte.[558] Dies entspricht dem allgemeinen Grundsatz des Schadensrechts, dass individuelle Fähigkeiten und Kenntnisse pflichtenerhöhend wirken.[559]

2. Informationsgrundlage

In den Fällen, in denen den Ratingagenturen ein Versagen vorgeworfen wurde, war ein Hauptkritikpunkt die mangelhafte Informationsbasis oder deren unzureichende Überprüfung durch die Agenturen. Damit sind zwei Fragen verbunden: Wie umfassend muss die Informationsbasis für ein Rating sein? Ist eine Ratingagentur verpflichtet, die ihr vom Emittenten zur Verfügung gestellten Informationen zu überprüfen oder kann sie sich auf ihre Richtigkeit verlassen? Die RatingVO hat im Jahr 2009 beide Aspekte erheblich konkretisiert. Hierbei handelt es sich um zwei der wichtigsten Fragen der Verantwortlichkeit von Ratingagenturen, denn auch das beste Ratingmodell einer vollständig unabhängig arbeitenden Ratingagentur kann nur so gute Prognosen liefern, wie die zugrundeliegende Datenbasis erlaubt.

a) Ausreichende Informationsgrundlage

Gemäß Art. 8 Abs. 2 S. 1 RatingVO muss ein Rating auf einer gründlichen Analyse aller Informationen basieren, die der Ratingagentur zur Verfügung stehen und für ihre Ratingmethoden von Bedeutung sind. Stellt man den Ratingagenturen die Wahl ihrer Methode frei, wie es Art. 23 Abs. 1

---

556 KG WM 2006, 1432, 1433; *v. Hertzberg*, Die Haftung von Börseninformationsdiensten (1987), 83.

557 *Hellgardt*, Kapitalmarktdeliktsrecht (2008), 309 für fehlerhafte Finanzanalysen.

558 Vgl. *Ramos Muñoz*, The Law of Transnational Securitization (2010), Rn. 6.32 für Konsortialbanken.

559 *Grüneberg*, in: Palandt, BGB, 73. Aufl. (2014), § 276, Rn. 15.

RatingVO tut, ist dieser Anknüpfungspunkt durchaus konsequent. Auf den ersten Blick erstaunt jedoch die Beschränkung auf die zur Verfügung stehenden Informationen. Auch in Anhang I, Abschnitt D, I. Abs. 4 UAbs. 2 RatingVO ist lediglich vorgesehen, dass eine Ratingagentur von einem Rating absehen oder es zurückziehen muss, wenn keine verlässlichen Daten vorliegen, ihre Qualität nicht zufriedenstellend ist oder die Informationen ernsthaft die Frage aufwerfen, ob ein glaubwürdiges Rating möglich ist.

Es ist den Ratingagenturen aufgrund ihrer Marktmacht und ihren insiderrechtlichen Freiräumen möglich, von einem Emittenten sehr weitgehende Informationen zu erlangen, zumal die Ratingagentur veröffentlichen muss, ob sie die Informationsgrundlage für zufriedenstellend hielt (Anhang I, Abschnitt D, I. Abs. 4 UAbs. 1 RatingVO). Geht man daher davon aus, dass eine Ratingagentur ihre Erkenntnismöglichkeiten auch über die aufsichtsrechtlichen Anforderungen hinaus ausschöpfen muss, kommt es lediglich darauf an, welche Informationen sie bei einer richtig gewählten Methodik für ihre Beurteilung benötigt.[560] Dies entspricht auch der Rechtsprechung zu Prognosen in Emissionsprospekten, die durch Tatsachen gestützt sein und letztlich ein vollständiges Bild der Anlage liefern müssen.[561] Ein Rating ist zwar kein Prospektersatz, liefert aber ebenfalls eine Einschätzung einer Anlage in einem häufig entscheidenden Aspekt; auch ein Rating muss daher auf einer Informationsbasis beruhen, die ein vollständiges Bild des Bonitätsrisikos des Emittenten erlaubt.[562]

b) Pflicht zur Überprüfung der Informationsgrundlage

Während der vorherige Abschnitt die Breite der notwendigen Informationen behandelte, ist es eine Frage der Informationstiefe, inwieweit sie die ihr vom Emittenten oder Dritten zur Verfügung gestellten Informationen überprüfen muss. Vor Erlass der RatingVO war umstritten, ob sich Ratingagenturen – wie sie selbst öffentlich hervorheben – „blind" auf die ihnen zur Verfügung gestellten Informationen verlassen dürfen.[563] Die RatingVO

---

[560] Ähnlich bereits vor Erlass der RatingVO so IOSCO Code of Conduct Fundamentals for Credit Rating Agencies, Mai 2008, Ziff. 1.1 und 1.4; *Habersack*, ZHR 169 (2006) 185, 201; differenzierend zwischen Auftragsrating und auftragslosem Rating *Göres*, in: Habersack/Mülbert/Schlitt, Handbuch der Kapitalmarktinformation (2008), § 25, Rn. 33 f.; für Finanzanalysten *Möllers/Lebharz*, BKR 2007, 349, 353; offengelassen in KG WM 2006, 1432, 1433.

[561] BGH WM 1982, 862, 865; WM 2009, 2303, 2305.

[562] Vgl. zum Grundsatz der Vollständigkeit bei Prognosen *Hellgardt*, Kapitalmarktdeliktsrecht (2008), 54.

[563] So etwa *Kersting*, Die Dritthaftung für Informationen im Bürgerlichen Recht (2007), 544; *Peters*, Die Haftung und die Regulierung von Rating-Agenturen (2001),

schafft insoweit Klarheit, als dass die Ratingagentur eine ausreichende Qualität der Informationen und ihrer Quellen gewährleisten (vgl. Art. 8 Abs. 2 S. 2 RatingVO) und gegebenenfalls von einem Rating sogar Abstand nehmen muss (Anhang I, Abschnitt D, I. Abs. 4 UAbs. 2 RatingVO).[564]

Im Folgenden soll daher erläutert werden, welche Prüfungspflichten Ratingagenturen treffen, wenn sie vom bewerteten Unternehmen stammende Informationen übernimmt und sich auf von Dritten überprüfte Daten – wie z. B. testierte Jahresabschlüsse – bezieht. Schließlich sind diese Grundsätze auf ABS-Transaktionen anzuwenden.

aa) Vom Emittenten stammende Informationen

Soweit die Informationen vom Emittenten stammen, ist es nach dem 35. Erwägungsgrund der RatingVO zumindest angezeigt, Stichproben durchzuführen, da die RatingVO dem Emittenten eine geringere Glaubwürdigkeit unterstellt als seriösen Drittanbietern.[565] Dies ist vor dem Hintergrund der Zertifizierungsfunktion der Ratingagenturen als Reputationsintermediäre auch ein zutreffender Ansatz. Zudem muss eine Ratingagentur die erhaltenen Informationen kritisch hinterfragen, mit öffentlich verfügbaren Informationen abgleichen[566] und – bei Zweifeln – vom Emittenten gezielt zusätzliche Informationen anfordern.[567] Grundgedanke der Verhaltenspflicht der Ratingagentur muss es sein, dass sie sich aktiv um eine überzeugende Grundlage ihrer Bewertung bemüht, diese mit ihrem Sachverstand hinterfragt und Zweifeln nachgeht, die sich bei einem Akteur ihrer Fachkunde und ihrer Informationsmöglichkeiten hätten aufdrängen müssen. Ähnlich hat der BGH die Pflichten eines Börsendienstes bestimmt, der zumindest Überprüfungen durchführen muss, die keinen „unzumutbaren Zeitaufwand“ verlangen.[568]

100; *Eisen*, Die Regulierung und Haftung internationaler Rating-Agenturen (2007), 226; ähnlich auch *Habersack*, ZHR 169 (2006) 185, 201; Zweifel am Sinn einer Verifizierung der Informationsgrundlage hat *Blaurock*, ZGR 2007, 603, 645; für eine Überprüfungspflicht *Hennrichs*, in: FS Hadding (2004), 882; *Göres*, in: Habersack/Mülbert/Schlitt, Handbuch der Kapitalmarktinformation (2008), § 25, Rn. 33.

[564] Gegen eine Pflicht zu einer – auch nur stichprobenartigen – Prüfung *Tönningsen*, ZBB 2011, 460, 467.

[565] So schon in der Sache BGHZ 70, 356, 363. Für Emissionsbegleiter ähnlich *Hellgardt*, Kapitalmarktdeliktsrecht (2008), 488.

[566] Ähnliches verlangt BGHZ 70, 356, 363 von einem Börsendienst.

[567] *Habersack*, ZHR 169 (2006) 185, 201; *Göres*, in: Habersack/Mülbert/Schlitt, Handbuch der Kapitalmarktinformation (2008), § 25, Rn. 34; noch weitergehend *Hennrichs*, in: FS Hadding (2004), 882; a. A. *Korth*, Die Dritthaftung von Ratingagenturen (2010), 151.

[568] BGHZ 70, 356, 363.

Ratingagenturen müssen nicht jede Information selbst überprüfen; sie sind keine Wirtschaftsprüfer. Wenn aber die Qualität eines Ratings entscheidend von den zugrundegelegten Daten abhängt, darf dann eine Ratingagentur Informationen übernehmen, die weder sie noch ein Dritter überprüft hat? Im US-amerikanischen Recht befreit nur eine Überprüfung durch einen Dritten, der unabhängig von Emittent und Emissionsbank ist, die Ratingagentur vom Vorwurf grober Fahrlässigkeit (Sec. 21D(b)(2)(B)(ii) SEA). Im deutschen und europäischen Recht wird man hiervon Abstriche machen können, wenn der Emittent oder die Emissionsbank selbst eine hohe Reputation einbringt und die Verantwortung für die Richtigkeit der Informationen übernimmt. Der 35. Erwägungsgrund der VO (EG) Nr. 1060/2009 greift diesen Gedanken auf, indem er sogar eine haftungsbewehrte Vereinbarung mit der Ratingagentur vorsieht.

bb) Von neutralen Dritten geprüfte Informationen

Im Falle von Informationen, die von neutralen Dritten stammen, gelten die gleichen Grundsätze wie auch sonst für das arbeitsteilige Zusammenwirken verschiedener Beteiligter – z. B. zwischen Emissionsbanken und Experten oder Vorständen und externen Ratgebern:[569] Danach sind komplementäre Sorgfaltspflichten zu entwickeln und Verantwortungsbereiche dem zuzuweisen, der die Gefahr nach seinen fachlichen Möglichkeiten mit weniger Aufwand beherrschen kann. Wie auch sonst im Rahmen arbeitsteiligen Zusammenwirkens hat die Seriosität, Integrität und Fachkunde der Informationsquelle eine große Bedeutung.

Den Informationen seriöser Dritter, z. B. Wirtschaftsprüfern, kann eine Ratingagentur daher ein größeres Vertrauen entgegenbringen als den Informationen, die ihr der Emittent oder andere an einer Emission Beteiligte zur Verfügung stellen.[570] Letztere haben nicht nur ein wirtschaftliches Eigeninteresse; es besteht zudem die Gefahr eines *overconfidence bias*, weil sie leicht dazu neigen, die Zukunftsaussichten zu positiv zu beurteilen, was sich in Unternehmensplanungen, Prognosen und anderen zukunftgerichteten Unternehmensinformationen niederschlagen kann.[571] Die Vertrauenswürdigkeit der Informationsquelle lockert zwar die Pflichten der Ratingagentur, entbindet sie aber nicht davon, die Plausibilität der Angaben zu prüfen.[572] Es wird

---

[569] Zum Folgenden allgemein zum Vertrauensgrundsatz *Wagner*, in: Münchener Kommentar, BGB, 6. Aufl. (2013), § 823, Rn. 840 ff.

[570] *Stemper*, Die rechtlichen Rahmenbedingungen des Rating des Ratings (2010), 318 f. Ähnlich für die Prüfung des Prospekts durch die Emissionsbank *Langenbucher*, Bank- und Kapitalmarktrecht (2008), § 14, Rn. 66.

[571] *Möllers/Lebherz*, BKR 2007, 349, 355.

ihr aufgrund ihrer eigenen Fachkunde in der Regel leicht möglich sein, die Informationen einer eigenen Bewertung zu unterziehen, die anderen Grundsätzen als bei Wirtschaftsprüfern folgen kann. Dabei muss sie Warnzeichen (*red flags*) beachten, welche die Richtigkeit und Vollständigkeit der Informationen in Frage stellen,[573] nicht aber jede Informationen selbst nachprüfen; dies würde auf eine wirtschaftlich wenig sinnvolle Doppelung des Prüfungsaufwands hinauslaufen.[574]

cc) Prüfungspflichten bei Asset-Backed-Securities

Im Rahmen von Asset-Backed-Securities ist eine zuverlässige Informationsgrundlage des Ratings besonders wichtig: Investoren sind bei ABS-Transaktionen sehr viel stärker auf ein Rating angewiesen als etwa beim Kauf einer Unternehmensanleihe. Der Emittent ist eine Zweckgesellschaft, deren Vermögen nur aus einem Pool an Vermögenswerten und Sicherheiten besteht. Ihr Wert ist daher für die Bonität des Emittenten maßgeblich; auf der anderen Seite ist es aber auch sehr viel einfacher möglich, die Bonität einer solchen Zweckgesellschaft als eines komplexen Unternehmensgebildes zu ermitteln. Wird die Informationsgrundlage für eine Bewertung noch wichtiger, kann ein Investor redlicherweise intensivere Nachforschungen erwarten.[575] Darüber hinaus können im Rahmen einer Verbriefungstransaktion strukturelle Interessenkonflikte der Beteiligten bestehen, welche Anlass geben sollten, diese Informationen zu hinterfragen.[576]

Ob daraus aber die Pflicht zu einer Due Diligence – durch die Ratingagentur oder ein beauftragtes Unternehmen – folgt, ist ungewiss. Es wäre allerdings wünschenswert, weil der Informationswert des Ratings vom Wert der Sicherheiten stark beeinflusst wird.[577] Ursprünglich war daher eine Due Diligence durch spezialisierte Unternehmen durchaus üblich. Investmentbanken und Emittenten haben hierauf jedoch zunehmend verzichtet; dies haben die Ratingagenturen hingenommen, ohne ihre Beurteilungen daraufhin anzupassen.[578] Umso notwendiger wäre eine gesetzliche Klarstellung

---

572 Ähnlich schuldet eine Bank eine Prüfung einer Anlage mit „banküblichem kritischem Sachverstand" (BGH WM 2009, 2303, 2304).

573 *v. Schweinitz*, WM 2008, 951, 958.

574 Vgl. *Asssmann*, Prospekthaftung (1985), 355 für Emissionsbanken und Wirtschaftsprüfer.

575 Zu diesem Maßstab für Nachforschungspflichten BGHZ 111, 75, 80.

576 Vgl. zu den strukturellen Friktionen bei MBS-Transaktionen statt vieler *Ashcraft/Schuerman*, Understanding the Securitization of Subprime Mortgage Credit, Federal Reserve Bank of New York, Staff Report No. 318 (März 2008), passim.

577 Ähnlich *Siepmann*, Selbstbehalt bei Verbriefungen (2011), 180 f.

578 *Coffee*, 1 Harv. Bus. L. Rev. 231, 241 und 244 ff. (2011).

gewesen. Aber Anhang I, Abschnitt D, II. Abs. 2 RatingVO sieht keine Pflicht vor, eine Due Diligence durchzuführen, sondern nur Informationstiefe und Informationsquelle offenzulegen und öffentlich zu bewerten (Anhang I, Abschnitt D, I. Abs. 4 RatingVO).

Greift eine Ratingagentur im Rahmen einer ABS-Transaktion auf die Daten eines seriösen Drittunternehmens zurück, kann sie sich grundsätzlich darauf wie auf ein Wirtschaftsprüfertestat verlassen. Liegen ihr nur Daten des Emittenten vor, muss sie in einem ersten Schritt überprüfen, ob eine Dokumentation vorliegt und nach welchen Maßstäben die Vermögenswerte ausgesucht und bewertet worden sind.[579] In einem zweiten Schritt ist es auch einer Ratingagentur zumutbar, wie bereits der 35. Erwägungsgrund der RatingVO anregt, stichprobenartige Prüfungen selbst durchzuführen. Sollte sich hierbei kein klares Bild ergeben, muss die Ratingagentur entweder auf eine Due Diligence bestehen oder von der Bewertung nach den oben ausgeführten Maßstäben ganz Abstand nehmen. Da auch nach Stichproben Unsicherheiten bleiben, sind diese strukturellen Unsicherheiten einer Emission von ihr in ihrer Bonitätseinschätzung „einzupreisen". Dies setzt – als Nebeneffekt – für Emittenten einen Anreiz, selbst eine Due Diligence durch die Agentur oder Dritte zu beauftragen und bereits bei der Auswahl des Sicherheitenpools ein hohes Maß an Sorgfalt anzuwenden.

3. Ratingerstellung

Prinzipien der Ratingerstellung sind die Neutralität, Objektivität und Sachkunde der Ratingagentur;[580] sie reflektieren zugleich die beiden Hauptfunktionen einer Ratingagentur, Informationsverarbeitung und Zertifizierung. Diese Grundsätze sind von der Rechtsprechung für die Stiftung Warentest formuliert worden[581] und für die besonderen Problemlagen von Ratingagenturen weiterzuentwickeln.[582] Dies ist teilweise bereits durch den europäischen Gesetzgeber – mit einer etwas anderen Terminologie – in der Rating-

---

579 *Coffee*, 1 Harv. Bus. L. Rev. 231, 236 (2011) weist darauf hin, dass vor Ausbruch der Subprime-Krise der Anteil der schlecht dokumentierten Immobiliendarlehensverbriefungen („no doc/low docs-MBS") von 28,5 % auf 50,8 % angestiegen sei.

580 Statt vieler KG WM 2006, 1432, 1433; *Emmenegger*, in: Wiegand, Berner Bankrechtstagtag 2005. Basel II – die rechtlichen Konsequenzen (2006), 89 f.; *Peters*, Die Haftung und die Regulierung von Rating-Agenturen (2001), 66; *Habersack*, ZHR 169 (2005) 185, 193 und 205; *Witte/Hrubesch*, ZIP 2004, 1346, 1350; *Göres*, in: Habersack/Mülbert/Schlitt, Handbuch der Kapitalmarktinformation (2008), § 25, Rn. 20 ff. und § 31, Rn. 58; *Vetter*, WM 2004, 1701, 1705.

581 Grundlegend BGHZ 65, 325, 334; zusammenfassend *Hager*, in: Staudinger, BGB, 13. Aufl. (1999), § 823, Rn. D 32.

582 *Habersack*, ZHR 169 (2005) 185, 195.

VO geschehen. Ihre Neutralität, Objektivität und Sachkunde rechtfertigen es, den Ratingagenturen im Rahmen der Ratingmethodik einen gewissen Freiraum zu gewähren. Eine schwierige Folgefrage ist, ob jeder Verstoß gegen aufsichtsrechtliche Normen, die diese Prinzipien gewährleisten sollen, haftungsrechtlich relevant ist.[583]

a) Neutralität

Neutralität beinhaltet die Unabhängigkeit der Ratingagentur und ihrer Mitarbeiter bei der Abgabe ihrer Ratings von bestehenden und potentiellen Interessenkonflikten (vgl. Art. 6 Abs. 1 RatingVO). Neutral ist eine Ratingagentur daher nur, wenn sie im Verhältnis zum Ratingobjekt keine wirtschaftlichen oder politischen Interessen verfolgt.[584] Der europäische Gesetzgeber erlegt der Ratingagentur umfangreiche Verhaltens-, Organisations- und Transparenzpflichten auf, auf die bereits zuvor ausführlich eingegangen worden ist.[585]

Trotz der Rigorosität des Grundsatzes stellt der europäische Gesetzgeber dabei zwei strukturelle Interessenkonflikte nicht in Frage: Dies ist erstens das Modell des Auftragsratings, des „zahlenden Emittenten" (Art. 39 Abs. 1 RatingVO), denn es ist nur verboten, einen Schuldner parallel zu beraten und zu bewerten; Nebendienstleistungen bleiben zulässig (Anhang I, Abschnitt B Abs. 4 RatingVO). Dies ist ein weiterer struktureller Interessenkonflikt, da auch durch lukrative Nebendienstleistungen wirtschaftliche Abhängigkeiten entstehen können. Da der Gesetzgeber diese beiden strukturellen Interessenkonflikte nicht grundlegend beseitigen wollte, muss diese Entscheidung auch haftungsrechtlich akzeptiert werden. Wird ein struktureller Interessenkonflikt jedoch konkret, gilt dies nicht mehr. Dann ist die Neutralität einer Ratingagentur nicht mehr gegeben.[586]

b) Objektivität

Im Zentrum der Tätigkeit der Ratingagenturen steht das Bemühen um die objektive Richtigkeit des Ratings.[587] Wie schon bei Warentests ist dies eine

---

583 Siehe S. 293.

584 *Vetter*, WM 2004, 1701, 1705; *Stemper*, Die rechtlichen Rahmenbedingungen des Ratings (2010), 235.

585 Siehe S. 132 ff.

586 Vgl. für die Stiftung Warentest *Koos*, in: Fezer, UWG (2010), § 6 Rn. 326; *Bradner/Bergmann*, in: Großkommentar, UWG (1999), § 1, Rn. A 156 für die Beeinflussung von Warentests durch Anzeignaufträge.

587 Grundlegend für Warentests BGHZ 65, 325, 334.

Konzession dafür, dass Prognosen und subjektive Einschätzungen nicht als objektiv richtig oder falsch eingestuft werden können. Verlangt werden kann jedoch, dass ein Rating nicht aus sachfremden Erwägungen abgegeben wird. So wäre ein auftragloses Rating nicht objektiv, das abgegeben wird, um das bewertete Unternehmen zu einem Auftrag zu bewegen.[588]

Ein Rating ist keine Frage des Geschmacks, sondern eine subjektiv geprägte Einschätzung mit Rationalitätsanspruch. Dementsprechend bestehen zwar hinsichtlich des Ratingergebnisses Spielräume. Es muss sich aber um vertretbare Ergebnisse handeln,[589] die unter Fachleuten diskutabel[590] sind. Diskutabel ist ein Rating aber nur, wenn der Entscheidungsfindungsprozess in einem strukturierten Verfahren[591] ablief und dadurch Entscheidungsgrundlage, Gewichtung der Faktoren[592] und Begründung als deduktiver Schluss[593] überprüfbar sind. Auch subjektive Faktoren wie die Einschätzung der Qualität des Managements eines Unternehmens müssen als Faktoren benannt und eingeordnet werden. Die Grenzen eines vertretbaren Ergebnisses werden in jedem Fall dann überschritten, wenn es sich um verfehlte Erfahrungssätze, falsche logische Ableitungen oder Verstöße gegen Denkgesetze handelt.[594] Kein Entscheidungsspielraum besteht, wenn ein Rating nicht auf Tatsachen beruht oder nicht authentisch ist, d.h. nicht der wirklichen Einschätzung der Ratingagentur bzw. der verantwortlichen Angestellten entspricht.[595] Da das Rating eine relative Einschätzung der Bonität ist, muss eine Ratingagentur hinsichtlich der angewandten Kriterien rigoros sein und sie auf vergleichbare Schuldtitel beständig anwenden;[596] dies hat zur Konsequenz, dass bei einer Änderung etwa der Gewichtung der Faktoren auch frühere Bewertungen angepasst werden müssen (vgl. Art. 9 Abs. 2 und Abs. 6 RatingVO). Eine besondere Zurückhaltung, wie sie der BGH früher bei Prognosen in Prospekten verlangte,[597] ist nicht notwendig;[598] dies würde

588 *Ebenroth/Daum*, WM 1992 (Beilage Nr. 5), 1, 9.

589 *Vetter*, WM 2004, 1701, 1705; für Kapitalmarktprognosen *Siebel/Gebauer*, WM 2001, 173, 186; *Veil*, AG 2006, 690, 692.

590 Für Warentests wiederum BGHZ 65, 325, 335.

591 *Veil*, AG 2006, 690, 692.

592 Für Warentests BGH GRUR 1997, 942, 944.

593 Vgl. *Fleischer*, AG 2006, 1, 15.

594 *Fleischer*, AG 2006, 1, 15.

595 Vgl. für Finanzanalysten *Vogler*, Schadensersatzhaftung des Wertpapieranalyseunternehmens für fehlherhafte Aktienanalysen (2005), 156f.

596 Vgl. zu diesem Obersatz bereits *Hellgardt*, Kapitalmarktdeliktsrecht (2008), 309; zur Fachkunde bereits *Vetter*, WM 2004, 1701, 1705.

597 BGH WM 1982, 862, 865.

598 So jetzt BGH WM 2009, 2304, 2305; zuvor bereits z.B. *Fleischer*, Gutachten zum 64. DJT (2002), F 48; *Siebel/Gebauer*, WM 2001, 174, 187.

dem Kernanliegen des Ratings, einer realistischen Prognose der Ausfallwahrscheinlichkeit im Vergleich zu anderen Schuldtiteln, widersprechen.[599]

c) Sachkunde

Die Sachkunde einer Ratingagentur betrifft zunächst einmal die Ausbildung und Kenntnisse der Mitarbeiter einer Ratingagentur sowie die verfügbaren Ressourcen, damit auf der Basis einer angemessenen Tatsachenbasis eine möglichst genaue Vorhersage entwickelt werden kann.[600] Zum anderen betrifft das Erfordernis der Sachkunde aber auch die Ratingmethodik. Wie auch Art. 23 Abs. 1 RatingVO betont, haben Ratingagenturen analytische Unabhängigkeit[601] und damit einen Beurteilungsspielraum bei der Wahl ihrer Methode.[602] Dieser wird jedoch überschritten, wenn sich ihr eine falsche Methode hätte aufdrängen müssen.[603] Die gewählten Methoden müssen auf anerkannten ökonomischen Modellen sowie – dies betont Art. 8 Abs. 3 RatingVO – auf historischen Vergleichswerten beruhen und ständig daran überprüft werden. Ob dieser Standard immer zu gewährleisten ist, ist allerdings fraglich, weil nicht für alle Märkte, Produkte und Finanzinstrumente historische Ausfallstatistiken existieren. Fehlen Erfahrungswerte, sind Investoren umso mehr auf ein Rating angewiesen. Die Qualität des Ratings könnte ebenso ausreichend gewährleistet werden, wenn höhere Anforderungen an die zugrundeliegenden Modelle sowie ihre Überwachung angelegt worden wären und/oder Ratings entsprechend zu kennzeichnen gewesen wären.

d) Folgen der Verletzung von Organisations-, Offenlegungs- und anderen Compliance-Pflichten

Durch die RatingVO werden den Ratingagenturen umfangreiche Organisations-, Offenlegungs- und Compliance-Vorschriften auferlegt. Wenn diese Pflichten dazu dienen, die Neutralität, Objektivität und Qualität eines Ratings und dadurch das Vertrauen in Ratings zu gewährleisten, drängt sich die Frage auf, ob jeder Verstoß gegen diese umfangreichen Pflichten auch eine haftungsrechtlich relevante Pflichtverletzung ist. Dies ist eine Frage des Pflichtwidrigkeitszusammenhangs, also ob eine Sorgfaltspflicht den individuellen Anleger überhaupt vor Schäden schützen soll. Im Gegensatz

---

599 Ähnlich für Wertpapieranalysen *Meyer*, AG 2003, 610, 617, Fn. 87.

600 Hierzu bereits *Vetter*, WM 2004, 1701, 1705.

601 *Stemper*, Die rechtlichen Rahmenbedingungen des Rating des Ratings (2010), 317. Strenger für Warentests OLG Frankfurt NJW-RR 2002, 1697, 1698.

602 Für Warentests BGHZ 65, 325, 334; OLG Frankfurt NJW-RR 2002, 1697, 1698.

603 BGH GRUR 1997, 942, 944.

dazu ist es eine Frage der Transaktionskausalität, ob ein Investor durch eine Pflichtverletzung in seiner Anlageentscheidung beeinflusst worden ist. Ich konzentriere mich im Folgenden auf die verschiedenen Offenlegungspflichten zur Gewährleistung der Neutralität des Ratings.

Teilweise wird danach unterschieden, ob sich eine Pflichtverletzung im Rating niedergeschlagen hat. Nur dann, so das Argument, könne man davon ausgehen, dass zwischen Pflichtverletzung und Investitionsentscheidung des Anlegers ein kausaler Zusammenhang besteht.[604] Diese Argumentation vernachlässigt jedoch, dass sich das Ratingergebnis gerade nicht überprüfen lässt und sich daher zumeist nicht bestimmen lässt, ob eine Pflichtverletzung ergebnisrelevant war. Es kann lediglich untersucht werden, ob die Rahmenbedingungen der Einschätzung gewährleistet waren und ein Rating bestimmte qualitative Anforderungen erfüllt. Besteht etwa ein konkreter Interessenkonflikt ist ein Rating nicht neutral und damit fehlerhaft, ohne dass es notwendigerweise anders ausgefallen wäre. Denn eine Ratingagentur kann nur dann ihre Funktion als Reputationsintermediär glaubhaft erfüllen, wenn sie neutral ist. Der BGH nimmt sogar bei Vertragspartnern eine Aufklärungspflicht an, wenn sie, etwa als Kreditgeber, ihre vertragstypische Rolle überschreiten oder einem fundamentalen Interessenkonflikt unterliegen;[605] diese Rechtsprechung lässt sich erst recht als Ratingagenturen als neutrale Dritte übertragen.[606] Hat eine Ratingagentur es lediglich versäumt, ihren Offenlegungspflichten nachzukommen, ist dies haftugnsrechtlich nur relevant, wenn sich dabei ein konkreter Interessenkonflikt gezeigt hätte, z.B. das Vorliegen einer bedeutenden Kundenbeziehung.[607]

Ob sich hieraus ein kausaler Schaden ableiten lässt, hängt davon ab, inwieweit sich nachweisen lässt, dass ein Investor in Kenntnis der richtigen Informationen eine abweichende Anlageentscheidung getroffen hätte. Auch wenn dies nicht der Fall sein sollte, lässt sich daraus jedoch eine gewisse Vermutung ableiten, dass, bei einer entsprechenden Verbindung zum betroffenen Rating, dieses Rating fehlerhaft ist.[608] Entspricht ein *unsolicited rating* z.B. nicht den Grundsätzen einer Ratingagentur hierfür (vgl. Art. 10 Abs. 4 RatingVO), ist widerleglich zu vermuten, dass dieses Rating nicht objektiv ist.

---

604 *Habersack*, 169 (2005) 183, 200 f.; *Korth*, Die Dritthaftung von Ratinagenturen (2010), 142; *Blaurock*, ZGR 2007, 603, 628.

605 BGH BKR 2007, 238, 239; NJW 2004, 2378, 2380; WM 2003, 1370, 1372; WM 1992, 901, 905.

606 Auf die Parallele weisen *Grundmann/Renner*, JZ 2013, 379, 384 hin.

607 *Vogler*, Schadensersatzhaftung des Wertpapierdienstleistungsunternehmens für fehlherhafte Aktienanalysen (2005), 170; *Meyer*, AG 2003, 610, 618.

608 *Hellgardt*, Kapitalmarktdelitksrecht (2008), 309 f.

4. Anpassungs- und Berichtigungspflicht

Ist ein Rating veröffentlicht, stellt sich die Frage, inwieweit eine Ratingagentur eine Pflicht zur Berichtigung trifft und sie ihre Bewertung im weiteren Zeitverlauf überprüfen und aktualisieren muss.

a) Berichtigungspflicht

Eine Berichtigungspflicht wird dann relevant, wenn bei der Veröffentlichung oder Erstellung eines Ratings ein Fehler unterlief und die Ratingagentur ihn erst nach Veröffentlichung bemerkt. Mit der Veröffentlichung eines Ratings haben Ratingagenturen einen Vertrauenstatbestand gesetzt, von dem sie wissen, dass sich Dritte hierauf verlassen werden. Ist dieser fehlerhaft, besteht eine Pflicht zur Berichtigung aus Ingerenz. Eine Pflichtverletzung wird man jedoch nur dann annehmen können, wenn auch die Möglichkeit zur Berichtigung besteht.[609] Dies sieht der BGH dann als gegeben an, wenn „keinerlei tatsächliche Schwierigkeiten oder Rücksichten einer umgehenden Warnung des Dritten entgegenstehen".[610] Da ein Rating vielfältig verbreitet und von anderen Kapitalmarktteilnehmern und Medien rezipiert wird, ist es einer Ratingagentur leicht möglich, ein berichtigtes Rating mit einem entsprechenden Hinweis zu veröffentlichen und hierdurch die Gefahr einer Fehlinformation einzudämmen.[611]

Schwieriger ist die Konstellation zu beurteilen, wenn es sich um eine falsche oder entstellende Wiedergabe in einer fremden Veröffentlichung handelt, die gar nicht auf einem Fehler der Ratingagentur beruht. In dieser Konstellation lässt sich eine Verantwortlichkeit nicht aus eigenem Fehlverhalten herleiten, sondern nur aus einer „Informationsbeobachtungspflicht".[612] Diese lässt sich nur unter dem Gesichtspunkt der Gefahrbeherrschung rechtfertigen, wenn ein Rating fehlerhaft oder irreführend in einer Publikation – etwa einem Prospekt oder Offering Circular – wiedergegeben und für diesen Zweck gerade erstellt worden ist. Ähnlich geht der BGH im Falle anderer in eine Emission eingebundener Reputationsintermediäre – z. B. Wirtschaftsprüfern

---

609 Zum Grundsatz der Haftung nur bei der entsprechenden Möglichkeit, zu handeln und den Erfolg zu vermeiden, siehe *Wagner*, in: Münchener Kommentar, BGB, 6. Aufl. (2013), § 823, Rn. 337.

610 BGHZ 74, 281, 291; ähnlich BGH WM 1962, 932; WM 1962, 1110, 1111.

611 Vgl. *Krämer*, in: Bankrechtstag 2004 (2005), 16; *Peters*, Die Haftung und die Regulierung von Rating-Agenturen (2001), 101.

612 Vgl. *Boecken*, Die Haftung der Stiftung Warentest für Schäden der Verbraucher aufgrund irreführender Testinformationen (1998), 218 in Anlehnung an das Produkthaftungsrecht.

als Mittelverwendungskontrolleuren – vor.[613] Angesichts der unübersehbaren Verbreitungswege von Ratings wird man darüber hinaus der Ratingagentur eine Pflicht zum Handeln nur bei konkreten Hinweisen auf einen Fehler auferlegen können. Im Übrigen trägt der Verwender des Ratings, der sich aus einer Sekundärquelle informiert, das Risiko, dass das Rating dort fehlerhaft wiedergegeben worden ist.[614]

b) Aktualisierungspflicht

Die Aktualisierungspflicht, d.h. die Verpflichtung, die Bonität des Schuldners weiterhin zu beobachten, und, wenn notwendig, das Rating an neue Entwicklungen anzupassen, ist eines der Kernprobleme des Pflichtenprogramms der Ratingagenturen. Wie bereits dargelegt, ist es ein immer wiederkehrender Kritikpunkt, dass Ratingagenturen ihre Bewertungen zu schleppend und zu spät anpassen würden.[615] Als Erklärung scheint auf der Hand zu liegen, dass die Ratingagenturen für das Monitoring eines Ratings entweder keine Vergütung erhalten oder diese im Vergleich zu einer Erstbewertung sehr viel geringer ist und deshalb zu wenig Ressourcen hiefür aufgewandt haben. Dies wäre ein für alle Beteiligten unnötiger Fall des *moral hazard*, da die Ratingagentur die Kosten des Monitoring in ihrem Entgelt berücksichtigen oder aber das Rating zurückziehen könnte.

Auf der anderen Seite befindet sich eine Ratingagentur beim Monitoring in einem Spannungsfeld: Einerseits haben Investoren ein Interesse an einem Rating, das möglichst zeitnah alle neuen Informationen berücksichtigt. Diese Erwartungshaltung kann für sich schon leicht in einen Widerspruch mit dem Ansatz der Ratingagenturen geraten, eine langfristige Bewertung – „through the cycle" – abzugeben und daher keine kurzfristigen Veränderungen im Rating abzubilden. Andererseits hat eine Ratinganpassung oder bereits eine Ankündigung der Überprüfung Folgen für den bewerteten Schuldner und die Inhaber von Schuldtiteln; deren Vermögensinteressen muss eine Ratingagentur aber ebenfalls berücksichtigen. Auch dies kann eine Erklärung dafür sein, dass gerade die großen – und damit einflussrei-

---

[613] BGHZ 145, 187, 200f.; BGH NJW 2010, 1279, 1281; für eine Berichtigungspflicht auch *Assmann*, AG 2004, 435, 442. Zur Aktualisierungspflicht der Prospektverantwortlichen siehe BGHZ 139, 225, 232; BGH WM 2004, 379, 381.

[614] So bereits *Boecken*, Die Haftung der Stiftung Warentest für Schäden der Verbraucher aufgrund irreführender Testinformationen (1998), 208f. und 214.

[615] Vgl. etwa den 10. Erwägungsgrund VO (EG) Nr. 1090/2009: „Es wird allgemein die Auffassung vertreten, dass die Ratingagenturen einerseits die verschlechterte Marktlage nicht früh genug in ihren Ratings zum Ausdruck gebracht haben und dass es ihnen andererseits nicht gelungen ist, ihre Ratings rechtzeitig anzupassen, als sich die Krise auf dem Markt schon zugespitzt hatte."

chen – Ratingagenturen zurückhaltender als kleine Agenturen sind, ihre Ratings anzupassen.

Eine Pflicht der Ratingagenturen zur Aktualisierung ihrer Bewertungen ist zivilrechtsdogmatisch nicht einfach zu begründen.[616] Sie setzt voraus, dass eine Ratingagentur zuvor mit ihrem Rating die Erwartung geweckt hat, sie werde es in Zukunft überprüfen.[617] Der BGH hat eine nachvertragliche Pflicht lediglich dann angenommen, wenn ein besonderes Vertrauen in die Gesamtabwicklung und Durchführung eines Vertrags übernommen wurde.[618] Darüber hinaus soll die Pflicht zur Aktualisierung einer Auskunft nur dann bestehen, wenn es nach Treu und Glauben „unter ganz besonderen Umständen" geboten ist.[619] Denkt man an Kunstgutachten oder Börsenbriefe[620], könnte ein Rating auch lediglich eine punktuelle Expertise darstellen, deren Wert mit der Zeit „verblasst". Andererseits hat eine Ratingagentur einen Vertrauenstatbestand gesetzt, indem sie eine Bewertung abgibt, welche die Bonität über die gesamte Laufzeit abbilden soll.[621] Diesen Eindruck verstärkt sie, wenn sie generell Anpassungen von Ratings vornimmt.

Diesen Vertrauenstatbestand kann sie vergleichsweise einfach beherrschen, da sie ein Rating auch zurückziehen und so vermeiden kann, dass sich Investoren daran orientieren.[622] Alternativ könnte sie auch ein Rating mit einem Hinweis versehen, wie es Ziff. 1.9 S. 2 und Ziff. 1.10 des IOSCO Code of Conduct erlauben, dass kein Monitoring stattfindet.[623]

Durch die aufsichtsrechtliche Überformung ist diese zivilrechtsdogmatische Unsicherheit zugunsten einer Aktualisierungspflicht aufgelöst worden: Gemäß Art. 8 Abs. 5 S. 1 RatingVO wird eine Ratingagentur verpflichtet,

---

616 Ablehnend mit streng funktionalistischen Ansatz *Korth*, Die Dritthaftung von Ratingagenturen (2010), 93 ff.

617 Hierfür *Habersack*, ZHR 169 (2005) 185, 202, der auch hier auf den Gedanken der Ingerenz zurückgreift. Zurückhaltender *Krämer*, in: Bankrechtstag 2004 (2005), 16 („im Rahmen des Zumutbaren"). Vgl. zur Notwendigkeit einer solchen Vertrauenswerbung auch *Adolff*, Die zivilrechtliche Verantwortlichkeit deutscher Anwälte bei der Abgabe von Third Party Legal Opinions (1997), 160 sowie generell zur Schwierigkeit des Vertrauens in zukünftiges Handeln *Canaris*, Die Vertrauenshaftung im deutschen Privatrecht (1971), 352 f. und 448.

618 BGHZ 70, 337, 343.

619 BGHZ 61, 176, 179; ferner BGH WM 1980, 505, 507.

620 Hierzu *v. Hertzberg*, Die Haftung von Börseninformationsdiensten (1987), 112 ff. Eine Aktualisierungspflicht ablehend OLG Düsseldorf, Urteil vom 24. April 1996 – Az. 15 U 155/95 – juris Rn. 3.

621 *Peters*, Die Haftung und die Regulierung von Rating-Agenturen (2001), 102.

622 Vgl. zu den Zurechnungstopoi des vorangegangenen Tuns und der Gefahrbeherrschung *Larenz/Canaris*, SchuldR BT II/2, § 76 III 3 c und 4 b.

623 Hierzu *Stemper*, Die rechtlichen Rahmenbedingungen des Rating des Ratings (2010), 341 f.

ein Rating zu überprüfen, wenn Umstände auftreten, die Einfluss auf das Rating haben könnten. Zumindest muss eine Überprüfung jährlich sowie im Falle einer Änderung der Ratingmethodik (Art. 8 Abs. 6 RatingVO) und dem Weggang eines Ratinganalysten zum bewerteten Unternehmen (Anhang I, Abschnitt C, Abs. 6 RatingVO) stattfinden. Hierdurch wird bei den Kapitalmarktteilnehmern die berechtigte Erwartung geweckt, ein Rating werde überprüft werden, sofern es nicht zurückgezogen wird.

Die RatingVO trifft keine Vorgaben, wie schnell aufgrund der Überprüfung ein Rating anzupassen ist. Selbst wenn man annimmt, dass dies unverzüglich zu geschehen hat, ist der Ratingagentur aufgrund der eingangs beschriebenen Interessenlage ein gewisser Beurteilungsspielraum zuzubilligen, damit sie abwarten kann, ob es sich um dauerhafte Veränderungen handelt.[624] Ihre Entscheidungsprozesse und Überlegungen muss sie nachvollziehbar dokumentieren.

II. Verschuldensmaßstab

Vom Gesetzgeber ist im Falle einer Haftung gemäß §§ 311 Abs. 3 S. 2, 241 Abs. 2, 280 Abs. 1 BGB eine Verantwortlichkeit bereits für einfache Fahrlässigkeit gemäß § 276 Abs. 1 S. 1 BGB vorgesehen. Früher ist aufgrund der gesetzgeberischen Wertung der §§ 123, 826 BGB vertreten worden, dass eine Haftung für Informationen Vorsatz voraussetze;[625] für diese Ansicht besteht mit der Kodifikation des gesetzlichen Schuldverhältnisses in §§ 241 Abs. 2, 311 Abs. 2 und 3 BGB kein Raum mehr.[626] Hinsichtlich der Haftung für Kapitalmarktinformationen wird zumeist generell für grobe Fahrlässigkeit plädiert und zur Begründung auf das hohe Haftungsrisiko verwiesen. Auch der Unionsgesetzgeber hat lediglich eine Haftung für grobe Fahrlässigkeit eingeführt, weil ein Rating eine komplexe Beurteilung sei, die zu unterschiedlichen Ergebnissen führen könne, „von denen keines als falsch bezeichnet werden" könne.[627] Zugleich hat er aber Haftungsregeln, die für die Anleger günstiger sind, nicht ausgeschlossen.[628] Es ist daher zu untersuchen, ob eine Abmilderung des Verschuldensmaßstabes auch für Ratingagenturen angezeigt und rechtsdogmatisch begründbar ist.

---

[624] Strenger *Peters*, Die Haftung und die Regulierung von Rating-Agenturen (2001), 102 („umgehend").

[625] Vgl. *Grigoleit*, Vorvertragliche Informationshaftung (1997), 16ff.; *Canaris*, VersR 2005, 577, 581.

[626] Mit anderer Begründung ablehend auch *Bachmann*, in: ders. et al., Steuerungsfunktionen des Haftungsrechts im Gesellschafts- und Kapitalmarktrecht (2007), 100; *Hellgardt*, Kapitalmarktdeliktsrecht (2008), 451 ff.

[627] 33. Erwägungsgrund VO (EU) Nr. 462/2013.

[628] 35. Erwägungsgrund VO (EU) Nr. 462/2013.

1. Verfassungsrechtliche Erwägungen

In den Vereinigten Staaten wird dem verfassungsrechtlichen Schutz der Meinungsfreiheit zuvorderst durch eine Modifikation des Verschuldensmaßstabes Rechnung getragen. Dies legt die Überlegung nahe, ob auch im deutschen Recht auf dieser Ebene verfassungsrechtliche Wertungen zu berücksichtigen sind. Wie bereits gezeigt wurde, verschiebt das deutsche Recht diesen Aspekt eher auf die Ebene der Sorgfaltspflichten, um eine Abwägung im Einzelfall vorzunehmen.[629] An eine Korrektur auf der Ebene des Verschuldensmaßstabes wäre allenfalls zu denken, wenn voraussehbare Sorgfaltspflichten fehlen würden. Dann wäre es möglicherweise geboten, einen milderen Verschuldensmaßstab als Mittel der „zweiten Wahl" anzuwenden, um zu verhindern, dass sich der Äußernde abgeschreckt fühlen könnte, seine Meinung zu veröffentlichen, weil er ihre haftungsrechtlichen Folgen nicht abschätzen kann.[630]

2. Unentgeltlichkeit

Eine Haftung für grobe Fahrlässigkeit bedarf eines Grundes[631] und bleibt daher grundsätzlich der Entscheidung des Gesetzgebers überlassen.[632] Dieser hat allerdings im Rahmen der Regierungsbegründung der Schuldrechtsreform darauf hingewiesen, neben Gesetz und Rechtsgeschäft könnten auch andere Faktoren eine Haftungsmilderung rechtfertigen.[633] § 276 Abs. 1 S. 1 BGB selbst nennt eine Modifikation des Haftungsmaßstabes durch den Inhalt des Schuldverhältnisses. Teilweise ist versucht worden, aus allgemeinen Rechtsgedanken für fremdnützige oder unentgeltliche Leistungen eine Haftungsprivilegierung zu konstruieren.[634] Unabhängig von ihrer Überzeugungskraft sind diese Überlegungen nicht auf Ratingagenturen anwendbar, da sie aus eigennützigen unternehmerischen Motiven handeln.[635] Dies gilt

---

[629] Siehe S. 196 ff.

[630] *Köndgen*, in: Fleischer/Zimmer, Effizienz als Regelungsziel im Handels- und Wirtschaftsrecht (2008), 134.

[631] *Grundmann*, in: Münchener Kommentar, BGB, 6. Aufl. (2012), § 276, Rn. 87; ähnlich *Peters*, Die Haftung und die Regulierung von Rating-Agenturen (2001), 131; *Boecken*, Die Haftung der Stiftung Warentest für Schaden der Verbraucher aufgrund irreführender Testinformationen (1998), 229.

[632] *Göres*, in: Habersack/Mülbert/Schlitt, Handbuch der Kapitalmarktinformation (2008), § 31, Rn. 69.

[633] Bundestags-Drucksache 14/6040, 131.

[634] *Honsell*, JZ 1985, 952, 953; a.A. BGHZ 30, 40, 46; BGH NJW 1992, 2475; *Heinrichs*, in: Palandt, BGB, 73. Aufl. (2014), § 276, Rn. 45.

[635] In diese Richtung aber *Seibt*, in: Bachmann et al., Steuerungsfunktionen des Haftungsrechts im Gesellschafts- und Kapitalmarktrecht (2007), 206 f. Ablehnend für

auch dann, wenn sie ein Rating auftragslos abgeben; auch dies geschieht als Teil ihres Geschäftsmodells zur Verbesserung ihrer Marktposition.

3. Grundsätze der Börsendienst-Entscheiung

Näher an der Tätigkeit von Ratingagenturen scheint die Arbeit von Börsendiensten zu liegen, für die der BGH eine Haftungsmilderung entwickelt hat. Der BGH warnte in seiner Börsendienst-Entscheidung unter dem Hinweis auf die Schnelllebigkeit und spekulative Natur von Anlageempfehlungen, die Sorgfaltspflichten an einen Börsendienst gegenüber seinen Abonnenten zu überspannen. Auch den Kapitalanlegern sei bewusst, dass der zeitliche Informationsvorsprung einer Investitionsempfehlung verloren gehe, wenn jede Information verifiziert werden müsste und kein Raum für das Gespür des Analysten bleibe. Nicht jede schuldhafte Fehleinschätzung, sondern nur eine „gewichtige Außerachtlassung der Sorgfaltspflicht" begründe die Haftung.[636] Die Beschreibung der Tätigkeit der Natur eines Börsendienstes durch den BGH spricht bereits dagegen, den Gedanken des BGH auf Ratingagenturen zu übertragen. Ratingagenturen bemühen sich gerade um langfristige Bonitätseinschätzungen, so dass Faktoren wie Schnelligkeit und Gespür irrelevant sind.[637] Darüber hinaus ist die Rechtsfolge, die der BGH aus seinen Überlegungen zieht, nicht überzeugend. Seine Hinweise auf die Erwartungen des Verkehrs rechtfertigen dogmatisch eine Anpassung der Sorgfaltspflichten, nicht aber des Verschuldensmaßstabs.[638]

4. Haftungsrisiko

Der BGH hat ferner eine Haftung eines Arbeitgebers wegen eines fehlerhaften Arbeitszeugnisses auf grobe Fahrlässigkeit beschränkt, um ihn vor einer unüberschaubaren Haftung zu schützen.[639] Unabhängig von der Richtigkeit dieser Entscheidung,[640] handelt es sich schon aufgrund der unterschiedlichen Motive der Informationsgeber nicht um vergleichbare Situatio-

---

die Stiftung Warentest *Boecken*, Die Haftung der Stiftung Warentest für Schäden der Verbraucher aufgrund irreführender Testinformationen (1998), 227.

636 BGHZ 70, 356, 361 f.

637 *Peters*, Die Haftung und die Regulierung von Rating-Agenturen (2001), 131.

638 *Hopt*, in: FS Fischer (1979), 253; *Schröder*, NJW 1980, 2279, 2285; i.E. auch *Köndgen*, JZ 1978, 389, 393 jeweils für Börseninformationsdienste.

639 BGHZ 74, 281, 293 ff.

640 Ausführliche Auseinandersetzung bei *Boecken*, Die Haftung der Stiftung Warentest für Schäden der Verbraucher aufgrund irreführender Testinformationen (1998), 230 ff.

nen. Der Arbeitgeber muss aufgrund seines Arbeitsvertrages ein Arbeitszeugnis ausstellen; er hat also weder ein eigenes Interesse an dieser Erklärung, noch geht von ihm die Initiative aus, sich mit dieser Erklärung an den Markt zu wenden.[641] Es ist auch nicht davon auszugehen, dass der BGH diese Rechtsprechung übertragen würde; dies hätte bereits zu einem milderen Haftungsmaßstab im Rahmen der bürgerlich-rechtlichen Prospekthaftung führen müssen.[642] Schließlich ist das Haftungsrisiko einer Ratingagentur zwar hoch, aber – anders als für den das Zeugnis ausstellenden Arbeitgeber – grundsätzlich kalkulierbar.[643]

5. Gesamtanalogie zur Kapitalmarktinformationshaftung

Soweit der Gesetzgeber spezielle kapitalmarktrechtlichen Haftungstatbestände für fehlerhafte Informationen geschaffen hat, hat er die Haftung auf grobe Fahrlässigkeit begrenzt (vgl. §§ 37b Abs. 2, 37c Abs. 2 WpHG; § 23 Abs. 1 WpPG; §§ 20 Abs. 3, 22 Abs. 3 VermAnlG; §§ 12 Abs. 2, 13 Abs. 2 WpÜG; § 306 Abs. 3 S. 1 KAGB). Lässt sich daraus ein allgemeiner Gedanke ableiten, dass eine Haftung für fehlerhafte Kapitalmarktinformationen nur für grobe Fahrlässigkeit in Betracht kommt? In der deutschen Literatur wird dieser Schluss häufig fast selbstverständlich gezogen.[644] Die Haftung für einfache Fahrlässigkeit im Rahmen der bürgerlich-rechtlichen Prospekthaftung wird demgegenüber als Wertungswiderspruch wahrgenommen.[645] Dies ist bemerkenswert: Zum einen ist der gemilderte Verschuldensstandard im deutschen Kapitalmarktrecht in rechtsvergleichender Perspektive ein Sonderfall.[646] Zum anderen gilt im deutschen Recht eigentlich der Grund-

---

641 *Canaris*, in: FS Larenz II (1983), 96.

642 Für eine Absenkung des Verschuldensmaßstabs dort wegen Fehlen eines rechtsgeschäftlichen Kontakts *Canaris*, in: Staub, HGB, Bearbeitung 1981, Bankrechtvertragsrecht, Rn. 2280 mit Verweis darauf, dass der Arbeitgeber für Arbeitszeugnisse ebenfallls nur wegen grober Fahrlässigkeit hafte (BGHZ 74, 281, 290 ff.).

643 Hierzu bereits S. 159 ff. Abzulehnen sind daher die Stimmen in de Literatur, die eine generelle Haftungsmilderung im Rahmen der Informationshaftung fordern, z. B. *Honsell*, JZ 1985, 952, 953; *A. Lang*, WM 1988, 1001, 1007.

644 Z. B. *Hellgardt*, Kapitalmarktdeliktsrecht (2008), 458 ff.; *Kersting*, Die Dritthaftung für Informationen im Bürgerlichen Recht (2007), 516; *Zimmer/Cloppenburg*, ZHR 171 (2007) 519, 536; *Schwark*, in: FS Hadding (2004), 1129; *Hennrichs*, in: FS Hadding (2004), 890 warnt davor, diese „rechtspolitisch sinnvolle Begrenzung“ durch den Gesetzgeber auszuhebeln.

645 *Meyer*, WM 2003, 1301, 1303; a. A. *Assmann*, Prospekthaftung (1985), 366.

646 Vgl. *Köndgen*, in: Fleischer/Zimmer, Effizienz als Regelungsziel im Handels- und Wirtschaftsrecht (2008), 131; rechtsvergleichende Nachweise bei *Fleischer*, Gutachten zum 64. DJT (2002), F 60 f.

satz, dass man für beruflich erbrachte, entgeltliche Leistungen schon bei einfacher Fahrlässigkeit haftet.[647]

Argumentativ untermauert wird diese Ansicht vor allem durch die Befürchtung einer übermäßigen Abschreckung der Kapitalmarktteilnehmer, aber auch mit der anonymen Struktur der Kapitalmärkte.[648] Gerade ihre Anonymität und die Verschiebung des Vertrauens vom individuellen Vertragspartner hin zur Institution des Kapitalmarktes und auf Emittenten sowie Intermediäre als Informationsquellen machen ein effizientes Haftungsregime notwendig; sie rechtfertigen erst recht nicht eine Abweichung vom im üblichen rechtsgeschäftlichen Verkehr üblichen Haftungsmaßstab. Letztlich handelt es sich hierbei nur um Überlegungen *de lege ferenda.*

Dogmatisch könnte der Gedanke, den spezialgesetzlichen Haftungsmaßstab auf eine Haftung aus § 311 Abs. 3 BGB zu übertragen, als Gesamtanalogie begründet werden. Voraussetzung hierfür ist, dass den verschiedenen kapitalmarktrechtlichen Haftungstatbeständen ein einheitlicher Regelungsgedanke zugrunde liegt, der zudem auf alle Kapitalmarktinformationen verallgemeinert werden kann. Dies ist jedoch nicht der Fall. Einzug hielt der Maßstab der groben Fahrlässigkeit in das Kapitalmarktrecht durch das Börsengesetz von 1896; dies war insbesondere ein Erfolg der Emissionshäuser, die bereits damals argumentierten, das Haftungsrisiko würde ihnen ihre Tätigkeit anderenfalls unzumutbar machen.[649] Bei der Neufassung der börsengesetzlichen Prospekthaftung wurde die Beibehaltung des Verschuldensmaßstabs damit begründet, es handle sich um einen Ausgleich für den fehlenden rechtsgeschäftlichen Kontakt.[650] Im Vierten Finanzmarktförderungsgesetz übernahm der Gesetzgeber diesen Standard für die Ad-hoc-Publizität ohne nähere Begründung,[651] während sich der Regierungsentwurf für die Haftung für fehlerhafte Angebotsunterlagen im Rahmen einer öffentlichen Übernahme ausdrücklich an die börsengesetzliche Prospekthaftung anlehnte.[652] Eine einheitliche *ratio*, die den Gesetzgeber leitete und auf alle anderen Kapital-

---

647 *Grundmann*, in: Schimansky/Bunte/Lwowski, Bankrechts-Handbuch, 4. Aufl. 2011, § 112 Rn. 55 m.w.N., der eine Prospekthaftung von Emissionsbanken aus diesem Grund sowie aus europarechtlichen Erwägungen (Rn. 49 ff.) bereits für leichte Fahrlässigkeit für geboten hält.

648 *Hellgardt*, Kapitalmarktdeliktsrecht (2008), 460: *Canaris*, in: Staub, HGB, 2. Bearbeitung (1981), Bankrecht, Rn. 2280 stellt auf die Haftungsausweitung und den Verzicht auf einen rechtsgeschäftlichen Kontakt ab.

649 *Köndgen*, in: Fleischer/Zimmer, Effizienz als Regelungsziel im Handels- und Wirtschaftsrecht (2008), 131; *Max Weber*, ZHR 25 (1896) 69, 82 ff. zur Diskussion im Rahmen der Börsenenquete.

650 Bundestags-Drucksache 13/8933, 80.

651 Bundestags-Drucksache 14/8017, 93.

652 Bundesrats-Drucksache 574/01, 93.

marktinformationen erstreckt werden könnte, gab es nicht. Vielmehr hat der Gesetzgeber die kapitalmarktrechtliche Haftung nur fragmentarisch geregelt und auf diese Situationen zugeschnittene spezielle Privilegierungen geschaffen, die nicht übertragbar sind.[653] Zu berücksichtigen ist außerdem, dass der Gesetzgeber zwar einen milderen Haftungsmaßstab gewählt hat, diesen Nachteil aus Sicht der Investoren aber z. B. im Falle der Prospekthaftung durch die Vermutung des Verschuldens oder eine Kodifikation der Anlagestimmung ausbalanciert hat. Zu der These eines einheitlichen Verschuldensmaßstabs im Kapitalmarktrecht passt schließlich nicht, dass der Gesetzgeber neben der wertpapierrechtlichen und der allgemeinen Prospekthaftung konkurrierende Ansprüche auch bei einfacher Fahrlässigkeit zugelassen hat (§ 25 Abs. 2 WpPG; § 20 Abs. 6 S. 2 VermAnlG; § 306 Abs. 6 S. 2 KAGB). Lediglich im Falle der Haftung im Zusammenhang mit Ad-hoc-Publizität hat er konkurrierende Ansprüche nur aus Vertrag oder vorsätzlicher unerlaubter Handlung zugelassen (§§ 37b Abs. 5, 37c Abs. 5 WpHG).

Festhalten lässt sich daher, dass es keine tragende Grundlage für eine Gesamtanalogie gibt, die Haftung für Kapitalmarktinformationen dergestalt zu privilegieren, dass nur für grobe Fahrlässigkeit zu haften wäre. Letztlich ist eine solche Haftungsmilderung auch nicht notwendig, um eine übermäßige Haftung zu verhindern. Dieser Gefahr lässt sich insbesondere im Rahmen der Pflichtenbestimmung, Kausalität und Schadensberechnung ausreichend begegnen.[654] Dieses Ergebnis erscheint auch unter funktionalen Gesichtspunkten überzeugend: Im Verhältnis zu den bewerteten Unternehmen haften Ratingagenturen bereits für einfache Fahrlässigkeit (§ 824 Abs. 1 und § 823 Abs. 1 i. V. m. mit dem Recht am eingerichteten und ausgeübten Gewerbebetrieb). Soll eine Haftung gegenüber Investoren diese einseitige zivilrechtliche Verantwortlichkeit ausgleichen, wäre es damit nicht vereinbar, unterschiedliche Verschuldensmaßstäbe heranzuziehen.[655]

III. Beweislastverteilung

Ein Rating ist nicht bereits falsch, weil der Emittent zahlungsunfähig geworden ist. Geschuldet wird von der Ratingagentur nur ein Verhalten, die Einhaltung des mit ihrer Vertrauenswerbung verbundenen Sorgfaltsstandards. Für Anleger ist es schwierig, eine Pflichtverletzung einer Ratingagen-

653 *Ehricke*, in: Hopt/Vogt, Prospekt- und Kapitalmarktinformationshaftung (2004), 234 und 292.

654 Ähnlich *Köndgen*, in: Fleischer/Zimmer, Effizienz als Regelungsziel im Handels- und Wirtschaftsrecht (2008), 131.

655 Ähnlich *Boecken*, Die Haftung der Stiftung Warentest für Schäden der Verbraucher aufgrund irreführender Testinformationen (1998), 234 f.

tur nachzuweisen, weil sie regelmäßig nur das Ergebnis des internen Ratingverfahrens kennen. Daher stellt sich die Frage, inwieweit eine Umkehr der Beweislast oder eine Beweiserleichterung in Betracht kommt.[656]

Auch auf Basis des geltenden deutschen Rechts lässt sich eine Beweiserleichterung zugunsten des geschädigten Investors begründen. Ein Ansatz könnte zunächst die sog. Sphärentheorie sein. Danach obliegt für verhaltensbezogene Pflichten nach § 280 Abs. 1 S. 2 BGB die Beweislast einer objektiven Pflichtverletzung – anders als für das Verschulden – grundsätzlich dem Gläubiger. Der BGH nimmt allerdings – wie vor der Schuldrechtsreform auf Basis des § 282 BGB a.F. – eine Beweislastumkehr vor, wenn die Schadensursache im Obhuts- und Gefahrenbereich des Gläubigers liegt, weil dann die Schadensursache der unmittelbaren Wahrnehmung des Gläubigers entzogen ist.[657] Dieser Gedanke liegt auch § 309 Nr. 12 lit. a BGB zugrunde.[658] Voraussetzung für eine Beweislastumkehr ist allerdings, dass der Schuldner mögliche Schadensursachen außerhalb der Sphäre des Gläubigers ausräumt.[659]

Dieser Ansatz bietet jedoch für eine Informationshaftung keine befriedigende Lösung. Streng angewandt müsste eine Ratingagentur immer darlegen, keine Sorgfaltspflicht verletzt zu haben. Dies würde bedeuten, dass eine Ratingagentur gezwungen wäre, auf die bloße Behauptung einer Pflichtverletzung hin, den gesamten Prozess der Erstellung eines Ratings offenzulegen und damit auch interne Unternehmensabläufe. Zusammen mit der damit verbundenen Kostenbelastung und dem Risiko, diesen Beweis nicht erbringen zu können, handelt es sich um einen empfindlichen Eingriff in die Berufsfreiheit (Art. 12 Abs. 1 GG) der Ratingagentur.[660] Es muss vielmehr ein Ausgleich mit dem Ziel geschaffen werden, den geschädigten Gläubigern effektiven Rechtsschutz zu verschaffen, auch wenn sie sich strukturell in Beweisnot befinden.[661] Einen solchen Ausgleich ermöglichen, wie *Korth*[662] überzeugend dargelegt hat, die Grundsätze zur sekundären Darlegungslast, welche

656 Kritisch zur Beweiserleichterung aus Furcht vor einer Qualitätsverschlechterung durch die Offenlegung der Ratingmethodik *Tönningsen*, ZBB 2011, 460, 470.

657 BGH NJW 2009, 142, 142 f.; ausführlich *Ernst*, in: Münchener Kommentar, BGB, 6. Aufl. (2012), § 280, Rn. 138 und 146 ff.

658 *Grüneberg*, in: Palandt, BGB, 73. Aufl. (2014), § 280, Rn. 37.

659 BGHZ 126, 124, 127 f.; BGH NJW 2009, 142, 143; NJW-RR 2005, 235.

660 Statt vieler *Korth*, Dritthaftung von Ratingagenturen (2010), 156; *Vetter*, WM 2004, 1701, 1704; *Stemper*, Die rechtlichen Rahmenbedingungen des Rating (2011), 180.

661 Vgl. zu einem ähnlichen Dilemma im Rahmen der Telekommunikationsregulierung BVerfGE 105, 205, 235 sowie mit einem kartellrechtlichen Hintergrund BGHZ 116, 47, 56.

662 *Korth*, Dritthaftung von Ratingagenturen (2010), 154 ff.

die Rechtsprechung – gestützt auf § 138 Abs. 2 ZPO – entwickelt hat, wenn der beweisbelasteten Partei die Beweisführung nicht möglich ist, aber die andere Partei alle wesentlichen Tatsachen kennt.[663] In diesem Fall kann von der nicht beweisbelasteten Partei verlangt werden, dass sie „substantiiert bestreitet", d. h. über das bloße Bestreiten der Behauptung, dass sie eine Sorgfaltspflicht verletzt habe, zu dem Sachverhalt aufgrund ihrer größeren Kenntnis in der Sache vorträgt. Damit bewegt sich das deutsche Recht auf der gleichen Linie wie das europäische Recht; der Unionsgesetzgeber fordert die nationalen Gerichte ausdrücklich auf, den fehlenden Zugang der Anleger zu Informationen in der Sphäre der Ratingsagentur zu berücksichtiten (Art. 35a Abs. 2 UAbs. 2 RatingVO).[664]

Kernfrage ist damit, was der Investor vortragen muss, damit eine Ratingagentur diese sekundäre Darlegungslast trifft. Notwendig sind gewisse Ansatzpunkte, die für eine Pflichtverletzung und damit ein fehlerhaftes Rating sprechen, z. B.:

- Trotz eines erstklassigen Ratings kommt es, wie im Fall Enron, kurz darauf zur Zahlungsunfähigkeit eines Emittenten.[665]
- Das Rating weicht erheblich von den Markteinschätzungen ab, die sich in einem Kursverfall der Anleihen oder einem Anstieg des Credit Spread zeigen können.[666] Auch gegenläufige Einschätzungen anderer Agenturen (*split rating*) können – je nach der konkreten Begründung der Abweichung – für eine Erfüllung der primären Darlegungslast ausreichen.[667]
- Es liegen erhebliche Verstöße gegen die internen Organisations- und Verfahrensvorschriften einer Ratingagentur vor, die aufgrund ihrer Schwere zumindest potentiell geeignet sind, die objektive, neutrale und fachgerechte Erstellung des Ratings im konkreten Fall zu verhindern.

§ 12 Modifikationen der Haftung

Um auch nur der Gefahr einer Haftung zu entgehen, versehen die großen Ratingagenturen die Veröffentlichungen ihrer Beurteilungen mit ausführlichen Verwahrungen gegen jede Haftung. Einen Eindruck gibt etwa die folgende Erklärung von Standard & Poor's, die sich in ähnlicher Form auch bei den anderen großen Ratingagenturen findet:

---

[663] Z. B. BGHZ 140, 156, 158 f.; 86, 23, 29.

[664] Ausführlich S. 362 f.

[665] *Korth*, Dritthaftung von Ratingagenturen (2010), 158.

[666] *Korth*, Dritthaftung von Ratingagenturen (2010), 158.

[667] Vgl. *Husisian*, 75 Cornell L. Rev. 411, 413 Fn. 5 (1990); a. A. *Stemper*, Die rechtlichen Rahmenbedingungen des Rating (2011), 179.

> „S&P, its affiliates, and any third party providers, as well as their directors, officers, shareholders, employees or agents (collectively S&P Parties) do not guarantee the accuracy, completeness, timeliness or availability of the Content. S&P Parties are not responsible for any errors or omissions, regardless of the cause, for the results obtained from the use of the Content, or for the security or maintenance of any data input by the user. The Content is provided on an ‚as is' basis.
>
> S&P parties disclaim any and all express or implied warranties (…). In no event shall S&P Parties be liable to any party for any direct, indirect, incidental, exemplary, compensatory, punitive, special or consequential damages, costs, expenses, legal fees, or losses (including, without limitation, lost income or lost profits and opportunity costs) in connection with any use of the Content even if advised of the possibility of such damages.
>
> (…) S&P assumes no obligation to update the Content following publication in any form or format. The Content should not be relied on and is not a substitute for the skill, judgment and experience of the user, its management, employees, advisors and/or clients when making investment and other business decisions. (…) While S&P has obtained information from sources it believes to be reliable, S&P does not perform an audit and undertakes no duty of due diligence or independent verification of any information it receives."

Ein so weitgehender Ausschluss zivilrechtlicher Verantwortlichkeit provoziert die Frage nach seiner Wirksamkeit. Dogmatisch ist dies aber erst der zweite Schritt. Zuvor ist zu klären, inwieweit es überhaupt möglich ist, durch eine einseitige Erklärung über eine gesetzliche Haftung wie nach § 311 Abs. 3 BGB zu disponieren. Im Gegensatz zu den privatautonomen Ansätzen einer Haftung fehlt es im Rahmen der Vertrauenshaftung an einer – wenn auch letztlich fiktiven – Vereinbarung zwischen den Beteiligten als Anknüpfungspunkt. Hierin liegt eine besondere Herausforderung der Haftung nach § 311 Abs. 3 BGB, ebenso wie zuvor schon der Vertrauenshaftung.[668] *Emmerich* sieht in der höheren Flexibilität, die etwa der Vertrag mit Schutzwirkung zugunsten Dritter in diesem Punkt erlaubt, den Grund für die nach wie vor hohe Affinität der Rechtsprechung zu diesem Institut.[669] Dies gilt insbesondere, nachdem die Rechtsprechung Haftungsbeschränkungen die Drittwirkung versagt und die schematische Anwendung von § 334 BGB überwunden hat.[670] Die ganz überwiegende Ansicht nimmt daher im Ergebnis überzeugend an, eine zwischen Auftraggeber und Ratingagentur vereinbarte Haftungsfreizeichnung gelte nicht gegenüber Investoren.[671]

---

668 Vgl. *Martin Weber*, NZG 1999, 1, 7.

669 *Emmerich*, in: Münchener Kommentar, BGB, 5. Aufl. (2007), § 311, Rn. 259.

670 Grundlegend BGHZ 127, 378, 385 f.

671 Etwa *v. Schweinitz*, WM 2008, 953, 957; *Vetter*, WM 2004, 1701, 1707; *Wildmoser/Schiffer/Langoth*, RIW 2009, 657, 666 f.; *Berger/Stemper*, WM 2010, 2289, 2293; *Peters*, Die Haftung und die Regulierung von Rating-Agenturen (2001),

Auch im Rahmen der Vertrauenshaftung werden Modifikationen der Haftung diskutiert. Dabei werden Einschränkungen des Vertrauenstatbestandes, sog. Vertrauensverwahrungen, und Haftungsbeschränkungen unterschieden. Nachdem diese voneinander abgegrenzt worden sind, sollen die Grenzen ausgelotet werden, innerhalb derer eine Ratingagentur über die Haftung nach § 311 Abs. 3 BGB disponieren kann.

I. Beschränkungen des Vertrauenstatbestandes

1. Terminologie

Eine Modifikation der gesetzlichen Haftung nach § 311 Abs. 3 S. 2 BGB kann durch Haftungsbeschränkungen oder aber auch – eine Besonderheit der Vertrauenshaftung – durch eine Modifikation des Vertrauenstatbestandes, eine Vertrauensverwahrung, geschehen. Grundgedanke der Vertrauensverwahrung ist, der Vertrauensnehmer könne durch bestimmte Erklärungen im Auskunftstext die Richtigkeitsgewähr seiner Aussage zurücknehmen und so verhindern, dass überhaupt ein schützenswertes Vertrauen aufseiten des Vertrauensgebers entsteht.[672] Der Erklärungsempfänger darf sich dann nicht mehr herausgefordert fühlen, auf diese Erklärung zu vertrauen und auf eigene Informationsanstrengungen zu verzichten. Es handelt sich um eine „immanente Grenze“ der Vertrauenshaftung.[673] Eine Vertrauensverwahrung ist bereits Bestandteil der Vertrauenswerbung und bei der Auslegung der Vertrauenswerbung zu berücksichtigen.

Im Gegensatz zu einer Vertrauensverwahrung modifiziert eine Haftungsbeschränkung nicht den Vertrauenstatbestand an sich, sondern die gesetzlichen Rechtsfolgen einer Haftung. Deutlich wird der Unterschied an dem Vermerk „ohne Obligo“ bei Bankauskünften. Hierdurch wird nicht die Richtigkeitsgewähr der Auskunft zurückgenommen, denn dann würde sie ihren Sinn verlieren; es wird lediglich die gesetzliche Haftung als Rechtsfolge ausgeschlossen.[674]

Die Beschränkung des Adressatenkreises und des Zwecks sind danach Vertrauensverwahrungen, weil sie bereits das Entstehen schutzwürdigen

---

140 und 142; anders *Korth*, Dritthaftung von Ratingagenturen (2010), 104f., der eine Haftungsbeschränkung für zulässig hält, sofern sie auch die Haftung gegenüber dem Emittenten ausschließt.

672 *Koch*, WM 2005, 1208, 1211; *Canaris*, ZHR 163 (1999) 206, 231; ebenso für das schweizerische Recht *Vasella*, Die Haftung von Ratingagenturen (2011), Rn. 868.

673 *Lorenz*, in: FS Larenz I (1973), 619.

674 *Canaris*, in: Staub, HGB, 4. Aufl. (1988), Bankvertragsrecht, Rn. 84; a.A. *Stoll*, in: FS Flume I (1978), 741, 769.

Vertrauens verhindern. Ebenfalls Vertrauensverwahrungen sind Modifikationen des Pflichtenprogramms, etwa ein Hinweis auf eine ungeprüft zugrundegelegte Informationsbasis, wie er von den Ratingagenturen verwandt wird. Eine solche Aussage verändert den Inhalt der Vertrauenswerbung und damit die inhaltliche Reichweite des berechtigten Vertrauens.[675] Haftungshöchstgrenzen, generelle Haftungsfreizeichnungen und Modifikationen des Verschuldensmaßstabes sind demgegenüber als Haftungsbeschränkungen einzuordnen.[676]

2. Grenzen der Vertrauensverwahrung

Aus der Logik der Vertrauenshaftung ist die Möglichkeit, den Vertrauenstatbestand einzuschränken, eine „Selbstverständlichkeit"[677]. Dem Vertrauensnehmer wird damit eine große Gestaltungsmacht in die Hand gegeben. Funktional spricht für die Möglichkeit einer Beschränkung des Vertrauenstatbestandes, sofern die Vertrauensverwahrung hinreichend eindeutig erfolgt, dass eine Haftung für den Vertrauensnehmer begrenzbar und damit kalkulierbar wird. Zudem verliert der Vertrauensgeber seine Schutzwürdigkeit: Er muss erkennen, dass er auf eine Äußerung, die durch so eine solche Erklärung flankiert wird, nicht vertrauen darf. Eine solche Wertung findet sich auch in vielen gesetzlichen Regelungen, die der Verrauenshaftung zumindest verwandt sind (z.B. § 122 Abs. 2, § 173, § 179 Abs. 3 S. 1 BGB).

Auf dieser Grundlage ließe sich argumentieren, eine Ratingagentur könne eine Vertrauenswerbung und die Begründung eines schützenswerten Vertrauens verhindern, indem sie jedes Rating mit einer entsprechenden Erklärung veröffentlicht; eine Haftung scheide dann aus.[678] Auf der ande-

---

675 *Canaris*, ZHR 163 (1999) 206, 230; ähnlich von einem anderen dogmatischen Ausgangspunkt *Hirte*, Berufshaftung (1996), 450, der eine „Leistungskonkretisierung" mit Wirkung zugunsten Dritter erlaubt.

676 *Canaris*, ZHR 163 (1999) 206, 230 f.

677 *Canaris*, ZHR 163 (1999) 206, 230; gleichsinnig *H. Schneider*, ZHR 163 (1999) 246, 266; *Lang*, AcP 201 (2001) 452, 572; offengelassen in BGH WM 1984, 1075, 1077, ob eine „ausdrücklich und deutliche, gleichzeitig mit der Vertrauensschaffung ausgesprochene Verwahrungserklärung" eine Haftung verhindern kann. Kritisch für Ratingagenturen *Emmenegger*, in: Wiegand, Berner Bankrechtstagtag 2005. Basel II – die rechtlichen Konsequenzen (2006), 91; *Peters*, Die Haftung und Regulierung von Ratingagenturen (2001), 123, Fn. 733.

678 *Vetter*, WM 2004, 1701, 1710; *Seibt*, in: Bachman et al., Steuerungsfunktionen des Haftungsrechts im Gesellschafts- und Kapitalmarktrecht (2007), 206; *Bauer*, Ein Organisationsmodell zur Regulierung der Ratingagenturen (2009), 38. Ähnlich auch *Kübler*, in: Bankrechtstag 1996, 131, der darin eine Leistungsbeschreibung im AGB-rechtlichen Sinne und gerade keine Haftungsbeschränkung sieht. Entgegen

ren Seite ist § 311 Abs. 3 S. 2 BGB ein gesetzlicher Haftungstatbestand.[679] Ziel der Regelung ist es, Vertrauen in die Aussagen von Experten – wie Gutachtern, Wirtschaftsprüfern und Ratingagenturen – zu schaffen, die selbst herangezogen werden, um die Vertrauenslücke zwischen den Vertragspartnern zu schließen und hierdurch einen rechtsgeschäftlichen Kontakt bzw. eine Transaktion erst zu ermöglichen.[680] Dieses Vertrauen wäre empfindlich gestört, wenn es dem Vertrauensnehmer möglich wäre, seine Vertrauenswerbung durch einen einfachen – möglicherweise versteckten – Hinweis zu negieren.[681] Es wäre eine Überprüfung der Vertrauenswerbung notwendig, die wiederum zu Kosten des Vertrauensgebers führen würde. Der Gestaltungsmacht des Experten keine Grenzen zu setzen, erscheint auch normativ nicht überzeugend, sind die Wirkungen einer Vertrauensverwahrung mindestens ebenso einschneidend wie eine Haftungsbeschränkung.[682] Gleichwohl sollen nur Haftungsbeschränkungen den allgemeinen Grundsätze unterliegen, d.h. insbesondere einer Kontrolle als AGB gemäß §§ 305 ff. BGB.[683]

Aus Sicht der Vertrauensnehmer steht die Vertrauensverwahrung zwangsläufig im Widerspruch zu dem, was sie üblicherweise von einer Ratingagentur erwarten dürfen. Ursache dieser Unstimmigkeit ist, dass die Vertrauensverwahrung mit ihrem Auftreten am Markt, ihrer Werbung und den Verkehrserwartungen[684] nicht in Einklang steht. Wer ein „Rating" als anerkannte Ratingagentur veröffentlicht, nährt beim Anlegerpublikum hierdurch bestimmte Erwartungen. Die Ratingagentur begründet durch die Wahrnehmung ihrer spezifischen Rolle auf dem Kapitalmarkt und den damit verbundenen Attributen einen Vertrauenstatbestand.[685]

Der größte Widerspruch tut sich jedoch zwischen der Vertrauensverwahrung und der Funktion des Ratings auf: Ein Rating richtet sich primär an

---

Kersting, Die Dritthaftung für Informationen im Bürgerlichen Recht (2007), 541 gehen die Erklärungen der Ratingagenturen teilweise über eine Ablehnung der Haftung hinaus und adressieren direkt den Vertrauenstatbestand.

679 Bereits zur Vertrauenshaftung daher kritisch *Köndgen*, Selbstbindung ohne Vertrag (1981), 182 f.

680 *Lang*, AcP 201 (2001) 452, 506.

681 *Köndgen*, AG 1983, 120, 131; *Assmann*, Prospekthaftung (1985), 368 f.; *Siol*, in: Schimansky/Bunte/Lwowski, Bankrechts-Handbuch, 4. Aufl. (2011), § 43, Rn. 56; skeptisch auch *Martin Weber*, NZG 1999, 1, 11.

682 *Hirte*, Berufhaftung (1996), 448.

683 Vgl. etwa *Canaris*, ZHR 163 (1999) 206, 231 f.

684 *Hirte*, Berufshaftung (1996), 448.

685 Vgl. *Assmann*, in: ders./Schütze, Handbuch des Kapitalanlagerechts, 3. Aufl. (2007), § 6, Rn. 205. Auf den konkreten Vertrauenstatbestand im Verhältnis zu einer generellen Vertrauensverwahrung stellt auch BGH WM 1984, 1075, 1077 ab.

Anleger. Nähme man die Vertrauensverwahrung beim Wort, wäre es sinnlos, ein Rating überhaupt in Auftrag zu geben.[686] Die Ratingagenturen verstärken diese Diskrepanz noch, indem sie ausdrücklich ihre Neutralität und Sachkunde hervorheben. Diese Qualitäten sind gerade aus Sicht von Investoren für ihre Wertschätzung des Ratings essentiell. Die Veröffentlichung eines Ratings einerseits und die Verwahrung gegen dessen Vertrauenswürdigkeit andererseits sind daher eine „inkonsistente Selbstdarstellung".[687] Aus Sicht des Rechtsverkehrs liegt ein in sich widersprüchliches Verhalten (§ 242 BGB) vor, weil die Ratingagentur zu stark durch ihre Vertrauensverwahrung vom dem abweicht, was den Kern der Tätigkeit[688] einer Ratingagentur ausmacht, während sie zugleich gerade um das Vertrauen in Ratings als Grundlage ihres Geschäftsmodells wirbt.[689] Dies gilt zumindest, wenn eine Ratingagentur mit einer formularmäßigen Erklärung versucht, den Vertrauenstatbestand in so absoluter Form zu beschränken.[690] Ähnlich wie im Rahmen der *protestatio facto contraria* sind auch hier die Begleitumstände so eindeutig, dass eine rechtliche Verpflichtung durch eine gegenläufige Erklärung möglicherweise reduziert, aber nicht ohne Weiteres beseitigt werden kann.[691]

Es bleibt die Frage, wie weniger weitgehende Beschränkungen des Vertrauenstatbestands zu beurteilen wären. Maßstab der Zulässigkeit von Vertrauensverwahrungen ist § 242 BGB,[692] zu dessen Konkretisierung auf die Wertungen des AGB-Rechts in den §§ 305 ff. BGB zurückzugreifen ist.[693]

---

[686] *Kersting*, Die Dritthaftung für Informationen im Bürgerlichen Recht (2007), 541.

[687] Vgl. *Köndgen*, Selbstbindung ohne Vertrag (1981), 181 ff.

[688] Vgl. *Hopt*, AcP 183 (1983) 608, 713 f.; Lang, 201 (2001) 452, 572.

[689] *Emmenegger*, in: Wiegand, Berner Bankrechtstag 2005 (2006), 92 f.; *Wildmoser/Schiffer/Langoth*, RIW 2009, 657, 667; *Hennrichs*, in: FS Hadding (2004), 890. Vgl. zur Treuwidrigkeit des Ausschluss der Drittschutzes im Rahmen der Expertenhaftung für dritterichtete Informationen BGHZ 159, 1, 5 (Vertrag mit Schutzwirkung zugunsten Dritter); BGH WM 1998, 440, 442 für den Ausschluss der Gewähr für Informationen, die ungeprüft einem Gutachten zugrundegelegt wurden; BGHZ 145, 187ließ eine Verwendungsbeschränkung eines typischerweise drittgerichteten Gutachtens unbeachtet.

[690] Vgl. BGH WM 1984, 1055, 1057.

[691] Ähnlich auch *Stoll*, in: FS Flume I (1978), 741, 769. Im Gegensatz zur *protestatio facto contraria* tritt die Rechtsfolge hier jedoch qua Gesetz ein, nicht aufgrund einer Willenserklärung; diese ist perplex und damit nichtig, vgl. *Köndgen*, JZ 1978, 389, 394 für Börsendienste.

[692] Ähnlich auch *Büttner*, Umfang und Grenzen der Dritthaftung von Experten (2006), 150.

[693] Kritisch *Büttner*, Umfang und Grenzen der Dritthaftung von Experten (2006), 159 f., der im Ergebnis jedoch eine Überschneidung der Prüfungsmaßstäbe mit § 242 BGB konstatiert.

Auch die Kontrolle allgemeiner Geschäftsbedingungen wurzelt im Gedanken von Treu und Glauben.[694] Auch bei der Vertrauensverwahrung handelt es sich um eine einseitige Gestaltung des Schuldverhältnisses, die vom dem abweichen, was der Rechtsverkehr nach Treu und Glauben erwarten durfte,[695] wenn jemand sich eines Leitbildes – sei es gesetzlich oder durch gefestigte Verkehrserwartungen geprägt – bedient.[696] Eine Übertragung des Maßstabs der §§ 305 ff. BGB wird dadurch erleichtert, dass es sich im Falle der Informationsdritthaftung gerade nicht um die Modifikation einer privatautonomen Vereinbarung handelt, die zunächst einmal die Vermutung ihrer Angemessenheit in sich trägt, sondern um eine gesetzlich angeordnete Haftung.[697] Schließlich gibt die oligopolistische Struktur des Ratingmarktes Anlass, die Angemessenheit besonders genau zu untersuchen, weil der Wettbewerb als Regulativ fehlt.[698]

3. Begrenzung des Adressatenkreises

Eine Ratingagentur könnte ferner versuchen, den Kreis möglicher Anspruchsteller einzugrenzen. Aufgrund der klaren Ausrichtung des Ratings auf Investoren scheidet diese Möglichkeit jedoch aus, wenn das Rating allgemein zugänglich veröffentlicht wird.

Anders zu beurteilen wäre hingegen eine Begrenzung des Adressatenkreises beim Abonnementrating. Voraussetzung hierfür ist freilich, dass ein Abonnementrating trotz Art. 10 Abs. 1 UAbs. 2 RatingVO in der Form einer begrenzten Weitergabe an Abonnenten noch zulässig ist. Nach Art. 10 Abs. 1 UAbs. 1 RatingVO sind alle Ratings mit Begründung unterschiedslos zu veröffentlichen. Der Unionsgesetzgeber hat diese Pflicht ausdrücklich auch auf Abonnementratings erstreckt (Art. 10 Abs. 1 UAbs. 2 RatingVO), obwohl er selbst die Schwächen des „Modells des zahlenden Emittenten“ hervorhebt.[699] Auch im Rahmen der letzten Novelle der RatingVO durch die VO (EU) Nr. 462/2013 erfolgte keine Korrektur.

---

[694] Vgl. *Pleyer/Hegel*, ZIP 1985, 1370, 1376.

[695] Dies markiert den Anwendungsbereich der Klauselkontrolle nach §§ 307 ff. BGB, vgl. BGHZ 130, 150, 156; *Kieninger*, in: Münchener Kommentar, BGB, 6. Aufl. (2012), § 307, Rn. 12.

[696] BGHZ 70, 304, 310 und 312; hierauf verweisend *Köndgen*, AG 1983, 120, 131.

[697] *Kersting*, Die Dritthaftung für Informationen im Bürgerlichen Recht (2007), 431 für Haftungsbeschränkungen.

[698] *Basedow*, in: Münchener Kommentar, BGB, 6. Aufl. (2012), § 305, Rn. 4 ff. Vgl. zur Verbindung zwischen Marktmacht und Haftungsausschlüssen der Ratingagenturen *U. H. Schneider*, Status: Recht 2009, 142, 143.

[699] Kritisch zu dieser Regelung *Zimmer*, in: FS Hopt (2010), 2706 ff.

Vergleichbar wäre eine solche Eingrenzung mit dem Weitergabeverbot, wie es Wirtschaftsprüfer verwenden (Ziff. 7 AAB).[700] Ökonomisch ist eine solche Beschränkung des Adressatenkreises sinnvoll. Ohne sie droht ein Marktversagen infolge eines Trittbrettfahrer-Problems. Beim Auftragsrating kann die Ratingagentur das Haftungsrisiko als Kosten des Ratings auf die Investoren umlegen. Diese Möglichkeit besteht beim Abonnementrating nur sehr eingeschränkt, weil nicht alle Investoren zugleich Abonnenten der Ratingagentur sind. Würde die Ratingagentur auch gegenüber ihnen haften, müssten die Abonnenten das Haftungsrisiko aller Investoren tragen.[701]

II. Haftungsbeschränkungen

1. Dogmatische Begründung

§ 311 Abs. 3 S. 2 BGB statuiert eine Haftung aufgrund eines gesetzlichen Schuldverhältnisses. Warum also sollte es möglich sein, die Rechtsfolgen dieser Haftung einseitig oder zweiseitig zu modifizieren?[702] Voraussetzung wäre eine privatautonome Vereinbarung zwischen den Beteiligten oder aber ein anderer Grund, warum der Vertrauensgeber eine Haftungsbeschränkung entgegen der gesetzlichen Regelung gegen sich gelten lassen muss.

Scheinbar leichter hätten es an dieser Stelle die vertraglichen Ansätze einer Expertenhaftung, weil sie an die vertragliche Vereinbarung anknüpfen können. So hat unterzog der BGH einen Haftungsausschluss in einem Vertrag eines Mittelverwendungskontrolleurs eines Kapitalanlagemodells einer AGB-rechtlichen Kontrolle. Entscheidend komme es darauf an, dass es sich aus Sicht des Investors um vorformulierte Vertragsbedingungen handele, auf deren Inhalt er keinen Einfluss mehr habe nehmen können. Der Investor sei ferner besonders schutzwürdig, weil der Vertragspartner des Mittelverwendungskontrolleurs beim Abschluss des Vertrages im Verhältnis

700 BGHZ 167, 155, 165 f.; *Habersack/Schürnbrand*, in: Staub, HGB, 5. Aufl. (2010), § 323, Rn. 59; *Canaris*, ZHR 163 (1999) 205, 230; zur Zulässigkeit der Klausel OLG Düsseldorf WM 2009, 2375, 2379 m. w. N.; kritisch *Martin Weber*, NZG 1999, 1, 11.

701 *Grundmann/Renner*, JZ 2013, 379, 383; *Zimmer*, in: FS Hopt (2010), 2707 f.

702 Zweifelnd bis ablehnend *Ebke/Scheel*, WM 1991, 389, 396; *Gernhuber*, Das Schuldverhältnis, (1989), 209; *Kersting*, Die Dritthaftung für Informationen im Bürgerlichen Recht (2007), 429 f.; *Christensen*, in: Ulmer/Brandner/Hensen, AGB-Recht, 11. Aufl. (2011), § 309 Nr. 7 BGB, Rn. 13 f.; *Hopt*, in: FS Pleyer (1986), 367 f.; *ders.*, NJW 1987, 1745, 1746; *Martin Weber*, NZG 1999, 1, 9, Fn. 120; *Assmann*, Prospekthaftung (1985), 370; *Ekkenga*, WM 1996, Sonderbeil. Nr. 3/1996, 1, 15; *Emmenegger*, in: Wiegand, Berner Bankrechtstag 2005. Basel II – die rechtlichen Konsequenzen (2006), 91. Für eine Haftungsbeschränkung durch AGB im Rahmen der c.i.c. aber KG NJW 1981, 2822 für Lottospielbedingungen.

zum Investor gegenläufige Interessen verfolge und im Gegensatz zum idealtypischen Vertrag mit Schutzwirkung zugunsten Dritter nicht die Interessen des Dritten wahre.[703] Ohne eine weitere Begründung verfährt die Rechtsprechung in Fällen der Prospekthaftung, hält Haftungsbeschränkung in diesem Kontext aber durchgängig für unzulässig.[704] In Fällen eines stillschweigenden Auskunftsvertrages, insbesondere bei Bankauskünften, rekurrierte der BGH häufig auf das abstrakte Wissen der Auskunftsempfänger, dass Banken üblicherweise nach ihren AGB arbeiten.[705] Auch im vorvertraglichen Bereich[706] hat sich die Rechtsprechung eher großzügig gezeigt. Eine dogmatische Konstruktion für diese Grenzfälle ist sie aber bisher schuldig geblieben.

Klar ist jedoch, dass auch in einem gesetzlichen Schuldverhältnis die Haftung durch Vereinbarung abbedingbar ist. Dementsprechend überrascht es nicht, dass selbst Vertreter der Vertrauenshaftung eine vertragliche Konstruktion eines Haftungsausschlusses als Ausweg wählen, auch wenn die Haftungsgrundlage gerade kein Vertrag sein soll. *Canaris* etwa argumentiert, wenn es bereits möglich sei, den Vertrauenstatbestand einseitig zu beschränken und die Vertrauenswerbung gegenüber einer Person auszuschließen, dann müsse dies erst recht für Haftungsbeschränkungen gelten. Er interpretiert die Aufnahme entsprechender Haftungsbeschränkungen als Angebot einer entsprechenden Vereinbarung. Der Vertrauensgeber habe nun – entsprechend § 150 Abs. 2 BGB – „gar keine andere Wahl", als sich auf diese Bedingungen einzulassen. Die Annahme erfolge durch die Vertrauensinvestition; auf den Zugang der Annahmeerklärung werde nach § 151 S. 1 BGB verzichtet.[707] Ähnlich konstruiert *Koch* die Haftungsbeschränkung als Bedingung der Vertrauenswerbung.[708]

Nach der Ablehnung einer vertraglichen Anspruchsgrundlage überzeugt der Rückgriff auf die gleichen Konstruktionsmittel freilich nicht.[709] Insbe-

---

703 BGH NJW 2010, 1277, 1278; BGH NJW 2010, 1279, 1281.

704 BGH WM 2002, 813, 818; OLG Stuttgart NZG 2005, 2382, 2384; OLG Hamburg NZG 2000, 658, 660; OLG Hamm NJW 1986, 260, 261.

705 BGH WM 1970, 632, 633; WM 1972, 583, 585; WM 1973, 635, 636.

706 BGH NJW 1994, 188, 189; NJW 1996, 2574, 2575 für Taschenkontrollen in Kaufhäusern.

707 *Canaris*, ZHR 163 (1999) 206, 231; *Adolff*, Die zivilrechtliche Verantwortlichkeit deutscher Anwälte bei der Abgabe von Third Party Legal Opinions (1997), 202; *H. Schneider*, ZHR 163 (1999) 246, 269.

708 *Koch*, WM 2005, 1209, 1213 f.; dagegen *Kersting*, Die Dritthaftung für Informationen im Bürgerlichen Recht (2007), 316.

709 *Bosch*, ZHR 163 (1999) 274, 284; *Büttner*, Umfang und Grenzen der Dritthaftung von Experten (2006), 156; *Ebke/Scheel*, WM 1991, 389, 396. Zweifel letztlich auch bei *Canaris*, ZHR 163 (1999) 206, 232, der auf die ungelöste dogmatische

sondere die Aussage, der Verwender habe „keine Wahl“, offenbart den Grundwiderspruch gegenüber einer qua Gesetzes eintretenden Haftung. Diese soll gerade dem Dritten i. S. d. § 311 Abs. 3 S. 2 BGB keine Wahl lassen, sofern er sich entschieden hat, mit einer entsprechenden Vertrauenswerbung am Markt aufzutreten, und so zurechenbar die gesetzlichen Haftungsvoraussetzungen erfüllt.[710] Eine Haftungsbeschränkung müsste der Vertrauensgeber ohne Gegenleistung akzeptieren; sie ist daher nicht in seinem Interesse und ein Vertragsschluss bliebe auch hier rein fiktiv.[711]

Eine rechtsgeschäftliche Einbeziehung von Haftungsbeschränkungen erscheint daher nicht überzeugend. Dies gilt selbst dann, wenn man in Anlehnung an § 310 Abs. 1 S. 1 BGB auf eine Möglichkeit der Kenntnisnahme der Haftungsbeschränkungen als AGB (§ 305 Abs. 2 BGB) im unternehmerischen Verkehr verzichten würde. Es fehlt noch immer an einem Vertragsschluss; die Haftungsbeschränkungen blieben einseitige Erklärungen. Somit ist ein Legitimationsgrundrund notwendig, warum der Vertrauensgeber sie gegen sich gelten lassen muss.

Kersting hat im Ansatz überzeugender auf das gesetzliche Schuldverhältnis zwischen Vertrauensnehmer und Vertrauensgeber zurückgegriffen statt auf den Willen des Vertrauensgebers. Er argumentiert, das Schuldverhältnis gemäß § 241 Abs. 2 BGB erlege auch dem Vertrauensgeber auf, die Interessen des Vertrauensnehmer zu berücksichtigen, wenn er seinen Haftungsanspruch gegenüber diesem geltend macht. Hierzu gehöre auch, die Haftungsbeschränkungen zu berücksichtigen, denen er sich redlicherweise nicht hätte verschließen dürfen, weil sie einerseits berechtigten Interessen des Vertrauensnehmers dienen, andererseits aber seine eigenen Interessen nicht unzumutbar beschränken.[712] Konkretisiert werden könne diese Abwägung der Interessen wiederum – ähnlich wie im Falle der Beschränkung des Ver-

Grundlage von Haftungsbeschränkungen im Rahmen des gesetzlichen vorvertraglichen Schuldverhältnisses hinweist.

710 Ähnlich auch *Büttner*, Umfang und Grenzen der Dritthaftung von Experten (2006), 156.

711 *Vasella*, Die Haftung von Ratingagenturen (2011), Rn. 877 aus schweizerischer Sicht.

712 *Kersting*, Die Dritthaftung für Informationen im Bürgerlichen Recht (2007), 429 f. Ähnlich auch *Wiegand*, Die „Sachwalterhaftung“ als richterliche Rechtsfortbildung (1992), 389 f., die darauf abstellt, ob die Haftungbeschränkung abgeschlossen worden wäre, wenn es zu einem Vertragsschluss gekommen wäre. Dies ist praktisch nur anzunehmen, wenn es treuwdrig gewesen wäre, sich dem Ansinnen zu verwehren. Auch der Rechtsprechung sind solche Überlegungen nicht fremd, wenn sie – freilich widerum im Wege einer Vertragsfiktion und ohne konkrete Erklärungen einer Haftungsbeschränkung – einen stillschweigenden Haftungsausschluss annimmt, vgl. etwa BGH NJW 1982, 1144 (wenn auch im konkreten Einzelfall ablehend); kritisch *Spickhoff*, in: Soergel, BGB, 13. Aufl. (2005), Vor § 823, Rn. 99 ff. m. w. N.

trauenstatbestandes – durch die §§ 305 ff. BGB.[713] Dies bietet zudem den praktischen Vorteil, nicht zwischen Beschränkungen des Vertrauenstatbestandes und Haftungsbeschränkungen unterscheiden zu müssen, sondern sie einheitlich – entsprechend ihrer Wirkung aus Sicht des Vertrauensgebers – an den §§ 305 ff. BGB zu messen. Aber: Nicht jede Haftungsbeschränkung, die mit den §§ 305 ff. vereinbar wäre, muss der Vertrauensgeber aufgrund seiner Rücksichtnahmepflicht nach Treu und Glauben akzeptieren. Dies wäre auch bei Abschluss eines Vertrags nicht der Fall. Die Spielräume, die dieser Ansatz daher lässt, wären sehr viel enger als die AGB-rechtlichen Grenzen. Da diese aber bereits, wie sogleich zu sehen sein wird, den wichtigsten Haftungsbeschränkungen entgegenstehen, kommt es auf diese Problematik im Ergebnis nicht an.

2. Modifikation der Pflichten und des Verschuldensmaßstabs

Ein vollständiger Ausschluss der Haftung ist bereits wegen Verstoßes gegen § 276 Abs. 3 BGB insoweit unwirksam, als er vorsätzliches Handeln betrifft. Da es sich um AGB handelt, ist die Haftungsfreizeichnung aufgrund des Verbots der geltungserhaltenden Reduktion insgesamt unwirksam.[714] Fraglich ist demgegenüber, ob ein Ausschluss der Haftung wegen einer grob fahrlässigen Pflichtverletzung zulässig wäre. Die Rechtsprechung lehnt dies über § 309 Nr. 7 lit. b BGB ab, wenn eine wesentliche Vertragspflicht (Kardinalpflicht) gemäß § 307 Abs. 2 Nr. 2 BGB betroffen ist; der Ausschluss dieser Pflichten würde die Rechte und Pflichten aus dem Vertrag so einschränken, dass die Erreichung des Vertragszwecks gefährdet wäre.[715] Im vertraglichen Kontext würde damit das Verhältnis von Leistung und Gegenleistung empfindlich gestört werden. Im Falle einer Dritthaftung liegt der Grund – wie ausgeführt – in einem widersprüchlichen Verhalten – zwischen der Vertrauenswerbung einerseits und der Haftungsfreistellung andererseits. Eine Ratingagentur kann sich daher von ihren Kardinalpflichten nicht freizeichnen.[716] Diese sind aber weitgehend deckungsgleich mit dem dargestellten Pflichtenkanon, so dass für eine Beschränkung der Pflichten durch die Ratingagentur kaum Raum bleibt.[717]

---

713 *Kersting*, Die Dritthaftung für Informationen im Bürgerlichen Recht (2007), 430.

714 *Hennrichs*, in: FS Hadding (2004), 884; *Vetter*, WM 2004, 1701, 1708.

715 BGHZ 83, 301, 308; 89, 363, 366; 103, 316, 323 ff.

716 Etwa *Habersack*, 169 (2005) 185, 204; *Hennrichs*, in: FS Hadding (2004), 884; *Ebenroth/Daum*, WM 1999 (Beilage Nr. 5), 1, 11.

717 *Seibt*, in: Bachmann et al., Steuerungsfunktion des Haftungsrechts im Gesellschafts- und Kapitalmarktrecht (2007), 203.

Auch eine Absenkung des Verschuldensmaßstabs auf grobe Fahrlässigkeit wäre unzulässig, obwohl sie systematisch im Kapitalmarktrecht nicht ungewöhnlich wäre, da sie diese Kardinalpflichten ebenfalls wesentlich zurücknehmen würde.[718]

3. Haftungshöchstbetrag

Ratingagenturen bewerten jährlich Wertpapiere im Wert von mehreren Billionen Euro. Angesichts dieses kaum vorstellbaren Haftungsvolumens läge es nahe, die Haftung der Ratingagentur der Höhe nach zu begrenzen.[719] Wie bereits angedeutet, streiten hierfür nicht nur die Interessen der Ratingagentur selbst, sondern auch beachtenswerte rechtspolitische Erwägungen, weil ein einziger – möglicherweise systematischer – Fehler eine etablierte Ratingagentur ruinieren könnte, was wiederum volkswirtschaftliche Nachteile auslösen könnte.[720] Der Raum für eine höhenmäßige Haftungsbegrenzung ist allerdings eng: Fehlt es an einer gesetzlichen Höchstsumme – wie für Wirtschaftsprüfer (§ 323 Abs. 2 HGB) – wird eine Haftungsbeschränkung nur dann als angemessen angesehen, wenn sie die Haftung für die vertragstypischen vorhersehbaren Schäden unberührt lässt.[721] Anderenfalls käme eine Haftungsbegrenzung einem partiellen Haftungsausschluss für die Verletzung einer Kardinalpflicht gleich. Das Haftungsrisiko einer Ratingagentur korreliert demgegenüber mit dem Emissionsvolumen und kann zumindest beim Auftragsrating über die Vergütung und Emissionskosten anteilig auf die Anleger verteilt werden. Zumindest im Rahmen des Auftragsratings wäre daher eine Haftungsbegrenzung unzulässig, deren Höhe unter dem Emissionsvolumen zuzüglich Zinsen und Transaktionskosten zurückbleibt.[722]

§ 13 Kausalität, Schaden, Mitverschulden

In der Praxis ist der Nachweis des Schadens, der durch eine fehlerhafte Kapitalmarktinformation verursacht worden ist, für geschädigte Investoren eine der größten Hürden und scheinbar auch ein unüberwindbares Hindernis

---

[718] *Krämer*, in: Bankrechtstag 2004, 21 für Ansprüche des Auftraggebers; *v. Hertzberg*, Die Haftung von Börseninformationsdiensten (1987), 162 für Börseninformationsdienste; a.A. für Ratingagenturen *Korth*, Dritthaftung von Ratingagenturen (2010), für Börseninformationsdienste *Hopt*, in: FS Fischer (1979, 255.

[719] Hierfür etwa *Hennrichs*, in: FS Hadding (2004), 890.

[720] Ausführlich S. 173 ff.

[721] Etwa BGHZ 89, 363, 368 f.

[722] Ähnlich wohl auch *Peters*, Die Haftung und Regulierung von Rating-Agenturen (2001), 87 und 143.

für die erfolgreiche Geltendmachung von Ansprüchen gegen Ratingagenturen.[723] Dementsprechend kontrovers wird dieses Thema in kapitalmarktrechtlichen Literatur und Rechtsprechung behandelt.

Zum einen ist umstritten, welche Anforderungen an den Nachweis der Transaktionskausalität durch einen Investor gestellt werden sollten, also dass er das Wertpapier ohne die fehlerhafte Kapitalmarktinformation gar nicht oder aber nicht zu diesem Preis erworben hätte. Dieser Nachweis ist nicht nur deshalb schwierig zu führen, weil die Entscheidungsfindung eines Investors naturgemäß ein interner und schlecht dokumentierter Prozess ist; vielmehr nehmen Anleger die fehlerhafte Information häufig gar nicht selbst zur Kenntnis, sondern verlassen sich darauf, dass Intermediäre wie Anlageberater oder Finanzanalysten die Information bei ihren Empfehlungen berücksichtigen und sie in den Marktpreis einfließt.

Zum anderen wird diskutiert, ob die im Schadensersatzrecht übliche Rechtsfolge der Naturalrestitution durch Rückabwicklung des Erwerbs auch im Kapitalmarktrecht eine angemessene Lösung ist.[724] Stattdessen, so wird argumentiert, solle nur der Ersatz des Differenzschadens möglich und eine Rückabwicklung der Transaktion gar nicht oder nur unter erschwerten Bedingungen zulässig sein. Es wird befürchtet, durch die Rückabwicklung könne ein Anleger nicht nur das mit der fehlerhaften Information verbundene Risiko abwälzen, sondern auch das mit einer Anlage verbundene wirtschaftliche Risiko (*performance risk*) oder die Gefahr eines allgemeinen Markteinbruchs.

In der Diskussion sind beide Fragestellungen eng miteinander verzahnt. So findet sich häufig der Vorschlag, den Schadensersatz auf den Differenzschaden zu begrenzen und im Gegenzug den Nachweis der Transaktionskausalität zu erleichtern; ausreichen soll danach das Vertrauen in die Integrität des Marktpreises.[725] Dementsprechend soll zunächst untersucht werden, welche Schadenspositionen überhaupt ersatzfähig sind (I.), bevor auf den Kausalzusammenhang zwischen der Pflichtwidrigkeit des Ratings und diesen Schadenspositionen eingegangen werden wird (II.). Im Anschluss wird der Einwand des Mitverschuldens behandelt (III.), der insbesondere aufgrund der zeitlichen Verzögerung der Aktualisierung eines Ratings und der eigenen Expertise institutioneller Anleger eine große Rolle spielt.

---

[723] *Haar*, ZBB 2009, 177, 184 f.; *dies.*, NZG 2010, 1281, 1284 f.; *Berger/Stemper*, WM 2010, 2289, 2294.

[724] Zur Terminologie und mit weiteren Nachweisen zum Streitstand *Brellochs*, Publizität und Haftung von Aktiengesellschaften im System des Europäischen Kapitalmarktrechts (2005), 272 f.

[725] Etwa *Fuchs*, in: ders., WpHG (2009), §§ 37b, 37c, Rn. 47; *Leuschner*, ZIP 2008, 1050, 1054 ff.; *Wagner*, ZGR 2008, 495, 528 ff.

I. Schaden

Der Gesetzgeber hat im Rahmen der gesetzlich geregelten Kapitalmarkthaftungstatbestände auch unterschiedliche Regelungen über den ersatzfähigen Schaden getroffen (vgl. § 21 Abs. 1 S. 1 WpPG; § 20 Abs. 1 S. 1 VermAnlG; § 306 Abs. 1 S. 1 KAGB, §§ 37b, 37c WpHG).[726] Mangels einer verallgemeinerungsfähigen kapitalmarktrechtlichen Regelung richtet sich der Umfang des Schadensersatzes nach §§ 249 ff. BGB.[727] Wie der BGH bereits im Rahmen der culpa in contrahendo überzeugend dargelegt hat, kann eine Haftung nur auf das sog. negative Interesse gehen.[728] Dies bedeutet, dass der Investor so zu stellen wäre, wie er stünde, wenn das Rating pflichtgemäß erstellt worden wäre.

1. Differenzschaden

Der geschädigte Anleger kann zumindest den Ersatz des sog. Differenzschadens als Wertersatz nach § 251 Abs. 1 BGB verlangen.[729] Wie schon im Falle des Schadensersatzes in Fällen der culpa in contrahendo handelt es sich hierbei um den Betrag, um den der Kurs der Kapitalanlage künstlich durch die fehlerhafte Information erhöht ist und der Investor die Kapitalanlage „zu teuer“ erworben hat.[730] Im Falle eines fehlerhaften Ratings handelt es sich also um den Unterschiedsbetrag zwischen dem aufgrund des fehlerhaften Ratings gezahlten Preis für die Kapitalanlage und dem hypothetischen Preis, der für die Anlage angemessen gewesen wäre.[731]

Die Höhe des Unterschiedsbetrags kann das Gericht nach dem gelockerten Beweismaßstab des § 287 Abs. 1 ZPO nach freier Überzeugung bemessen. Wie der BGH in seiner EM.TV-Entscheidung in einem *obiter dictum* dargelegt hat, kann das Gericht für die Ermittlung des angemessenen Preises der Kapitalanlage auf Sachverständige zurückgreifen. Erster Ansatzpunkt kann dabei die Kursbewegung nach Korrektur der fehlerhaften Information

---

726 Zu §§ 37b, 37c WpHG jüngst BGH WM 2012, 303, 309 f. (Rückabwicklung).

727 Diesen Ausgangspunkt betont auch BGH WM 2012, 303, 309.

728 BGHZ 69, 53, 58.

729 Vgl. nur BGH NJW 2005, 2450, 2453; BGH WM 2012, 303, 311.

730 BGHZ 69, 53, 58; 114, 87, 94 für die c.i.c. Kritische Diskussion der Rechtsprechung bei *Kersting*, JZ 2008, 714, 716 ff. m. w. N., weil auf den Nachweis verzichtet werde, dass der Vertragspartner zum verminderten Preis verkauft habe. In Dritthaftungsfällen – wie vorliegend – ist der Schuldner nicht der Vertragspartner, so dass dieses Argument nicht greift. Unabhängig sind auf informationseffizienten Kapitalmärkten alle Beteiligten Preisnehmer, so dass davon auszugehen ist, dass ein Erwerb zum verminderten Preis möglich gewesen wäre.

731 *Fleischer*, ZIP 2005, 1805, 1809.

sein.[732] Dieser Ansatz wirft allerdings unter mehreren Gesichtspunkten Probleme auf: Er basiert auf der Voraussetzung eines hinreichend liquiden und informationseffizienten Marktes,[733] der bereits auf regulierten Kapitalmärkten nicht immer gegeben ist.[734] Stellt sich ein Rating oder eine andere Kapitalmarktinformation als fehlerhaft heraus, geschieht dies zudem häufig nicht schlagartig; diese Erkenntnis setzt sich vielmehr langsam im Markt durch.[735] Die Berichtigung einer falschen Information kann zudem zu einer Überreaktion des Marktes führen, wenn die Investoren weiteren Korrekturbedarf befürchten.[736] Schließlich stellt sich – wie im Falle der Rückabwicklung – das Problem, Markteinflüsse aus der Kursentwicklung herauszufiltern, welche nicht auf die fehlerhafte Information zurückzuführen sind. Dies ist wirtschaftswissenschaftlich mit dem *Capital Asset Pricing Model* (CAPM) möglich.[737] Insbesondere bei festverzinslichen Schuldverschreibungen ist zudem ein Rückgriff auf die Kursentwicklung von Emittenten mit einer vergleichbaren Bonität möglich. Es darf hierbei aber keine zu starke Bereinigung stattfindet. Ein Rating ist eine Beurteilung der Bonität eines Unternehmens in seinem Umfeld, d.h. unter Berücksichtigung makroökonomischer und branchenweiter Einflüsse, z.B. der Veränderung von Rohstoffpreisen. Dementsprechend umfasst der Informationswert eines Ratings – anders als eine Ad-hoc-Mitteilung – diese Faktoren, nicht aber Einflüsse auf den Preis, die nicht auf einer Veränderung der Bonitätseinschätzung beruhen, z.B. eine allgemeine Steigerung des Zinsniveaus oder im Fall eines Derivates die Entwicklung des Basiswertes.

Wird – wie üblich – eine Schulverschreibung zum Nennwert zurückbezahlt, ließe sich auf den ersten Blick an einem Vermögensschaden zweifeln. Schließlich erhält der Anleger entsprechend seinen Erwartungen seinen Nennwert ausbezahlt. Dieses Argument vernachlässigt jedoch, dass sich der

---

[732] BGH NJW 2005, 2450, 2453 f. („vermittels rückwärtiger Induktion"); OLG Düsseldorf, Urteil vom 12. Juni 2009 – Az. 22 O 16205/08 – juris Rn. 113 f. (zu § 37b WpHG); *Wagner*, ZGR 2008, 495, 524 f.; *Zimmer*, WM 2004, 9, 18; *Hellgardt*, Kapitalmarktdeliktsrecht (2008), 505.

[733] *Zimmer/Cloppenburg*, ZHR 171 (2007) 519, 540.

[734] *Sauer*, Haftung für Falschinformation des Sekundärmarkts (2004), 200 ff.

[735] Vgl. zu dieser Problematik generell *Fleischer*, ZIP 2005, 1805, 1809; *Baums*, ZHR 167 (2003) 139, 188 f.; *Sauer*, Haftung für Falschinformation des Sekundärmarkts (2004), 371 f.

[736] *Hellgardt*, Kapitalmarktdeliktsrecht (2008), 507; *Wagner*, ZGR 2008, 495, 525.

[737] *Möllers/Leisch*, in: Kölner Kommentar, WpHG, 2. Aufl. (2014), §§ 37b, c, Rn. 380; *Zimmer/Grotheer*, in: Schwark/Zimmer, Kapitalmarktrechts-Kommentar, 4. Aufl. (2010), §§ 37b, 37c WpHG, Rn. 93; *Hellgardt*, Kapitalmarktdeliktsrecht (2008), 506; anschaulich *Brellochs*, Publizität und Haftung von Aktiengesellschaften im System des Europäischen Kapitalmarktrechts (2005), 281 f.

Kursdifferenzschaden auf den überhöhten Kurs zum Zeitpunkt des Kaufes bezieht.[738] Der Ersatz des Unterschiedsbetrags kompensiert den Anleger – ähnlich der kaufrechtlichen Minderung[739] – für den überteuerten Kaufpreis. Die Rückzahlung zum Nennwert steht damit in keinem unmittelbaren Zusammenhang. Anders verhält es sich, wenn der Anleger während der Desinformationsphase zum überhöhten Kurs verkauft hat. Bei korrekter Bewertung hätte er lediglich einen geringeren Verkaufspreis erzielt; die Differenz muss er sich daher als unmittelbare Folge des fehlerhaften Ratings im Wege der Vorteilsausgleichung anrechnen lassen.

2. Naturalrestitution

Heftig umstritten ist demgegenüber, ob eine Rückabwicklung im Wege der Naturalrestitution zulässig ist. Der Investor macht geltend, er hätte bei einem zutreffenden Rating die Anlage gar nicht erworben und sei deshalb mit einer Vermögensanlage belastet, die nicht seinen Präferenzen entspricht. Er verlangt dementsprechend die Befreiung von dieser Kapitalanlage durch Erstattung des gezahlten Kaufpreises Zug-um-Zug gegen die Übertragung der Wertpapiere oder gegen Anrechnung des erzielten Verkaufserlöses. Im Falle von Ratingagenturen geht es nicht um eine Rückabwicklung im strengen Sinne, denn der Anleger hat die Kapitalanlage nicht von der Ratingagentur erworben. Rückabwicklung bedeutetet in diesem Kontext, dass der der Investor von der Ratingagentur so gestellt wird, wie er stünde, wenn er bei zutreffender Information die Kapitalanlage nicht erworben hätte.[740] Besondere Bedeutung erlangt diese Art des Schadensersatzes dann, wenn sich das Bonitätsrisiko verwirklicht hat und der Emittent zahlungsunfähig geworden ist. Der Ersatz des Kursdifferenzschadens deckt den Verlust des eingesetzten Kapitals nicht ab; er erfasst zudem nicht den Verlust, den ein Anleger erleidet, wenn er im Vertrauen auf ein aufrechterhaltenes Rating von einer Veräußerung der Wertpapiere absieht.[741]

---

738 Deutlich *Vogler*, Schadensersatzhaftung des Wertpapierdienstleistungsunternehmens für fehlerhafte Aktienanalysen (2005), 279 f. m. w. N.

739 Vgl. *Canaris*, AcP 200 (2000) 297, 315 ff. Der Berechnungsmodus des § 441 Abs. 3 S. 1 BGB findet im Verhältnis zu Dritten, die nicht Vetragspartner sind, keine Anwendung (vgl. *Zimmer/Cloppenburg*, ZHR 171 (2007) 519, 542 f. unter Verweis auf BGH ZIP 1988, 1464, 1467). Hinzukommt, dass auf dem Kapitalmarkt keine Verhandlungen zwischen den Parteien stattfinden; der Anleger ist vielmehr price taker und muss zum Börsenkurs kaufen oder vom Erwerb absehen.

740 BGHZ 160, 149, 153; BGH NJW 2005, 2450, 2452 für die Haftung des Vorstands; *Möllers/Leisch*, in: Kölner Kommentar, WpHG, 2. Aufl. (2014), §§ 37b, c, Rn. 331; a. A. *Geibel*, Der Kapitalanlegerschaden (2002), 113 f.

741 Zu dieser Konstellation S. 277. Zur Einordnung als Naturalrestitution BGH NJW 2005, 2450, 2453.

a) Kritik: Überwälzung des Marktrisikos

Die Naturalrestitution ist vertragsrechtlich, insbesondere im Kontext der culpa in contrahendo und der bürgerlich-rechtlichen Prospekthaftung die übliche Rechtsfolge.[742] Auch § 21 Abs. 1 S. 1 WpPG, § 20 Abs. 1 S. 1 VermAnlG und § 306 Abs. 1 S. 1 KAGB sehen eine Erstattung des Kaufpreises gegen Rückgabe der Wertpapiere vor. Der BGH wendet diese Rechtsfolge auch bei der Haftung für falsche Ad-hoc-Mitteilungen an.[743] Auch außerhalb des Kapitalmarktrechts befreit § 346 Abs. 3 S. 1 Nr. 3 BGB den Rücktrittsberechtigten von dem Risiko eines zufälligen Untergangs oder einer Verschlechterung, solange er lediglich die eigenübliche Sorgfalt angewandt hat.[744] Diese Wertung sollte erst recht im Verhältnis zu einem Schädiger gelten.

Trotzdem kritisiert die kapitalmarktrechtliche Literatur diese Rechtsfolge außerhalb der Prospekthaftung stark:[745] Durch eine Rückabwicklung würde nicht nur das durch die fehlerhafte Kapitalmarktinformation abgedeckte Risiko (*bad faith risk*) kompensiert, sondern auch das allgemeine Marktrisiko.[746] Der Schädiger übernehme durch Erstattung des Kaufpreises auch das Risiko für alle zwischenzeitlich aufgetretenen Entwicklungen, die nicht im Zusammenhang mit seiner Pflichtverletzung beruhen und möglicherweise sogar zufällig sind (*performance risk*).[747] Befürchtet wird hierdurch eine Überkompensation der Anleger.[748] Dies korrespondiert mit dem rechtsökonomischen Argument, eine Naturalrestitution würde den Schädiger mehr als notwendig abschrecken und damit möglicherweise sogar sinnvolle Informationsveröffentlichungen unterbinden.[749] Beide Argumente sind jedoch eine

---

[742] BGHZ 123, 106, 114; 119, 214, 221; 79, 337, 346; *Assmann*, in: ders./Schütze, Handbuch des Kapitalanlagerechts, 3. Aufl. (2007), § 6, Rn. 193. Anders wohl der XI. Senat in BGHZ 116, 209, 212 ff. für eine Aufklärungspflicht, worauf *Wagner*, ZGR 2008, 495, 499 hinweist.

[743] BGHZ 160, 149, 153; BGH NJW 2005, 2450, 2452.

[744] Hierauf weisen *Möllers/Leisch*, in: Kölner Kommentar, WpHG, 2. Aufl. (2014), §§ 37b, c, Rn. 294 hin und nunmehr auch BGH WM 2012, 303, 310.

[745] *Sauer*, ZBB 2005, 24, 31; *Hellgardt*, Kapitalmarktdeliktsrecht (2008), 498 ff. Differenzierend zwischen fahrlässiger und vorsätzlicher Haftung *Spindler*, AcP 208 (2008) 283, 339 ff.; *Fleischer*, ZIP 2005, 1805, 1809.

[746] Zur Reaktion auf diesen Befund im US-amerikanischen Recht vgl. *Dura Pharmaceutical, Inc. v. Broudo*, 544 U.S. 1, 5 ff. (2004); ausführlich hierzu *Klöhn*, RIW 2005, 728 ff.

[747] So wohl die h. M., in der Literatur, vgl. nur *Sauer*, ZBB 2005, 24, 30 f.; *Fleischer/Kalss*, AG 2002, 329, 330 ff.; *Rützel*, AG 2003, 69, 76 und 79; *Müller/Steup*, WM 2005, 1633, 1637; *Hopt/Vogt*, WM 2004, 1801, 1804; *Hellgardt*, Kapitalmarktdeliktsrecht (2008), 492 ff.

[748] Ausführlich *Wagner*, ZGR 2008, 495, 512 ff.

[749] *Sauer*, ZBB 2005, 24, 30 f.

petitio principii, weil sie bereits voraussetzen, welche Schadenspositionen einem Schädiger nicht zurechenbar sind; dies ist aber gerade die zu klärende Frage.[750] Ebenfalls nicht überzeugen kann die wohlfahrtsökonomisch fundierte These, eine Naturalrestitution sei im Rahmen der kapitalmarktrechtlichen Haftung – zumindest auf dem Sekundärmarkt – nicht wünschenswert; denn der ohnehin zuleistende Schadensersatz sei geringer als der gesamtwirtschaftliche Verlust, weil in erster Linie um Umverteilungsschäden kompensiert werden würden.[751] Es ist bereits gezeigt worden, dass diese Betrachtung weder ökonomisch noch juristisch haltbar ist.[752] Im vorliegenden Kontext wirkt sie rein ergebnisorientiert; es wird an einen dogmatisch noch nicht vollständig geklärten Punkt versucht, das Haftungsrisiko des Emittenten oder Intermediärs aufgrund dieses Vorverständnisses zu begrenzen.[753] Schließlich wird auf das Risiko hingewiesen, der Investor könne sich opportunistisch verhalten, weil er – einmal durch die fehlerhafte Information zum Kauf veranlasst – unbesorgt mit der Kapitalanlage spekulieren könne. Da er jederzeit bis zum Eintritt der Verjährung eine Rückerstattung des Erwerbspreises verlangen könne, sei er gegen eine negative Marktentwicklung „versichert".[754] Eine solche Strategie wäre aber wegen Unterbrechung des Zurechnungszusammenhangs, der Verletzung von Schadensminderungsobliegenheiten und dem Verbot widersprüchlichen Verhaltens nicht mehr von der Rechtsfolge der Naturalrestitution gedeckt.[755]

b) Pflichtwidrigkeitszusammenhang

Dogmatischer Ansatzpunkt für eine Einschränkung des Grundsatzes der Totalreparation, dessen Ausfluss die Rückerstattung des Erwerbspreises ist, könnte der Schutzzweck der verletzten Sorgfaltspflicht sein. Der Schutzzweck im Rahmen der Informationshaftung entspricht dem Risiko, das die fehlerhafte Information abdecken sollte.[756] In der kapitalmarktrechtlichen

---

750 BGH WM 2012, 309, 310; *Möllers/Leisch*, in: Kölner Kommentar, WpHG, 2. Aufl. (2014), §§ 37b, c, Rn. 291.

751 *Brellochs*, Publizität und Haftung von Aktiengesellschaften im System des Europäischen Kapitalmarktrechts (2005), 264 ff.; *Sauer*, Haftung für Falschinformation des Sekundärmarktes (2004), 338 ff. jeweils m. w. N.

752 Ausführlich S. 171.

753 Ablehnend auch *Möllers/Leisch*, in: Kölner Kommentar, WpHG, 2. Aufl. (2014), §§ 37b, c, Rn. 298 ff.

754 *Rützel*, AG 2003, 69, 76; andeutungsweise auch *Kalss/Fleischer*, AG 2002, 329, 331.

755 Ähnlich auch *Ehricke*, in: Hopt/Vogt, Prospekt- und Kapitalmarktinformationshaftung (2004), 296.

756 Vgl. zur Aufklärungs- und Beratungspflicht BGHZ 116, 209, 213; für Gutachten *Büttner*, Umfang und Grenzen der Dritthaftung von Experten (2006), 146 f.

Diskussion wird eine Einschränkung der Schadenszurechnung unter dem Gesichtspunkt des Pflichtwidrigkeitszusammenhangs aus dem geschützten Rechtsgut hergeleitet.[757] So wird argumentiert, im Kapitalmarktrecht sei lediglich das Vermögen, nicht aber die freie Willensentschließung geschützt, mit der aber die Rechtsfolge der Naturalrestitution assoziiert wird.[758] Im Zentrum des Kapitalmarktrechts stehe der Schutz der Integrität der Marktpreisbildung.[759]

Die Gegenüberstellung von Beeinträchtigungen der freien Willensentschließung einerseits und des Vermögens andererseits entspricht der typischen Konstellation der Informationshaftung nicht. Eine fehlerhafte Information schlägt sich immer zunächst in einer Beeinträchtigung der Willensfreiheit des Anlegers nieder und in zweiter Linie in einer „Selbstschädigung" seines Vermögens. Auch wenn ein Investor eine Anlage „zu teuer" erwirbt, trifft er die Entscheidung, die Anlage zu einem Kurs zu erwerben, der vermeintlich ihren tatsächlichen Wert widerspiegelt. Ein Vermögensschaden scheidet lediglich dann aus, wenn die fehlerhafte Information nicht kursrelevant ist, wie bereits § 23 Abs. 2 Nr. 2 WpPG klarstellt.[760] Das investierte Kapital – bis auf die Differenz zum korrekten Preis – wird nicht beeinträchtigt, soweit er die Anlage wieder frei veräußern kann.[761] Der Investor hat dann gar kein Interesse an einer Naturalrestitution. Stellt sich ein Rating als fehlerhaft heraus, ist grundsätzlich davon auszugehen, dass ein Vermögensschaden vorliegt, sofern die Information nicht bereits auf dem Markt bekannt war. Diese Position steht auch im Einklang mit der Dogmatik der culpa in contrahendo, auf der die hier favorisierte Vertrauenshaftung nach § 311 Abs. 3 BGB aufbaut. Danach war bereits vor der Schuldrechtsreform eine Verletzung der Entscheidungsfreiheit vom Schutzzweck der culpa in

---

[757] Bereits *Kalss/Fleischer*, AG 2002, 329, 331.

[758] *Wagner*, ZGR 2008, 495, 510ff.

[759] *Hellgardt*, Kapitalmarktdeliktsrecht (2008), 494; *Hopt/Vogt*, WM 2004, 1801, 1804; speziell für Ratingagenturen *Seibt*, in: Bachmann et al., Steuerungsfunktionen des Haftungsrechts im Gesellschafts- und Kapitalmarktrecht (2007), 206; a.A. BGHZ 123, 106, 112f. für die bürgerlich-rechtliche Prospekthaftung sowie BGHZ 160, 149, 153 und BGH NZG 2007, 709, 711 im Kontext des § 826 BGB („Geschützt wird sowohl im Bereich des Primärmarktes der so genannten Verkaufsprospekthaftung als auch bei der den Sekundärmarkt betreffenden Informationsdeliktshaftung für fehlerhafte Ad-hoc-Mitteilungen die Integrität der Willensentschließeung des potentiellen Anlegers (...)").

[760] Anders das Verständnis von *Fleischer/Kalss*, AG 2002, 329, 330. Der Anspruch wird dann eingeschränkt, wenn die erworbene und gewünschte Anlage vergleichbar sind, vgl. BGHZ 115, 214, 221. Stärker auf einen subjektiven Schadenseinschlag abstellend BGH NJW 2005, 1579, 1580.

[761] Selbst *Hellgardt*, Kapitalmarktdeliktsrecht (2008), 502 und 509f. nimmt für den Fall der fehlenden Veräußerungsmöglichkeit eine Rückabwicklung an.

contrahendo umfasst und nicht lediglich von § 123 Abs. 1 BGB, sofern zugleich ein Vermögensschaden vorlag.[762]

Infolgedessen kommt es darauf an, welchen Informationsgehalt und welche Schutzrichtung ein Rating hat. Hierbei ist zu berücksichtigen, dass ein Rating alle Faktoren reflektiert, welche die Bonität eines Unternehmens beeinflussen. Zumindest bei Anleihen und anderen festverzinslichen Schuldverschreibungen ist die Bonität des Emittenten neben dem Zinssatz der entscheidende Faktor für die Anlageentscheidung. Ähnlich einem Prospekt oder eine Finanzanalyse ist ein Rating daher nicht – wie die meisten Ad-hoc-Mitteilungen – nur eine von vielen Informationen, welche in den Kurs eines Wertpapiers einfließen. Es informiert Investoren vielmehr in einem entscheidenden Punkt und ist daher häufig wesentliche Entscheidungsgrundlage.[763] Diese Funktion des Ratings hebt auch der 1. Erwägungsgrund der VO (EG) Nr. 1060/2009 hervor. Ohne ein entsprechendes Rating hätte der Investor sein Vermögen daher gar nicht den Risiken der Kapitalanlage ausgesetzt.[764] Im Gegensatz zu anderen Kapitalmarktinformationen ist ein Rating nicht nur eine Information, die sich im Preis niederschlägt. Es soll gerade eine Prognose der Wahrscheinlichkeit der Insolvenz und damit für einen vollständigen Kapitalverlust geben. Tritt dieses Szenario ein, wäre es mit dem Zweck des Ratings nicht vereinbar, den Anleger lediglich auf den Differenzschaden zu verweisen, um die Ratingagentur von den Risiken der Marktentwicklung zu entlasten.

c) Berücksichtigung des hypothetischen Kausalverlaufs

Allerdings ist dieses Ergebnis insoweit unbefriedigend, als der Anleger so im Ergebnis besser stehen könnte, als wenn sich sein Vertrauen in das Rating als zutreffend erwiesen hätte und er das positive Interesse erhalten hätte, also die Anleihe ordnungsgemäß bedient worden wäre. Auch das positive Interesse wäre unter Umständen durch Marktentwicklungen geschmälert worden, die nicht im Zusammenhang mit der Bonität des Emittenten stehen. Es ließe sich daher in Anlehnung an § 122 Abs. 1 BGB

---

[762] BGH NJW 1998, 302, 304; zusammenfassend und mit beachtenswerten ökonomischen Argumenten zum Schutz der Entscheidungsfreiheit *Fleischer*, Informationsasymmetrie im Vertragsrecht (2001), 440 ff.

[763] Vgl. zu Finanzanalysen *Vogler*, Schadensersatzhaftng des Wertpapierdienstleistungsunternehmens für fehlerhafte Finanzanalysen (2005), 275 ff.; differenzierend für Ad-hoc-Mitteilungen verschiedenen Bedetutungsgehalts *Veil*, ZHR 167 (2003) 365, 390 f.

[764] Zur Ad-hoc-Publizität *Ehricke*, in: Hopt/Vogt, Prospekt- und Kapitalmarktinformationshaftung (2004), 295. Ähnlich für die Prospekthaftung mit einer starken Betonung der freien Willensentscheidung BGHZ 123, 106, 111.

überlegen, den Ersatz des Schadens auf das positive Interesse zu begrenzen.[765] Dies wird jedoch dem Umstand nicht gerecht, dass der Anleger die Investition – korrekt informiert – gar nicht vorgenommen hätte.

Überzeugender erscheint daher der von *Möllers/Leisch* und *Geibel* vorgeschlagene Weg, ähnlich wie bei der Bereinigung des Kursdifferenzschadens auf die Entwicklung einer vergleichbaren Alternativanlage abzustellen.[766] Voraussetzung hierfür ist allerdings, spiegelbildlich zur Geltendmachung entgangenen Gewinns, dass der Schädiger nachweisen kann, der Anleger hätte eine solche alternative Anlage getätigt. Hierfür dürfte bei institutionellen Investoren eine Vermutung sprechen. Auch Privatanleger verfolgen überwiegend Anlageziele, die von einer konkreten Anlage unabhängig sind; die Zusammensetzung ihres Portfolios spiegelt eher eine bestimmte Risikomischung wieder. Realistischerweise wäre an die Stelle des erworbenen Wertpapiers daher zumeist eine Anlage mit ähnlicher Risikostruktur getreten.

Dogmatisch lässt sich dies als ein Fall der Unterbrechung des Zurechnungszusammenhangs durch einen hypothetischen Kausalverlauf bzw. eine Reserveursache einordnen. Für die Berücksichtigung spricht zudem, dass es sonst zu einer „Inkongruenz in der Behandlung von entgangenem Gewinn und vermiedenem Verlust“ käme.[767] Gewissermaßen handelt es sich um eine Vorteilsausgleichung, weil das fehlerhafte Rating verhindert hat, dass eine Alternativinvestition getätigt worden wäre, die unter dem allgemeinen Marktrisiko ebenso gelitten hätte.[768] Grundsätzlich ist der BGH sehr restriktiv, hypothetische Kausalverläufe zu berücksichtigen; bereits im Jahr 1984 erwog er aber, den Schadensersatzanspruch eines Anlegers gegen einen Broker um den Verlust der Anlage zu kürzen, wenn feststeht, dass der Anleger den Erwerb über einen anderen Broker durchgeführt hätte.[769]

Soweit allerdings auf alternative Anlagen zurückgegriffen wird, dürfen hierdurch keine Faktoren ausgeblendet werden, die im Rahmen eines ordnungsgemäßen Ratings zu berücksichtigen gewesen wären. Systematische Fehler von Ratingagenturen können auch bei den zum Vergleich hinzugezogenen Anlagen auftreten. So waren etwa in der Subprime-Krise die Ratings

---

765 Ähnliche Überlegung zum Differenzschaden bei *Zimmer/Cloppenburg*, 171 (2007) 519, 542 f.

766 *Möllers/Leisch*, in: Kölner Kommentar, WpHG, 2. Aufl. (2014), §§ 37b, c, Rn. 307 ff.; *Geibel*, Der Kapitalanlegerschaden (2002), 443; kritisch aufgrund der Beweislastverteilung und der möglichen Bevorzugung von Kleinanlegern *Wagner*, ZGR 2008, 495, 519.

767 *Möllers/Leisch*, in: Kölner Kommentar, WpHG, 2. Aufl. (2014), §§ 37b, c, Rn. 311.

768 Allgemein formuliert bei *Oetker*, in: Münchener Kommentar, BGB, 6. Aufl. (2012), § 249, Rn. 207 f.

769 BGH WM 1985, 81, 82.

nahezu ganzer Segmente des Verbriefungsmarktes aufgrund falscher Grundannahmen unzutreffend. Derartig gravierende Fehler dürfen die Ratingagentur nicht entlasten.

d) Verbot des Haltens bewerteter Kapitalanlagen

Kein Hindernis für eine Rückabwicklung im Wege der Naturalrestitution ist das Verbot für Ratingagenturen, von ihnen bewertete Anlagen zu halten.[770] Das Problem ist aber im Rahmen des § 249 S. 1 BGB mit etwas Flexibilität lösbar, indem die Wertpapiere nicht Zug-um-Zug gegen Zahlung von Schadensersatz an die Ratingagentur übertragen werden, sondern der Schadensersatzanspruch um ihren Wert gekürzt wird.[771] Diese Lösung, die der BGH als eine Form der Naturalrestitution einordnet,[772] ist auch aus Sicht des Investors angemessen, sofern ein funktionierender Markt besteht, auf dem er die von ihm aufgrund des fehlerhaften Ratings erworbenen Wertpapiere veräußern kann.[773]

3. Entgangener Gewinn und Transaktionskosten

Ein Investor kann schließlich im Falle der Rückerstattung des Erwerbspreises – unter Anrechnung erhaltener Zinsen – den Ersatz entgangenen Gewinns gemäß § 249 Abs. 1 i. V. m. § 252 S. 1 BGB geltend machen.[774] Es besteht zwar keine zwingende Vermutung, dass es zu einer alternativen Anlage gekommen wäre; es ist aber ausreichend, wenn hierfür Anhaltspunkte vorgebracht werden.[775] Diese können bereits darin liegen, dass ein Investor nicht an einer speziellen Anlage interessiert war, sondern mehrere Alternativen mit vergleichbarem Risikoprofil miteinander verglichen hat. Gewissermaßen muss sich der Anleger auch hierbei an dem eigentlich Gewollten festhalten lassen.[776] Der entgangene Gewinn wird daher weitgehend mit den ausgefal-

---

770 So aber *Korth*, Die Dritthaftung von Ratingagenturen (2010), 174.

771 Vgl. für die gesellschaftsrechtlichen Grenzen der Naturalrestitution bei geschlossenen Fonds *Zimmer/Cloppenburg*, ZHR 171 (2007) 519, 539.

772 BGH NJW 2005, 2540, 2544.

773 Vgl. zur Rückabwicklung bei Zusammenbruch des Sekundärmarkts *Hellgardt*, Kapitalmarktdeliktsrecht (2008), 509 f.

774 Mißverständlich BGH ZIP 2004, 1810, 1813 („Denn der Sachverständige haftet immer nur bis zum Wert des im Vertrauen auf seine Expertise getätigten Geschäfts.").

775 Ausführlich *Möllers/Leisch*, in: Kölner Kommentar, WpHG, 2. Aufl. (2014), §§ 37b, c, Rn. 335 ff. m. w. N.

776 *Möllers/Leisch*, in: Kölner Kommentar, WpHG, 2. Aufl. (2014), §§ 37b, c, Rn. 337.

lenen Zinszahlungen übereinstimmen und ist daher auch für die Ratingagentur im Voraus kalkulierbar. Macht der Anleger einen entgangenen Gewinn geltend oder hat er Zinszahlungen des Emittenten der erworbenen Schuldverschreibung vereinnahmt, muss er sich die Transaktionskosten anrechnen lassen, da sie ebenfalls bei einem alternativen Investment angefallen wären.

II. Transaktionskausalität

Eine hohe Hürde für die Geltendmachung eines Schadensersatzanspruchs ist der Nachweis der Transaktionskausalität. Hierzu muss der Investor beweisen, dass er bei pflichtgemäßer Erstellung des Ratings die Transaktion entweder gar nicht getätigt hätte – dies ist notwendig für die Rückabwicklung – oder aber zu einem anderen Preis, wenn er nur den Differenzschaden verlangt. Da seine Entscheidungsfindung naturgemäß ein interner Prozess ist, befindet sich der Anleger häufig in Beweisnot. Die Bedeutung für das Haftungsrisiko, dem sich eine Ratingagentur ausgesetzt sieht, aber auch für das Vertrauen der Anleger, auf eine Kompensation des erlittenen Schadens hoffen zu können, ist daher nicht zu unterschätzen. In einem ersten Schritt sollen daher die verschiedenen dogmatischen Figuren und Ansatzpunkte dargestellt werden, die für verschiedene Konstellationen der Informationshaftung entwickelt worden sind (1.), und erörtert werden, inwieweit sie auf Ratings übertragen werden können (2.). Viele dieser Ansätze berühren bereits ein zweites Thema: Musste der Investor bei einer Entscheidung die konkrete Information – hier das Rating – kennen? (3.) Schließlich ist zu überlegen, welche Pflichtverletzungen einer Ratingagentur überhaupt eine Investitionsentscheidung beeinflussen können. Dies betrifft insbesondere die Verletzung von Offenlegungs- und Compliance-Vorschriften, die sich nicht zwangsläufig im Ratingergebnis niederschlagen, aber das Vertrauen in die Neutralität und Objektivität des Ratings erschüttern können (4.).

1. Überblick über die verschiedenen Ansätze zur Beweiserleichterung im Rahmen der Informationshaftung

a) Vermutung aufklärungsrichtigen Verhaltens

Ausgehend von der typischen Beweisnot desjenigen, der sich auf eine Information, Auskunft oder Beratung verlässt, hat die Rechtsprechung die Vermutung aufklärungsrichtigen Verhaltens entwickelt. Viele Einzelheiten dieser dogmatischen Figur sind nicht geklärt.[777] Dabei ist es nach der

[777] Ausführlich *Canaris*, in: FS Hadding (2004), 3 ff.; *Weichert*, Der Anlegerschaden bei fehlerhafter Kapitalmarktpublizität (2008), 186 ff.

neueren Rechtsprechung des XI. und II. Zivilsenats des BGH zu Kapitalanlagefällen nicht mehr erforderlich, dass der Kläger dargelegt, er habe auf der Basis zutreffender Informationen nur eine Handlungsalternative gehabt, sich also in keinem „Entscheidungskonflikt“ befunden.[778] Insoweit besteht nunmehr auch ein Gleichklang zur Rechtsprechung in Prospekthaftungsfällen.[779]

Umstritten ist zwischen den Zivilsenaten des BGH die Rechtsfolge der Vermutung aufklärungsrichtigen Verhaltens: Teilweise wird sie als Beweislastumkehr eingeordnet,[780] teilweise als Anscheinsbeweis.[781] Zutreffend dürfte zumindest in Rahmen von Kapitalmarktinformationen die Annahme eines Anscheinsbeweises sein. Zum einen besteht keine Notwendigkeit, die Beweislast vollständig zu verschieben. Der klagende Investor befindet sich – anders als etwas im Arzthaftungrecht – nicht in Beweisnot, weil die zu beweisende Tatsache nicht aus seiner Sphäre stammt;[782] sie ist nur schwer zu beweisen. Zum anderen wird im Falle eines Anscheinsbeweises von einem „typischen Geschehensablauf“ auf ein bestimmtes Verhalten geschlossen. Erschüttert werden kann ein Anscheinsbeweis bereits durch die ernsthafte Möglichkeit eines anderen Geschehensablaufes.[783] Bei einem Gegenbeweis trüge die Ratingagentur die volle Beweislast einschließlich des Risikos der Unaufklärbarkeit. Aufgrund der Vielzahl der Anleger und des mangelnden persönlichen Kontakts mit ihnen, ist eine vorsorgliche Beweissicherung für eine Ratingagentur gar nicht möglich, so dass sie sich strukturell in Beweisnot befände.[784] Im Kontext der Kapitalmarktinformationshaftung hat der BGH für Ad-hoc-Mittelungen bisher die Grundsätze der Vermutung aufklärungsrichtigen Verhaltens abgelehnt, weil der Bezug zu einer konkreten Anlageentscheidung fehle.[785]

---

778 BGHZ 193, 159 Rn. 30 ff. m. w. N. zur aufgegebenen früheren Rechtsprechung und zur Abgrenzung von Arzthaftungsfällen; BGH NZG 2014, 432, 433. Zur Wende des XI. Zivilsenats zusammenfassend *Möllers*, NZG 2012, 1019, 1020.

779 BGHZ 193, 159 Rn. 34.

780 So der XI. und II. Senat z. B. in BGH NZG 2014, 432, 433; BGHZ 193, 159 Rn. 28 ff.; BGH NZG 2009, 828, 830; BGHZ 124, 151, 161.

781 So die Rechtsprechung des IX. Senats BGHZ 160, 58, 63 f.; BGH NJW 1993, 3259, 3259.

782 *Möllers*, NZG 2012, 1019, 1021.

783 Vgl. ausführlich *Greger*, in: Zöller, ZPO, 29. Aufl. (2012), Vor § 284 Rn. 29.

784 A. A. *Weichert*, Der Anlegerschaden bei fehlerhafter Kapitalmarktpublizität (2008), 198 ff.

785 BGHZ 192, 90, Rn. 62.

b) *Bürgerlich-rechtliche Prospekthaftung*

Eine Variante der Vermutung aufklärungsrichtigen Verhaltens ist im Rahmen der bürgerlich-rechtlichen Prospekthaftung angewandt worden.[786] Es entspreche der Lebenserfahrung, so der BGH, dass ein in einem wesentlichen Punkt unrichtiger Prospekt für die Anlageentscheidung kausal gewesen sei.[787] Allerdings kann diese Vermutung widerlegt werden, wenn der Prospekt beim konkreten Erwerbsvorgang keine Verwendung gefunden hat; auf der anderen Seite reicht es aus, wenn der Prospekt Teil des Vertriebskonzepts gewesen ist.[788] Im Rahmen der Beweiswürdigung nach § 286 ZPO muss der Tatrichter allerdings die Gründe würdigen, warum ein Erwerb nicht in Betracht gekommen wäre. Zudem hat er die „objektive Bedeutung" der unrichtigen oder fehlenden Information „für die Werthaltigkeit" der Anlage zu berücksichtigen.[789]

c) *Anlagestimmung*

Für die börsenrechtliche Prospekthaftung hatte bereits das Reichsgericht den Anscheinsbeweis der sog. Anlagestimmung begründet.[790] Danach sollte die Ursächlichkeit einer Information zu vermuten sein, wenn sie – wie ein Prospekt oder Unternehmensbericht – die Einschätzung eines Wertpapiers in Fachkreisen mitbestimmt und damit eine Anlagestimmung erzeugt. Der Anleger würde über die Fachpresse oder im Rahmen einer Anlageberatung vom Inhalt des Prospekts Kenntnis nehmen.[791] Ohne Belang für den Zusammenhang von Prospekt und Kaufentschluss des Anlegers ist daher, ob der Anleger selbst den Prospekt kannte.[792] Die Anlagestimmung endet, wenn sich durch neue Informationen, die auch in einer Veränderung der konjunkturellen Erwartungen oder des Börsenumfeldes liegen können, die Entscheidungsgrundlage verändert oder für die Entscheidung bestimmend wird.[793] Die Dauer der Anlagestimmung ist daher einzelfallabhängig. Die Figur der Anlagestimmung ist vom Gesetzgeber aufgegriffen worden; sie

---

[786] BGHZ 123, 106, 112 ff.; BGH NZG 2010, 709, 710; NZG 2014, 432, 433 zusammenfassend *Assmann*, in: ders./Schütze, Handbuch des Kapitalanlagerechts, 3. Aufl. (2007), § 6 Rn. 176 ff.

[787] BGHZ 79, 337, 346; 84, 141, 148; 123, 106, 114; BGH ZIP 2004, 1810, 1812.

[788] BGH WM 2008, 391, 393.

[789] BGHZ 123, 106, 114 f.

[790] RGZ 80, 196, 204 f.

[791] BGHZ 139, 225, 233.

[792] BGH WM 1982, 897, 897 f.

[793] Vgl. BGHZ 139, 225, 234.

findet sich heute in § 21 Abs. 1 S. 1 WpPG und § 20 Abs. 1 S. 1 VermAnlG, ist auf sechs Monate bzw. zwei Jahre begrenzt und als Beweislastumkehr ausgestaltet (§ 23 Abs. 2 Nr. 1 WpPG bzw. § 20 Abs. 4 Nr. 1 VermAnlG).[794]

Die Rechtsprechung war jedoch zurückhaltend, die Argumentationsfigur der Anlagestimmung auf andere Kapitalmarktinformationen zu übertragen. So betonte der BGH in seiner Informatec I-Entscheidung aus dem Jahr 2004, eine Anlageentscheidung stelle einen „durch vielfältige rationale und irrationale Faktoren, insbesondere teils spekulative Elemente beeinflussten, sinnlich nicht wahrnehmbaren individuellen Willensentschluss dar".[795] Im Gegensatz zu einem Emissionsprospekt sei eine Ad-hoc-Mitteilung in der Regel eine Information von kurzfristiger Bedeutung für eine Anlageentscheidung. „Je nach Tragweite der Information" sei eine Anlagestimmung auch aufgrund einer Ad-hoc-Mitteilung aber nicht ausgeschlossen.[796] Das OLG Stuttgart hat daher auch eine Anlagestimmung, aufgrund eines Testats eines Jahresabschlusses erwogen.[797] Festzuhalten bleibt daher, dass eine Anlagestimmung keine auf Emissionsprospekte begrenzte Beweiserleichterung ist. Entscheidend ist aber, dass es sich um eine Kapitalmarktinformation handelt, die – für einen gewissen Zeitraum – die Einschätzung einer Kapitalanlage so wesentlich und nachhaltig prägt wie ein Emissionsprospekt[798] und daher typischerweise nicht „im Rauschen des Marktes" untergeht.[799]

d) *Fraud-on-the-market-Doktrin*

In der Literatur schlägt eine große Zahl von Autoren vor, aus dem US-amerikanischen Recht[800] die *fraud-on-the-market*-Doktrin für das deutsche Recht zu rezipieren. Sie baut auf der Theorie effizienter Kapitalmärkte auf, wonach der Marktpreis alle verfügbaren Informationen widerspiegelt, und ersetzt das Vertrauen in die konkrete Information durch das Vertrauen in die Integrität des Marktpreises. Daher bestehe die Vermutung, dass sich der

---

794 Bundestagsdrucksache 13/8933, 76.

795 BGHZ 160, 134, 144; ähnlich auch BGH NJW 2005, 2450, 2453.

796 BGHZ 160, 134, 146; ebenso BGH NZG 2007, 708, 709; offen auch BGH WM 2012, 303, 311 („einzelfallbezogene konkrete Anlagestimmung"). Zu weitgehend daher die Lesart des OLG Frankfurt NZG 2005, 516.

797 OLG Stuttgart WM 2009, 2382, 2385.

798 *Spindler*, AcP 208 (2008) 283, 337; *Fleischer*, ZIP 2005, 1805, 1807; Findeisen/Backhaus, WM 2007, 100, 102; *Möllers/Leisch*, in: Kölner Kommentar, WpHG, 2. Aufl. (2014), §§ 37b, c, Rn. 354; erwägend im Einzelfall für Finanzanalysten *Möllers*, in: Kölner Kommentar, WpHG, 2. Aufl. (2014), § 34b, Rn. 304.

799 *Baums*, ZHR 167 (2003) 139, 183.

800 Grundlegend *Basic v. Levinson, Inc.*, 485 U.S. 224, 241 ff. (1998); zuletzt bestätigt in *Halliburton v. Erica P. John Fund*, 573 U.S. ____(2014), 4 ff. und 12 ff.

Anleger mittelbar auf alle öffentlich bekannten Informationen verlassen habe, die in den Preis eingeflossen sind. Widerlegt werden kann diese Vermutung durch den Nachweis, dass der Markt nicht informationseffizient ist oder dass der Anleger oder der Markt die Fehlerhaftigkeit der Information kannte.[801] Im US-amerikanischen Recht ist die fraud-on-the-markt-Doktrin auch deshalb von enormer Bedeutung, weil erst der Verzicht auf einen individuellen Nachweis der Transaktionskausalität erlaubt, die Investoren in einer *class* im Rahmen einer Sammelklage zusammenzufassen.

Die fraud-on-the-market-Doktrin wird in der Literatur vielfach auch als theoretische Unterfütterung der Figur der Anlagestimmung vorgestellt.[802] In beiden Fällen wird auf die unmittelbare Kenntnis der fehlerhaften Information durch den Anleger verzichtet. Allerdings bestehen zwischen beiden Figuren erhebliche Unterschiede: So stellt die Figur der Anlagestimmung immer noch auf den individuellen Willensentschluss des Investors ab; die fraud-on-the-market-Doktrin orientiert sich an einem allgemeinen Marktvertrauen. Eine solche Perspektive verträgt sich weder mit der Dogmatik des deutschen Schadensersatzrechts[803] noch der Vertrauenshaftung. Zwar beeinflusst auch eine Veränderung des Marktpreises den Vertragsabschluss i. S. d. § 311 Abs. 3 S. 2 BGB; das Anlegervertrauen in die Integrität der Marktpreisbildung wird aber nicht erst durch einen konkreten Vertrauenstatbestand hervorgerufen, sondern besteht unabhängig davon.[804] Die fraud-on-the-market-Doktrin differenziert zudem zwischen den einzelnen Informationen nicht nach ihrer Wirkungsdauer und Wesentlichkeit für die Anlageentscheidung. Sie erlaubt daher höchstens einen Rückschluss, wie ein Erwerb zu einem anderen Preis ausgesehen hätte und ist damit ein Instrument zum Nachweis der haftungsausfüllenden Kausalität.[805] Der BGH hat die fraud-on-the-market-Doktrin als Beweiserleichterung daher zu Recht verworfen.[806]

---

801 Ausführlich *Sauer*, ZBB 2005, 24, 25 ff.

802 *Baums*, ZHR 167 (2003) 139, 183; *Brellochs*, Publizität und Haftung von Aktiengesellschaften im System des Europäischen Kapitalmarktrechts (2005), 287 f.; *Barth*, Schadensberechnung bei Haftung wegen fehlerhafter Kapitalmarktinformation (2006), 169 und 177 ff.; *Spindler*, AcP 208 (2008) 283, 333.

803 *Findeisen/Backhaus*, WM 2007, 100, 107.

804 Ebenso *Kersting*, Die Dritthaftung für Informationen im Bürgerlichen Recht (2007), 515. Ähnlich, aber ohne Bezug zum Vertrauenshaftung, *Möllers/Leisch*, in: Kölner Kommentar, WpHG, 2. Aufl. (2014), §§ 37b, c, Rn. 357; *Zimmer/Grotheer*, in: Schwark/Zimmer, Kapitalmarktrechts-Kommentar, 4. Aufl. (2010), §§ 37b, 37c, Rn. 118; *Leuschner*, ZIP 2008, 1050, 1053. Dies räumt auch *Hellgardt*, Kapitalmarktdeliktsrecht (2008), 520 ein, wenn er ausführt, es sein kein Vertrauen erforderlich.

805 *Weichert*, Der Anlegerschaden bei fehlerhafter Kapitalmarktpublizität (2008), 184.

806 BGH NZG 2007, 345, 346; BGH NZG 2007, 346, 347; BGH NZG 2007, 708, 709.

e) *Dauerkausalität*

Das OLG Frankfurt wählte in einem Fall das Börsenzulassungsverfahren als Ansatzpunkt für Kausalitätsüberlegungen.[807] Danach bestehe einer Art Dauerkausalität, wenn ein Emittent oder sein Vorstand bereits im Vorfeld des Börsengangs so gravierend über die tatsächliche wirtschaftliche Lage getäuscht habe, dass es zu einem Börsengang gar nicht gekommen wäre, wenn die Emissionsbegleiter die wahre wirtschaftliche Lage des Unternehmens gekannt hätten. Dieser Gedanke ist eine Variation der US-amerikanischen *fraud created market doctrine* -Doktrin, die von einigen Berufungsgerichten in den Vereinigten Staaten vertreten wird.[808] Danach wird eine Kausalität zwischen einer Anlegerentscheidung und einer fehlerhaften Kapitalmarktinformation dann angenommen, wenn bereits eine Täuschung im Rahmen des Börsenzulassungsverfahrens stattgefunden hat. Dahinter steht der – im Ansatz zutreffende – Gedanke beim späteren Erwerb verwirkliche sich die Gefahr, deren Grundlage mit dem „erschlichenen" Börsengang gesetzt worden ist.

Ratingagenturen spielen im Rahmen von Emissionen so eine bedeutende Rolle, dass es etwa im Rahmen von ABS-Transaktionen kaum möglich ist, eine Emission mit einem *non-investment-grade* zu platzieren. Die Ratingagenturen führen daher als Gatekeeper funktional betrachtet ebenso wie andere Emissionshelfer eine Markteingangskontrolle durch. Man könnte daher überlegen, den Gedanken der Dauerkausalität auf fehlerhafte Ratings zu übertragen, wenn es mit dem zutreffenden Rating gar nicht möglich gewesen wäre, eine Anlage zu diesen Konditionen zu emittieren. Dogmatisch ist dies aber nicht überzeugend. Der BGH hat zu Recht die Konstruktion des OLG Stuttgart mit dem Hinweis abgelehnt, damit bestehe keine Verantwortlichkeit für alle späteren Erwerbsvorgänge; es bedürfe eines Nachweises, dass die Entscheidungsfreiheit des Anlegers durch das fehlerhafte Rating tangiert worden ist.[809] Gegen die Konstruktion der Dauerkausalität spricht zudem ein anderer Punkt: Die ursprünglich gesetzte Gefahr besteht lediglich kurz nach der Emission. Dieser Zeitraum wird aber sehr viel überzeugender durch die Figur der Anlagestimmung abgebildet, die auch begründet, weshalb eine individuelle Kenntnis der fehlerhaften Information nicht notwendig ist. Mit zunehmendem zeitlichen Abstand zur Emis-

[807] OLG Frankfurt Urteil vom 2. August 2005 – 5 U 192/03, Rn. 44 ff.; AG 2006, 584. 585; Urteil vom 17. Januar 2006 – 5 U 147/04 – Rn. 38 ff. (ComROAD VI–VIII).

[808] *Joseph v. Wiles*, 223 F.3d 1155, 1163 (10th Cir. 2000); ablehnend *Malack v. BDO Seidman, LLP*, 617 F.3d 743, 750 (3rd Cir. (Pa.) 2010).

[809] BGH NJW 2008, 76, 79; NJW-RR 2008, 1004, 1005. Zustimmend *Findeisen*, NZG 2007, 692, 695; *Buck-Heeb/Dieckmann*, AG 2008, 681, 686.

sion treten jedoch überlagernde Einflüsse hinzu, was sich auch an den Grenzen einer Anlagestimmung zeigt. Diese Faktoren unterbrechen gewissermaßen die Dauerkausalität einer auf einem fehlerhaften Rating beruhenden Börseneinführung, weil sie zunehmend bestimmend für die Anlageentscheidungen der Investoren werden.[810]

2. Transaktionskausalität im Rahmen der Haftung von Ratingagenturen

Sowohl die Vermutung aufklärungsrichtigen Verhaltens als auch die Figur der Anlagestimmung versuchen letztlich die gleiche Situation zu erfassen: Eine Information ist aufgrund ihrer Art oder ihres Inhalts[811] in einem Zeitraum objektiv für Investitionsentscheidungen bestimmend; ein vernünftiger Anleger kann sie daher nicht ignorieren, weshalb – aufgrund ihres Gewichts – davon ausgegangen werden kann, dass sie seine Investitionsentscheidung beeinflusst.[812] Damit fehlt es an einem Entscheidungskonflikt des Anlegers. Die Figur der Anlagestimmung ergänzt diese Erwägungen um eine realistische Perspektive auf die Informationsverarbeitung auf Kapitalmärkten, auf die sogleich einzugehen sein wird. Die folgenden Überlegungen bauen daher auf den gemeinsamen Grundgedanken beider Ansätze auf.

Zumindest auf dem Verbriefungs- und Anleihemarkt hat das Rating eine herausragende Bedeutung. Die Prognose über die Bonität des Emittenten ist im Rahmen dieser Kapitalanlagen auch eine Analyse, welche das typischerweise entscheidende Risiko nicht nur punktuell, sondern umfassend würdigt; die Zahlungsfähigkeit einer Zweckgesellschaft kann nur durch eine Prüfung der Sicherheiten und Einnahmen sowie der rechtlichen Struktur der Transaktion beurteilt werden.[813] Eine einzelne Finanzanalyse kann bis auf Ausnahmefälle wegen der Vielzahl parallel veröffentlichter Prognosen nicht die gleiche prägende Wirkung entfalten, sondern geht im Meer der verfügbaren Informationen unter; dies ist aufgrund des oligopolistischen Ratingmarktes nicht zu befürchten, da eine solche Informationskonkurrenz

---

810 Ähnlich *Leuschner*, ZIP 2008, 1050, 1057.

811 Zu denken wäre hier an eine massive Täuschung der Anleger wie im Fall Comroad, vgl. *Möllers/Leisch*, in: Kölner Kommentar, WpHG, 2. Aufl. (2014), §§ 37b, c, Rn. 355 ff.; ablehend allerdings BGH NZG 2007, 708, 709.

812 Vgl. *Veil*, ZHR 147 (2003) 365, 390 f.; *Halbleib*, Die Haftung des Wirtschaftsprüfers gegenüber Anlegern am Kapitalmarkt (2010), 172 f.

813 Im Ergebnis ebenso *v. Schweinitz*, WM 2008, 953, 959; *Korth*, Die Dritthaftung von Ratingagenturen (2010), 192; ablehnend *Haar*, NZG 2010, 1281, 1284 f. Für eine Übertragung der Grundsätze der Prospekthaftung auf Mittelverwendungskontrolleure auf Grundlage von § 311 Abs. 3 BGB *Koch*, WM 2010, 1057, 1061 f.

fehlt.[814] Gegen eine Beweiserleichterung spricht auch nicht, dass ein Rating nur ein „Teilelement eines umfassenden Investitionskalküls“[815] sei. Dies ist eine Selbstverständlichkeit, weil Entscheidungen in den seltensten Fällen monokausal sind. Entscheidend ist, ob ein zutreffendes Rating das Ergebnis der Investitionsentscheidung verändert hätte, der Anleger also gar nicht oder nicht zu diesem Kurs gekauft hätte. Dies hängt zum einen – wie bereits erläutert – von der Art der Kapitalanlage ab und zum anderen davon, welchen Schaden der Anleger mittels dieses *prima facie*-Beweises beweisen möchte.

Verlangt er den Differenzschaden, ist bereits im Rahmen der culpa in contrahendo anerkannt gewesen, dass der Vertragspartner oder Dritte – hier also die Ratingagentur als Informationsintermediär – beweisen muss, dass der Vertrag auch bei zutreffender Informationslage zum ursprünglichen Preis zustande gekommen wäre.[816] Dies entspricht auch einer lebensnahen Betrachtung, denn der Anleger ist ein Preisnehmer, der den Kurs einer Anlage nicht beeinflussen kann. Er befindet sich daher hinsichtlich des Kaufpreises noch nicht einmal in einem Entscheidungskonflikt. Dementsprechend muss der Anleger nur die Auswirkungen der falschen Information auf den Marktpreis nachweisen.[817]

Schwieriger ist der Nachweis, er hätte bei einem zutreffenden Rating insgesamt von einem Erwerb der Kapitalanlage abgesehen. Es geht also primär nicht darum, wie das Bild einer euphorischen Anlagestimmung suggeriert, dass diese Information den Anleger den Erwerb verleitet hätte; ausreichend ist, dass das Rating ein mitentscheidender Faktor gewesen ist. Aufgrund der Vielzahl von Motiven und Entscheidungsalternativen fällt eine typisierte Betrachtungsweise schwerer.[818] Eine geringfügige Abweichung des veröffentlichten Ratings von der zutreffenden Bonitätsbewertung hätte daher nicht zwingend zu einem Nichterwerb geführt. Handelt es sich aber um eine Divergenz, die so gravierend ist, dass sie ein vernünftiger Anleger beachtet hätte, ist das fehlerhafte Rating typischerweise ein mitentscheidender Faktor für die Anlageentscheidung. Das Rating würde dann eine ganz andere Aussage erhalten, weil die Anlage in eine andere Risikoklasse einzuordnen wäre, und das Risiko nicht mehr von den Zinszahlungen aufgewogen werden würde; dies spricht typischerweise für ein Absehen vom

814 Zu den Kriterien des Informationsmonopols und der Informationskonkurrenz *Vogler*, Die Schadensersatzhaftung des Wertpapierdienstleistungsunternehmens für fehlerhafte Aktienanalysen (2005), 238 und 243.

815 So *Hennrichs*, in: FS Hadding (2004), 891 im Anschluss an *Fleischer*, Gutachten zum 64. DJT (2002), F 140.

816 BGHZ 69, 53, 58.

817 BGHZ 192, 90, Rn. 67 für die Haftung nach §§ 37b, 37c WpHG.

818 Vgl. *Rützel*, AG 2003, 69, 75 für Ad-hoc-Mitteilungen.

Kauf. Zur Beurteilung, wann eine Abweichung diese Erheblichkeitsgrenze erreicht, kann auf regulatorische Anforderungen oder Anlagerichtlinien abgestellt werden, z. B. wenn sie den Erwerb risikoreicher Anlagen verbieten oder von grundlegend anderen Risikoanforderungen abhängig machen. Kleinanleger können sich zudem auf ihr persönliches Risikoprofil und ihre Anlageziele berufen. Hätten sie etwa den Erwerb einer Anleihe mit dem zutreffenden Rating nicht mehr gedeckt, hätte ihm ein Anlageberater diese Anlage gar nicht empfehlen dürfen. Ein weiterer Anhaltspunkt können Marktgepflogenheiten sein. So wären Derivate oder Zertifikate eines Emittenten, der eine bestimmte Bonität unterschreitet, in der Regel kaum vermarktbar. Für den Anleger stehen der Basiswert und die weiteren Konditionen im Vordergrund; ein höheres Bonitätsrisiko würde ihn veranlassen, auf ein Produkt eines Konkurrenten auszuweichen.

Schließlich stellt sich die Frage, ob nur die Veröffentlichung eines Ratings die Voraussetzungen eines solchen Anscheinsbeweises erfüllt oder auch das Unterlassen einer Ratinganpassung. Da eine Ratingagentur zur Aktualisierung und Überwachung ihrer Bewertungen verpflichtet ist, kann – insbesondere wenn Zweifel an der Bonität eines Emittenten aufkommen – auch die Mitteilung eines Verzichts auf eine Aktualisierung eine solche Anlagestimmung begründen.[819] Dies darf allerdings nicht zu dem Schluss verleiten, aufgrund der Aktualisierungspflicht der Ratingagenturen bestehe eine dauerhafte Anlagestimmung. Hinzutreten muss vielmehr eine Marktsituation, die den Resonanzboden für das Verhalten der Ratingagentur bietet und der Beibehaltung des Ratings einen bestimmten Erklärungswert zuweist. Die Augen der Anleger ruhen in solchen Situationen auf den Ratingagenturen, weil sie über einen privilegierten Informationszugang verfügen und sie eine Pflicht zur Anpassung ihrer Bewertungen trifft. Zu denken wäre hier an eine Konstellation ähnlich dem Zusammenbruch von Enron oder Lehman Brothers. Da die sorgfältige Anpassung einer Bewertung, wie ausgeführt, eine gewisse Zeit in Anspruch nehmen kann, ist es auch möglich, dass eine Anlagestimmung durch gegenläufige Informationen schnell wieder endet.

3. Kenntnis des fehlerhaften Ratings

Fraglich ist zudem, ob ein Investor im Rahmen eines Schadensersatzanspruchs geltend machen muss, er habe seine Investitionsentscheidung in Kenntnis des Ratings getätigt. Aufbauend auf die Kausalität bei der bürger-

[819] Vgl. zum Unterlassen von Ad-hoc-Mitteilungen *Brellochs*, Publizität und Haftung von Aktiengesellschaften im System des Europäischen Kapitalmarktrechts (2005), 287; a. A. BGHZ 192, 90, Rn. 63; *Sauer*, ZBB 2005, 24, 28; *Veil*, ZHR 167 (2003) 365, 382; *Rützel*, AG 2003, 69, 74.

lich-rechtlichen Prospekthaftung und die Figur der Anlagestimmung ist eine solche Kenntnis zu vermuten. Häufig wird ein Rating ohnehin in den Verkaufsprospekt einer Anlage aufgenommen, so dass sich die Vermutung der Kenntnisnahme ohne Weiteres auf das Rating erstrecken lässt. Aber auch unabhängig davon entspricht diese Annahme einer realistischen Perspektive auf die informationelle Arbeitsteilung auf Kapitalmärkten.[820] Häufig werden Informationen von Investoren nicht direkt aufgenommen, sondern von Intermediären geprüft und verarbeitet. Hierbei kann es sich um Marktintermediäre wie Finanzanalysten und Journalisten handeln, aber auch um Anlegerintermediäre (Banken, Anlageberater und -vermittler). Wie auch Ratingagenturen helfen sie durch ihre Informationsverarbeitung und -bewertung, Ressourcen zu schonen, weil die einzelnen Anleger auf eine individuelle Analyse im Detail verzichten können.[821] Wie auch sonst im Wirtschaftsleben ist eine solche Arbeitsteilung und Spezialisierung gesamtwirtschaftlich wünschenswert und gerade für Kleinanleger unvermeitlich.

Auf den ersten Blick erscheint der Verzicht auf eine eigene Kenntnis des Anlegers nicht mit den Grundsätzen der Vertrauenshaftung vereinbar, da die Vertrauenswerbung auf seine Entscheidung keinen unmittelbaren Einfluss hat.[822] Im Rahmen der Expertenhaftung – außerhalb der Prospekthaftung – verlangt der BGH grundsätzlich die Kenntnis des Geschädigten von den Gutachten und Testaten, auf die er sich verlassen hat.[823] Es ist allerdings kein Grund ersichtlich, warum es nicht ausreichen soll, wenn der Anleger sich darauf verlässt, ein Intermediär werde ihn informieren, wenn eine Anlage, für die dies marktüblich ist, nicht geratet ist, ihre Bewertung nicht angemessen wäre oder mit den Zielen des Anlegers nicht in Einklang stände.[824] Ein Anlageberater darf daher z. B. einem konservativen Investor nur eine Anleihe mit einem sehr guten Rating empfehlen. Gewissermaßen handelt der Intermediär als „Agent" oder „Wissensvertreter"[825] des Anlegers, dessen Wissen er ge-

---

820 *Findeisen/Backhaus*, WM 2007, 100, 102; *Baums*, ZHR 167 (2003) 139, 180; *Langenbucher*, in: FS K. Schmidt (2009), 1054; *Sauer*, ZBB 2005, 24, 26; *Leuschner*, ZIP 2008, 1050, 1055.

821 *Leuschner*, ZIP 2008, 1050, 1056; *Findeisen/Backhaus*, WM 2007, 100, 107.

822 *Kersting*, Die Dritthaftung für Informationen im Bürgerlichen Rechts (2007), 515.

823 BGHZ 147, 187, 197 f.; BGH NJW-RR 2007, 1479, 1480 f.; hierzu im Kontext von Ratingagenturen *Knops*, BB 2008, 2535, 2539; für eine Haftung von Ratingagenturen nur gegenüber „informierten" Anlegern *v. Schweinitz*, WM 2008, 953, 959.

824 Inwieweit das Vertrauen auf die Prüfung durch einen anderen die eigene Kenntnis ersetzen kann, beantwortet der BGH uneinheitlich, vgl. BGH WM 1998, 440, 443 (X. Senat, zustimmend) und BGH NJW-RR 2007, 1479, 1480 f. (III. Senat, ablehnend). Für eine ausreichende Vertrauensgrundlage *Canaris*, JZ 1998, 603, 606.

825 BGH NJW 1992, 1099, 1100: „Wissensvertreter ist jeder, der nach der Organisation des Geschäftsherrn dazu berufen ist, im Rechtsverkehr als dessen Reprä-

nauso wie dessen Fehler bei der Übertragung und Verarbeitung des Ratings gegen sich gelten lassen muss. Zwar sind diese Intermediäre selbständige Dritte; dies soll grundsätzlich eine solche Zurechnung ausschließen.[826] Wenn es aber allein im Ermessen des Anlegers liegt, wie er in seiner Sphäre den Informationsfluss organisiert, darf ihm seine Entscheidung weder zum Vorteil noch zum Nachteil gereichen. Konsequenterweise wird daher z. B. auch § 278 BGB auf selbständige Dritte angewandt.[827] Wenn es bereits für die Erfüllung vertraglicher Pflichten zulässig ist, auf selbständige Dritte zurückzugreifen, muss dies erst recht für die Erfüllung von Obliegenheiten gelten, die sich vollständig in der Sphäre des Investors abspielen.

Auch aus Sicht der Ratingagentur ist dieses Ergebnis nicht überraschend. Ein Rating ist gerade dazu gedacht, auf dem Kapitalmarkt über die üblichen Informationswege verbreitet zu werden und seinen Weg zu den Investoren zu finden. Es entspricht daher dem Zweck des Ratings, wenn ein Anleger über Dritte mittelbar hiervon Kenntnis erhält.[828] Würde man bei Zwischenschaltung eines Intermediärs eine ausreichende Vertrauensgrundlage des Investors ablehnen, käme es zu einer unbilligen Entlastung der Ratingagentur; ihre Haftung würde – ähnlich der Drittschadensliquidation – von der außerhalb ihrer Sphäre liegenden Zufälligkeit abhängen, ob der Investor sich über das Rating direkt informiert oder sich auf die informationelle Arbeitsteilung des Kapitalmarkts verlässt.[829] Der BGH hat zwar im Falle einer Bankauskunft an einen verdeckten Stellvertreter eine Drittschadensliquidation abgelehnt.[830] Hierbei handelte es sich freilich um eine untypische Situation, die für die Bank ein schwer kalkulierbares Haftungsrisiko barg, weil sie den Empfänger nicht kannte. Dieses Urteil ist daher nicht übertragbar.

---

sentant bestimmte Aufgaben in eigener Verantwortung zu erledigen und angefallene Informationen zur Kenntnis zu nehmen und ggf. weiterzuleiten."

826 *Frensch*, in: Prütting/Wegen/Weinreich, BGB, 8. Aufl. (2014), § 164, Rn. 17; weiter für zwei Behörden im Kontext der Insolvenzanfechtung BGH ZIP 2011, 1523, 1525.

827 Vgl. BGH NJW 1993, 1704, 1705.

828 Vgl. zum Gesichtspunkt des Schutzzwecks der verletzenden Norm im Rahmen der Vorstandshaftung *Buck-Heeb/Dieckmann*, AG 2008, 681, 688.

829 *Canaris*, JZ 1998, 603, 606, bringt anhand von BGH WM 1998, 440, 443, die Drittschadensliquidation auf. Strukturell ähnelt die Konstellation der Produkthaftung für reine Vermögensschäden, in der der Käufer aufgrund der eingeschränkten Prüfungspflicht des Zwischenhändlers ohne Schadensersatzanspruch bleibt. *Canaris*, in: FS Larenz II (1983), 101 ff. zieht Parallelen zwischen Drittschadensliquidation und Vertrauenshaftung, welche von BGH NJW 1974, 1503, 1504 f. in seiner Prüfzeichen-Entscheidung abgelehnt wurde. Dort handelte es sich jedoch anders als hier um eine Haftung in einer Leistungskette.

830 BGHZ 133, 36, 41 f.

4. Differenzierung nach Pflichtverletzungen

Eindeutig ist ein kausaler Zusammenhang zwischen einer Anlageentscheidung und einer Pflichtverletzung, wenn sich die Pflichtverletzung im Ergebnis der Bonitätsprognose niedergeschlagen hat.[831] Darüber hinaus lässt sich aber fragen, ob nicht auch andere Pflichtverletzungen einen Schaden begründen können, die z.B. nur das Vertrauen in die Objektivität, Sachkunde und Neutralität des Ratings erschüttern. Hierzu gehört etwa das Unterlassen der Veröffentlichung von Interessenkonflikten oder die Verletzung von Organisations- und Compliance-Vorschriften der RatingVO.

Handelt es sich um eine Pflichtverletzung, die sich zwar nicht in der Bonitätsnote niedergeschlagen hat, sich aber auf den Kurs des Wertpapiers auswirkt, ist dem Investor der Kursdifferenzschaden zu ersetzen. Erschüttert ein Normverstoß das Vertrauen in die Ratingagentur, kann dies zu einem Ansteigen der Risikoprämien führen, die durch ein – vermeintlich – glaubwürdiges Rating vermieden worden waren. Eine solche Kursänderung war zu beobachten, als den Investoren in der Finanzkrise 2007/2008 die Interessenkonflikte der Ratingagenturen bewusst wurden.[832] Gemessen an diesem Abschlag hat der Anleger „zu teuer" gekauft. Der Ersatz des Differenzschadens ist nur billig, weil der Investor die an die Ratingagentur für ein vertrauenswürdiges Rating gezahlte Vergütung als Kosten der Emission selbst trägt.

Eine Erstattung des Kaufpreises kommt demgegenüber nicht in Betracht. Handelt es sich um eine rein interne Pflichtverletzung, die sich nicht im Ergebnis des Ratingprozesses niederschlägt, ist der Schutzzweck des Ratings erfüllt, weil sich das Rating in seinem wesentlichen Punkt, der Prognose über das Bonitätsrisiko, inhaltlich als zutreffend erwiesen hat.[833]

Nicht überzeugend wäre es daher, in Anknüpfung an die Rechtsprechung des BGH zu *Kick-Back*-Zahlungen – unter Berufung auf die Figur des aufklärungsrichtigen Verhaltens – zu argumentieren, eine bestimmte Pflichtverletzung hätte das Vertrauen der Anleger in das Rating so stark erschüttert, dass er – hätte er von ihr gewusst – die bewertete Anlage nicht erworben hätte.

---

831 Eine schadensrechtliche Relevanz in allen anderen Fällen ablehnend *Blaurock*, ZGR 2007, 603, 628; *Habersack*, ZHR 169 (2005) 185, 200f. und *Hellgardt*, Kapitalmarktdeliktsrecht (2008), 309; *Korth*, Dritthaftung von Ratingagenturen (2010), 142.

832 *Coffee*, 1 Harv. Bus. L. Rev. 231, 239 (2011); *He/Qian/Strahan*, Credit Rating and the Evolution of the Mortgage-Backed Securities Market, Working Paper (2010), 4.

833 *Vogler*, Die Schadensersatzhaftung des Wertpapierdienstleistungsunternehmens für fehlerhafte Aktienanalysen (2005), 171; *Reidenbach*, Finanzanalysten und Ratingagenturen (2006), 245 jeweils für Finanzanalysten.

Diese Überlegung geht primär von der Verletzung der Willensfreiheit des Anlegers aus, die der BGH nur im Falle „schwerer Treuwidrigkeit“ annimmt, weil dann im „besonders sensiblen Bereich der Vermögensverwaltung das unabdingbare Vertrauen entfällt.“[834] Eine Ratingagentur ist jedoch ein Marktintermediär, der – anders als ein Vermögensverwalter oder Anlageberater – keine auf die persönlichen Wünsche und Vermögenssituation abgestimmte Dienstleistung erbringt. Hierbei handelt es sich um Tätigkeiten, die typischerweise eine sehr viel intensivere Vertrauensbeziehung voraussetzen.

III. Mitverschulden

Insbesondere für institutionelle Investoren, die selbst über nicht unerhebliche Sachkunde und Informationsquellen verfügen, ist die Frage des Mitverschuldens bei der Schadensentstehung – auch im Rahmen der Aufarbeitung der Subprime-Krise – von praktischer Relevanz. Andere Aspekte des Mitverschuldens, wie die daneben bestehenden Obliegenheiten zur Schadensminderung durch eine Pflicht zur Kursbeobachtung oder einen rechtzeitigen Verkauf, bleiben im Folgenden außen vor.

Die verschiedenen Kapitalmarktinformationshaftungstatbestände sehen nur für den Fall der positiven Kenntnis der Unrichtigkeit einer Information einen Wegfall des Schadensersatzanspruchs vor (§ 23 Abs. 3 Nr. 3 WpPG; §§ 20 Abs. 4 Nr. 3; 22 Abs. 4 Nr. 1 VermAnlG; § 37c Abs. 3 WpHG; § 306 Abs. 4 S. 2 KAGB). Hierbei handelt es sich nach überwiegender Meinung um eine abschließende Kodifikation des Mitverschuldens.[835] Ebenso besteht Einigkeit, dass der rigide Ausschluss der Vertrauenshaftung in §§ 122 Abs. 2, 179 Abs. 3 S. 1 BGB nicht auf § 311 Abs. 2 und 3 BGB übertragbar ist.[836] Danach entfiele eine Haftung, wenn der Anleger hätte erkennen müssen, dass das Rating fehlerhaft ist. Im Rahmen des Mitverschuldens ist zudem zu berücksichtigen, dass es gerade Aufgabe des Experten ist, dem Vertrauensgeber eine Entscheidungsgrundlage zu geben, die er nicht selbst noch einmal überprüfen muss;[837] anderenfalls gingen die wirtschaftlichen Vorteile des Ratings zu erheblichen Teilen verloren.

---

[834] BGHZ 146, 235, 241; zur weiteren Differenzierung bei der Anlageberatung etwa BGH WM 2009, 1274, 1276.

[835] Vgl. nur *Assmann*, in: ders./Schütze, Handbuch des Kapitalanlagerechts, 3. Aufl. (2007), § 6, Rn. 282 und 299; *Möllers/Leisch*, in: Kölner Kommentar, WpHG, 2. Aufl. (2014), §§ 37b, c, Rn. 390.

[836] Vgl. nur *Kersting*, Die Dritthaftung für Informationen im Bürgerlichen Recht (2007), 466 m.w.N.

[837] Vgl. BGH NJW 2004, 1868; 1870 für Wirtschaftsprüfer *Ebke*, in: Münchener Kommentar, HGB, 3. Aufl. (2013), § 323, Rn. 111.

Von diesem Grundsatz sind jedoch zwei Ausnahmen zu machen:[838] Zum einen trifft den Anleger die Obliegenheit, ein Rating korrekt wahrzunehmen und sich über die Aktualität eines Ratings sowie andere damit im Zusammenhang stehenden Mitteilungen der Ratingagentur zu informieren.[839] Zum anderen darf der Anleger nicht „blindlings" auf ein Rating vertrauen.[840] Dies ist keineswegs so zu verstehen, dass ihn bereits ein Mitverschulden träfe, wenn er die in eigenen Angelegenheiten übliche Sorgfalt vernachlässigt;[841] die Tätigkeit der Ratingagentur soll eine eigene Bonitätsanalyse des Emittenten gerade ersetzen. Musste sich ihm aber aufgrund eigener Kenntnisse oder Sachkunde aufdrängen, dass das Rating fehlerhaft ist, ist dies im Rahmen des § 254 Abs. 1 BGB zu berücksichtigen. Dies gilt insbesondere dann, wenn aufgrund aktueller Presseberichte, Unternehmenspublikationen etc. bereits mit den Händen zu greifen ist, dass ein Rating nicht mehr die aktuelle Bonitätserwartung widerspiegeln kann und aufgrund der Kürze der Reaktionszeit nicht mit einer Aktualisierung des Ratings zu rechnen ist.[842] Dann trifft den Anleger – nach seinen persönlichen Fähigkeiten und Kenntnissen – auch eine stärkere Obliegenheit, sich selbst über kurzfristige Entwicklungen zu informieren.

Grundsätzlich muss ein Anleger, der selbst über eine ausreichende Expertise verfügt, das Rating nicht verifizieren oder eine eigenständige Bonitätsprognose erarbeiten. In einer arbeitsteiligen Gesellschaft ist es rational, sich trotz eigener Fähigkeiten auf Informationen Dritter zu verlassen, die möglicherweise kostengünstiger arbeiten und aufgrund ihrer Spezialisierung über mehr Erfahrung verfügen.[843] Zudem ist das Rating bereits angefertigt; jede zusätzliche Bonitätsprüfung durch den Investor wäre volkswirtschaftlich eine Verschwendung von Ressourcen, wenn seiner Prognose keine neuen Informationen zugrunde liegen und sie daher einen höheren Informationswert hat. Von diesem Grundsatz ist jedoch im Falle von institutionellen Investoren gemäß Art. 4 Abs. 1 RatingVO eine Ausnahme zu machen: Diese dürfen nach Art. 5a Abs. 1 RatingVO ihre Entscheidung, in ein Finanzinstrument zu in-

---

838 Grundlegend zum Folgenden *v. Hertzberg*, Die Haftung von Börseninformationsdiensten (1987), 140 ff.

839 *Peters*, Die Haftung und die Regulierung von Rating-Agenturen (2001), 137.

840 Vgl. BGH NJW 1972, 456, 458; *Kersting*, Die Dritthaftung für Informationen im Bürgerlichen Recht (2007), 468; *Peters*, Die Haftung und die Regulierung von Rating-Agenturen (2001), 137; *v. Hertzberg*, Die Haftung von Börseninformationsdiensten (1987), 142 ff.

841 Vgl. *Assmann*, in: ders./Schütze, Handbuch des Kapitalanlagerechts, 3. Aufl. (2007), § 6, Rn. 189 für die bürgerlich-rechtliche Prospekthaftung.

842 Ähnlich *v. Hertzberg*, Die Haftung von Börseninformationsdiensten (1987), 143.

843 Vgl. *Kersting*, Die Dritthaftung für Informationen im Bürgerlichen Recht (2007), 238 f.

vestieren, nicht alleine oder automatisch auf ein Rating stützen, sondern müssen eine eigenständige Kreditrisikoprüfung durchführen. Würde es sich hierbei nur um eine Regelung des internen Risikomanagements handeln, könnte sie im Rahmen des Mitverschuldens außer Betracht bleiben, weil es nicht ihr Zweck ist, die Ratingagenturen im Außenverhältnis haftungsrechtlich zu entlasten. Der Zweck des Art. 5a Abs. 1 RatingVO geht jedoch darüber hinaus: Der Unionsgesetzgeber möchte durch diese Regelung den übermäßigen Rückgriff auf Ratings verringern.[844] Eine Haftung von Ratingsagenturen – auch nach nationalem Recht – erhöht tendenziell aber das Vertrauen in ihre Arbeit und läuft diesem Ziel zuwider. Auch der Schadensersatzanspruch eines institutionellen Investors nach Art. 35a Abs. 1 UAbs. 2 RatingVO hängt daher davon ab, dass er seine Pflichten nach Art. 5a Abs. 1 RatingVO erfüllt hat. Zwar hat der Unionsgesetzgeber eine weitergehende Haftung nach nationalem Recht nicht ausgeschlossen (Art. 35 Abs. 5 RatingVO). Art. 5a Abs. 1 RatingVO ist dennoch im Rahmen des nationalen Rechts zu berücksichtigen, um nicht den eigentlichen Zweck von Art. 5a Abs. 1 RatingVO, die Verringerung des Rückgriffs auf Ratings, zu behindern. Allerdings sind daraus folgenden Obliegenheiten nicht allzu hoch, weil auch hier Kriterien der Wirtschaftlichkeit zu berücksichtigen sind.[845]

§ 14 Verhältnis der Ratingagenturen zu anderen Haftpflichtigen

Der tatsächliche Umfang der Haftung einer Ratingagentur kann auch wesentlich davon beeinflusst werden, ob neben der Ratingagentur auch andere Personen (z.B. der Emittent oder die Prospektverantwortlichen) wegen einer Informationspflichtverletzung haftbar sind. Für Prospektverantwortliche ist in § 22 Abs. 1 S. 1 WpPG eine Gesamtschuld angeordnet. Im Falle von Ratingagenturen bestimmt sich die Frage nach § 421 BGB. Vielfach wird die gesamtschuldnerische Haftung kritisiert und stattdessen eine Proportionalhaftung vorgeschlagen, wie sie der US-amerikanische Gesetzgeber für die Kapitalmarkthaftung im Grundsatz in Sec. 21D(f) SEA eingeführt hat.[846] Danach haftet jeder Schädiger nur entsprechend seinem Verschuldensanteil.[847] Der

844 *Lehmann*, Civil Liability of Rating Agencies: An Insipid Sprout from Brussels, LSE Law, Society and Economy Working Papers 15/2014, 6; *Edwards*, L. and Fin. Markets Rev. 2013, 186, 189; *Wojcik*, NJW 2013, 2385, 2388.

845 Ausführlich S. 359f.

846 Hierzu ausführlich *Sauer*, Haftung für Falschinformation des Sekundärmarktes (2004), 264ff.

847 Für die Wirtschaftsprüferhaftung etwa *Heukamp*, ZHR 169 (2005) 471, 491; *Sauer*, Haftung für Falschinformation des Sekundärmarktes (2004), 268. Ein anderer

entscheidende Unterschied liegt darin, wer das Insolvenzrisiko der anderen Schuldner tragen soll: Der Anleger oder einer der Schädiger? Der Gesetzgeber hat in § 421 BGB hierzu eine eindeutige Wertentscheidung getroffen: Der Geschädigte soll von diesem Risiko befreit werden.

Im Falle von Ratingagenturen stellt sich diese Frage weder nach geltendem Recht noch *de lege ferenda*. Macht der Investor einen Differenzschaden geltend, beruft er sich darauf, dass eine bestimmte Information zu einer Kursänderung geführt hat. Auch wenn die verschiedenen Einflussfaktoren auf den Kurs eines Wertpapiers schwer zu isolieren sein können, verursachen die einzelnen Informationen niemals den gleichen Schaden.[848] Somit fehlt es aber an der Identität des Leistungsinteresses, einer Kernvoraussetzung einer Gesamtschuld.[849] Im Falle der Naturalrestitution beruft der Anleger sich auf eine Beeinträchtigung seiner Entscheidungsfreiheit. In diesem Fall ist eine Gesamtschuld möglich, weil mehrere Ursachen für eine fehlgeleitete Anlageentscheidung mitursächlich sein können. Angemessen wäre eine Proportionalhaftung gerade bei Ratingagenturen dennoch nicht. Es ist gerade die Aufgabe einer Ratingagentur, den Inhalt eines Prospekts oder einer Emittenteninformation kritisch zu würdigen. Könnte sie sich nun gerade mit dem Verweis auf die Pflichtverletzung, vor der sie das Anlegerpublikum schützen sollte, teilweise einer Haftung entziehen, wäre dies widersprüchlich und würde – zumindest teilweise – ihre Funktion in Frage stellen. Ist doch durch die Insolvenz des Schuldners das Risiko eingetreten, das ein Anleger durch sein Vertrauen auf das Rating minimieren wollte.[850]

§ 15 Anwendbares Recht

I. Grundproblem des internationalen Kapitalmarktrechts

1. Globalisierung der Finanzmärkte und Informationsflüsse

Große Ratingagenturen wie S&P, Moody's und Fitch agieren global, wie sich bereits aus ihrem Anspruch ergibt, Emittenten und Wertpapiere an

Vorschlag in diesem Zusammenhang ist, die Außenhaftung durch eine Innenhaftung zu ersetzen, vgl. etwa *Zimmer*, WM 2004, 9, 12 ff.

848 Vgl. allgemein zu einem Schaden, dessen Teile jeweils allein auf bestimmten Ursachen beruhen *Oetker*, in: Münchener Kommentar, BGB, 6. Aufl. (2012), § 249, Rn. 138.

849 Vgl. nur *Grüneberg*, in: Palandt, BGB, 73. Aufl. (2014), § 421, Rn. 6.

850 Ähnlich zu Wirtschaftsprüfern *Halbleib*, Die Haftung des Wirtschaftsprüfers gegenüber Anlegern am Kapitalmarkt (2010), 190.

einer weltweit einheitlichen Ratingskala zu messen. Sie erleichtern damit Anlegern die Investition in Wertpapiere außerhalb ihres Heimatmarktes. Sie sind daher nur ein Beispiel für eine Feststellung, an der heute kaum gezweifelt werden kann: Kapitalmärkte sind international, zumal hinsichtlich ihrer Verflechtung, der Mobilität des Kapitals und der handelnden Akteure. Recht ist demgegenüber grundsätzlich noch immer territorial ausgerichtet.

Im Verhältnis der Staaten zueinander stellen sich daher Probleme der Abgrenzung der völkerrechtlichen Zuständigkeit.[851] Gerade US-amerikanische Gerichte waren in der Vergangenheit vergleichsweise großzügig, US-amerikanisches Kapitalmarktrecht auf Sachverhalte anzuwenden, die nur einen schwachen Bezug zu den Vereinigten Staaten aufwiesen.[852] Der Oberste Gerichtshof hat diese Praxis in der Rechtssache *Morrison v. National Australia Bank Ltd.* stark eingeschränkt.[853]

Aus Sicht der Kapitalmarktakteure – Emittenten, Anleger, Marktintermediäre – führt der für deliktische Ansprüche klassische Anknüpfungspunkt des Erfolgsortes zu kaum noch voraussehbaren Ergebnissen. Aufgrund des Internets sind fast alle Kapitalmarktinformationen weltweit ohnehin verfügbar. Wird eine Information über ein in Deutschland notiertes Wertpapier veröffentlicht, bestände bereits ein Auslandsbezug, wenn der Erwerb durch eine Gesellschaft mit Sitz auf den Cayman Islands geschehen würde.[854] Bei strenger Orientierung am Erfolgsort als Anknüpfungspunkt wäre das Heimatrecht des Investors anwendbar. Dies würde zugleich für eine Vielzahl ausländischer Gläubiger gelten; es käme zu einer kostenintensiven, unkalkulierbaren Statutenkumulation, wie sie für Streuschäden typisch ist (sog. Mosaikbetrachtung[855]). Da nicht absehbar ist, welches Haftungsstatut im Ergebnis anwendbar ist, muss ein Kapitalmarktakteur die für sich ungünstigste Möglichkeit einkalkulieren. Damit werden diese Kosten auf alle Ka-

---

851 Monographisch *Schuster*, Die internationale Anwendung des Börsenrechts (1996), passim.

852 Zusammenfassend zum „langen Arm" des US-amerikanischen Gesetzgebers *Hellgardt/Ringe*, ZHR 173 (2009) 802, 819 ff.; *Mormann*, Zivilrechtlichtlicher Schutz vor Anlegerklagen in den USA (2010), 45 ff.

853 *Morrison v. National Australia Bank Ltd.*, 561 U.S. _____ (2010), 130 S. Ct. 2869; hierzu und zu der gesetzgeberischen Reaktion, um die frühere Rechtslage wiederherzustellen *Lehmann*, RIW 2010, 841 ff.

854 So ein Fall der Wirtschaftsprüferhaftung, BGH BB 2006, 1441. Der BGH ging auf den Auslandsbezug nicht ein. Zu dieser Entscheidung aus kollisionsrechtlicher Perspektive die Anmerkung von *Kindler/Otto*, BB 2006, 1443, 1444 und *Sprenger*, Internationale Expertenhaftung (2008), 97 f.

855 *Schaub*, in: Prütting/Wegen/Weinreich, BGB, 8. Aufl. (2013), Art. 4 Rom II, Rn. 6; *Lehmann*, IPrax 2012, 399, 400; grundlegend EuGH vom 07. März 1995 – Rs. C-68/93 – Shavill, Rn. 29 ff.

pitalmarktteilnehmer als Transaktionskosten umgelegt und beeinträchtigen die Effizienz des Kapitalmarkts.[856]

Eine Haftung für Kapitalmarktinformationen sieht sich daher ähnlichen Problemen ausgesetzt wie die Haftung für im Internet veröffentlichte Informationen. Die Zuständigkeit deutscher Gerichte für die Verletzung des Persönlichkeitsrechts durch eine Veröffentlichung im Internet bestimmt der BGH – in Anlehnung an das Kennzeichen- und Strafrecht[857] – vor allem danach, ob der Inhalt einen Bezug zu Deutschland aufweist. Dann liege eine Kenntnisnahme näher als aufgrund der bloßen Verfügbarkeit der Information über das Internet, so dass es in Deutschland zur maßgeblichen Interessenkollision komme.[858] Auf dieses Kriterium greift der BGH allerdings nur zurück, weil bei Persönlichkeitsrechtsverletzungen ein Markt wie im Wettbewerbsrecht[859] fehlt, an den sich der Beklagte mit der Information „gezielt" oder „bestimmungsgemäß" richtet.[860]

2. Marktort als einziger voraussehbarer Berührungspunkt

Dies ist bei Kapitalmarktinformationen anders: Hier ist der Markt, d.h. der Ort der Börse, der einzige Berührungspunkt zwischen den Beteiligten. Sowohl der Sitz des Urhebers der Information als auch der des Rezipienten, der darauf vertrauend seine Entscheidung trifft, sind zufällig und austauschbar, ohne dass einer der Beteiligten dies merken würde. Entscheidend ist lediglich, ob eine Information sich – zumeist durch Beeinflussung des Kurses – auf die Transaktion auswirkt. Daneben dient eine Haftung für fehlerhafte Kapitalmarktinformationen dem Schutz der Marktintegrität, also einem von beiden Parteien unabhängigen öffentlichen Interesse. Hierin zeigt sich eine Parallele zum kartellrechtlichen Auswirkungsprinzip:[861] Auch im Fall einer Zulassung eines Wertpapiers an einem bestimmten Handelsort oder der Veröffentlichung einer Information zu einem solchen Wertpapier findet eine gezielte Einwirkung auf diesen Markt und die dortige Preisbildung statt. Die Anknüpfung an den Marktort ist daher der

---

[856] Ähnliche ökonomische Überlegungen bei *Gerner-Beuerle*, Die Haftung von Emissionskonsortien (2009), 498.

[857] BGH NJW 2005, 1435, 1436 für eine Kennzeichenverletzung und BGHSt 46, 212 (Volksverhetzung im Internet).

[858] BGHZ 184, 313, 321 f. – New York Times; BGH NJW 2011, 2059, 2060 – womanineurope.com. Ähnlich auch EuGH vom 25. November 2011, Rs. C-509/09 – eDate Advertising GmbH gegen X, Rn. 46 und 52 („Mittelpunkt der Interessen der Betroffenen").

[859] BGHZ 167, 91, 98 f.

[860] BGHZ 184, 313, 320 f.

[861] *Grundmann*, RabelsZ 54 (1990) 285, 306 ff.

überzeugendste Ansatz, für den sich eine zunehmende Anzahl von Autoren[862] und zuletzt das OLG Frankfurt[863] ausgesprochen haben. Die Anknüpfung an den Marktort spiegelt zudem wider, dass das Rating – anders als eine Internetveröffentlichung – nicht im „luftleeren Raum" abgegeben wird, sondern in Bezug auf eine bestimmte Transaktion. Auch wenn das Rating nicht Teil des Prospekts ist, ist es funktionaler Bestandteil einer Emission eines Wertpapiers und hat maßgeblichen Einfluss auf dessen Marktwert. Nach der Emission dient die Überwachung der Bonität des Emittenten der Information von Zweiterwerbern auf dem Sekundärmarkt.[864] Eine einheitliche Anknüpfung erlaubt zudem die Kalkulierbarkeit des Haftungsrisikos; ist der Umfang einer späteren Haftung einer Ratingagentur nicht absehbar, weil er von den späteren Erwerbern abhängt, ist es nicht möglich, dieses Haftungsrisiko einzupreisen.

Wo aber liegt der Marktort? Es sind verschiedene Anknüpfungspunkte denkbar. Zum einen ließe sich auf den konkreten Erwerbsort abstellen. Dies würde die Voraussehbarkeit des Haftungsregimes allerdings kaum erhöhen. Innerhalb der EU gilt das Prinzip gegenseitiger Anerkennung für Prospekte („Europäischer Pass", vgl. § 17 WpPG).[865] Ist ein Prospekt von einer Aufsichtsbehörde gebilligt, kann ein Wertpapier innerhalb der EU über eine Vielzahl von Börsen und multilateralen Handelssystemen[866] erworben werden. Aufgrund des Europäischen Passes wird für die wertpapierrechtliche Prospekthaftung ein Gleichlauf mit den aufsichtsrechtlichen Pflichten vorgeschlagen, d.h. eine Haftung nach dem Recht des Staates, in dem der Prospekt gebilligt worden ist.[867] Auf Ratingagenturen lässt sich diese Wertung allerdings nicht übertragen, weil Ratingagenturen unabhängig vom Zulassungsprospekt haften. Überzeugender ist es daher auf das Recht der Orte abzustellen, an denen ein Wertpapier tatsächlich platziert

---

862 Programmatisch *Grundmann*, RabelsZ 54 (1990) 285, 304 ff.; ebenso z.B. *Fleischer*, Gutachten zum 64. DJT (2002), F 89; *Kronke*, Recueil des Cours 286 (2000) 245, 310; *Spindler*, ZHR 165 (2001) 324, 359; *Bischoff*, AG 2002, 489, 493; *Kurt*, Culpa in contrahendo im europäischen Kollisionsrecht der vertraglichen und außervertraglichen Schuldverhältnisse (2009), 237 ff.; *Ebke/Siegel*, WM 2001, Beil. Nr. 2, 1, 23 für Comfort Letters.

863 OLG Frankfurt ZIP 2010, 2217, 2218 für Art. 5 EuGVVO.

864 Zu den Auswirkungen auf den Primärmarkt, wenn die Verkaufsmöglichkeit auf dem Sekundärmarkt mit Unsicherheiten belastet ist, S. 268 f.

865 Hierzu *Grundmann*, in: Bunte/Schimansky/Lwowski, Bankrechts-Handbuch, 4. Aufl. (2011), § 112 Rn. 43.

866 Zur Problematik ihrer Lokalisation *Einsele* ZEuP 2012, 23, 41.

867 *Tschäpe/Kramer/Glück*, RIW 2008, 657, 664 ff.; *Schmitt*, BKR 2010, 366, 370 f.; *v. Hein*, in: Perspektiven des Wirtschaftsrechts (2008), 392 ff.; zu den – i.E. überzeugenden – Gegenargumenten zusammenfassend *Schantz*, in: Schwintowski, Bankrecht, 4. Aufl. (2014), § 22 Rn. 106.

wird.[868] Diese Anknüpfung ist für alle an der Emission Beteiligten und die Anleger voraussehbar.

Einen alternativen leicht feststellbaren, einheitlichen Anknüpfungspunkt könnte der Sitzstaat des Emittenten bieten. Hierfür ließe sich anführen, dass die kapitalmarktrechtliche Haftung des Emittenten,[869] aber auch von Ratingagenturen,[870] ein Instrument der Corporate Governance sei und es entscheidend auf die Bonität des Emittenten ankomme. Das schweizerische Recht lässt daher neben dem Rechts des Sitzes des Emittenten das Recht des Marktortes zu (Art. 156 IPRG). Diese Argumente tragen allerdings nicht, wenn Sitz und Marktort divergieren; so kann sich ein Unternehmen entschließen, Anleihen auf einem ausländischen Kapitalmarkt zu emittieren, z.B. um ein breiteres Anlegerpublikum zu erreichen oder von dem Vertrauen in die dortige Kapitalmarktregulierung zu profitieren. In dieser Konstellation kommt es aus Sicht aller Beteiligten entscheidend auf das Recht des Marktortes an.[871] Wie sogleich zu zeigen sein wird, fügt sich die Anknüpfung an den Marktort auch in das europäische Kollisionsrecht ein.

II. Qualifikation kapitalmarktrechtlicher Haftung

1. Anwendungsbereich der Rom I- und Rom II-VO

Das Kollisionsrecht vertraglicher und außervertraglicher Schuldverhältnisse ist durch die Rom I- und Rom II-Verordnung vollständig neu geregelt worden.[872] Beide Verordnungen erfassen sowohl Sachverhalte innerhalb der Gemeinschaft als auch im Verhältnis zu Drittstaaten. Eine spezifische Regelung kapitalmarktrechtlicher Haftungstatbestände enthalten sie nicht.[873] Aus ihrer Entstehungsgeschichte ergibt sich, dass kapitalmarktrechtliche Haftungstatbestände ausdrücklich nicht vom Anwendungsbereich der Rom II-

---

[868] Für die Prospekthaftung *Grundmann*, in: Bunte/Schimansky/Lwowski, Bankrechts-Handbuch, 4. Aufl. (2011), § 112 Rn. 65; grundlegend *ders*, RabelsZ 54 (1990) 283, 304ff.; *Einsele*, ZEuP 2012, 23, 37ff.; *C. Weber*, WM 2008, 1581, 1586f.; *Bischoff*, AG 2002, 489, 493; *Fleischer*, Gutachten zum 64. DJT (2002), F 89; *Hopt*, Die Verantwortlichkeit der Banken für Emissionen (1991), Rn. 242.

[869] Zusammenfassend *Hellgardt/Ringe*, ZHR 173 (2009) 802, 826ff.

[870] *Großfeld*, ZVglRWiss 100 (2001) 387, 389; i.E. ebenso *Dutta*, WM 2013, 1729, 1731; *Haar*, DB 2013, 2289, 2294.

[871] Im Ergebnis ebenso *Kronke*, Recueil des Cours 286 (2000) 245, 311f.

[872] Gemäß Art. 31f. Rom II-VO gelten ihre Regeln für alle Ansprüche aufgrund schadensbegründender Ereignisse, die nach dem 11. Januar 2011 eintreten. Die Rom I-VO ist auf alle vertraglichen Schuldverhältnisse anwendbar, die nach dem 17. Dezember 2009 begründet worden sind (Art. 28 Rom I-VO).

[873] Zum Reformbedarf *Junker*, RIW 2010, 257, 260ff.

VO ausgenommen werden sollten.[874] Die Ausnahme für wertpapierrechtliche Ansprüche (Art. 1 Abs. 1 lit. c Rom II-VO) betrifft nicht die Haftung für fehlerhafte Kapitalmarktinformationen; sie umfasst lediglich Ansprüche, die im Zusammenhang mit der Verkehrsfähigkeit von Wertpapieren stehen und international weitgehend in Abkommen harmonisiert sind.[875]

2. Abgrenzung zwischen Vertrags- und Deliktsstatut

Die Haftung nach § 311 Abs. 3 S. 2 BGB könnte entweder als vertraglich oder als deliktisch zu qualifizieren sein. Maßgeblich ist die autonome Qualifikation durch das Gemeinschaftsrecht, nicht die – ohnehin stark umstrittene – materiell-rechtliche Einordnung im nationalen Recht. Auch auf Ebene des Gemeinschaftsrechts ist die Qualifikation der Haftung „zwischen Delikt und Vertrag" bisher ungeklärt.[876] Die Abgrenzung zwischen außervertraglichen und vertraglichen Schuldverhältnissen erfolgt danach, ob es sich um eine autonom oder eine heteronom auferlegte, also eine freiwillige oder eine gesetzliche Verpflichtung handelt.[877] Auf diese Unterscheidung greift der EuGH bisher bei der Auslegung von Art. 5 Nr. 1 und Nr. 3 EuGVVO zurück, um die Gerichtsstände des Erfüllungsortes und der unerlaubten Handlung voneinander abzugrenzen.[878] Diese Rechtsprechung ist auch auf die Rom I und II-VO übertragbar. In ihrem 10. bzw. 7. Erwägungsgrund machte der Gesetzgeber deutlich, dass eine Auslegung im Einklang mit der EuGVVO gewünscht sei.[879] Da es an einem Vertrag zwischen Geschädigtem und Informationsgeber in Fällen der Kapitalmarkt- und Expertenhaftung fehlt, wird zu Recht nach ganz überwiegender Meinung eine Qualifikation als außervertragliches Schuldverhältnis vorgenommen. Dies geschieht sogar dann, wenn als Begründung ein Vertrag mit Schutzwirkung zugunsten Drit-

---

[874] Eine solche Ausnahme war der Wunsch des Vereinigten Königreichs, der aber keine Mehrheit finden konnte, vgl. *Hellgardt/Ringe*, ZHR 173 (2009) 802, 823.

[875] *Junker*, RIW 2010, 257, 261; *Schmitt*, BKR 2010, 366, 368; ausführlich *v. Hein*, in: Baum et al., Perspektiven des Wirtschaftsrechts (2008), 380f., jeweils für die Prospekthaftung.

[876] *Ebke*, ZVglRWiss 109 (2010) 397, 433 zur Wirtschaftsprüferhaftung.

[877] *Dutta*, IPrax 2009, 293, 295; *Schmitt*, BKR 2010, 366, 368; kritisch *Sprenger*, Internationale Expertenhaftung (2008), 137ff.

[878] EuGH vom 17. September 2002 – Rs. C-334/00 – Tacconi, Rn. 23 = EWS 2002, 486, 488 (Abbruch von Vertragsverhandlungen); EuGH vom 27. Oktober1 1998 – Rs. C-51/97 – Réunion Européenne, Rn. 17 (Konnossement) = RIW 1999, 57, 59; EuGH vom 17. Juni 1992 – Rs. C-26/91 – Handte, Rn. 15 (französische Direktklage eines Käufers gegen einen Hersteller) = RIW 1998, 680, 681. Dem für Ansprüche aus §§ 37b, 37c WpHG folgend OLG Frankfurt ZIP 2010, 2217, 2218; kritisch dazu *v. Hein*, EuZW 369, 371f.

[879] *Dutta*, IPrax 2009, 293, 296.

ter herangezogen wird, weil Zweck dieser Konstruktion die Überwindung der Schwächen des Deliktsrechts sei.[880] Hierfür spricht systematisch auch, dass die culpa in contrahendo in Art. 12 Rom II-VO als außervertragliches Schuldverhältnis – wenn auch mit primär vertraglicher Anknüpfung – eingeordnet worden ist; dann müssen aber Fälle, die sich durch einen noch geringeren persönlichen Kontakt auszeichnen erst recht in den Anwendungsbereich der Rom II-VO fallen.[881]

Im Rahmen des früheren deutschen Kollisionsrechts war die Qualifikation und Anknüpfung der Expertenhaftung – angesichts der umstrittenen materiellrechtlichen Einordnung wenig überraschend – ungeklärt.[882] Teilweise wurde auf den deliktischen Charakter abgestellt und eine selbständige Anknüpfung gewählt,[883] teilweise aber auch auf das Vertragsstatut eines hypothetischen Vertrags mit dem Experten abgestellt.[884] Eine dritte Ansicht schließlich wollte die Haftung des Experten akzessorisch mit dem beeinflussten Rechtsgeschäft verknüpfen.[885] Nach Erlass der Rom II-VO ist diese Diskussion überholt. Eine deliktische Anknüpfung findet sich nunmehr in Art. 4 Abs. 1 Rom II-VO sowie eine vertragsakzessorische Anknüpfung in Art. 12 Abs. 1 Rom II-VO für die culpa in contrahendo. Da die Rom II-VO als gemeinschaftsrechtliche Regelung autonom auszulegen ist, lassen sich die Argumente nicht „eins zu eins" übertragen, da sie im deutschen Sachrecht wurzeln.

III. Anknüpfung

1. Vertragsakzessorische Anknüpfung (Art. 12 Abs. 1 Rom II-VO)

Da die in dieser Arbeit favorisierte Anspruchsgrundlage des §§ 311 Abs. 3 S. 2, 241 Abs. 2 BGB an die culpa in contrahendo anknüpft, läge auf den ersten Blick eine Anwendung von Art. 12 Rom II-VO nahe. Anwendbar wäre

---

880 *Dutta*, IPrax 2009, 293, 297; ohne Begründung *Thorn*, in: Palandt, BGB, 73. Aufl. (2014), Art. 1 Rom II-VO, Rn. 5; im Kontext von Ratingagenturen *Wildmoser/Schiffer/Langoth*, RIW 2009, 657, 663; a.A. *Sprenger*, Internationale Expertenhaftung (2008), 202 ff.

881 *Tschäpe/Kremer/Glück*, RIW 2008, 657, 663.

882 Überblick bei *Spellenberg*, in: Münchener Kommentar, BGB, 5. Aufl. (2010), Art. 12 Rom II-VO, Rn. 16; *Fischer*, in: FS Kühne (2009), 698.

883 OLG Frankfurt IPrax 1986, 373, 378; OLG München WM 1983, 373, 377; *Canaris*, in: FS Larenz II (1983), 109; *Kreuzer*, IPrax 1988, 16, 20.

884 Etwa *Büttner*, Umfang und Grenzen der Dritthaftung von Experten (2006), 197.

885 *Ahrens*, IPrax 1986, 355, 361; für Verhandlungshelfer auch *Mansel*, in: FS Schlosser (2005), 556 ff.

dann in Fällen der culpa in contrahendo das Recht des Vertrages, den die Parteien abgeschlossen haben bzw. das auf einen Vertrag zwischen ihnen hätte angewandt werden müssen, wenn es zum Vertragsschluss gekommen wäre. Zumeist wäre dann das Recht des Börsenortes anwendbar (vgl. Art. 4 Abs. 1 lit. h Rom I-VO); damit wäre grundsätzlich schon das vorzugswürdige Ergebnis, das Recht des Marktortes erreicht. Gerade wenn das Gutachten mit Bezug zu einer bestimmten Transaktion, einem „Projekt“, abgegeben wurde, würde Art. 12 Abs. 1 Rom II-VO zu einem für die Beteiligten voraussehbaren Ergebnis führen. Der Experte kennt – etwa beim Emissionsrating – den Vertrag, den er durch seine Reputation und Expertise ermöglicht.[886] Dennoch ist dieses Ergebnis eher zufällig als dogmatisch begründet. Art. 4 Abs. 1 lit. h Rom I-VO bezieht sich auf nicht diskretionäre Märkte, welche die einzelnen Marktteilnehmer entsprechend Angebot und Nachfrage zusammenführen. Wie bei einer Versteigerung ist es für ihr Funktionieren notwendig, alle Marktteilnehmer und ihre Rechtsbeziehungen zueinander gleich zu behandeln.[887]

Art. 12 Rom II-VO hat jedoch eine andere Konstellation im Auge: Der Regelung liegt, wie der 30. Erwägungsgrund der Rom II-VO ausdrücklich hervorhebt, ein autonomer Begriff des Verschuldens bei Vertragsverhandlungen zugrunde. So soll Art. 12 Rom II-VO nur „in unmittelbarem Zusammenhang mit den Verhandlungen vor Abschluss eines Vertrags“ gelten; insbesondere im Falle von Personenschäden solle das Deliktstatut greifen. Es findet also eine Differenzierung zwischen deliktsähnlichen und transaktionsbezogenen Pflichtverletzungen statt.[888] Es ist aber zweifelhaft, ob der Gemeinschaftsgesetzgeber damit auch Dritthaftungskonstellationen erfassen wollte, in denen der Dritte – wie ein Gutachter oder ein Prospektgarant – gar nicht an tatsächlichen Verhandlungen teilgenommen hat.[889] Dies belegen auch die angeführten Beispiele des Abbruchs von Vertragsverhandlungen und der Verletzung von Offenlegungspflichten. Letztlich besteht die Gefahr, das weite deutsche Verständnis der culpa in contrahendo in den europäischen Kontext zu übertragen,[890] zumal Fälle der Expertenhaftung in fast allen anderen Rechtsordnungen der Mitgliedstaaten deliktisch qualifi-

---

886 So *Spellenberg*, in: Münchener Kommentar, BGB, 5. Aufl. (2010), Art. 12 Rom II-VO, Rn. 20 f.; *Jakob/Picht*, in: Rauscher, EuZPR/EuIPR (2011), Art. 12 Rom II-VO, Rn. 56.

887 *Martiny*, in: Münchener Kommentar, BGB, 5. Aufl. (2010), Art. 4 Rom I-VO, Rn. 134; *Magnus*, in: Staudinger, BGB, 13. Aufl. (2010), Art. 4 Rom I-VO, Rn. 89 und 84.

888 *Ebke*, ZVglRWiss 109 (2010) 397, 436; *Lüttringhaus*, RIW 2008, 193, 197.

889 *Kurt*, Culpa in contrahendo im europäischen Kollisionsrecht der vertraglichen und außervertraglichen Schuldverhältnisse(2009), 230 f.

890 Auf den engen Anwendungsbereich weisen auch *Leible/Lehmann*, RIW 2007, 721–733 hin.

ziert werden.[891] Im Ergebnis besteht daher weitgehende Einigkeit, Art. 12 Abs. 1 Rom II-VO nicht auf die Haftung von Dritten auszudehnen, die nicht Vertragspartei werden sollen oder unmittelbar an den Verhandlungen teilnehmen.[892] Von vielen Autoren wird stattdessen eine Anknüpfung in den Ausweichregelungen des Art. 12 Abs. 2 gesucht.[893] Dies führt aber zu keinen anderen Ergebnissen als eine direkte Anwendung von Art. 4 Rom II-VO, da Art. 4 und Art. 12 Abs. 2 Rom II-VO deckungsgleich sind.

2. Erfolgsort (Art. 4 Abs. 1 Rom II-VO)

Maßgeblich ist nach Art. 4 Abs. 1 für deliktische Ansprüche grundsätzlich das Recht des „Erfolgsortes", d.h. des Staates, in dem der primäre Schaden eintritt. Unbeachtlich sind der Ort des schädigenden Ereignisses sowie indirekte Schadensfolgen. Daher ist es nicht möglich, auf die Verzerrung des Marktpreises als Erfolg abzustellen.[894] Die Bestimmung des Erfolgsortes führt bei Kapitalanlagedelikten allerdings zu Schwierigkeiten, wenn das konkret geschädigte Vermögen und der Ort der Anlageentscheidung auseinanderfallen. Der EuGH hatte sich in seiner Kronhofer-Entscheidung zum zuständigen Gericht nach Art. 5 Nr. 3 EuGVVO am Ort des Vermögensabflusses orientiert und nicht am Klägerwohnsitz oder dessen Vermögensmittelpunkt, weil eine solche Anknüpfung zu wenig voraussehbar sei;[895] auch der BGH tendiert in diese Richtung.[896] Ein Experte – wie

---

[891] *Kreuzer*, IPrax 1988, 16, 20; *Schmitt*, BKR 2010, 366, 367 f.

[892] *Schaub*, in: Prütting/Wegen/Weinreich, BGB, 8. Aufl. (2013), Art. 4 Rom II, Rn. 6; *Thorn*, in: Palandt, BGB, 73. Aufl. (2014), Art. 12 Rom II-VO, Rn. 5; *Spickhoff*, in: Beck'scher Online-Kommentar, BGB, 20. Edition (Stand: 01. März 2011), Art. 12 Rom II-VO, Rn. 6; *Ebke*, ZVglRWiss 109 (2010) 397, 435 f. für die Dritthaftung von Wirtschaftsprüern; *C. Weber*, WM 2008, 1581, 1584 f.; *Junker*, RIW 2010, 257, 262; *Schmitt*, BKR 2010, 366, 369; *Einsele*, ZEuP 2012, 23, 43 f. jeweils für die Prospekthaftung; a.A. *v. Hein*, in: Baum et al., Perspektiven des Wirtschaftsrechts (2008), 390 für die bürgerlich-rechtliche Prospekthaftung; *Schinkels*, JZ 2008, 272, 279, der Art. 12 Abs. 1 Rom II-VO analog auf einen hypothetischen Vertrag mit dem Gutachter und den Informationsempfänger übertragen möchte; letztlich ähnlich an die vertragstypische Leistung nach Art. 28 Abs. 2 ex-EGBGB anknüpfend *Büttner*, Umfang und Grenzen der Dritthaftung von Experten (2006), 197. Offengelassen nach früherem Recht in BGH NJW-RR 2004, 308, 309.

[893] *Thorn*, in: Palandt, BGB, 73. Aufl. (2014), Art. 12 Rom II-VO, Rn. 5; *Schaub*, in: Prütting/Wegen/Weinreich, BGB, 8. Aufl. (2013), Art. 4 Rom II, Rn. 6; *Jakob/Picht*, in: Rauscher, EuZPR/EuIPR (2011), Art. 12 Rom II-VO, Rn. 56; *Lüttringhaus*, RIW 2008, 193, 198; *v. Hein*, GPR 2007, 53, 59.

[894] *Junker*, RIW 2010, 257, 264; *Lehmann*, IPrax 2012, 399, 400.

[895] EuGH, Urteil vom 10. Juni 2004 – Rs. C-18/02 – Kronhofer, Rn. 20 f. = NJW 2004, 2441, 2442.

[896] BGH RIW 2011, 77, 79.

hier eine Ratingagentur – wendet sich nicht an Vermögensbestandteile, sondern informiert Investoren, denen mit dieser Anknüpfung letztlich auch nicht gedient ist, weil für sie der Ort ihrer Entscheidung maßgeblich ist.[897] Letztlich potenziert sich daher nur die mit dem Erfolgsort verbundene Unsicherheit.

3. Offensichtlich engere Verbindung zum Marktort

Wie bereits ausgeführt, lassen sich die Unsicherheiten für alle Beteiligten minimieren, wenn als Anknüpfungspunkt der Marktort gewählt wird, sofern das bewertete Wertpapier an einer Börse gehandelt wird. Vorliegend soll es nur um die rechtliche Verankerung dieser Anknüpfung gehen, nachdem bereits eingangs die Argumente für diese Anknüpfung vorgestellt worden sind.[898] Statt der Anknüpfung an den Erfolgsort kommt auch eine Anknüpfung an eine offensichtlich engere Verbindung gemäß Art. 4 Abs. 3 S. 1 Rom II-VO in Betracht, wenn sich aus der Gesamtheit der Umstände eine engere Anknüpfung zum Recht eines anderen Staates ergibt. Gegen ein generelles Abstellen auf den Marktort bei Kapitalmarktdelikten ist eingewandt worden, die Regelung diene nur zur Korrektur im Einzelfall, nicht aber zur Etablierung neuer Spezialregelungen, wie sie Art. 5 ff. Rom II-VO vorsehen.[899] Diese Betrachtungsweise erscheint jedoch zu eng, bezweckt doch die gesamte Rom II-VO, die Voraussehbarkeit des anwendbaren Rechts zu erhöhen (6. Erwägungsgrund). Daher entspricht es grundsätzlich dem Ziel der Verordnung, nicht im Einzelfall korrigierend einzugreifen, sondern Fallgruppen zu bilden, in denen das Erfolgsortprinzip zu keinem befriedigenden – d.h. voraussehbaren – Ergebnis führt.[900] Eine Anknüpfung an den Marktort ist daher nicht nur – wie schon dargelegt – in der Sache begründet, sondern auch der Verordnung nicht unbekannt, da sich Ansprüche wegen unlauteren Wettbewerbs und wegen Kartellschäden auch nach dem Recht des Marktortes richten (Art. 6 Abs. 1 und Abs. 3 lit. a Rom II-VO).[901] Ge-

---

[897] Kritisch auch *Junker*, RIW 2010, 257, 263; *v. Hein*, in: Baum, et al., Perspektiven des Wirtschaftsrechts (2008), 389.

[898] Siehe oben S. 344.

[899] Kritisch *Schmitt*, BKR 2010, 366, 370; *Dutta*, IPrax 2009, 293, 298 f.; *Lehmann*, IPrax 2012, 399, 402.

[900] *Spellenberg*, in: Münchener Kommentar, BGB, 5. Aufl. (2010), Art. 4 Rom II-VO, Rn. 6; *C. Weber*, WM 2008, 1591, 1586; unproblematisch auch aus Sicht von *v. Hein*, in: Baum, et al., Perspektiven des Wirtschaftsrechts (2008), 391 ff.; *Hellgardt/Ringe*, ZHR 173 (2009) 802, 825 und 833.

[901] Hierzu *v. Hein*, in: Baum, et al., Perspektiven des Wirtschaftsrechts (2008), 392 f.

genläufige Wertungsgesichtspunkte – wie das Herkunftslandprinzip im Rahmen der Prospekthaftung (Art. 6 Abs. 2 Prospekt-RL)[902] – bestehen hier nicht.

4. Erwerb außerhalb geregelter Märkte: Recht der Kapitalanlage

Bei einem Erwerb außerhalb geregelter Märkte fehlt der Marktort als Anknüpfungspunkt.[903] Der Kreis der Adressaten einer Privatplatzierung ist allerdings überschaubarer, so dass eine Anknüpfung an den Erfolgsort leichter fallen würde. Spätestens gegenüber dem Zweiterwerber kommt es aber wieder zur beklagten Unsicherheit; gleiches gilt für eine transaktionsbezogene Anknüpfung an das Recht des Vertrages zwischen Verkäufer und Erwerber, weil sich nicht voraussehen lässt, an wen nach welchem Recht die Anlage weiterveräußert wird. Einziger Gesichtspunkt, der auch in einer Veräußerungskette unverändert bleibt, ist das Recht, dem die bewertete Anlage unterliegt.[904] Eine Anknüpfung hieran hat mehrere Vorteile: Sowohl der Anleger als auch der Experte bzw. die Ratingagentur haben sich bereits im Rahmen ihrer Erwerbsentscheidung oder des Bewertungsvorgangs mit diesem Recht auseinandergesetzt. Damit besteht ein Gleichlauf im anwendbaren Recht zu den Regelungen, denen die für den Anleger maßgebliche Rechtsbeziehung folgt – das Verhältnis zu dem Gläubiger. Eine Ratingagentur überbrückt gerade die Unsicherheit über dessen Bonität. Bezieht sich ein Rating daher nur auf ein außerbörslich gehandeltes Wertpapier, ist das Recht maßgeblich, dem das Wertpapier selbst unterliegt.

---

902 Vgl. nur *v. Hein*, in: Baum, et al., Perspektiven des Wirtschaftsrechts (2008), 394 ff.; *Tschäpe/Kramer/Glück*, RIW 2008, 657, 663 ff.

903 *Juncker*, RIW 2010, 257, 264.

904 Für geschlossene Fonds auf das Gesellschaftsstatut abstellend *Ahrens*, IPrax 1986, 355, 361; anders *C. Weber*, WM 2008, 1581, 1587, der bei OTC-Geschäften ein gezieltes Angebot verlangt, sowie *Schmitt*, BKR 2010, 366, 370, der für die Prospekthaftung auf das Deliktstatut abstellt.

Kapitel 4

Die Haftung von Ratingagenturen nach europäischem Recht

§ 16 Grundfragen

I. Entstehungsgeschichte

In ihrem Entwurf vom 15. November 2011 für eine Novellierung der VO (EG) Nr. 1060/2009[1] sah die Kommission das erste Mal eine Haftung von Ratingagenturen gegenüber Investoren vor. Bis dahin hatte der europäische Gesetzgeber die Frage der zivilrechtlichen Verantwortlichkeit ausdrücklich den Mitgliedsstaaten überlassen (vgl. Erwägungsgrund 69 VO (EG) Nr. 1060/2009), weil auf europäischer Ebene keine Einigkeit in dieser Frage bestand. Für diesen Sinneswandel lassen sich vor allem zwei Faktoren ausmachen: Zum einen war inzwischen in den USA im Rahmen des Dodd-Frank-Act eine Verschärfung der kapitalmarktrechtlichen Haftung von Ratingagenturen beschlossen worden. Zum anderen rückten die Ratingagenturen in Europa im Rahmen der Verschuldungskrisen einiger Staaten des Euroraums noch einmal stärker in den Fokus der Öffentlichkeit. Sie waren wahrscheinlich nur der sprichwörtliche Überbringer schlechter Nachrichten, auf den sich die Kritik fokussierte. Konkret warf man ihnen vor, durch ihre Bewertungen Einfluss auf politische Entscheidungen zu nehmen und die Krisenbewältigung zu behindern. Dies beseitigte die zurückhaltende Einstellung gegenüber den Ratingagenturen und ihrer Arbeit in Europa, möglicherweise sogar einschneidender als ihr Versagen in der vorausgegangenen Finanzkrise. Dementsprechend wurde der Vorschlag der Kommission, eine Haftung von Ratingagenturen gegenüber Investoren einzuführen, im Gesetzgebungsprozess nicht mehr grundsätzlich in Frage gestellt. Allerdings wurde der Vorschlag der Kommission im Gesetzgebungsprozess durch den Rat[2] und das Europäischen Parlament[3] erheblich verändert.[4]

---

[1] KOM (2011) 747 vom 15. November 2011.

[2] Standpunkt des Rates vom 25. Mai 2012, 10452/12.

[3] Standpunkt des Europäischen Parlaments vom 16. Januar 2013, EP-PE_TC1-COD(2011)0361.

[4] Übersichtliche Darstellung bei *Haar*, DB 2013. 2489, 2492f.

II. Dogmatische Grundstruktur

Art. 35a Abs. 1 S. 1 RatingVO sieht vor, dass eine Ratingagentur gegenüber Investoren und Emittenten zur Zahlung von Schadensersatz verpflichtet ist, wenn sie grob fahrlässig oder vorsätzlich einen der Bußgeldtatbetände in Anhang III verwirklicht, und sich dieser Verstoß auf das Rating ausgewirkt hat. Der Haftungstatbestand knüpft also an einen Verstoß gegen die aufsichtsrechtlichen Vorgaben der RatingVO an; insoweit besteht eine strukturelle Parallele zu § 823 Abs. 2 BGB. Diese Akzessorietät zum Aufsichtsrecht zeigt, dass neben der Kompensation der Anleger, welche die Erwägungsgründe in den Vordergrund rücken, auch die Durchsetzung der RatingVO ein weiteres Ziel ist.[5] Folge der Akzessorietät zwischen Haftung und aufsichtsrechtlichen Regeln ist der begrenzte personelle und sachliche Anwendungsbereich des Haftungstatbestandes, der die Anleger in praktisch relevanten Fällen schutzlos lässt.

Im Vergleich zum übrigen Unionsrecht scheint es sich bei Art. 35a RatingVO um ein Unikum zu handeln.[6] Anders als man möglicherweise zunächst vermuten würde, hat der Unionsgesetzgeber die Haftung für Ratingagenturen nicht durch Art. 35a RatingVO harmonisiert.[7] Üblicherweise verpflichten europarechtliche Regelungen die Mitgliedsstaaten lediglich, entsprechende Haftungsregelungen zu erlassen.[8] Sie beschränken sich also auf das „Ob" der Haftung, überlassen die Ausgestaltung der Haftung aber weitgehend den Mitgliedsstaaten. In Art. 35a RatingVO hat der Unionsgesetzgeber demgegenüber auch einzelnen Voraussetzungen zur Haftung und Beweislastverteilung geregelt; er hat aber bewusst wichtige Begriffe wie „Schaden" oder „grobe Fahrlässigkeit" nicht definiert, sondern verweist auf das jeweilige nationale Haftungsrecht (Art. 35a Abs. 4 S. 1 und 2 RatingVO). Es findet damit keine autonome Auslegung dieser Begriffe statt, die in einem Vorlageverfahren unionsweit verbindlich geklärt werden könnte.[9]

Im Ergebnis handelt es sich daher um einen hybriden Haftungstatbestand,[10] der sich aus Elementen des Unionsrechts und des nationalen Haftungsrechts zusammensetzt. Es besteht damit erheblicher Raum für unterschiedliche

---

[5] Anders *Dutta*, WM 2013, 1729, 1732, der auf die verhaltenssteuernde Wirkung abstellt, weil Ratingagenturen ohne Sitz in der EU nicht haften.

[6] *Gietzelt/Ungerer*, GPR 2013, 333, 336.

[7] *Wojcik*, NJW 2013, 2385, 2389.

[8] Vgl. Art. 6 ProspektRL 2003/71/EG; Art. 7 TransparenzRL 2004/19/EG; Art. 1 Nr. 8 der ÄnderungsRL 2006/46/EG zur JahresabschlussRL.

[9] *Dutta*, WM 2013, 1729, 1730; *Gietzelt/Ungerer*, GPR 2013, 333, 338.

[10] Ähnlich *Veil/Teigelack*, in: Veil, Europäisches Kapitalmarktrecht, 2. Aufl. (2014), § 27 Rn. 75 („zwitterartiger Charakter").

Interpretationen in den einzelnen Mitgliedsstaaten und damit die Gefahr eines *forum shoppings* durch die Ratingagenturen.[11] Es sind daher Zweifel aufgekommen, ob Art. 114 AEUV die Einführung des Art. 35a RatingVO trägt, weil die Harmonisierung nicht umfassend genug erfolge und der Unionsgesetzgeber hierdurch gewissermaßen das „binnenmarktrechtliche Untermaßverbot" verletzte.[12] Im Ergebnis würde diese Kritik auf eine Pflicht zur Vollharmonisierung herauslaufen. Sie müßte sich konsequenterweise erst recht gegen Regelungen wenden, welche die Haftungsvoraussetzungen gar nicht regeln nur die Mitgliedsstaaten verpflichten, entsprechende Haftungsregelungen zu erlassen. Dabei wird übersehen, dass von Art. 35a RatingVO zumindest insoweit eine harmonisierende Wirkung und damit eine positive Wirkung für den Binnenmarkt ausgeht, als zumindest in allen Mitgliedsstaaten eine Haftung von Ratingagenturen gewährleistet ist; dies ist keine Selbstverständlichkeit.

Soweit die Durchsetzung dieser Grundentscheidung des Gesetzgebers vom nationalen Recht abhängt, ist bei der Auslegung des nationalen Rechts der Effektivitätsgrundsatz zu beachten. Die Grundsatzentscheidung des Unionsgesetzgebers für eine Haftung darf durch das nationale Recht nicht in Frage gestellt oder ihrer Wirksamkeit beraubt werden.[13] Da der Schadensersatzanspruch auch der Durchsetzung der aufsichtsrechtlichen Vorgaben der RatingVO dient, bestände zudem die Gefahr einer uneinheitlichen Durchsetzung der aufsichtsrechtlichen Regelungen der RatingVO innerhalb der EU. Auch wenn der Unionsgesetzgeber für bestimmte Voraussetzungen des Schadensersatzanspruchs auf das nationale Recht verweist, dürfte diese Folge nicht in seinem Sinne sein und auch mit der Idee einer einheitlichen Aufsicht über Ratingagenturen durch die ESMA kollidieren.

III. Anwendungsbereich

Voraussetzung der Haftung nach Art. 35a Abs. 1 RatingVO ist, dass die RatingVO überhaupt anwendbar ist; nur dann treffen eine Ratingagentur auch die aufsichtsrechtlichen Pflichten, die nach Anhang III RatingVO buß-

---

[11] *Dutta*, IPrax 2014, 33, 40 („Haftungssegmentierung"); *Haar*, DB 2013, 2289, 2294 („Regulierungsarbitrage"); *Deipenbrock*, WM 2013, 2289, 2292.

[12] *Gietzelt/Ungerer*, GPR 2013, 333, 336f.; *Wojcik*, NJW 2013, 2385, 2389; *Lehmann*, Civil Liability of Rating Agencies: An Insipid Sprout from Brussels, LSE Law, Society and Economy Working Papers 15/2014, 20.

[13] EuGH vom 20. September 2001 – Rs. C-453/99 – *Courage ./. Crehan*, Rn. 29; EuGH vom 13. Juli 2006 – Rs. 295/04 u. a. – *Manfredi*, Rn. 62; EuGH vom 19. Dezember 2012 – Rs. C-174/12 – *Hirmann*, Rn. 40 (zu Art. 6 ProspektRL); zuletzt EuGH v. 5. Juni 2014 – Rs. C-557/12 – *Kone AG u. a. ./. ÖBB-Infrastruktur AG*, Rz. 24f.

geldbewehrt sind. Die RatingVO ist gemäß Art. 2 Abs. 1 RatingVO nur dann anwendbar, wenn das Rating von einer registrierten Ratingagentur stammt. Eine Registrierungspflicht besteht jedoch nur für Ratingagenturen mit Sitz in der EU (Art. 14 Abs. 1 RatingVO). Ratingagenturen aus Drittstaaten haften daher nicht nach Art. 35a Abs. 1 RatingVO für fehlerhafte Ratings.[14] Die Muttergesellschaften US-amerikanischer Ratingagenturen wie S&P und Moody's und die von ihnen veröffentlichten Bewertungen werden daher von vornherein gar nicht von Art. 35a RatingVO erfasst, sondern lediglich ihre europäischen Tochtergesellschaften. Eine Einbeziehung der Muttergesellschaften in Drittstaaten findet nur statt, wenn der Zulassungsantrag von den Konzernunternehmen freiwillig als „Gruppe von Ratingagenturen" gestellt wird (Art. 15 Abs. 2 i.V.m. Art. 3 Abs. 1 lit. m RatingVO).

Eine haftungsrechtliche Verantwortlichkeit ergibt sich für die europäischen Tochtergesellschaften zumeist auch nicht aus der Übernahme von Ratings ihrer Muttergesellschaften aus Drittstaaten. Zwar sieht Art. 4 Abs. 5 RatingVO vor, dass die übernehmende europäische Ratingagentur für das Rating „uneingeschränkt verantwortlich" sei. Zum einen treffen die übernehmende Ratingagentur aber nur bestimmte bußgeldbewehrte Pflichten (Art. 4 Abs. 3 i.V.m. Anhang III Nr. 1 RatingVO).[15] Zum anderen muss sie noch nicht einmal diese Pflichten erfüllen, wenn die Gleichwertigkeit der Ratings bzw. der Überwachung- und Kontrollrahmen im Drittstaat als gleichwertig zertifiziert worden ist (Art. 5 Abs. 1 bzw. Abs. 6 RatingVO); im Falle der USA ist eine derartige Anerkennung erfolgt.[16]

IV. Verhältnis zum nationalen Recht

Im Rahmen des Verhältnisses zwischen Art. 35a RatingVO und dem nationalen Haftungsrecht sind zwei Fragen von Bedeutung: Inwieweit lässt Art. 35a RatingVO noch Raum für nationale Haftungsregelungen, die möglicherweise sogar geringere Anforderungen an die zivilrechtliche Verantwortlichkeit von Ratingagenturen stellen? (1.). Der zweite Aspekt betrifft die lückenfüllende Funktion des nationalen Rechts (2.).

---

[14] *Gietzelt/Ungerer*, GPR 2013, 333, 339f.; *Dutta*, WM 2013, 1729, 1732; *Arntz*, ZBB/JBB 2013, 318, 328; aA *Lehmann*, Civil Liability of Rating Agencies: An Insipid Sprout from Brussels, LSE Law, Society and Economy Working Papers 15/2014, 24ff., denn Art. 35a sei nach seinem Wortlaut nicht nur auf registrierte Ratingagenturen anwendbar.

[15] Anders wohl *Dutta*, WM 2013, 1729, 1732, der scheinbar Art. 4 Abs. 5 RatingVO für haftungsrelevant hält.

[16] Beschluss 2012/628/EU vom 5. Oktober 2012, Abl. EU L 274/32.

1. Anspruchsgrundlagenkonkurrenz zwischen Art. 35a RatingVO und nationalem Haftungsrecht

Der europäische Gesetzgeber wollte in Art. 35a RatingVO lediglich einen Mindeststandard – und zugleich wohl auch ein politisches Zeichen – setzen. Schadensersatzansprüche nach dem Recht der Mitgliedsstaaten sind damit ausdrücklich nicht ausgeschlossen (Art. 35a Abs. 5 RatingVO);[17] dies ist im Rahmen des Gesetzgebungsprozesses noch einmal ausdrücklich klargestellt worden. Nach dem Willen des Unionsgesetzgebers sollte es den Mitgliedsstaaten „insbesondere gestattet sein, nationale Regelungen über die zivilrechtliche Haftung beizubehalten, die günstiger für Anleger oder Emittenten sind oder sich nicht auf Verstöße gegen die Verordnung (EG) Nr. 1060/2009 stützen" (Erwägungsgrund 35 S. 2 VO (EU) Nr. 462/2013). Das nationale Haftungsrecht kann daher auch günstigere Haftungsvoraussetzungen, etwa eine Haftung für einfache Fahrlässigkeit, vorsehen. Zwischen Art. 35a RatingVO und dem nationalen Recht, z.B. § 311 Abs. 3 S. 2 BGB, besteht damit Anspruchsgrundlagenkonkurrenz.[18]

Es ist dabei absehbar, dass für das nationale Recht ein erheblicher Anwendungsbereich verbleiben wird. Wie im vorherigen Abschnitt dargelegt erfasst Art. 35a RatingVO nur in der EU registrierte Ratingagenturen. Ferner weist Art. 35a RatingVO strukturelle Schwächen auf, die es einem Investor schwer machen werden, einen Schadensersatzanspruch erfolgreich durchzusetzen. Dies ist zum einen die Beschränkung der Haftung auf Vorsatz und grobe Fahrlässigkeit, zum anderen die Beweislastverteilung, die es dem Anleger auferlegt, darzulegen und zu beweisen, dass sich ein aufsichtsrechtlicher Verstoß im Ergebnis des Ratingprozesses niedergeschlagen hat. Die Effektivität des neu geschaffenen Schadensersatzanspruchs wird daher bisher fast einhellig kritisiert,[19] und teilweise nur ein geringer Fortschritt gegenüber § 826 BGB gesehen.[20]

---

[17] *Haar*, DB 2013, 2289, 2294; *Deipenbrock*, WM 2013, 2289, 2292; *Wojcik*, NJW 2013, 2385, 2389; *Blaurock*, EuZW 2013, 608, 611; *Dutta*, WM 2013, 1729, 1733 f.; *Veil/Teigelack*, in: Veil, Europäisches Kapitalmarktrecht, 2. Aufl. (2014), § 27 Rn. 76.

[18] *Wojcik*, NJW 2013, 2385, 2389.

[19] *Veil/Teigelack*, in: Veil, Europäisches Kapitalmarktrecht, 2. Aufl. (2014), § 27 Rn. 7; *Blaurock*, EuZW 2013, 608, 611; *Deipenbrock*, WM 2013, 2289, 2292; *Haar*, DB 2014, 2289, 2293 f.; *Wojcik*, NJW 2013, 2385, 2389.

[20] *Wagner*, in: FS Blaurock (2013), 489 (zum noch anlegerfreundlicheren Kommissionsentwurf).

2. Lückenfüllende Funktion des nationalen Rechts

Nach Art. 35a Abs. 4 S. 1 RatingVO haben alle Begriffe, die der Unionsgesetzgeber in Art. 35a RatingVO genannt hat, die gleiche Bedeutung wie im nationalen Recht. Diese Verweisung ist von großer Bedeutung, betrifft sie doch Begriffe wie „Schaden“, „grobe Fahrlässigkeit“ oder die „Angemessenheit“ und „Verhältnismäßigkeit“ einer Haftungsbeschränkung. Auch soweit die RatingVO eine Frage der Haftung nicht regelt, füllt das nationale Recht diese Lücke (Art. 35a Abs. 4 S. 2 RatingVO).

Daran schließt sich die Frage an, welches nationale Recht jeweils heranzuziehen ist. Art. 35a Abs. 4 S. 1 und 2 RatingVO verweisen sehr allgemein auf die „einschlägigen Bestimmungen des internationalen Privatrechts“. Insoweit kann auch die Ausführungen hierzu im Kapitel zum nationalen Recht verwiesen werden. Allerdings ist die Haftung nach Art. 35a Abs. 1 RatingVO eindeutig keine freiwillig eingegangene, sondern eine gesetzliche Verpflichtung und ist daher als außervertragliche Haftung zu qualifizieren, auf welche die Rom II-VO nach ihrem Art. 1 Abs. 1 S. 1 anwendbar ist.[21] Im Ergebnis ist es daher sachgerecht, gemäß Art. 4 Abs. 3 Rom II-VO auf das Recht des Marktortes abzustellen.[22]

§ 17 Haftungsvoraussetzungen

I. Anspruchsberechtigte

Der Kommissionsentwurf sah lediglich einen Schadensersatzanspruch von Investoren vor, die beim Erwerb eines Finanzinstruments auf ein Rating vertraut hatten. Auf Vorschlag des Europäischen Parlaments ist nicht nur dem Emittenten ebenfalls ein Schadensersatzanspruch eingeräumt worden, sondern auch Altinvestoren, die sich aufgrund eines Ratings entschieden haben, ein Finanzinstrument weiter zu halten oder zu veräußern. Insbesondere das Halten von Schuldverschreibungen aufgrund der Bewertung einer Ratingagentur ist ein typischer Fall, in dem Investoren einen Schaden erleiden; zu erinnern ist nur an den Fall Enron, in dem die Ratingagenturen ihre Bewertungen noch kurz vor der Insolvenz bestätigt hatten. Auch rechtspolitisch ist es – wie bereits dargelegt – nicht gerechtfertigt, den Schadensersatzanspruch an das ungeschriebene Merkmal einer Transaktion zu knüpfen, um eine missbräuchliche Inanspruchnahme zu verhindern.[23]

---

[21] *Dutta*, WM 2013, 1729, 1731; *Gietzelt/Ungerer*, GPR 2013, 333, 338; *Veil/Teigelack*, in: Veil, Europäisches Kapitalmarktrecht, 2. Aufl. (2014), § 27 Rn. 75; *Wagner*, in: FS Blaurock (2013), 487 f. (zum Kommissionsentwurf).

[22] Siehe S. 351 ff.

Verkäufern entsteht ein Schaden dadurch, dass sie ein Wertpapier zu einem Kurs verkaufen, der aufgrund einer zu schlechten Bonitätsbewertung zu niedrig gewesen ist. Ein solcher Schadensersatzanspruch wird in der Praxis wahrscheinlich nicht häufig geltend gemacht werden, weil sich eine zu vorsichtige Bewertung leichter rechtfertigen lässt. Zumindest durch seine Existenz beugt ein Schadensersatzanspruch der Verkäufer in Kombination mit Ansprüchen der Emittenten gegen eine zu schlechte Bewertung auch der Gefahr eines *defensive ratings* vor, wie es von den Gegnern einer Haftung von Ratingagenturen befürchtet worden ist.[24]

II. Berechtigtes Vertrauen

Art. 35a Abs. 1 UAbs. 2 RatingVO knüpft bereits die Entstehung des Schadensersatzanspruches daran, dass sich der Anleger bei der Entscheidung, ein Finanzinstrument zu erwerben, auch auf das Rating stützen durfte. Ein institutioneller Investor darf sich nur auf das Rating verlassen, wenn er die Vorgaben des Art. 5a Abs. 1 RatingVO beachtet hat. Danach müssen die in Art. 4 Abs. 1 RatingVO genannten insitutionellen Investoren eigene Bonitätsbewertungen durchführen und dürfen sich nicht automatisch oder ausschließlich auf Ratings stützen. Auch wenn er kein institutioneller Investor nach Art. 4 Abs. 1 RatingVO ist, kann ein Anleger nur Schadensersatz geltend machen, wenn er sich „in sonstiger Weise mit gebührender Sorgfalt" auf das Rating verlassen hat.

Hintergrund dieser Einschränkung war der Versuch des Gesetzgebers, die Einführung einer zivilrechtlichen Verantwortlichkeit von Ratingagenturen mit dem Ziel in Einklang zu bringen, das „übermäßige Vertrauen" auf Ratings zu verringern (vgl. Erwägungsgrund 9 VO (EU) Nr. 462/2013). Die Einführung eines Haftungstatbestands erhöht das Vertrauen in Ratings und läuft daher diesem Ziel zuwider.[25] Ökonomisch ist dies nicht unproblematisch: Zwar sind viele institutionelle Investoren in der Lage, selbst das Kreditrisiko zu beurteilen. Zum einen können Ratingagenturen aber diese Aufgabe aufgrund ihrer Spezialisierung häufig kostengünstiger und besser erledigen; zum anderen vermeidet ein Rating, das allen Marktteilnehmern zur Verfügung steht, dass jeder institutionelle Investor eine eigenständige Bewertung anfertigen muss.

---

23 Siehe S. 275 ff.

24 Hierzu S. 175.

25 *Lehmann*, Civil Liability of Rating Agencies: An Insipid Sprout from Brussels, LSE Law, Society and Economy Working Papers 15/2014, 6; *Edwards*, L. and Fin. Markets Rev. 2013, 186, 189; *Wojcik*, NJW 2013, 2385, 2388.

Der Gesetzgeber hat daher versucht, eine praktische Konkordanz dieser Ziele zu erreichen. Dies wird im Erwägungsgrund 36 deutlich. Danach soll die Pflicht institutioneller Investoren zur eigenständigen Bonitätsbewertung „Gerichte nicht von der Feststellung abhalten“, dass eine Ratingagentur für fehlerhafte Ratings haftet. Ferner weißt der Gesetzgeber ausdrücklich auf die Grenzen kleinerer Anleger und insitutioneller Investoren hin, eine eigene Bonitätsbewertung vorzunehmen. Insbesondere fehle es Anlegern an einem vergleichbaren Informationszugang.

Welche Obliegenheiten Anleger erfüllen müssen, um sich auf ein Rating verlassen zu dürfen, ist nicht eindeutig. Außerhalb des Art. 5a RatingVO kann auf das nationale Recht zurückgegriffen werden, um das Niveau der „gebührenden Sorgfalt“ zu definieren (vgl. Art. 35 Abs. 4 S. 1 RatingVO).[26] Im Ergebnis dürfen daher an Kleinanleger keine allzu hohen Anforderungen gestellt werden.[27] Der Gesetzgeber hat ihnen gerade keine besonderen Obliegenheiten zur Kreditrisikoprüfung auferlegt. Häufig würde ihnen hierfür auch die Sachkunde fehlen und der Aufwand in keinem Verhältnis zur Anlagesumme stehen.

Europarechtlich zu beurteilen ist demgegenüber, welche Anforderungen an eine eigene Kreditrisikobewertung gemäß Art. 5a Abs. 1 RatingVO durch institutionelle Investoren zu stellen sind.[28] Muss ein insitutioneller Investor eine vollständige, eigene Bonitätsbewertung unter Auswertung aller verfügbaren Informationen vornehmen? Reicht es aus, das konkrete Rating kritisch anhand der eigenen Informationen zu hinterfragen, oder kann sich ein institutioneller Investor darauf beschränken, die Verlässlichkeit des Ratings einer Agentur für eine bestimmte Klasse abstrakt hinsichtlich Methodik und Grundannahmen zu prüfen? Eine abstrakte Prüfung der Verlässlichkeit eines Ratings dürfte nicht ausreichen, weil der Wortlaut des Art. 5a Abs. 1 RatingVO eine eigenständige Kreditrisikobewertung in Bezug auf den Schuldner oder das Finanzinstrument verlangt. Darüber hinaus ist aber jeweils zu berücksichtigen, dass die Obliegenheiten des insitutionellen Investors im Verhältnis zu seinem wirtschaftlichen Risiko stehen müssen. Ist dies nicht der Fall, wird es ausreichen, dass ein insitutioneller Investor ein Rating kritisch anhand der verfügbaren Informationen auf seine Plausibilität und Aktualität überprüft. Für die meisten insitutionellen Investoren wird dieser Nachweis zumindest im Rahmen von Erwerbsentscheidungen leicht zu erbringen sein. Eine bestimmte Bonitätsnote ist zwar häufig Voraussetzung

---

26 Siehe S. 339 ff.

27 Anders *Wojcik*, NJW 2013, 2385, 2388, der sich für Anleihen bei Art. 5a Abs. 1 RatingVO ausspricht. Ähnlich auch *Dutta*, WM 2013, 1729, 1734, der davor warnt, den Sorgfaltsmaßstab bei Kleinanlegern zu niedrig anzusetzen.

28 *Edwards*, L. and Fin. Markets Rev. 2013, 186, 189.

dafür, dass eine Anlage nach internen Anlagerichtlinien in Betracht kommt; dies ist aber nur eine notwendige Bedingung, weil viele potentielle Anlagen diese Schwelle nehmen. Der institutionelle Investor muss daher noch immer eine Entscheidung treffen, in welche dieser Finanztitel er tatsächlich investiert; das Rating hilft als Differenzierungskriterium dann alleine nicht weiter.[29]

III. Pflichtverletzung

1. Zuwiderhandlung nach Anhang III RatingVO

Anknüpfungspunkt der Pflichtverletzung ist die Verwirklichung eines Bußgeldtatbestands in Anhang III RatingVO. Haftungsbegründend ist eine Zuwiderhandlung nach Anhang III RatingVO aber nur, wenn sie sich auf das Rating ausgewirkt hat, also zu einer anderen Bonitätsnote geführt hätte.[30] Die meisten Tatbestände des Anhang III betreffen Organisations- und Compliance-Pflichten (z. B. zur Zusammensetzung des Aufsichtsrates oder zum Vergütungssystem), die in keinem Zusammenhang mit einem konkreten Rating stehen. Ein Zusammenhang zwischen einer Zuwiderhandlung gegen diese Pflichten und einer konkreten Bonitätseinschätzung als Ergebnis eines komplexen Ratingprozesses wird sich daher selten ausmachen lassen.[31]

Wichtigste Tatbestände des Anhangs III werden Verstöße gegen die Vorgaben zur Ratingmethodik, zu einer ausreichenden Informationsgrundlage und der Überprüfung von Ratings (Anhang III, Abschnitt I, Nr. 42 bis 51 RatingVO) sein. So liegt eine Zuwiderhandlung beispielsweise vor, wenn eine Ratingagentur „keine Ratingmethoden anwendet, die streng systematisch und betändig sind und einer Validierung unterliegen, die auf historischen Erfahrungswerten, insbesondere Rückvergleichen, beruht“ (Nr. 43), „ihre Ratings nicht überwacht oder ihre Ratings und Methoden nicht laufend, mindestens jedoch einmal pro Jahr, überprüft“ (Nr. 46) oder „nicht darauf verzichtet, ein

---

29 *Edwards*, L. and Fin. Markets Rev. 2013, 186, 187.

30 Deutlich auch Erwägungsgrund 32 S. 7 VO (EU) Nr. 462/2013: „(…) Schäden, die durch eine das Ratingergebnis beeinflussende Verletzung der genannten Verordnung verursacht wurden.“ *Lehmann*, Civil Liability of Rating Agencies: An Insipid Sprout from Brussels, LSE Law, Society and Economy Working Papers 15/2014, 16; *Dutta*, WM 2013, 1729, 1733; *Haar*, DB 2013, 2489, 2494; anders *Gietzelt/Ungerer*, GPR 2013, 333, 341, die auf die Fehlerhaftigkeit des Ratings abstellen.

31 *Dutta*, WM 2013, 1729, 1733; *Wojcik*, NJW 2013, 2385, 2387; *Lehmann*, Civil Liability of Rating Agencies: An Insipid Sprout from Brussels, LSE Law, Society and Economy Working Papers 15/2014, 16; *Wagner*, in: FS Blaurock (2013), 490 (zum Kommissionsvorschlag).

Rating abzugeben, oder ein vorhandenes Rating nicht zurückzieht, sofern keine verlässlichen Daten vorliegen oder die Struktur eines neuen Typs von Finanzinstrument oder die Qualität verfügbarer Informationen nicht zufriedenstellend sind oder ernsthafte Fragen dahingehend aufwerfen, ob eine Ratingagentur ein glaubwürdiges Rating erbringen kann" (Nr. 51).

2. Beweislastverteilung

Gemäß Art. 35a Abs. 2 UAbs. 1 RatingVO trifft den Anleger die Beweislast für die Pflichtverletzung und die Auswirkung dieser Pflichtverletzung auf das Rating. Hierzu muss der Anleger „genaue und detaillierte Informationen" vorlegen. In dieser Beweislastverteilung wird das größte Hindernis für die Durchsetzung von Haftungsansprüchen nach Art. 35a RatingVO gesehen.[32]

Nach dem Kommissionsvorschlag musste der Anleger nur „Tatsachen glaubhaft machen, die darauf schließen lassen, dass eine Ratingagentur eine der in Anhang III aufgeführten Zuwiderhandlungen begangen hat"; das Beweismaß wäre also zu seinen Gunsten reduziert worden. Die Ratingagentur hätte dann beweisen müssen, dass sich diese Zuwiderhandlungen nicht auf das Rating ausgewirkt haben.[33] Für den Anleger wäre es zwar auch nicht einfach gewesen, eine Zuwiderhandlung nach Anhang III RatingVO glaubhaft zu machen.[34] Anhaltspunkte hierfür hätten einem Anleger die Ermittlungen der ESMA und die Veröffentlichung der Verhängung von Bußgeldern nach Art. 36d Abs. 1 RatingVO geben können sowie die umfangreichen Offenlegungspflichten der Ratingagenturen hinsichtlich Methodik, Grundannahmen und Informationsgrundlage. Der Zusammenhang zwischen einer Pflichtverletzung und dem Ergebnis des Ratingprozesses ist demgegenüber aber ein rein interner Vorgang der Ratingagentur, der dem Investor verschlossen bleibt.

Auch wenn der Gesetzgeber letztlich auf eine partielle Umkehr der Beweislast verzichtet hat, ignoriert er in der verabschiedeten Fassung von Art. 35a Abs. 2 RatingVO die strukturelle Beweisnot der Anleger nicht. Nach Art. 35a Abs. 2 UAbs. 2 RatingVO sollen die nationalen Gerichte entscheiden, welche Substantiierungsanforderungen sie an „genaue und de-

---

32 *Veil/Teigelack*, in: Veil, Europäisches Kapitalmarktrecht, 2. Aufl. (2014), § 27 Rn. 71; *Deipenbrock*, WM 2013, 2289, 2292; *Haar*, DB 2013, 2289, 2293 f.; *Möllers*, in: Kölner Kommentar, WpHG, 2. Aufl. (2014), § 17, Rn. 31.

33 Art. 35a Abs. 2 und Abs. 4 des Kommissionsentwurfs, KOM (2011) 747 vom 15. November 2011; ablehend *Edwards*, L. and Fin. Markets Rev. 2013, 186, 188; *Wagner*, in: FS Blaurock (2013), 489 ff. („dysfunktional").

34 Zweifelnd am Kommissionsvorschlag daher *Wojcik*, NJW 2013, 2285, 2288; *Wagner*, in: FS Blaurock (2013), 490.

taillierte Informationen" über eine Pflichtverletzung und deren Auswirkungen auf das Rating aufstellen. Sie sollen dabei berücksichtigen, dass der Investor „möglicherweise keinen Zugang zu Informationen hat, die allein in der Sphäre der Ratingagentur stehen". Dies darf zwar im Ergebnis nicht zu einer Beweislastumkehr führen;[35] diesen Vorschlag der Kommission haben Rat und Europäisches Parlament gerade nicht übernommen.[36] Eine adäquate Lösung im Rahmen des Art. 35a Abs. 2 UAbs. 2 RatingVO bieten aber – wie schon in nationalen Recht[37] – die Grundsätze der Rechtsprechung zur sekundären Beweislast, die der nicht beweisbelasteten Partei – hier der Ratingagentur – höhere Anforderungen an ein substantiiertes Bestreiten auferlegen.[38] Eine Ratingagentur wird den Ratingprozess und das Zustandekommen des Ratings dokumentieren; daher ist es ihr zuzumuten, insbesondere die behauptete Auswirkung einer Pflichtverletzung auf das Rating im Detail zu widerlegen. Da sich diese Frage der Wahrnehmung der Investoren vollständig entzieht, wäre es rechtspolitisch erwägenswert gewesen – wie von der Kommission vorgeschlagen – eine Beweislastumkehr vorzunehmen. Dies hätte zudem einen deutlichen Anreiz für eine vollständige und sorgfältige Dokumentation des Ratingprozesses gesetzt.

IV. Verschuldensmaßstab

Art. 35a Abs. 1 UAbs. 1 RatingVO knüpft eine Haftung nur an eine vorsätzliche oder grob fahrlässige Verletzung einer der in Anhang III RatingVO aufgelisteten Pflichten. Auf eine Definition des Begriffs der „groben Fahrlässigkeit" wurde – anders als noch im Kommissionsvorschlag[39] – verzichtet und für diese Frage auf das nationale Recht verwiesen (Art. 35a Abs. 4 S. 1 RatingVO). Zu Problemen führt dies, wenn die Rechtsordnung eines Mitgliedsstaates – wie im Vereinigten Königreich – diesen Verschuldensmaßstab nicht kennt und eigens kreieren muss.[40]

---

[35] So aber *Dutta*, WM 2013, 1729, 1733 f.

[36] *Gietzelt/Ungerer*, GPR 2013, 333, 344.

[37] Siehe S. 303 ff.

[38] *Kontogeorgou*, DStR 2014, 1397, 1403; *Wojcik*, WM 2013, 2385, 2388; ähnlich auch *Lehmann*, Civil Liability of Rating Agencies: An Insipid Sprout from Brussels, LSE Law, Society and Economy Working Papers 15/2014, 16 (der klagende Anleger habe so detailliert wie ihm möglich vorzutragen).

[39] Art. 35a Abs. 3 des Kommissionsentwurfs, KOM (2011) 747 vom 15. November 2011: „Eine Ratingagentur handelt grob fahrlässig, wenn sie die ihr mit dieser Verordnung auferlegten Pflichten gröblich vernächlässigt."

[40] Hierzu *Haar*, DB 2013, 2489, 2494; *Gietzelt/Ungerer*, GPR 2013, 333, 338 f.; *Lehmann*, Civil Liability of Rating Agencies: An Insipid Sprout from Brussels, LSE Law, Society and Economy Working Papers 15/2014, 19 f.

Begründet wird dieser vergleichweise milde Haftungsmaßstab in Erwägungsgrund 33 VO (EU) Nr. 462/2013 damit, ein Rating sei „in einem gewissen Maße die Beurteilung komplexer wirtschaftlicher Faktoren“; ferner könne „die Anwendung verschiedener Methoden (...) zu unterschiedlichen Ergebnissen führen, von denen keines als falsch bezeichnet werden kann.“ Ferner wird auf die „potentiell unbegrenzte Haftung“ hingewiesen.

Zunächst erscheint es angesichts dieser Begründung inkonsequent, wenn der Unionsgesetzgeber eine weitergehende Haftung nach nationalem Recht weiterhin zulässt.[41] Aber auch rechtspolitisch können diese Argumente freilich nicht überzeugen. Die Höhe des Haftungsrisikos ist durch das Emissionsvolumen begrenzt, kann aber die wirtschaftliche Existenz einer Ratingagentur durchaus bedrohen. Die Gefahr einer existenzbedrohenden Haftung besteht auch bei einem gemilderten Verschuldensmaßstab – wenn auch in weniger Fällen; begegnet werden könnte ihr wirksam durch eine Haftungsbegrenzung.[42] Dem Prognose- und Meinungscharakter wird schon ausreichend Rechnung getragen, indem nicht das Rating selbst überprüft wird, sondern nur die Einhaltung seiner regulatorischen Rahmenbedingungen. Ein Verzicht auf eine Haftung für (einfach) fahrlässige Pflichtverletzungen führt dazu, dass es bei einem Großteil von Schadensfällen zu keiner Kompensation der Anleger kommt. Die positiven Effekte einer zivilrechtlichen Verantwortlichkeit von Ratingagenturen werden hierdurch empfindlich gemindert. Für eine Beschränkung auf Vorsatz und grobe Fahrlässigkeit lassen sich auch keine ökonomischen Argumente anführen. Von Vertretern der ökonomischen Analyse ist argumentiert worden, eine Haftung für einfache Fahrlässigkeit führe zu einer übermäßigen Abschreckung, wenn die Sorgfaltspflichten nicht klar definiert seien.[43] Gerade im Falle von Ratingagenturen sind die Sorgfaltspflichten im Anhang III RatingVO jedoch vergleichsweise genau und klar bestimmt, so dass diese Gefahr nicht droht.

---

41 *Dutta*, WM 2013, 1729, 1734.

42 Siehe S. 176 ff.; für eine Haftung für einfache Fahrlässigkeit bei begrenztem Haftungsumfang sprechen sich auch *Wagner*, in: FS Blaurock (2013), 494 (zum Kommissionsvorschlag) und *Kontogeorgou*, DStR 2014, 1397, 1404 aus.

43 Allgemein *H.-B. Schäfer/Ott*, Lehrbuch der ökonomischen Analyse des Zivilrechts, 4. Aufl. (2005), 173 f.; für Wirtschaftsprüfer *H.-B. Schäfer*, in: Hopt/Vogt, Prospekt- und Kapitalmarktinformationshaftung (2004), 170 ff.

V. Kausalität und Schaden

1. Transaktionskausalität

Keine genauen Vorgaben enthält Art. 35a RatingVO zur Transaktionskausalität. Nach Art. 35a Abs. 1 UAbs. 2 RatingVO muss sich der Anleger bei seiner Investitionsentscheidung zumindest in vertretbarer Weise auf das Rating verlassen haben. Dies spricht bereits gegen eine Anwendung der fraud-on-the-market-Doktrin, weil sie das Vertrauen des Anlegers auf eine bestimmte Information durch das Vertrauen auf den Marktpreis substituiert, also gerade nicht voraussetzt, dass der Anleger sich gerade auf das Rating verlässt.

Allerdings ist auch die rigide Rechtsprechung des BGH zur Transaktionskausalität[44] europarechtlich problematisch.[45] Faktisch ist es gerade kleineren Anlegern kaum möglich, ihre Investitionsentscheidung später vor Gericht darzulegen und zu beweisen; dies räumt der BGH selbst ein.[46] Problematisch ist ferner die Notwendigkeit einer unmittelbaren Kenntnis des Anlegers von dem Rating. Hierbei handelt es sich um eine realitätsferne Annahme, welche die Arbeitsteilung auf dem Kapitalmarkt ignoriert. Im Ergebnis wird die Durchsetzung des europarechtlich eingeräumten Haftungsanspruchs in vielen Fällen unmöglich gemacht oder erheblich erschwert. Dies ist im Hinblick auf das Effektivitätsprinzip problematisch, das der nationale Gesetzgeber bei der Ausgestaltung unionsrechtlich eingeräumter Schadensersatzansprüche durch das nationale Recht – auch im Rahmen der Beweislastverteilung[47] – beachten muss.[48] Es ist daher auf Beweiserleichterungen wie die Figur der Anlagestimmung[49] und die Vermutung aufklärungsrichtigen Verhaltens, wie sie bei der Prospekthaftung bereits Berücksichtigung finden, zurückzugreifen und zu berücksichtigen, dass sich Anleger häufig zurecht darauf verlassen, dass Dritte die für sie relevanten Kapitalmarktinformationen ausgewertet haben.[50]

---

[44] Siehe hierzu S. 275 ff.

[45] Generell zur Vereinbarkeit der Rechtsprechung des BGH in diesem Punkt mit dem Effektivitätsprinzip *Hellgardt*, AG 2012, 154, 160.

[46] BGHZ 192, 90, Rn. 63.

[47] Vgl. BGHZ 190, 145, Rn. 63 im Kontext von § 33 GWB.

[48] EuGH vom 20. September 2001 – Rs. C-453/99 – *Courage ./. Crehan*, Rz. 29; EuGH vom 13. Juli 2006 – Rs. 295/04 u. a. – *Manfredi*, Rz. 62; EuGH vom 19. Dezember 2012 – Rs. C-174/12 – *Hirmann*, Rz. 40 (zu Art. 6 ProspektRL); zuletzt EuGH vom 5. Juni 2014 – Rs. C-557/12 – *Kone AG u. a. ./. ÖBB-Infrastruktur AG*, Rz. 24 f.

[49] Hierfür auch *Gietzelt/Ungerer*, GPR 2013, 333, 343.

[50] Im Einzelnen S. 333 f. und S. 335 ff.

2. Haftungsausfüllende Kausalität und ersatzfähiger Schaden

Seinem Wortlaut nach verlangt Art. 35a Abs. 1 UAbs. 1 RatingVO einen kausalen Zusammenhang zwischen der Zuwiderhandlung gemäß Anhang III RatingVO und dem entstandenen Schaden.[51] Dies ist freilich ein höchst mittelbarer Zusammenhang, da dem Anleger nicht unmittelbar durch die Zuwiderhandlung ein Schaden entsteht, sondern durch den Erwerb des Finanzinstruments im Vertrauen auf ein falsches Rating. Da den Anleger ohnehin die Beweislast dafür trifft, dass sich die Zuwiderhandlung auf das Rating ausgewirkt hat (Art. 35a Abs. 2 UAbs. 1 RatingVO), muss er im Rahmen der haftungsausfüllenden Kausalität nur den Schaden durch das fehlerhafte Rating darlegen und beweisen.[52] Hierdurch wird die dreigliedrige Kausalkette zwischen Zuwiderhandlung, Rating und Schaden vervollständigt und auch ein ausreichender Zusammenhang zwischen Zuwiderhandlung und Schaden dargelegt.[53]

Hinsichtlich des ersatzfähigen Schadens verweist Art. 35a Abs. 4 S. 1 RatingVO widerum auf das nationale Recht und die dortige Defintion des „Schadens".[54] Eine Eingrenzung des ersatzfähigen Schadens auf Ebene des Europarechts könnte man allenfalls darin sehen, dass in der Endfasung – anders als im Kommissionsentwurf[55] – die Ratingagentur nicht mehr ausdrücklich für „alle" Schäden haftbar gemacht werden können soll.[56] Es gibt aber keine Anzeichen, dass hierdurch eine Änderung des Umfangs der ersatzfähigen Schäden beabsichtigt war. Eine Beschränkung auf den Kursdifferenzschaden lässt sich auch nicht aus dem Schutzzweck des Art. 35a RatingVO ableiten. Im Vordergrund steht die Schaffung eines angemessenen Rechtsbehelfs für die Anleger, nicht die Preisbildung.[57]

---

51 *Dutta*, WM 2013, 1729, 1734; *Gietzelt/Ungerer*, GPR 2013, 333, 343; *Wojcik*, NJW 2013, 2385, 2387.

52 Gegen eine analoge Anwendung des Art. 35a Abs. 2 UAbs. 2 RatingVO zurecht *Wojcik*, NJW 2013, 2385, 2388, denn die haftungsausfüllende Kausalität ist unabhängig von Informationen, die sich allein in der Sphäre der Ratingagentur befinden.

53 Anders *Gietzelt/Ungerer*, GPR 2013, 333, 342, die zwar das hier vertretene Ergebnis favorisieren, sich aber durch die Entstehungsgeschichte an dieser Auslegung gehindert sehen, weil der Kommissionsentwurf durch das Europäische Parlament in diesem Punkt verschärft worden sei.

54 Siehe S. 318 ff.

55 Erwägungsgrund 24 S. 5 des Kommissionsentwurfs, KOM (2011), 747 v. 15 November 2011.

56 Erwägungsgrund 32 VO (EU) Nr. 462/2013.

57 So aber *Gietzelt/Ungerer*, GPR 2013, 333, 344.

VI. Haftungsbegrenzung

Während der Kommissionsentwurf Haftungsbeschränkungen kategorisch ausschloss,[58] sind nunmehr angemessene und verhältnismäßige rechtsgeschäftliche Haftungsbeschränkungen zulässig, wenn es das nationale Recht erlaubt (Art. 35a Abs. 3 S. 1 RatingVO). Da auch für die Beurteilung der Angemessenheit und Verhältnismäßigkeit auf das nationale Recht zurückzugreifen ist (Art. 35a Abs. 4 S. 1 RatingVO), richtet sich die Zulässigkeit der Haftungsbeschränkung vollständig nach dem Recht der Mitgliedsstaaten. Eine einseitige Beschränkung der Haftung durch die Ratingagentur ist danach – außer in Fällen des Abonnementratings – nicht zulässig (vgl. auch § 309 Nr. 7 lit. b BGB).[59]

---

[58] Art. 35a Abs. 5 des Kommissionsentwurfs, KOM (2011) 747 vom 15. November 2011.

[59] Ausführlich S. 315 ff.; zu Art. 35a *Dutta*, WM 2013, 1729, 1735; *Gietzelt/Ungerer*, GPR 2013, 333, 345.

Zusammenfassung der Ergebnisse

I.

1. Ratingagenturen liefern als Informationsintermediäre Investoren, die Schuldverschreibungen erwerben möchten oder bereits halten, leicht erfass- und vergleichbare Bonitätsbewertungen. Sie verringern durch ihre Expertise, Reputation und Unabhängigkeit die Informationsasymmetrie zwischen Anleger und Emittent. Sie erfüllen damit im Rechtsverkehr eine ähnliche Aufgabe wie andere Experten (z.B. Sachverständige, Kunstexperten, Wirtschaftsprüfer). Sie verhindern durch ihre Tätigkeit ein informationelles Marktversagen und Tragen so zum reibungslosen Funktionieren der Kapitalmärkte bei.

2. Ihr Einfluss wird verstärkt, indem aufsichtsrechtliche Regelungen – wenn auch seit der Finanzkrise mit rückläufiger Tendenz – auf Ratings Bezug nehmen. Von besonderer Bedeutung sind die Eigenkapitalvorschriften für Kreditinstitute, die seit der Einführung von Basel II erlauben, auf die Risikobewertung anerkannter Ratingagenturen zurückzugreifen. Auch privatrechtliche Vereinbarungen oder Regelungen wie Anlagevorschriften von Investmentfonds nehmen auf Ratings Bezug. Rein faktisch ist ein Rating von mindestens zwei etablierten Ratingagenturen im Investmentbereich Zugangsvoraussetzung für den Markt für Fremdkapital. Ratings haben für die Entscheidungen der Investoren eine so große Bedeutung, dass sie teilweise den Charakter einer *self-fulfilling prophecy* erhalten, weil sich Anleger entsprechend der Bewertung der Ratingagenturen verhalten. Aufgrund ihres Einflusses auf die Entscheidungen der Kapitalmarktakteure haben Ratings daher auch eine systemische Bedeutung; verlieren die Marktteilnehmer – wie im Rahmen der Finanzkrise – das Vertrauen in die Bewertungen der Ratingagenturen, kann dies zum Zusammenbruch eines gesamten Marktsegments führen – wiederum mit Konsequenzen für das gesamte Finanzsystem.

II.

1. Ratingagenturen können ihre Aufgabe nur erfüllen, wenn die Investoren ihren Beurteilungen vertrauen. Ihr Vertrauen wird aber dadurch gefährdet, dass die Ratingagenturen die eigenen Interessen oder – im Falle des Auftragsratings – auch die Interessen der Emittenten/Auftraggeber über die der Investoren stellen könnten.

2. Lange Zeit ging man davon aus, dass es nicht notwendig sei, Ratingagenturen zu regulieren, weil sie ihre langfristig erarbeitete Reputation nicht für einen kurzfristigen Erfolg aufs Spiel setzen würden. Voraussetzung für das Funktionieren dieses Reputationsmechanismus ist jedoch ein Wettbewerb zwischen den Ratingagenturen; sonst ist es einem Investor nicht möglich, auf die Bewertung einer anderen Ratingagentur auszuweichen. Der Ratingmarkt wird jedoch von einem engen Oligopol bestehend aus Standard & Poor's, Moody's und Fitch beherrscht. Die Marktzutrittbarrieren für neue Wettbewerber sind nur sehr schwer zu nehmen, da ihnen der notwendige *track record* fehlt. Zudem funktioniert der Reputationsmechanismus nur, wenn es möglich ist, das Fehlverhalten der Ratingagentur aufzudecken; dies ist aber sehr schwierig, weil es sich bei Ratings um Prognosen handelt, die nicht bereits deshalb fehlerhaft sind, weil ein Emittenten insolvent geworden ist.

3. Ein stärkerer Wettbewerb wäre zudem nicht geeignet, die Qualität der Ratings zu erhöhen. Empirische Untersuchungen zeigen, dass mit einem größeren Wettbewerbsdruck die Macht der Emittenten als Auftraggeber zunimmt. Diese können drohen, zu einem Konkurrenten zu wechseln, falls sie nicht das gewünschte Rating erhalten (*rating shopping*). Hierunter leidet wiederum die Unabhängigkeit und Neutralität der Ratingagenturen.

4. Sowohl in den Vereinigten Staaten als auch in Europa sind daher aufsichtsrechtliche Regelungen erlassen worden, um die Qualität, Unabhängigkeit und Transparenz von Ratings zu erhöhen. Eine Durchsetzung dieser Regelungen durch Aufsichtsbehörden kann jedoch nur punktuell bei groben Verstößen geschehen und ist daher allein nicht ausreichend. Ungeeignet sind auch die in den USA und Europa verbreiteten Publizitätspflichten; sie bergen die Gefahr eines *information overflow* und laufen – wie der Reputationsmechanismus – ohne alternative Anbieter von Ratings leer. Eine Abkehr von „Modell des zahlenden Emittenten" scheitert bisher an praktischen Schwierigkeiten. Eine Rückkehr zum Abonnementrating scheint allerdings ausgeschlossen; Ratings lassen sich zu einfach verbreiten, so dass ein Trittbrettfahrerproblem und eine Unterversorgung mit Ratings droht. Zusätzliche Anbieter wie eine staatliche oder „europäische" Ratingagentur neben den etablierten Agenturen mögen die Regelungsprobleme zwar mildern, insbesondere wenn der zusätzliche Anbieter nicht gewinnorientiert arbeitet; die Regelungsprobleme im Zusammenhang mit der Tätigkeit der etablierten Ratingagenturen werden so jedoch nicht gelöst.

III.

1. Die Haftung von Ratingagenturen ist komplementär zu den bisherigen Ansätzen geeignet, die Qualität des Ratings zu verbessern. Die Ratingagen-

turen signalisieren durch ihre Haftung ihre Unabhängigkeit und Fachkunde. Ferner würden Ratingagenturen für ein zu negatives Rating bereits jetzt gegenüber dem bewerteten Emittenten haften; ein Schadensersatzanspruch der Investoren vermeidet hier Fehlanreize durch eine „haftungsrechtliche Schieflage" zugunsten der bewerteten Emittenten. Die präventive Wirkung eines Schadensersatzanspruchs könnte grundsätzlich bereits dann erreicht werden, wenn die Höhe des Schadensersatzanspruchs den Gewinn eines Fehlverhaltens einer Ratingagentur übersteigen würde; dies würde jedoch nicht den gesamten Schaden eines fehlerhaften Ratings – den Vermögensverlust des Anlegers, Auswirkungen auf das Vertrauen in den Kapitalmarkt insgesamt – berücksichtigen. Ein vollständiger Verzicht auf kompensatorische Erwägungen bei der Bemessung des Schadensersatzes ist daher nicht möglich. Die Präventionswirkung einer Dritthaftung von Ratingagenturen ist auch nicht deshalb ausgeschlossen, weil diese die Kosten der Haftung über ihre Vergütung und die Kosten der Emission an die Investoren weitergeben können. Werden diese Kosten zu hoch, werden sie nicht mehr durch die Vorteile eines Ratings aufgewogen.

2. Eine Haftung der Ratingagenturen ist ferner aufgrund ihrer Position als *Gatekeeper* gerechtfertigt. Weil sie aufgrund ihrer Marktstellung den Zugang zum Kapitalmarkt kontrollieren können, werden sie von den Emittenten eine hohe Bonität verlangen, um ihr eigenes Haftungsrisiko gering zu halten oder aber dieses Risiko auf den Emittenten umzulegen, was wiederum dessen Fremdkapitalkosten erhöht. Die Emittenten werden daher darum bemüht sein, eine möglichst hohe Bonität zu erreichen und gegenüber der Ratingagentur nachzuweisen. Ferner steht gerade im Falle der Insolvenz des Emittenten ein weiterer Haftungspool zur Verfügung.

3. Die Bedenken, die allgemein gegen eine Haftung für primäre Vermögensschäden vorgebracht werden, greifen nicht. Die Haftung einer Ratingagentur ist nicht „uferlos", sondern durch das Volumen der Emission plus Transaktionskosten und entgangenem Gewinn der Anleger begrenzt und damit kalkulierbar. Unbegründet ist auch die Befürchtung einer übermäßigen Abschreckung der Ratingagenturen. Ratingagenturen erhalten eine Vergütung, welche ihr Haftungsrisiko kompensiert. Dies gilt auch für auftragslose Ratings; sie steigern die Reputation und Marktstellung der Ratingagentur. Ist das Risiko einer Emission so hoch, dass es nicht durch die Vergütung abgedeckt wird, sollte die Bewertung unterbleiben.

4. Die hohen Volumina der von den Ratingagenturen bewerteten Emissionen können sehr schnell zu ihrer Insolvenz führen, selbst wenn sie langfristig betrachtet das Haftungsrisiko weitergeben könnten. Da die Tätigkeit einer renommierten Ratingagentur dem Funktionieren des Kapitalmarkts sehr viel besser dient als das Auftreten neuer, bisher unbekannter Akteure,

ist aus gesamtwirtschaftlicher Sicht eine Haftungsbegrenzung geboten. Es sollte hierzu eine Haftungshöchstsumme in Höhe eines bestimmten Prozentsatzes der Emission festgelegt werden; denkbar wären 10 bis 20 %.

IV.

1. Die kapitalmarktrechtlichen Haftungstatbestände erfassen Ratingagenturen bisher nicht. Im Rahmen der bürgerlich-rechtlichen Prospekthaftung wären die Ratingagenturen Prospektgaranten, wenn ein Rating in einen Prospekt aufgenommen wurde. Im Rahmen der spezialgesetzlichen Prospekthaftung (§§ 21 ff. WpPG; §§ 20 ff. VermAnlG), welche die bürgerlichrechtlichen Prospekthaftung verdrängt, hat der Gesetzgeber sich bewusst gegen eine Haftung von Prospektgaranten entschieden.

2. Die Haftung von Ratingagenturen gegenüber Investoren ist auf § 311 Abs. 3 S. 2 i.V.m. §§ 280 Abs. 1 S. 1, 241 Abs. 2 BGB zu stützen, der die Grundsätze der Vertrauenshaftung aufgreift. Die Anleger sind aufgrund des klaren Zwecks des Ratings, der Stellung der Ratingagenturen als Informationsintermediär und ihrer faktischen Autorität berechtigt, auf eigene Informationsanstrengungen zu verzichten und sich auf das Rating zu verlassen. Soweit es sich um standardisierte Produkte oder Asset-Backed-Securities handelt, fasst ein Rating – wie ein Prospekt – die für den Anleger entscheidenden Fragen zusammen; in diesen Fällen lässt sich daher ähnlich der Prospekthaftung ein typisiertes Vertrauen annehmen.

3. Zum geschützten Personenkreis gehören neben Erwerbern von Schuldverschreibungen auch Verkäufer und Altanleger, die aufgrund eines Ratings von einem Verkauf abgesehen haben. Hierbei macht es keinen Unterschied, ob es sich um ein Emissions- oder Emittentenrating handelte. Kein Schadensersatzanspruch besteht hingegen zugunsten von Investoren, die aufgrund eines Ratings eine Anlage nicht getätigt haben sowie Vertragspartnern und Kreditgebern des bewerteten Unternehmens.

4. Die Haftung richtet sich auch gegen die Muttergesellschaft, weil ihr die Veröffentlichung eines Ratings durch das lokale Tochterunternehmen der Ratingagentur zugerechnet wird und sich das Vertrauen der Anleger auf ihre Reputation bezieht.

5. Hinsichtlich der Pflichten der Ratingagentur ist an die von der Rechtsprechung zur Stiftung Warentest entwickelten Verfahrensgrundsätze (Neutralität, Fachkunde, Objektivität) anzuknüpfen, welche durch die aufsichtsrechtlichen Vorgaben der RatingVO konkretisiert werden. Insbesondere besteht eine Pflicht zur Prüfung der Informationsgrundlage des Ratings. Die Ratingagentur haftet bereits für einfache Fahrlässigkeit und muss sich hiervon exkulpieren (§ 280 Abs. 1 S. 2 BGB). Ein allgemeiner Grundsatz,

dass für Kapitalmarktinformationen nur bei grober Fahrlässigkeit gehaftet werde, existiert nicht. Der Anleger trägt die Beweislast für das Vorliegen einer Pflichtverletzung und deren Auswirkungen auf das Rating. Allerdings kommen ihm die Grundsätze der sekundären Beweislast zugute, falls er erste Anhaltspunkte für eine Pflichtverletzung darlegen kann.

6. Eine Ratingagentur kann grundsätzlich durch eine sog. Vertrauensverwahrung das in sie gesetzte berechtigte Vertrauen der Anleger begrenzen. Sie darf sich aber nach § 242 BGB nicht in Widerspruch zur eigenen Werbung um das Vertrauen der Anleger setzen. Die verbleibenden Spielräume sind eng. Unzulässig sind die von den Ratingagenturen verwenden Disclaimer, die jede Haftung und jedes Vertrauen auf ein Rating ausschließen sollen; diese stehen im Widerspruch zur Funktion des Ratings. Möglich wäre allenfalls eine Begrenzung des geschützten Personenkreises im Falle des Abonnementratings. Nach einhelliger Meinung sind Haftungsbeschränkungen nur in den Grenzen der §§ 305 ff. BGB möglich. Es bleibt aber ungeklärt, wie eine Modifikation einer gesetzlichen Haftung geschehen soll, ohne wiederum auf die Fiktion einer vertraglichen Vereinbarung auszuweichen. Eine Modifikation des Pflichtenkanons der Ratingagentur wäre ein Verstoß gegen Kardinalpflichten und daher unzulässig. Eine Beschränkung der Höhe der Haftung gegenüber Investoren ist nicht zulässig; eine Ausnahme ist nur im Abonnementrating denkbar.

7. Im Rahmen der Vertrauenshaftung ist der Nachweis einer Kausalität des Ratings für die Anlageentscheidung (Transaktionskausalität) notwendig. Als Beweiserleichterung kann jedoch auf die Vermutung aufklärungsrichtigen Verhaltens zurückgegriffen werden, wenn das fehlerhafte Rating so stark von der zutreffenden Beurteilung abweicht, dass ein vernünftiger Anleger in Kenntnis des korrekten Ratings eine andere Entscheidung getroffen hätte oder aufgrund von Vorgaben hätten treffen müssen. Eine unmittelbare Kenntnis der Anleger von dem Rating ist nicht notwendig; es ist ausreichend, wenn sie darlegen können, dass sie auf ein negatives Rating hingewiesen worden wären. Investoren können sowohl Naturalrestitution als den Differenzschaden verlangen. Im Falle der Naturalrestitution ist die Entwicklung einer vergleichbaren alternativen Anlage als hypothetischer Kausalverlauf zu berücksichtigen, damit auf die Ratingagentur nicht das allgemeine Marktrisiko abgewälzt wird.

8. Anwendbar ist das Recht des Marktortes, weil zum Marktort offensichtlich die engste Verbindung (Art. 4 Abs. 3 S. 1 Rom II-VO) besteht. Im Falle eines außerbörslichen Erwerbs ist das Recht der Kapitalanlage selbst maßgeblich.

V.

1. Mit der zweiten Novelle der RatingVO im Jahr 2013 führte der europäische Gesetzgeber einen eigenständigen unionsrechtlichen Haftungtatbestand ein (Art. 35a RatingVO). Zuvor hatte die RatingVO die Frage der zivilrechtlichen Verantwortlichkeit von Ratingagenturen ausdrücklich den Mitgliedsstaaten überlassen.

2. Der Haftungstatbestand des Art. 35a RatingVO knüpft an grob fahrlässige oder vorsätzliche Verstöße gegen aufsichtsrechtliche Pflichten der RatingVO an, die nach Anhang III RatingVO bußgeldbewehrt sind. Folge dieser Akzessorietät des Haftungstatbestands zum Aufsichtsrecht ist, dass er nur auf in der EU registrierte Ratingagenturen anwendbar ist. Damit begründet er insbesondere keine Haftung der US-amerikanischen Muttergesellschaften von Moody's und S&P.

3. Schadensersatzansprüche nach dem nationalen Recht finden weiterhin neben Art. 35a RatingVO Anwendung, auch wenn eine weitergehende zivilrechtliche Veranwortlichkeit der Ratingagenturen begründen (Art. 35a Abs. 5 RatingVO). Es besteht Anspruchsgrundlagenkonkurrenz. Aufgrund der Beschränkung des Art. 35a RatingVO auf grob fahrlässige und vorsätzliche Verstöße und seines begrenzten personellen Anwendungsbereichs ist absehbar, dass dem nationalen deutschen Recht weiterhin eine wichtige Rolle zukommen wird.

4. Eine weitere Hürde für die Durchsetzung des Schadensersatzanspruchs nach Art. 35a RatingVO ist die Beweislastverteilung. Der Gesetzgeber hat sich entgegen dem Vorschlag der Kommission gegen eine partielle Beweislastumkehr entschieden. Der Anleger muss daher sowohl die Zuwiderhandlung als auch deren Auswirkungen auf das Ratingergebnis darlegen und beweisen. Allerdings muss dabei sein begrenzter Informationszugang berücksichtigt werden, soweit diese Informationen aus der Sphäre der Ratingagenturen stammen. Dies führt im Ergebnis – wie im nationalen Recht – zu einer Anwendung der Regeln zur sekundären Beweislast.

5. Institutionelle Investoren nach Art. 4 Abs. 1 RatingVO können einen Schadensersatzanspruch aus Art. 35a RatingVO nur geltend machen, wenn sie ihre Obliegenheit erfüllt haben, beim Erwerb eine eigene Kreditrisikoprüfung durchzuführen und sich nicht allein oder automatisch auf das Rating verlassen haben. Durch diese Voraussetzung versucht der Gesetzgeber, die Einführung einer zivilrechtlichen Verantwortlichkeit von Ratingagenturen mit dem Ziel in Einklang zu bringen, das „übermäßige Vertrauen" in Ratings zu verringern. Dieses Ziel ist auch im Rahmen des Mitverschuldens im nationalen Recht zu berücksichtigen.

6. Hinsichtlich der übrigen Haftungsvoraussetzungen (z.B. Schaden, Kausalität, grobe Fahrlässigkeit) verweist der europäische Gesetzgeber sehr weitgehend auf das nationale Recht. Dies stellt zwar nicht die Kompetenzgrundlage für den Erlass der Regelung in Frage, birgt aber die Gefahr unterschiedlicher Auslegungen in der EU. Das lückenfüllende nationale Recht bestimmt sich nach den Regeln des internationalen Privatrechts; nach der hier vertretenen Auffassung ist daher auf das Recht des Marktortes abzustellen.

Literaturverzeichnis

Achleitner, Ann-Kristin/*Everling*, Oliver: Rechtsfragen im Rating. Grundlagen und Implikationen von Ratings für Agenturen, Investoren und geratete Unternehmen, Wiesbaden 2005 (zitiert als *Bearbeiter*, in: Achleitner/Everling, Rechtstragen im Rating).

Ackermann, Ulrich/*Jäckle*, Joachim: Ratingverfahren aus Emittentensicht, BB 2006, 878–884.

Adolff, Johannes: Die zivilrechtliche Verantwortlichkeit deutscher Anwälte bei der Abgabe von Third Party Legal Opinions, München 1997.

Ahrens, Hans-Jürgen: Wer haftet statt der zusammengebrochenen Abschreibungsgesellschaft? – Zur Sachwalterhaftung im Kollisionsrecht, IPrax 1986, 355–361.

Akerlof, George A.: The Market for „Lemons": Quality Uncertainty and the Market Mechanism, 84 Q. L. Econ. 488–500 (1970).

Albert, Mark Anchor: The Lawsuit Filed by Calpers May Be Able to Overcome the Rating Agencies' Traditional First Amendment Defense, 32 Oct L.A. Law. 38–45.

Alternativ-Kommentar zum Grundgesetz, hrsg. von Stein, Ekkehart/Denninger, Erhard/Hoffmann-Riem, Wolfgang/Schneider, Hans-Peter, Loseblattsammlung, Neuwied 2001.

Amort, Matthias: Haftung und Regulierung von Ratingagenturen – Ansätze einer Krisenprävention, EuR 2013, 272–285.

Amtenbrink, Fabian/*de Haan*, Jakob: Regulating Credit Ratings in the European Union: A Critical Assessment of Regulation 1060/2009 on Credit Rating Agencies, 46 C. M. L. Rev. 1915–1949 (2009).

Anderson, David A.: First Amendment Limitations on Tort Law, 69 Brook. L. Rev. 755–826 (2004).

– Freedom of the Press, 80 Tex. L. Rev. 429–530 (2002).

Arendts, Martin: Die Haftung für fehlerhafte Anlageberatung, München 1998.

– Beratungs- und Aufklärungspflichten über das einem Wertpapier erteilte Rating – Zugleich eine Besprechung der Gerichtsentscheidungen zu den Bond-Anleihen –, WM 1993, 229–237.

Arnold, Arnd: Die Haftung des Wirtschaftsprüfers gegenüber Kapitalanlegern. Anmerkung zum Urteil des BGH vom 26.9.2000, X ZR 94/98, DStR 2001, 488–493.

Arntz, Marthe-Marie: Strengere Regeln für Ratings: Die neue Verordnung über Ratingagenturen, ZBB/JBB 2013, 318–329.

Ashcraft, Adam B./*Schuermann*, Til: Understanding the Securitization of Subprime Mortgage Credit, Federal Reserve Bank of New York, Staff Report No. 318 (2008).

Assmann, Heinz-Dieter: Die Prospekthaftung beruflicher Sachkenner de lege lata und de lege ferenda, AG 2004, 435–448.

– Konzeptionelle Grundlagen des Anlegerschutzes, ZBB 1989, 49–63.

– Prospekthaftung als Haftung für die Verletzung kapitalmarktbezogener Informationsverkehrspflichten nach deutschem und US-amerikanischem Recht, Köln/Berlin/Bonn/München 1985 (zitiert als: *Assmann*, Prospekthaftung).

Assmann, Heinz-Dieter/*Schneider*, Uwe H.: Wertpapierhandelsgesetz. Kommentar, 6. Auflage, Köln 2012 (zitiert als: *Bearbeiter* in: Assmann/Schneider, WpHG).

Assmann, Heinz-Dieter/*Schütze*, Rolf A.: Handbuch des Kapitalanlagerechts, 3. Auflage, München 2007 (zitiert als: *Bearbeiter*, in: Assmann/Schütze).

Auer, Marietta: Materialisierung, Flexibilisierung, Richterfreiheit. Generalklauseln im Spiegel der Antinomien des Privatrechtsdenkens, Tübingen 2005.

Bachmann, Gregor: Möglichkeiten und Grenzen einer bürgerlich-rechtlichen Informationshaftung, in: ders./Caspar, Matthias/Schäfer, Carsten/Veil, Rüdiger: Steuerungsfunktionen des Haftungsrechts im Gesellschafts- und Kapitalmarktrecht, Baden-Baden 2007, S. 93–147.

Bak, Jacek/*Bigus*, Jochen: Kapitalmarkteffizienz versus zwingender Anlegerschutz im Aktienrecht, ZBB 2006, 430–443.

Ballerstedt, Kurt: Zur Haftung für culpa in contrahendo bei Geschäftsabschluss durch Stellvertreter, AcP 151 (1951) 501–531.

Balthasar, Stephan/*Hamelmann*, Uwe: Finanzkrise und Vorstandshaftung nach § 93 Abs. 2 AktG: Grenzen der Justiziabilität unternehmerischer Entscheidungen, WM 2010, 589–594.

Bar, Christian von: Vertrauenshaftung ohne Vertrauen. Zur Prospekthaftung bei der Publikums-KG in der Rechtsprechung des BGH, ZGR 1983, 476–512.

Barnett, Jonathan M.: Intermediaries Revisited: Is Efficient Certification Consistent with Profit Maximization, University of Southern California Law School – Law and Economics Paper Series, Paper 137 (2011) (verfügbar über SSRN).

– Certification Drag: The Opinion Puzzle and Other Transactional Curiosities, 33 J. Corp. L. 95–150 (2007).

Barth, Marcel: Schadensberechnung bei Haftung wegen fehlerhafter Kapitalmarktinformation, Frankfurt 2006.

Basedow, Jürgen: Wirtschaftsregulierung zwischen Beschränkung und Förderung des Wettbewerbs, in: Fuchs, Andreas/Schwintowski, Hans-Peter/Zimmer, Daniel, Wirtschafts- und Privatrecht im Spannungsfeld von Privatautonomie, Wettbewerb und Regulierung. Festschrift für Ulrich Immenga zum 70. Geburtstag, München 2004, 3–18 (zitiert als *Basedow*, in: FS Immenga).

Basedow, Jürgen/*Hopt*, Klaus J./*Zimmermann*, Reinhard (Hrsg.): Handwörterbuch des Europäischen Privatrechts, 2. Bd., Tübingen 2009 (zitiert als: *Bearbeiter*,

„Stichwort", in: Basedow/Hopt/Zimmermann, Handwörterbuch des Europäischen Privatrechts).

Basedow, Jürgen/*Wurmnest*, Wolfgang: Klassifikationsverträge als Verträge mit Schutzwirkung zugunsten Dritter, VersR 2005, 328–337.

Bauer, Denise Alessandra: Strengere Anforderung für Ratingagenturen nach der neuen ÄnderungsVO, BB 2013, 363–365.

– Ein Organisationsmodell zur Regulierung der Rating-Agenturen. Ein Beitrag zur regulierten Selbstregulierung am Kapitalmarkt, Baden-Baden 2009.

Baumbach, Adolf (Begr.)/*Hopt*, Klaus J./*Merkt*, Hanno: Handelsgesetzbuch mit GmbH & Co., Handelsklauseln, Bank- und Börsenrecht, Transportrecht (ohne Seerecht), 36. Auflage, München 2014 (zitiert als: *Bearbeiter*, in: Baumbach/Hopt, HGB).

Becker, Bo/*Milbourn*, Todd: How did increased competition affect credit ratings?, Harv. Bus. School Fin. Working Papers No. 09–051, Stand: 15. September 2010 (verfügbar über SSRN).

Becker, Florian: Die Regulierung von Ratingagenturen, DB 2010, 941–945.

– Staatlich-private Rechtssetzung in globalisierten Finanzmärkten, ZG 2009, 123–140.

Berger, Klaus-Peter: Haftung für unrichtige Bankauskunft. Abschied vom stillschweigend geschlossenen Auskunftsvertrag, ZBB 2001, 238–251.

Berger, Klaus-Peter/*Stemper*, Marthe-Marie: Haftung von Ratingagenturen gegenüber Anlegern, WM 2010, 2289–2295.

Bertschinger, Urs: Rechtsprobleme rund ums Rating und Ratingagenturen, in: Nobel, Peter: Aktuelle Rechtsprobleme des Finanz- und Börsenplatzes Schweiz 1998, Bern 1999, 87–131.

Binder, Jens-Hinrich: Geschäftsleiterhaftung und fachkundiger Rat, AG 2008, 274–287.

Bischoff, Kai: Internationale Börsenprospekthaftung, AG 2002, 489–497.

Bishop, William: Economic Loss in Tort, 2 Oxford Journal of Legal Studies 1–29 (1982).

– Negligent Misrepresentation Through Economists' Eyes, 96 L. Q. Rev. 360–379 (1980).

Black, Bernard S.: The Legal and Institutional Preconditions for Strong Securites Markets, 48 UCLA L. Rev. 781–855 (2001).

Blaurock, Uwe: Neuer Regulierungsrahmen für Ratingagenturen, EuZW 2013, 608–611.

– Verantwortlichkeit von Ratingagenturen – Steuerung durch Privat- oder Aufsichtsrecht?, ZGR 2007, 603–653.

Böckenförde, Ernst-Wolfgang: Grundrechtstheorie und Grundrechtsinterpretation, NJW 1974, 1529–1538.

Boecken, Tobias Heinrich: Die Haftung der Stiftung Warentest für Schäden der Verbraucher aufgrund irreführender Testinformationen. Zugleich ein Beitrag zur Dogmatik der außervertraglichen Auskunftshaftung, Berlin 1998.

Boehme-Neßler, Volker: Vertrauen im Internet – Die Rolle des Rechts, MMR 2009, 439–444.

Bolton, Patrick/*Freixas*, Xavier/*Shapiro*, Joel: The Credit Ratings Game, Working Paper, 2010 (verfügbar über SSRN).

Boos, Karl-Heinz/*Fischer*, Reinfried/*Schulte-Mattler*, Herrmann: Kreditwesengesetz. Kommentar zu KWG und Ausführungsvorschriften, 3. Auflage, München 2008 (zitiert als: *Bearbeiter*, in: Boos/Fischer/Schulte-Mattler, KWG).

Bosch, Ulrich: Expertenhaftung gegenüber Dritten – Überlegungen aus der Sicht der Bankpraxis, ZHR 163 (1999) 274–285.

Böttcher, Lars: Bankenvorstandshaftung und Sub-Prime Krise, NZG 2009, 1047–1052.

Bottini, Francis A.: An Examination of the Current Status of Rating Agencies and Proposals for Limited Oversight of Such Agencies, 30 San Diego Law Review (1993), 579–620.

Bout, Arnould W. A./*Milbourn*, Todd T./*Schmeits*, Anjolein: Credit Ratings as Coordination Mechanism, 19 Rev. Fin. Stud. 81–118 (2006).

Brambring, Maximilian: Schadensersatzhaftung für fehlerhafte Finanzanalysen, BLJ 2007, 104–111.

Brellochs, Michael: System und Haftung von Aktiengesellschaften im System des Europäischen Kapitalmarktrechts, München 2005.

Brownlow, Benjamin: Rating Agency Reform: Preserving the Registered Markt for Asset-Backed-*Securities*, 15 N. C. Banking Inst. 111–138 (2011).

Brüggemeier, Gert: Haftungsrecht: Struktur, Prinzipien, Schutzbereich, Berlin/Heidelberg/New York 2006.

Brugger, Winfried: Demokratie, Freiheit, Gleichheit – Studien zum Verfassungsrecht der USA, Berlin 2002.

Bruner, Christopher M.: States, Markets, and Gatekeepers: Public-Private Regulatory Regimes in an Era of Economic Globalization, 30 Mich. J. Int'l L. 126–176 (2008).

Brünning, Janique/*Samson*, Erich: Bankenkrise und strafrechtliche Haftung wegen Untreue gemäß § 266 StGB, ZIP 2009, 1089–1094.

Buck-Heeb, Petra/*Dieckmann*, Andreas: Informationsdeliktshaftung von Vorstandsmitgliedern und Emittenten, AG 2008, 681–691.

Bumke, Christian: Kapitalmarktregulierung. Eine Untersuchung über die Konzeption und Dogmatik des Regulierungsverwaltungsrechts, Die Verwaltung 2008, 227–257.

Bürgers, Tobias: Das Anlegerschutzverbesserungsgesetz, BKR 2004, 424–431.

Büschgen, Hans E./*Everling*, Oliver: Handbuch Rating, 1. Auflage, Wiesbaden 1996 (zitiert als: *Bearbeiter*, in: Büschgen/Everling, Handbuch Rating, 1. Auflage (1996)).

– Handbuch Rating, 2. Auflage, Wiesbaden 2007 (zitiert als: *Bearbeiter*, in: Büschgen/Everling, Handbuch Rating, 2. Auflage (2007)).

Bussani, Mauro: Credit Rating Agencies' Accountability. Short Notes on a Global Issue, Global Jurist (2010), vol. 10, iss. 1 (Advances), Article 1.

Bussani, Mauro/*Palmer*, Vernon Valtentine/*Parisi*, Francesco: Liability for Pure Financial Loss in Europe: An Economic Restatement, 51 Am. J. Comp. L. 113–162 (2003).

Buth, Andrea K./*Hermanns*, Manfred: Restrukturierung, Sanierung, Insolvenz, 3. Auflage, München 2009.

Büttner, Benjamin: Umfang und Grenzen der Dritthaftung von Experten. Eine rechtsvergleichende Untersuchung, Tübingen 2006.

Cahn, Andreas: Produkthaftung für verkörperte geistige Leistung, NJW 1996, 2899–2905.

Calabresi, Guido: The Costs of Accidents: A Legal and Economic Analysis, New Haven, 3. Auflage 1972.

Calamari, Peter/*Schantz*, Peter: Suing the Rating Agencies for Subprime Investment Losses: Recent Developments in the United States and a German Perspective, DAJV Newsletter 2010, 131–135.

Calliess, Christian/*Ruffert*, Matthias: EGV/EUV, 4. Auflage, München 2011.

Camanho, Nelson/*Deb*, Pragyan/*Liu*, Zijun: Rating and Competition, LSE Financial Group Discussion Paper Series, April 2010 (verfügbar über SSRN).

Canaris, Claus-Wilhelm: Grundstrukturen des deutschen Deliktsrechts, VersR 2005, 577–584.

– Die Vermutung „aufklärungsrichtigen Verhaltens“ und ihre Grundlagen, in: Festschrift für Walther Hadding, Berlin 2004, 3–24 (zitiert als FS Hadding [2004]).

– Die Reform des Rechts der Leistungsstörungen, JZ 2001, 499–528.

– Wandlungen des Schuldvertragsrechts – Tendenzen seiner „Materialisierung“, AcP 200 (2000) 273–364.

– Die Vertrauenshaftung im Lichte der Rechtsprechung des BGH, Die Vertrauenshaftung im Lichte der Rechtsprechung des BGH, Canaris, Claus-Wilhelm/Heldrich, Andreas/Hopt, Klaus J./Roxin, Claus/Widmaier, Gunter, 50 Jahre Bundesgerichtshof, Festgabe aus der Wissenschaft, München 2000, Band I, 129–197.

– Die Reichweite der Expertenhaftung gegenüber Dritten, ZHR 163 (1999) 206–245.

– Zur Abgrenzung von Unterrichtung, Aufklärung, Auskunft, Beratung und Empfehlung als Inhalt bankrechtlicher Pflichten, in: Horn, Norbert/Lwowski, Hans-Jürgen/Nobbe, Gerd, Festschrift für Herbert Schimansky, Köln 1999, 43–66.

– Die Haftung des Sachverständigen zwischen Schutzwirkung für Dritte und Dritthaftung aus culpa in contrahendo, JZ 1998, 603–607.

– Schutzwirkungen zugunsten Dritter bei „Gegenläufigkeit“ der Interessen, JZ 1995, 441–446.

– Die Feststellung von Lücken im Gesetz. Eine methodologische Studie über Voraussetzungen und Grenzen der richterlichen Rechtsfortbildung praeter legem, 2. Auflage, Berlin 1983.

– Schutzgesetze – Verkehrspflichten – Schutzpflichten, in: ders./Diedrichsen, Uwe, Festschrift für Karl Larenz zum 80. Geburtstag, München 1983, 27–110 (zitiert als: *Canaris*, in: FS Larenz II [1983]).

– Die Vertrauenshaftung im deutschen Privatrecht, München 1971.

Cantor, Richard/*Packer*, Frank: The Credit Rating Industry, Federal Reserve Bank of New York Quarterly Reviews, Summer-Fall 1994, 1–26.

– Multiple Ratings and Credit Standards: Differences of Opinion in the Credit Rating Industry, 12 Federal Reserve Bank of New York Staff Reports (1996).

Carbone, Danielle: The Impact of the Dodd-Frank Act's Credit Rating Agency Reform on Public Companies, 24 Insights, Number 9, September 2010, 1–7.

Cervone, Elisabetta: Regulating Credit Rating Agencies in a Transatlantic Dialogue, EBLR 2008, 821–881.

Choi, Stephan: Market Lessons for Gatekeepers, 92 Nw. U L. Rev. 916–966 (1998).

Choi, Stephan/*Fisch*, Jill E.: How to Fix Wall Street: A Voucher Financing Proposal for Securities Intermediaries, 113 Yale L. J. 269–346 (2003).

Coase, Ronald R.: The Problem of Social Cost, 3 J. & L. Econ. 1–44 (1960)

Coester, Michael/*Merkesinis*, Basil: Liability of Financial Experts in German and American Law: An Exercise in Comparative Methodology, Am. J. Comp. L. 51 (2003) 275–310.

Coffee, John C. jr.: Ratings Reform: The Good, The Bad, and The Ugly, 1 Harv. Bus. L. Rev. 231–278 (2011).

– What Went Wrong? A Tragedy in Three Acts, 6 U. St. Thomas L. J. 403–421 (2009).

– SEC's New Rules Fail to Address Key Rating Issues, 241 N.Y.L.J. 5 (col. 1) (15. Januar 2009).

– Gatekeepers. The Professions and Corporate Gorvernance, Oxford 2006.

– Gatekeeper Failure and Reform: The Challenge of Fashioning Relevant Reforms, in: Hopt, Klaus J./Wymeersch, Eddy/Kanda, Hideki/Baum, Harald, Corporate Governance in Context. Corporations, States, and Markets in Europe, Japan, and the US, Oxford 2005, 599–662.

– Partnoy's Complaint: A Response, 84 B. U. L. Rev. 377–382 (2004).

– What Caused Enron? A Capsule Social and Economic History of the 1990s, 89 Cornell Law Review 269–309 (2004).

– Understanding Enron: „It's About the Gatekeepers, Stupid", 57 Bus. Law. 1403–1420 (2002).

– Market Failure and the Economic Case for a Mandatory Disclosure System, 70 Va. L. Rev. 717–753 (1984).

Crone, Hans Caspar von der/*Walter*, Maria: Konzernerklärung und Konzernverantwortung, SZW/RSDA 2001, 53–68.

Cunnigham, Lawrence A.: Beyond Liability: Rewarding Effective Gatekeepers, 92 Min. L. Rev. 323–386 (2008).

Damm, Reinhard: Entwicklungstendenzen der Expertenhaftung, JZ 1991, 373–385.

Darbelly, Aline: Regulating Ratings. The Credit Rating Agency Oligopoly from a Regulatory Perspective, Zürich 2011.

Darby, Michael R./*Karny*, Edi: Free Competition and the Optimal Amount of Fraud, 16 J. L. & Econ. 67–88 (1973).

Darcy, Deryn: Credit Rating Agencies and the Credit Crisis: How the „Issuer Pays" Conflict Contributed and What Regulation Might Do About It, 2009 Colum. Bus. L. Rev. 605–668.

Däubler, Wolfgang: Unternehmensrating – ein Rechtsproblem?, BB 2003, 429–434.

Deats, Caleb: Talk That Isn't Cheap: Does the First Amendment Protect Credit Rating Agencies' Faulty Methodologies from Regulation?, 110 Colum. L. Rev. 1818–1864 (2010).

Dédeyan, Daniel: Die rechtliche Konstruktion der Reputation. Auf dem Weg zu einem Recht der Unternehmenskommunikation, in: Vertrauen – Vertrag – Verantwortung, Festschrift für Hans Caspar von der Crone zum 50. Geburtstag, Zürich 2007, 3–21.

Deipenbrock, Gundula: Die zweite Reform des europäischen Regulierungs- und Aufsichtsregimes für Ratingagenturen – Zwischenstation auf dem Weg zu einer dritten Reform, WM 2013, 2289–2295.

– Die notwendige Schärfung des Profils – das reformierte europäische Regulierungs- und Aufsichtsregime für Ratingagenturen, WM 2011, 1829–1835.

– Das europäische Modell der Regulierung von Ratingagenturen – aktuelle praxisrelevante Rechtsfragen und Entwicklungen, RIW 2010, 612–618.

– „Mehr Licht!"? – Der Vorschlag einer Europäischen Verordnung über Ratingagenturen, WM 2008, 1165–1174.

– Der US-amerikanische Rechtsrahmen für das Ratingwesen – ein Modell für die europäische Regulierungsdebatte?, WM 2007, 2217–2223.

– Ausgewählte Rechtsaspekte einer „Anerkennung" von Ratingagenturen im Rahmen der Umsetzung der Basel II-Übereinkunft im europäischen Recht, WM 2006, 2237–2242.

– Aktuelle Rechtsfragen zur Regulierung des Ratingwesens, WM 2005, 261–268.

– Was ihr wollt oder der Widerspenstigen Zähmung? – Aktuelle Entwicklungen der Regulierung von Ratingagenturen im Wertpapierbereich, BB 2005, 2085–2090.

– Externes Rating – ‚Heilversprechen' für internationale Finanzmärkte? Eine kritische Analyse ausgewählter Rechtsfragen, BB 2003, 1849–1854.

Deutsch, Erwin: Allgemeines Haftungsrecht, 2. Auflage, Köln/Berlin/Bonn/München 1996.

Dieckmann, Andreas: Vertrauen durch Selbstregulierung, in: Jahrbuch junger Zivilrechtswissenschaftler 2010. Vertrauen und Kontrolle im Privatrecht, Stuttgart/München/Hannover/Berlin/Weimar/Dresden, 2011, 399–426.

Dilly, Mark/*Mählmann*, Thomas: Ableitung markt-implizieter Ratings auf Credit Default Swap-Spreads, ZBB 2010, 487–507.

Dittrich, Fabian: The Credit Rating Industry: Competition and Regulation, Diss. Köln 2007 (verfügbar über SSRN).

Dolzer, Edda Henrike: Verfassungsrechtlicher Schutz von Werbung in rechts-vergleichender Sicht – Deutschland und die Vereinigten Staaten von Amerika, Münster 2008.

Doralt, Walter/*Hellgardt*, Alexander/*Hopt*, Klaus J./*Leyens*, Patrick C./*Roth*, Markus/*Zimmermann*, Reinhard: Auditors' Liability and its Impact on the European Financial Markets, 67 Cambridge L. J. 62–68 (2008).

Drinkuth, Henrik: Schadensersatzhaftung für fehlerhafte Finanzanalysen, in: Bachmann, Gregor/Caspar, Matthias/Schäfer, Carsten/Veil, Rüdiger: Steuerungsfunktionen des Haftungsrechts im Gesellschafts- und Kapitalmarktrecht, Baden-Baden 2007, S. 167–189.

Duffhues, Piet/*Weterings*, Wim: The quality of credit rating and liability: the Dutch view, 2010 (verfügbar über SSRN).

Dutta, Anatol: Die Haftung amerikanischer Ratingagenturen in Europa – Die Rolle des internationalen Privatrechts, IPrax 2014, 33–41.

– Die neuen Haftungsregeln für Ratingagenturen in der Europäischen Union: Zwischen Sachrechtsvereinheitlichung und europäischem Entscheidungseinklang, WM 2013, 1729–1736.

– Das Statut des Vertrags mit Schutzwirkung für Dritte, IPrax 2009, 293–299.

Easterbrook, Frank H./*Fischel*, Daniel R.: The Economic Structure of Corporate Law, Cambridge (Mass.)/London 1991.

– Optimal Damage in Securities Cases, 52 U. Chi. L. Rev. 611- 652 (1985).

– Mandatory Disclosure and the Protection of Investors, 70 Va. L. Rev. 669–715 (1984)

Ebenroth, Carsten Thomas/*Boujong*, Karlheinz/*Joost*, Detlev/*Strohn*, Lutz: Handelsgesetzbuch, 2. Auflage, München 2009 (zitiert als: *Bearbeiter*, in: Ebenroth/Boujong/Joost/Strohn).

Ebenroth, Carsten Thomas/*Daum*, Thomas: Die rechtlichen Aspekte des Ratings von Emittenten und Emissionen, WM 1992, Sonderbeilage 5/1992, 1–23.

Ebenroth, Carsten Thomas/*Dillon*, Thomas J.: The International Rating Game: An Analysis of the Liability of the Rating Agencies in Europe, England and the United States, 24 Law & Pol'y Int'l Bus. 783–834 (1993).

Ebke, Werner: Das internationale Privatrecht der Haftung des gesetzlichen Abschlussprüfers nach der Rom I-VO und der Rom II-VO, ZVglRWiss 109 (2010) 397–445.

– Die zivilrechtliche Verantwortlichkeit der wirtschaftsprüfenden, steuer- und rechtsberatenden Berufe im internationalen Vergleich, Heidelberg 1996.

– In Search of Alternatives: Comparative Reflections on Corporate Governance and the Independent Auditor's Responsibilities, 79 Nw. U. L. Rev. 663–720 (1984).

– Wirtschaftsprüfung und Dritthaftung, Bielefeld 1983.

Ebke, Werner/*Scheel*, Hansjörg: Die Haftung des Wirtschaftsprüfers für fahrlässig verursachte Vermögensschäden Dritter, WM 1991, 389–398.

Ebke, Werner/*Siegel*, Stanley: Comfort Letters, Börsengänge und Haftungen: Überlegungen aus Sicht des deutschen und US-amerikanischen Rechts, WM 2001, Sonderbeilage Nr. 2, 1–23.

Edwards, Harry: CRA3 and the liability of rating agencies: inconsistent massages from the regulation on credit rating agenices in Europe, L. and Fin. Markets Review 2013, 186–191.

Egbers, Bernd/*Tal*, Michael: Die zivilrechtliche Haftung von Wertpapieranalysten – Notwendigkeit einer spezialgesetzlichen Regelung, BKR 2004, 219–226.

Eidenmüller, Horst: Vertrauensmechanismus und Vertrauenshaftung, in: Neumann, Ulrich/Schulz, Lorenz, Verantwortung in Recht und Moral, ARSP Beiheft Nr. 74, Stuttgart 2000, 117–139.

– Effizienz als Rechtsprinzip. Möglichkeiten und Grenzen der ökonomischen Analyse des Rechts, 3. Auflage, Tübingen 2005.

Einsele, Dorothee: Internationales Prospekthaftungsrecht – Kollisionsrechtlicher Anlegerschutz nach der Rom II-Verordnung –, ZEuP 2012, 23–46.

Eisen, Mathias: Haftung und Regulierung internationaler Rating-Agenturen, Frankfurt a. M. 2007.

Ekkenga, Jens: Fragen der deliktischen Haftungsbegründung bei Kursmanipulationen und Insidergeschäften, ZIP 2004, 781–793.

– Die Fahrlässigkeitshaftung des Jahresabschlussprüfers für Insolvenzschäden Dritter, WM 1996, Sonderbeil. Nr. 3/1996, 1–16.

Emmenegger, Susan: Die Regulierung von Rating-Agenturen, SZW/RSDA 2006, 32–41.

– Rating und Haftung, in: Wiegand, Wolfgang, Berner Bankrechtstag 2005. Basel II – die rechtlichen Konsequenzen, Bern 2006, 51–98.

Engels, Christoph: Zivilrecht als Fortsetzung des Wirtschaftsrechts mit anderen Mitteln, JZ 1995, 213–218.

Esser, Josef: Vorverständnis und Methodenwahl in der Rechtsfindung. Rationalitätsgrundlagen richterlicher Entscheidungspraxis, Kronberg/Ts. 1972.

Eucken, Walter: Grundsätze der Wirtschaftspolitik, 6. Auflage, Tübingen 1990.

Fama, Eugene: Efficient Capital Markets, A Review of Theory and Empirical Work 25 Journal of Finance 383–417 (1970)

Faßbender, Christian: Anforderungen an die Anlageberatung bei unzureichender Einlagensicherung, WuB I G 1. Anlageberatung 1.10.

Faust, Florian: Der Schutz von reinen Vermögensschäden – illustriert am Beispiel der Expertenhaftung, AcP 210 (2010) 555–579.

Feinman, Jay M.: The Economic Loss Rule and Private Ordering, 48 Arizona L. Rev. 813–827 (2006).

– Liability of Accountants for Negligent Auditing: Doctrine, Policy and Ideology, 31 Florida St. U. L. Rev. 17–65 (2003).

– Economic Negligence. Liability of Professionals and Businesses to Third Parties for Economic Loss, Boston/New York/Toronto/London 1995.

Fender, Ingo/*Mitchell*, Janet: Strukturierte Finanzierungen: Komplexität, Risiken und die Rolle von Ratings, BIZ-Quartalsbericht Juni 2005, 77–91.

Ferrarini, Guido/*Giudici*, Paolo: Financial Scandals and the Role of Private Enforcement: The Parmalat Case, ECGI Law Working Papers Series No. 40/2005, Mai 2005.

Fezer, Karl-Heinz (Hrsg.): Lauterkeitsrecht. Kommentar zum Gesetz gegen den unlauteren Wettbewerb (UWG), München 2010.

– Nochmals: Kritik an der ökonomischen Analyse des Rechts, JZ 1988, 223–228.

– Aspekte einer Rechtskritik an der economic analysis of law und am property rights approach, JZ 1986, 817–824.

Fiala, Johannes/*Kohrs*, Christian/*Leuschner*, Sabine: Die Haftung des „Experten" für anlagebeeinflussende Äußerungen am Beispiel der Haftung für Versicherungsratings, VersR 2005, 742–749.

Findeisen, Maximilian: Interessenkonflikte im Ratingwesen – einmal mehr besteht Regulierungsbedarf für einen Gatekeeper, DAJV Newsletter 2008, 64–70.

– Die Bedeutung der haftungsbegründenden Kausalität einer fehlerhaften Ad-hoc-Mitteilung für die Anlageentscheidung des Schadensersatzklägers, NZG 2007, 692–695.

– Umfang und Anforderungen an die haftungsbegründende Kausalität bei der Haftung nach § 826 BGB für fehlerhafte Ad-hoc-Mitteilungen, WM 2007, 100–108.

– Über die Regulierung und die Rechtsfolgen von Interessenkonflikten in der Aktienanalyse von Investmentbanken. Eine vergleichende Darstellung des US-amerikanischen und des deutschen Rechts, Baden-Baden 2007.

Finn, Markus: Zur Haftung des Sachverständigen für fehlerhafte Wertgutachten gegenüber Dritten, NJW 2004, 3752–3754.

Fischel, Daniel R.: The Regulation of Accounting: Some Economic Issues, 52 Brook. L. Rev. 1051–1056 (1987).

Fischer, Gerfried: Culpa in Contrahendo im europäischen Internationalen Privatrecht, in: Baur, Jürgen F./Sandrock, Otto/Scholtka, Boris/Shapira, Amos, Festschrift für Gunther Kühne zum 70. Geburtstag, Frankfurt a.M. 2009, 689–700.

Fischer, Julian: Insiderrecht und Kapitalmarktkommunikation – unter besonderer Berücksichtigung des Rechtsrahmens für Finanzanalysten, Berlin 2006.

Fischer, Sandra: Haftungsfragen des Ratings, Hamburg 2007.

Flaig, Carolin: Wirtschaftsjournalismus und Markt – Notwendigkeit und Ansätze einer Regulierung, Berlin 2009.

Fleischer, Holger: Vertrauen von Geschäftsleitern und Aufsichtsratsmitgliedern auf Informationen Dritter, ZIP 2009, 1397–1406.

– Aktuelle Entwicklungen der Managerhaftung, NJW 2009, 2337–2343.

– Investor Relations und informationelle Gleichbehandlung im Aktien-, Konzern- und Kapitalmarktrecht, ZGR 2009, 505–541.

– Finanzinvestoren im ordnungspolitischen Gesamtgefüge von Aktien-, Bankaufsichts- und Kapitalmarktrecht, ZGR 2008, 195–224.

– Prognoseberichterstattung im Kapitalmarktrecht und Haftung für fehlerhafte Prognosen, AG 2006, 2–16.

– Konturen einer kapitalmarktrechtlichen Informationsdeliktshaftung, ZIP 2005, 1805–1812.

– Gesetz und Vertrag als alternative Problemlösungsmodelle im Gesellschaftsrecht, ZHR 168 (2004), 673–707.

– Empfiehlt es sich, im Interesse des Anlegerschutzes und zur Förderung des Finanzplatzes Deutschland das Kapitalmarkt- und Börsenrecht neu zu regeln? Kapitalmarktrechtliches Teilgutachten, Gutachten F für den 64. Deutschen Juristentag, München 2002.

– Grundfragen der ökonomischen Theorie im Gesellschafts- und Kapitalmarktrecht, ZGR 2001, 1–32.

– Informationsasymmetrie im Vertragsrecht. Eine rechtsvergleichende und interdisziplinäre Abhandlung zu Reichweite und Grenzen abschlussbezogener Aufklärungspflichten, München 2001.

– Konzernrechtliche Vertrauenshaftung, ZHR 163 (1999) 481–485.

– Konzernvertrauenshaftung und corporate advertising – ein aktueller Streifzug durch die schweizerische Spruchpraxis zum Konzernaußenrecht, NZG 1999, 685–692.

Fleischer, Holger/*Kalss*, Susanne: Kapitalmarktrechtliche Schadensersatzhaftung und Kurseinbrüche an der Börse, AG 2002, 329–336.

Fleischer, Holger/*Schmolke*, Klaus Ulrich: Klumpenrisiko und organschaftliche Verantwortlichkeit im schweizerischen Aktienrecht, RIW 2009, 337–342.

Fleischer, Holger/*Zimmer*, Daniel: Effizienzorientierung im Handels- und Wirtschaftsrecht – Einführung und Überblick –, in: dies., Effizienz als Regelungsziel im Handels- und Wirtschaftsrecht, Frankfurt a. M. 2008, 9–42.

Florstedt, Tim: Zur organhaftungsrechtlichen Aufarbeitung der Finanzmarktkrise, AG 2010, 315–323.

Flume, Werner: Allgemeiner Teil des Bürgerlichen Rechts. Zweiter Band. Das Rechtsgeschäft, 3. Auflage, Berlin/Heidelberg/New York/Tokyo 1979.

Foerste, Ulrich: Die Produkthaftung für Druckwerke, NJW 1991, 1433–1439.

Freeman, Lisbeth: Who's Guarding the Gate? Credit-Rating Agency Liability as „Control Person" in the Subprime Crisis, 33 Vt L. Rev. 585–619 (2009).

Fuchs, Andreas (Hrsg.): Wertpapierhandelsgesetz (WpHG), München 2009 (zitiert als: *Bearbeiter*, in: Fuchs, WpHG).

Fuchs, Maximilian: Arbeitsteilung und Haftung, JZ 1994, 533–540.

Geibel, Stefan J.: Der Kapitalanlegerschaden, Tübingen 2002.

Gerke, Wolfgang/*Mager*, Ferdinand: Die Macht der Ratingagenturen? Der Fall ThyssenKrupp AG, BFuP 57 (2005), 203–214.

Gerner-Beuerle, Carsten: Die Haftung von Emissionskonsortien, Berlin 2009.

– Underwriters, Auditors, and Other Usual Suspects: Elements of Third Party Enforcement in US and European Securities Law, 6 ECFLR 476–515 (2009).

– The market for securities and its regulation through gatekeepers, 23 Temple Int'l & Comp. L J. 317–377 (2009).

Gernhuber, Joachim: Das Schuldverhältnis, Tübingen 1989.

Gietzelt, Manuel/*Ungerer*, Johannes: Die neue zivilrechtliche Haftung von Ratingagenturen nach Unionsrecht, GPR 2013, 333–347.

Gigerenzer, Gerd: Adaptive Thinking: Rationality in the Real World, Oxford 2000.

Gilson, Ronald J./*Kraakman*, Reinier H.: The Mechanisms of Market Efficiency, 70 Va. L. Rev. 549–644 (1984).

Goldberg, Victor P.: Accountable Accountants: Is Third-Party Liability Necessary?, 17 J. Legal Stud. 295–312 (1988).

Gomille, Christian: Standardisierte Leistungsbewertungen. Eine äußerungsrechtliche Untersuchung, München 2009.

Grigoleit, Christoph: Vorvertragliche Informationshaftung, München 1997.

Gross, Jill I.: Securities Analysts' Undisclosed Conflicts of Interests: Unfair Dealing or Securities Fraud?, 3 Col. Bus. L. Rev. 631–676 (2003).

Groß, Wolfgang: Kapitalmarktrecht. Kommentar um Börsengesetz, zur Börsenzulassungs-Verordnung, zum Wertpapierprospektgesetz und zum Verkaufsprospektgesetz, 4. Auflage, München 2009.

Großfeld, Bernhard: Globales Rating, ZVglRWiss 101 (2002) 387–403.

Großkommentar Aktiengesetz, hrsg. von Hopt, Klaus J./Wiedemann, Herbert, 4. Auflage, Berlin/New York 1992ff.

Grundmann, Stefan: Die Dogmatik der Vertragsnetze, AcP 207 (2007), 718–767.

– Der Treuhandvertrag, insbesondere die werbende Treuhand. München 1997.

– Deutsches Anlegerschutzrecht in internationalen Sachverhalten, RabelsZ 54 (1990) 284–322.

Grundmann, Stefan/*Kerber*, Wolfgang: Information Intermediaries and Party Autonomy – The Example of Securities and Insurance Markets, in: dies./Weatherhill, Stephen, Party Autonomy and the Role of Information in the Internal Market, Berlin/New York 2001, 264–310.

Grunewald, Barbara: Die Haftung des Experten für seine Expertise gegenüber Dritten, AcP 187 (1987) 285–308.

Gudzowski, Milosz: Mortgage Credit Ratings and the Financial Crisis: The Need for a State-Run Mortgage Security Credit Rating Agency, 2010 Colum. Bus. L. Rev. 245–280.

Günther, Andreas: Produkthaftung für Informationsgüter, Köln 2001.

Haar, Brigitte: Neues zur Haftung von Ratingagenturen im Zuge der zweiten Novelle der Rating-Verordnung (CRA III)?, DB 2013, 2489–2496.

– Haftung für fehlerhafte Ratings von Lehman-Zertifikaten – ein neuer Baustein für ein verbessertes Regulierungsdesign im Ratingsektor?, NZG 2010, 1281–1285.

– Das deutsche Ausführungsgesetz zur EU-Rating-Verordnung – Zwischenetappe auf dem Weg zu einer europäischen Finanzmarktarchitektur, ZBB 2010, 185–193.

– Nachhaltige Ratingqualität durch Gewinnabschöpfung? – Zur Regulierung ihrer Implementierung im Ratingsektor, ZBB 2009, 177–187.

– Law and Finance – Kapitalmarktentwicklung in interdisziplinärer Perspektive, JZ 2007, 964–974.

Habersack, Mathias: Rechtsfragen des Emittenten-Ratings, ZHR 159 (2005) 185–211.

Habersack, Mathias/*Mülbert*, Peter O./*Schlitt*, Michael: Unternehmensfinanzierung am Kapitalmarkt, 2. Auflage, Köln 2008.

– Handbuch der Kapitalmarktinformation, München 2008.

Halbleib, Gernot: Die Haftung des Wirtschaftsprüfers gegenüber Anlegern am Kapitalmarkt, Baden-Baden 2010.

Hamdani, Assaf: Gatekeeper Liability, 77 S. Cal. L. Rev. 53–121 (2003).

Hazen, Thomas Lee: The Law of Securities Regulation, 5. Auflage, St. Paul 2006.

He, Ji (Jack)/*Qian*, Jun (QJ)/*Strahan*, Philip E.: Credit Rating and the Evolution of the Mortgage-Backed Securities Market, Working Paper, 2010 (verfügbar über SSRN).

Hein, Jan von: Die Rezeption US-amerikanischen Gesellschaftsrechts in Deutschland, Tübingen 2008.

– Die internationale Prospekthaftung im Lichte der Rom II-Verordnung, 371–396, in: Baum, Harald/Fleckner, Andreas M./Hellgardt, Alexander/Roth, Markus, Perspektiven des Wirtschaftsrechts. Deutsches, europäisches und internationales Handels-, Gesellschafts- und Kapitalmarktrecht. Beiträge für Klaus J. Hopt aus Anlass seiner Emeritierung, Berlin/New York 2008.

Hellgardt, Alexander: Von der bürgerlich-rechtlichen Prospekthaftung zur Informationshaftung beim Vertrieb von Vermögensanlagen, ZBB 2012, 73–88.

– Europarechtliche Vorgabe für die Kapitalmarktinformationshaftung. de lege lata und nach Inkrafttreten der Marktmissbrauchsverordnung, AG 2012, 154–168.

– Kapitalmarktdeliktsrecht. Haftung von Emittenten, Bietern, Organwaltern und Marktintermediären – Grundlagen, Systematik, Einzelfragen –, Tübingen 2008.

Hellgardt, Alexander/*Ringe*, Wolf-Georg: Internationale Kapitalmarkthaftung als Corporate Governance. Haftungstatbestände und Kollisionsrecht in transatlantischer Perspektive, ZHR 173 (2009) 802–838.

Hellwig, Martin: Finanzmarktregulierung – Welche Regelungen empfehlen sich für den deutschen und europäischen Finanzsektor?, Gutachten E für den 68. Deutschen Juristentag, München 2010.

Hennrichs, Joachim: „Basel II" und das Gesellschaftsrecht, ZGR 2006, 563–586.

– Haftungsrechtliche Aspekte des Ratings, in: Festschrift für Walther Hadding, Berlin 2004, 875–891 (zitiert als: FS Hadding (2004)).

Hertzberg, Christine von: Die Haftung von Börseninformationsdiensten, Heidelberg 1987.

Heukamp, Wessel: Brauchen wir eine kapitalmarktrechtliche Dritthaftung von Wirtschaftsprüfern?, ZHR 169 (2005) 471–495.

Hill, Claire: Why Did the Rating Agencies So Badly Rating Subprime Securities? 71 U. Pitt. L. Rev. 1–24 (2010).

– Regulating Rating Agencies, 82 Wash. U. L. Q. 43–94 (2004).

– Rating Agencies Behaving Badly: The Case of Enron, 35 Conn. L. Rev. 1145–1155 (2003).

Hirte, Heribert: Berufshaftung. Ein Beitrag zur Entwicklung eines einheitlichen Haftungsmodells für Dienstleistungen, München 1996.

Hirte, Heribert/*Möllers*, Thomas M. J.: Kölner Kommentar zum WpHG, Köln/Berlin/München, 2. Auflage 2014 (zitiert als: *Bearbeiter*, in: Kölner Kommentar, WpHG).

Holzborn, Timo/*Israel*, Alexander: Das Anlegerschutzverbesserungsgesetz, WM 2004, 1948–1956.

Honsell, Heinrich: Zum stillschweigenden Auskunftsvertrag mit Schutzwirkung für Dritte, JZ 1985, 952–954.

Hopt, Klaus J.: Die Haftung für Kapitalmarktinformationen – Rechtsvergleichend, rechtsdogmatische und rechtspolitische Überlegungen –, WM 2013, 101–112.

– Interessenwahrung und Interessenkonflikte im Aktien-, Bank- und Berufsrecht. Zur Dogmatik des modernen Geschäftsbesorgungsrechts, ZGR 2001, 1–52.

– Grundsatz- und Praxisprobleme nach dem Wertpapierhandelsgesetz – insbesondere Insidergeschäfte und Ad-hoc-Publizität –, ZHR 159 (1995) 135–163.

– Die Verantwortlichkeit der Banken bei Emissionen. Recht und Praxis in der EG, in Deutschland und in der Schweiz, München 1991.

– Dritthaftung für Testate, NJW 1987, 1745–1746.

– Die Haftung des Wirtschaftsprüfers. Rechtsprobleme zu § 323 HGB (§ 168 AktG a. F.) und zur Prospekt- und Auskunftshaftung, in: Hofmann, Paul/Meyer-Cording, Ulrich/Wiedemann, Herbert, Festschrift für Klemens Pleyer zum 65. Geburtstag, Köln/Berlin/Bonn/München 1986, 341–370 (zitiert als: *Hopt*, in: FS Pleyer (1986)).

– Nichtvertragliche Haftung außerhalb von Schadens- und Bereicherungsrecht – Zur Theorie und Dogmatik des Berufsrechts und der Berufshaftung –, AcP 183 (1983) 608–720.

– Berufshaftung und Berufsrecht der Börsendienste, Anlageberater und Vermögensverwalter, in: Lutter, Marcus/Stimpel, Walter/Wiedemann, Herbert, Festschrift für Robert Fischer, Berlin/New York 1979 (zitiert als: *Hopt*, in: FS Fischer), 237–261.

– Der Kapitalanlegerschutz im Recht der Banken. Gesellschafts-, bank- und börsenrechtliche Anforderungen an das Beratungs- und Verwaltungsverhalten der Kreditinstitute, München 1975.

Hopt, Klaus J./*Voigt*, Hans-Christoph: Prospekt- und Kapitalmarktinformationshaftung. Recht und Reform in der Europäischen Union, der Schweiz und den USA, Tübingen 2005.

– Prospekt- und Kapitalmarktinformationshaftung. Recht und Reform in der Europäischen Union, der Schweiz und den USA, WM 2004, 1801–1804.

Horsch, Andreas: Rating und Regulierung. Ökonomische Analyse der Prozesse, Strukturen und Regeln der Märkte für Ratings, Baden-Baden 2008.

Horsch, Andreas/*Kleinow*, Jacob/*Traun*, Maximilian: Ökonomische Analyse von Konzepten einer Europäischen Ratingagentur, ZBB 2013, 417–436.

Huber, Konrad: Verkehrspflichten zum Schutz fremden Vermögens, in: Ficker, Hans Claudius/König, Detlef/Kreuzer, Karl F./Leser, Hans G./Frhr. Marschall von Bieberstein, Wolfgang/Schlechtriem, Peter, Festschrift für Ernst von Caemmerer, Tübingen 1978, 359–388.

Hüffer, Uwe (Hrsg.): Aktiengesetz, 11. Auflage, München 2014.

Hunt, John P.: The SEC's Proposed Rating Agency Rules: Unresolved Conflicts (June 26, 2008) (verfügbar über SSRN).

– One Cheer fort he Credit Rating Agencies: How the Mark-to Market Accounting Debate Highlights the Case for Rating-Dependent Capital Regulation, 60 S. C. L. Rev. 749–778.

– Credit Rating Agencies and the ‚Worldwide Credit Crisis': The Limits of Reputation, the Insufficiency of Reform, and a Proposal for Improvement, 2009 Colum. Bus. Law Rev. 109–209.

Hupka, Jan: Die Integration der europäischen Finanzmärkte. Zur Rolle des Committee of European Securities Regulators (CESR) und der Bindungswirkung von Standards, GPR 2008, 286–292.

Husisian, Gregory: What Standard of Care Should Govern the World's Shortest Editorials?: An Analysis of Bond Rating Liability, 75 Cornell L. Rev. 411–461 (1990).

Issing, Otmar/*Asmussen*, Jörg/*Krahen*, Jan Pieter/*Regling*, Klaus/*Weidmann*, Jens/*White*, William: New Financial Order Recommendations by the Issing Committee Part I October 2008, Center for Financial Studies White Paper, Oktober 2008.

Jackson, Howell E.: The Role of Credit Rating Agencies in the Establishment of Capital Standards for Financial Institutions in a Global Economy, in: Ferran, Ellis/Goodhart, Charles A. E., Regulating Financial Services and Markets in the Twenty First Century, Oxford 2001, 311–322.

Jahn, Uwe: Die Finanzkrise und ihre rechtlichen Auswirkungen auf Rahmenverträge über OTC-Derivategeschäfte, BKR 2009, 25–28.

Jansen, Nils: Die Struktur des Haftungsrechts. Geschichte, Theorie und Dogmatik außervertraglicher Ansprüche auf Schadensersatz, Tübingen 2003.

Jarass, Hans D.: Grundrechte-Charta, 2. Auflage, München 2013.

Jarass, Hans D./*Pieroth*, Bodo: Grundgesetz, 13. Auflage, München 2014.

Jauernig, Othmar (Hrsg.): Bürgerliches Gesetzbuch, 15. Auflage, München 2014 (zitiert als: *Bearbeiter*, in: Jauernig)

Junker, Abbo: Der Reformbedarf im Internationalen Deliktsrecht der Rom II-Verordnung drei Jahre nach ihrer Verabschiedung, RIW 2010, 257–269.

Just, Clemens/*Voß*, Thorsten/*Ritz*, Corinna/*Zeising*, Michael: Wertpapierprospektgesetz und EU-Prospekt-Verordnung, München 2009 (zitiert als: *Bearbeiter*, in: Just/Voß/Ritz/Zeising, WpPG).

Kahnemann, Daniel: Schnelles Denken, langsames Denken, München 2012.

Kalss, Susanne: Die rechtlichen Grundlage kapitalmarktrechtlicher Haftungsansprüche, ÖBA 2000, 641–664.

Kämmerer, Jörn Axel/*Veil*, Rüdiger: Analyse von Finanzinstrumenten (§ 34b WpHG) und journalistische Selbstregulierung, BKR 2005, 379–387.

Kamp, Andreas/*Ricke*, Markus: Stichwort: Informationsasymmetrie, BKR 2003, 527–531.

Karns, Jack E.: Independent Financial Analyst's Reports and the „Post-Publication Ratification Theory": Is a Company Liable for Voluntary Circulation of a Favourable Report, 32 New. Eng. L. Rev. 1023–1039 (1998).

Kersting, Christian: Die Rechtsfolge vorvertraglicher Informationspflichtverletzungen – Vertragsaufhebung oder „Minderung" aus c.i.c., JZ 2008, 714–721.

– Die Dritthaftung für Informationen im Bürgerlichen Recht, München 2007.

– Zinsanpassung nach Basel II, ZIP 2007, 56–63.

Kerwer, Dieter: Agenten des Finanzmarkt-Kapitalismus? Globale Ratingagenturen in der Unternehmenskontrolle in Deutschland, in: Jürgens, Ulrich/Sadowski, Dieter/Schuppert, Gunnar Folke/Weiss, Manfred, Perspektiven der Corporate Governance, Baden-Baden 2007, 385–401.

– Holding Global Regulators Accountable: The Case of Credit Rating Agencies, 18 Governance (2005) 453–475.

Kettering, Kenneth C.: Securitization and Its Discontents: The Dynamics of Financial Product Development, 29 Cardozo Law Review (2008), 1553–1728.

Klöhn, Lars: Die Ausweitung der bürgerlich-rechtlichen Prospekthaftung durch das „Rupert Scholz"-Urteil des BGH – Zugleich Besprechung von BGH WM 2012, 19 –, WM 2012, 97–106.

– Kein Anspruch auf Einlagensicherung? – Wie ein Gerichtsurteil eine Institution gefährdet, ZIP 2011, 109–115.

– Optimistische Prognosen in der bürgerlich-rechtlichen Prospekthaftung, WM 2010, 289–296.

– Kapitalmarkt, Spekulation und Behavioral Finance. Eine interdisziplinäre und vergleichende Analyse zum Fluch und Segen der Spekulation und ihrer Regulierung durch Recht und Markt, Berlin 2006.

– Problem Schadensberechnung: Neues vom US Supreme Court zur Haftung wegen fehlerhafter Kapitalmarktinformation, RIW 2005, 728–735.

Knops, Kai-Oliver: Anlegerschutz im Anleihemarkt – insbesondere bei der Verbriefung von Kreditforderungen, BB 2008, 2535–2340.

Koch, Jens: Die Haftung des Mittelverwendungskontrolleurs, WM 2010, 1057–1064.

– Haftungsbeschränkungen bei der Abgabe von Third Party Legal Opinions, WM 2005, 1208–216.

– § 311 Abs. 3 BGB als Grundlage für eine vertrauensrechtliche Auskunftshaftung, AcP 204 (2004) 59–80.

Köhler, Christian: Die Zulässigkeit derivativer Finanzinstrumente in Unternehmen, Banken und Kommunen. Eine ökonomische und rechtliche Analyse. Tübingen 2012.

Koller, Ingo/*Roth*, Wulf-Henning/*Morck*, Winfried: HGB. Kommentar, 6. Auflage, München 2007 (zitiert als: *Bearbeiter*, in: Koller/Roth/Morck, HGB).

Kölner Kommentar zum WpHG, hrsg. von *Heribert Hirte* und *Thomas M. J. Möllers*, Köln/Berlin/München, 2. Auflage 2014 (zitiert als: *Bearbeiter*, in: Kölner Kommentar, WpHG).

Köndgen, Johannes: Anmerkung zu BGH JZ 2010, 414 ff., JZ 2010, 418–420.

– Effizienzorientierung im Kapitalmarktrecht? in: Fleischer, Holger/Zimmer, Daniel, Effizienz als Regelungsziel im Handels- und Wirtschaftsrecht, Frankfurt a. M. 2008, 100–139.

– Privatisierung des Rechts. Private Governance zwischen Deregulierung und Rekonstitutionalisierung, AcP 206 (2006), 477–525.

– Die Ad hoc-Publizität als Prüfstein informationsrechtlicher Prinzipien, in: Schweizer, Rainer J./Buckert, Herbert/Grasser, Urs, Festschrift für Jean Nicolas Druey zum 65. Geburtstag, Zürich 2002, 791–815.

– Die Positivierung der *culpa in contrahendo* als Frage der Gesetzgebungsmethodik, in: Schulze, Reiner/Schulte-Nölke, Hans, Die Schuldrechtsreform vor dem Hintergrund des Gemeinschaftsrechts, Tübingen 2001, 231–242.

– Zur Theorie der Prospekthaftung, AG 1983, 85–99 und 120–132.

– Selbstbindung ohne Vertrag. Zur Haftung aus geschäftsbezogenem Handeln. Tübingen 1981.

– Die Haftung von Börseninformationsdiensten: Lücke im Anlegerschutz? – Bemerkungen zum Urteil des BGH v. 8.2.1978 – VIII ZR 20/77 –, JZ 1978, 389–394.

Kontogeorgou, Margarita: Externes Rating und Anlegerschutz im Spiegel der neuen Verordnung (EU) Nr. 462/2013, DStR 2014, 1397–1404.

Korth, Peter: Dritthaftung von Ratingagenturen, Baden-Baden 2010.

– Quasi-vertragliche Expertenhaftung und „soziologische Jurisprudenz“, in: Calliess, Gralf-Peter/Fischer-Lescano, Andreas/Wielsch, Dan/Zumbansen, Peer, Soziologische Jurisprudenz. Festschrift für Gunter Teubner zum 65. Geburtstag, Berlin 2009, 343–358 (zitiert als: *Korth*, in: FS Teubner).

Kötz, Hein: Die Ziele des Haftungsrechts, in: Baur, Jürgen F./Hopt, Klaus J./Mailänder, K. Peter: Festschrift für Ernst Steindorff zum 70. Geburtstag am 13. März 1990, Berlin/New York 1990, 643–666.

Kötz, Hein/*Wagner*, Gerhard: Deliktsrecht, 12. Auflage, München 2013.

Kraakman, Reinier H.: Gatekeepers: The Anatomy of Third-Party Enforcement Strategy, 2 J. L. Econ. & Org. 53–104 (1986).

– Corporate Liability Strategies and the Costs of Legal Control, 93 Yale L. J. 857–898 (1984).

Krämer, Lutz: Aktuelle Rechtfragen des externen Ratings, in: Hadding, Walther/Hopt, Klaus J./Schimansky, Herbert, Internes und externes Rating. Aktuelle Entwicklungen im Recht der internationalen Kreditsicherheiten – national und international. Bankrechtstag 2004, Berlin 2005, 3–42 (zitiert als *Krämer*, in: Bankrechtstag 2004).

Krause, Rüdiger: Ad-hoc-Publizität und schadensersatzrechtlicher Anlegerschutz, ZGR 2002, 799–841.

Kremer, René M.: Die zivilrechtliche Verantwortlichkeit des Wirtschaftsprüfers gegenüber Kapitalanlegern. Eine Untersuchung zur Notwendigkeit und Ausgestaltung einer sekundärmarktbezogenen Dritthaftung wegen unzureichender Prüfungsleistungen, Göttingen 2007.

Kreuzer, Karl: Zur Anknüpfung der Sachwalterhaftung, IPrax 1988, 16–20.

Krimphove, Dieter/*Kruse*, Oliver: Regulierung und Haftung von Ratingagenturen: Status quo und Perspektiven, ZfgKredW 2005, 413–417.

Kronke, Herbert: Capital Markets and Conflict of Laws, Recueil des Cours, 286 (2000) 245–386.

Kübler, Friedrich: Rechtsfragen des Ratings, in: Hadding, Walther/Hopt, Klaus J./Schimansky, Herbert, Vorzeitige Beendigung von Finanzierungen. Rating von Unternehmen. Bankrechtstag 1996, Berlin/New York 1997, 115–133 (zitiert als *Kübler*, in: Bankrechtstag 1996).

– Effizienz als Rechtsprinzip. Überlegungen zum rechtspraktischen Gebrauch ökonomischer Argumente, in: Baur, Jürgen F./Hopt, Klaus J./Mailänder, K. Peter: Festschrift für Ernst Steindorff zum 70. Geburtstag am 13. März 1990, Berlin/New York 1990, 687–704.

– Öffentliche Kritik an gewerblichen Erzeugnissen und berufliche Leistungen, AcP 172 (1972), 177–202.

Kumpan, Christoph: Regulierung von Ratingagenturen – ein anreizorientierter Ansatz, in: Grundmann, Stefan/Haar, Brigitte/Merkt, Hanno/Mülbert, Peter O./Wellenhofer, Marina, Unternehmen, Markt und Verantwortung, Festschrift für Klaus J. Hopt zum 70. Geburtstag, München 2010, 2157–2173 (zitiert als: *Kumpan*, in: FS Hopt).

– Conflicts of Interest in Securitisation: Adjusting Incentives, 9 Journal of Corporate Law Studies 261–294 (2009).

Kumpan, Christoph/*Leyens*, Patrick C.: Conflicts of Interest of Financial Intermediaries – Towards a Global Common Core in Conflicts of Interest Regulation, ECFR 2008, 72–100.

Kuntz, Thilo: Internationale Prospekthaftung nach Inkrafttreten des Wertpapierprospektgesetzes, WM 2007, 432–440.

Kurt, Marcus: Culpa in contrahendo im europäischen Kollisionsrecht der vertraglichen und außervertraglichen Schuldverhältnisse: eine Untersuchung zu Anwendungsbereich und Auslegung von Art. 12 Rom II-Verordnung, Baden-Baden 2009.

Lammel, Siegbert: Zur Auskunftshaftung, AcP 179 (1979) 337–366.

Lampe, Alexander: Die Regulierung von Ratingagenturen, Hamburg 2010.

Lang, Arno: Die Rechtsprechung des Bundesgerichtshofes zur Dritthaftung der Wirtschaftsprüfer und anderer Sachverständiger, WM 1988, 1001–1008.

Lang, Volker: Einmal mehr: Berufsrecht, Berufspflichten und Berufshaftung. Gedanken zu Inhalt und Dogmatik eines Berufsrechtes am Beispiel der bankrechtlichen Informationspflichten, AcP 201 (2001) 451–579.

Lange, Herrmann/*Schiemann*, Gottfried: Schadensersatzrecht, 3. Auflage, Tübingen 2003.

Langenbucher, Katja: Kausalitätsbeziehungen bei der Einschaltung von Finanzintermediären – Zur Haftung für fehlerhafte Kapitalmarktinformation –, in: Bitter, Georg/Lutter, Marcus/Priester, Hans-Joachim/Schän, Wolfgang/Ulmer, Peter, Festschrift für Karsten Schmidt, Köln 2009, 1053–1063 (zitiert als: *Langebucher*, in: FS Karsten Schmidt).

– Umsetzung von Basel II gegenüber dem Kunden, insbesondere beim internen Rating, in: Aktuelle Rechtfragen des externen Ratings, in: Hadding, Walther/Hopt, Klaus J./Schimansky, Herbert, Internes und externes Rating. Aktuelle Entwicklungen im Recht der internationalen Kreditsicherheiten – national und international. Bankrechtstag 2004, Berlin 2005, 63–82 (zitiert als *Langenbucher*, in: Bankrechtstag 2004).

Langevoort, Donald C.: Capping Damages for Open-Market Securities Fraud, 38 Ariz. L. Rev. 639–664 (1996).

Larenz, Karl: Lehrbuch des Schuldrechts, Bd. I, Allgemeiner Teil, 14. Auflage, München 1987.

– Lehrbuch des Schuldrechts, Bd. II/1, 13. Auflage, München 1986.

Larenz, Karl/*Canaris*, Claus-Wilhelm: Methodenlehre der Rechtswissenschaft, 3. Auflage, Berlin/Heidelberg/New York 1995.

– Lehrbuch des Schuldrechts, Bd. II/2, 13. Auflage (1994).

Larenz, Karl/*Wolf*, Manfred: Allgemeiner Teil des Bürgerlichen Rechts. 9. Auflage, München 2004 (zitiert als: *Larenz/Wolf*, BGB AT).

Leenen, Detlef: Die Funktionsbedingungen von Verkehrssystemen in der Dogmatik des Privatrechts, in: Behrends, Okko/Dießelhorst, Malte/Dreier, Ralf, Rechtsdogmatik und praktische Vernunft. Symposion zum 80. Geburtstag von Franz Wieacker, Göttingen 1990, 108–126.

Lehmann, Matthias: Civil Liability of Rating Agencies: An Insipid Sproud from Brussels, LSE Law, Society and Economy Working Papers 15/2014 (2014).

– Vorschlag für eine Reform der Rom II-Verordnung im Bereich der Finanzmarktdelikte, IPrax 2012, 399–405.

– Eine neue Ära der extraterritorialen Anwendung US-amerikanischen Rechts, RIW 2010, 841–850.

Leible, Stefan/*Lehmann*, Matthias: Die neue EG-Verordnung über das auf außervertragliche Schuldverhältnisse anzuwendende Recht („Rom II"), RIW 2007, 721–735.

Lemke, Rudolf: Haftungsrechtliche Probleme des Ratingwesens – ein Regelungsproblem?, Frankfurt a. M. 2000.

Lenenbach, Markus: Reformen des U.S.-amerikanischen Kapitalanlagerechts: Abwehr missbräuchlicher Schadensersatzklagen und ein „safe harbor" für Unternehmensprognosen, WM 1999, 1393–1402.

Lerch, Marcus P.: Ratingagenturen im Visier des europäischen Gesetzgebers, BKR 2010, 402–408.

Leuschner, Lars: Zum Kausalitätserfordernis des § 826 BGB bei unrichtigen Ad-hoc-Mitteilungen, ZIP 2008, 1050–1059.

– Gebotenheit und Grenzen der AGB-Kontrolle. Weshalb M&A-Verträge nicht der Inhaltskontrolle der §§ 305 ff. BGB unterliegen, AcP 207 (2007) 491–529.

Levich, Richard M./*Majnoni*, Giovanni/*Reinhart*, Carmen: Ratings, Rating Agencies and the Global Financial System, Boston/Dordrecht/London 2002.

Leyens, Patrick C.: Finanzmarktregulierung: Reform zwischen öffentlichem und privatem Recht, AnwBl. 2010, 584–588.

– Unabhängigkeit der Informationsintermediäre zwischen Vertrag und Markt, in: v. Baum, Harald/Fleckner, Andreas/Hellgardt, Alexander/Roth, Markus, Perspektiven des Wirtschaftsrechts. Deutsches, europäisches und internationales Handels-, Gesellschafts- und Kapitalmarktrecht – Beiträge für Klaus J. Hopt aus Anlass seiner Emeritierung, Berlin 2008, 423–452 (zitiert als: *Leyens*, in: Perspektiven des Wirtschaftsrechts (2008)).

– Informationsintermediäre als Gatekeeper – Rechtsökonomische Überlegungen zu einer modernen Intermediärhaftung, in: Eger, Thomas/Bigus, Jochen/Ott, Claus/von Wangenheim, Georg: Internationalisierung des Rechts und seine ökonomische Analyse – Internationalization of the Law and its Economic Analysis, Festschrift für Hans-Bernd Schäfer zum 65. Geburtstag, Wiesbaden (2008), 159–170 (zitiert als *Leyens*, in: FS H.-B. Schäfer (2008)).

– Corporate Governance. Grundsatzfragen und Forschungsperspektiven, JZ 2007, 1061–1072.

Listokin, Yair/*Taibleson*, Benjamin: If You Misrate, then You Lose: Improving Credit Rating Accuracy Through Incentive Compensation, 27 Yale J. on Reg. 91–113 (2010).

Loges, Rainer: Die Begründung neuer Erklärungspflichten und der Gedanke des Vertrauensschutzes, Berlin 1991.

London Economics/Ewert, Ralf: Study on the Economic Impact of Auditors' Liability Regimes (MARKT/2005/24/F), 2006.

LoPucki, Lynn M.: The Death of Liability, 106 Yale L. J. 1–93 (1996).

Lorenz, Werner: Das Problem der Haftung für primäre Vermögensschäden bei der Erteilung einer unrichtigen Auskunft, in: Paulus, Gotthard/Diedrichsen, Uwe/Canaris, Claus-Wilhelm, Festschrift für Karl Larenz zum 70. Geburtstag, München 1973, 575–620 (zitiert als: *Lorenz*, in: FS Larenz I).

Loritz, Karl-Georg: Haftung im Medienbereich bei vorsätzlich falscher Berichterstattung über Kapitalanlageprodukte, WM 2004, 957–966.

Luhmann, Niklas: Vertrauen. Ein Mechanismus zur Reduktion sozialer Komplexität, 4. Auflage, Stuttgart 2000.

Lutter, Marcus: Bankenkrise und Organhaftung, ZIP 2009, 197–201.

Lüttringhaus, Jan D.: Das internationale Privatrecht der culpa in contrahendo nach den EG-Verordnungen „Rom I" und „Rom II", RIW 2008, 193–200.

Lynch, Timothy E.: Deeply and Persistently Conflicted: Credit Rating Agencies in the Current Regulatory Environment, 59 Case W. Res. L. Rev. 227–304 (2009).

Macey, Jonathan R.: Efficient Capital Markets, Corporate Disclosure, and Enron, 89 Cornell L. Rev. 394–422 (2004).

Manns, Jeffrey David: Downgrading Rating Agencies, 81 Geo. Wash. L. Rev. 749–812 (2013).

– Rating Risk after the Subprime Mortgage Crisis: A User Fee Approach for Rating Agency Accountability, 87 N. C. L. Rev. 1011–1090 (2009).

Mansel, Heinz-Peter: Zum Kollisionsrecht der Eigenhaftung des Vertreters und des Vertragsabschlusshelfers wegen Verletzung von Informationspflichten, in: Bachmann, Birgit/Breidenbach, Stephan/Coester-Waltjen, Dagmar/Heß, Burkhard/Nelle, Andreas/Wolf, Christian, Grenzüberschreitungen. Beiträge zum Internationalen Verfahrensrecht und zur Schiedsgerichtsbarkeit. Festschrift für Peter Schlosser zum 70. Geburtstag, Tübingen 2005, 545–559.

Marsch-Barner, Reinhard/*Schäfer*, Frank A.: Handbuch börsennotierte AG, 2. Auflage, Köln 2009.

Mathis, Klaus: Effizienz statt Gerechtigkeit. Auf der Sicher nach den philosophischen Grundlagen der Ökonomischen Analyse des Rechts, 1. Auflage, Berlin 2004.

Maunz, Theodor/*Dürig*, Günter (Begr.): Grundgesetz, Loseblattsammlung, 70. Ergänzungslieferung 2013.

McGuiness, William/*Brewer*, John W.: Credit Ratings under the Microscope. What to Expect in the Next Generation of Litigation, 241 N.Y.L.J. S6 (col. 1) (5. Januar 2009).

Meister, D. Joseph: Securities Issuer Liability for Third Party Misstatements: Refining the Entanglement Standard, 53 Vand. L. Rev. 947–982 (2000).

Merkt, Hanno: Das Informationsmodell im Gesellschafts- und Kapitalmarktrecht, zfbf Sonderheft 55 (2006) 24–60.

– Wirtschaftsrechtsvergleichung im Zeitalter der Globalisierung – Tendenzen, Aufgaben, Perspektiven, ZVglRWiss 103 (2004) 263–267.

– Unternehmenspublizität. Offenlegung von Unternehmensdaten als Korrelat der Marktteilnahme, Tübingen 2001.

Mertens, Hans-Joachim: Deliktsrecht und Sonderprivatrecht – Zur Rechtsfortbildung des deliktischen Schutzes von Vermögensinteressen, AcP 178 (1978) 227–262.

Mestmäcker, Ernst-Joachim: A legal theory without law: Posner v. Hayek on economic analysis of law, Tübingen 2007.

Meyer, Andreas: Aspekte einer Reform der Prospekthaftung – Eine Würdigung der Verhandlungen des 64. Deutschen Juristentages – Teil I –, WM 2003, 1301–1313.

– Haftung für Research Reports und Wohlverhaltenspflichten für Analysten, AG 2003, 610–622.

Michler, Albrecht F./*Thieme*, H. Jörg: Finanzmarktkrise: Marktversagen oder Staatsversagen?, ORDO 60 (2009) 185–221.

Möllers, Thomas M. J.: Auf dem Weg zu einer neuen europäischen Finanzmarktstruktur. Ein systematischer Vergleich der Rating VO (EG) Nr. 1060/2009 mit der geplanten ESMA-VO, NZG 2010, 285–290.

– Von Standards zum Recht – auf dem Weg zu einer Regulierung der Ratingagenturen in Europa und den USA, JZ 2009, 861–871.

– Effizienz als Maßstab des Kapitalmarktrechts. Die Verwendung empirischer und ökonomischer Argumente zur Begründung zivil-, straf- und öffentlich-rechtlicher Sanktionen, AcP 208 (2008), 1–36.

– Fehlerhafte Finanzanalysen – Die Konkretisierung inhaltlicher Standards, BKR 2007, 349–357.

– Der Weg zu einer Haftung für Kapitalmarktinformationen, JZ 2005, 75–83.

– Zu den Voraussetzungen einer Dritthaftung des Wirtschaftsprüfers bei fahrlässiger Unkenntnis der Testatsverwendung, JZ 2001, 909–917.

Möllers, Thomas M. J./*Kernchen*, Eva: Information Overload am Kapitalmarkt – Plädoyer zur Einführung eines Kurzfinanzberichts auf empirischer, psychologischer und rechtsvergleichender Basis –, ZGR 2011, 1–26.

Möllers, Thomas M. J./*Leisch*, Franz Clemens: Haftung von Vorständen gegenüber Anlegern wegen fehlerhafter Ad-hoc-Meldungen nach § 826 BGB, WM 2001, 1648–1660.

Morkötter, Stefan/*Westerfeld*, Simone: Asset Securitisation. Die Geschäftsmodell von Ratingagenturen im Spannungsfeld einer Prinzipal-Agent-Betrachtung, ZfgKredW 2008, 393–396.

Möslein, Florian: Contract Governance und Corporate Governance im Zusammenspiel – Lehren aus der globalen Finanzkrise –, JZ 2010, 72–80.

Mülbert, Peter O.: Welche Regelungen empfehlen sich für den deutschen und europäischen Finanzsektor?, JZ 2010, 832–843.

– Bonitätsgestufte Zinsabreden in Festzinskrediten als eine Antwort auf Basel II, WM 2004, 1205–1212.

Mülbert, Peter O./*Steup*, Steffen: Emittentenhaftung für fehlerhafte Kapitalmarktinformation am Beispiel der fehlerhaften Regelpubliziät – das System der Kapitalmarktinformationshaftung nach AnSVG und WpPG mit Ausblick auf die Transparenzrichtlinie –, WM 2005, 1633–1655.

Münchener Kommentar zum Bürgerlichen Gesetzbuch, hrsg. von *Säcker*, Franz-Jürgen/*Rixecker*, Roland, 6. Auflage, München 2012 ff.

Münchener Kommentar zum Handelsgesetzbuch, hrsg. von *Schmidt*, Karsten, Band 4 (§§ 238–342e HGB), 3. Auflage, München 2013.

Münchener Kommentar zum Strafgesetzbuch (2003) hrsg. von *Joecks*, Wolfgang/*Miebach*, Klaus, Band 1 (§§ 1–37), 2. Auflage 2003.

Murphy, A. Brooke: Credt Rating Immunity? How the Hands-Off Approach Toward Credit Rating Agencies led to the Subprime Credit Crisis and the Need for Greater Accountability, 62 Okla. L. Rev. 735–792 (2010).

Nelson, Kristofor W.: Rough Waters for The Rating Companies: Should the Securities Rating Companies Be Held Liable for Investor Reliance in the Wake of the Real Estate Meltdown of 2007–2008?, 63 U. Miami L. Rev. 1177–1204 (2009).

Nelson, Philip: Information and Consumer Behavior, 78 J. Pol. Econ. 311–329 (1970).

Neumann-Schönwetter, Tim/*Fritsche*, Tobias: Basel II: Neue Eigenmittelanforderungen für Kreditlinien bei Verbriefungen, BaFinJournal 11/2007, 9–13.

Nolte, Georg: Beleidigungsschutz in der freiheitlichen Demokratie. Eine vergleichende Untersuchung zur Rechtslage in der Bundesrepublik Deutschland, in den Vereinigten Staaten von Amerika sowie nach der Europäischen Menschenrechtskonvention, Berlin/Heidelberg/New York 1992.

Oehler, Andreas/*Voit*, Mario: Informationsökonomische Aspekte des Bond-Rating, ÖBA 1999, 968–974.

Oh, Peter B.: Gatekeeping, 29 J. Corp. L. 735–800 (2004).

Ohler, Stefan: Wirtschafts- und Finanzmarktberichterstattung zwischen Medienfreiheit und Regulierung, AfP 2010, 101–107.

Oster, Jan: „Who Rates the Raters?“ The Regulation of Credit Rating Agencies in the EU, 17 MJ 353–376 (2010).

Ott, Claus: Die Haftung von Wirtschaftsprüfern gegenüber Anlegern am Kapitalmarkt, in: Eger, Thomas/Bigus, Jochen/Ott, Claus/Wangenheim, Georg von: Internationalisierung des Rechts und seine ökonomische Analyse – Internationalization of the Law and its Economic Analysis, Festschrift für Hans-Bernd Schäfer zum 65. Geburtstag, Wiesbaden (2008), 171–191 (zitiert als *Ott*, in: FS H.-B. Schäfer (2008)).

Palandt, Otto (Begr.): Bürgerliches Gesetzbuch, 73. Auflage, München 2014 (zitiert: *Bearbeiter*, in: Palandt).

Paredes, Troy: Blinded by the Light: Information Overload and its Consequences for Securities Regulation, 81 Wash. U. L. Q. 417–485 (2003).

Partnoy, Frank: Historical Perspectives on the Financial Crisis: Ivar Krueger, The Credit-Rating Agencies, and Two Theories about the Function, and Dysfunction, of Markets, 26 Yale J. on Reg. 431–443 (2009).

– How and Why Credit Rating Agencies Are Not Like Other Gatekeepers, in: Fuchital, Yasuyuki/Litan, Robert E., Financial Gatekeepers – Can They Protect Investors?, Tokyo/Baltimore 2006, 59–102.

– Strict Liability for Gatekeepers: A Reply to Professor Coffee, 84 B. U. L. Rev. 365–375 (2004).

– Barbarians at the Gatekeepers? A Proposal for a Modified Strict Liability Regime, 79 Wash. U. L. Q. 491–547 (2001).

– The Siskel and Ebert of Financial Markets: Two Thumbs Down for Credit Rating Agencies, 77 Wash. U. L. Q. 619–715 (1999).

Perridon, Louis/*Steiner*, Manfred: Finanzwirtschaft der Unternehmung, 12. Auflage, München 2003.

Peters, Andreas C.: Die Haftung und die Regulierung von Rating-Agenturen, Baden-Baden 2001.

Picker, Eduard: Gutachterhaftung. Außervertragliche Einstandspflichten als innergesetzliche Rechtsfortbildung, in: Beuthien, Volker/Fuchs, Maximilian/Roth, Herbert/Schiemann, Gottfried/Wacke, Andreas, Festschrift für Dieter Medicus zum 70. Geburtstag, Köln 1999, 397–447 (zitiert als: *Picker*, in: FS Medicus).

– Vertragliche und deliktische Schadenshaftung. Überlegungen zu einer Neustrukturierung der Haftungssysteme, JZ 1987, 1041–1058.

– Positive Forderungsverletzung und culpa in contrahendo – Zur Problematik der Haftungen „zwischen" Delikt und Vertrag, AcP 183 (1983) 369–520.

Pinto, Arthur R.: Control and Responsibility of Credit Rating Agencies in the United States, Am. J. Comp. Law. Supp. 340 (2006), 341–356.

Pleyer, Klemens/*Hegel*, Thomas: Die Prospekthaftung bei der Publikums-KG, ZIP 1985, 1370–1379.

– Zur Grundlage der Prospekthaftung bei der Publikums-KG in der Literatur, ZIP 1986, 681–691.

Plötner, Michael: Die Rechtsfigur des Vertrages mit Schutzwirkung zugunsten Dritter und die sogenannte Expertenhaftung, Berlin 2003.

Post, Claudia: Yellow Press and Privacy: Die Rechtsprechung des US Supreme Court, GRUR Int. 2006, 283–292.

Prütting, Hanns/*Wegen*, Gerhard/*Weinrich*, Gerd: BGB Kommentar, 8. Auflage, Köln 2013.

Quick, Reiner/*Baker*, Richard: Die zivilrechtliche Haftung des Abschlussprüfers in den USA, RIW 1995, 474–485.

Ramos Muñoz, David: The Law of Transnational Securitization, Oxford/New York 2010.

Randow, Philipp von: Rating und Wettbewerb, ZBB 1996, 85–97.

– Rating und Regulierung, ZBB 1995, 140–156.

Rauscher, Thomas (Hrsg.): Europäisches Zivilprozess- und Kollisionsrecht EuZPR/EuIPR, München 2011 (zitiert als: *Bearbeiter*, in: Rauscher, EuZPR/EuIPR).

Redeke, Julian: Zu den Voraussetzungen unternehmerischer Ermessensentscheidungen, NZG 2009, 496–498.

Rehberg, Markus: Der staatliche Umgang mit Informationen – Das europäische Informationsmodell im Lichte von Behavioral Economics –, in: Ott, Claus/Schäder, Hans-Bernd, Ökonomische Analyse der europäischen Zivilrechtsentwicklung, Tübingen 2007, 298–371.

Reidenbach, Dirk: Aktienanalysten und Ratingagenturen – Wer überwacht die Überwacher?, Frankfurt a. M. 2006 (zitiert als *Reidenbach*, Aktienanalysten und Ratingagenturen (2006)).

Reiss, David: Subprime Standardization: How Rating Agencies Allow Predatory Lending to Flourish in the Secondary Mortgage Market, 33 Fla. St. U. L. Rev. 985–1065 (2006).

Richter, Jan Christoph: Die Dritthaftung der Abschlussprüfer. Eine rechtsvergleichende Untersuchung des englischen, US-amerikanischen, kanadischen und deutschen Rechts, Baden-Baden 2007.

Richter, Malte: Ratings oder Credit Spreads – mögliche Anknüpfungspunkte für eine Kapitalmarktregulierung, WM 2008, 960–966.

– Die Verwendung von Ratings zur Regulierung des Kapitalmarkts, Frankfurt a. M. 2008.

Richter, Rudolf/*Furobotn*, Eirik G.: Neue Institutionenökonomik, 3. Auflage, Tübingen 2003.

Ricken, Stephan: Verbriefung von Krediten und Forderungen in Deutschland, Düsseldorf 2008.

Rieckers, Oliver: Die Konzernmutter als Quasihersteller – Haftung für enttäuschtes „Konzernvertrauen"?, VersR 2004, 706–713.

Riesenhuber, Karl: Primärrechtliche Grundlagen der Kapitalmarkttransparenz, in: Hopt, Klaus J./Veil, Rüdiger/Kämmerer, Jörn Axel, Kapitalmarktgesetzgebung im Europäischen Binnenmarkt, Tübingen 2008, 23–60.

Rodewald, Jörg/*Tüxen*, Andreas: Neuregelung des Insiderrechts nach dem Anlegerschutzverbesserungsgesetz (AnSVG) – Neue Organisationsanforderungen für Emittenten und ihre Berater, BB 2004, 2249–2252.

Rohe, Mathias/*Lischek*, Jan: Haftung für bankinterne Ratings, WM 2006, 1933–1940.

Röhl, Klaus F.: Fehler in Druckwerken, JZ 1979, 369–378.

Rothenhöfer, Kay: Interaktion zwischen Aufsichts- und Zivilrecht. Dualismus der Wohlverhaltensregeln des WpHG unter besonderer Berücksichtigung der Vertriebsvergütungen, in: v. Baum, Harald/Fleckner, Andreas/Hellgardt, Alexander/Roth, Markus, Perspektiven des Wirtschaftsrechts. Deutsches, europäisches und internationales Handels-, Gesellschafts- und Kapitalmarktrecht – Beiträge für Klaus J. Hopt aus Anlass seiner Emeritierung, Berlin 2008, 55–84 (zitiert als: *Rothenhöfer*, in: Baum et al., Perspektiven des Wirtschaftsrechts (2008)).

Rousseau, Stéphane: Enhancing the Accountability of Credit Rating Agencies: The Case for a Disclosure-Based Approach, 51 McGill L. J. 617–664 (2006).

Rudolph, Bernd: Die internationale Finanzkrise: Ursachen, Treiber, Veränderungsbedarf und Reformansätze, ZGR 2010, 1–47.

– Lehren aus den Ursachen und dem Verlauf der internationalen Finanzkrise, zfbf 60 (2008), 713–741.

– Unternehmensfinanzierung und Kapitalmarkt, Tübingen 2006.

Rützel, Stefan: Der aktuelle Stand der Rechtsprechung zur Haftung bei Ad-hoc-Mitteilungen, AG 2003, 69–79.

Sauer, Knut: Kausalität und Schaden bei der Haftung für falsche Kapitalmarktinformation, ZBB 2005, 24–35.

– Haftung für Falschinformation des Sekundärmarkes, Frankfurt 2004.

Schäfer, Frank A.: Wertpapierhandelsgesetz, Börsengesetz mit BörsenZulV, Wertpapierprospektgesetz mit VerkProspV. Kommentar, Stuttgart/Berlin/Köln 1999 (zitiert als: *Bearbeiter*, in: Schäfer, WpHG).

Schäfer, Frank A./*Hamann*, Uwe: Kapitalmarktgesetze. Wertpapierhandelsgesetz, Börsengesetz mit BörsenZulV, Wertpapierprospektgesetz, Verkaufsprospektgesetz, Wertpapiererwerbs- und Übernahmegesetz. Kommentar, 2. Auflage, Loseblattsammlung (Stand: 5. Lieferung Oktober 2010), Stuttgart/Berlin/Köln 2010 (zitiert als *Schäfer/Hamann*, Kapitalmarktgesetze).

Schäfer, Hans-Bernd: Die Dritthaftung des Wirtschaftsprüfers für Vermögensschäden auf Primär- und Sekundärmärkten – eine ökonomische Analyse, in: Hopt, Klaus J./Voigt, Hans-Christoph, Prospekt- und Kapitalmarktinformationshaftung, Tübingen 2004, 161–186.

– Haftung für fehlerhafte Wertgutachten aus wirtschaftswissenschaftlicher Perspektive, AcP 202 (2002) 808–840.

Schäfer, Hans-Bernd/*Ott*, Claus: Lehrbuch der ökonomischen Analyse des Zivilrechts, 3. Auflage, Berlin/Heidelberg/New York 2005.

Schall, Alexander: Insiderinformation und zivilrechtliche Aufklärungspflicht, JZ 2010, 392–397.

Schauer, Frederick: The Boundaries of the First Amendment: A Preliminary Exploration of Constitutional Salience, Harv. L. Rev. 117 (2003), 1765–1809.

Schimansky, Herbert/*Bunte*, Hermann-Josef/*Lwowski*, Hans-Jürgen (Hrsg.): Bankrechts-Handbuch, 4. Auflage, München 2011 (zitiert als: *Bearbeiter*, in: Schimansky/Bunte/Lwowski, Bankrechts-Handbuch).

Schinkels, Boris: Die Dritthaftung von Gutachtern in Deutschland und England im Lichte der Verordnung Rom II, JZ 2008, 272–280.

Schmid, Olivia: Rebuilding the Fallen House of Cards: A New Approach to Regulating Credit Rating Agencies, 2012 Col. Bus. L. Rev. 994–1048.

Schmidt, Karsten: Gesellschaftsrecht, 4. Auflage, Köln/Berlin/Bonn/München 2002.

Schmidtke, Andreas: Die kapitalmarktrechtliche Regulierung von Finanzanalyse und Rating-Urteil durch das Wertpapierhandelsgesetz. Eine Untersuchung unter Berücksichtigung nationaler, europäischer und internationaler Regelungsbemühungen, Hamburg 2010.

Schmitt, Christian: Die kollisionsrechtliche Anknüpfung der Prospekthaftung im System der Rom II-Verordnung, BKR 2010, 366–371.

Schneider, Hannes: Reichweite der Expertenhaftung gegenüber Dritten. Die Sicht des Experten, ZHR 163 (1999) 246–273.

Schneider, Sven H.: Die Weitergabe von Insiderinformationen – Zum normativen Verhältnis der verschiedenen Formen der Informationsweitergabe, NZG 2005, 702–706.

Schneider, Uwe H.: Aufsicht und Kontrolle von Ratingagenturen, in: Hoffmann-Becking, Michael/Hommelhoff, Peter/Graf v. Westphalen, Friedrich, Festschrift für Hans-Jürgen zum 70. Geburtstag, Köln 2010, 329–345.

– Aufsicht über und Haftung von Ratingagenturen, Status: Recht 2009, 142–143.

Schön, Wolfgang: Zwingendes Recht oder informierte Entscheidung – zu einer (neuen) Grundlage unserer Zivilrechtsordnung, in: Heldrich, Andreas/Prölss, Jürgen/Koller, Ingo, Festschrift für Claus-Wilhelm Canaris zum 70. Geburtstag, München 2007, Bd. I, 1191–1211 (zitiert als *Schön*, in: FS Canaris).

Schönenberger, Andreas: Ökonomische Analyse der Notwendigkeit und Effizienz des börsengesetzlichen Prospekthaftungsregimes, Baden-Baden 2000.

Schröder, Jan: Haftung von Börseninformationsdiensten, NJW 1980, 2279–2286.

Schuster, Gunnar: Die internationale Anwendung des Börsenrechts. Völkerrechtlicher Rahmen und kollisionsrechtliche Praxis in Deutschland, England und den USA, Berlin/Heidelberg/New York u. a. 1996.

Schwalbe, Ulrich: Das Effizienzkonzept der Wirtschaftstheorie, in: Fleischer, Holger/Zimmer, Daniel, Effizienz als Regelungsziel im Handels- und Wirtschaftsrecht, Frankfurt a. M. 2008, 43–68.

Schwarcz, Steven L.: Protecting Financial Markets: Lessons form the Subprime Mortgage Meltdown, 93 Minn. L. Rev. 101–134 (2008).

– Rethinking the Disclosure Paradigm in a World of Complexity, 2004 U. Ill. L. Rev. 1–37.

– The Private Ordering of Public Markets: The Rating Agency Paradox, 2002 U. Ill. L. Rev. 1–28.

– The Role of Rating Agencies in Global Market Regulation, in: Ferran, Ellis/Goodhart, Charles E., Regulating Financial Services and Markets in the Twenty First Century, Oxford/Portland Oregon 2001, 297–310.

Schwark, Eberhard: Kapitalmarktbezogene Informationshaftung, in: Häuser, Franz/Hammen, Horst/Hennrichs, Joachim/Steinbeck, Anja/Siebel, Ulf R./Welter, Reinhard, Festschrift für Walter Hadding, Berlin 2004, 1117–1138.

Schwark, Eberhard/*Zimmer*, Daniel (Hrsg.): Kapitalmarktrechts-Kommentar, 4. Auflage, München 2010 (zitiert als: *Bearbeiter*, in: Schwark/Zimmer, Kapitalmarktrechts-Kommentar).

Schwarze, Roland: Subsidiarität des vertraglichen Drittschutzes, AcP 203 (2003) 348–365.

Schweinitz, Oliver von: Die Haftung von Ratingagenturen, WM 2008, 953–959.

– Rating Agencies: Their Business, Regulation and Liability under U.S., U.K. and German Law, Bloomington 2007.

Schwintowski, Hans-Peter: Informationspflichten und effet utile – Auf der Suche nach einem effektiven und effizienten europäischen Sanktionensystem, in: Schulz,

Rainer/Ebers, Marting/Grigoleit, Hans Christoph, Informationspflichten und Vertragsschluss im Acquis communautaire, Tübingen 2003, 245–266.

– Ökonomische Theorie des Rechts, JZ 1998, 581–588.

Seibt, Christoph H.: Regulierung und Haftung von Ratingagenturen, in: Bachmann, Gregor/Caspar, Matthias/Schäfer, Carsten/Veil, Rüdiger: Steuerungsfunktionen des Haftungsrechts im Gesellschafts- und Kapitalmarktrecht, Baden-Baden 2007, S. 191–208.

– Finanzanalysten im Blickpunkt von Aktien- und Kapitalmarktrecht, ZGR 2006, 501–539.

Sester, Peter: Zur Interpretation der Kapitalmarkteffizienz in Kapitalmarktgesetzen, Finanzmarktrichtlinien und -standards, ZGR 2009, 310–345.

Sethe, Rolf: Die Verschärfung des insiderrechtlichen Weitergabeverbotes, ZBB 2006, 243–257.

Shapiro, Carl: Premiums for High Quality Products as Returns to Reputations, 98 Q. J. Econ. 659–679 (193).

Siciliano, John A.: Negligent Misrepresentation and the Limits of Instrumental Tort Reform, 86 Mich. L. Rev. 1929–1980 (1988).

Siebel, Ulf R./*Gebauer*, Stefan: Prognosen im Aktien- und Kapitalmarktrecht, WM 2001, 118–134 und 173–193.

Siekmann, Helmut: Die Neuordnung der Finanzmarktaufsicht, Die Verwaltung 43 (2010) 95–115.

Siepmann, Hildrun: Selbstbehalt bei Verbriefungen. Institutionenökonomische Analyse, rechtliche Rezeption und effektive Umsetzung, Tübingen 2011.

Sinclair, Timothy J.: The New Masters of Capital. American Bond Rating Agencies and the Politics of Creditworthiness, Ithaca/London 2005.

Soergel, Hans-Theodor (Begr.): Bürgerliches Gesetzbuch mit Einführungsgesetz und Nebengesetzen, 13. Auflage, Stuttgart u. a. Band 2 (§§ 104–240) 1999, Band 12 (§§ 823–853) 2005.

Spellmann, Robert L.: The First Amendment Defense to Negligent Misrepresentation, 10 Comm. & L. 59–72 (1988).

Spence, Michael: Job Market Signaling, 78 Q. J. Econ. 355–374 (1978).

Spindler, Gerald: Finanzmarktkrise und Wirtschaftsrecht, AG 2010, 601–617.

– Sonderprüfung und Pflichten eines Bankvorstands in der Finanzmarktkrise. Anmerkung zu OLG Düsseldorf, Beschl. v. 9.12.2009 – 6 W 45/09 – IKB, NZG 2010, 281–285.

– Kausalität im Zivil- und Wirtschaftsrecht, AcP 208 (2008) 283–344.

– Prognosen im Gesellschaftsrecht, AG 2006, 677–689.

– Finanzanalyse vs. Finanzberichterstattung: Journalismus und das AnSVG, NZG 2004, 1138–1147.

– Kapitalmarktreform in Permanenz – Das Anlegerschutzverbesserungsgesetz, NJW 2004, 3449–3453.

– Neuregelungen des Kapitalmarkt- und Börsenrechts zum Anlegerschutz? – Zur gesellschafts- und wirtschaftsrechtlichen Abteilung des 64. Deutschen Juristentages, DStR 2002, 1576–1587.

– Internet, Kapitalmarkt und Kollisionsrecht unter besonderer Berücksichtigung der E-Commerce-Richtlinie, ZHR 165 (2001) 324–361.

Spindler, Gerald/*Brandt*, Kathrin/*Raapke*, Julius: Finanzmarktreform in den USA, RIW 2010, 746–753.

Sprenger, Carsten: Internationale Expertenhaftung, Tübingen 2008.

Staub, Hermann (Begr.): Handelsgesetzbuch. Großkommentar, hrsg. von Canaris/Claus-Wilhelm/Habersack, Matthias/Schäfer, Carsten, Band 7/1 (§§ 316–330), 5. Auflage, Berlin/New York 2010.

– Bankvertragsrecht, Erster Teil, 4. Auflage, Berlin/New York 1988.

– Bankvertragsrecht, 3. Auflage, Berlin/New York 1988.

Staudinger, Julius von (Begr.): Kommentar zum Bürgerlichen Gesetzbuch mit Einführungsgesetzen und Nebengesetzen, 13. Auflage, Berlin 1994 ff. (zitiert als: *Bearbeiter*, in: Staudinger, BGB).

Stemper, Marthe-Marie: Marktmißbrauch durch Ratingagenturen, WM 2011, 1740–1747.

– Rechtliche Rahmenbedingungen des Ratings, Baden-Baden 2010.

Stoll, Hans: Vertrauensschutz bei einseitigen Leistungsversprechen, in: Jokobs, Horst Heinrich/Knobbe-Keuk, Brigitte/Picker, Eduard/Wilhelm, Jan, Festschrift für Werner Flume zum 70. Geburtstag, Köln 1978, 741–773 (zitiert als: *Stoll*, in: FS Flume).

Strulik, Torsten: Nichtwissen und Vertrauen in der Wissensökonomie, Frankfurt/New York 2004.

Strunz-Happe, Anne: Externe Ratingagenturen – Marktregulierung durch Basel II – Vorgaben zur Anerkennung als ECAI und die aufsichtsrechtliche Behandlung externen Ratings –, WM 2004, 115–120.

Stürner, Rolf: Privatautonomie und Wettbewerb unter der Hegemonie der angloamerikanischen Rechtskultur?, AcP 210 (2010) 105–155.

Suchomel, Jan-Ulf: Konkurrenz von § 20 VermAnlG und bürgerlich-rechtlicher Prospekthaftung bei fehlerhaftem Prospekt, NJW 2013, 1126–1131.

Sunstein, Cass: Gesetze der Angst. Jenseits des Vorsorgeprinzips, Frankfurt a. M. 2007.

Sy, Amadou N. R.: The Systemic Regulation of Credit Rating Agencies and Rated Markets, IMF Working Papers WP/09/129, Juni 2009.

Sylla, Richard: History, Value and Industrial Structure of Credit Rating and Reporting Agencies, in: Levich, Richard M./Majnoni, Giovanni/Reinhart, Carmen, Ratings, Rating Agencies and the Global Financial System, Boston/Dordrecht/London 2002, 1–40.

Taupitz, Jochen: Ökonomische Analyse und Haftungsrecht – Eine Zwischenbilanz, AcP 195 (1995) 115–167.

Teigelack, Lars: Finanzanalysten und Behavioral Finance, Baden-Baden 2009.

Tönningsen, Gerrit: Die Regulierung von Ratingagenturen, ZBB 2011, 460–471.

Trigg Trinade, Rita/*Senn*, Myriam: Control and Resposibility of Rating Agencies in Switzerland, in: Swiss Reports Presented at the XVIIth International Congress of Comparative Law, Zürich/Genf 2006, 137–160.

Tschäpe, Philipp/*Kramer*, Robert/*Glück*, Oliver: Die Rom II-Verordnung – Endlich ein einheitliches Kollisionsrecht für die Prospekthaftung?, RIW 2008, 657–667.

Ulmer, Peter/*Brandner*, Hans-Erich/*Hensen*, Horst-Diether (Hrsg.): AGB-Recht: Kommentar §§ 305–310 BGB. Unterlassungsklagegesetz, 11. Auflage, Köln 2011.

Uzzi, Gerard: A Conceptual Framework for Imposing Statutory Underwriting Duties on Rating Agencies Involved in the Structuring of Private Label Mortgage-Backed-Securities, 70 St. John's L. Rev. 779–799 (1996).

Vasella, David: Die Haftung von Ratingagenturen: Ein Beitrag zur Expertenhaftung, Zürich 2011.

Veil, Rüdiger: Prognosen im Kapitalmarktrecht, AG 2006, 690–698.

– Der Schutz des verständigen Anlegers durch Publizität und Haftung im europäischen und nationalen Kapitalmarktrecht, ZBB 2006, 162–171.

– Die Ad-hoc-Publizitätshaftung im System der kapitalmarktrechtlichen Informationshaftung, ZHR 167 (2003) 365–402.

Vetter, Eberhard: Rechtsprobleme des externen Ratings, WM 2004, 1701–1712.

Voges, Moritz/*Rehberg*, Markus: Internes und Externes Rating. Aktuelle Entwicklungen im Recht der Kreditsicherheiten – national und international – Bericht über den Bankrechtstag am 25. Juni 2004 in Berlin, WM 2004, 1605–1616.

Vogler, Heiko: Schadensersatzhaftung des Wertpapierdienstleistungsunternehmens für fehlerhafte Aktienanalysen, Baden-Baden 2005.

Volk, Tobias: Brauchen wir Chinese Walls im Rating Advisory?, ZBB 2005, 273–281.

Wagner, Gerhard: Die Haftung von Ratingagenturen gegenüber dem Anlegerpublikum, in: Jung, Peter/Lambrecht, Philipp/Blasek, Katrin/Schmidt-Kessel, Martin, Einheit und Vielheit im Unternehmensrecht, Festschrift für Uwe Blaurock zum 70. Geburtstag, Tübingen 2013, 467–496 (zitiert als: *Wagner*, in: FS Blaurock).

– Schadensberechnung im Kapitalmarktrecht, ZGR 2008, 495–532.

– Prävention und Verhaltenssteuerung durch Privatrecht – Anmaßung oder legitime Aufgabe, AcP 206 (2006), 352–476.

– Perspektiven des Schadenersatzrecht – Kommerzialisierung, Strafschadensersatz, Kollektivschaden, Gutachten A zum 64. DJT, München 2006.

Wagner, Klaus-R.: Beeinflusste Presseberichterstattungen der Branchen- und Wirtschaftspresse und ihre Folgen am Kapitalanlagemarkt – Haftungs- und strafrechtliche Risiken als Kehrseite der Pressefreiheit? –, WM 2003, 1158–1167.

Wand, Lothar: Musterdarlehensvertrag für gewerbliche Kreditvergaben – Zinsanpassung wegen veränderter Refinanzierungsmöglichkeiten am Feld- und Kreditmarkt, risikoadjustierte Zinsgestaltung im Hinblick auf Basel II und Ausplatzierung des Kreditrisikos – Teil II –, WM 2005, 1969–1980.

Weber, Christoph: Internationale Prospekthaftung nach der Rom II-Verordnung, WM 2008, 1581–1588.

Weber, Martin: Die Haftung des Abschlussprüfers gegenüber Dritten, NZG 1999, 1–12.

Weber, Max: Die Ergebnisse der deutschen Börsenenquête, IV, ZHR 45 (1896) 69–100.

Weber, Rolf H./*Darbellay*, Aline: The regulatory use of credit ratings in bank capital requirement regulations, 10 J. of Banking Reg. 1–16 (2008).

Weichert, Tilman: Der Anlegerschaden bei fehlerhafter Kapitalmarktpublizität, Baden-Baden 2008.

Westermann, Harm-Peter: Drittinteresse und öffentliches Wohl als Elemente der Bewertung privater Rechtsverhältnisse, AcP 208 (2008) 141–181.

White, Lawrence J.: A New Law for the Bond Rating Industry, Regulation, Spring 2007, 48–52.

– The Credit Rating Industry: An Industrial Organization Analysis, in: Levich, Richard M./Majnoni, Giovanni/Reinhart, Carmen, Ratings, Rating Agencies and the Global Financial System, Boston/Dordrecht/London 2002, 38–63.

Wiegand, Annette: Die „Sachwalterhaftung" als richterliche Rechtfortbildung, Berlin 1992.

Wilburg, Walter: Entwicklung eines beweglichen Systems im Bürgerlichen Recht, Graz 1951.

Wildmoser, Gerhard/*Schiffer*, Jan K./*Langoth*, Bernd: Haftung von Ratingagenturen gegenüber Anlegern?, RIW 2009, 657–669.

Williamson, Oliver E.: Credible Commitments: Using Hostages to Support Exchange, 73 Am. Econ. Rev. 519–540 (1983).

Witte, Andreas: Verbot von Kreditratings für Staatsanleihen? Einige Überlegungen zu einer aktuellen Diskussion aus völkerrechtlicher und grundrechtlicher Perspektive, WM 2011, 2253–2259.

Witte, Jürgen/*Hrubesch*, Boris: Rechtsschutzmöglichkeiten beim Unternehmens-Rating, ZIP 2004, 1346–1354.

Witte, Jürgen Johannes/*Mehrbrey*, Kim Lars: Haftung für den Verkauf wertlos gewordener Zertifikate – der Fall Lehman Brothers, ZIP 2009, 744–750.

Wittig, Arne: Bankaufsichtsrechtliche Grundlagen des (internen) Ratings und seine Transformation in das Darlehensverhältnis mit Unternehmen, ZHR 169 (2005) 212–241.

Wojcik, Karl-Philipp: Zivilrechtliche Haftung von Ratingagenturen nach europäischem Recht, NJW 2013, 2385–2389.

Zeising, Michael: Asset Backed Securities (ABS) – Grundlagen und neuere Entwicklung, BKR 2007, 311–317.

Zetzsche, Dirk: Objektbezogene Informationspflichten des Anlageintermediärs – eine Einordnung des DG-Fonds-Urteil des XI. BGH-Senats vom 7.10.2008, WM 2009, 1020–1028.

Zeuner, Andreas: Der Vertrag mit Schutzwirkung zu Gunsten Dritter – Ein Institut im Lichte seiner Rechtsgrundlage, NJW 2009, 1030–1034.

Zimmer, Daniel: Ratingagenturen – Reformbedarf nach der Reform, in: Grundmann, Stefan/Haar, Brigitte/Merkt, Hanno/Mülbert, Peter O./Wellenhofer, Marina, Unternehmen, Markt und Verantwortung, Festschrift für Klaus J. Hopt zum 70. Geburtstag, München 2010, 2689–2710 (zitiert als: *Zimmer*, in: FS Hopt).

– Finanzmarktregulierung – Welche Regelungen empfehlen sich für den deutschen und europäischen Finanzsektor, Gutachten G zum 68. Deutschen Juristentag, München 2010.

– Verschärfung der Haftung für fehlerhafte Kapitalmarktinformation – Ein Alternativkonzept –, WM 2004, 9–21.

– Internationales Gesellschaftsrecht. Das Kollisionsrecht der Gesellschaften und sein Verhältnis zum Internationalen Kapitalmarktrecht und zum Internationalen Unternehmensrecht, Heidelberg 1996.

Zimmer, Daniel/*Binder*, Christian: Prospekthaftung von Experten? Kritik eines Gesetzentwurfs, WM 2005, 577–583.

Zimmer, Daniel/*Cloppenburg*, Matthias: Haftung für falsche Information des Sekundärmarktes auch bei Kapitalanlagen am nicht geregelten Kapitalmarkt? Ein Beitrag zur Systembildung im Kapitalmarktrecht, ZHR 171 (2007) 519–553.

Zöller, Richard (Hrsg.): Zivilprozessordnung, 29. Auflage, Köln 2012.

Stichwortverzeichnis